RAYMOND POIDEVIN

Die unruhige Großmacht

RAYMOND POIDEVIN

Die unruhige Großmacht

Deutschland und die Welt im 20. Jahrhundert

Mit einer Einführung
von Andreas Hillgruber

VERLAG PLOETZ FREIBURG · WÜRZBURG

Ins Deutsche übersetzt von Christine Diefenbacher.
Redaktionelle Durchsicht: Dr. Joachim Pöhls.
Die Originalausgabe dieses Werks erschien unter dem Titel
L'Allemagne et le monde au XXe siècle bei
Masson Paris – New York – Barcelone – Milan – Mexico – São Paulo

Satzherstellung: Franz X. Stückle, 7637 Ettenheim 1985
Druck und Einband: Freiburger Graphische Betriebe 1985
ISBN 3-87640-251-4

Einführung

Die Darstellung der Geschichte der eigenen Nation aus der Feder von bedeutenden Historikern anderer, vor allem benachbarter Nationen zu lesen, ist stets von besonderem Reiz. Es besteht so die Möglichkeit zu erfahren, wie sich diese Geschichte, die man zu kennen meint, dort spiegelt. Dabei treten – bildlich gesprochen – ‚Ecken und Kanten', häßliche und fragwürdige Züge der eigenen Vergangenheit zuweilen sehr viel stärker heraus, als es in der eher zur Harmonisierung neigenden Sicht eigener Interpreten, jedenfalls in der Regel, der Fall ist. Das „Bild" kennenzulernen, das andere von einem selbst in sich tragen, kann zur Selbsterkenntnis verhelfen. Es zur Kenntnis zu nehmen ist aber vor allem auch deshalb notwendig, weil solche „Bilder" bewußt oder unbewußt vielfach Konsequenzen für politische Entscheidungen in der Gegenwart und in der voraussehbaren Zukunft bei „den andern" und auch auf der eigenen Seite haben. Schaut man auf die Reihe von ausländischen Darstellungen, die die gesamte deutsche Geschichte im 20. Jahrhundert von der Wilhelminischen Ära bis zur deutschen Zweistaatlichkeit der achtziger Jahre zum Thema haben, so wird man von den wenigsten sagen können, daß die Autoren ihre Aussagen auf eigene Archivforschungen zu allen Epochen dieser so wechselvollen Geschichte Deutschlands in unserem Jahrhundert zu stützen vermögen.

Raymond Poidevins Buch über „Deutschland und die Welt im 20. Jahrhundert" ist eine solche Ausnahme und verdient daher die Aufmerksamkeit, die der Verlag für die deutsche Ausgabe durch den Titel „Die unruhige Großmacht" hervorzurufen versteht. Der Verfasser gehört zu der kleinen Gruppe führender französischer Historiker der mittleren Generation, die in französischer wie in deutscher Geschichte des 19. und 20 Jahrhunderts gleichermaßen ausgewiesen sind und die in ihren Studien stets die europäischen Zusammenhänge im Blick haben. 1928 in Bennwihr (Dép. Haut-Rhin, Oberelsaß) geboren, erwarb Poidevin 1969 nach einem Geschichtsstudium an der Sorbonne in Paris das „Doctorat d'État" und wirkte von 1969 bis 1980 als Professor für Zeitgeschichte an der Universität Metz. Seit 1980 ist er Professor für Neueste Geschichte an der Universität Straßburg III und zugleich Direktor des dortigen Forschungszentrums für die Geschichte der internationalen Beziehungen, das er in der Zeit seiner Tätigkeit in Metz aufgebaut hatte.

Ausgehend von seiner ‚Thèse' über die Wirtschafts- und Finanzbeziehungen zwischen Frankreich und Deutschland von 1898 bis 1914 (1969), hat er die damit angeschlagene Thematik in seiner Studie „Finances et relations internationales“ (1970) auf das gesamte europäische Spektrum für den Zeitraum 1887 bis 1914 ausgeweitet und ist von dieser Basis aus zu epochenübergreifenden Monographien vorangeschritten; hiervon verdienen die Bücher über „Deutschland von Wilhelm II. bis Hindenburg 1900–1933“ (1973) und über die Ursprünge des Ersten Weltkrieges (1975) besonders hervorgehoben zu werden. Bekannt geworden ist Poidevin einem breiteren Kreis historisch-politischer Leser in der Bundesrepublik durch die 1982 in deutscher Übersetzung erschienene, zusammen mit Jacques Bariéty verfaßte Darstellung „Frankreich und Deutschland – Die Geschichte ihrer Beziehungen 1815–1975“. Eine große Zahl von Aufsätzen über Probleme der Finanz- und Wirtschaftsbeziehungen des Deutschen Reiches von der Wilhelminischen Ära bis zu den dreißiger Jahren unseres Jahrhunderts, aber auch zur Zeit nach 1945, vor allem über Robert Schuman, belegen die außerordentliche Forschungsintensität dieses französischen Historikers.

In dem Buch über „Deutschland und die Welt im 20. Jahrhundert“, das nun auch in deutscher Sprache vorliegt und damit einem weiten Leserkreis in der Bundesrepublik zugänglich wird, greift Poidevin viele Aspekte seiner Forschungen aus den genannten Studien und Aufsätzen wieder auf. Jedoch bietet er hier weitaus mehr als nur eine Zusammenfassung dessen, was er in seinen vorausgehenden Schriften im Detail erforscht und erhellt hat. Poidevin legt vielmehr in diesem Buch das „Bild“ offen, das er von der deutschen Geschichte im 20. Jahrhundert insgesamt im Laufe von eineinhalb Jahrzehnten intensiver wissenschaftlicher Auseinandersetzung mit ihren Hauptproblemen gewonnen hat. Einleitend hebt er die für ihn in diesem Buch wesentlichen Gesichtspunkte hervor, auf die er sich beschränkt habe, und umreißt dabei die Perspektive, die ihn bei seiner Darstellung und Analyse bestimmte. Er wollte – so betont er – die deutsche „Expansionspolitik in ihren Höhen und Tiefen“ zum Gegenstand seiner Darlegungen und Erörterungen machen und dabei herausarbeiten, „auf welche Weise sich dieses deutsche Expansionsstreben seit etwas mehr als 80 Jahren geäußert hat“. Für Poidevin ist somit „Expansion“ der Schlüsselbegriff, der ihn – für die deutschen Leser seines Buches gewiß überraschend – über alle noch so tiefen Einschnitte in der deutschen Geschichte des 20. Jahrhunderts – über den Ersten Weltkrieg, die Weimarer Republik, das „Dritte Reich“ und den Zweiten Weltkrieg – hinweg, also auch über 1945 hinaus bis in die Gegenwart, als durchgängiges Interpretationsmuster leitet. Dabei erfaßt er militärisches Expansionsstreben, ökonomische Expansion und – wohl für uns in Kenntnis der der deutschen weit überlegenen, außerordentlich erfolgreichen französischen Kulturpolitik in aller Welt am überraschendsten –

kulturelle Expansion Deutschlands und der Deutschen zusammen, zwar im einzelnen voneinander abhebend, aber eben doch unter diesen Sammelbegriff subsumierend.

Das Buch gliedert sich in drei ungleich starke Teile, von denen der erste („Deutschland in der Epoche der Weltpolitik – 1896 bis 1918“) und der zweite („Von der Erholung zum Abenteuer – 1919 bis 1949“), zusammen genommen, nur etwas mehr als die Hälfte umspannen; dem dritten Teil („Eine neue internationale Rolle für das geteilte Deutschland – 1949 bis heute“), d.h. den dreieinhalb Nachkriegsjahrzehnten von der Gründung der Bundesrepublik Deutschland und der DDR an, ist somit ein bei einer historischen Darstellung – angesichts der unvergleichlich schmaleren Quellenbasis, auf die sich der Autor hier stützen konnte – ungewöhnlich breiter Raum vorbehalten. Die historisch-*politische* Absicht wird somit bereits durch diese Gewichtsverteilung – auch die Titel des ersten und, besonders, des zweiten Teils wirken nicht gerade konformistisch – deutlich zum Ausdruck gebracht. Auch dies weist Poidevins Standpunkt als den eines besonnenen, persönlich den Deutschen gegenüber durchaus wohlwollend eingestellten Repräsentanten unseres wichtigsten Nachbarlandes aus, der freilich als (politischer) Historiker vom Interesse des souveränen und auf seine Souveränität bedachten französischen Nationalstaats her urteilt. Diese Position wird der deutsche Leser auch und gerade in den Partien des Buches – im vollen geschichtswissenschaftlichen Sinne dieses Begriffs – „verstehen“ lernen müssen, in denen er mit den Auffassungen des Autors nicht übereinstimmt. Dieses Einfühlen in die Vorstellungswelt des Verfassers muß bereits bei seinem Schlüsselbegriff „Expansion“ beginnen, der nicht nur vor dem Hintergrund des dreimaligen kriegerischen Vordringens der Deutschen im letzten Jahrhundert nach Frankreich hinein (1870/71, 1914/18, 1940/45), sondern – bei Poidevin fast mehr noch – als Ausdruck einer gewissen, nicht klar ausgesprochenen Furcht vor der offenbar durch keine politische Katastrophe zu brechenden Wirtschaftskraft der Deutschen, auch vor ihrer den Franzosen seit Ende des 19. Jahrhunderts weit überlegenen Bevölkerungszahl, allgemeiner gesagt: vor ihrer unheimlich wirkenden Dynamik, zu „verstehen“ ist.

In die durch eigene und anderer Historiker Forschungen gut abgesicherten Hauptteile des Buches fließen solche – durchaus erhellenden – subjektiven Momente nur gelegentlich ein. Hier bemüht sich der Verfasser, auch solchen Interpretationen gegenüber gerecht zu urteilen, denen er nicht oder nur zum Teil zustimmt – etwa im Falle der Diskussion um den Anteil der Verantwortung der deutschen Reichsleitung am Ausbruch des Ersten Weltkrieges. Auffällig ist allerdings, daß Poidevin – spiegelbildlich zur französischen Politik – im Grunde allen deutschen

Politikern Nationalismus als zentrales Motiv für ihre (höchst unterschiedliche) Politik – teils verständlich, teils schwieriger nachvollziehbar – unterstellt, auch Stresemann in der Locarno-Phase der zwanziger Jahre, auch Adenauer in der Nachkriegszeit. Der deutsche Nationalismus — so sein Fazit – habe nie kapituliert.

In der Schlußbetrachtung des Buches schlägt dann das politische Anliegen des Verfassers so stark durch, daß hierzu bei allem erforderlichen Bemühen des deutschen Lesers, auch diese recht subjektiv anmutenden, jedenfalls nicht eigentlich schlüssig aus dem Hauptteil abzuleitenden Thesen des Verfassers zu „verstehen", – die er allerdings als Konsequenzen aus dem Hauptteil seines Buches betrachtet – sich einige kontrastierende Bemerkungen anbieten.

Zunächst lassen sich gegen den Versuch, Längsschnitte durch die deutsche Geschichte von 1900 bis 1983 im Blick auf die verschiedenen Bereiche (militärische, ökonomische, kulturelle „Expansion") über alle Zäsuren hinweg zu legen, generell methodische und inhaltliche Bedenken anführen. Nicht akzeptabel sind zudem einige Aussagen zur deutschen Nachkriegsgeschichte (nach 1945), die so behandelt wird, als stünde sie in einer kaum gebrochenen Kontinuität zu den vorausgehenden Epochen. Was Poidevin hierzu vorträgt, entspricht gewiß einer Sicht, die vom Interesse eines sich nicht nur völkerrechtlich formal, sondern machtpolitisch voll souverän verstehenden französischen Nationalstaats nach dauerhafter Sicherheit gegenüber der Dynamik der Deutschen bestimmt ist. Allerdings werden die Proportionen doch arg verzeichnet. Weder die Bundeswehr noch die „Nationale Volksarmee" der DDR (die in die NATO bzw. den Warschauer Pakt voll integriert und zu keinerlei militärischem Alleingang in der Lage sind) lassen sich in irgendeiner rational vertretbaren Weise mit der Armee und der Flotte des Wilhelminischen Deutschlands oder mit der Wehrmacht Hitlers vergleichen. Die reinen Zahlenangaben über ihre jeweiligen Stärken sind daher nicht aussagekräftig.

Überhaupt tritt bei Poidevin das absolute Novum in der deutschen Geschichte seit 1945 bzw. 1949 nicht klar genug heraus: daß die Bundesrepublik ihre „Souveränität" halb gezwungen, halb freiwillig in der Integration im westlichen Bündnis zugleich gefunden und aufgegeben hat und daß sich die nur einen, wenn auch den größeren Teil der deutschen Nation umschließende Bundesrepublik insofern in einem fundamental anderen internationalen Status befindet als der – wie gesagt – voll souveräne französische Nationalstaat; er konnte sich den Bemühungen der USA (und westeuropäischer Länder), auch ihn in das Bündnis voll zu integrieren, erfolgreich entziehen. Obwohl Poidevin die Entstehungsgeschichte der Bundesrepublik im Hauptteil im wesentlichen zutreffend darstellt, würdigt er in der Schlußbetrachtung nicht die qualitativen Unterschiede zwischen der Bundesrepublik und dem Deutschen Reich (in dessen verschiedenen Epochen), ja, er sieht in der Bundesrepublik Tendenzen, die angestrebte Wiedervereinigung Deutschlands gar mit Träumen von einem Aufstieg Deutschlands „zur dritten Supermacht" zu verbinden. So abwegig uns diese Aussage erscheint, sie ist wohl ebenso Ausfluß eines Denkens des Autors von den traditionellen Maßstäben beim Vergleich der Potentiale der europäischen Großmächte her, da sie von ihm nicht nur im militärischen, sondern auch im demographischen und im ökonomischen Bereich angewandt werden. Im Bereich der Wirtschaft beschränkt er den Vergleich auf die Potentiale der alten Schwerindustrien Deutschlands und Frankreichs, die ein Übergewicht Deutschlands ausweisen, ohne auf die Überlegenheit Frankreichs im nuklearen Bereich und in anderen zukunftweisenden Leitsektoren (etwa in der Computer-Technologie) hinzuweisen. Bei den Bevölkerungszahlen stellt er die 78 Millionen Deutschen der Bundesrepublik und der DDR im Falle einer Wiedervereinigung als bedrohliches Moment dar, das „unweigerlich den europäischen Rahmen sprengen" würde, ohne das ja unter gesamteuropäischen Aspekten unvergleichbar stärker auf dem Rest-Kontinent lastende Gewicht des bis zur Elbe-Werra-Linie reichenden Sowjet-Imperiums in der Gegenwart auch nur zu erwähnen.

Damit ist nun der entscheidende Punkt des Ganzen ins Blickfeld gerückt. Im Grunde ist die Sicht Poidevins die eines an der nationalstaatlichen Ordnung Europas in der Vergangenheit orientierten, auch in der seit 1945 grundlegend veränderten Konstellation ganz vom Sicherheitsinteresse Frankreichs aus argumentierenden Historikers, der sich von den in der Tat bedrückenden Erfahrungen seiner Nation mit den Deutschen leiten läßt. Sein Maßstab ist nicht das Ziel eines vereinten, auf der Basis des Selbstbestimmungsrechts aller seiner Nationen beruhenden freien Europa, das ja ein unaufgebbares Prinzip der westlichen Demokratien ist. Poidevins national-französische Position und der Anspruch der Deutschen auf Rückgewinnung ihrer nationalen Einheit werden wohl so lange gegensätzliche Standpunkte bleiben, wie das gesamteuropäische „Dach" fehlt, das die Souveränität der unter diesen vereinigten Nationalstaaten, auch des wiederhergestellten deutschen Nationalstaates, an sich ziehen und daher den Franzosen die Furcht vor einem wiedervereinigten Deutschland nehmen könnte. Denn erst damit würde das trotz aller vermeintlichen Stärke innerlich wie von außen gefährdete, „unruhige" Staatsfragment Bundesrepublik dauerhaft zur „Ruhe" gebracht werden.

Poidevins Schlußbetrachtungen zeigen uns Deutschen, wie weit wir davon nicht nur in der tagespolitischen Praxis in Westeuropa, sondern auch in der historisch-politischen Reflexion eines führenden Repräsentanten der französischen Geschichtswissenschaft entfernt sind. Es macht deutlich, wie schwer wir Deutsche es haben, angesichts solcher von der Vergangenheit her zwar zu „verstehenden“ und daher als politischer Faktor unbedingt zur Kenntnis zu nehmenden Grundhaltungen in einem unserer wichtigsten Nachbarländer konsequent an unserem im Grundgesetz (1949), im Deutschland-Vertrag (1954) und im „Brief zur deutschen Einheit“ (1970) bekundeten Willen zur Einheit und Freiheit Deutschlands im Rahmen eines anzustrebenden vereinten Europa festzuhalten und auf dem Wege dorthin das Mißtrauen unserer Nachbarn abzubauen. Die vor kurzem in „Le Monde“ veröffentlichten Umfrageergebnisse, die belegen, daß der überwiegende Teil der Franzosen, wenn auch in unterschiedlicher Abstufung, es durchaus für verständlich befunden hat, daß die Deutschen ihre nationale Einheit in Freiheit wiedergewinnen wollen, können dabei als ein Zeichen der Ermutigung gelten, auch wenn wir dies nicht überbewerten sollten; denn in solch aktuell aufschlußreichen Aussagen spiegelt sich nicht das Bewußtsein der Belastungen der Vergangenheit, aus der Geschichte der deutschen Großmacht von Wilhelm II. bis Hitler, die Raymond Poidevin in seinem Buch über diese „Unruhige Großmacht“ in ihren damaligen Erscheinungsweisen wie in ihren vielfältigen Nachwirkungen und Folgen den Franzosen und uns Deutschen so eindrücklich vor Augen führt.

Köln, den 15. August 1985 Andreas Hillgruber

Inhalt

II. Von der Erholung zum Abenteuer (1919 – 1949)

III. Eine neue internationale Rolle für das geteilte Deutschland (1949 bis heute)

Vorwort

Dem Historiker, der sich mit der deutschen Zeitgeschichte beschäftigt, wird unweigerlich eine erstaunliche deutsche Expansion auffallen. Es ist interessant zu beobachten, welchen Platz Deutschland seit Ende des 19. Jahrhunderts in der Welt zu erobern trachtete, und, gestützt auf zahlreiche Untersuchungen und ihre sorgfältige Auswertung, herauszustellen, auf welche Weise sich dieses deutsche Expansionsstreben seit etwas mehr als 80 Jahren geäußert hat. Gewiß, die Formen dieser Expansion haben sich geändert, aber selbst direkt nach Katastrophen lebte sie, auf die eine oder andere Weise, sehr schnell wieder auf. Im 20. Jahrhundert hat sich die deutsche Armee zwei Mal über Europa ergossen, um zu versuchen, den Lebensraum zu erobern, der für ein Großdeutschland notwendig schien. Schon Ende des 19. Jahrhunderts erlangte das „Made in Germany" weltweite Bekanntheit als Markenzeichen einer unvergleichlichen Geschäftstüchtigkeit, die selbst durch die Kriege nur für kurze Zeit gehemmt wurde. Die deutsche Politik suchte sich auf ein ‚Deutschtum' zu stützen, das die Erinnerung an die Heimat wachhielt und zum kulturellen wie auch wirtschaftlichen, ja sogar politischen Vehikel wurde. Wie haben nun diese politischen, wirtschaftlichen, finanziellen, kulturellen und psychologischen Faktoren Politiker, Soldaten, Kaufleute und Industrielle für die Expansion gewonnen? Lassen sich in dieser Entwicklung Kurven und Konstanten feststellen? Unter welchen Bedingungen und in welcher Form konnte die Expansion sowohl nach dem Diktat von Versailles als auch nach der Teilung Deutschlands am Ende des Zweiten Weltkrieges wieder einsetzen? Hat diese vielgestaltige Expansion Deutschland den Platz verschafft, den es auf der internationalen Ebene beansprucht?

Der Leser wird verstehen, daß man die Antwort auf all diese komplexen Fragen nicht in einer klassischen und vollständigen Geschichte der deutschen Außenpolitik findet. Wir mußten mehrmals eine Auswahl treffen, über die man gewiß streiten kann. Diese Arbeit will lediglich jene Fakten und Erklärungen herausstellen, die die Expansionspolitik in ihren Höhen und Tiefen veranschaulichen. Der Umfang des Themas erlaubt keine erschöpfende Vorgehensweise. Der Verfasser beabsichtigte in erster Linie, Tatsachen und Gedanken darzulegen, die sich in gewissen Punkten lediglich auf eine erste Annäherung beschränken.

I. Deutschland in der Epoche der Weltpolitik (1896 – 1918)

1. Weltpolitik – warum?

Gegen Ende des 19. Jahrhunderts begnügte sich Deutschland nicht mehr damit, seinen Gesichtskreis auf den Kontinent zu beschränken, auf dem im übrigen seine Vormachtstellung in Frage gestellt wurde; es begann, Weltpolitik zu treiben.

Wie hat sich dieser Expansionswille entwickelt? Hat die imperialistische Politik nicht die Stellung des deutschen Kaiserreichs auf dem Kontinent bedroht?

Das Vermächtnis Bismarcks

Deutschland erwirbt Kolonien

Wenn es auch zutrifft, daß in Bismarcks Politik Kontinentaleuropa stets Vorrang besaß, so ist es dennoch nicht von der Hand zu weisen, daß auch die Anfänge einer kolonialen Expansion in die Spätphase der Bismarckschen Ära fielen.

Seit Ende der 1860er Jahre hatten die Hamburger und Bremer Kaufleute Kolonien gefordert, um ihre Geschäftsbeziehungen auch über Europa hinaus ausdehnen zu können. Diese Bewegung blieb ein Strohfeuer, und erst zehn Jahre später entwickelte sich eine aktivere Propaganda, angeregt durch die damaligen wirtschaftlichen und sozialen Schwierigkeiten. Einige Broschüren wie zum Beispiel „Bedarf Deutschland der Kolonien?“ (1879) von Friedrich Fabri fanden regen Anklang. Von geographischen Gesellschaften, Akademikern sowie Handelskammern gefördert, mündete die Bewegung schließlich in die Gründung eines kolonialen Verbandes. Der 1882 gegründete „Kolonialverein“ wurde 1887 zur „Deutschen Kolonialgesellschaft“. Ihre Mitglieder – Professoren, Geographen, Richter, Offiziere, Beamte, Industrielle, Reeder, Kaufleute etc. –, trieben aktive Propaganda in der Presse, auf Vortragsveranstaltungen, mittels Anträgen und Petitionen. Die Bewegung wuchs an, als wirtschaftliche und politische Führungskreise erkannten, welchen Nutzen sie aus einer kolonialen Expansion ziehen könnten. Diese Männer zeigten sich in der Beurteilung des wirtschaftlichen Wertes kolonialer

Eroberungen sehr zurückhaltend, erwogen jedoch ihre politischen und sozialen Vorteile. War es nicht wünschenswert, dem deutschen Volk ein großes Ziel zu setzen, das gleichzeitig dem Reich das für jede Großmacht notwendige Ansehen verschaffen und die öffentliche Meinung von den inneren Problemen ablenken konnte? Manche erblickten in der kolonialen Expansion eine Möglichkeit, die soziale Frage zu „exportieren". Die deutschen Diplomaten betonten die Nachteile, die aus der britischen Konkurrenz erwuchsen, und die Notwendigkeit, die deutschen Interessen in der Welt zu schützen.

Diese Ansichten stießen freilich auf ernsthafte Bedenken. Im linken Lager prangerten die Sozialdemokraten das politische Manöver an; rechts fürchtete man das Ansteigen der Ausgaben und somit der Steuern, dem nur ein unsicherer Gewinn gegenüberstehe.

Auch Bismarck lehnte lange Zeit diese Ansichten und Vorschläge ab. Seine Beweggründe scheinen vor allem politischer Natur gewesen zu sein. Diese Ablehnung brachte ein tiefes Mißtrauen gegenüber Abenteuern zum Ausdruck, die Deutschland von seinen europäischen Problemen entfernten und den Argwohn der Seemächte, wie zum Beispiel Großbritanniens, erregten. Andererseits verfügte das Reich über keine Flotte, die in der Lage gewesen wäre, die Kolonien zu schützen. Unter diesen Umständen stellten die kolonialen Fragen in der Politik des Reichskanzlers weniger echte Ziele dar, als vielmehr Trümpfe in diplomatischen Manövern großen Ausmaßes.

Der Umschwung erfolgte im Jahre 1883, auch wenn Bismarck ihn vielleicht bereits vorher erwogen hatte. Innerhalb eines Zeitraumes von etwas mehr als achtzehn Monaten – zwischen April 1883 und Ende 1885 – regte er eine Reihe kolonialer Unternehmungen an.

Warum? Deutschland brauchte keine Kolonien, um seine wirtschaftliche Entwicklung zu garantieren, vielmehr mußte Berlin die Interessen eines bereits sehr regen Handels vertreten. Im April 1883 zog Bismarck Erkundigungen bei den großen Handelsfirmen in Bremen und Hamburg ein. In Bremen wünschte man Handelsverträge mit den lokalen Machthabern, aber keine Gebietsbesetzungen; in Hamburg dagegen wollte man mehr; in ihrer Antwort vom 6. Juli 1883 verlangte die Hamburger Handelskammer zwar ebenfalls Handelsverträge, stellte aber gleichzeitig weitergehende Forderungen: das Reich sollte sie in ihrem Bemühen unterstützen, die Verdrängung des deutschen Handels aus Afrika und Asien zu verhindern; daneben forderte man die ständige Stationierung von Kriegsschiffen vor der westafrikanischen Küste, verbunden mit der Errichtung eines Flottenstützpunktes und der Annexion eines Territoriums. Schließlich sollte das Reich mit Frankreich und England verhandeln, um die „Neutralisierung" der Kongomündung zu erreichen und somit Zugang zum Landesinneren zu gewinnen.

Neben diesen Wünschen des deutschen Handels, denen der Kanzler aufgeschlossen gegenüberstand, waren auch politische Gründe maßgebend. Im Inneren würde die Kolonialpropaganda an Boden gewinnen, und warum sollte Bismarck eine Möglichkeit auslassen, von den politischen Streitigkeiten und Wirtschaftskrisen abzulenken?

In der Außenpolitik könnte das Reich dank seiner kolonialen Unternehmungen die Spannungen zwischen den übrigen europäischen Mächten zu seinem Vorteil nutzen – so könnte es zum Beispiel in der Ägyptenfrage Frankreich und England gegeneinander ausspielen –, und London beunruhigen; auf diese Weise könnte man England veranlassen, erneut eine Annäherung an Berlin zu suchen.

Auch nachdem Bismarck sich dafür entschieden hatte, Kolonialpolitik zu betreiben, wollte er diese so stark wie möglich beschränken. Große Unternehmungen, die dazu angetan waren, diplomatische Verwicklungen hervorzurufen, lehnte er ab. Aus Angst vor den daraus entstehenden Kosten und vor Schwierigkeiten im Reichstag wünschte der Kanzler keine durch das Reich verwalteten Kolonien, sondern wollte lediglich privaten Gesellschaften den Schutz des Reiches gewähren, die dann ihrerseits die Verwaltung und Erschließung der Gebiete übernehmen sollten. Bismarck wollte „Schutzgebiete", keine Kolonien oder Protektorate.

Wie entstand nun das deutsche Kolonialreich? Hat sich Bismarcks Sichtweise bewährt?

Deutsch-Südwestafrika verdankte seine Entstehung der Initiative des Bremer Kaufmanns Lüderitz, der an dieser Küste seit 1870 mehrere Niederlassungen besaß. Im April 1884 bat er mit Erfolg um die Unterstützung der Wilhelmstraße: ein kleines Territorium wurde „unter den Schutz des Reiches" gestellt. Im August 1884 wurde ein Kriegsschiff nach Angra Pequena entsandt, und die Reichsleitung verkündete ihre Schutzherrschaft über das ganze Gebiet nördlich des Oranjeflusses bis zum 26. südlichen Breitengrad. Dem völlig überraschten Großbritannien blieb nichts anderes übrig, als sich mit diesem Tatbestand abzufinden.

Der Forschungsreisende Nachtigal erhielt den Auftrag, in den weiter nördlich liegenden Gebieten, die er bereits durchstreift hatte, die Möglichkeiten für den deutschen Handel zu erforschen und mit den eingeborenen Herrschern Verträge abzuschließen. Damit verbunden war der Titel eines Oberkommissars für Westafrika. In den Anweisungen an Nachtigal vom 19. Mai 1884 wurde jedoch nirgends von Protektoraten gesprochen. Der Reeder Woermann aber, der an den Küsten von Kamerun, Togo etc. Niederlassungen besaß, forderte, das Reich solle diese Territorien den eingeborenen Königen abkaufen und unter seinen Schutz stellen. Im Juli des Jahres 1884 unterzeichnete Nachtigal Verträge mit den Königen von Togo und Kamerun. Auf diese Weise gerieten beide Territorien „unter deutschen Schutz".

In Ostafrika versuchten 1874 die Hamburger Kaufleute, die Faktoreien im Sultanat von Sanisbar besaßen, vergeblich, in diesem Gebiet ein deutsches Protektorat zu errichten. Bismarck weigerte sich, sie zu unterstützen. Zehn Jahre später gründete ein Publizist namens Carl Peters die „Gesellschaft für deutsche Kolonisation". Diese Vereinigung trieb Propaganda, sammelte Kapital und wurde aktiv: Ende 1884 schlossen Peters und Pfeil etwa zehn Verträge mit eingeborenen Herrschern. Bei ihrer Rückkehr wurden sie als Helden gefeiert und erhielten im Februar 1885 den Schutz des Reiches für diese Territorien.

Seit einem Vierteljahrhundert waren deutsche Kaufleute in Ozeanien tätig. In Neuguinea hatten die Bankiers Hansemann, Bleichröder und Oppenheim ein Konsortium gegründet, das mehrere Faktoreien umfaßte. Bismarck unterstützte seinen Freund Bleichenröder: im August 1884 nahm die Reichsleitung den nordöstlichen Teil des Landes sowie die benachbarte Inselgruppe in Besitz, die den Namen Bismarckarchipel erhielt. Die hierdurch heraufbeschworene Spannung mit England wurde im April 1885 durch einen Vertrag beigelegt. Auf den Karolinen und den Marshallinseln besaß die Handelsfirma Hernsheim Faktoreien. Nach einem Schiedsspruch Papst Leos XIII. und nachdem man sich im Dezember 1885 mit Spanien vertraglich geeinigt hatte, errichtete das Reich seine Schutzherrschaft über die Karolinen. Im Jahre 1886 stellte Bismarck die Kohlenstation auf den Marshallinseln unter den Schutz des Reiches.

Diese Erfolge der deutschen Kolonialpolitik dürfen jedoch nicht über einige Fehlschläge in Afrika hinwegtäuschen. Ein weiteres Vordringen der Deutschen von Südwestafrika nach Betschuanaland im Süden und Zululand im Südosten scheiterte am Widerstand der Engländer. Franzosen und Briten verhinderten die beabsichtigte Ausbreitung des deutschen Einflusses von Kamerun aus am Benuëfluß entlang bis ins Nigerbecken. In Ostafrika mußte sich das Reich mit England auseinandersetzen – im November 1886 kam es zum Abschluß eines deutsch-englischen Vertrages –, und in Bezug auf Zentralafrika begnügte Bismarck sich damit, auf der Berliner Konferenz die Handelsfreiheit im Kongobecken durchzusetzen. Von einem deutschen Mittelafrika war man noch weit entfernt. So entstand unter Bismarck ein 2641000 km² großes Kolonialreich mit fast 7,5 Millionen Einwohnern. Es war in erster Linie ein afrikanisches Reich, da die deutschen Besitzungen auf diesem Kontinent 2385000 km² mit 6950000 Einwohnern betrugen.

Das Versagen der Gesellschaften, denen es an Geld, Personal und Sachkenntnis mangelte, zwang jedoch sehr schnell dazu, Truppen und

Beamte zu entsenden; dieser Umstand verärgerte den Reichskanzler und ließ das Zeitalter der Eroberungen rasch enden. Für Bismarck war die Kolonialpolitik stets von zweitrangiger Bedeutung und durfte sich nicht negativ auf seine übrige Politik auswirken. Er neigte eher dazu, koloniale Fragen diplomatisch auszunutzen, und wollte unter keinen Umständen das Reich von seinem Hauptanliegen, der Vorherrschaft auf dem Kontinent, abbringen.

Die Anfänge der finanziellen und wirtschaftlichen Expansion

Schon seit dem Ende der Bismarck-Ära nahmen die deutschen Banken wieder ihre Expansionspolitik auf. Ihre Niederlassungen in Südamerika und Asien hatten sie in den 70er Jahren aufgeben müssen. Nach einer etwa zehnjährigen Pause stellten sie sich dort wieder ein. Die Deutsche Übersee-Bank – ein Tochterunternehmen der Deutschen Bank – nahm 1886 in Argentinien unter dem Namen Banco Aleman Transatlantico ihre Tätigkeit auf. Im folgenden Jahr öffnete die Brasilianische Bank für Deutschland, eine Schöpfung der Disconto- und der Norddeutschen Bank, in Rio de Janeiro ihre Schalter. In Asien hatte die Deutsche Bank 1874 ihre Niederlassungen in Yokohama und Shanghai schließen müssen. 15 Jahre später wurde das Experiment unter Einsatz größerer Mittel wiederholt und 1889 die Deutsch-Asiatische Bank in China gegründet. Mit dem bedeutenden Kapital von 25 Millionen Mark ausgestattet, wählte diese Einrichtung eines ganzen Bankenkonsortiums rund um die Disconto Shanghai zu ihrem Sitz und eröffnete eine Zweigniederlassung in Tien Tsin.

Alle diese Banken suchten in erster Linie die kommerzielle Expansion Deutschlands in der Welt voranzutreiben, eine Expansion, die schon in der späten Bismarckzeit einsetzte. Von 1880 bis 1887 war der Umsatz des deutschen Handels von 5,7 auf 6,2 Milliarden Mark angestiegen, hatte somit seine französischen (5,9 Milliarden) und amerikanischen Konkurrenten (5,8 Milliarden) überrundet und sich Großbritannien (10,7 Milliarden) genähert.

Der deutsche Export erzielte im Jahr 1887 3,1 Milliarden Mark und spielte sowohl innerhalb als auch außerhalb Europas bereits eine beträchtliche Rolle. Anfang der 90er Jahre kamen 37 % der Gesamteinfuhr Österreich-Ungarns, 28 % derjenigen Rumäniens und der Schweiz aus Deutschland. In Skandinavien belief sich Deutschlands Anteil am Gesamtimport sowohl in Dänemark als auch in Schweden auf 34 %. In den Niederlanden „beherrschte Deutschland die Geschäfte“; in Großbritannien, Belgien und Italien kam es zwar erst an zweiter Stelle, nach dem französischen Handel, setzte jedoch immer mehr Fertigprodukte ab. In Rußland unterhielt der deutsche Handel ein ganzes Netz von Reisenden und sein Anteil am Import belief sich auf über ein Viertel (28%) des russischen Gesamtvolumens.

Außerhalb Europas gewannen die Kaufleute wichtige Märkte: 27% der chilenischen Importe, 12% der argentinischen, 8% der mexikanischen – diese Beispiele bewiesen die Fortschritte in Lateinamerika. Seit den 80er Jahren hielten sich hier Handelsvertreter auf, die den Neigungen der Kundschaft entgegenkamen und großzügig Kredite gewährten. Deutsche Konsortien versuchten, die Konzession für große öffentliche Unternehmungen zu erhalten. Bereits 1891 wurde im Hafen von Rio de Janeiro der Verkehr von 140 deutschen Schiffen registriert. In Nordamerika überrundete der deutsche Handel schon die französische Stellung in den Vereinigten Staaten. Er griff auch stürmisch auf den Fernen Osten über: trotz der britischen Konkurrenz vermehrten sich die Handelsniederlassungen in China und Japan. Die Hamburger Geschäftswelt begann sich für Marokko zu interessieren: in den marokkanischen Häfen nahm die Zahl deutscher Schiffe und Handelsniederlassungen immer mehr zu. Während der Umsatz des deutschen Handels in den französischen Kolonien und Protektoraten bescheiden blieb, traf dies für einige Teile des Britischen Empire, vor allem für Indien und Kanada, nicht zu. In Bombay, das eine große deutsche Siedlung und zahlreiche deutsche Handelsniederlassungen besaß, waren die Deutschen sehr aktiv und erzielten entscheidende Erfolge; laut Jules Siegfried handelte es sich um eine regelrechte Invasion, die England an einigen Orten zu beunruhigen begann. Auch im Export nach Kanada übertraf der deutsche Handel die französische Konkurrenz.

So trat die Expansion des deutschen Handels in verschiedenen Gebieten der Welt schon offen zutage, bevor sie durch die Vertragspolitik des Reichskanzlers Caprivi sogar systematisch gefördert wurde. Sie begann England zu beunruhigen; sie versetzte die französischen Behörden in Erstaunen, die bereits 1886 die Handelskammern alarmierten und auf die erfolgreichen Methoden der deutschen Konkurrenz hinwiesen.

Die deutschen Kapitalbesitzer interessierten sich für ausländische Wertpapiere. Bereits 1884 besaßen sie Staatspapiere im Gegenwert von 7,2 Milliarden Mark, vor allem österreich-ungarische (3,2 Milliarden) und russische (2,7 Milliarden) sowie Eisenbahnaktien und Obligationen (österreich-ungarische, russische, amerikanische, schweizerische u.a.) im Wert von über 3,5 Milliarden Mark. Nachdem die Berliner Börse für russische Wertpapiere geschlossen worden war (1887), interessierten sich die Kapitalbesitzer in größerem Ausmaß für außereuropäische – argentinische und amerikanische – Wertpapiere.

So zeichnete sich die deutsche Expansion bereits deutlich gegen Ende der Bismarck-Zeit ab; hieran waren auch Auswanderer beteiligt: zwischen 1881 und 1890 verließen 1272423 Deutsche ihr Land; die meisten ließen sich in den Vereinigten Staaten nieder. Auch in Südamerika entstanden große deutsche Siedlungen, hauptsächlich in Brasilien.

Durch den Erwerb eines Kolonialreiches, dank des Wagemuts seiner Kaufleute, der Politik der Bankiers und des Verhaltens seiner Kapitalbesitzer griff Deutschland allmählich über Europa hinaus: bereits 1890 existierten mehrere Ausgangspositionen für die Weltpolitik.

Der Aufmarsch des deutschen Expansionsstrebens

Auf Bismarcks ansehnliches Vermächtnis aufbauend, nahm die Weltpolitik ab 1896 einen spürbaren Aufschwung. Die Rede, die Kaiser Wilhelm II. im Januar 1896 anläßlich des 25. Jahrestages der Reichsgründung hielt, konnte als Bestätigung der deutschen Ansprüche betrachtet werden: „Aus dem Deutschen Reiche ist ein Weltreich geworden, überall in fernen Teilen der Erde wohnen Tausende unserer Landsleute. Deutsche Güter, deutsches Wissen, deutsche Betriebsamkeit gehen über den Ozean. Nach Tausenden von Millionen beziffern sich die Werte, die Deutschland auf der See fahren hat. An Sie, meine Herren, tritt die ernste Pflicht heran, Mir zu helfen, dieses größere Deutsche Reich auch fest an unser heimisches zu gliedern."

Wie kam es zu diesem Bedürfnis, Deutschlands Gesichtskreis weltweit zu öffnen? Welchen Anteil hatten führende Kreise und verschiedene Interessenverbände an Planung und Durchführung dieser Weltpolitik?

Die großen Imperative

Mehrere Motive politischer, wirtschaftlicher und demographischer Natur können herangezogen werden, um die Anfänge der Weltpolitik zu erklären.

Auf politischer Ebene wollte das Reich ganz offensichtlich seine Großmachtansprüche bekräftigen und seinen Platz an der Sonne erobern. Es ging um sein Prestige und seine internationale Rolle. Das britische Vorbild faszinierte die Deutschen. Großbritannien hatte es verstanden, eine wirtschaftliche Vormachtstellung und ein großes Kolonialreich aufzubauen. Eine starke Flotte sorgte für seine eigene Sicherheit und verteidigte gleichzeitig seine Interessen in der Welt. Für Deutschland schien es unerläßlich, sich durch den Versuch, Einflußzonen zu gewinnen, ebenfalls an der Regelung der großen internationalen Fragen zu beteiligen; es wollte seinen Rang als Großmacht bekräftigen und gleichzeitig sein wirtschaftliches Betätigungsfeld ausdehnen. War Deutschland in einem Augenblick, da seine Vormachtstellung auf dem Kontinent durch ein Frankreich bestritten wurde, das sich aus seiner Isolation befreit hatte und dem es gelungen war, mit Rußland ein Bündnis zu schließen, nicht geradezu gezwungen, seine Blicke in die Ferne zu lenken?

Auch die wirtschaftlichen Motive wurden immer dringender. Seit Beginn der 90er Jahre war die deutsche Industrie von einer Überproduktionskrise bedroht. Als der Binnenmarkt nicht mehr ausreichte, mußte Deutschland neue Absatzmärkte zu gewinnen suchen. Dies ging ganz deutlich aus der Denkschrift hervor, mit deren Hilfe der Reichskanzler Caprivi 1892 im Reichstag seine Politik der Handelsverträge verteidigte: man mußte ausländische Absatzmärkte finden, aus überseeischen Ländern Rohstoffe im Austausch gegen Endprodukte beziehen und mit europäischen Ländern solche Handelsverträge zu schließen suchen, die den Export der deutschen Industriegüter begünstigten.

Die neue Zollpolitik, die in einer Reihe neuer Handelsverträge mit Österreich-Ungarn und Italien bereits 1891, mit Belgien, Spanien, Serbien, der Schweiz 1893 und schließlich mit Rußland 1894 zum Ausdruck kam, beendete keineswegs die Stagnation der Ausfuhr. Die Zahl der Exporte war zwischen 1890 und 1896 leicht rückläufig und erreichte erst 1896 wieder den Stand von 1890. Die industrielle Produktion dagegen wuchs unaufhörlich an. In den Jahren 1890 bis 1896 erhöhte sich die Kohleproduktion von 70,2 auf 85,7 Millionen Tonnen, die Eisenerzförderung von 11,4 auf 14,2 und die Stahlproduktion von 2,2 auf 4 Millionen Tonnen. Zwischen 1890 und 1896 entstanden 1054 neue Aktiengesellschaften: 52 in der Montanindustrie, 83 in der metallverarbeitenden und der Maschinenbauindustrie, 61 im Bereich der elektrischen und der chemischen Industrie. Zusammen mit der Entwicklung der alteingesessenen Unternehmen führte dies in der Industrie zu einer kritischen Lage; die Stahlwerke hatten zum Beispiel innerhalb von weniger als 10 Jahren ihre Produktion praktisch verdoppelt. In den Jahren 1886/87 betrug die Anzahl derjenigen Aktiengesellschaften, die über ein Kapital von mehr als 10 Millionen Mark verfügten, lediglich 74; 1896 waren es bereits 108.

Deutschland mußte Rohstoffe und Halbfertigwaren einführen; 1888 betrug ihr Anteil am gesamten Import 45 %. Wenn dieser Anteil in den 90er Jahren auch nicht stieg, so war er doch das deutliche Zeichen für eine Auslandsabhängigkeit; sie wurde zusätzlich dadurch verschärft, daß die deutsche Landwirtschaft nicht in der Lage war, die 52,3 Millionen

Einwohner zu ernähren, welche das Reich 1895 zählte. Der Mangel an Lebensmitteln verschärfte und der Import landwirtschaftlicher Produkte erhöhte sich. 1888 betrug ihr Anteil an der Gesamteinfuhr 28 %, 1896 belief er sich bereits auf 34 %. Daher besaß der Verkauf von Fertigwaren allergrößte Wichtigkeit; Anfang der 90er Jahre war er jedoch leicht rückläufig, erst 1895 erreichte er wieder den Stand von 1890. Diese Flaute im Verkauf von Industriegütern vergrößerte unweigerlich das Defizit einer Handelsbilanz, die, 1888 noch ausgeglichen, 1896 ganz klar negativ wurde, da in diesem Jahr der Export nur noch 45 % des gesamten Warenaustausches ausmachte. Die deutsche Wirtschaft brauchte folglich dringend eine weltweite Expansionspolitik, wie sie in weiten Kreisen der Industrie und des Handels gefordert wurde.

Demographische Motive spielten anscheinend nur eine zweitrangige Rolle. Gewiß, das Bevölkerungswachstum – von 41 Millionen Einwohnern im Jahre 1871 auf 52,3 Millionen 1895 – förderte sämtliche Formen der Expansion. Die Zahl der Erwerbstätigen nahm spürbar zu (1882 betrug sie 16,2 Millionen, 1895 dagegen schon 18,9); sie vergrößerten fast ausnahmslos das Heer der Fabrikarbeiter, da die Zahl der Arbeiter um 1,6 Millionen anstieg, während der Anteil der Landwirte rückläufig war. Der Bevölkerungsanstieg kam jedoch nicht nur der Industrie zugute, sondern er ließ auch die Auswanderungsrate in die Höhe schnellen. Diese Bewegung war gegen Ende der 80er Jahre sehr stark und blieb auch danach auf einem relativ hohen Stand: zwischen 1891 und 1895 verließen 442365 Deutsche ihre Heimat. Die Zahl der Auswanderungswilligen ließ jedoch von Jahr zu Jahr nach. 1891 waren es noch 120000, 1895 nur noch 37500. Seit vielen Jahren zog es die meisten unter ihnen in die Vereinigten Staaten. Die Weltpolitik versuchte nicht, diesen Strom in Kolonien oder Einflußgebiete des Reiches zu lenken. Das demographische Motiv, das die Alldeutschen bisweilen anführten, spielte lediglich eine untergeordnete Rolle.

All diese politischen, wirtschaftlichen und demographischen Faktoren von unterschiedlicher Bedeutung machten sich die Verfechter der Weltpolitik bis 1914, ja sogar noch darüber hinaus, für ihre Argumentation zunutze.

Was waren das für Männer, für Interessenverbände, die eine Weltpolitik befürworteten?

Politiker und Parteien

Die Rolle einzelner Personen darf keineswegs außer acht gelassen werden. Wie könnte man die Standpunkte Wilhelms II., von Bülows und von Tirpitz' übergehen?

Der *Kaiser* für seinen Teil zweifelte nie an der „historischen Mission" Deutschlands, die er zu erfüllen hatte. Jener Rede vom Januar 1896 folgte noch eine Unmenge Aufsehen erregender Ansprachen. Im März 1898 äußerte er vor Marinerekruten, „wo der deutsche Aar Besitz ergriffen und die Krallen in ein Land hineingesetzt hat, das ist deutsch und wird deutsch bleiben." Anläßlich des Stapellaufs des Panzerschiffs „Wittelsbach" verkündete er: „Ohne das Deutsche Reich und ohne den deutschen Kaiser darf keine große Entscheidung mehr fallen." In einer Abschiedsrede vor Truppen, die im Begriff standen, nach China aufzubrechen, betonte er im Jahre 1900 die Aufgaben des Deutschen Reiches in den überseeischen Ländern, indem er die Soldaten aufforderte, diese Länder der Kultur zu öffnen. Selbstverständlich vergaß er nicht die Geschäftsleute, die in Friedenszeiten dank einer starken Flotte ihre Güter in der ganzen Welt verkaufen sollten; einem Publikum aus Krefelder Kaufleuten und Industriellen versprach er im Juni 1902, er werde alles Notwendige veranlassen, damit die Seemacht des Reiches anwachse.

Man könnte noch viele Stellungnahmen Wilhelms II. zugunsten einer weltweiten Expansionspolitik anführen: bis zum Ersten Weltkrieg schwebte sie ihm ständig vor Augen. Aber er wollte sie nicht um jeden Preis. Als London Anfang 1912 im Ausgleich für eine Beschränkung der Flottenrüstung koloniale Kompensationsgeschäfte vorschlug, lehnte der Kaiser dieses Angebot von Geschenken auf Kosten anderer ab und betonte, Deutschland müsse seinen Platz im Weltgleichgewicht suchen: um Großmacht zu sein, bedürfe es zunächst einer Flotte . . .

Admiral von *Tirpitz,* von 1897 bis 1916 Staatssekretär im Reichsmarineamt, war zweifellos einer der großen Urheber der Weltpolitik. Von der niederschmetternden Feststellung ausgehend, daß Deutschland keine Flotte besaß, die dieses Namens würdig gewesen wäre – 1897 zählte sie ganze 6 Panzerschiffe erster Klasse im Vergleich zu 33 britischen, 17 französischen, 17 russischen und 13 italienischen –, wollte er eine energische Flottenpolitik betreiben. Dabei verfolgte Tirpitz ein doppeltes Ziel: Sicher benötigte man Kreuzer und Zerstörer, um die deutschen Interessen in der Welt zu schützen, aber daneben brauchte das Reich auch starke Flottenverbände in der Nordsee, um Großbritannien einschüchtern zu können. Tirpitz war ein ausgezeichneter Stratege; mit großem Weitblick und Entschlossenheit arbeitete er ein Flottenbauprogramm aus, das Deutschland innerhalb von 16 Jahren zu einer Flotte von 36 Panzerschiffen und 38 Kreuzern verhelfen sollte . . . Diese lange Frist war bedingt durch die ausgedehnten Konstruktionszeiten des Schiffbaus sowie durch die Notwendigkeit, neue Werften zu errichten und Marineoffiziere auszubilden.

Die voraussichtliche Reaktion Großbritanniens beurteilte Tirpitz völlig richtig: es würde protestieren, aber nie soweit gehen, einen Präventivkrieg zu beginnen. Wenn es dann anfangen würde, sich ernsthaft zu beunruhigen, voraussichtlich in den Jahren 1904/1905, würde es längst zu spät sein, um die deutsche Flotte zu vernichten. Dann würde sich London zu Verhandlungen gezwungen sehen. Tirpitz war überzeugt, daß die Briten, sobald in der Nordsee eine ansehnliche deutsche Flotte vor Anker läge, sofort zu Zugeständnissen, sogar im Hinblick auf die deutsche Expansion in den verschiedensten Teilen der Welt, bereit wären. Er wußte wohl, daß man sich auf das Aufkommen einer britisch-deutschen Spannung gefaßt machen mußte. Tirpitz wollte keinen Seekrieg, aber die deutsche Flotte sollte so stark werden, daß man mit ihrer Hilfe gleichzeitig abschrecken und Druck ausüben konnte, denn es handelte sich darum, London dazu zu zwingen, Deutschland an der Aufteilung der Welt mitwirken zu lassen, das heißt, zu verhandeln. Tirpitz' Politik führte folgerichtig zur Errichtung von Seestützpunkten und Kohlenstationen; dadurch bahnte sie der Politik der Einflußsphären den Weg.

Die Flottenpolitik war für einen großen Teil der bürgerlichen Geschäftswelt sehr attraktiv, versprach den Werften, der metallverarbeitenden Industrie und den Rüstungsfabriken wertvolle Aufträge und versah das Reich mit einem Instrument, das die Verteidigung seiner weltweiten Interessen garantierte. Sie hatte jedoch auch hohe Ausgaben zur Folge; daher war es nötig, die öffentliche Meinung für sie zu gewinnen und im Reichstag die erforderliche Mehrheit für die Flottengesetze zu bekommen.

Auch von *Bülow* verdient, unter den wichtigsten Verfechtern der Weltpolitik genannt zu werden. Seit 1897 Staatssekretär in der Wilhelmstraße, dem Sitz des Auswärtigen Amts, und von 1900 bis 1909 Reichskanzler, trat von Bülow aktiv für das Flottenbauprogramm ein und betonte ständig die Notwendigkeit einer weltweiten Expansion. Schon 1897 hielt er es für notwendig, Industrie, Handel und Schiffahrt, die einen großen Aufschwung genommen hatten, zu schützen, da das Wohlergehen und vielleicht das Leben Millionen Deutscher von ihnen abhänge. In seiner Reichstagsrede von Dezember 1899 faßte er seine Gedanken in einem Satz zusammen, der Berühmtheit erlangen sollte: „Wir wollen niemand in den Schatten stellen, aber wir verlangen auch unseren Platz an der Sonne," und fügte hinzu: „Wenn die Engländer von einer Greater Britain reden, wenn die Franzosen sprechen von einer Nouvelle France, wenn die Russen sich Asien erschließen, haben auch wir Anspruch auf ein größeres Deutschland!"

Im März 1900 erklärte Bülow vor dem Reichstag, Weltpolitik treiben heiße, gewissenhaft die Aufgaben zu erfüllen, die Deutschland aus der Entwicklung seiner Industrie, seines Handels und seiner Schiffahrt erwüchsen. Bülows Ziel schien die Ausdehnung dieser Interessen ohne aggressive Expansionspolitik zu sein. In seinen Ansprachen versäumte er jedoch nie, daran zu erinnern, daß über der Betätigung in Übersee nicht in Vergessenheit geraten dürfe, daß das Reich sich in erster Linie mit Angelegenheiten in Europa zu befassen habe.

Von der unabdingbaren Notwendigkeit der Weltpolitik überzeugt, machten sich die Verantwortlichen daran, sie im Reichstag durchzusetzen. In dieser Hinsicht stellte die Abstimmung über das Flottengesetz am 28. März 1898 einen Test dar. Es wurde zwar mit 212 gegen 139 Stimmen angenommen, doch regte sich eine starke Opposition: die Sozialdemokraten, ein Teil des Zentrums, die Elsaß-Lothringer sowie einige preußische Ultrakonservative stimmten gegen das Gesetz.

Welche Parteien propagierten die weltweite Expansion?

Die Nationalliberale Partei, die zwischen 42 und 54 Abgeordnete stellte, galt als die Partei der Unternehmer; sie war der Vorkämpfer für sämtliche Formen der Expansion. Die häufigsten Argumente ihrer Sprecher waren Macht und wirtschaftliches Interesse. Für von Richthofen, vom linken Flügel der Partei, stellte die Erwerbung neuer Gebiete für Deutschland eine unabdingbare Notwendigkeit dar, weil sie aufgrund der wirtschaftlichen Interessen des Landes erforderlich sei (1911). Fuhrmann, vom rechten Flügel, äußerte dieselbe Meinung; die Weltpolitik sei nötig für das Florieren der Wirtschaft, für die Einigkeit und Stärke Deutschlands (1912). Bassermann erklärte Ende 1912/ Anfang 1913 im Namen der ganzen Partei, Deutschland dürfe sich nicht von einem ihm unentbehrlichen Weltmarkt verdrängen lassen. Der Abgeordnete Stresemann, der gleichzeitig Syndikus des Verbands sächsischer Industrieller war, sagte am 9. Februar 1913 in einer Vorstandssitzung, „. . . insofern sind es bei unserer wachsenden Bevölkerung, die . . . eine Verstärkung des Exportes bedingt, wirkliche Lebensinteressen der deutschen Nation, daß wir bei dieser Verteilung der Welt nicht ausgeschlossen bleiben . . .“ Stresemann forderte, diese Aufteilung müsse lebenswichtigen politischen und wirtschaftlichen Interessen des Reiches Rechnung tragen. Für ihn war es undenkbar, um des Friedens willen auf eine Expansion im Mittleren Osten zu verzichten.

Bei den Konservativen, die stets der für die Sicherheit des Reiches nötigen militärischen Stärke und Macht großen Wert beimaßen, konnte die Weltpolitik auf nationalistische Reflexe rechnen, wenn manche Agrarier der Flotte und den Kolonien auch nicht viel Enthusiasmus entgegenbrachten. Bereits 1892 versprach das Parteiprogramm Unterstützung für eine maßvolle aber zielbewußte Kolonialpolitik.

Ab 1912 fielen jedoch immer mehr konservative Stimmen ins expansionistische Konzert ein. W. Eisenhart vertrat die Ansicht, Deutschland sei gezwungen, seine engen Grenzen zu überschreiten, es brauche neue

Gebiete. Der ‚Reichsbote' unterstützte solche Positionen nachhaltig. Die Konservativen berauschten sich immer mehr an der Vorstellung eines deutschen Mitteleuropa.

Innerhalb des Zentrums, das sich 1898 gespalten hatte, unterstützte eine Mehrheit unter Spahn und Hertling die Expansionspolitik, wenn diese Abgeordneten auch eher an ein deutsches Mitteleuropa dachten als an die Aufteilung der Welt. Männer wie Erzberger vertraten die weltweite Expansion, die England zu hintertreiben suchte.

Am auffallendsten war jedoch zweifellos die Entwicklung des rechten Flügels der Sozialdemokratie. Seit Ende der 90er Jahre vertraten die Redakteure der ‚Sozialistischen Monatshefte' die imperialistische und militaristische Strömung. Abgeordnete wie Max Schippel und Wolfgang Heine befürworteten die koloniale Expansion. Ihrer Ansicht nach würde äußere Machtentfaltung des Reiches die soziale Frage im Mutterland lösen; die Eroberung des Marktes sei für die deutschen Arbeiter eine lebenswichtige Frage. In seinem 1899 erschienenen Buch „Die Voraussetzungen des Sozialismus" bekräftigte Bernstein den Anspruch der deutschen Nation auf ihren Platz an der Sonne; die koloniale Expansion befürwortete er im Namen der höherstehenden Kultur. Im Gegensatz zu den imperialistisch gesinnten Sozialdemokraten Schippel und Heine wollte Bernstein jedoch Rücksicht auf England nehmen.

Wie groß war das Gewicht dieser Verfechter der Expansionspolitik innerhalb der Sozialdemokratischen Partei? Bis 1907 war es relativ gering, ab dieser Zeit setzte sich die expansionsfreundliche Tendenz allmählich etwas mehr durch, da die koloniale Frage bei den Wahlen eine immer größere Rolle spielte. Die expansionsfeindliche Haltung der Partei wurde von den Wählern quittiert: die Zahl ihrer Sitze im Reichstag fiel von 81 auf 43. Auf dem Parteitag in Chemnitz 1912 griff Quessel England heftig an, weil es seiner Meinung nach das starke, junge und tatkräftige Reich lähmen wolle, für welches er einen Platz an der Sonne forderte. Die Partei lehnte es jedoch ab, einen revisionistischen Kurs einzuschlagen, und das Mitglied Hildebrand, das sich einer expansionsfreundlichen Veröffentlichung schuldig gemacht hatte („Sozialistische Außenpolitik"), wurde sogar vom Parteitag ausgeschlossen.

Die Propaganda der Vereine

Die Reichsleitung konnte sich nicht nur darauf verlassen, daß die Mehrheit der Abgeordneten die Weltpolitik unterstützen würde, ihren Interessen kam auch die Aktivität mehrerer Verbände entgegen, die die öffentliche Meinung für die Weltpolitik zu gewinnen suchten. Der

Flottenverein und die Deutsche Kolonialgesellschaft schienen zwei wesentliche Aspekte der Weltpolitik zu verkörpern.

Der *Flottenverein,* ein typisches Beispiel dafür, wie sehr solche Vereinigungen der Reichsleitung dienen, ihr aber auch Probleme bereiten konnten, wurde im April 1898 gegründet. Die Mitgliederzahl dieses eng mit der Großindustrie verbundenen und auch von Bankiers finanzierten Vereins wuchs rasch an: 1904 belief sie sich auf 650000, 1913 auf 1200000, die sich auf 3845 Ortsgruppen verteilten. Bereits 1898 beschloß man, auch im Ausland Vereinsgruppen zu gründen; noch im selben Jahr entstanden solche zu Casablanca und Mogador in Marokko. Die Wilhelmstraße legte den diplomatischen Vertretungen im Ausland die Bildung solcher Vereinsgruppen nahe. Mit Hilfe von Akademikern und Publizisten trieb der Verein aktive Propaganda; das Vereinsorgan ‚Die Flotte' erreichte 1904 eine Auflage von fast 1 Million Exemplaren. Unter der Führung des Prinzen Wilhelm zu Wied, dann des Prinzen von Salm, wurde der Verein, den auch der Journalist Viktor Schweinburg, der Direktor der ‚Berliner Neuesten Nachrichten', kräftig unterstützte, recht bedeutend. Das Marineamt hatte erfaßt, wie notwendig eine solche Vereinigung war, um die öffentliche Meinung für die Flottenbaupolitik zu gewinnen. Die aktive Propaganda des Flottenvereins trug zur Durchsetzung der Flottengesetze von 1898, 1900 und 1908 bei.

Sehr bald traten jedoch Schwierigkeiten auf. Neben den beträchtlichen inneren Streitigkeiten und Rivalitäten, die bis zur Generalversammlung von 1903 anhielten, ergaben sich, aufgrund gegensätzlicher Auffassungen, auch noch Spannungen im Verhältnis zur Reichsleitung. Im Dezember 1901 verlangte Salm von Tirpitz, den Flottenbau zu beschleunigen, um der Industrie zu helfen, eine Krise zu überwinden, und um Arbeitslosigkeit zu vermeiden. Tirpitz lehnte das Ansinnen ab; die Beschleunigung erschien ihm aus finanziellen, technischen und personellen Gründen unmöglich, da man hierfür Mannschaften ausbilden und die Dienstzeit erhöhen müsse. 1903/04 kritisierte der Verein auf Veranlassung der Industriellen die Unzulänglichkeiten der Flotte und zwang dadurch das Reichsmarineamt, sich der bayrischen und gemäßigteren Sektion des Flottenvereins zu bedienen, um die Gemüter zu beruhigen. Im Jahr darauf bremste das Reichsmarineamt den Flottenverein, indem es ihm nahelegte, weniger Vorträge zu veranstalten, aber manchmal war es schwierig, Ultranationalisten wie General Keim zum Schweigen zu bringen. Erst ab 1907/08, unter Präsident Admiral von Köster, arbeitete der Flottenverein mehr im Sinne der Reichsleitung.

Das Programm der *Deutschen Kolonialgesellschaft* von Dezember 1887 nannte auf deutliche Weise die Ziele der Vereinigung: man wollte der öffentlichen Meinung die Notwendigkeit der kolonialen Expansion bewußt machen und diese selbst durch Anregung und Unterstützung von Initiativen fördern; ferner wollte man versuchen, die deutschen Auswanderer für die koloniale Expansion zu interessieren, und schließlich den Zusammenhalt der Deutschen im Ausland aufrechterhalten und stärken. Es war eine Bewegung von bescheidenem Umfang – 1896 zählte sie 18000 Mitglieder, 1902 knapp 33000 und 1913 42000 –, in deren geschäftsführendem Ausschuß Generale, Admirale und Vertreter des Hochadels saßen. Die Gesellschaft wurde von Herzog Johann Albrecht von Mecklenburg geleitet und ihre Veranstaltungen waren stets gut besucht. Die Deutsche Kolonialgesellschaft beschäftigte sich im Rahmen ihrer Unterstützung der Weltpolitik vor allem mit kolonialen Fragen und dem Flottenausbau, den sie sowohl 1896–97 als auch 1910 durch aktive Propaganda förderte.

Das Verhältnis der Deutschen Kolonialgesellschaft zur Reichsleitung war nicht immer frei von Spannungen: sie vertraten bisweilen sehr unterschiedliche Standpunkte. Gegen Ende des 19. Jahrhunderts interessierte sich die Kolonialgesellschaft vor allem für Transvaal in Südafrika; dort war Deutschlands Wirtschaft (mit ungefähr 900 Millionen Mark) stark engagiert. Bei Ausbruch des Burenkrieges startete die Gesellschaft eine Kampagne, die Berlin dazu bewegen sollte, Präsident Krüger zu unterstützen; die Reichsleitung griff jedoch mit Rücksicht auf England nicht ein. Ab 1900 versuchte die Kolonialgesellschaft mit allen Mitteln, Interesse an Marokko zu wecken. Ihre Marokkopropaganda kam der Wilhelmstraße, die sich damals nicht mit dieser Frage befassen wollte, jedoch ungelegen. Im Oktober 1902 veranstaltete die Kolonialgesellschaft den ersten Kongreß in Berlin, dessen 1350 Teilnehmer 70 Vereinigungen vertraten. Oswald von Richthofen, damals Staatssekretär in der Wilhelmstraße, hielt auf diesem Kongreß eine Ansprache über die Berufung Deutschlands zur überseeischen Expansion. Die Gespräche kreisten vor allem um die deutsche Auswanderung nach Brasilien und die Handelsfreiheit im Kongobecken.

Ab 1903 sorgte die Marokkofrage für einige Unruhe innerhalb der Gesellschaft; der geschäftsführende Ausschuß, der engen Kontakt zu den Behörden pflegte, vertrat einen vorsichtigen politischen Kurs, der bei der breiten Mitgliedschaft schlecht ankam. Der Ausschuß wünschte eine entschiedene Verteidigung der deutschen Interessen, jedoch ohne Annexion. Lediglich falls es zu einer Aufteilung Marokkos käme, sollte Deutschland seine Ansprüche geltend machen und einen Marinestützpunkt fordern. Nach Abschluß der Entente cordiale zwischen England und Frankreich im April 1904 begehrten die Mitglieder der Deutschen Kolonialgesellschaft so stark auf, daß der Ausschuß seine Forderungen verschärfen mußte: falls Marokko eine französische Kolonie würde, sollte das Reich einen für die Expansion seiner Wirtschaft, seiner Flotte und seiner Bevölkerung notwendigen Teil des Küstengebiets erhalten. Dieser Standpunkt wurde auf der Generalversammlung zu Stettin im Mai 1904 bestätigt. Einige Monate später machte der Ausschuß, inzwischen von den Behörden gemaßregelt, einen Rückzieher: man sollte sich darauf beschränken, die Interessen des deutschen Handels in Marokko zu wahren, und manche Vorstandsmitglieder dachten schon daran, daß man sich dafür von Frankreich am Kongo entschädigen lassen könne. Der Kolonialkongreß, der im Oktober 1905 in Berlin tagte, forderte die schrankenlose Teilnahme an der wirtschaftlichen Ausbeutung Marokkos. Diese Schwankungen, die auch das Vereinsorgan, die ‚Deutsche Kolonialzeitung', widerspiegelte, zeigten, daß die Marokkopropaganda sowohl inner- als auch außerhalb der Deutschen Kolonialgesellschaft auf Widerstand stieß. Die – unter anderem von Graf Pfeil – vorgebrachten Argumente der sich für Auswanderer bietenden Möglichkeiten sowie der wirtschaftlichen und strategischen Bedeutung Marokkos wurden häufig widerlegt.

Der Streit flammte anläßlich der Zweiten Marokkokrise (1911) erneut auf, als die Verhandlungen zwischen Frankreich und Deutschland zu einer Kompromißlösung führten, die Frankreich in Marokko freie Hand ließ und dafür die Abtretung eines Teils von Französisch-Kongo an Deutschland vorsah. Die Kolonialgesellschaft hatte einen harten Kurs gefordert. Ihr Präsident sprach sich in einer weit verbreiteten Protesterklärung gegen die eventuelle Aufgabe Nordkameruns aus. Er unterstützte den Staatssekretär für koloniale Angelegenheiten, Lindequist, der den Wert des von der Wilhelmstraße beanspruchten Teiles von Französisch-Kongo sehr skeptisch beurteilte. Bereits im August forderte die Kolonialgesellschaft, Deutschland solle seine Position in Marokko aufrechterhalten und die Wilhelmstraße solle nicht erwägen, auf deutsche Gebiete, vor allem in Togo, zu verzichten. Andere nationalistische Verbände halfen der Kolonialgesellschaft Druck auszuüben. Nach Abschluß des französisch-deutschen Vertrages vom 4. November 1911, der den Wünschen der Gesellschaft nicht Rechnung getragen hatte, mußte die Reichsleitung deren Feindseligkeit besänftigen. Aus Regierungssicht hatte sich die Kolonialgesellschaft in dieser Sache als lästig erwiesen.

Im Dezember 1911 rief General Keim, ein ehemaliges Vorstandsmitglied des Flottenvereins, zur Gründung eines *Wehrvereins* auf, der gegen jene vorgehen sollte, die Bruderliebe und Frieden predigten, den deutschen Nationalstolz und die Vaterlandsliebe aber schwächen wollten. Von Nationalliberalen und Alldeutschen mit Begeisterung, von den Konservativen zurückhaltender aufgenommen, führte dieser Aufruf im Januar 1912 zur Gründung des ‚Wehrvereins'. Von Keim geleitet, bestand der geschäftsführende Ausschuß aus Nationalliberalen wie den

Reichstagsabgeordneten Paasche und Heckmann, dem Freikonservativen von Dewitz, dem General Litzmann, dem Historiker Dietrich Schäfer sowie H. Rippler, dem Chefredakteur der ‚Täglichen Rundschau'. Mit Hilfe Ripplers und des Verlegers G. Büxenstein, eines Freundes Wilhelms II., der einen Teil der nationalistischen Presse beherrschte, konnte der Wehrverein sein Gedankengut weit verbreiten. Seine Zielsetzungen waren klar formuliert: man mußte das vaterländische Bewußtsein stärken und die Armee so vergrößern, daß sie die Sicherheit des Reiches und seine Macht in der Welt garantieren konnte. Die meisten Schriften betonten die Kriegsgefahr. Der Wehrverein, der Freunde in der Schwerindustrie besaß und enge Beziehungen zum Alldeutschen Verband unterhielt, wuchs rasch an: im Mai 1912 zählte er 33000 persönliche Mitglieder und 10000 Vertreter anderer Vereinigungen; im Laufe des Sommers 1913 stiegen diese Zahlen auf 78000 beziehungsweise 200000 und im Juni 1914 betrugen sie 90000 beziehungsweise 260000.

Dieser mächtige, der Sozialdemokratie feindlich gesonnene Verband bereitete der Reichsleitung einige Schwierigkeiten, obwohl er sowohl im Reichstag als auch in der öffentlichen Meinung die Wehrgesetze von 1912/13 durchsetzen half. Die Mitgliedschaft aktiver Offiziere im Wehrverein stellte die Behörden vor das Problem, ob dieser Verein politischer Natur sei oder nicht, da es Offizieren nicht erlaubt war, einer politischen Gruppierung anzugehören. Während C. von Delbrück, Staatssekretär im Reichsamt des Innern, den Wehrverein ebenso wie den Flottenverein als politische Vereinigung betrachtete, bestritten der preußische Kriegsminister J. von Heeringen und sein Kollege im Innenressort, J. v. Dallwitz, unterstützt vom Kaiserlichen Kabinett, diesen Standpunkt. Im Mai 1912 trat Reichskanzler von Bethmann Hollweg auf ihre Seite, bemühte sich aber gleichzeitig, die Tätigkeit des Wehrvereins einzuschränken. Der Verein hatte nämlich die Unzulänglichkeit der im Mai 1912 erlassenen militärischen Bestimmungen kritisiert. Vom Generalstab unterstützt, pflegte der Wehrverein auf diese Weise leidliche Beziehungen zu den Zivilbehörden, die ihn im Rahmen des Wettrüstens für ihre Ziele einsetzten, ihn aber stets mit einem gewissen Maß an Mißtrauen behandelten.

Neben diesen speziellen Gruppierungen bildete der *Alldeutsche Verband* das Sammelbecken der extremen Nationalisten. Der Aufruf, den der ‚Allgemeine Deutsche Verband' 1891 erließ, gab sehr deutlich die Befürchtungen und die Ziele der Vereinigung wieder: das deutsche Volk müßte seine Unabhängigkeit bewahren, seine Einigung vollenden und, wie alle anderen Mächte, überseeisches Gebiet erwerben. Diese Expansion sei erforderlich, um den Strom der Auswanderer zu kanalisieren, der sich sonst im Ausland verliere, und um Absatzmärkte zu sichern. Der Verband wollte auf Deutschlands Weltmission aufmerksam machen;

folglich versuchte er, das Nationalgefühl zu stärken, die Deutschen in der Welt zu unterstützen und zu sammeln, die deutschen Interessen in Europa und Übersee zu vertreten sowie die Kolonialpolitik zu fördern. 1893 in ‚Alldeutscher Verband' umbenannt, erwies er sich als eine der stärksten Antriebskräfte der deutschen Expansion. War der Einfluß, den er auf die Öffentlichkeit und die Reichsleitung ausübte, wirklich stark?

Der Alldeutsche Verband war niemals eine Massenbewegung. 1901 zählte er 19796 Mitglieder, von denen 18184 in Deutschland lebten. Aber rund ein Drittel von ihnen waren Mitglieder in Akademien und Vereinen; der Anteil der Geschäftsleute betrug etwas weniger als ein Drittel. Beamten, Professoren und freiberuflich Tätige stellten ebenfalls fast ein Drittel der Mitglieder. Daneben waren auch Angestellte und Handwerker vertreten, wohingegen der Verband kaum Bauern oder Arbeiter zu seinen Mitgliedern zählte. Es handelte sich folglich um eine Elite, die selbstverständlich auch die Führung der Bewegung selbst innehatte. 1901 setzte sich die Hauptleitung aus 18 Universitätsprofessoren und 11 bedeutenden Geschäftsleuten, darunter Emil Kirdorf, zusammen. Im Reichstag saßen 32 Alldeutsche: Konservative und vor allem Nationalliberale, einschließlich des Parteivorsitzenden Bassermann. Zunächst wurde der Alldeutsche Verband von Ernst Hasse geleitet, einem ehemaligen Offizier und Universitätsprofessor in Leipzig, der auch Vorstandsmitglied der Deutschen Kolonialgesellschaft war und von 1893 bis 1903 als nationalliberaler Abgeordneter im Reichstag wirkte. Er war bis zu seinem Tod im Jahre 1908 Präsident des Alldeutschen Verbandes; seit 1904 arbeitete er bereits mit dem Rechtsanwalt Heinrich Class zusammen, der dann auch sein Nachfolger wurde. Neben dem Präsidenten spielten Männer wie die Generäle Liebert und Keim, der Admiral Breusing und der Journalist Rippler eine bedeutende Rolle.

Der Verband war straff organisiert: die zahlreichen Ortsgruppen verbreiteten regelmäßig die Beschlüsse der Jahresversammlungen und die Anordnungen der Vorsitzenden. Die Alldeutschen organisierten viele Vortragsveranstaltungen und Eingaben an höchste Stellen. Verbandsorgan waren die ‚Alldeutschen Blätter', deren Redaktion bis 1908 Professor Samassa, dem früheren Chefredakteur der ‚Münchener Neuesten Nachrichten', und anschließend von Reventlow unterstand. Daneben gaben sie zahlreiche Broschüren heraus, die in der Presse oft regelrechte Kontroversen entfachten. Viele Zeitungen unterstützten die Alldeutschen. Rippler, der Chefredakteur der ‚Täglichen Rundschau', war Mitglied der Hauptleitung des Alldeutschen Verbandes. Nationalistische Organe wie ‚Die Post', die ‚Neuesten Nachrichten' in Hamburg, Berlin, Leipzig und Danzig, die ‚Rheinisch-Westfälische Zeitung', das Blatt der

Industriellen im Ruhrgebiet, trugen kräftig zur Verbreitung der alldeutschen Ideen bei.

Die wesentlichen Grundsätze, an denen sich die Tätigkeit des Alldeutschen Verbandes orientierte, traten in einigen Stellungnahmen des Präsidenten klar zutage. 1900 versicherte Hasse im Reichstag, künftig dürfe keine Macht der Welt mehr ein Territorium erwerben, ohne daß Deutschland einen Teil davon erhalte; im selben Jahr forderte Samassa, die Deutschen hätten ebenfalls das Recht, am Tisch zu sitzen, wenn ein Kuchen verteilt werde. Im Juli 1903 veröffentlichten die Alldeutschen ein Zehnpunkteprogramm, das die deutsche Weltpolitik vorantreiben sollte. Bei jeder Gelegenheit forderte man für Deutschland einen Platz an der Sonne. Der Verband förderte die Expansion in Mitteleuropa und der Türkei ebenso wie in Marokko und Zentralafrika. Am Verlauf einiger Propagandakampagnen kann man deutlich die genaue Zielsetzung des Verbandes sowie sein Verhältnis zur Reichsleitung und seinen tatsächlichen Einfluß auf die Öffentlichkeit ablesen. Hier sollen vor allem die Marokkoaktion und die Argumente betrachtet werden, mit denen die Alldeutschen die seit 1912 immer stärker zunehmende nationalistische Agitation unterstützten.

Wenn der Verband auch bereits 1897 Marokko als ein Gebiet der Zukunft für Deutschland betrachtete, so äußerte er sich dennoch zunächst kaum zu diesem Problem. Von Liebert und Theobald Fischer beeinflußt, warnten die Alldeutschen vor einem französischen Marokko (denn Frankreich würde dort Truppen ausheben) und erwogen gleichzeitig, welchen Anteil Deutschland beanspruchen könnte. Da er sich in erster Linie mit dem Transvaalproblem beschäftigte, startete der Alldeutsche Verband erst 1903 eine regelrechte Marokkokampagne. Im September 1903 war Marokko das zentrale Thema der Debatten auf dem Verbandstag in Plauen. Class übte Kritik an der Reichsleitung, die seiner Ansicht nach gute Gelegenheiten ungenutzt verstreichen ließ, und vertrat die Meinung, Deutschland müsse seine Rechte geltend machen. Man sollte Anspruch auf Marokkos atlantische Küste erheben. In den Ortsgruppen wurden die Mitglieder durch zahlreiche Vorträge mobilisiert, und man machte Eingaben an Reichskanzler von Bülow. 1904 ging die Kampagne weiter. Class äußerte in seiner Esslinger Rede vom 19. März 1904, das westliche Marokko sei wunderbar geeignetes Siedlungsgebiet und könne für deutsche Auswanderer zu einer neuen Heimat werden. Die Alldeutschen rieten dazu, die durch den russisch-japanischen Krieg entstandene Chance zu nutzen. In einer Denkschrift an von Bülow beharrte Class darauf, daß die Eroberung Westmarokkos Beginn und Voraussetzung einer deutschen Weltpolitik darstelle.

Diese Kampagne beunruhigte zwar die französische Diplomatie, bewog die Reichsleitung aber nicht dazu, ihre vorsichtig abwartende Haltung aufzugeben. Im Reichsmarineamt hegte man zwar einige Sympathie für den Alldeutschen Verband, in der Wilhelmstraße dagegen blieb man ihm gegenüber stets mißtrauisch. Im April 1904 erkannte Hasse, daß es ihm nicht gelungen war, die Reichsleitung von ihrer passiven Haltung abzubringen.

Die Entente cordiale zwischen Frankreich und England löste 1904 eine neue Kampagne aus. Der Alldeutsche Verband tobte und äußerte, man müsse unbedingt einen Flottenstützpunkt und ein Einflußgebiet an der marokkanischen Atlantikküste fordern, da die Gefahr eines französischen Protektorats immer näherrückte. Der Verband peitschte die öffentliche Meinung auf und übte Druck auf die Reichsleitung aus. In einer Mitteilung an den Reichskanzler hieß es, es bedeute einen unverzeihlichen Fehler im Hinblick auf die politische und wirtschaftliche Zukunft Deutschlands, diese Gelegenheit nicht zu nutzen. Die beschwichtigenden Reden Bülows erzürnten die Alldeutschen, die sie als Leichenpredigten auf die Weltpolitik bezeichneten. Am 16. April 1904 schrieben die ‚Alldeutschen Blätter', Deutschland sei auf die Stufe einer zweitrangigen Macht zurückgefallen. Class veröffentlichte eine Flugschrift „Marokko verloren . . .", einen regelrechten Aufruf an die politische Führung, und der Lübecker Verbandstag von Ende Mai 1904 mahnte Bülow, Ansprüche auf Westmarokko anzumelden, das den Expansionsbedürfnissen des Reiches so gut entspreche. Pfeils Flugschrift „Warum brauchen wir Marokko", die in maßgeblichen Kreisen viel gelesen wurde, ging sogar soweit zu behaupten, Marokko sei durchaus einen Krieg wert.

Während dieser ganzen, in der zweiten Hälfte des Jahres 1904 sehr regen Kampagne führte der Alldeutsche Verband unzählige Argumente an, ohne jedoch immer zu überzeugen. Der Vorschlag, den Strom deutscher Auswanderer nach Westmarokko, in ein ideales Siedlungsgebiet, zu lenken, erregte viel Kritik, da einige an der Fruchtbarkeit dieser Gegend zweifelten und den Aufwand scheuten, der nötig sei, um sie den als kriegerisch geltenden Marokkanern zu entreißen und gegen die in Algerien ansässigen Franzosen zu verteidigen, ganz abgesehen von internationalen Schwierigkeiten mit Frankreich und Großbritannien. Die vom Alldeutschen Verband vorgebrachten Argumente, Marokko böte Flottenstützpunkte für die Route nach Westafrika und Südamerika, fanden wenig Gehör. Das einzige Argument, das überzeugte, war der wirtschaftliche Aspekt, und selbst in dieser Beziehung waren viele der Ansicht, um Zugang zu Mineraladern und Absatzmärkten zu bekommen, sei es ratsamer, Frankreich Marokko befrieden zu lassen und sich dann mit Paris zu verständigen, um der deutschen Wirtschaft ihren Anteil zu sichern.

Die Kampagne der Alldeutschen übte auf die Öffentlichkeit keinen nennenswerten Einfluß aus. Kaiser Wilhelms II. Reise nach Tanger im März 1905 wurde unterschiedlich aufgenommen. Der Vorsitzende des Alldeutschen Verbandes feierte zwar den Anbruch eines politischen Kurses, der energisch die deutschen Interessen verteidige, gab jedoch gleichzeitig der Hoffnung Ausdruck, daß dieser entschlossene Kurs anhalten möge. Class dagegen kritisierte die Reise, da er nicht glaubte, daß die Reichsleitung sich konsequent verhalten werde. Nach dem Besuch verbarg der Alldeutsche Verband seine Enttäuschung nicht: anstatt eine Politik der offenen Tür zu verkünden, hätte die Reichsleitung territoriale Forderungen stellen sollen. Von einer internationalen Konferenz hielt man nichts, da Deutschland aus ihr keinen Nutzen ziehen würde.

So kam es in den Jahren 1903 – 1905 anläßlich der Marokkofrage zu tiefgehenden Meinungsverschiedenheiten zwischen dem Alldeutschen Verband und der amtlichen Politik. Trotz des Umfangs der Kampagne, die die Öffentlichkeit aufrütteln und die Reichsleitung unter Druck setzen sollte, war ihr kein Erfolg beschieden. Eine tiefe Kluft trennte die Ziele der Alldeutschen vom Regierungsstandpunkt.

Am Vorabend der Zweiten Marokkokrise versuchte die Wilhelmstraße, den Alldeutschen Verband für ihre politischen Ziele einzuspannen. Class traf sich am 19. April 1911 mit Kiderlen-Wächter und am 1. Juli, dem Tag des Panthersprungs nach Agadir, mit Zimmermann. Man erklärte ihm, Agadir sei die Pforte zum Sous und damit zu jenem Landstrich im südlichen Marokko, den Deutschland beanspruchte, um dort eine Siedlerkolonie zu gründen. Seine Broschüre „Westmarokko Deutsch" von Anfang Juli 1911 verfaßte Class unter anderem auch im Auftrag des Auswärtigen Amtes. Die offiziöse Schrift erreichte innerhalb von 3 Monaten eine Auflage von 60000 Exemplaren. Sie betonte, es sei notwendig, Südmarokko zu erwerben, selbst wenn dies einen Krieg mit England auslösen sollte, dem Class vorwarf, es stelle sich der deutschen Expansion in den Weg; es ginge schließlich um Deutschlands Zukunft. Das Bestreben, den deutschen Auswanderern ein eigenes Territorium zu verschaffen und sie auf diese Weise weiterhin an ihr Heimatland zu binden, war der eigentliche Beweggrund; Prestigefragen und wirtschaftliche Vorteile rangierten erst an zweiter Stelle. Der Alldeutsche Verband billigte den Panthersprung und glaubte an ein energisches Vorgehen der Reichsleitung, sah sich jedoch bald enttäuscht. Bereits Mitte Juli 1911 meldeten halbamtliche deutsche Blätter, das Reich könne Kompensationen erhalten, wenn es Marokko den Franzosen überließe. Der Alldeutsche Verband, der am Plan einer Siedlung in Marokko festhielt, protestierte gegen diesen Rückzieher. Das Abkommen vom 4. November 1911, das die Krise beilegte, wurde von den Alldeutschen sofort kritisiert. Im September 1911 traf Class mit dem Industriellen Hugo Stinnes zusammen, ohne auf dessen Argumente einzugehen. Stinnes erklärte vergeblich, die wirtschaftliche Macht sei allein ausschlaggebend, und weitere drei bis vier Jahre Frieden würden Deutschland auf diesem Gebiet eine regelrechte Vorrangstellung verschaffen; Class war nach wie vor der festen Überzeugung, England wolle die deutsche Macht zerstören.

Tief enttäuscht prangerten die Alldeutschen bei jeder Gelegenheit die Passivität der Reichsleitung an. Parallel zu ihrer Kritik an den politischen Institutionen präzisierten sie in den Jahren 1912—14 ihr Programm und gewannen ein größeres Publikum.

Durch den Verlauf der Zweiten Marokkokrise düpiert, erinnerten die Alldeutschen daran, daß die deutsche Expansion in Zentralafrika in ihren Augen immer noch eine Notwendigkeit darstellte. Noch im September 1912 sprach sich die Hauptleitung für eine Vergrößerung und Zusammenlegung der deutschen Besitzungen in Afrika aus, die nur auf Kosten von Belgisch-Kongo möglich war. Seit dem Ersten Balkankrieg konzentrierte sich der Alldeutsche Verband jedoch zunehmend auf den europäischen Südosten und die Türkei. Im September 1912 verkündete Class, man müsse die deutschen Kräfte auf Mitteleuropa konzentrieren, denn hier liege das Hauptproblem begründet. In einer Schrift „Wenn ich der Kaiser wär'", die er unter dem Pseudonym Daniel Frymann herausgab und die bis 1914 fünf Auflagen und 20000 Exemplare erlebte, präzisierte er den Standpunkt des Alldeutschen Verbandes. Um eine wirtschaftliche Lähmung zu verhindern, dürfe Deutschland in Bezug auf seine Rohstoffversorgung und seine Absatzmärkte nicht länger vom Ausland abhängig sein; es müsse vielmehr in Europa und Übersee neue Gebiete erwerben. In Europa sollte die Hauptrichtung der Expansion nach Südosten gehen, entlang der Achse Berlin – Belgrad. Annexionen seien jedoch im Osten und im Westen erforderlich. Man müsse Frankreich vernichten, ihm das für die Sicherheit des Reiches notwendige Gebiet sowie seine Kolonien abnehmen, Belgien und die Niederlande wirtschaftlich und politisch dem Deutschen Reich einverleiben sowie russische Gebiete erobern. Unter diesen Voraussetzungen könnte das von Österreich-Ungarn unterstützte Deutschland seine Vorherrschaft über Mitteleuropa errichten. Die deutsche Expansion in Afrika, in Marokko dürfe nicht länger von England abhängen. Falls London sich weigere, die Vorherrschaft mit Deutschland zu teilen, solle ihm diese Lösung militärisch aufgezwungen werden.

Der Mitteleuropagedanke beschäftigte den Alldeutschen Verband in immer stärkerem Maße. Die Nummer Zwei des Verbandes, Albert Ritter, veröffentlichte 1913 „Berlin – Bagdad. Neue Ziele mitteleuropäischer Politik"; er sah im Zusammenbruch der Türkei die Chance, die

Achse Berlin – Bagdad herzustellen und die Einkreisung Deutschlands durch dessen Verbindung mit Österreich-Ungarn, den südöstlichen Balkanstaaten und der Türkei zu durchbrechen. Auf diese Weise würden die deutsche Arbeit und die militärische Macht Mitteleuropas gesichert sowie die Doppelmonarchie gerettet. Das Programm der Alldeutschen von 1914 – „Zwecke und Ziel des Alldeutschen Verbandes" – sprach erneut von der Notwendigkeit eines mitteleuropäischen Zollvereins. Angesichts dreier großer Weltreiche – des britischen, russischen und amerikanischen – müsse Deutschland seine Vorherrschaft über die mitteleuropäische Staatengruppe, das heißt, die Niederlande samt ihren Kolonien, Belgien einschließlich Belgisch-Kongo, die Schweiz und schließlich, als letzte Etappe, Rumänien errichten.

Fand dieses europäische Programm, das eine überseeische Expansion keineswegs ausschloß, Anklang? Was hielt die Reichsleitung davon?

Seit Jahren billigten Nationalliberale und Freikonservative den Standpunkt des Alldeutschen Verbands. Der Mitteleuropagedanke verlockte weite Kreise der politischen Welt. Er tauchte auch in dem berühmten Werk Generals von Bernhardi „Deutschland und der nächste Krieg" von 1912 auf, dem ein großer Erfolg beschieden war: es erreichte bis zum Kriegsausbruch 14 Auflagen und wurde vor allem ins Französische übersetzt. Von Bernhardi, der im Oktober 1912 Kontakt zum Alldeutschen Verband aufnahm, schwebte ebenfalls ein großes Reich von der Nordsee und dem Baltikum bis zur Adria vor; auf dieser kontinentalen Machtbasis sollte dann eine Kolonialpolitik aufbauen, die es auf die portugiesischen und andere Kolonien in Afrika abgesehen hatte. Da Frankreich und England das Reich nicht als gleichberechtigte Partner anerkennen würden, müsse man sich psychologisch, wirtschaftlich und militärisch auf den Krieg vorbereiten. Im Lauf des Sommers 1913 gelang es den Alldeutschen, die bis dahin mißtrauischen preußischen Großagrarier zu einem regelrechten Bündnis zu bewegen. Der ‚Alldeutsche Verband' und der mächtige ‚Bund der Landwirte' beschlossen, ihre außenpolitischen Stellungnahmen aufeinander abzustimmen. Andere Vereinigungen, wie zum Beispiel der ‚Deutschnationale Handlungsgehilfenverband' – der 1914 über 100000 Mitglieder besaß –, übernahmen die Idee einer für die Weltmacht Deutschland notwendigen Expansion entlang der Linie Berlin – Bagdad und den Gedanken eines einheitlichen Wirtschaftsraumes von der Nordsee bis einschließlich der Türkei im Süden.

Nachdem die Marokkokrise im Abkommen vom 4. November 1911 beigelegt worden war, traten im Verhältnis des Alldeutschen Verbandes zur Reichsleitung immer mehr Spannungen auf. Beunruhigt über die Folgen der durch die Nationalisten geschürten antibritischen Stimmung, regte eine ganze Gruppe mit England über koloniale Angelegenheiten verhandelnder Diplomaten – Kühlmann, Lichnowsky – die Veröffentlichung einer Broschüre mit dem Titel „Deutsche Weltpolitik und kein Krieg“ (Berlin 1913) an. Plehn, der Verfasser dieser anonym erschienenen Schrift, war ebenfalls der Meinung, daß Deutschland wegen seiner stark anwachsenden Bevölkerung Kolonien brauche: „Uns tut ein Ventil not, um unsere überschüssige Volkskraft freizulassen . . .“ (ebd. S. 97); im Gegensatz zu den Alldeutschen war er jedoch davon überzeugt, daß England dem Reich in Zentralafrika freie Hand lassen würde und die Weltpolitik keinen Krieg erforderlich mache. Die Alldeutschen griffen diese halbamtlichen Stellungnahmen an und kritisierten die Schwäche der deutschen Außenpolitik. Class verkündete im September 1913 auf dem Verbandstag in Breslau, Deutschland besitze starke Land- und Seestreitkräfte und müsse seinen Landhunger stillen.

Im Verlauf der Auseinandersetzung mit Hans Delbrück, dem Chefredakteur der ‚Preußischen Jahrbücher‘, schrieben alldeutsche Zeitungen Ende 1913, die Eroberung neuer Absatzmärkte müsse um jeden Preis erfolgen, selbst um denjenigen eines Krieges. Delbrück hingegen sah in dieser nationalistischen, in Fanatismus umschlagenden Vorstellung eine echte Gefahr für Deutschlands Zukunft. Immer breitere Kreise stimmten jedoch in die Kritik der Alldeutschen an der Trägheit der Reichsleitung ein. Selbst bislang sehr gemäßigte Geschäftsleute – Ballin, Walter Rathenau – waren der Ansicht, die Reichsleitung treibe die wirtschaftliche Expansion Deutschlands nicht energisch genug voran. Die ‚Allgemeine Evangelisch-Lutherische Kirchenzeitung‘ schrieb, die Untätigkeit der Diplomatie verursache im Volk Nervosität, und wenn es darum ginge, der deutschen Nation mehr Raum zu verschaffen, denke jedermann alldeutsch. Noch im Frühjahr 1914 forderte der Alldeutsche Verband einen energischeren politischen Kurs. In seinem im Mai erschienenen Buch „Der Kronprinz, Gedanken über Deutschlands Zukunft“ schrieb Paul Liman, das Reich brauche neuen Raum für seine wachsende Bevölkerung und müsse seine Versorgung mit Rohstoffen sowie seine Absatzmärkte sichern.

So bereiteten die Aktivitäten des Alldeutschen Verbandes und anderer nationalistischer Vereinigungen dem Reichskanzler Bethmann Hollweg zwischen 1912 und 1914 offensichtlich einige Kopfschmerzen. Die alldeutschen Vorstellungen gewannen immer mehr an Boden, wenn sie auch einige Kritik hervorriefen. Ohne auf eine Expansion in Zentralafrika zu verzichten, konzentrierten sich die Alldeutschen immer mehr auf Mitteleuropa, das heißt auf die Achse Berlin – Bagdad. So wird man den Einfluß des Verbandes vor dem Krieg nicht übertreiben, wenn man sagt, daß er den gleich bei Kriegsausbruch aufgestellten Kriegszielen den Weg bereitete.

Die Haltung der Wirtschaft

Die *Geschäftsleute* unterstützten sämtliche Spielarten der deutschen Expansion. Kosmopolitische Bankiers: Schwabach, Helfferich, Gwinner, Fürstenberg, Witting, Warburg –, Industriekapitäne: Thyssen, Kirdorf, Stumm, Krupp, Rathenau – und Eigentümer großer Schiffahrtsgesellschaften: Ballin, Platte – waren aktive Verfechter der Weltpolitik. Zunächst nutzten sie ihren persönlichen Einfluß auf Kaiser Wilhelm II.; ferner wandten sie sich mit Hilfe von Eingaben, Noten und persönlichen Briefen an die Verantwortlichen in den Ministerien. Sie hatten großen Einfluß auf wirtschaftliche und manchmal sogar auf politische Entscheidungen. Im Reichstag wurden ihre Interessen durch die Nationalliberalen vertreten. Außerdem schalteten sie auch mächtige, von ihnen selbst gegründete Organisationen ein. Der ‚Centralverband Deutscher Industrieller" (C.d.I.) vertrat vor allem die Interessen der Schwerindustrie, während der expansivere ‚Bund der Industriellen' (B.d.I.) als Sprachrohr der verarbeitenden Industrie fungierte. Außerdem konnten sie sich auf die Dachorganisation der deutschen Handelskammern, den Handelstag, stützen, der sie mit Informationen aus der ganzen Welt versah und gleichzeitig ein wirkungsvolles Instrument zur Verteidigung ihrer Interessen darstellte.

Die Geschäftsleute zögerten nicht, Vereinigungen anzuregen, um diesen oder jenen politischen Kurs zu unterstützen. Im Jahre 1901 gründeten Industrielle und Kaufleute den ‚Handelsvertragsverein'. Diese Vereinigung trat unter ihrem Präsidenten G. von Siemens aktiv für die Ausweitung der Handelsvertragspolitik ein, wollte jedoch gleichzeitig auch sämtliche Interessen der deutschen Industrie im Ausland vertreten. Der Verein wuchs rasch auf 15000 Mitglieder an und strebte sogar danach, sich eine internationale Basis zu geben. Der 1904 gegründete ‚Mitteleuropäische Wirtschaftsverein' beschäftigte sich mit einem weiteren Anliegen der Geschäftsleute, nämlich der Expansion in Mitteleuropa, die mit Hilfe einer Zollunion erfolgen sollte. Dieser Verein, dessen Leitung der Volkswirt J. Wolf übernahm, wurde von den großen Industriellenorganisationen (B.d.I. und C.d.I.) sowie von Krupp, Stumm, Ballin, Siemens und den Alldeutschen unterstützt.

Die Verbindung von Männern der deutschen Wirtschaft zu den nationalistischen Verbänden lag offen zutage. Die Geschäftsleute förderten die Propaganda von ‚Flottenverein' und ‚Kolonialgesellschaft'. Viele unter ihnen unterstützten die Alldeutschen und die Tätigkeit des ‚Wehrvereins'. Mit Hilfe dieser Verbände konnten die Unternehmer umso leichter Kampagnen aufziehen, als sie zusätzlich einen großen Teil der nationalistischen Presse beherrschten. Das Sprachrohr der Industriellen aus dem Ruhrgebiet war die ‚Rheinisch-Westfälische Zeitung‘. Das ‚Berliner Tagblatt‘ vertrat die Interessen der jüdischen Finanzwelt, während der ‚Berliner Lokalanzeiger‘ dem Scherl-Konzern unterstand; beide Blätter erreichten jeweils eine Auflage von etwa 250000 Exemplaren. ‚Die Post‘, eine alldeutsche Zeitung, wurde zu einem großen Teil von dem saarländischen Industriellen Stumm finanziert.

Die Geschäftsleute forderten bei jeder Gelegenheit die energische Vertretung ihrer durch die Konkurrenz oder die ausländische Zollpolitik bedrohten Interessen, waren aber als Gegenleistung bereit, die Reichsleitung in ausländischen Kreditgeschäften oder bei der Errichtung von Zweigniederlassungen, von für die Vertretung der deutschen Interessen im Ausland notwendigen Filialen, zu unterstützen. Dennoch darf man sich von der Zusammenarbeit der Reichsleitung mit der Geschäftswelt kein zu idyllisches Bild machen. Die Banken und mit ihnen die Kapitalbesitzer waren nicht an den Kolonien interessiert. Noch Anfang 1907 versuchte der Staatssekretär im Amt für koloniale Angelegenheiten, Dernburg, die Geschäftswelt stärker für die Kolonien zu interessieren, indem er noch einmal nachdrücklich auf die Vorteile des Erwerbs von Kolonien hinwies. 1910 übte Naumann Kritik an den enttäuschten Hamburger Geschäftsleuten, die nichts mehr von der Seemacht und den Kolonien wissen wollten.

Diese zurückhaltende Einstellung der Geschäftswelt äußerte sich auch in ihrer Haltung gegenüber den großen Achsen der deutschen Weltpolitik. Wenn die Deutsche Bank am Unternehmen Bagdadbahn auch maßgeblich beteiligt war, so verhielten sich die Geschäftsleute in der Marokkofrage abwartend. Zu Beginn des Jahrhunderts stieß die Reichsleitung bei Reedern, Industriellen und auch bei der Hochfinanz auf Zurückhaltung, da diese sich nicht für Marokko interessierten. Die Schwerindustrie trat schließlich in den internationalen Verband der Marokkanischen Bergwerksunion ein. Der Mannesmannkonzern, der in Zusammenarbeit mit nationalistischen Verbänden 1909/10 eine Kampagne gegen die französisch-deutschen Interessengemeinschaften in Marokko führte, wurde von der Schwerindustrie nicht unterstützt.

Während der Zweiten Marokkokrise im Jahr 1911 bezogen die Geschäftsleute keine klare Position. Zu Beginn der Krise pflichteten sie Mannesmann bei: Kirdorf, Thyssen, Röchling und andere forderten die Reichsleitung auf, die deutschen Interessen – Zugang zu Rohstofflagern und Absatzmärkten – zu wahren. Sie befürchteten die Errichtung eines französischen Protektorates, der eine wirtschaftliche Machtübernahme folgen würde. Sie wetterten gegen den französisch-deutschen Vertrag vom 4. November 1911; Kirdorf bezeichnete ihn als eine politische Niederlage und strich Deutschland aus der Reihe der Großmächte. Der

Kurs Kiderlen-Wächters wurde vor allem von den großen Ruhrindustriellen heftig kritisiert. Stresemann, der Vertreter der sächsischen Industriellen, hielt diesen Rückzieher für folgenschwer: seiner Meinung nach bedeutete er für das Reich einen Prestigeverlust sowie die Gefährdung seiner wirtschaftlichen Interessen im Nahen Osten, während Englands politischer und wirtschaftlicher Einfluß zunahm.

Das Ausmaß dieser feindseligen Reaktionen veranlaßte die Wilhelmstraße, eine Gegenoffensive von Spitzen der Geschäftswelt anzuregen. Ballin, Helfferich, Thyssen und andere erklärten sich bereit, die erregten Gemüter zu besänftigen: sie versicherten, die Reichsleitung habe ihr Möglichstes getan, um die deutschen Interessen zu wahren. Geschäftsleute, die wie Ballin wegen ihrer Auslandsengagements auf die Unterstützung der Reichsleitung angewiesen waren oder wie die Schiffahrtsgesellschaften staatliche Subventionen erhielten und sich der Bedeutung der Staatsräson bewußt waren, gaben schließlich nach. Sogar die im Ruhrgebiet ansässige Schwerindustrie und der C.d.I. schwächten ihre Kritik ab.

Die Geschäftswelt war der wichtigste Helfer der Reichsleitung auf dem Gebiet der Expansionspolitik und scheute keine Mühe; schließlich ging es ja um ihre eigenen Interessen. Ihre Hilfe war der Reichsleitung unentbehrlich, und die Geschäftsleute meldeten durchaus Bedenken an oder übten sogar offene Kritik, sobald sie den Eindruck gewannen, daß der Kurs der Reichsleitung nicht mit den vorgegebenen Zielen übereinstimmte.

Der Beitrag der Intellektuellen

Der Beitrag, den die Intellektuellen zur expansionistischen Strömung leisteten, darf nicht übersehen werden. Geographen, Historiker und Volkswirte vertraten die Meinung, man befinde sich zu Beginn des 20. Jahrhunderts in der Übergangsphase von einem europäischen zu einem weltweiten System, in dem Deutschland einen Platz einnehmen müsse. In der Vorstellung der Intellektuellen hingen die weltweite und die europäische Expansion eng zusammen. Einige betrachteten die Expansion unter dem wirtschaftlichen Aspekt, während andere sie vor allem mit Prestigegründen rechtfertigten.

Der Geograph Ratzel zeichnete durch seine 1897 unter dem Titel „Politische Geographie" erschienene Raumtheorie den Weg vor. Die Geographie verfolgte als Stütze der Weltpolitik patriotische Ziele und stellte sich in den Dienst des Imperialismus. Sie erhielt die Aufgabe, die wirtschaftlichen Möglichkeiten in Afrika, Asien und Südamerika zu erforschen, um jene Gebiete ausfindig zu machen, die den Bedürfnissen des Deutschen Reiches entsprachen. Die Bedeutung des 1879 gegründeten ‚Centralvereins für Handelsgeographie' wuchs rasch, und er vergab immer mehr Forschungsaufträge. Für all diese Männer wie Ratzel und Dix (der 1912 ein Buch mit dem Titel „Deutscher Imperialismus" veröffentlichte) stellte die Expansion eine Notwendigkeit dar, da sonst Deutschlands Wirtschaft zurückfalle, und sie mußte sowohl zu Land als auch zur See erfolgen. Man müsse eine Solidarität unter den mitteleuropäischen Staaten herstellen, um den protektionistischen Tendenzen der Weltreiche zu trotzen: über Österreich-Ungarn solle man die Verbindung zum Osten sichern; man müsse aktive Balkanpolitik treiben; ferner sei es nötig, sich Zugang zum Persischen Golf zu verschaffen.

Auch die Historiker bemühten sich, die Ausbreitung Deutschlands zu fördern. In seiner Apologie des preußischen Staates pries Treitschke, der großen Einfluß auf die jungen Intellektuellen ausübte, die Machtpolitik und verherrlichte den Krieg. Seiner Ansicht nach brauchte Deutschland Kolonien, um seine Macht zu behaupten. Man müsse bei der Aufteilung der Welt mitwirken, sonst werde das Reich zurückfallen. Karl Lamprecht betonte zu Beginn des Jahrhunderts die Notwendigkeit der Expansion und stellte sie als grundlegendes Charakteristikum dieser Epoche dar: man brauche zunächst eine wirtschaftliche Expansion und dann auch eine politische, um die wirtschaftliche Ausbreitung aufrechtzuerhalten und weiter voranzutreiben. Hans Delbrück, Max Lenz, Erich Marks, Otto Hinze (der Verfasser des 1907 erschienenen Werkes „Imperialismus und Weltpolitik") sowie Hermann Oncken waren überzeugt, die neue Aufteilung der Welt bedeute das Ende der britischen Hegemonie und solle Deutschland eine gleichrangige Stellung verschaffen. Hans Delbrück behauptete 1912 sogar, Deutschland, das aus Prestigegründen Kolonien brauche, müsse Kompensationen fordern, sobald andere Staaten ihr Kolonialgebiet erweiterten. Nötigenfalls müsse man auch einen Krieg auf sich nehmen, um die Erfüllung dieser Forderungen durchzusetzen.

Mit Schmoller, Voigt und Sering vertraten bekannte Experten der politischen Ökonomie die Ansicht, das Reich müsse gleichzeitig Weltpolitik und Expansionspolitik auf dem Kontinent treiben. Um eine Kolonialpolitik großen Stils zu verfolgen, sei es angebracht, alle Kräfte in einem mitteleuropäischen Staatenverband oder Zollverein zu sammeln, um der Konkurrenz der drei Weltreiche – des britischen, russischen und amerikanischen – standhalten zu können. Die Intellektuellen, durch ihre Tätigkeit als Hochschullehrer einflußreich – Schmoller bildete mehrere Generationen hoher Beamter aus – und stark nationalistisch gesonnen, lieferten der Weltpolitik theoretische Grundlagen sowie Expansionspläne. Daneben wurden von bestimmten Intellektuellen auch rassistische Argumente vertreten.

Besaß die germanische Rasse nicht Eigenschaften, die ihr zum Sieg über andere Rassen verhalfen? Die Gobineau-Gesellschaft stellte sich die Aufgabe, die Vorstellung von der Überlegenheit der germanischen Rasse, die der französische Schriftsteller bereits 1865 in seinem „Essai sur l'inégalité des races humaines" vertreten hatte, in Deutschland zu verbreiten. Der Engländer Houston Chamberlain, der Sohn eines englischen Admirals und Schwiegersohn Richard Wagners, veröffentlichte 1899 ein Werk über „Die Grundlagen des XIX. Jahrhunderts". Für ihn bestand die Geschichte aus einem Rassenkonflikt. Die germanische Rasse war in seinen Augen durch eine expansive Kraft geprägt, die sich in allen Bereichen äußerte. Die germanischen Völker waren zum Herrschen geboren, sollten sich gegen alle vermischten Rassen zur Wehr setzen und die minderwertigen Völker unterwerfen. Die Theorie von der Überlegenheit der germanischen Rasse löste eine antisemitische Strömung aus. Dieser Antisemitismus, der bis 1914 in intellektuellen Kreisen viele Anhänger fand, wurde zu einem festen Bestandteil der alldeutschen und der imperialistischen Doktrin. Man hatte es nicht nur auf die jüdische Rasse abgesehen: um die europäischen Expansionspläne zu rechtfertigen, zögerten manche Alldeutsche nicht, die Unterwerfung kleiner oder angeblich unbedeutender Völker zu fordern.

Einige Intellektuelle unterstützten Nationalismus und Expansionismus, indem sie die wilhelminische Gesellschaft einer scharfen Kritik unterzogen. Sie priesen die alten nationalen Tugenden, um die bürokratische Gesellschaft bloßzustellen, die in ihren Augen ungebildet war und keine Eliten hervorbrachte. Obwohl Nietzsche jeglichen Nationalismus ablehnte und überzeugt war, daß keine ursprüngliche Rasse einer anderen überlegen sei, bahnte er mit seiner Theorie des vom Machtinstinkt getriebenen Übermenschen den Weg für eine imperialistische Ideologie. Seine Apologie des Instinkts, der Gewalt, des Egoismus lieferte die Rechtfertigung für die Hegemonie einer Nation, obwohl Nietzsche selbst diesen Schluß nie gezogen hat. Der Dichter Stephan George, ein Schüler Nietzsches, sprach schließlich von der Überlegenheit Deutschlands, das dazu berufen sei, Europa unter seiner Vorherrschaft zu einigen.

2. Die Hauptachsen des deutschen Imperialismus

Das Deutsche Reich beteiligte sich erst spät am kolonialen Wettstreit und war vor allem darauf bedacht, bei der Aufteilung der noch verbleibenden Gebiete mitzuwirken. Wie die anderen Mächte versuchte es, sich Einflußzonen zu verschaffen. In China und in geringerem Umfang in der Türkei waren die deutschen Bemühungen von Erfolg gekrönt. Der Traum von einem deutschen Mittelafrika ließ sich dagegen nicht verwirklichen, und die deutschen Absichten auf Marokko mündeten in einen Mißerfolg. In Afrika stieß Deutschland auf den Widerstand der Kolonialmächte Großbritannien und Frankreich, die kaum geneigt waren, ihm einen Platz einzuräumen.

Die Erfolge der Weltpolitik

Die Einflußzone in China

Der Chinesisch-Japanische Krieg von 1894/1895, der den Großmächten die ungeheure Schwäche Chinas deutlich vor Augen führte, veranlaßte Deutschland, sich zu fragen, welche besonderen Vorteile es von Peking erhalten könnte. Ohne selbst die Initiative zu ergreifen, wollte Deutschland bei einer eventuellen Aufteilung Chinas mitwirken oder doch zumindest Kompensationen fordern, falls Japan chinesische Territorien erhielte. Kaiser Wilhelm II. meinte, das Reich müsse sich stets zum Losschlagen bereithalten.

Welche Gründe veranlaßten Berlin, sich in die chinesische Frage einzumischen? Bereits 1894 war Kaiser Wilhelm II. überzeugt, England, Rußland und Frankreich hätten es auf chinesisches Gebiet abgesehen. Im Rahmen der Weltpolitik sollte das Deutsche Reich diesmal nicht leer ausgehen, sondern aus Prestigegründen ebenfalls einen Anteil erhalten. Zunächst benötigte man einen Stützpunkt für die deutsche Flotte. Außerdem beabsichtigte Deutschland, den chinesischen Markt von 330 bis 350 Millionen Menschen für die deutsche Wirtschaft zu erschließen. Die deutschen Politiker sahen ferner in der chinesischen Frage Möglichkeiten für große diplomatische Schachzüge. Sollte man denn nicht den Widerspruch zwischen den russischen, französischen und britischen Interessen nutzen, um diese Mächte gegeneinander auszuspielen und vor allem das französisch-russische Bündnis zu schwächen? Wilhelm II. beabsichtigte, Rußland nach dem Fernen Osten zu orientieren, um es von Europa abzulenken; er betonte die historische Mission des russischen Reiches, die darin bestünde, Europa gegen die gelbe Rasse zu verteidigen, und erklärte sich bereit, Rußland bei ihrer Erfüllung zu unterstützen.

Als China sich im April 1895 im Friedensvertrag von Shimonoseki verpflichtete, die Halbinsel Liaotung an Japan abzutreten, protestierten die Großmächte auf Rußlands Anregung. Am 23. April 1895 übergaben das Zarenreich, Deutschland und Frankreich diplomatische Noten nahezu gleichen Wortlautes, und der deutsche Vertreter drohte Japan sogar mit einer bewaffneten Auseinandersetzung. Japan mußte nachgeben und trat Liaotung wieder an China ab.

Berlin versuchte, aus der Unterstützung Chinas Gewinn zu ziehen. Laut Wilhelm II. durfte man sich nicht mehr wie in Afrika verhalten, das heißt, hinter Briten und Franzosen zurückstehen; dennoch lehnte die Wilhelmstraße eine Aufteilung Chinas ab. Man dachte an eine Kohlenstation und an einen Marinestützpunkt. Verschiedene Experten – der Geograph Richthofen, Tirpitz als damaliger Befehlshaber des im Fernen Osten stationierten Flottengeschwaders und der Hafenbauspezialist Franzius – fertigten genaue Gutachten an. Politische, wirtschaftliche und strategische Gründe ließen die Wahl auf Kiautschou fallen. Anfragen in Peking ließen erkennen, daß China sehr zurückhaltend reagierte, im November 1897 lieferte jedoch die Ermordung zweier deutscher Missionare in Schantung den nötigen Vorwand. Wilhelm II. sandte deutsche Truppen nach Kiautschou. Die anderen Mächte erhoben keinen Einspruch und China gab nach. Deutschland zwang China zum Vertrag vom 6. März 1898, der ihm territoriale und wirtschaftliche Vorteile einbrachte. Dieser Vertrag führte das Pachtsystem ein, indem er dem Reich für 99 Jahre ein Gebiet um Kiautschou überließ, nebst dem Recht, dort einen befestigten Flottenstützpunkt anzulegen. Deutschland baute einen regelrechten Kriegshafen in Tsingtan. Mit dem weiteren Recht, eine Zone von 50 km rund um Kiautschou militärisch zu besetzen, in der Peking nichts unternehmen durfte, ohne zuvor Berlins Zustimmung einzuholen, kam das der Errichtung eines deutschen Protektorates gleich. Außerdem enthielt der Vertrag wirtschaftliche Bestimmungen, die die ganze Provinz Shantung betrafen: unter deutscher Leitung und aus deutschem Material sollten auf der Shantung-Halbinsel drei Eisenbahnlinien in Form eines Dreiecks gebaut werden; das Reich durfte auf einem 15 km breiten Streifen rechts und links dieser Bahnlinien Bodenschätze abbauen, und falls die Provinz für irgendein Projekt ausländische Hilfe benötigte, sollten vorrangig deutsche Unternehmer hinzugezogen werden.

Das Ziel des damaligen Staatssekretärs in der Wilhelmstraße, von Bülow, war erreicht: Deutschland besaß eine Einflußzone. Das Reich wünschte jedoch keine weitere Aufteilung Chinas, da es noch über keine Flotte verfügte, die stark genug gewesen wäre, um ein riesiges Gebiet zu verteidigen, und es zu diesem Zeitpunkt die russisch-japanische oder französisch-britische Rivalität im Fernen Osten nicht ausnutzen konnte. Die wirtschaftliche Erschließung und das Wirken der Missionare wurden durch die deutsche Flotte und Garnison unterstützt. Man hoffte sogar, die chinesische Flotte der Leitung eines deutschen Offiziers zu unterstellen, um auch auf diese Weise Deutschlands Gegenwart zu demonstrieren.

Berlin beteiligte sich an einer Reihe von Abkommen, deren Zweck darin bestand, die Einflußzonen abzustecken. Vor allem der Vertrag zwischen britischen und deutschen Bankiers vom 2. September 1898 gab deutlich zu verstehen, daß die Zone deutschen Eisenbahnbaus die Provinz Shantung und den unteren Flußlauf des Hwangho umschloß. Das Reich suchte sich auch an den hohen chinesischen Anleihen zu beteiligen. Nachdem es an der 400-Millionen-Francs-Anleihe, die Frankreich und Rußland im Juli 1895 vergeben hatten, unbeteiligt gewesen war, nutzte es einige Monate später die chinesischen Angebote. Im März 1896 wurde eine britisch-deutsche Anleihe über 16 Millionen Pfund abgeschlossen. Die fast reibungslose finanzielle Zusammenarbeit zwischen England und dem Reich funktionierte noch 1898, trotz der Angebote einer von Hanotaux unterstützten französischen Gruppe. Anfang 1898 erhielt die britisch-deutsche Gruppe (Hongkong and Shanghai Bank – Deutsch-Asiatische Bank) eine weitere Anleihe Chinas über 16 Millionen Pfund (400 Millionen Francs) zugesprochen.

Anläßlich des Boxeraufstandes von 1900 versuchte Deutschland als erster Verteidiger der europäischen Interessen aufzutreten. Die Ermordung des deutschen Gesandten in Peking, von Ketteler, im Juni 1900 sowie die Blockade der ausländischen Botschaften lösten eine internationale Reaktion aus. Wilhelm II. wollte die Wiederherstellung der Ordnung nicht Japan oder Rußland überlassen: er schlug eine gemeinsame Aktion vor, die aus Prestigegründen von dem deutschen General von Waldersee geleitet werden sollte. Im Laufe diese sogenannten „Kampfes Asiens gegen ganz Europa“ ließ sich der Kaiser zu maßlosen Äußerungen hinreißen: Peking müsse dem Erdboden gleichgemacht werden und „Pardon wird nicht gegeben, Gefangene werden nicht gemacht“. An Attila erinnernd forderte er seine Soldaten auf, dem deutschen Namen in China solche Geltung zu verschaffen, daß „. . . auf tausend Jahre hinaus kein Chinese mehr es wagt, einen Deutschen scheel anzusehen.“

Der vorsichtigere Bülow suchte sich mit den anderen europäischen Mächten abzusprechen. Am 14. August zog das internationale Expeditionskorps in Peking ein und befreite die Gesandschaften, bevor Expeditionschef Graf Waldersee überhaupt eintraf. Dennoch hatte man einen Prestigeerfolg errungen; Deutschland, das keine Zerstückelungspläne hegte, suchte China harte Bedingungen aufzuerlegen, vor allem eine endgültig auf 450 Millionen taëls (1,7 Milliarden Francs) fixierte Kriegsentschädigung. Da China neue Kredite aufnehmen mußte, um die Entschädigung leisten zu können, verstärkte sich der Einfluß der westlichen Staaten und dies umso nachhaltiger, als sie auch eine Ausdehnung ihres Handels erreichten.

Berlin erhoffte sich jedoch noch mehr. Dem Reich war aus der Ausrichtung Rußlands auf den Fernen Osten nicht der erwartete politische Vorteil erwachsen. Daher versuchte Wilhelm II. bereits Ende August des Jahres 1900, mit London zusammenzuarbeiten, um die deutschen Interessen zu vertreten und auszuweiten. Im britisch-deutschen Abkommen vom 16. Oktober 1900 bestimmten beide Partner die Richtlinien ihrer gemeinsamen Politik. Sie wollten keine Gebiete annektieren und waren entschlossen, sich jeglichem Eroberungsversuch einer dritten Macht (gemeint war Rußland) zu widersetzen. Falls dennoch eine dritte Macht Territorien erwerben sollte, wollten sie Kompensationen fordern. Dieses sogenannte Jangtse-Abkommen stellte trotz seiner Zweideutigkeiten einen Erfolg für die deutsche Politik dar. Er konnte allerdings nur mit Schwierigkeiten genutzt werden, da die deutsche Diplomatie aufrichtig zwischen den russischen und britischen Interessen zu vermitteln suchte (zum Beispiel in der Frage der Mandschureibahn und im Tientsin-Problem), ohne sich dabei, wie sich Kaiser Wilhelm II. im Februar 1901 ausdrückte, zwischen zwei Stühle zu setzen.

Berlin war über die aggressive Politik Rußlands beunruhigt, wollte sich jedoch im Falle eines russisch-japanischen Konfliktes neutral verhalten. Im März 1901 legte Holstein die Richtlinien der deutschen Fernostpolitik fest: Deutschland sollte Japan nicht in seinen koreanischen Gebietswünschen unterstützen; es sollte auf Rußland Rücksicht nehmen und keinesfalls seine defensive Haltung aufgeben. Man gab zu verstehen, keine politischen Absichten zu hegen, sondern lediglich wirtschaftliche Interessen vorantreiben zu wollen.

Bis ins Jahr 1914 stand Berlin jeglicher Vorstellung von einer Teilung Chinas ablehnend gegenüber. Die Souveränität und territoriale Unversehrtheit des Landes erschienen als die besten Garanten für den Ausbau deutscher wirtschaftlicher Interessen. Am Vorabend der chinesischen Revolution gab es in den Augen der deutschen Reichsleitung nur zwei mögliche Haltungen: entweder Nichteinmischung oder ein gemeinsames

Eingreifen aller westlichen Mächte. Im September 1910 war Kaiser Wilhelm II. bereit, die von Peking geplanten militärischen und wirtschaftlichen Reformen zu unterstützen. Als im Herbst 1911 im Süden Chinas die revolutionären Unruhen ausbrachen, trafen die Deutschen militärische Vorsichtsmaßnahmen, um ihre Interessen in Hankow zu verteidigen. Deutschland widerlegte die Anschuldigungen Tokios, das behauptete, die kaiserliche chinesische Armee sei durch deutsche Offiziere und deutsches Kriegsmaterial unterstützt worden. Es stimmte zwar, daß die chinesischen Reaktionäre Berlin um Unterstützung ersuchten, aber das Reich folgte dem Beispiel der anderen Mächte und erkannte die chinesische Republik an. Was die hohen chinesischen Anleihen betraf, so arbeitete die deutsche Finanzwelt weiterhin mit den übrigen westlichen Mächten zusammen. An der 25-Millionen-Pfund-Anleihe von März 1913 war Deutschland in derselben Höhe beteiligt wie England und Frankreich, während Rußland und die Vereinigten Staaten sich mit einer geringeren Beteiligung begnügten. Was jedoch die Industrieanleihen anging, die in dem Abkommen zwischen den Mächten nicht enthalten waren, so unterstützte Deutschland Krupp gegen die Bemühungen von Le Creusot. Die deutsche Firma Carlowitz & Co verhandelte, von Krupp unterstützt mit den Provinzialbehörden von Yünnan und erhielt von ihnen als Gegenleistung für einen Ende 1913 abgeschlossenen Kredit über 60 Millionen Mark die Konzession für den Bau der Eisenbahn von Yünnan nach Kwangsi. Dieses Unternehmen schien die französischen Interessen zu bedrohen.

Nachdem Deutschland seine Position in China ausgebaut hatte, richtete es seinen Blick auf den Pazifik. Unter Ausnutzung des spanisch-amerikanischen Krieges von 1898 konnte Deutschland den Pazifik in sein Ausdehnungsfeld einbeziehen. Es beanspruchte einen Anteil bei der Auflösung des spanischen Kolonialreiches. Der Widerstand der Vereinigten Staaten ließ Berlin von dem Vorschlag, die Philippinen zu teilen, Abstand nehmen. Aber das Reich bot Madrid den Kauf einiger Inselgruppen an; im März 1899 überließ ihm Spanien die Karolinen und die Marianen. Die Auflösung der britisch-deutsch-amerikanischen Interessengemeinschaft ermöglichte es dem Reich 1899, die Hälfte der Samoainseln zu erwerben. Das Reich mußte lange und zähe Verhandlungen mit London führen, um eine Entschädigung zu erhalten, der Wilhelm II. und Tirpitz einen großen Wert beimaßen. Tirpitz betonte den strategischen Nutzen der Samoainseln für Deutschland in allernächster Zeit sowie künftighin, wenn erst der Bau des Panamakanals dem Welthandel neue Wege eröffnen und die strategischen Gegebenheiten verändern würde.

Im Fernen Osten und im Pazifik konnte die Weltpolitik offensichtlich einige Erfolge erringen. Deutschland mußte zwar auf die Wünsche der anderen europäischen Mächte und der Vereinigten Staaten Rücksicht nehmen, aber es konnte durchaus den Eindruck haben, in China und auf den pazifischen Inseln den ihm zustehenden Teil erhalten zu haben.

Der deutsche Einfluß im Osmanischen Reich

Das Osmanische Reich stellte ein weiteres Objekt der Weltpolitik dar. Hier handelte es sich nicht darum, ein Protektorat zu errichten, was Rußland und England nie geduldet hätten. Berlin wollte vielmehr jegliche Aufteilung der Türkei zwischen diesen beiden Mächten verhindern, die eigenen wirtschaftlichen Interessen ausbauen und auf diese Weise größeren Einfluß gewinnen.

Londons Teilungsangebot von Juli 1895 betrachtete Holstein als ein bloßes Manöver und sprach sich für die territoriale Unversehrtheit der Türkei aus. Deutschland wollte freie Hand behalten und in den Augen des Sultans als selbstlose Schutzmacht dastehen. Diese Absicht wurde anläßlich der Reise Kaiser Wilhelms II. im Oktober 1898 ganz deutlich: er traf in Konstantinopel mit dem Sultan zusammen, hielt einen großartigen Einzug nach Jerusalem und begeisterte sich in Damaskus für den Islam, indem er sich zum Freund der 300 Millionen Moslems erklärte. Da England sich mit Schwierigkeiten in Südafrika auseinandersetzen mußte und Rußland sich immer stärker für den Fernen Osten interessierte, schien für Deutschland ein günstiger Augenblick gekommen, um dauerhaften Einfluß auf die Türkei zu nehmen. Die Linie Berlin – Byzanz – Bagdad sollte zum Hauptinstrument der deutschen Durchdringung werden.

Die Bemühungen Marschalls, des ehemaligen Staatssekretärs in der Wilhelmstraße und Botschafters in Konstantinopel und von Siemens', des Direktors der Deutschen Bank, führten zu einem ersten Abkommen: am 26. November 1899 erteilte der Sultan einer deutschen Gruppe die vorläufige Konzession für den Eisenbahnbau. Am 16. Januar 1902 unterzeichnete der Sultan den Erlaß über den Eisenbahnbau und am 5. März 1903 den endgültigen Vertrag. Ein schöner Erfolg für die deutschen Diplomaten und Bankiers. Die Bagdadbahngesellschaft, die am 13. April 1903 gegründet wurde, erhielt eine umfangreiche Aufgabe, die mit vielen Vorteilen verknüpft war. Insgesamt sollten nahezu 4000 Kilometer Schienen installiert werden, da von der Hauptstrecke Konia – Adana – Mossul (2800 km) eine Nebenstrecke nach Bagdad und zum Persischen Golf sowie eine zweite Abzweigung nach Persien führen sollte. Außerdem war eine Verbindung zwischen der Hauptstrecke und dem syrischen, von französischen Interessen beherrschten Eisenbahnnetz vorgesehen.

Die Konzession, die die Gesellschaft für 99 Jahre erhalten hatte, schloß auch das Recht ein, innerhalb eines 20 km breiten Streifens auf beiden Seiten der Bahnlinien Bodenschätze abzubauen. Außerdem durften Magazine und Depots errichtet werden. Das zum Bau der Bahnlinie nötige Material, die Lokomotiven, Waggons sowie die erforderliche Kohle, konnte zollfrei eingeführt werden. Die finanziellen Bedingungen schienen ebenso vorteilhaft: es wurde eine Subvention von 270000 Francs pro gebauten Kilometer zugesichert.

Auf diese Weise stand dem Deutschen Reich, das in den Augen des Sultans die einzige den Moslems wohlgesonnene europäische Macht war, ein hervorragendes Mittel zur friedlichen Durchdringung zur Verfügung. Gleichzeitig sah sich Deutschland jedoch mit zwei schwerwiegenden Problemen konfrontiert, zwischen denen ein enger Zusammenhang bestand: mit der Reaktion der Großmächte und mit den finanziellen Auswirkungen eines äußerst kostspieligen Projekts. Die deutschen Kapitalgeber, denen es nicht gelang, eine Bürgschaft der ‚Seehandlung', eines staatlichen Unternehmens, zu erhalten, waren der Meinung, man müsse andere Kapitalmärkte beteiligen. Die Reichsleitung gab nach, wünschte jedoch keine den deutschen Charakter des Unternehmens in Frage stellende Internationalisierung. Wie konnte man nun finanzielle Unterstützung aus dem Ausland erhalten, die ja jeweils die Billigung der zuständigen Regierung in Paris, London und Sankt Petersburg voraussetzte?

Die einzelnen Mächte vertraten verschiedene Standpunkte. In Paris strebte Delcassé eine Internationalisierung des Bagdadbahnunternehmens mit einer starken französischen und einer jeweils geringeren britischen und russischen Kapitalbeteiligung an; seiner Ansicht nach mußte sich die Internationalisierung auf alle Bereiche des Unternehmens – Bau, Kontrolle und Betrieb – erstrecken. Man mußte den deutschen Einfluß zurückdrängen. Die Argumente des französischen Ministers überzeugten in Sankt Petersburg nicht. Dort betrachtete man die Bagdadbahn als ein deutsches Unternehmen, das den russischen Interessen zuwiderlief. Das zaristische Regime lehnte jede Beteiligung ab und wünschte auch kein Engagement Englands und Frankreichs. London schien 1902–1903 durchaus zu einer Beteiligung bereit, allerdings unter der Bedingung, daß es weiterhin die Kontrolle über den Persischen Golf und folglich über den letzten Streckenteil von Bagdad zum Persischen Golf behalte. Was den Rest der Linie anging, so traten noch Anfang 1903 das Foreign Office, das War Office, das India Office und die Admiralität für die Internationalisierung ein. Die englische Presse entfesselte jedoch eine Kampagne gegen jegliche Teilnahme an einer als hauptsächlich deutsch geltenden Unternehmung. Von diesem Zeitpunkt ab gaben die britischen Behörden den Gedanken einer Beteiligung auf und unternahmen alles, was in ihren Kräften stand, um den Bau zu hemmen. Sir Edward Grey wiederholte zwar im April 1906, England sei bereit, sich auf einer Viererbasis zu verständigen, aber er forderte für England die Kontrolle über den Streckenabschnitt Bagdad – Kuwait, eine aufgrund des Widerstands Berlins und auch der Weigerungen Frankreichs und Rußlands unerfüllbare Bedingung.

Auf diese Weise scheiterte die Internationalisierung des Unternehmens, aber die deutschen Kapitalgeber hofften dennoch auf eine französische Kapitalbeteiligung. Die ‚Banque impériale ottomane' in Paris sicherte der Deutschen Bank auch ihre Unterstützung zu. Obwohl die französische Regierung im Juli 1903 beschlossen hatte, ihre Zustimmung zu einer Beteiligung nur unter der Bedingung zu erteilen, daß Frankreich und Deutschland gleichberechtigte Partner innerhalb dieses Unternehmens seien, beteiligte sich die ‚Banque ottomane' zu 30%, ohne daß diese Bedingung erfüllt worden wäre. Infolgedessen blieb die Pariser Börse für Wertpapiere über Bagdadbahnanleihen verschlossen. Die Deutschen mußten die Kosten des Unternehmens tragen und gleichzeitig nach einer Einigung suchen, die es ermöglichen sollte, einen großen Teil der Wertpapiere in Paris unterzubringen. 1905 stand man kurz vor dem Erfolg, aber Rouvier wich aus. 1906–1907 fühlte Berlin in London und Sankt Petersburg wegen einer Internationalisierung vor. Die britischen Behörden und Kapitalbesitzer waren nicht abgeneigt. Paris jedoch blieb standhaft und erleichterte in keiner Weise die Verhandlungen zwischen französischen und deutschen Bankiers; denn Berlin wollte den von Paris geforderten Preis, das heißt, Zugeständnisse in der Marokkofrage, nicht zahlen. Das französisch-deutsche Marokkoabkommen vom 9. Februar 1909 ermöglichte die Wiederaufnahme der Verhandlungen, die jedoch zu keinem Ergebnis führten. Erst als Rußland sein Veto aufhob, gab Frankreich nach.

Die deutsch-russische Übereinkunft vom Dezember 1910, die in dem Vertrag vom 19. August 1911 bestätigt wurde, beseitigte den russischen Widerstand: Deutschland verpflichtete sich, in dem Gebiet zwischen der Bagdadlinie und der russisch-persischen Grenze keine Bahn zu bauen. Außerdem versicherte Deutschland, daß es in Persien kein politisches Ziel verfolge. Nun war Paris bereit zu verhandeln, überlegte jedoch, ob es jetzt in die Gesellschaft eintreten sollte, oder ob es besser wäre, wenn es sich heraushielte und jedes Land seine eigene Einflußzone entwickelte. Der Quai d'Orsay tendierte zu der zweiten Lösung. Das französisch-deutsche Abkommen vom 15. Februar 1914 war nichts anderes als eine Aufteilung in Einflußzonen: die Deutschen erhielten die Bagdadbahn, die Franzosen das syrische Netz. Dieses Abkommen wurde sowohl von den französischen als auch von den deutschen Nationalisten scharf kritisiert. Die im Mai 1913 aufgenommenen Verhandlungen mit London führten zum Vertrag vom 15. Juni 1914. England erklärte sich unter der Bedingung einverstanden, daß die Eisenbahnlinie im Süden nicht über Basra hinausginge; Berlin nahm diese Bedingung an, da sich die Briten verpflichteten, den Hauptteil der Kosten für die Schiffbarmachung von Euphrat und Tigris zu übernehmen. Das Abkommen sah ferner die Gründung einer internationalen Gesellschaft zum Abbau der Erdölvorkommen in Mesopotamien (Mossul) vor, die zu 50% mit britischem und zu 50% mit holländischem und deutschem Kapital finanziert werden sollte. Die künftige Förderung sollte zu je einem Drittel auf die britische Marine, die deutsche Marine und den normalen Markt verteilt werden. Dies bedeutete, am Vorabend des Krieges, einen unbestreitbaren Erfolg für Deutschland, das wirtschaftliche Zugeständnisse in Mesopotamien, also in der britischen Einflußzone, erhielt.

Diese 1914 abgeschlossenen Verträge, die wegen des Krieges keine Anwendung fanden, kamen recht spät: der deutsche Geldmarkt hatte bedenkliche Anstrengungen unternehmen müssen, um das vorrangige Bagdadunternehmen zu finanzieren. Dadurch, daß das gesamte flüssige Geld für das Bagdadunternehmen verwendet wurde, konnte Deutschland sich kaum noch an anderen Unternehmungen beteiligen. Laut deutschen Berechnungen haben die deutschen Kapitalgeber 550 Millionen Francs in die Bagdadbahn investiert.

Erreichte der deutsche Einfluß in der Türkei das erwartete Ausmaß? Man muß versuchen, die finanzielle, wirtschaftliche und militärische Bilanz zu ziehen, ohne jedoch den politischen Einfluß außer acht zu lassen. Am Vorabend des Krieges besaßen die deutschen Kapitalanleger türkische Wertpapiere für etwa 2,3 Milliarden Francs. An türkischen Staatsanleihen waren sie nur zu 17% beteiligt, an Auslandsinvestitionen in der Türkei dagegen zu 32%. Die Deutsche Bank beherrschte das Bagdadbahnunternehmen, aber die Anleihen und Vorschüsse trug in erster Linie Fankreich, beziehungsweise die ‚Banque ottomane', obwohl diese Bank lange Zeit dem deutschen Geldinstitut eine Minderheitsbeteiligung von 30% zugestand. Diese Zusammenarbeit endete übrigens 1914; in diesem Jahr übernahm die französische Gruppe ganz allein die große türkische Tilgungsanleihe (800 Millionen Francs). Angesichts dieser Lage gab Krupp seine Hoffnung auf Bestellungen von Kriegsmaterial im Gegenwert von etwa hundert Millionen Francs auf. Dennoch war die wirtschaftliche Bilanz beträchtlich: die Bagdadbahn, eine Beteiligung an der „Turkish Petroleum Company" von 25% und die Verdreifachung der Ausfuhr in die Türkei zwischen 1906 und 1911. Aber Frankreich gewann immer mehr Einfluß, und der britische Handel nahm nach wie vor den ersten Platz ein. Der Absatz deutscher Güter in der Türkei blieb auf einem bescheidenen Niveau: er betrug lediglich 1,4% der deutschen Gesamtausfuhr.

Der militärische Einfluß ließ nach. Die Vorrangstellung deutscher Firmen in den Waffengeschäften wurde ab 1909 immer fraglicher. Dank starker Unterstützung durch die französische Regierung, die die Anleihen als Druckmittel benutzte, erhielt die Firma Schneider (Le Creusot) einen Auftrag für die Lieferung von Kanonen, und die Schiffswerft in Penhoët wurde mit dem Bau eines Panzerkreuzers beauftragt: Auf diese Weise wurden deutschen Firmen wichtige Aufträge weggenommen. Die Aufgabe der militärischen, von Liman von Sanders geführten Gesandtschaft Deutschlands schien aufgrund des immer gespannter werdenden Verhältnisses zu den türkischen Behörden hinfällig geworden zu sein. Im Mai vertrat Reichskanzler Bethmann Hollweg in Berlin die Meinung, eine Reform der türkischen Armee sei für das Deutsche Reich nur dann interessant, wenn die Türkei weiterhin unter dem politischen Einfluß Deutschlands stehe, denn es sei nicht nötig, den türkischen Säbel zugunsten Frankreichs oder Rußlands zu schärfen. Der enttäuschte Kaiser Wilhelm II. riet der militärischen Gesandtschaft zur Rückkehr.

Wie groß war nun der politische Einfluß, den Deutschland ausübte? Muß man dem Kaiser glauben, der ihn „gleich Null" einschätzte? Konnte die Türkei ohne weiteres zwischen Rußland, Frankreich und England aufgeteilt werden? Der Reichskanzler ging mit sich selbst zu Rate. Die Deutsche Bank und Krupp baten die Reichsleitung um Unterstützung für ihre bedrohten Interessen und erpreßten sie regelrecht, indem sie zu bedenken gaben, daß die Vernichtung ihrer Interessen unweigerlich den Zusammenbruch des deutschen Prestiges nach sich ziehen würde.

Der deutsche Einfluß im Osmanischen Reich schien also recht gering zu sein. Ganz offensichtlich verkannten jene, die mit dem Gedanken einer Vorherrschaft über Mitteleuropa unter Einschluß des Südostens liebäugelten, die tatsächliche Stellung Deutschlands in der Türkei. Der unter Politikern und Geschäftsleuten herrschende Pessimismus ließ nichts Gutes für eine Expansion in diese Richtung ahnen.

Die deutschen Fehlschläge in Afrika

Das britische Hindernis: Süd- und Mittelafrika

Bald nachdem Deutschland Gebiete in Südwestafrika – eine Wüste – und in Ostafrika erworben hatte, interessierte es sich für Südafrika. Dort riskierte es allerdings einen Zusammenstoß mit England, das durch seine

Kapkolonie und diejenige in Natal vertreten war und sich sehr für die Burenrepubliken Transvaal und Oranje interessierte. Nach Norden und Osten richteten sowohl das Deutsche Reich als auch die anderen europäischen Mächte begehrliche Blicke auf die portugiesischen Kolonien Moçambique und Angola, da man mit dem baldigen Zusammenbruch des portugiesischen Kolonialreiches rechnete. Auch hier würde sich Deutschland in erster Linie mit Großbritannien auseinandersetzen müssen. Von nun an konnte die deutsche Politik nur noch zwei Richtungen einschlagen, die Berlin abwechselnd verfolgte: entweder gegen England zu arbeiten oder sich ihm erneut anzunähern, um die Beute zu teilen.

Was Transvaal und Oranje betraf, so versuchte Deutschland, das sich mit mindestens 500 Millionen Mark in den dortigen Goldminen engagiert hatte, zunächst, die britischen Absichten zu vereiteln. Als Cecil Rhodes, Premierminister der Kapkolonie, Ende 1895 den Jameson Raid startete, um das Transvaalproblem zu lösen, reagierte Berlin sehr rasch. Der deutsche Botschafter in London wurde beauftragt, die britische Regierung zu fragen, ob sie den Jameson Raid billige oder nicht, und erhielt gleichzeitig Anweisung, im Falle einer bejahenden Antwort die diplomatischen Beziehungen abzubrechen. Die negative Antwort des britischen Premiers Salisbury beruhigte die erregten Gemüter in Berlin nicht; man schickte sich dort vielmehr an, London mitzuteilen, daß Deutschland eine Änderung des Zustands der Transvaal-Republik und des Oranje-Freistaats ablehne. Die Nachricht vom Scheitern des Raid verzögerte die Übergabe einer dementsprechenden deutschen Note.

Am 3. Januar 1896 schickte Kaiser Wilhelm II. jedoch ein Telegramm an P. Krüger, den Präsidenten der Republik Transvaal, in dem er ihm zu verstehen gab, daß Berlin bereit sei, ihn zu unterstützen: er beglückwünschte den Präsidenten und sein Volk zur Wiederherstellung des Friedens und zur Wahrung der „Unabhängigkeit des Landes gegen Angriffe von außen", „ohne an die Hilfe befreundeter Mächte zu appellieren".

Der Text, den die deutschen Behörden sorgfältig ausgearbeitet hatten und der keineswegs ein persönlicher Einfall Wilhelms II. war, stellte eine lang überlegte Unternehmung dar, die London klarmachen sollte, daß die südafrikanischen Probleme nicht ohne Deutschland gelöst werden konnten. Die Krüger-Depesche hatte bedenkliche Auswirkungen auf das Verhältnis zwischen Großbritannien und Deutschland. Zum ersten Mal wurde sich die britische Öffentlichkeit einer von Deutschland ausgehenden Gefahr bewußt, die durchaus die Vormachtstellung Englands bedrohen konnte.

Während des britischen Krieges gegen die Buren (Oktober 1899 bis Mai 1902) verhielt sich die deutsche Reichsleitung völlig anders. Gleich zu Beginn der Krise gab Berlin zu verstehen, daß es strenge Neutralität wahren wolle. Die Reichsleitung gab zahlreiche Beweise guten Willens, ohne daß England dies immer ganz zu schätzen wußte. Den preußischen Offizieren wurde jede Teilnahme am Krieg untersagt. Die Schwierigkeiten, die dadurch entstanden, daß die britische Flotte Ende 1899/Anfang 1900 deutsche Handelsschiffe in Durban und Aden überprüfte, versuchte Berlin gütlich beizulegen. Deutschland willigte nicht in eine Intervention der übrigen Mächte ein, die das Kriegsende beschleunigen sollte; die vielen zwischenstaatlichen Verhandlungen, die 1900 aus diesem Anlaß geführt wurden, fanden keine Fortsetzung. Die Friedensangebote, die die Buren Anfang März 1900 machten, unterstützte das Reich nicht. Es wollte lediglich dann als Vermittler auftreten, wenn beide Seiten dies wünschten, aber London wollte keine Einmischung der übrigen Mächte. Die Reichsleitung weigerte sich sowohl, die Abordnung der Buren zu empfangen, als auch einige Monate später, im Dezember 1900, Transvaals Präsidenten Krüger. Wenn auch Kaiser Wilhelm II., aufgebracht über die Verluste, die der Krieg dem deutschen Handel zufügte, schließlich im Oktober 1901 gewillt schien, England mit einer Intervention zu drohen, so war Reichskanzler Bülow bestrebt, London zu beruhigen.

So hatte sich die Reichsleitung bemüht, Großbritannien keine Schwierigkeiten zu bereiten. Dies war umso verdienstvoller, als sie wiederholt die deutsche Presse beruhigen mußte, die der britischen Intervention äußerst kritisch gegenüberstand. Diese wohlwollende Haltung Berlins, von der britischen Regierung viele Male hervorgehoben, hielt die britische Presse nicht davon ab, Anschuldigungen gegen Deutschland vorzubringen. Nach dem Krieg wuchs der Haß auf das Reich noch an; er erfaßte breite Kreise der Bevölkerung, und Botschafter Metternich war der Ansicht, dieser Haß habe seine Ursache in der Haltung des deutschen Volkes während des Burenkriegs. In Anbetracht des unbestreitbar guten Willens der Reichsleitung war das eine eigentümliche Undankbarkeit.

Warum nutzte Berlin die britischen Schwierigkeiten nicht zu seinen Gunsten und machte auf diese Weise selbst die deutschen Hoffnungen in Südafrika zunichte? Mehrere Gründe erklären dieses Verhalten. Der erste Grund war allgemein politischer Natur: man verhandelte gerade über eine britisch-deutsche Annäherung und wollte nicht riskieren, sie an einer kolonialen Frage scheitern zu lassen. Hatte Deutschland denn Sorge, noch nicht über die nötigen Mittel zu einer großangelegten Weltpolitik zu verfügen? Das ist durchaus möglich, wenn man Wilhelm II. Glauben schenkt, der im März 1900 in einem Brief an Königin Wilhelmine von Holland zu verstehen gab, man müsse zuerst über eine starke Flotte verfügen, um auf allen Meeren präsent sein zu können. Daneben wollte man aus dem guten Willen auch Nutzen ziehen, nämlich die Regelung zweier Fragen erreichen, die Deutschland sehr am Herzen lagen: die

Ausführung des im August 1898 geschlossenen britisch-deutschen Vertrages über die portugiesischen Kolonien sowie die Regelung der Samoaangelegenheit im Pazifik.

Um die Jahrhundertwende schien Deutschland also auf jegliche Absichten im Süden Afrikas zu verzichten. Für Zentralafrika galt das nicht. Das Problem der portugiesischen Kolonien und Belgisch-Kongos beschäftigte die Reichsleitung sogar noch bis 1914.

Die portugiesischen Kolonien wurden umso begehrenswerter, als Lissabon, das sich in einer verzweifelten Lage befand, ganz dringend auf ausländisches Kapital angewiesen war. Der Londoner Kapitalmarkt schien im Frühjahr 1898 bereit zu sein, Portugal eine weitere Anleihe zu bewilligen. Deutschland wollte sich diesem Unternehmen anschließen, um ebenfalls von einer etwaigen Aufteilung der portugiesischen Kolonien zu profitieren. Der geheime Vertrag, den London und Berlin am 30. August 1898 schlossen, sah diese Möglichkeit vor. Großbritannien und Deutschland begünstigten das Zustandekommen einer portugiesischen Anleihe unter der Bedingung, daß sie als Garantien die Zolleinnahmen Moçambiques und Angolas erhielten. Im Falle eines portugiesischen Staatsbankrotts, auf den man hoffte, würden sich die beiden Staaten der Zolleinnahmen bemächtigen. Auf diese Weise wollte man eine Aufteilung einleiten, in deren Verlauf Deutschland das nördliche Moçambique sowie den nördlichen und südlichen Teil Angolas erhalten sollte (während England das Zentrum bekommen sollte).

Dieser Vertrag, der eine beträchtliche Erweiterung des deutschen Kolonialgebiets zur Folge gehabt hätte, wurde nie ausgeführt, da Portugal auf eine Rüge Frankreichs hin darauf verzichtete, eine Anleihe allein in London und Berlin unterzubringen. Da London, das damit beschäftigt war, seinen Krieg gegen Transvaal vorzubereiten, 1899 mit Lissabon den sogenannten Windsor-Geheimvertrag schloß, der eine Garantie der portugiesischen Kolonien gegen jeden ausländischen Eingriff enthielt, konnte Berlin den Eindruck gewinnen, sich auf einen betrügerischen Handel eingelassen zu haben.

Das Problem wurde wieder aktuell, als Edward Grey, Staatssekretär im Foreign Office, Ende 1911 erklärte, Großbritannien wolle Deutschland nicht daran hindern, seinen Platz an der Sonne zu erobern: London würde sich einer deutschen Expansion in Zentralafrika nicht in den Weg stellen. Unter der Bedingung, daß es auf eine Vergrößerung seiner Flotte verzichtete, konnte Berlin auf Londons Unterstützung in zwei Angelegenheiten hoffen: in bezug auf Belgisch-Kongo und die portugiesischen Kolonien in Afrika. In den Augen des Kaisers und Tirpitz', die ein regelrechtes politisches Abkommen zwischen den beiden Ländern wünschten, waren dies dürftige Entschädigungen, während Reichskanzler Bethmann

Hollweg von England wenigstens ein Neutralitätsversprechen erhalten wollte. Nach dem Scheitern der Haldane-Mission in Berlin (siehe weiter unten), begannen im April 1912 dennoch Verhandlungen über die portugiesischen Kolonien. Die Wilhelmstraße wünschte eine Revision des Vertrages von 1898, das hieß praktisch einen neuen Vertrag, der auch ausgeführt werden sollte. Die erste Phase der Gespräche, die am 20. Oktober 1913 zu Ende ging, verlief für das Reich äußerst günstig: im Falle einer Teilung sollte Deutschland den nördlichen Teil Moçambiques sowie das gesamte Küstengebiet Angolas erhalten. Wenn Lissabon im Falle einer Gefährdung des Lebens oder des Besitzes der Briten oder der Deutschen sich außerstande erweisen sollte, die Ordnung wiederherzustellen, so wollten die beiden Vertragspartner die notwendigen Schritte unternehmen, um ihre Interessen zu schützen. Diese doppelte Reaktion war selbst für den Fall vorgesehen, daß Unruhen die Sicherheit in den benachbarten deutschen und britischen Kolonien störten. Der Vertrag schien eine Teilung zu verheißen, deren Bedingungen für Deutschland günstig waren. In der zweiten Verhandlungsphase kamen allerdings unüberbrückbare Meinungsverschiedenheiten zum Vorschein. Während London den Wortlaut dieses Vertrages und denjenigen des britisch-portugiesischen Vertrages von 1899 publizieren wollte, widersetzte sich Berlin aus Angst vor den Reaktionen der deutschen Öffentlichkeit diesem Verfahren. Frankreich seinerseits übte Druck auf London aus, um die Ausführung des Vertrages zu verhindern, die Französisch-Kongo gefährden würde, da Deutschland das kleine portugiesische Territorium Cabinda (nördlich der Kongomündung) erhalten sollte.

Da es zu keiner Teilung kam, strebte Deutschland eine wirtschaftliche Durchdringung an. Der Reichskanzler und die Wilhelmstraße drängten zur Gründung eines französisch-belgischen Konsortiums, mit dessen Hilfe die Eisenbahn von Benguela nach Katanga gebaut werden sollte. Schließlich teilte sich die Deutsche Bank, für die sich das Reichsschatzamt verbürgte, gemeinsam mit der belgischen Gruppe Société générale die Kosten des Unternehmens (60 Millionen Mark), aber der Konzessionär der Bahn, der Brite Williams, weigerte sich, eine mehrheitliche Beteiligung der deutschen Gruppe zuzulassen, und damit war das Unternehmen zum Scheitern verurteilt.

Die Angelegenheit Belgisch-Kongo gingen die deutschen Diplomaten sehr vorsichtig an, da sie Belgien schonen wollten, um es nicht Frankreich in die Arme zu treiben. Die britisch-deutschen Gespräche Ende 1911/Anfang 1912 bewiesen, daß man diese Frage durchaus erwog, ohne sie jedoch in den Mittelpunkt zu stellen. London ließ lediglich verlauten, daß Großbritannien sich nur für Katanga interessiere. Als der Kanzler im April 1912 grünes Licht für die britisch-deutschen Verhandlungen über

Zentralafrika gab, stand das Kongoproblem nicht auf der Tagesordnung. Außerdem waren viele Deutsche der Ansicht, das Reich besäße keine ausreichende Finanzkraft, um sich gleichzeitig in Kleinasien und in Belgisch-Kongo zu engagieren. Nur der Staatssekretär im Amt für koloniale Angelegenheiten entwarf noch im Frühjahr 1914 Pläne für eine Teilung des Kongogebietes.

Die deutschen Interessen im Kongogebiet waren bescheiden: sie betrugen lediglich 20,5 Millionen Francs in Gold gemessen an einer auf 375 oder 535 Millionen geschätzten Gesamtsumme. Im Dezember 1912 erhielt die Deutsche Bank eine Konzession für Bodenuntersuchungen auf einem 500000 ha großen Landstrich in Katanga, aber vor Ausbruch des Krieges wurde nichts mehr begonnen. Die deutschen Kapitalbesitzer begnügten sich mit einer Beteiligung an zwei anderen Bergbaugesellschaften in Katanga.

Alles in allem blieb Mittelafrika ein Traum. Dennoch hatte dieser Gedanke 1912 in Deutschland viele Anhänger gefunden. Aber es steht fest, daß man eher an eine Verständigung dachte als an eine Teilung. Wie die halbamtliche Broschüre „Deutsche Weltpolitik und kein Krieg" deutlich zu verstehen gab, handelte es sich darum, Portugal und Belgien, die nicht über genügend Kapital für die Erschließung ihrer Kolonien verfügten, eine freundschaftliche Zusammenarbeit anzubieten. Deutschland konnte Techniker, Kapital und seine industrielle Kapazität zur Verfügung stellen. Diese wirtschaftliche Durchdringung war nur schwer zu verwirklichen, da die Geschäftswelt sehr zurückhaltend blieb. Ganz offensichtlich stand Zentralafrika nicht im Mittelpunkt der wichtigen politischen und wirtschaftlichen Anliegen Deutschlands. Die europäischen Probleme und Kleinasien bildeten immer noch die Hauptsorgen der deutschen Führungskräfte.

Das französische Hindernis: die Marokkofrage

Die Marokkofrage wurde lange Zeit als eine Figur in Bismarcks diplomatischem Schachspiel betrachtet und gewann in Deutschlands Augen erst zu Beginn des 20. Jahrhunderts an Bedeutung; trotzdem ist es immer noch fraglich, ob Berlin tatsächlich an eine Expansion in diesem Teil des Maghreb dachte. War Marokko nicht vor allem ein Problem, mit dessen Lösung sich eine Großmacht aus Prestigegründen zu befassen hatte, sowie eine Waffe in einem viel umfassenderen diplomatischen Spiel?

Zu Anfang des Jahrhunderts bedeutete Marokko nicht viel für die deutschen Interessen. Der marokkanische Markt begann zwar für einige deutsche Firmen interessant zu werden, und seit den 1890er Jahren bestanden regelmäßige Verbindungen zwischen Hamburg, Bremen und einigen marokkanischen Häfen. Der Handel erzielte einen sehr bescheidenen Umsatz, aber die deutschen Kaufleute versprachen sich viel von einem befriedeten und modernisierten Marokko. An Ort und Stelle tat sich eine kleine deutsche Kolonie – 1901 bestand sie aus 147 Siedlern – durch eine große Tatkraft hervor; sie bemühte sich, die Aufmerksamkeit des Reiches auf dieses Land zu lenken, dem eine strahlende Zukunft versprochen zu sein schien. Wer interessierte sich damals in Deutschland schon für Marokko? Wie wir gesehen haben, trieben Geographen, andere Wissenschaftler, die Deutsche Kolonialgesellschaft und der Alldeutsche Verband Propaganda, um die Reichsleitung zur Vertretung der deutschen Interessen in Marokko zu bewegen. Diese Kreise dachten bald an den Erwerb eines Marinestützpunktes, bald an die Annexion eines Abschnittes der Atlantikküste.

Gelang es nun dieser ab 1903 regen Propaganda, große Teile der Öffentlichkeit für ein solches Unternehmen zu gewinnen? In Wirklichkeit waren nur die norddeutschen Reeder an der Frage interessiert, und auch sie befürworteten eher eine Fortsetzung der Politik der offenen Tür als eine regelrechte Niederlassung. Industrielle und Bankiers reagierten sehr reserviert angesichts des ständig im Aufruhr gegen den Sultan befindlichen Landes. Aber wenn Marokko auch nur auf ein begrenztes Interesse stieß, so hätte die deutsche Öffentlichkeit eine Regelung des Problems unter Ausschluß Deutschlands doch nur sehr unwillig hingenommen. Daher war die Reichsleitung gezwungen, die deutschen Interessen in Marokko zu vertreten und die Errichtung eines französischen Protektorates zu unterbinden. Über die alldeutschen Kampagnen etwas irritiert, beschränkte sich Berlin zunächst auf eine vorsichtig abwartende Haltung. Holstein, die graue Eminenz in der Wilhelmstraße, war der Ansicht, das Reich müsse freie Hand behalten, abwarten und den Dingen ihren Lauf lassen. Diese Einstellung rührte aus Holsteins Überzeugung, daß die Hauptbeteiligten – Frankreich, Spanien und Großbritannien – zu keiner Einigung gelangen und Deutschland somit ein leichtes Spiel bereiten würden. Kaiser Wilhelm II. trug sich mit Gedanken, die ihn davon abhielten, eine Expansion in Marokko zu fördern. Er wollte keine unüberwindlichen Hindernisse für eine Aussöhnung mit Frankreich schaffen, das er sogar in eine große, auf einen deutsch-russischen Vertrag aufgebaute Allianz auf dem Kontinent einzubeziehen beabsichtigte. Unter diesen Umständen wollte er Frankreich nicht das marokkanische Erbe streitig machen. Reichskanzler Bülow sollte jedoch darauf achten, daß die deutschen Interessen gewahrt wurden, und Deutschlands Beteiligung an der Regelung des Problems fordern: es ging um das Prestige des Reichs.

Bereits 1904 mußte das Reich diese vorsichtig abwartende Haltung aufgeben. Warum? Die französische Diplomatie machte den schweren Fehler, Berlin zu übergehen. Der Unwilligkeit eingedenk, die Deutschland zu Beginn des Jahrhunderts an den Tag gelegt hatte, bezog Delcassé Berlin nicht in seine Verhandlungen ein. Seit 1900 hatte er das Einverständnis Italiens. 1904 erhielt er durch den Abschluß der Entente cordiale dasjenige Englands. Nach Abschluß des Vertrages mit Spanien im Oktober dachte er freie Hand zu haben. Berlin wartete darauf, einbezogen zu werden, aber Paris traf keine entsprechenden Anstalten. Reichskanzler Bülow stand vor zwei Möglichkeiten: sollte man noch einmal versuchen, eine Einigung mit Frankreich herbeizuführen, das Marokko friedlich zu durchdringen begann, oder sollte man es auf eine regelrechte Kraftprobe ankommen lassen, da Paris die deutschen Warnungen nicht ernstnahm? Anfang 1905 entschied sich Berlin für die zweite Möglichkeit. Die internationale Lage schien günstig: die russischen Niederlagen in der Mandschurei hielten Frankreichs Verbündeten davon ab, Paris zu Hilfe zu kommen. Diese Lähmung des französisch-russischen Bündnisses veranlaßte Bülow, die Machtprobe zu beginnen. Was wollte Deutschland und wie weit wollte es die Krise wachsen lassen?

Die Prestigegründe lagen auf der Hand: Deutschland konnte es nicht dulden, als ‚quantité négligeable' behandelt zu werden. Es wollte Frankreich eine Lehre erteilen und, sofern möglich, Delcassé, der ihm ein rotes Tuch war, stürzen. Aber Holstein beabsichtigte noch mehr: er wollte die Entente cordiale zerstören und einen Wechsel der Allianzen herbeiführen. Er war der Meinung, daß London Paris im Falle einer ernsten Krise nicht unterstützen würde und daß die Franzosen deshalb auf die Idee kommen würden, ein Bündnis mit Deutschland und Rußland einzugehen.

Die wirtschaftlichen Gründe – Politik der offenen Tür, Gleichberechtigung und Beteiligung an Marokkos wirtschaftlicher Zukunft – kamen erst an zweiter Stelle. Wollte Deutschland es auf einen Krieg ankommen lassen? Einige dachten daran. Manche führende Militärs, vor allem Schlieffen, hielten die Marokkofrage für einen ausgezeichneten Vorwand, um den Präventivkrieg gegen Frankreich zu führen, den sie seit 1875 planten. Aber weder Tirpitz noch die verantwortlichen Politiker teilten ihre kriegerischen Absichten. Tirpitz wollte keine Vernichtung seiner Flotte riskieren, die er für noch zu schwach hielt; Wilhelm II. und Bülow wünschten keinen Krieg, und Holstein wollte Frankreich lediglich unter Druck setzen.

Im März 1905 beschloß man also, mit einem großen Wurf die Krise zu eröffnen. Es drehte sich darum, daß der Kaiser an Ort und Stelle verkünden sollte, Deutschland würde für die Souveränität des Sultans eintreten und ihn dazu ermutigen, das Halbprotektorat abzulehnen, das Frankreich ihm aufzuzwingen suche. Wilhelm II. hielt nicht viel von dem Vorhaben, gab aber nach: er ging am 31. März in Tanger an Land, verhielt sich jedoch anders, als die Reichsleitung erwartete. Er gab mehrere Erklärungen ab, hielt aber nicht die berühmte Rede von Tanger, deren Wortlaut durch den Geschäftsträger Kühlmann ausgearbeitet und der Agence Havas diktiert worden war, die ihn verbreitete. Die Wilhelmstraße schien überrascht über den Text, durch den sich Frankreich provoziert fühlen mußte. Aber Holstein erwog keinen Rückzieher: er teilte mit, Berlin fordere eine große internationale Konferenz zur Lösung des Marokkoproblems.

Paris unterschätzte den Ernst der Krise nicht. Die französische Öffentlichkeit wünschte keinen Krieg. Die gesamte Presse riet zur Beschwichtigung. Die führenden Militärs hielten Frankreich nicht für kriegsbereit; die führenden französischen Politiker – Deschanel, Jaurès – wünschten Verhandlungen. Der französische Ministerpräsident Rouvier war der Ansicht, man müsse eine Verständigung mit Berlin suchen. Lediglich Delcassé meinte, Deutschland würde nur bluffen und man müsse hart bleiben. Die deutsche Diplomatie profitierte von der Rivalität zwischen Rouvier und Delcassé: durch direkten und indirekten Druck bewirkte sie den Sturz Delcassés. Der Außenminister, der nun noch als einziger Minister einen harten politischen Kurs befürwortete, trat am 6. Juni 1905 zurück. Dem Erfolg war allerdings nur eine kurze Dauer beschieden, da es Deutschland nicht gelang, seine übrigen Ziele zu verwirklichen. Die Entente cordiale bewährte sich, und der langersehnte Wechsel der Allianzen scheiterte nach dem Treffen in Björkö; es blieb nur noch die Hoffnung, daß die Konferenz von Algeciras Erfolge für das deutsche Prestige und die Verteidigung der deutschen Interessen bringen würde.

Auf der Konferenz von Algeciras – Januar bis April 1906 – standen die deutschen Diplomaten fast allein. Die Schlußakte beteuerte zwar erneut die Souveränität Marokkos und die Gleichberechtigung sämtlicher Mächte auf dem wirtschaftlichen Gebiet im Rahmen der Politik der offenen Tür. Aber bei der Behandlung der entscheidenden Fragen – Hafenpolizei und marokkanische Staatsbank – konnte Deutschland fast nur mit der Unterstützung Wiens rechnen, und die französischen Vorschläge setzten sich durch. Dieser Mißerfolg wurde in der deutschen Öffentlichkeit schlecht aufgenommen. Holstein mußte zurücktreten. Der Reichsleitung blieben nur noch zwei Möglichkeiten: entweder mit Frankreich zu verhandeln, um die deutschen Interessen in Marokko zu verteidigen, oder fortzufahren, die Frage hochzuspielen und immer mehr Zwischenfälle herbeizuführen, auch auf die Gefahr hin, daß dies die französisch-deutschen Beziehungen vergiftete. Berlin verfolgte den einen wie den anderen dieser politischen Kurse.

Die Politik der ‚Nadelstiche' vergiftete in den Jahren 1907/1908 zwar die Atmosphäre, zeitigte für Deutschland aber keine konkreten Erfolge in Marokko. Da angesichts der Ohnmacht des Sultans die Anarchie an Boden gewann, reagierte Frankreich und verstieß dadurch gegen die Beschlüsse von Algeciras, denn es überschritt die Beschränkung des ihm bewilligten Polizeiaufgebotes. Der deutsche Gesandte Rosen bemühte sich in Tanger, die französische Aktion zu hintertreiben. Er wurde durch die alldeutsche Presse und sogar durch gemäßigte Organe unterstützt, die feststellten, daß sich der französische ‚Ölfleck' in Marokko ausbreite. Die ganze Angelegenheit wurde zu einer fixen Idee, da man in Deutschland sogar den Eindruck gewann, Paris wolle ohne Rücksicht auf die deutschen Interessen Marokko zu einem französischen Protektorat machen. Berlin fühlte sich verpflichtet, einen schärferen Ton anzuschlagen. Die Affäre der Deserteure aus der Fremdenlegion (unter denen sich drei Deutsche befanden) in Casablanca löste zunächst im September 1908 einen deutschen Protest aus. Einen Monat später sandte Berlin an Paris eine Mahnung, in der es sogar mit der Abberufung seines Botschafters drohte. Die Regierung Clemenceau legte eine solche Entschlossenheit an den Tag, daß sich die Reichsleitung auf einen Kompromiß einließ. Die Bedeutung dieser Ereignisse, die die übrigen Staatskanzleien – vor allem diejenige in Wien und Sankt Petersburg – beunruhigten, darf nicht unterschätzt werden.

Trotz dieser „Nadelstiche" dachten manche an ein Wirtschaftsabkommen mit Frankreich. Die von Langwerth schon im Sommer 1907 vorgeschlagene und von großen Stahlindustriellen bereits verwirklichte Verständigung – Krupp hatte sich an der Union des Mines marocaines beteiligt – erhielt durch das Abkommen vom 9. Februar 1909 eine greifbare Gestalt. Es ist offensichtlich, daß der gute Wille, den Deutschland bewies, vor allem auf politische Gründe zurückging: man wollte Frankreich zufriedenstellen, um es dazu zu bewegen, Rußland in der Bosnien-Herzegowina-Affäre keine Unterstützung zu gewähren. Diese Verständigungspolitik war außerdem dazu angetan, die deutschen Wirtschaftsinteressen auszudehnen und gleichzeitig das alldeutsche Geschrei zum Verstummen zu bringen. Aber die Unklarheiten, die der Vertrag vom 9. Februar enthielt, waren geeignet, die Schwierigkeiten wieder aufleben zu lassen. Frankreich versicherte, es sei an der Erhaltung der territorialen Unversehrtheit und der Unabhängigkeit Marokkos interessiert, während Deutschland ihm besondere politische Interessen zugestand. Paris versprach, in Marokko die wirtschaftliche Gleichberechtigung aller zu respektieren, während gleichzeitig deutsch-französische Interessengemeinschaften vorgesehen wurden. Berlin versicherte, es verfolge in Marokko lediglich wirtschaftliche Interessen. Die deutsche Öffentlichkeit bewertete diesen Vertrag unterschiedlich: die alldeutschen Organe reagierten mit heftiger Kritik; die großen Tageszeitungen kommentierten nicht so einhellig, billigten aber insgesamt den Vertrag, wenn sie sich auch beunruhigt zeigten. Die deutschen Siedler in Marokko fühlten sich im Stich gelassen.

Hatte der Vertrag praktische Auswirkungen? Wurden die Interessengemeinschaften gegründet? Die 1910 abgeschlossene Anleihe über 105 Millionen Francs und die im gleichen Jahr erfolgende Lösung des Tabakmonopolproblems sowie die Gründung der marokkanischen Gesellschaft für Bauarbeiten schienen den Erfolg dieser Politik erkennen zu lassen. Aber auf anderen Gebieten ging der Kleinkrieg weiter, vor allem, was den Bergbau und den Eisenbahnbau betraf. Die Gebrüder Mannesmann weigerten sich, ihre Rechte aufzugeben und der ‚Union des Mines Marocaines' – einem deutsch-französischen Konsortium – beizutreten. Von den Alldeutschen unterstützt, verfolgten sie eine regelrechte Verschleppungstaktik. Alle Vermittlungsversuche scheiterten. Berlin kam in Bedrängnis und mußte, um die Nationalisten nicht zu enttäuschen, schärfere Töne anschlagen. Die ganze Angelegenheit vergiftete die Atmosphäre umso mehr, als das finanzielle Abkommen, das Frankreich und Marokko im Juni 1911 schlossen, Berlin verärgerte und die Meinungsverschiedenheiten in der Frage des Eisenbahnbaus beträchtlich waren. Deutschland gewann den Eindruck, daß man seine finanziellen Interessen abdrängen wollte, und die wirtschaftliche Gleichberechtigung schien ein Köder zu sein. Das Abkommen vom 9. Februar 1909 enttäuschte das Deutsche Reich; von den Alldeutschen beeinflußt, stellte es fest, daß mit Frankreich keine Verständigung möglich sei. Diese Enttäuschung, verbunden mit der Unmöglichkeit, an den französischen Sparstrumpf heranzukommen sowie an die durch den neuen französischen Zolltarif von 1910 erzielten Gewinne, war zu einem großen Teil schuld an der Zweiten Marokkokrise. Daneben wollte Berlin aber auch die erste sich bietende Gelegenheit nutzen, um Paris klarzumachen, daß die endgültige Regelung der marokkanischen Frage nicht erfolgen könne, ohne daß Deutschland bedeutende Kompensationen erhielte.

Angesichts des Wiederausbruchs von Unruhen in Marokko – Ende Mai 1911 wurde Fes besetzt – entsandte Frankreich General Moinier, der von Chaouia nach Rabat, Fès und Meknès vorrückte. Ende Mai waren diese Städte von den französischen Soldaten eingenommen. Was gedachte Berlin angesichts dieses erneuten Verstoßes gegen die Schlußakte von Algeciras zu unternehmen? Der über die französischen Absichten unterrichtete Kiderlen-Wächter gab am 28. April 1911 Berlins Stellungnahme bekannt: Deutschland billige diese Expedition, die die Europäer schützen sollte, aber falls die Franzosen sich in Fès festsetzen sollten, würde es einschreiten. Der Chef der Wilhelmstraße wollte die Angelegenheit nutzen: am 3. Mai schlug er dem Kaiser und dem Reichskanzler Bethmann Hollweg einen regelrechten Aktionsplan vor. Man müsse protestieren, ein Pfand fordern – Mogador oder Agadir –, um Paris zu zwingen, umfangreiche Kompensationen anzubieten. Nach einigem Zögern stimmte Wilhelm II. diesem Manöver zu. Auf französischer Seite machte man sich auf Schwierigkeiten gefaßt: Botschafter Jules Cambon erhielt den Auftrag, während seines Zusammentreffens mit Kiderlen-Wächter am 20. und 21. Juni in Kissingen wegen etwaiger Kompensationen vorzufühlen.

Der Gedanke hing in der Luft, aber damit seine Verwirklichung möglichst günstig für die deutschen Interessen ausfiel, mußte man mit der Faust auf den Tisch schlagen: man wollte mehr als „Tischabfälle". Am 1. Juni lief das Kanonenboot ‚Panther' in Agadir ein. Berlin rechtfertigte das Unternehmen mit dem Hinweis, daß die Unabhängigkeit des Sultans nur noch auf dem Papier bestünde und die Schlußakte von Algeciras nicht respektiert würde. Die deutschen Diplomaten schlugen vor, die Marokkofrage durch einen freundschaftlichen Meinungsaustausch beizulegen. Am 9. Juli wurden unter schwierigen Umständen Verhandlungen aufgenommen: Berlin forderte das gesamte französische Kongogebiet. Während Deutschland zu allem entschlossen schien, konnte Frankreich keinen Krieg riskieren. Die Armee war nicht einsatzbereit, Rußland konnte keine Hilfestellung geben; nur Großbritannien ließ durch Lloyd George am 21. Juli mitteilen, daß es sich auch auf einen Krieg einlassen würde, um Frankreich zu unterstützen.

Als im August 1911 die Spannung ihren Höhepunkt erreichte, beschränkte Deutschland seine Forderungen auf einen Teil von Französisch-Kongo. Dieses Verhalten Kiderlen-Wächters wurde durch die britische Entschlossenheit verursacht sowie durch den Umstand, daß Rußland Frankreich schließlich militärische Unterstützung versprach. Ab September schien die Reichsleitung einen raschen Abschluß der Verhandlungen zu wünschen. Die Panik an der Berliner Börse, der Abzug des ausländischen Kapitals, der Druck, den die Bankiers ausübten sowie der Ausbruch des Italienisch-Türkischen Krieges – all dies lastete schwer auf der deutschen Politik. Dem am 11. Oktober paraphierten Marokkoabkommen folgten schriftliche Auslegungen, die am 14. Oktober unterzeichnet wurden. Deutschland erhielt weitgehende Zugeständnisse: wirtschaftliche Gleichberechtigung, die Bewilligung von öffentlichen Bauvorhaben gemäß den Regeln der Ausschreibung, Interessengemeinschaften. Auf diese Weise verlieh der französisch-deutsche Vertrag vom 4. November 1911, Teil dessen diese Dokumente sind, Frankreich das Recht, ein Protektorat zu errichten, schonte aber gleichzeitig

Deutschlands wirtschaftliche Interessen. Er sprach Deutschland einen Teil Französisch-Kongos zu einschließlich zweier Landspitzen zum Ubangi und zum Sanga sowie einen Streifen an Kamerun entlang und damit gleichzeitig Zugang zum Meer. Frankreich erhielt im Austausch den „Entenschnabel“ zwischen Schari und Logone. Was Belgisch-Kongo betraf, so versprach Paris, falls Belgien dieses Territorium abtreten wollte, keinen Gebrauch von seinem 1884 erworbenen Vorkaufsrecht ohne vorherigen Meinungsaustausch mit Deutschland zu machen.

In Deutschland aber brach ein Sturm der Entrüstung los. Nur wenige gemäßigte Artikel billigten das Verhalten der Reichsleitung. Die alldeutschen Kritiken waren sehr hart. Für viele Deutsche bedeutete dieses Abkommen einen erneuten Rückzieher, ein „neues Olmütz“. Was war dieses Stück Urwald denn wert im Vergleich zu dem vielversprechenden Marokko, wo Frankreich die deutschen Interessen bedrohen würde? Lindequist, der Staatssekretär im Reichskolonialamt, verkörperte geradezu all diese enttäuschten Hoffnungen und trat zurück. Innerhalb der Geschäftswelt glaubten die Stahlhersteller, daß die Bergbaukonzessionen ohne Wert bleiben würden und die Bankiers teilten diese Skepsis in Bezug auf Frankreichs Garantien.

Für die Weltpolitik hatte der Mißerfolg von Agadir schlimme Konsequenzen. Die nationalistischen Kreise prangerten sofort die passive Haltung der Reichsleitung an, die es nicht verstanden hätte, eine konsequente und standhafte Politik zu treiben. Die deutsche Diplomatie, schwankend zwischen der wenig überzeugenden Politik der „Nadelstiche“ und dem Bemühen um Abkommen, deren Nutzen gering eingeschätzt wurde, verlor an Boden. Sie hatte dic marokkanische Frage lange Zeit im Rahmen ihrer sonstigen Politik nutzen wollen und das ganze Problem lediglich als eine Karte im diplomatischen Spiel betrachtet. Als diese Karte schließlich 1911 ausgespielt wurde, stellte sie keinen Trumpf mehr dar, mit dessen Hilfe man solche wirtschaftlichen und territorialen Kompensationen hätte erringen können, daß die Öffentlichkeit zufriedengestellt worden wäre.

Obwohl Deutschland bis 1914 seine Handelsinteressen in Marokko aufrechterhielt, spielte es bei finanziellen Unternehmungen, im Bergbau und bei öffentlichen Bauarbeiten kaum mehr eine Rolle. Selbstverständlich beklagten sich die nationalistischen Organe hierüber, obwohl selbst deutsche Quellen – die durchaus glaubwürdig, aber den Zeitgenossen unbekannt waren – zugaben, daß Frankreich die deutschen Interessen keineswegs systematisch zu mindern suche. Die Zahl der in Marokko ansässigen deutschen Firmen stieg sogar beträchtlich an: von 61 im Herbst 1911 auf 201 im Jahre 1913. Diese Erfolge täuschten jedoch nicht über das Scheitern der Weltpolitik in Marokko hinweg.

Aufgrund des Fehlschlagens seiner Träume in Mittelafrika und des in der Marokkopolitik erlittenen Fiaskos gewann Deutschland den Eindruck, seine Rivalen – im vorliegenden Fall vor allem Großbritannien und Frankreich – würden sich seiner weltweiten Expansion in den Weg stellen. Deutschland hatte das Gefühl, nicht voll am Festmahl beteiligt worden zu sein: seine Rivalen verweigerten ihm einen ansehnlichen Platz an der Sonne und versuchten, es auf Europa zu beschränken. Der Schubkraft des deutschen Imperialismus, die durchaus einige Erfolge bewirkt hatte, wurde sehr rasch Einhalt geboten. Dafür stieg das nationalistische und bisweilen auch kriegerische Fieber umso mehr an.

3. Die Eroberung des Weltmarktes

Die Notwendigkeit der Handelsexpansion

Das Deutsche Reich war auf eine Ausdehnung des Handels angewiesen. Der erstaunliche wirtschaftliche Aufschwung, der unter Wilhelm II. einsetzte, zwang zur Einfuhr von Rohstoffen und zur Erweiterung der Absatzmärkte. Die Schwierigkeiten in der deutschen Landwirtschaft und das Anwachsen der Bevölkerung verursachten einen immer größer werdenden Mangel an Lebensmitteln. Die notwendige Einfuhr ließ sich nur durch den entsprechenden Verkauf von Gütern wettmachen. Wie konnte man nun aber den Export steigern, um ein wackeliges Gleichgewicht zustandezubringen, wenn auf der ganzen Welt Zollschranken errichtet wurden?

Der Bedarf an Rohstoffen und Nahrungsmitteln

Konnte die deutsche Kohleproduktion in den Jahren 1899/1900 trotz eines beträchtlichen Anstiegs zwischen 1895 (79,2 Millionen Tonnen) und 1899 (101,6 Millionen Tonnen) den Bedarf nicht decken, so änderte sich dies zu Beginn des 20. Jahrhunderts. 1913 rückte der Zollverein mit einer Produktion von 191,5 Millionen Tonnen weltweit an die 3. Stelle (Vereinigte Staaten: 517 Millionen; Großbritannien: 292 Millionen) und konnte Kohle und Koks ausführen. In den Jahre 1900 bis 1913 verdoppelte Deutschland seine Kohlenausfuhr (von 15,3 auf 34,6 Millionen Tonnen) und verdreifachte seinen Koksexport (von 2,2 auf 6,4 Millionen). Innerhalb desselben Zeitraumes wurde in wechselndem Maße Braunkohle abgebaut (die geförderte Menge stieg von 40,3 auf 87,2 Millionen Tonnen), um den Binnenmarkt zu versorgen.

Um die immer weiter expandierende Stahlindustrie zu versorgen, mußte der Zollverein jedoch Eisenerz einführen, obwohl die Bergwerke im Siegerland, in Luxemburg und im annektierten Lothringen ihre Fördermenge steigerten.

Der Zollverein importierte 1900 4 Millionen Tonnen und 1913 14 Millionen, die er vor allem aus Schweden (4,5 Millionen), Spanien (3,6 Millionen) und Frankreich (3,8 Millionen) bezog. Die Stahlhersteller

Zollverein (Deutschland + Luxemburg)	1900	1913
Eisenerz	19	36
Roheisen	8,5	19,3
Stahl	6,6	19
(in Millionen Tonnen)		

hofften, in Frankreich Zechen oder Geschäftsanteile an französischen Bergwerksgesellschaften erwerben zu können, um auf diese Weise ihre Rohstoffversorgung zu sichern. Im Jahre 1902 wandte Thyssen dieses Verfahren erstmals in der Normandie und im französischen Teil Lothringens an. Die übrigen Stahlerzeuger folgten diesem Beispiel: bereits 1910 besaßen sie im Departement Meurthe-et-Moselle Konzessionen für ein 10691 Hektar großes Areal und kontrollierten praktisch sämtliche Bergwerksgesellschaften in der Normandie. Sie zögerten nicht, sich in der Union des mines marocaines und in der Bergwerksgesellschaft von Ouenza in Algerien mit ihren französischen Kollegen zu vereinigen.

Die deutsche Industrie brauchte auch Tierhäute, Wolle, Baumwolle, Seide, Garne, Nichteisenmetalle . . . Der Anteil von Rohstoffen und Halbfabrikaten an der Gesamteinfuhr war bedeutend: 1913 betrug er 60,2%. Diese schwere Belastung wurde noch durch einen sich stets verschärfenden Mangel an Nahrungsmitteln erhöht. Trotz spürbarer Fortschritte gelang es der deutschen Landwirtschaft nicht, eine Bevölkerung zu ernähren, die stetig anwuchs und deren Lebensstandard sich verbesserte.

Bevölkerung (in Millionen Einwohnern)

1890	1900	1910	1914
49,2	56	64,6	67,8

1913 mußte Deutschland ein 20%iges Getreidedefizit ausgleichen: es mußte 2,5 Millionen Tonnen Weizen, 3,2 Millionen Tonnen Gerste, fast eine Million Tonnen Mais und 500000 Tonnen Hafer einführen. Außerdem mußte es 77000 Tonnen Milchprodukte kaufen. Seit 1900 hatte sich der Mangel an Nahrungsmitteln mehr als verdoppelt, so daß Deutschland Nahrungsmittel im Wert von 3,6 Milliarden Mark importieren mußte, was einem Drittel der Gesamteinfuhr entsprach.

Die Eroberung der Absatzmärkte

Der Bedarf an Rohstoffen und an Nahrungsmitteln drohte eine Handelsbilanz zu verschlechtern, die im Jahr 1900 ein Defizit von 1,6 Milliarden

Mark aufwies. Daher wurde die Erschließung von Absatzmärkten für die deutsche Wirtschaft zu einer lebenswichtigen Frage. Auf welchen Wegen versuchte sie ihr Ziel zu erreichen? Sie wandte alle erdenklichen Mittel an: gewagte Handelsmethoden, verstärkte Flottenpräsenz sowie den Einsatz aller Möglichkeiten, um die Schutzzölle zu umgehen.

Der deutsche Handel

(Milliarden Mark)	Import	Export	Defizit
1900	6,4	4,8	1,6
1910	8,9	7,5	1,4
1912	10,7	9	1,7
1913	10,8	10,1	0,7

Diplomatische Vertreter aus aller Welt machten auf die deutsche Expansion aufmerksam und untersuchten die *Methoden des deutschen Handels,* die sie gerne als Vorbild hinstellten. Man betrieb systematische Marktforschung, um Möglichkeiten für Geschäftsabschlüsse ausfindig zu machen und soweit wie möglich den Bedürfnissen der Kundschaft zu entsprechen. An Informationsquellen mangelte es nicht: Berichte deutscher Diplomaten, die sich für diese Probleme interessierten, Mitteilungen der deutschen Auslandsbanken, Tätigkeit von Vertretern der großen Industriegesellschaften (Krupp, AEG), Einbeziehung der im Ausland ansässigen Deutschen . . . Die Zahl der Handelshäuser stieg an: in China gab es 1904 bereits 173 und in Valparaiso 1901 etwa 30 . . . Ein ganzes Heer deutscher Handelsreisender durchzog die Welt: Schon 1906 gab es in der Schweiz davon etwa 5000, in Norwegen betrug ihre Zahl 1911 etwa tausend, ferner waren sie in den meisten lateinamerikanischen Ländern sowie im östlichen Mittelmeer zahlreich vertreten. Sie verbreiteten in der Landessprache abgefaßte Kataloge, mit den Endpreisen der Waren. Sie boten wesentlich günstigere Bedingungen als ihre britischen und französischen Kollegen, die ihnen an Zahl unterlegen und weit weniger aktiv waren. Dumpingpreise und die Anstrengungen der Hersteller ermöglichten es ihnen, ihre Waren zu niedrigeren Preisen anzubieten. Außerdem boten sie längerfristige Kredite – über neun oder zwölf Monate statt lediglich über drei – an als ihre Konkurrenten.

Dieses Vorgehen wurde durch das Anwachsen einer *Handelsflotte* unterstützt, die darauf abzielte, allgegenwärtig zu werden. Dies bewerkstelligte man dadurch, daß ihre Kapazität von 1,9 Millionen Registertonnen im Jahre 1900 auf 3,3 Millionen im Jahre 1914 angehoben wurde. Die deutschen Schiffahrtsgesellschaften, die in Antwerpen, Rotterdam, in den britischen, französischen und russischen Häfen stark vertreten waren, unternahmen auch regelrechte Vorstöße ins östliche Mittelmeer, nach Lateinamerika und sogar nach Asien. Fast 5000 Schiffe befuhren die Meere und sicherten eine deutsche Präsenz, die auf regelmäßigen Linien beruhte. Der Linienverkehr brachte zwar oft Verluste, diente aber dem Prestige und man versprach sich viel für die Zukunft davon. Sein Anteil am Verkehr in bestimmten Häfen war beträchtlich: 1909 wurden 1340 Bewegungen deutscher Schiffe in Antwerpen registriert, 1784 in Rotterdam und 1922 in den russischen Häfen. In chilenischen Häfen verkehrten nahezu 2000 und in brasilianischen über 1000 deutsche Schiffe. Die großen Schiffahrtsgesellschaften – die HAPAG und der Norddeutsche Lloyd – sowie kleinere Unternehmen – Deutsche Levante Linie, Atlas, Cosmos – trugen dazu bei, den deutschen Einfluß auszudehnen, und wurden oft subventioniert.

Kurz vor Kriegsausbruch befuhren die Schiffe der HAPAG 68 Linien.

Die deutsche Geschäftswelt bemühte sich jedoch auch, die Folgen einer *Schutzzollpolitik* zu umgehen, die sie zwar für die eigenen Belange wünschte, die sie jedoch zu durchbrechen versuchte, sobald sie sich im Ausland ihrer Expansion entgegenstellte. Sie übte Druck auf die Reichsleitung aus, um zu verhindern, daß die deutschen Schutzzölle eine gewisse Höhe überschritten, und um sie durch Handelsabkommen zu korrigieren. Nach Caprivis Handelsvertragspolitik versuchten sie um die Jahrhundertwende, den Schutz ihrer Produkte zu sichern und gleichzeitig die als übertrieben bewerteten Forderungen der Großagrarier einzuschränken: sie wünschten keinen Zolltarif, der sofort Vergeltungsmaßnahmen gegenüber deutschen Produkten nach sich zöge. Der im Dezember 1902 beschlossene neue Zolltarif sollte als Kompromiß die Tür zum Abschluß von Handelsverträgen offenhalten. Dieser Zolltarif löste im Ausland – vor allem in Wien und Sankt Petersburg einen Sturm der Entrüstung aus, wurde jedoch durch die Erneuerung einer Reihe von Handelsverträgen mit Belgien, Rußland, Rumänien, der Schweiz, Serbien und Österreich-Ungarn in den Jahren 1904/1905 korrigiert. Seit dem 1. März 1906 in Kraft, galt dieser Tarif bis zum Krieg. Er war das Ergebnis einer Schutzzollpolitik, wie sie auch andere Länder betrieben, beeinträchtigte jedoch nicht die deutschen Interessen im Ausland.

Aber bestand die beste Methode, einen Markt zu behaupten und auszudehnen, nicht in der Einrichtung von *Zweigniederlassungen* oder in der Beherrschung der ansässigen Gesellschaften? Dieses Verfahren wandte die Elektroindustrie in großem Maße an. Das Unternehmen Siemens & Halske besaß Werke in vielen europäischen Ländern (Rußland, Österreich, Italien, Großbritannien, Schweiz, Spanien, Skandinavien), in den Vereinigten Staaten, in Mexiko, Brasilien, Südafrika, in Siam und in China. Die AEG ihrerseits war zahlreich in Europa (vor allem in Italien und Spanien), Nordamerika, Chile und Argentinien vertreten.

Der Lampenproduzent Osram, die Zündmagnethersteller Bosch, die Maschinenfabrik Humboldt und die Reifenfirma Continental unterhielten Niederlassungen in Frankreich, Großbritannien ... Die Gebrüder Mannesmann, die Rohre und Maschinen herstellten, hatten Filialen in Österreich, Großbritannien, Chile, Brasilien und Argentinien.

Alle diese deutschen Gesellschaften, die sich unter ihrem eigenen Namen oder unter einem Decknamen im Ausland niederließen, errichteten nur selten Fabriken. Sie zogen es vor, Filialen oder Zweigniederlassungen zu gründen, die meistens dazu dienten, Rohprodukte oder nahezu fertige Produkte aus dem Hauptwerk zu beziehen und, nach einer letzten Weiterverarbeitung, zu verkaufen. Sie mußten dann nämlich nur ermäßigte Zollgebühren entrichten. So verhielt es sich vor allem bei den Filialen der chemischen Industrie. Andere Niederlassungen waren wirklich reine Verkaufsstellen für im Hauptwerk fertiggestellte Produkte (Reifen, Maschinen, Heizungen, Uhren ...) Diese häufig beklagte „deutsche Invasion" verdient besondere Beachtung, soweit sie England, Frankreich und Rußland betrifft.

Großbritannien, das am freien Warenaustausch festhielt, wurde dennoch auch zu einem Land, in dem sogenannte britische Gesellschaften aufblühten, die jedoch mit deutschem Kapital und deutschen Führungskräften ausgestattet waren. Manche – AEG, Bosch, Osram, Continental, Zeiss, Mannesmann – erschienen unter dem Firmennamen, andere erhielten falsche Namen, so zum Beispiel die Linderberger Cold Storage Co Ltd; von ihrem Kapital in Höhe von 250000 Pfund lagen 170200 Pfund in den Händen von im Reich ansässigen Deutschen.

Im verfeindeten Frankreich trat dieses Phänomen zwischen 1890 und 1911 trotz der damit verbundenen Risiken häufig auf. Seit Ende des 19. Jahrhunderts bemühten sich die deutschen Firmen, den 1892 eingeführten Zolltarif zu umgehen; die Vorbereitung des Zolltarifs von 1910 beunruhigte sie noch mehr. In den 1890er Jahren bauten die großen deutschen Chemieunternehmen, die schon seit einigen Jahren in Frankreich vertreten waren, ihre dortigen Positionen aus. Über ihre Niederlassungen in Nordfrankreich, in der Gegend von Paris und Lyon, beherrschten sie die gesamte Farbenindustrie. Dann siedelten sich vor allem Unternehmen der Elektroindustrie an: die größeren in bescheidenerem Umfang, Osram, Pintsch und Bosch dagegen in größerem Maße ... Die Maschinenindustrie errichtete viele Niederlassungen in Frankreich: Hersteller von Lokomotiven (Koppel), Autos (Daimler Benz), Maschinen (Humboldt), Dampf-Kesseln (Krebs), Heizungsanlagen (Koerting). Fabrikationsanlagen waren selten: es handelte sich vor allem darum, die Produkte aus den Stammwerken zu vertreiben. Erst ab 1912 wurden diese Niederlassungen von den Nationalisten heftig angegriffen und als ‚deutsche Kolonialisierung' gebrandmarkt. Diese Kampagne entmutigte zwar weitere Initiativen, beeinträchtigte die Stellung der bereits niedergelassenen deutschen Firmen jedoch kaum. Die während des Krieges vorgenommenen Beschlagnahmen machten das Ausmaß der deutschen Durchdringung deutlich: sie betrafen 166 Betriebe aus dem Bereich der Maschinenindustrie, 76 aus dem Bereich der chemischen und 68 aus dem Bereich der Elektroindustrie.

Die deutschen Unternehmer nutzten die Chance, die ihnen die Anfänge der industriellen Revolution in Rußland boten und beherrschten sehr bald einen großen Teil der jungen Industrie. Drei Viertel der Textil- und Metallindustrie, 9/10 der Düngemittelfabrikation, 7/10 der Gasanstalten, 85% der Elektrounternehmen sowie nahezu die gesamte chemische Industrie und fast das ganze Brauwesen befanden sich kurz vor Kriegsausbruch in deutscher Hand.

Der *Absatz deutscher Waren,* der auf äußerst wirksamen Handelsmethoden und dem Netz zahlreicher Filialen und Niederlassungen beruhte, nahm einen enormen Aufschwung. Zwischen 1880 und 1913 erhöhte sich die deutsche Beteiligung am internationalen Handel von 9 auf 13,1%, während diejenige Großbritanniens von 23 auf 15,2% fiel. Das Gesamtvolumen des deutschen Handels stieg zwischen 1887 und 1912 um 214%, in den letzten zehn Jahren vor Kriegsbeginn um 69%. Wenn man von den „Störungen" der Krisenjahre 1901 und 1908 absieht, so stieg die Handelskurve seit 1895 kontinuierlich an: von 11,2 Milliarden Mark im Jahr 1900 auf 16,4 Milliarden im Jahr 1910 und 20,9 im Jahr 1913. Zu diesem Zeitpunkt hatte sich Deutschland weltweit auf den 2. Platz hinter Großbritannien emporgearbeitet.

Das Deutsche Reich konnte fast keine landwirtschaftlichen Produkte exportieren: ihr Anteil am Export betrug nur 10,4%, und hierbei handelte es sich oft um Holz oder um die Wiederausfuhr von Getreide. Deutschland führte Energie und Rohstoffe aus (15% der Gesamtausfuhr) – man exportierte Kohle oder führte Tierhäute wieder aus – sowie Nichteisenmetalle. Das Reich mußte sich vor allem auf den Export von Fertigprodukten und Halbfertigwaren stützen, die drei Viertel der Gesamtausfuhr ausmachten.

Die Eroberung von Absatzmärkten schlug sich vor allem in dem beeindruckenden Anstieg des Verkaufs von Endprodukten in der ganzen Welt nieder. Drei Viertel der deutschen Ausfuhr gingen in europäische Länder: Großbritannien, Österreich-Ungarn, Rußland, die Niederlande und Frankreich waren die Hauptabnehmer von Waren aus dem deutschen Zollverein. Die Ausfuhr nach Großbritannien, das wichtigste Abnehmerland, stieg zwischen 1901 und 1913 in erster Linie dank der Endprodukte, die 5/7 der Gesamtmenge stellten, um 137%. Der Absatz deutscher Güter in Rußland stieg zwischen 1906 und 1913 auf mehr als das Doppelte an: dank seiner Maschinen, elektrischen Apparate, chemischen Produkte und Kurzwaren konnte Deutschland schließlich 47,4% der russischen Einfuhr stellen. 1913 erwarb Rußland für über 200 Millionen Francs deutsche Maschinen, die für neue Fabriken bestimmt waren. Auch in der österreichisch-ungarischen Doppelmonarchie, in sämtlichen Balkanstaaten und in Belgien wuchs der Absatz deutscher Waren um mehr als 50% an. Auch Frankreich schien ein wichtiger Kunde zu sein: die deutsche Ausfuhr nach Frankreich stieg von 161,6 Millionen Francs im Jahre 1898 auf 277,4 Millionen 1905 und erreichte 1913 schließlich 571,8 Millionen. Diese enormen Erfolge wurden in den Bereichen erzielt, die in Frankreich am stärksten vertreten waren: der Absatz mechanischer Erzeugnisse vervierfachte sich zwischen 1898 und 1913 von 31,7 auf 134 Millionen, derjenige chemischer Produkte stieg um mehr als das Dreifache (von 30,8 auf 102,3 Millionen).

Es gelang dem Deutschen Reich, ein Viertel seiner Ausfuhr außerhalb Europas unterzubringen. In Amerika fanden die deutschen Produkte guten Absatz. Die Vereinigten Staaten, der wichtigste Abnehmer außerhalb Europas, erhöhten zwischen 1906 und 1913 ihre Einfuhr deutscher Güter um 50%. Innerhalb desselben Zeitraumes stiegen in Argentinien die Importe aus Deutschland um 86% und in Brasilien um 88%. 1913 kamen 16,5% der Gesamteinfuhren Lateinamerikas aus Deutschland. Die deutsche Ausfuhr ins Osmanische Reich verdreifachte sich zwischen 1906 und 1911.

Diese Ergebnisse sind umso beachtlicher, als die deutschen Industriellen lange nicht so stark von den Bankiers unterstützt wurden wie die Franzosen. Kapitalfluß und Warenausfuhr deckten sich bei weitem nicht: Deutschland hatte in Rußland 1913 lediglich 1,8 Milliarden Mark investiert und angelegt, stellte aber fast die Hälfte der russischen Gesamteinfuhr.

So schien die Expansion des Handels das Deutsche Reich zu einer der größten Weltmächte zu machen. Aber diese Allgegenwart deutscher Kaufleute und diese beeindruckenden Erfolge des deutschen Handels dürfen nicht darüber hinwegtäuschen, daß man Angst hatte, Angst vor einer Überproduktionskrise, Angst auch, einige Märkte zu verlieren. Der Einkreisungskomplex erfaßte auch manche Teile der Geschäftswelt. Man hatte hier bisweilen den Eindruck, die europäischen Rivalen Deutschlands – vor allem Großbritannien und Frankreich – bemühten sich, die notwendige Expansion des Deutschen Reiches zu unterbinden.

Die Verstärkung der Zollschranken wie in Frankreich im Jahre 1910, Schutzzollpolitik, Kampagnen gegen das „Made in Germany", eine immer enger werdende Verbindung zwischen ausländischen Staatsanleihen und Aufträgen – all dies waren Zeichen, die zunehmend größer werdende Schwierigkeiten ankündigten. Die Geschäftswelt zögerte nicht, die Behörden zu alarmieren, und forderte notfalls die Unterstützung der Wilhelmstraße für ihren Versuch, mit dieser Situation fertig zu werden.

Die internationale Rolle des Geldmarktes

Die finanzielle Expansion Deutschlands begann gegen Ende der Ära Bismarck und nahm stark zu, obwohl das Reich nicht – wie London und Paris – die Rolle eines Weltbankiers für sich in Anspruch nehmen konnte. Diese Expansion äußerte sich hauptsächlich in der Ausgabe ausländischer Wertpapiere und in der Errichtung ausländischer Filialen deutscher Banken. Daneben erfolgte sie auch durch die Gründung industrieller Unternehmen im Ausland.

Deutsche Kapitalbesitzer und ausländische Wertpapiere

Das Anwachsen des nationalen Vermögens von 210–220 Milliarden Mark um 1900 auf 300 Milliarden im Jahr 1913 sowie die Steigerung des gesamten reichsweiten Jahreseinkommens, das während derselben Zeitspanne von 21–26 auf 43 Milliarden anwuchs, verursachten alljährlich einen Kapitalüberschuß von 5 Milliarden, wovon mehr als die Hälfte in neuen Emissionen der Berliner und Frankfurter Börse angelegt wurden.

Im Unterschied zu den Franzosen bevorzugten die Deutschen nationale Wertpapiere, aber der deutsche Geldmarkt öffnete sich auch für ausländische Wertpapiere. Betrachtet man die Kurve der Ausgabe dieser Wertpapiere, so stellt man für die Zeit ab 1896 einen starken Anstieg fest, der in der Folgezeit nur 1905, 1910 und 1913 kurz unterbrochen wurde. Während zwischen 1901 und 1905 jährlich für 430 Millionen Mark ausländische Wertpapiere ausgegeben wurden, sank dieser Betrag zwischen 1906 und 1910 auf 300 Millionen. 1912 noch recht gering, nur 270 Millionen, erreichte er 1913 604 Millionen, da man aus politischen Gründen umfangreiche österreichisch-ungarische sowie rumänische Staatsanleihen aufnehmen mußte. Die Ausgabe ausländischer Wertpapiere erreichte niemals die Hälfte der Gesamtmenge. Erst 1905 kam ihr Anteil auf 40%; 25% erreichten oder überschritten sie nur von 1893 bis

1898 und 1905. In den Jahren 1899, 1906, 1907, 1908 und 1912 betrug ihr Anteil sogar weniger als 10%.

Trotz dieser etwas ungleichmäßigen Entwicklung war der Anteil ausländischer Wertpapiere beachtlich. Die deutschen Investitionen und Anlagen im Ausland stiegen von 10,9 Milliarden Mark im Jahr 1884 auf 23,5 Milliarden vor Kriegsausbruch. 1914 handelte es sich bei etwas mehr als der Hälfte – 12,5 Milliarden – um europäische Wertpapiere: Österreich-Ungarn (3 Milliarden), Rußland (1,8 Milliarden), die Türkei (1,8 Milliarden) und die Balkanländer (1,7 Milliarden) hatten in großem Ausmaß Unterstützung vom Berliner Kapitalmarkt bezogen. Die deutschen Kapitalbesitzer waren auch an amerikanischen Wertpapieren interessiert, die – je zur Hälfte aus Nordamerika (3,7 Milliarden) und aus Lateinamerika (3,8 Milliarden) stammend – fast ein Drittel der Gesamtmenge darstellten. Asien (1 Milliarde) und Afrika (2 Milliarden) spielten nur eine geringe Rolle, obwohl es dort deutsche Kolonien gab, die allerdings von den Kapitalbesitzern im Reich vernachlässigt wurden.

Wenn der Anteil ausländischer Wertpapiere auch weit hinter demjenigen in London oder Paris zurückblieb, so verschaffte er dem Reich nichtsdestoweniger bedeutende Vorteile. 1913 erbrachten sie Einnahmen von 1300 Millionen Mark und wurden zunächst dazu verwendet, die negative Zahlungsbilanz auszugleichen. Die Reichsleitung setzte die finanzielle Waffe auch ein, um politische Vorteile zu erhalten. Sie übte Druck aus auf die Berliner Banken, den Bedürfnissen des österreichungarischen Verbündeten entgegenzukommen, und verhinderte so in den Jahren 1906–1910 eine politisch-finanzielle Einflußnahme Frankreichs auf Ungarn sowie 1911/1912 die Unterbringung einer österreich-ungarischen Anleihe in Paris. Wilhelm II. bewog die Bleichrödergruppe dazu, Rußland 1904/1905 Vorschüsse zu bewilligen, um Sankt Petersburg die Entbehrlichkeit des französisch-russischen Bündnisses zu beweisen und dadurch die von ihm angestrebte deutsch-russische Annäherung in die Wege zu leiten. Berlin förderte die Unternehmungen der Bankiers, um den deutschen Einfluß in Rumänien zu sichern; es veranlaßte die Disconto-Gesellschaft 1914 sogar, Bulgarien eine Anleihe zu gewähren, um den französisch-russischen Einfluß in Sofia zu bekämpfen. Die Reichsleitung ermutigte die Deutsche Bank, das Unternehmen Bagdadbahn weiterhin unter deutscher Flagge zu betreiben und sich stets an den türkischen Anleihen zu beteiligen, um eine freie Entfaltung des französischen Einflusses zu verhindern. Gewiß, Deutschland mußte sich wegen der begrenzten Mittel des Berliner Kapitalmarktes bei manchen großen Staatsanleihen mit einer zweitrangigen Rolle begnügen; es mußte erneut eine Verständigung mit Paris suchen und somit die politischen Vorteile gefährden, die sich aus den finanziellen Unternehmungen ergaben.

Aber die Reichsleitung und die Industriellen nutzten die finanzielle Waffe auch, um sich wirtschaftliche Vorteile zu sichern. Dieses Druckmittel wurde in den deutsch-russischen Verhandlungen von 1894 und 1904 eingesetzt, um den Abschluß von für Deutschland günstigen Handelsverträgen zu erreichen. Indem sie Anleihen von industriellen Aufträgen abhängig machten, verschafften die Banken Schiffswerften, Herstellern von Eisenbahnmaterial, Unternehmen der Elektroindustrie und vor allem dem Kruppkonzern, der sich bemühte, seine Kanonen in der ganzen Welt zu verkaufen, Aufträge.

Trotz der Vorteile, die sie boten, wurden die Staatsanleihen zum Gegenstand sehr heftiger Angriffe, die gleichzeitig das Ausmaß der nationalistischen Reaktion und die Begrenztheit des Berliner Kapitalmarktes verdeutlichten. Bereits 1900 wurden sie vom „Deutschen Ökonomist" als skandalös bezeichnet. 1902 startete der Zentrumsabgeordnete Pingen eine Kampagne gegen Auslandsanlagen, die in seinen Augen der deutschen Produktion abträglich waren. Diese fanden allerdings auch energische Verteidiger in der Finanzwelt und im Marineamt, die die deutsche Expansion in der Welt vorantreiben wollten. Im Verlauf der Finanzkrise von 1907 hagelte es Kritiken. Die Konservativen sahen in diesen Anlagen die Ursache für die Engpässe auf dem Geldmarkt und für den schlechten Stand der nationalen Fonds. Neben polemischer Kritik meldeten sich auch gewichtige Stimmen zu Wort. 1908 vertrat Havenstein, der Präsident der Reichsbank, die Ansicht, der Kapitalmarkt brauche eine lange Erholungspause. Zur selben Zeit behauptete Gwinner, der Direktor der Deutschen Bank, die hohen Auslandsanleihen entzögen dem deutschen Markt sämtliche Kräfte. Diese pessimistischen Einstellungen traten 1910 erneut zutage und lösten Anfang 1911 im Reichstag eine große Debatte aus. Die Konservativen machten die Überschwemmung des deutschen Marktes durch ausländische Wertpapiere für alle Mißstände verantwortlich und forderten daher eine Beschränkung solcher Unternehmen. Staatssekretär Delbrück versprach, dem Vorrang der nationalen Industrie und des Staatsschatzes Rechnung zu tragen, erinnerte aber zugleich an einige Vorteile von Auslandsanlagen (Ausgleich der negativen Handelsbilanz, leichtere Kapitalbereitstellung im Kriegsfall, Hilfe für die Verbündeten . . .) Die Reichsbank mahnte zur Vorsicht. Diese nationalistischen Kampagnen bewirkten, daß nach 1911 die Zulassung von ausländischen Wertpapieren auf einige, nach politischen Interessen bestimmte Staatsanleihen begrenzt wurde.

Die Tätigkeit der deutschen Banken beschränkte sich nicht darauf, den Kunden ausländische Wertpapiere anzubieten. Sie förderten auch Auslandsinvestitionen der Industriellen. Einige Beispiele zeigen die Bedeutung, die ihnen zukam. Emil Rathenau erhielt Bank-Unterstützung für die Gründung der „Deutschen Überseeischen Electricitäts-Gesellschaft" in Buenos Aires; bereits 1905 steigerte die Gesellschaft ihr Kapital auf 36 Millionen Mark. Die Deutsche Bank war auch an der Erdölförderung in Galizien, Rumänien und Mesopotamien beteiligt. 1904 gründete sie eine Holdinggesellschaft, die Deutsche Petroleum AG, für ihre gesamten Beteiligungen an Erdölgesellschaften. Daneben war die Deutsche Bank an den großen südafrikanischen Bergwerken und an den Eisenbahngesellschaften der Vereinigten Staaten interessiert. Schließlich leitete sie das große Unternehmen der Bagdadbahn. Die Disconto-Gesellschaft war an den chinesischen Eisenbahnen und am rumänischen Erdöl interessiert; sie war Unternehmen der Elektroindustrie bei der Einrichtung ausländischer Niederlassungen behilflich.

Die deutschen Banken im Ausland

Durch die Ausdehnung ihres Filialnetzes und die Eröffnung neuer Niederlassungen auf der ganzen Welt dienten die Banken auch den Interessen von Handel und Industrie. Die von Deutschen geleiteten Bankfilialen waren regelrechte Informationsbüros, machten auf Anleihepläne, Ausschreibungen und neue Unternehmen aufmerksam und veranlaßten die deutschen Kapitalbesitzer, sich an diesen Geschäften zu beteiligen. In Brüssel und vor allem in London, dem Weltfinanzzentrum, durch die Zweigniederlassungen der Deutschen Bank, der Dresner Bank und der Disconto-Gesellschaft vertreten, bauten sie sich in anderen europäischen Ländern – Italien, Rumänien, Bulgarien etc. – eine feste Position auf und betrieben in anderen Ländern – Belgien, Schweiz . . . – Niederlassungen unter dem eigenen oder einem Decknamen. In Italien schlossen sie sich zu einem großen Konsortium zusammen und gründeten 1894 die Banca Commerciale in Mailand, die innerhalb kurzer Zeit die Halbinsel beherrschte und zum Instrument des deutschen Einflusses in Politik und Wirtschaft wurde. 1897 gründeten die Disconto-Gesellschaft und das Bankhaus Bleichröder die Allgemeine Rumänische Bank. In Bukarest wuchs der deutsche Einfluß noch, als 1905 die Berliner Handelsgesellschaft und die Darmstädter Bank ihre Interessen in der Bank Marmorosch, Blank & Cie ausweiteten. Im gleichen Jahr gründete die Nationalbank in Athen die Orientbank, und ein Konsortium aus der Discontobank-Gesellschaft, dem Bankhaus Bleichröder und der Norddeutschen Bank verstärkte den deutschen Einfluß, indem es die Kreditbank in Sofia errichtete.

Außerhalb Europas gründeten die deutschen Bankiers Filialen in Lateinamerika, in Asien und im Mittelmeerraum. In Lateinamerika, wo die Deutsche Überseeische Bank noch im 19. Jahrhundert von Argentinien aus unzählige Filialen in Mexiko und Chile einrichtete, entstand ein sehr dichtes Netz. Dieses Tochterunternehmen der Deutschen Bank legte zahlreiche Zweigstellen an und ließ sich schließlich 1905/1906 in Peru, Bolivien und Uruguay nieder. Da sie sich gut an die jeweiligen Gegebenheiten anpaßte, nahm sie einen enormen Aufschwung: dank der Tätigkeit ihrer 18 Zweigniederlassungen konnte sie 1906/1907 9% Dividende ausschütten. Nach der Brasilianischen Bank für Deutschland schuf die Gruppe Disconto-Gesellschaft Norddeutsche Bank 1895 eine Bank für Chile und Deutschland. Erstere suchte sich vor allem in Rio de Janeiro und Porto Alegre dauerhaft zu etablieren, während letztere ihre Position in Chile ausbaute und sich gleichzeitig in Bolivien niederließ. 1906 folgte die Darmstädter Bank dem Beispiel ihrer Konkurrenten und gründete eine Mexicanische Bank für Handel und Industrie, in die auch die mexikanische Zweigniederlassung der Deutschen Überseeischen Bank einbezogen wurde. Im gleichen Jahr errichtete sie die Amerika Bank, die sich vor allem den Handelsbeziehungen zwischen Deutschland und den Vereinigten Staaten widmen sollte. Mit einem Startkapital von 25 Millionen Mark ausgerüstet, hatte sie einige Mühe, sich durchzusetzen. Ebenfalls 1906 begründete die Dresdner Bank, die vor allem von der Nationalbank unterstützt wurde, die Deutsch-Südamerikanische Bank, die – von ihrem Hauptsitz in Berlin aus – Zweigniederlassungen in Hamburg, Buenos Aires und Mexiko unterhielt.

In Asien begnügte sich die Deutsch-Asiatische Bank nicht damit, ihr Tätigkeitsfeld auf China zu beschränken, wo sie vor allem an Anleihen und am Eisenbahnbau interessiert war. Ab 1905/1906 ließ sie sich in Japan (Yokohama, Kobe) und Singapur nieder. Sie besaß das Monopol über sämtliche deutsche Geschäftsinteressen in diesem Teil der Welt. 1906 gründete eine Gruppe um die Disconto-Gesellschaft und die Dresdner Bank die Deutsche Orientbank. Diese Schöpfung, die durch die Berliner Behörden in großem Maße gefördert wurde, sollte das Instrument zur deutschen Durchdringung des noch stark vom französischen und britischen Einfluß beherrschten Mittleren Ostens werden. Sie hatte ihren Hauptsitz in Berlin, betrieb Filialen in Hamburg, Konstantinopel, Alexandrien, Kairo und Bursa und gedachte auch die Anstrengungen des deutschen Handels im Osmanischen Reich und in Ägypten zu unterstützen.

Diese bemerkenswerte Verbreitung deutscher Banken in aller Welt betraf kaum die deutschen Kolonien, die von den Bankiers vernachlässigt wurden. Sie ließen sich lange bitten, bis sie von der Reichsleitung gewünschte Niederlassungen errichteten: 1904 die Deutsch-Westafrikanische Bank, 1905 die Deutsch-Ostafrikanische Bank und die Deutsche Afrika Bank.

Die deutschen Finanzinstitute beschritten auch noch andere Wege, um auf der ganzen Welt gegenwärtig zu sein. Sie beteiligten sich manchmal an ausländischen Banken. Auf diese Weise waren sie stark in Belgien vertreten (Crédit Anversois, Banque internationale de Bruxelles) sowie in der Schweiz (Bankverein, Banque hypothécaire, Crédit foncier de Bâle, Banque des chemins de fer orientaux, Banque pour les entreprises électriques). Oft zogen sie es vor, eine Verständigung mit britischen und vor allem mit französischen Partnern zu suchen. Regelrechte deutsch-französische „Paare" teilten sich in gemeinsame Unternehmungen: das Gespann Banque Ottomane – Deutsche Bank teilte sich die türkischen Unternehmungen, die Verbindung Naville – Berliner Handelsgesellschaft die serbischen, Pariba – Deutsche Bank die bulgarischen, Pariba – Disconto-Gesellschaft die rumänischen. Diese Verbindungen haben bis 1911 viel zusammengearbeitet. Seit dem „Panthersprung" wurde das Einvernehmen immer ungewisser, und politisch-finanzielle Rivalitäten verstärkten sich. Auf französischer Seite bemühte man sich erfolgreich darum, die deutschen Banken aus Serbien, Griechenland und der Türkei zu verdrängen, aber hinsichtlich Rumänien erreichte Paris seine Ziele nicht; auf deutscher Seite gelang der Disconto-Gesellschaft, die von der Reichsleitung in starkem Maße unterstützt wurde, 1914 der Abschluß einer bulgarischen Anleihe, die den französisch-russischen Einfluß ausschalten sollte.

Obwohl der deutsche Kapitalmarkt aufgrund seiner verhältnismäßig geringen Kapazität nicht alle Gelegenheiten nutzen konnte, kam es unbestreitbar zu einer finanziellen Expansion, die mit einer ganzen Reihe von politischen und wirtschaftlichen Vorteilen verbunden war. Auch wenn die deutschen Banken stark durch nationale Bedürfnisse in Anspruch genommen waren, dienten sie doch in großem Maße den Interessen der Weltpolitik.

4. Die Schwächung der Stellung des Reiches auf dem europäischen Kontinent

Von der Vorherrschaft zur Einkreisung

Deutschland war aufgrund seiner geographischen Lage gezwungen, eine starke Position auf dem Kontinent zu behaupten, und riskierte, als es Weltpolitik zu treiben begann, dieses doppelte Ziel nicht erreichen zu können. Wie konnte man den deutschen Einfluß in der Welt vergrößern und gleichzeitig die Vorrangstellung in Europa behaupten? Die deutsche Diplomatie, die vor diesem Dilemma stand, zögerte, verpaßte Gelegenheiten und mußte, während sie den Dreibund zerbröckeln ließ, zusehen, wie ein französisch-russisches Bündnis und eine Entente cordiale zwischen Frankreich und England entstand. Ab 1904 reagierten die Deutschen, indem sie einen Wechsel der Allianzen herbeizuführen und die Entente zu sprengen suchten. Deutschland hatte hierbei jedoch keinen Erfolg, und es konnte auch 1907 die Tripleentente nicht verhindern. In den Jahren 1908 bis 1914 schlug die deutsche Politik einen härteren Kurs ein: sie versuchte mit allen Mitteln die Einkreisung zu verhindern, deren Opfer das Reich sich wähnte.

Der Zerfall von Bismarcks Vermächtnis (1890 – 1904)

Zwischen 1890 und 1904 zerfiel das Vermächtnis Bismarcks. Gewiß, die Hauptbestandteile des Bismarckschen Systems überlebten. Das österreichisch-deutsche Bündnis von 1879 blieb eine sichere Grundlage. Es war jedoch lediglich eine Defensivallianz gegen Rußland. Für den Fall eines deutsch-französischen Krieges garantierte dieses Bündnis nur die Neutralität der Österreich-ungarischen Doppelmonarchie, während es Deutschland wegen Problemen auf dem Balkan in Feindseligkeiten gegen Rußland hineinzuziehen drohte. 1882 hatten Berlin und Wien einen dritten Partner – Italien – in ihr Bündnis aufgenommen und so den Dreibund geschaffen. Zunächst eine Defensivallianz gegen Frankreich, verlieh Bismarck ihm 1887 anläßlich seiner Erneuerung offensiven Charakter: er versprach Italien die Unterstützung Deutschlands, selbst wenn Rom Frankreich den Krieg erkläre. Diese Erneuerung des Dreibunds im Jahr 1887 löste zunächst große Spannungen zwischen Frankreich und Italien aus: der hierdurch bedingte Zoll- und Finanzkrieg dauerte noch rund zehn Jahre.

Enttäuscht über seinen deutschen Partner, der ihm weder die erhoffte Unterstützung in kolonialen Angelegenheiten noch die erwartete finanzielle Hilfe zuteil werden ließ, versuchte Italien wieder gute Beziehungen zu Frankreich herzustellen: 1898 beendete ein Handelsabkommen den Zollkrieg; ein Kolonialvertrag von 1900 schien den Weg für ein umfassenderes Abkommen zu bahnen, und dies umso eher, als Rom den Pariser Kapitalmarkt zur Umschuldung der italienischen Staatsschuld brauchte und Frankreich auf diese Weise ein ausgezeichnetes finanzielles Druckmittel in die Hand gab. War dies wirklich so harmlos wie Reichskanzler Bülow es in einer Reichstagsrede darstellte? Bestimmt nicht.

In Wirklichkeit machte sich der Kanzler Sorgen: er fürchtete, der französisch-italienische Kolonialvertrag von 1900 erlaube es Italien, nachdem es wegen Tripolis beruhigt war, sich wieder seinen europäischen Angelegenheiten und vor allem der Irredentakampagne gegen Wien zu widmen. Der deutsche Generalstab verhehlte seine Besorgnis nicht: die Entwicklung der italienischen Politik berge die Gefahr, eines Tages die französische Armee im Rücken zu haben, ohne daß ein Teil von ihr an der Alpengrenze aufgehalten würde. Bülow weigerte sich, Roms Wünschen nach einer den Defensivcharakter des Dreibundes betonenden Präambel zu entsprechen; am 28. Juni 1902 wurde der Dreibund daher in der alten Form erneuert. Aber Rom verhandelte gleichzeitig mit Paris und schloß nach hartem Feilschen bereits im Juli einen offiziell auf 1. November 1902 datierten Vertrag. Dieses Abkommen machte einen Teil des Inhaltes des Dreibunds hinfällig, da Italien versprach, im Falle eines direkten oder indirekten Angriffs Deutschlands auf Frankreich sowie im Fall eines französischen Gegenschlags als Antwort auf eine direkte Provokation Deutschlands neutral zu bleiben. Ohne den Wortlaut dieses geheimen Abkommens zu kennen, begann Berlin, an der Treue seines italienischen Verbündeten zu zweifeln, umso mehr, als der französische Außenminister Delcassé in der Nationalversammlung verkündete, Italien könne nie zum Instrument oder auch nur zum Hilfsmittel eines gegen Frankreich gerichteten Angriffs werden. Im Oktober 1903 reiste der König von Italien nach Paris, und dem französischen Staatspräsidenten Loubet wurde im April 1904 in Rom ein triumphaler Empfang bereitet. Es nützte nichts, daß Wilhelm II. daran dachte, Italien eine heilsame Strafe aufzuerlegen; die deutsche Diplomatie mußte ihren Ärger hinunterschlucken: der Dreibund schien sich aufzulösen.

Bismarck war es jedoch gelungen, auch Rußland in sein System einzubeziehen und selbst Großbritannien durch das britisch-italienische Mittelmeerabkommen daran anzuschließen. Seinen Nachfolgern gelang es nicht, dieses schwierige Vermächtnis zu bewahren: Sankt Petersburg und London distanzierten sich von Berlin und begannen sogar, eine gegen Deutschland gerichtete Politik zu treiben.

Man muß zugeben, daß trotz des Rückversicherungsvertrages von 1887 bereits Bismarck die Entwicklung einleitete, die zur Verschlechterung des deutsch-russischen Verhältnisses führte. Um nicht isoliert zu bleiben und um in Paris die benötigte finanzielle Unterstützung zu erhalten, schloß Rußland schon 1892/93 ein Bündnis mit Frankreich. Obwohl der Kaiser eine erneute Annäherung an Sankt Petersburg wünschte, obwohl 1894 ein Handelsvertrag abgeschlossen wurde und die deutschen Bankiers an den russischen Eisenbahnanleihen beteiligt waren, konnte Berlin eine Intensivierung des französisch-russischen Bündnisses in den Jahren 1899/1900 nicht verhindern. Im Falle eines allgemeinen Krieges mußte Deutschland damit rechnen, daß es an zwei Fronten zu kämpfen hätte: im Westen gegen Frankreich und im Osten gegen Rußland. Letzteres betrachtete Berlin als den gefährlicheren Gegner. Wilhelm II. und die deutschen Diplomaten ermunterten Rußland, eine „historische Mission" im Fernen Osten zu erfüllen und hofften, es auf diese Weise vom europäischen Schauplatz abzulenken. Auf dem Balkan vermittelte Berlin sogar zwischen den russischen und den österreichischen Interessen: im österreich-russischen Abkommen von Oktober 1903 verpflichteten sich die beiden Mächte, Bulgarien nicht gegen die Türkei zu unterstützen und den Sultan zu Reformen in Makedonien zu zwingen. Berlin gab die Hoffnung nicht auf, durch die Ausschaltung der Balkanfragen und die Orientierung Rußlands nach dem Fernen Osten doch noch eine Annäherung zwischen Deutschland und dem Zarenreich zustandezubringen.

Wenn Deutschland den Abschluß des französisch-russischen Bündnisses duldete, so schien es in seinen Beziehungen zu Großbritannien über eine gute Ausgangsposition zu verfügen. Gewiß, in den Jahren 1895/1896 wurde Großbritannien aus zwei Gründen unruhig: wegen der Ankündigung des Aufbaus einer starken deutschen Kriegsmarine und wegen der zunehmend spürbar werdenden Konkurrenz des „Made in Germany" auf dem britischen und auf dem Weltmarkt. Ebenso drohte die Weltpolitik den britischen Interessen zuwiderzulaufen, wenn auch Berlin oft – so zum Beispiel in bezug auf Afrika – der Meinung war, es sei besser, seiner Interessen wegen eine Verständigung mit Großbritannien zu suchen. Dieses erkannte jedoch die durch seine „splendid isolation" bedingten Gefahren und suchte einen Partner auf dem Kontinent.

Holstein zwang dem widerstrebenen Kaiser die Vorstellung einer britisch-deutschen Annäherung auf; man begann 1898, mit London zu verhandeln. Bis 1901 verliefen die Gespräche jedoch ergebnislos. Zu diesem Zeitpunkt bot das durch den Burenkrieg in Mitleidenschaft gezogene

Großbritannien den Abschluß eines Vertrages an, der ein Neutralitätsversprechen für den Fall enthielt, daß einer der Partner gegen eine dritte Macht Krieg führe, sowie ein Beistandsversprechen, wenn in einer solchen Situation ein anderer Staat eingriffe, ohne provoziert worden zu sein. Dieser Vorschlag war für Berlin interessant, da er bedeutete, daß Großbritannien im Falle einer deutsch-russischen Auseinandersetzung gegen Frankreich kämpfen würde; denn dieses müßte aufgrund des französisch-russischen Bündnisses Rußland unterstützen. Aber Berlin wollte noch mehr: London sollte Verpflichtungen gegenüber dem gesamten Dreierbund eingehen. Die britische Weigerung bereitete den Verhandlungen ein Ende. Die auf beiden Seiten gehegten Hintergedanken führten zum Scheitern. Während London nicht in die ständigen Auseinandersetzungen auf dem Balkan hineingezogen werden wollte, war Berlin seinerseits nicht bereit, auf einen Flottenausbau zu verzichten. Holstein, der diese unnachgiebige und spitzfindige Politik gegenüber London verfolgte, hielt sie für ungefährlich. Sie beunruhigte aber Wilhelm II. und Wolff-Metternich, den deutschen Botschafter in London: würde sich das enttäuschte Großbritannien nicht Frankreich oder Rußland zuwenden?

Die Reichsleitung hatte mit Genugtuung die Verbesserung des deutsch-französischen Verhältnisses nach 1890 zur Kenntnis genommen. In Frankreich verlor der Revanchegedanke immer mehr Anhänger, in Elsaß-Lothringen wuchs das Autonomiestreben, Frankreich geriet wegen der Ägyptenfrage mit Großbritannien aneinander – all dies waren Faktoren, die eine Entspannung begünstigten. Somit ergriff die Wilhelmstraße 1896 und 1898 Initiativen zu einer Annäherung in kolonialen Fragen, ohne jedoch mit offenen Karten zu spielen. Während die deutsche Diplomatie 1898 Frankreichs Außenminister Hanotaux, der den Briten in Ägypten Widerstand leisten wollte, ein Kolonialabkommen anbot, suchte sie eine Annäherung an London und unterzeichnete einen Vertrag über das Schicksal der portugiesischen Kolonien in Afrika. Bis 1901 verhandelte man ergebnislos mit dem neuen französischen Außenminister Delcassé. Das doppelte Spiel der Wilhelmstraße schloß keine Gesten guten Willens zwischen Paris und Berlin aus: Der Eröffnung des Kieler Kanals im Jahr 1895 wohnten auch französische Kriegsschiffe bei, Deutschland beteiligte sich in großem Umfang an der Pariser Weltausstellung von 1900, auf der die Industriellen von jenseits des Rheines unter den Augen tausender, in Paris gebührend empfangener Reichsbewohner zahlreiche Lorbeeren ernteten. Diese Atmosphäre wurde durch die Dreyfus-Affäre nicht gestört, die Berlin wohlweislich nicht schürte. Auch die geschäftlichen Beziehungen waren stark angewachsen, und in Berlin machte sich ein gewisser Optimismus breit. Aber dadurch, daß Paris sich 1902 Italien näherte, und vor allem durch den Abschluß der Entente cordiale mit

England im April 1904 belastete es eine Entspannungspolitik, die Berlin ohnehin nur solange verfolgen wollte, bis es einige koloniale Zugeständnisse erhalten haben würde.

Die Kolonialabkommen vom 8. April 1904, die die Entente cordiale begründeten, bedeuteten eine schlimme deutsche Niederlage. Bülow gab sich zwar zuversichtlich und versuchte, jegliche chauvinistische Reaktion zu verhindern. Das Prestige des Reiches war jedoch beeinträchtigt. Dem Kaiser fiel es schwer, die diplomatische Schlappe hinzunehmen; er beobachtete, wie sich Englands Stellung auf dem Kontinent verstärkte, und fürchtete die Möglichkeit einer Zusammenarbeit zwischen Frankreich und England in kolonialen Angelegenheiten und vor allem in der Marokkofrage.

So erlitt das Deutsche Reich in den Jahren 1890 bis 1904 eine ganze Reihe diplomatischer Rückschläge, die seiner kontinentalen Stellung abträglich waren. Rußland und Großbritannien hatten sich Frankreich genähert, während Italiens Politik den Dreibund schwächte. Auf Holsteins Veranlassung hin hatte die deutsche Diplomatie schwere Fehleinschätzungen getroffen. Sie hatte zu lange gezögert und weder Londons Vorschläge noch die deutsch-französische Entspannung zu nutzen verstanden. In dem Bewußtsein, mehrere günstige Gelegenheiten verpaßt zu haben, leitete die deutsche Diplomatie 1904 einen Umschwung ein, der Deutschland eine Vorrangstellung in Europa verschaffen sollte.

Das Ende der Illusionen (1904 – 1907)

In den Jahren 1904 bis 1907 versuchte Berlin wieder die Initiative zu ergreifen: seine Hauptziele bestanden darin, sich erneut Rußland anzunähern und die Entente cordiale zu zerstören.

Wie wir oben (Kapitel 2) gesehen haben, nutzten die deutschen Diplomaten die Marokkofrage zu einem Versuch, die Entente cordiale zu sprengen. Wilhelms II. Besuch in Tanger am 31. März 1905 brachte nicht den erhofften Erfolg, und die Konferenz von Algeciras 1906 unterstrich Deutschlands Isolation.

Gegenüber Sankt-Petersburg dagegen zog Deutschland Vorteile aus der internationalen Situation. Der russisch-japanische Krieg konnte eine Änderung in Rußlands Haltung hervorrufen. War Großbritannien nicht seit 1902 der Verbündete Japans? Ohne zu den Waffen zu greifen, unterstützte es Tokyo auf andere Weise. Es konnte nicht den Zwischenfall vor der Doggerbank im Oktober 1904 verhindern, in dessen Verlauf ein russisches Geschwader das Feuer auf britische Fischerboote eröffnete, die mitten auf der Nordsee „irrtümlich“ für japanische Torpedoboote gehalten wurden. Nach dem Ausbruch revolutionärer Unruhen in Rußland im Januar 1905 und dem Sieg der japanischen Truppen in der Mandschurei fürchtete Frankreich sehr um die Leistungsfähigkeit des französisch-russischen Bündnisses.

Damals ergriff Berlin eine Reihe von Initiativen gegenüber Rußland und veranlaßte es zu einem Vergleich zwischen Deutschlands gutem Willen und der Trägheit seines französischen Verbündeten. 1904 schlossen Deutschland und Rußland einen Handelsvertrag, und die Berliner Banken kamen Rußland entgegen. Wilhelm II. nutzte die Enttäuschungen des zaristischen Regimes, um den Gedanken eines umfassenden kontinentalen Bündnisses gegen England auf deutsch-russischer Grundlage wiederaufzugreifen. Dementsprechend machte der Kaiser im November 1904 und Juli 1905 zwei Vorschläge. Er ging so weit, eine bis zum Ende des russisch-japanischen Krieges gültige Defensivallianz vorzuschlagen. Nikolaus II. reagierte zunächst sehr zurückhaltend, zeigte sich aber zu Beginn des Sommers 1905 aufgeschlossener. Seine Bereitschaft zum Abschluß eines regelrechten Verteidigungsbündnisses mit Deutschland anläßlich des Treffens mit Wilhelm II. am 24. Juli 1905 in Björkö war zu einem großen Teil durch innere Unruhen bedingt. Der Vertragstext sah eine Aufnahme Frankreichs in das Bündnis vor, so daß der Kaiser eine neue Seite der Weltgeschichte aufzuschlagen glaubte. Paris lehnte eine Beteiligung ab, und die zaristische Regierung mußte die unüberlegte Geste des Zaren wieder gutmachen. Rußland blieb der Verbündete Frankreichs, das allein in der Lage war, dem russischen Fiskus die Mittel zur Verfügung zu stellen, die zur Wiederherstellung der Ordnung und zum Wiederaufbau der Armee notwendig waren. Es blieb nicht nur der Wechsel der Allianzen aus, vielmehr ließ sich England, durch diese letztlich gegen sich gerichteten deutschen Manöver immer mehr beunruhigt, auf den Gedanken einer Annäherung an Rußland ein. Die durch Frankreich unterstützten diesbezüglichen Verhandlungen führten am 31. August 1907 zum Abschluß eines Paktes zwischen Großbritannien und Rußland, der die Streitigkeiten bezüglich Persien, Afghanistan und Tibet schlichtete. Dieses Kolonialabkommen begründete gleichzeitig die Tripleentente zwischen London, Sankt-Petersburg und Paris. Berlin war es nicht allein mißlungen, die so ersehnte Annäherung zwischen Deutschland und Rußland herbeizuführen, sondern es kam sogar völlig überraschend zur Tripelentente gegen den Dreibund.

Wagnisse und Ängste (1908 – 1914)

Im Jahre 1908 schien die Periode der Illusionen zu Ende zu sein. Das Deutsche Reich war sich der Schwächung seiner Position auf dem Kontinent bewußt und beklagte sich über die Einkreisung. Der Kaiser selbst und die Presse waren tonangebend. In dem Bemühen, diese Einkreisungspolitik zu durchbrechen, verfolgte Berlin einen härteren Kurs gegenüber den Mächten der Tripelentente. Gleichzeitig intensivierte das Reich die Beziehung zu seinen Verbündeten und beschaffte sich die militärischen Mittel, die zu einer Gewaltpolitik nötig waren. Die Wilhelmstraße wechselte jedoch nach wie vor gern zwischen einer Politik der Nadelstiche und Verhandlungen ab.

War es möglich, die soeben begründete Tripelentente zu zerstören? Bülow schien die gleichen Hoffnungen zu hegen wie Holstein 1904 in Bezug auf die Entente cordiale: indem er zwischen Oktober 1908 und März 1909 Wien in der Annexionskrise wegen Bosnien und der Herzegowina kräftig unterstützte, hoffte der Reichskanzler, Rußland gegen seine Verbündeten aufzubringen. Berlin setzte alle Hebel in Bewegung, um Sankt-Petersburg stark unter Druck zu setzen und versprach Wien sogar eine mögliche militärische Unterstützung für den Fall eines Krieges zwischen Österreich und Rußland. Die Reichsleitung lehnte jegliche Vermittlerrolle ab und stellte Sankt-Petersburg am 21. März 1909 sogar ein Ultimatum, in dem es aufgefordert wurde, die Annexion Bosniens und der Herzegowina durch Österreich zu akzeptieren. Das zu schwache Rußland mußte nachgeben und die bittere Pille schlucken. Es mußte feststellen, daß es von seinen Verbündeten im Stich gelassen worden war: London und Paris rieten zur Mäßigung und Frankreich erklärte am 25. Februar sogar, lebenswichtige Interessen Rußlands stünden nicht auf dem Spiel. Die zaristische Regierung nahm ihren Verbündeten diese Enthaltung zwar übel, aber der Fortbestand der Tripelentente war nicht gefährdet. Hingegen wuchs Rußlands feindliche Haltung gegenüber Deutschland durch diese Krise an: Nikolaus II. vertrat die Ansicht, der Kampf zwischen Germanentum und Slawentum sei unvermeidlich geworden.

Nachdem Berlin einen kalten Wind hatte blasen lassen, schlug es wieder einen freundlicheren Kurs ein. Am 5. November 1910 begannen die beiden Kaiser in Potsdam zu verhandeln. Die Wilhelmstraße suchte immer noch England und Rußland zu entzweien, was Kiderlen-Wächter veranlaßte, einen Notenwechsel vorzuschlagen: Deutschland würde sich verpflichten, eine aggressive Balkanpolitik Wiens nicht zu unterstützen; Rußland sollte keine gegen das Reich gerichtete Politik Englands unterstützen. Die russische Regierung lehnte es jedoch ab, eine schriftliche Verpflichtung einzugehen, und das Manöver war zum Scheitern verurteilt. Im Gegensatz dazu führten die Gespräche über die Bagdadbahn am 19. August 1911 zu einem Vertragsabschluß (siehe oben). Dieses Abkommen, das genau in die Zeit der Agadirkrise fiel, beunruhigte Paris umso mehr, als Iswoljski Frankreich ermahnte, sich versöhnlich zu zeigen. Diese Besorgnis dauerte allerdings nicht lange, da Sankt-Petersburg einige Tage darauf Frankreich seine Unterstützung für die Beilegung der Zweiten Marokkokrise versprach.

All diese Verhandlungen brachten Deutschland zwar einen Erfolg für den Ausbau seines Einflusses im Osmanischen Reich ein – dank der Bagdadbahn –, aber es gelang ihm nicht, die Tripelentente zu sprengen.

Auch in seinem Verhältnis zu Frankreich schlug Deutschland abwechselnd versöhnlichere und schärfere Töne an: Die Politik der Nadelstiche schien seit dem Marokkoabkommen vom 9. Februar 1909 aufzuhören, wobei dieses Abkommen keineswegs den Panthersprung von Agadir (siehe oben) verhinderte. Die Regelung vom 4. November 1911 führte zu nichts. Die deutsch-französischen Beziehungen traten in eine Zeit der Spannung. Das erneute Aufwerfen des Problems Elsaß-Lothringen, das Anwachsen des Nationalismus auf beiden Seiten des Rheins, das Fernbleiben des französischen Kapitals, das Ende der weltweiten Zusammenarbeit auf finanzieller Ebene, die Hindernisse gegen eine wechselseitige Interessendurchdringung sowie ein kleiner Zollkrieg – all dies waren untrügliche Zeichen. Das im Februar 1914 geschlossene Bagdadbahnabkommen (siehe oben) darf nicht falsch bewertet werden: es besiegelte das Scheitern einer Politik der Interessenverbindung, das Prinzip „jeder für sich" hatte gesiegt.

Im Zentrum der Beziehungen zu England stand das Problem des Flottenbaus und seiner Beschränkung. Berlin wußte, daß die britische Öffentlichkeit sich zunehmend wegen der deutschen Flottenrüstung beunruhigte. Da Großbritannien keinen Präventivkrieg führen wollte, um den Ausbau der deutschen Kriegsmarine zu stoppen, konnte es nur verhandeln oder das Wettrüsten zur See beschleunigen. Im Jahr 1908 lehnte der Kaiser ein britisches Verhandlungsangebot entschlossen ab und drohte sogar mit Krieg, da mit der Flotte Deutschlands nationale Ehre getroffen sei. Daraufhin beschloß London sogleich im Februar/März 1909, ein neues Flottenbauprogramm anlaufen zu lassen. Erst im August 1909 bot der neue Reichskanzler Bethmann Hollweg London im Austausch gegen ein politisches Abkommen Verhandlungen über die Beschränkung der Flottenrüstung an. Berlin wünschte ein gegenseitiges Nichtangriffsversprechen sowie ein Neutralitätsversprechen für den Fall einer Provokation durch eine dritte Macht. Die britische Regierung war nicht bereit, auf eine solche Forderung einzugehen. Deutschland beharrte auf diesen Bedingungen und lehnte Anfang 1911 ein Angebot aus London ab, in dem Großbritannien dem Reich vorschlug, auf Kosten dritter Staaten in außereuropäischen Gebieten Vorteile zu erwerben. Die britische Haltung während der Agadirkrise erhöhte die Spannung noch: die energische Unterstützung, die es Frankreich zukommen ließ, löste in Berlin heftigen Verdruß aus und führte zu dem Beschluß, die Flottenrüstung erneut zu beschleunigen. Großbritannien wurde immer unruhiger. Im Februar 1912 wurden – nach vorbereitenden Gesprächen zwischen Ballin und Cassel – die Verhandlungen eröffnet. Der britische Kriegsminister Haldane begab sich nach Deutschland, um mit Wilhelm II., Tirpitz und dem Reichskanzler zusammenzutreffen. Berlin wünschte immer noch ein politisches Abkommen, ein Neutralitätsversprechen. Die Haldane-Mission scheiterte, und die Reichsleitung ließ ein neues Flottengesetz verabschieden.

So eskalierte die Angelegenheit immer weiter. Dabei hörte London nicht auf, Deutschland Kompensationen anzubieten, um es von einer gewaltsamen Lösung abzuhalten, so zum Beispiel im 1913 geschlossenen Vertrag über die portugiesischen Kolonien in Afrika und im Abkommen über die Bagdadbahn und Mesopotamien von 1914 (siehe oben). Noch am Vorabend des Ersten Weltkrieges erbot sich Churchill, 1. Lord der Admiralität, nach Kiel zu gehen, und ein Sondergesandter Präsident Wilsons sondierte im Juni 1914 sowohl in Berlin als auch in London, um die Verhandlungen wieder in Gang zu bringen. Alles vergeblich.

Während Berlin gegenüber der Tripelentente einen schärferen Kurs einschlug, bemühte es sich gleichzeitig, engere Beziehungen zu seinen Verbündeten zu knüpfen. Das Flottenabkommen von Juli 1913 baute den Dreibund aus: es sah eine Vereinigung vor allem der österreichischen und italienischen Einheiten vor, um im Kriegsfalle die Verbindung zwischen Frankreich und Algerien zu durchtrennen. Anfang 1914 führten Besprechungen des deutschen mit dem italienischen Generalstab zu einem Vertrag, der die Stationierung von drei Armeekorps und zwei Kavalleriedivisionen am Rhein zum Inhalt hatte. Das österreichisch-deutsche Bündnis wurde verstärkt. Im November 1912 und Oktober 1913 unterstützte Berlin Wien in Balkanfragen. Am 13. Juni 1914 versprach Wilhelm II. Wien für den Fall einer neuen Balkankrise Deutschlands unbedingte Unterstützung. Absprachen zwischen den Generalstäben legten die Rolle der deutschen und österreichischen Streitkräfte fest. Berlin konnte jedoch nicht verhindern, daß es zu Auseinandersetzungen zwischen seinen Verbündeten kam: Die adriatische Frage löste im Juni 1914 eine starke Spannung zwischen Rom und Wien aus.

So versuchte die Reichsleitung, den Dreibund zu intensivieren. Ferner bemühte sie sich, die Rüstung zu Land und zur See voranzutreiben und schürte gleichzeitig eine regelrechte Kriegspsychose. Zu Beginn des Jahrhunderts blieb die Zahl der aktiven Soldaten konstant: bis 1910 waren es etwa 600000 Mann. Man suchte vor allem Reserveeinheiten aufzustellen, um die zur Ausführung des Schlieffenplans erforderlichen Truppen zusammenzubekommen: schon 1910 verfügte man über fast 3,7 Millionen „ausgebildete" Männer. Diese Armee schien auszureichen, um einen Kurzkrieg zu unternehmen, der in zwei Abschnitten verlaufen sollte: zunächst sollte Frankreich vernichtend geschlagen und dann die Gesamtheit der Streitkräfte gegen das unendlich weite Rußland geworfen werden. Unter Verletzung der belgischen Neutralität sollte ein starker rechter Flügel der deutschen Armee den französischen zur Offensive nach Elsaß-Lothringen ansetzenden Truppen in den Rücken fallen und sie innerhalb von sechs Wochen vernichten. Nachdem im Juni 1912 eine geringfügige Erhöhung der Truppenstärke (um 29000 Mann) beschlossen worden war, hielten militärische Kreise bereits Ende 1912 angesichts der Situation eine drastische Verstärkung für notwendig: die österreichisch-ungarischen und rumänischen Truppen liefen im Kriegsfall Gefahr, auf dem Balkan festgehalten zu werden, und die italienischen Kontingente hatten sich in Tripolis militärisch engagiert. Generalstabschef Moltke wollte die Truppenstärke von 620000 auf 920000 Mann erhöhen, aber das am 3. Juli 1913 verabschiedete Gesetz trug seinen Forderungen nur teilweise Rechnung: die deutsche Armee sollte im Winter 1913/1914 über 750000 Mann verfügen und im Oktober 1914 eine Stärke von 820000 Mann erreichen. Die Schlagkraft dieser Armee wurde erhöht: die Reserveklassen wurden verjüngt und verstärkt. Nachdem der Reichskanzler im April 1913 den Parteivorsitzenden demonstriert hatte, daß ein Krieg drohte, gaben diese nach, und der Reichstag bewilligte die nötigen finanziellen Opfer.

Mehrere Flottengesetze ermöglichten den Aufbau einer starken Kriegsmarine. Den Gesetzen von 1898 und 1900 zufolge sollte Deutschland 1916 über 36 Linienschiffe und 38 Kreuzer verfügen. Dieses Programm wurde 1906 und 1908 beschleunigt: Deutschland baute bis 1911 4 statt 3 Linienschiffe pro Jahr. Das Gesetz von 1912 ordnete den weiteren alljährlichen Bau von 3 Linienschiffen an. Innerhalb von 16 Jahren legte sich Deutschland auf diese Weise unter erheblichen finanziellen Anstrengungen eine 980000 Tonnen starke Flotte zu. Von Bernhardi betrachtete diese Flotte angesichts der 2370000 Tonnen starken britischen Marine als unzureichend. Mit 33 Linienschifen (im Vergleich zu 59 britischen) hatte sich Deutschland auf den zweiten Platz emporgearbeitet, ohne sich jedoch in weit entfernten Meeresgebieten die erste Rolle anmaßen zu können. 1914 konnten die 23 großen deutschen Flotteneinheiten in der Nordsee kaum einen Kampf gegen die starken britischen Geschwader mit 40 Einheiten wagen.

Es steht fest, daß die meisten der leitenden deutschen Politiker glaubten, die Intensivierung der Bündnisse und der Ausbau der Land- und Seestreitkräfte versetze Deutschland in die Lage, sich an einem Krieg zu beteiligen oder einen Krieg vom Zaun zu brechen; dies bezeugt der am 8. Dezember 1912 abgehaltene „Kriegsrat". Sowohl Wilhelm II. als auch Moltke hielten den Krieg für „unvermeidlich" und waren der Auffassung: „je eher, desto besser". Nur Tirpitz riet, noch ein wenig zu warten, bis der U-Boot-Stützpunkt auf Helgoland fertiggestellt sei. Der Reichskanzler Bethmann Hollweg, der an dieser Beratung nicht teilgenommen hatte, setzte jedoch seinen Standpunkt durch: sich auf diplomatischem Wege um die britische Neutralität zu bemühen. Er hielt seinerseits eine wirtschaftliche, finanzielle und psychologische Vorbereitung Deutschlands auf den Krieg für notwendig. Im Frühjahr 1913 schien Bethmann noch nicht überzeugt zu sein: in seinen Augen wäre ein Krieg glatter Wahnsinn und würde zu nichts führen. Ein solcher Ausweg war seiner Ansicht nach nur dann nötig, wenn Deutschlands Sicherheit oder Zukunft bedroht waren. Diese abschätzende Vorsicht stand im Widerspruch zur Haltung des Kaisers und des Generalstabs. Am 26. Oktober 1913 erklärte Wilhelm II. gegenüber Berchtold, der Krieg zwischen Ost und West sei auf die Dauer unausweichlich. Einige Tage später äußerte er gegenüber König Albert I. von Belgien, Frankreich würde überall gegen Deutschland arbeiten, und ein Krieg gegen Frankreich sei unvermeidlich. Moltke besprach sich mit seinem österreichischen Kollegen von Hötzendorf und erklärte ihm gegenüber im Frühjahr 1914, der für einen großen Krieg günstige Augenblick sei gekommen und jegliche Verzögerung würde die Erfolgsaussichten verringern. Am 20. Mai 1914 forderte Moltke die Wilhelmstraße auf, die notwendigen politischen und militärischen Vorbereitungen für einen Präventivkrieg gegen Rußland und Frankreich zu treffen. Jagow und der Reichskanzler lehnten diese Präventivkriegidee ab, und der Kaiser zögerte, fragte sich aber gleichzeitig am 21. Juni 1914, ob es nicht besser sei, gleich loszuschlagen, statt abzuwarten. Diese Meinung vertrat auch die alldeutsche Zeitung „Die Post", die im Februar 1914 zu bedenken gab, ob man denn warten solle, bis die Feinde kriegsbereit seien, oder ob man nicht vielmehr den günstigen Augenblick nutzen solle, um eine rasche Entscheidung herbeizuführen?

Fiel diese Kriegspsychose den ausländischen Beobachtern auf? Hier muß die Meinung Jules Cambons, des französischen Botschafters, zitiert werden, der noch am 12. Juni 1914 schrieb, er finde nicht, daß Frankreich irgendwie bedroht sei, ganz im Gegenteil. Und doch war die Reichsleitung bereit, jeden sich bietenden Vorwand zu nutzen: die Ermordung des Erzherzogs Franz Ferdinand am 28. Juni in Sarajewo bot die von den Militärs und einem großen Teil der leitenden Politiker Deutschlands erhoffte Gelegenheit.

Der Erste Weltkrieg: Vom Traum zur Wirklichkeit (1914 – 1918)

Deutschlands Verantwortung

Seit Ausbruch der Juli-Krise 1914 lag Berlin im Zentrum des diplomatischen Spinnennetzes. Wien wollte das Attentat von Sarajewo nutzen, um die nationalistischen Bewegungen zu unterwerfen, welche die österreichisch-ungarische Monarchie zu sprengen drohten. Ohne Berlins Unterstützung konnte Österreich-Ungarn nichts unternehmen; am 5. Juli erhielt es eine umfassende Beistandszusage, selbst für den Fall eines Krieges mit Rußland. Berlin forderte Wien sogar auf, eine so günstige Gelegenheit zu nutzen. Wenn die beiden Verbündeten einen lokalen Krieg bevorzugten, so erwogen sie doch von vornherein ein weiteres Ausgreifen und folglich einen allgemeinen Krieg. In einem Schreiben an Lichnowsky, den deutschen Botschafter in London, legte Jagow am 18. Juli die Beweggründe Deutschlands dar: Besorgnis über die Schwächung Österreich-Ungarns. Deutschland mußte seinem Bündnispartner zu Hilfe kommen. Es konnte keine Stärkung der russischen Vormachtstellung auf dem Balkan dulden. Die Reichsleitung wollte Wien nicht zur Tat treiben, aber auch nicht bremsen. Da Rußland noch nicht kriegsbereit war, schien die Gelegenheit günstig. Jagows scheinbar klarer Schluß: „Ich will keinen Präventivkrieg, aber wenn der Kampf sich bietet, dürfen wir nicht kneifen."

Bevor Wien am 23. Juli Serbien ein Ultimatum stellte, holte man Berlins Meinung ein. Die Reichsleitung, über das langsame Vorgehen Österreichs erzürnt, riet, das Ultimatum in einer für Belgrad inakzeptablen Form abzufassen. Am 24. Juli teilte Berlin der deutschen Öffentlichkeit und den übrigen Mächten mit, Deutschland stehe hinter Österreich, der Konflikt zwischen Österreich und Serbien müsse begrenzt bleiben, und jede Einmischung einer anderen Macht ziehe unabsehbare Konsequenzen nach sich. Man drängte Wien dazu, Serbien (am 28. Juli) den Krieg zu erklären. Während es Österreich-Ungarn antrieb, gab Deutschland vor, Londons Vermittlungsversuche zwischen dem 24. und 28. Juli zu unterstützen. In Wirklichkeit wollte es die Dinge beschleunigen. Einige Beobachter gewannen jedoch den Eindruck, daß zwischen den Militärs auf der einen sowie dem Kanzler und der Wilhelmstraße auf der anderen Seite keine volle Übereinstimmung herrschte. Die militärischen Kreise wünschten keine Verzögerung: Rußland und Frankreich waren nicht bereit, während drei Jahre später die Situation wegen der Beendung der russischen Kriegsvorbereitungen wesentlich ungünstiger sein würde.

Andererseits machte die Anwendung des Schlieffenplans einen doppelten Bruch erforderlich: mit Paris und Sankt-Petersburg.

Die Rolle des Reichskanzlers Bethmann Hollweg ist seit etwa zwanzig Jahren Gegenstand zahlreicher Kontroversen unter den Historikern. In den Augen der einen war er ein Friedensbefürworter und wollte die Neutralität Großbritanniens erhalten, um den Konflikt zu begrenzen (G. Ritter); andere sind der Ansicht, daß der Reichskanzler die Wiener Politik in der Hoffnung unterstützte, durch ein schnelles Vorgehen könne ein allgemeiner Krieg vermieden werden (E. Zechlin, K. D. Erdmann). Eine dritte Gruppe schließlich (F. Fischer) sieht in Bethmann Hollweg den Hauptverantwortlichen für einen von Deutschland gewollten Krieg. Fischer stellt ihn als den Mann dar, der Wien den Blankoscheck ausstellte und ein kalkuliertes Risiko einging, da eine Preisgabe Österreichs nur ein noch bedrohlicheres, in voller Entwicklung befindliches Rußland zurücklassen werde.

Gewiß versuchte der Kanzler im letzten Augenblick, die Wilhelmstraße und den Generalstab zu bremsen. Aber in Wirklichkeit riet er Wien deshalb zur Nachgiebigkeit, weil eine heftige Ablehnung des letzten britischen Vermittlungsangebotes vermieden werden mußte. Vielleicht glaubte er noch an die Möglichkeit eines britischen Neutralitätsversprechens und wollte im Fall eines europäischen Konflikts die Schuld auf Rußland abwälzen. In Wien, wo man über diese widersprüchlichen Ratschläge aus Berlin einigermaßen überrascht war, begriff man schnell, daß sich die Militärs durchgesetzt hatten; der Kanzler gab nach und fand sich am 30. Juli mit dem allgemeinen Krieg ab, ohne daß es ihm jedoch gelang, Rußland die Schuld zuzuschieben. Nach seinem „Sprung ins Dunkle“ entglitt ihm die Krise, er fügte sich in die weitere Entwicklung, die er als unentrinnbares Schicksal betrachtete.

In den Augen vieler Historiker führte die Politik des Reichs somit zum Krieg. Fritz Fischer vertritt die Meinung, Deutschland habe – im Vertrauen auf seine militärische Überlegenheit – den Krieg zwischen Österreich und Rußland gewünscht und gefördert und sei auf diese Weise bewußt das Risiko eines Konflikts mit Frankreich und dem Zarenreich eingegangen. Offensichtlich wollte Deutschland seine lebenswichtigen Interessen behaupten. Pierre Renouvin sieht in Berlins fester Entschlossenheit, Österreich-Ungarn wieder „flott zu machen“, die Hauptursache für den Krieg. Deutschland, das sich seit 1907/1908 als Opfer einer regelrechten Einkreisung sah, hatte es nicht verstanden, diese Umfassung durch Verhandlungen mit seinen Rivalen zu durchbrechen. Außerdem hatte es den Eindruck, daß Frankreich und England die notwendige Expansion des Reichs zu bremsen suchten. Die deutschen Geschäftsleute forderten die Reichsleitung auf, ihre weltweiten Interessen energisch zu vertreten. Aber man kann schwerlich behaupten, daß die Industriellen, Bankiers und Kaufleute zum Krieg antrieben. Selbst die durch die kleine Wirtschaftskrise Ende 1913 bis Frühjahr 1914 ausgelöste Unruhe ändert hieran nichts: Die Krise wurde seit April 1914 überwunden, ohne die deutschen Wirtschafts- und Finanzkreise dazu zu treiben, im Krieg einen letzten Ausweg zu suchen. Wirtschaftliche Faktoren haben ganz gewiß dazu beigetragen, die Lage zu verschärfen, aber sie können nicht für den Krieg verantwortlich gemacht werden. Die Reichsleitung ließ sich – wie die anderen das auch taten – vor allem von Gründen der Sicherheit, des Prestiges und der Macht leiten. Vom Sieg Deutschlands überzeugt, wollte sie eine günstige Gelegenheit nutzen und nahm daher ein Höchstmaß an Risiken auf sich.

Aber man muß auch festhalten, daß, während Deutschland zum Krieg trieb, auch die Mächte der Tripelentente nicht mit äußerstem Einsatz den Frieden zu erhalten suchten. Es stimmt zwar, daß die britischen Politiker, die nicht wegen einer serbischen Sache in einen Krieg hineingezogen werden wollten, die militärische Auseinandersetzung zu verhindern suchten, aber ihre Vermittlungsversuche, denen nicht durch Drohungen Nachdruck verliehen wurde, blieben ohne Wirkung. Da sie das Risiko einer auf eine mächtige Flotte gestützten Vormachtstellung Deutschlands auf dem Kontinent nicht eingehen konnten, beteiligten sie sich an dem Konflikt. Anläßlich Poincarés Aufenthalt vom 20. bis zum 23. Juli in Rußland, bekräftigten Paris und Sankt-Petersburg ihre Solidarität. Auch wenn Paris den Russen noch am 30. Juli riet, nichts zu unternehmen, was einen deutschen Gegenschlag herausfordern könnte, so konnte es nicht umhin, die von der zaristischen Regierung beschlossene allgemeine Mobilmachung zu billigen. Paris mußte im eigenen Interesse seinen Verbündeten unterstützen, wenn es nicht eines Tages mit einem durch einen Erfolg über Rußland gestärkten Deutschland konfrontiert werden wollte. Außerdem ist es auch ganz offensichtlich, daß Paris Mahnungen zur Mäßigung, die es Rußland erteilte, wesentlich weniger energisch vorbrachte, als in London die Bitten um den Beistand Großbritanniens. Rußland wollte in dem Krieg seine Interessen auf dem Balkan verteidigen und gewiß auch eine Lösung für seine inneren Probleme finden: es ging das Risiko ein, von der Teil-Mobilmachung (gegen Österreich-Ungarn) zu einer allgemeinen Mobilmachung überzugehen, die von Berlin sofort als eine direkte Bedrohung betrachtet wurde.

Folglich kann man die Schuld auf verschiedene Mächte verteilen: die österreichisch-deutschen Initiativen gefährdeten einen Frieden, den die Mächte der Tripelentente nicht mit aller Kraft zu erhalten suchten.

Die Kriegsziele

Ab Kriegsausbruch mußte Deutschland Enttäuschungen auf diplomatischem Gebiet hinnehmen, wenn sie auch zunächst durch einen günstigen Kriegsverlauf wettgemacht wurden. Der Appetit war geweckt worden, und man stellte ein hochtrabendes Kriegszielprogramm auf. Beinahe bis Kriegsende war Berlin nicht bereit, auf diese Kriegsziele zu verzichten, stellte sich taub gegen Friedensangebote und begnügte sich damit, seinen Gegnern unannehmbare Vorschläge zu unterbreiten. Durch die Blockade isoliert, führte Deutschland gegen nahezu alle übrigen europäischen Mächte, die später auch noch die Unterstützung der Vereinigten Staaten erhielten, einen immer schwieriger werdenden Krieg.

Der Krieg führte zum Auseinanderbrechen des Dreibundes. Trotz des Drucks, den Wilhelm II. ausübte, beschloß Italien am 31. Juli 1914, neutral zu bleiben. Dieser Abfall hatte für Deutschland schlimme Folgen, da er es einer Unterstützung am Rhein und vor allem einer strategischen Position am Mittelmeer beraubte. Es sollte noch schlimmer kommen: nachdem es mit beiden Seiten verhandelt hatte, trat Italien im Mai 1915 auf der Seite der Ententemächte in den Krieg ein. Auch auf dem Balkan gab es Enttäuschungen: Rumänien beschloß, neutral zu bleiben (3. August 1914), und Bulgarien verhielt sich – obwohl es gerne mit Serbien abgerechnet hätte –, bis in den Herbst 1915 ebenfalls neutral. Während das Reich über das Verhalten dieser beiden Länder enttäuscht war, nahm es mit Genugtuung zur Kenntnis, daß sich Griechenland – dessen König Konstantin nicht an Deutschlands Sieg zweifelte –, zur Neutralität entschloß. Ein weiterer Erfolg war der Kriegseintritt der Türkei am 1. November 1914, nachdem gleich zu Kriegsbeginn ein deutsch-türkisches Bündnis geschlossen worden war.

Diese Wechselfälle waren jedoch nicht dazu angetan, Deutschland, das mindestens einen Monat lang an ein Gelingen des Schlieffenplanes glauben konnte, zu erschüttern. Die kräftige Offensive gen Westen – durch Belgien hindurch – verlief erwartungsgemäß, bis man innerhalb eines knappen Monats die Marne erreichte. Im Osten brachte Hindenburg den Russen bei Tannenberg eine empfindliche Niederlage bei (26.–30. August): Ostpreußen wurde befreit und die zaristischen Truppen waren aufgehalten worden.

Die Marneschlacht (6.–10. September) machte alle Hoffnungen auf einen Blitzsieg zunichte. Ende Oktober 1914 wurde eine durchgehende Front von der Nordsee bis zur Schweizer Grenze errichtet. Von diesem Zeitpunkt an mußte Deutschland einen lange dauernden Zweifrontenkrieg führen. Die deutschen Politiker und Militärs waren nicht übermäßig beunruhigt, und die breite Öffentlichkeit war mit der Machterweiterung zufrieden. Die deutschen Truppen hielten Belgien und ein breites Gebiet nördlich der Linie Arras, Soissons, Reims, Verdun besetzt, in dem ein Teil des nördlichen Kohlereviers sowie die Eisenerzbergwerke der Gegend Briey-Longwy lagen; im Osten befand sich ein Teil des russischen Polen in ihrer Hand. War diese Lage nicht geeignet, die Begierde der Alldeutschen zu erwecken?

Einen Monat nach Ausbruch des Krieges stellte Reichskanzler Bethmann Hollweg ein geheimes Programm auf, das den expansionistischen Absichten des Reiches in großem Umfang gerecht zu werden suchte. Bereits Ende August 1914 hatten ihn die Stahlhersteller aufgefordert, die Eisenerzbergwerke von Briey-Longwy zu annektieren; andere Geschäftsleute erinnerten ihn an den Plan eines mitteleuropäischen Zollvereins. Der Reichskanzler zog Walther Rathenau, den späteren Aufsichtsratsvorsitzenden der AEG, zu Rate, dem kurz darauf die Leitung der Kriegswirtschaft übertragen wurde. Außerdem beriet er sich auch mit Gwinner, dem mächtigen Direktor der Deutschen Bank. Schon am 9. September 1914 übermittelte er – während eines Aufenthaltes im Hauptquartier zu Koblenz – Clemens Delbrück, dem Staatssekretär des Inneren, eine Denkschrift, in der er die Kriegsziele darlegte. Im Westen sollten die für Deutschland als unentbehrlich erachteten Gebiete annektiert und die Nachbarn Deutschlands streng kontrolliert werden. Luxemburg sollte annektiert und zu einem deutschen Staat gemacht werden. Belgien sollte Lüttich und vielleicht Antwerpen verlieren sowie zu einem durch deutsche Besatzungstruppen kontrollierten und wirtschaftlich an das Reich angeschlossenen Vasallenstaat gemacht werden. Holland sollte nur eine scheinbare Unabhängigkeit bewahren. Der französische Feind sollte hart behandelt werden: Frankreich sollte die Gebiete um Briey, Longwy, Belfort sowie die westlichen Vogesen, wahrscheinlich bis zur Maas und vielleicht sogar einen Küstenstreifen von Dünkirchen bis Boulogne, verlieren. Eine hohe Kriegsentschädigung sollte Frankreich 18 oder 20 Jahre lang an der Wiederaufrüstung hindern, und ein Handelsvertrag sollte es von der deutschen Wirtschaft abhängig machen. Der Plan des Kanzlers war für den Westen sehr genau ausgearbeitet, während die östlichen Kriegsziele verschwommener dargestellt waren; Bethmann Hollweg wollte in erster Linie Rußland aus der unmittelbaren Nachbarschaft des Reiches abdrängen, indem die Nationalitäten – Polen, Litauer, Ruthenen, Ukrainer – befreit und mehrere Pufferstaaten geschaffen werden sollten.

Obwohl dieses Programm geheim war, liegt es auf der Hand, daß es den Wünschen eines großen Teils der deutschen Öffentlichkeit entsprach. Was waren denn die Ziele der Politiker, Geschäftsleute, Agrarier, Intellektuellen und der Alldeutschen?

Die Sozialdemokraten, die an der These vom Defensivkrieg festhielten und ein Drittel der deutschen Wählerschaft repräsentierten, lehnten grundsätzlich jegliche Annexion ab. In Wirklichkeit war ihre Haltung aufgrund der Ansichten der SPD-Imperialisten jedoch zwiespältig. Dieser rechte Flügel widersetzte sich den Annexionen nicht; er wollte dem Reich die notwendigen Grenzen garantieren und enge wirtschaftliche Verbindungen zu den Nachbarländern. Alle anderen im Reichstag vertretenen Parteien befürworteten die Annexionen. Ihr Manifest vom 9. Dezember 1915 forderte einen Frieden, der „die militärischen, wirtschaftlichen, finanziellen und politischen Interessen Deutschlands im ganzen Umfang und mit allen Mitteln einschließlich der dazu erforderlichen Gebietserwerbungen“ wahren sollte.

Trotz dieser grundsätzlichen Übereinstimmung kam es zu großen Meinungsverschiedenheiten. Maximalistische Abgeordnete gründeten gemeinsam mit Geschäftsleuten und höheren Offizieren die „Deutsche Gesellschaft 1914“, die umfangreiche Annexionen anstrebte. Es gab auch Befürworter begrenzter Annexionen. Manche Konservative – wie etwa Hoetzsch – waren der Ansicht, man müsse Annexionen im Osten vermeiden, da sie das von ihnen bewunderte zaristische Regime schonen wollten. Einige Nationalliberale schlossen sich Hans Delbrück an, der im Juli 1915 seine Petition von 641 hochgestellten Persönlichkeiten des Reiches unterzeichnen ließ; ihr zufolge sollte Deutschland sich darauf beschränken, eine bedrohte Existenz zu verteidigen und seine künftige Sicherheit durch sehr begrenzte Annexionen zu sichern. Der Streit um die Annexionen brach erneut aus, als Friedrich Naumann durch sein Werk wieder den Mitteleuropagedanken aufbrachte. In diesem Buch, dem ein großer Erfolg beschieden war, schlug Naumann vor, den rivalisierenden Reichen einen festen Block aus Deutschland und Österreich-Ungarn gegenüberzustellen, und nahm damit eine alte Idee wieder auf. Um diesen Block herum sollte eine Union von den Vogesen bis an die Weichsel errichtet werden. Während Naumann den Deutschen in Mitteleuropa eine führende Rolle zudachte, forderte er gleichzeitig dazu auf, die slawischen und magyarischen Nationalitäten zu respektieren. Diese Idee fand in Österreich nicht viel Anklang, da es fürchtete, die Kosten dafür tragen zu müssen. Auch in Deutschland stieß diese Vorstellung bei vielen auf Widerstand. Warum sollte man den slawischen Nationalitäten soviel zugestehen? Warum – so fragten sich die Anhänger der Weltpolitik – sollte man sich auf eine so schmale geographische Basis beschränken? Warum – so argumentierten die Protestanten – sollte man ein von Katholiken beherrschtes Mitteleuropa schaffen? Wenn es auch nicht an Fragen mangelte, so gewann dieser Gedanke doch nach und nach in den politischen Kreisen an Boden.

Die Geschäftswelt gab offen zu, daß sie eine Vergrößerung des Reiches sowie die Ausdehnung seines Einflusses wünschte. Abgesehen von Rathenaus und Gwinners Beteiligung am Programm vom 9. September 1914 muß die Rolle der großen Unternehmer aus der Stahlindustrie – Thyssen, Stinnes, Krupp – hervorgehoben werden, in deren Auftrag der mit Thyssen eng befreundete Zentrumsabgeordnete Erzberger bereits am 2. September 1914 die Annexion von Briey-Longwy und eines Teiles der französischen Stahlindustrie forderte. Nach der Niederlage an der Marne lehnte der Kriegsausschuß der Schwerindustrie den Gedanken an einen Verständigungsfrieden ab. Auch in der weiterverarbeitenden Industrie gab es überzeugte Befürworter der Annexionen wie zum Beispiel Stresemann. Diesen Industriellen gelang es, die Agrarier mitzureißen, so daß sechs große, die Wirtschaftssphäre repräsentierende Vereinigungen das Manifest vom 20. Mai 1915 unterzeichneten. Für diese wirtschaftlichen Kreise war es undenkbar, Belgien die Unabhängigkeit und Frankreich seine natürlichen Grenzen zu belassen sowie Rußland zu schonen. Das Manifest übernahm betreffs der in Frankreich zu vollziehenden Annexionen das Programm des Reichskanzlers, strebte aber eher ein Gleichgewicht an: Gebietserwerbungen im Osten, Zuwachs an industrieller Kapazität im Westen. So hegten Industrielle und preußische Junker dieselben annexionistischen Absichten.

Gewiß wollten die Alldeutschen gern über Bethmann Hollwegs Programm hinausgehen. Class gab bereits am 28. August 1914 sein Programm bekannt. Er verlangte ebenfalls die Annexion Belgiens, Toulons, des polnischen Grenzgebiets, des russischen Litauens und der baltischen Provinzen. Er wünschte ein großes Mitteleuropa, das den Balkan, nicht aber Frankreich, umschließen sollte. Außerdem forderte er auch die Einbeziehung der Kolonien der Mitgliedsstaaten eines derartigen Mitteleuropas in diesen riesigen Wirtschaftsraum.

Das Annexionsfieber fand bei den Intellektuellen, die eine Überlegenheit der germanischen Kultur vertraten, sogar noch andere Begründungen. Mit dem Hinweis auf diese Überlegenheit unterzeichneten 93 Intellektuelle das Manifest von Oktober 1914, in dem Annexionen gefordert wurden. Deutschland müsse fortbestehen, um seine große geistige Mission zu erfüllen. Diese Intellektuellen, die sich als „Lenker Europas" fühlten, gewannen die Unterstützung von 352 Professoren, von mehreren hundert Lehrern, Journalisten, Schriftstellern. Die intellektuelle Elite unterstützte ganz offensichtlich den expansionistisch ausgerichteten Nationalismus.

Liefen diese hochtrabenden und von breiten Bevölkerungskreisen unterstützten Kriegsziele nicht Gefahr, durch Friedensbestrebungen beeinträchtigt zu werden? War Deutschland denn in der Lage, an ihnen festzuhalten, ohne sich vom Rest der Welt zu isolieren, wollte es einen Vergleich zur Beilegung des militärischen Konfliktes schließen?

Bevor er Deutschland in den uneingeschränkten U-Boot-Krieg hineinmanövrierte, setzte der Reichskanzler die Idee eines Friedensangebotes durch. In einer Note, die das Reich am 12. Dezember 1916 den kriegführenden Mächten überreichte, schlug es vor, Verhandlungen zu eröffnen, allerdings ohne Vorbedingungen, und daher war dieses Angebot von vornherein zum Scheitern verurteilt, umso mehr, als es sich dem Ton nach zu urteilen um eine Note eines Siegers an Besiegte handelte. Auf eine Note des Präsidenten Wilson vom 21. Dezember 1916, in der die kriegführenden Mächte aufgefordert wurden, ihre Friedensbedingungen ausführlich darzulegen, reagierte Berlin mit einer Ablehnung. Am 31. Januar 1917 teilte Deutschland Wilson in einer Note die Bedingungen mit, unter denen der U-Boot-Krieg verhindert werden könnte. Diese Note bewies, daß die Reichsleitung am Programm vom September 1914 festhielt. In ihr wird von einer Gebietserweiterung im Osten gesprochen, sowie von einer Annexion des lothringischen Eisenerzreviers. Was Belgien betraf, so erklärte sich Berlin zwar mit seiner „Restauration" einverstanden, sie sollte jedoch von solchen Garantien begleitet werden – Garnisonen in Lüttich und Namur, deutsche Kontrolle der Eisenbahnen, Abschaffung der belgischen Armee –, daß dieses Land zu einem regelrechten Vasallenstaat würde. Es war ganz klar, daß die Entente diese Forderungen nicht akzeptieren konnte; sie hatte Präsident Wilson zum gleichen Zeitpunkt ihre Bedingungen bekanntgemacht: Räumung der besetzten Gebiete, Rücksicht auf die Nationalitäten. Das kurze Zeit später – im April 1917 – erarbeitete deutsch-österreichische Programm machte deutlich, daß Berlin immer noch eine Kontrolle über Belgien ausüben, Litauen und Kurland annektieren sowie ein Protektorat über einen Teil Polens errichten wollte.

Das Scheitern des uneingeschränkten U-Boot-Krieges bewirkte eine Änderung in der Haltung des Reichstages: im Juli 1917 war die Mehrheit der Abgeordneten für den Frieden. Die Sozialdemokraten wünschten einen Frieden ohne Annexionen; durch Erzberger erhielten sie die Unterstützung des Zentrums. Als der Reichstag sich daran machte eine Friedensresolution zu verabschieden, löste er eine aufschlußreiche Krise in der Reichsleitung aus. Bethmann Hollweg wollte eine öffentliche Resolution vermeiden, da sie deutlich machen würde, daß in Deutschland die Stimmung gesunken war. Der Reichskanzler, der die Mehrheit der Abgeordneten gegen sich hatte und gleichzeitig unter dem starken Druck der Obersten Heeresleitung stand, mußte am 13. Juli 1917 zurücktreten. Seinem Nachfolger Michaelis, der die Friedensresolution ablehnte, kam das Eingreifen Hindenburgs und Ludendorffs zugute, die auf die Parteivorsitzenden einwirkten. Aber auch diese Pressionen den Abgeordneten gegenüber konnten nicht verhindern, daß der Reichstag (mit 212 gegen 126 Stimmen und bei 17 Enthaltungen) einen deutlich formulierten Antrag verabschiedete: „Der Reichstag erstrebt einen Frieden der Verständigung und der dauernden Versöhnung der Völker. Mit einem solchen Frieden sind erzwungene Gebietserwerbungen und politische, wirtschaftliche und finanzielle Vergewaltigungen unvereinbar."

Ein Frieden ohne Annexionen, den offenbar ein Teil der Bevölkerung wünschte, wurde jedoch von den Führungskreisen abgelehnt. Sie beabsichtigten, die sich im Westen einstellende Ermattung und die Folgen der russischen Revolution – das heißt, die Schwächung Rußlands – auszunutzen. Berlin bot Petrograd zwar Verhandlungen auf der Basis eines Friedens ohne Annexionen an, schlug aber gleichzeitig vor, Polen, Litauen und Kurland sollten selbst über ihre Zukunft in Plebisziten entscheiden können, die von deutschen Besatzungstruppen durchgeführt werden sollten. Solche Vorschläge, die auf verdeckte Annexionen hinausliefen, konnte die Provisorische Regierung Rußlands nur ablehnen. Die führenden deutschen Politiker gaben den Gedanken an einen Separatfrieden mit Rußland nicht auf, aber sie forderten Annexionen. Auch im Westen hielten sie an den annexionistischen Plänen fest, wie aus ihrer Reaktion auf den Vermittlungsversuch Papst Benedikts XV. hervorging. Im Juli 1917 forderte der Papst Deutschland auf, seine genauen Kriegsziele bekanntzugeben. Da Berlin dieser Aufforderung nicht nachkam, richtete Benedikt XV. im darauffolgenden Monat eine Note an die kriegführenden Mächte, in der er gerechte und dauerhafte Friedensgrundlagen vorschlug; diese Note sprach zwar von der Unabhängigkeit Belgiens, äußerte sich jedoch nicht zum Problem Elsaß-Lothringen. Als die päpstliche Note am 11. September 1917 im Kronrat zu Berlin diskutiert wurde, kam es zu Zusammenstößen wegen der belgischen Frage, denn die Militärs und die Admiralität wollten nicht auf Lüttich und auf die belgische Küste verzichten . . . Die Wilhelmstraße äußerte sich in ihrer Antwort nicht zur belgischen Frage, und der Vermittlungsversuch des Papstes scheiterte. Trotz der vom Reichstag verabschiedeten Friedensresolution hielten die deutschen Führungskreise also an einem umfangreichen Annexionsprogramm im Osten und an der Kontrolle über Belgien und der Annexion von Briey-Longwy im Westen fest. Ende August 1917 überreichten die Stahlproduzenten dem Reichskanzler eine Note, in der sie mit Nachdruck die Durchführung der westlichen Annexionspläne forderten.

Der Ausbruch der Oktoberrevolution in Rußland ließ die Hoffnungen der deutschen Annexionsbefürworter anwachsen. Bereits am 9. November 1917 verkündeten die Bolschewisten, sie seien sofort bereit, Gespräche über einen gerechten und demokratischen Frieden zu führen. Berlin willigte ein, und am 22. Dezember wurden in Brest-Litowsk die Verhandlungen eröffnet; zu diesem Zeitpunkt hielten deutsche Truppen das ganze russische Polen, Litauen sowie halb Kurland einschließlich Riga besetzt. Was strebten die Deutschen damals an? Die Meinungen schienen sehr auseinanderzugehen. Die alte pro-russische Clique, die unter den Konservativen immer noch viele Anhänger besaß, wünschte freundschaftliche Beziehungen zur sowjetrussischen Regierung; auch Wilhelm II. vertrat eine zeitlang diesen Standpunkt. Die Linke forderte den von Lenin vorgeschlagenen Frieden ohne Annexionen und Entschädigungen, und im Januar 1918 traten 500000 deutsche Arbeiter in den Streik, um diesen Frieden durchzusetzen. Die Industriellen dachten an die Zukunft: sie hatten im Sinn, Rußland zu einem ständigen Rohstofflieferanten – Mangan, Eisen – zu machen und durch eine Festlegung des Landes auf ein Vorzugssystem zu einem sicheren Absatzmarkt. Sie wollten mit ihrem Kapital, ihrer Technik und ihren Fachleuten an der Industrialisierung dieses riesigen Landes mitwirken und dadurch eine rege wirtschaftliche Zusammenarbeit einleiten. Die Militärs pochten darauf, die geplanten Annexionen der baltischen Länder und des russischen Polens durchzuführen. In der Wilhelmstraße verwarf Kühlmann die Annexionen zugunsten von Vasallenstaaten; diese Lösung war dazu angetan, einen von der Linken und auch vom österreich-ungarischen Bundesgenossen gewünschten Frieden schneller herbeizuführen. Von Wilhelm II. und dem neuen Reichskanzler Hertling unterstützt, setzte Kühlmann trotz der Rücktrittsdrohungen Hindenburgs und Ludendorffs seinen Standpunkt durch.

Die Sowjets akzeptierten die von den Völkern gewünschten Gebietsveränderungen; sie erklärten sich mit Volksabstimmungen im russischen Polen, in Litauen und in Kurland einverstanden. Die Plebiszite sollten allerdings erst nach dem Abzug der deutschen Truppen abgehalten werden, und diese Bedingung stieß in Berlin auf Ablehnung. Um Druck auf die Bolschwisten auszuüben, unterzeichnete die deutsche Reichsleitung am 9. Februar 1918 in Kiew einen Sonderfrieden mit der ukrainischen Regierung. Dieser Vertrag erfüllte einige deutsche Hoffnungen: er sicherte die Kornkammer und begründete einen ukrainischen Staat, der dadurch, daß er Rußland von den Meerengen und vom Balkan abschnitt, dem deutschen Einfluß freies Feld überließ; manche dachten schon daran, den deutschen Einfluß bis nach Transkaukasien und an die indischen Grenzen auszudehnen. Diese Träume wichen jedoch schnell den durch diesen Vertrag heraufbeschworenen Schwierigkeiten: Die Sowjets brachen die Verhandlungen ab, obwohl sie sich gleichzeitig vom Kriegsgeschehen zurückzogen. Am 18. Februar brachen erneut Kämpfe aus.

Das unaufhaltsame Vorrücken der deutschen Truppen zwang die Sowjets, Frieden zu schließen; am 3. März 1918 unterzeichneten sie ohne Verhandlung den sogenannten „Diktatfrieden" von Brest-Litowsk. Sowjetrußland überließ den Mittelmächten das russische Polen, Litauen und Kurland; es versprach, Livland und Estland zu räumen sowie die Unabhängigkeit Finnlands und der Ukraine anzuerkennen. In Litauen, Kurland und in Livland sollten von den Besatzungstruppen kontrollierte nationale Räte ein Bündnis mit Deutschland fordern: durch diese verdeckten Annexionen wurde der Gürtel von Vasallenstaaten vorbereitet. All diese Bestimmungen fanden im Reichstag die Billigung der Konservativen, der Nationalliberalen, der Fortschrittspartei und des Zentrums.

Dieser bedeutende Erfolg im Osten schwächte die Position der Befürworter eines Verständigungsfriedens im Westen. Einige Liberale – Naumann, Jäckh, Bosch – drängten die Reichsleitung zwar, auf Belgien zu verzichten. Aber die Militärs lehnten diese Forderung ab. Die Wilhelmstraße war wenig geneigt, auf die „Vierzehn Punkte" einzugehen, die Wilson am 8. Januar 1918 als Grundlage für einen künftigen Frieden verkündete. Reichskanzler Hertling akzeptierte in seiner Antwort vom 24. Januar die allgemeinen Punkte, lehnte aber alle diejenigen unter ihnen ab, die die deutschen Kriegsziele in Ost und West in Frage stellten. Nach dem Frieden von Brest-Litowsk wünschte die Mehrheit der deutschen Öffentlichkeit keinen Verständigungsfrieden mehr. Der Gedanke daran tauchte erst wieder im Juni 1918 mit Nachdruck auf. Trotz der militärischen Erfolge im Westen wurden sich die Verantwortlichen Deutschlands bewußt, daß man nicht auf einen entscheidenden Sieg rechnen konnte. Damals wünschte die Wilhelmstraße Verhandlungen mit Großbritannien auf der Grundlage des Status quo ante im Westen, was bedeutete, daß Belgien wieder seine Unabhängigkeit erhalten sollte. Als Kühlmann am 24. Juni dem Reichstag diesen Plan vorlegte, der Deutschland im Besitz der im Osten erworbenen Vorteile belassen hätte, löste er damit einen Sturm der Empörung aus. Die militärischen Befehlshaber forderten seinen Rücktritt und betonten, daß Belgien unbedingt weiter unter deutschem Einfluß stehen müsse. Kühlmann trat zurück.

Seit dem 18. Juli 1918 ergriffen die Alliierten an der Westfront die Initiative. Deutschland geriet an die Grenze seiner Kräfte und sah sich gezwungen, Mitte September einen Frieden auf der Basis des Status quo im Westen vorzuschlagen; auch jetzt gedachte es noch seine Eroberungen im Osten beizubehalten. Erst am 29. September forderten die Militärs die schnelle Unterzeichnung des Waffenstillstandes, während viele Abgeordnete noch auf einen Verständigungsfrieden hofften. Am 4. Oktober akzeptierte Berlin die Vierzehn Punkte Wilsons als Verhandlungsgrundlage. Die Öffentlichkeit, die noch unter dem Schock der Ereignisse stand und unter Entbehrungen litt, reagierte kaum: es wurden nur wenige Proteste laut. Walther Rathenau sprach sich am 7. Oktober in der „Vossischen Zeitung“ gegen diese regelrechte Kapitulation aus. Wilsons Bedingungen wurden am 17. Oktober diskutiert und schließlich angenommen; damit setzte der Prozeß ein, an dessen Ende der Waffenstillstand vom 11. November stand.

So hatte Deutschland bis zum Schluß, auf seine Siege und auf die Folgen der russischen Revolution bauend, expansionistische Absichten gehegt.

Der Rückgang der Wirtschaft bleibt nicht aus

Deutschland, dessen wirtschaftliche Prosperität auf einer großangelegten Handelsexpansion basierte, hatte mit einem kurzen Krieg gerechnet. Nach dem Scheitern des Schlieffenplanes geriet es jedoch in einen lang andauernden Krieg, der seinen wirtschaftlichen Bedürfnissen wenig zuträglich war. Wie sollte es sich behaupten, wo es doch von seinen Rohstoffquellen abgeschnitten war, den größten Teil seiner Absatzmärkte verloren hatte und an der Versorgung mit Nahrungsmitteln gehindert wurde?

Schon im August 1914 erweiterten die Franzosen und Briten den Begriff der Konterbande und bemühten sich, den Handel einzuschränken, den Deutschland mit seinen Nachbarstaaten über die holländischen und skandinavischen Häfen abwickelte. Der Druck, den die Entente auf die neutralen Staaten ausübte, zeitigte einige Erfolge: die Schweiz und die Niederlande erklärten sich mit einer Kontrolle einverstanden, die die Einfuhr derjenigen Güter beschränken sollte, die letzten Endes für das Reich bestimmt waren. Bereits im Juni 1915 ging die Entente noch weiter: sie setzte eine Kontingentierung der für die neutralen Staaten bestimmten Güter durch. Außerdem versuchte sie, Deutschland am Verkauf ausländischer Wertpapiere zu hindern, um seine ausländischen Zahlungen zu erschweren. Das Deutsche Reich konnte sich nicht mehr auf seine Frachtschiffe verlassen: Vier Fünftel seiner Schiffe befanden sich in neutralen Gewässern oder waren von der Entente beschlagnahmt worden.

Das von einer wirtschaftlichen Lähmung bedrohte und durch eine immer strengere Blockade von seinen ausländischen Märkten abgeschnittene Deutschland baute eine regelrechte Kriegswirtschaft auf und versuchte die Umklammerung mit Hilfe des U-Boot-Krieges zu durchbrechen. Trotz der Blockade wurde es bis zum Sommer 1915 mit den Schwierigkeiten recht gut fertig: dank seiner Vorräte, der Einfuhr von Gütern aus Italien (bis zum Frühjahr), Holland und Skandinavien konnte es seine

Bevölkerung ernähren. Die Mißernten von 1915 machten Rationierungsmaßnahmen erforderlich. Die Industrie litt sehr bald unter dem Rückgang der Produktion, aber die in Belgien und Nordfrankreich beschlagnahmten Vorräte (Baumwolle, Wolle . . .) und die Lieferungen der neutralen Staaten (schwedisches Eisenerz, über Genua eingeführte amerikanische Baumwolle) ermöglichten es, den größten Teil der Industrie mit Rohstoffen zu versorgen. Doch schon vom Frühjahr 1915 ab fehlte es Deutschland an Textilien, Dünger, Kupfer . . . Die Inanspruchnahme der besetzten Gebiete sowie die Hilfsmittel von seiten der Alliierten und der neutralen Länder (Chrom und Mangan aus der Türkei, Erdöl aus Rumänien) reichten nicht mehr aus.

Anfang 1916 waren die wirtschaftlichen Schwierigkeiten so bedeutend, daß der preußische Kriegsminister glaubte, Deutschland werde bald gezwungen sein, die Feindseligkeiten einzustellen. Die Unzufriedenheit der Bevölkerung führte im Frühjahr 1916 dazu, daß auf offener Straße gegen Krieg und Hunger demonstriert wurde. Der Rückgang der Kohle-, Eisen- und Stahlproduktion drohte die Versorgung der Armee zu gefährden. Zwischen 1913 und 1917 sank die Kohleproduktion um 12%, die Stahlproduktion um 19% und die Herstellung von Roheisen um 31%. Die in Form eines reichsweiten Hilfsdienstes eingeführte Zwangsarbeit führte nicht zu den erwarteten Ergebnissen. Die Krise im Transportwesen verschärfte die Lage noch zusätzlich.

Trotz der aufsehenerregenden Erfolge – von Februar bis Juli 1917 wurden Handelsschiffe von insgesamt 3,8 Millionen Registertonnen versenkt – bescherte der uneingeschränkte U-Boot-Krieg nicht die erhofften Ergebnisse: Großbritannien wurde nicht zum Frieden gezwungen. Ganz im Gegenteil führte diese Entscheidung am 6. April 1917 zum Kriegseintritt der Vereinigten Staaten. Die Umklammerung durch die Ententemächte wurde immer stärker, und die Folgen der deutschen Siege im Osten konnten den Niedergang der schwer getroffenen deutschen Wirtschaft höchstens verlangsamen, aber nicht abwenden.

Daneben hatte der Krieg aber auch noch andere wirtschaftliche und finanzielle Folgen: den Verlust der ausländischen Märkte, die alliierte Beschlagnahmung der deutschen Interessen im Ausland, den Sturz der deutschen Auslandswertpapiere. Das von seinen großen, über die ganze Welt verteilten Absatzmärkten abgeschnittene Deutschland lief Gefahr, seine Märkte an eine immer stärker werdende Konkurrenz zu verlieren. Engländer und Franzosen wollten die Situation ausnutzen. Bereits im August 1914 starteten die Franzosen eine große offizielle Umfrage, mit deren Hilfe eine Liste von aus Deutschland importierten Artikeln aufgestellt werden sollte, die man durch französische Produkte ersetzen könnte. Paris wollte die deutsche Konkurrenz in der ganzen Welt ausschalten, indem es französische Firmen ermutigte, jede von deutschen Industriellen und Kaufleuten freigelassene Stelle zu besetzen. Letztere verloren auch den Hauptteil ihrer Filialen und Zweigniederlassungen in der ganzen Welt. In Frankreich waren deutsche Güter Gegenstand von über 12000 Beschlagnahmebefehlen. Der Wert dieser Güter ließ sich etwa auf eine Milliarde Francs ansetzen.

In England waren – laut „Public Trustee" – ungefähr 32 Millionen Pfund deutsches Kapital in englische Gesellschaften investiert – somit waren weitere 800 Millionen Francs verloren. Der deutsche Besitz an ausländischen Wertpapieren war sehr zusammengeschmolzen: manche hatten verkauft werden müssen, um Einfuhren zu bezahlen; andere waren von den Feinden beschlagnahmt worden und damit auch nicht mehr verfügbar. Allein in den Londoner Filialen deutscher Banken wurden Deutschen gehörende amerikanische und südafrikanische Wertpapiere für 2 bis 3 Milliarden Mark beschlagnahmt. Die meisten Anlagen oder Investitionen außerhalb Europas wurden abgestoßen oder schließlich aufgegeben. Von seinen insgesamt 6 Milliarden Dollar betragenden Auslandsanlagen verlor Deutschland 5 Milliarden. Bei Kriegsende besaß es nur noch einen kleinen Teil seiner ausländischen Wertpapiere und zwar diejenigen, die Spanien, Brasilien, Argentinien und Chile betrafen. Um den Kurs der Mark zu unterstützen, hatte der Reichstag Gold an neutrale Länder verkaufen müssen. Darüber hinaus mußten auch deutsche Wertpapiere an diese Länder verkauft werden, um die Entwertung der Mark zu bremsen. Dank dieser Maßnahmen behielt die Mark ihre Zahlungskraft: im Juni 1914 kostete ein Dollar 4,2 Mark, bei Kriegsende 7,45.

Am Ende des Krieges waren also die imperialistischen Träume dahin, die weltweite Handelsexpansion war ernstlich gefährdet, die deutschen Kapitalbesitzer hatten fünf Sechstel ihrer Auslandsanlagen verloren, und die Mark war sehr geschwächt. Zu diesen bereits während des Krieges spürbaren Folgen kam dann noch der Preis der Niederlage dazu, mit dessen Festlegung sich die Alliierten gerade beschäftigten. Fortan lief Deutschland Gefahr, zu einer Politik wirtschaftlichen Rückzugs gezwungen zu werden.

II. Von der Erholung zum Abenteuer (1919 – 1949)

5. Deutschland auf dem Weg zum Wiederaufbau (1919 – 1932)

Die Weimarer Republik, die die Nachfolge des Kaiserreichs antrat, wurde in einem geschwächten Deutschland gegründet. Die Träume einer Weltpolitik verblaßten, Deutschland mußte sich zunächst darum bemühen, die Auswirkungen des Versailler Vertrages zu tilgen und eine internationale Stellung wiederzugewinnen, die allerdings deutlich herabgesetzt war. Es strebte Gleichberechtigung an und versuchte, seine Machtposition auf dem Kontinent wiederherzustellen. Daneben war Deutschland auch darauf bedacht, seine Wirtschaft wiederaufzubauen und die wirtschaftliche, finanzielle sowie kulturelle Expansion wieder aufzunehmen.

Die Wiedergewinnung der Großmachtstellung

Die Politik des Widerstands gegen den Versailler Vertrag

Das besiegte Deutschland sah sich unter dem Zwang des ‚Diktatfriedens' von Versailles, durch den es 67000 km² – etwas mehr als den zehnten Teil seines Territoriums – und 6,5 Millionen Einwohner – fast ein Zehntel seiner Bevölkerung – verlor. Die abgetretenen Gebiete hatten 75% seines Eisenerzes, 30% seines Gußeisens, 25% seiner Kohle und seines Stahls sowie zwischen 10 und 15% seiner landwirtschaftlichen Produkte geliefert. Außerhalb Europas verlor Deutschland alle Kolonien. Ferner mußte es in Teilen des verbliebenen Reichsgebietes Einschränkungen seiner Souveränität hinnehmen: das Saargebiet wurde für 15 Jahre dem Völkerbund unterstellt und für diesen Zeitraum die dortigen Kohlevorkommen Frankreich zugesprochen; das für immer entmilitarisierte Rheinland sollte im Süden fünfzehn, in der Mitte zehn und im Norden fünf Jahre lang von alliierten Truppen besetzt bleiben. Die Beschränkungen der Armee auf 100000 Mann und der Flotte auf kleine Schiffseinheiten, die allenfalls zur Küstenwache eingesetzt werden konnten, nahm der Weimarer Republik den Rang einer Militärmacht. Darüber hinaus machte der Artikel 231 des Versailler Vertrags das Reich für alle Kriegsschäden verantwortlich und erlegte ihm Reparationen auf.

Deutschland, das diese „diktierten" Bestimmungen als hart empfand, merkte sehr schnell, daß sie auf mühsam zustandegebrachten Kompromissen der Alliierten beruhten. Unter den Siegermächten kam es bereits zu Spannungen, aus denen die deutsche Politik einige Hoffnungen schöpfte und die der Wilhelmstraße neue Perspektiven eröffneten. Wilson und Lloyd George hatten sich in vielen Punkten den maximalistischen Vorstellungen der Franzosen widersetzt, und Clemenceau hatte nachgeben müssen. Engländer und Amerikaner sprachen sich gegen eine Abtrennung des Rheinlands vom übrigen Deutschland und gegen eine Annexion des Saargebiets durch Frankreich im Namen des Nationalitätenprinzips aus. Lloyd George wünschte kein neues „Elsaß-Lothringen" und setzte die Idee eines autonomen und durch den Völkerbund verwalteten Saargebiets durch. Überdies sorgte er auch dafür, daß in Oberschlesien eine Volksabstimmung abgehalten wurde, und schlug vor, Danzig, dessen Angliederung an Polen er nicht zustimmte, der Kontrolle des Völkerbundes zu unterstellen.

Deutschland profitierte sehr bald von einer in England aufkommenden deutschfreundlichen Stimmung, die durch das im November 1919 erschienene Buch „Die wirtschaftlichen Folgen des Friedensvertrages" (dt. 1920) von John Maynard Keynes ausgelöst wurde. Dieser Professor der politischen Ökonomie aus Cambridge, der auch kurze Zeit als Wirtschaftsexperte an der Friedenskonferenz teilgenommen hatte, griff den Vertrag von Versailles an. Seiner Meinung nach hatte man die wirtschaftlichen Aspekte vernachlässigt, und dabei galt es doch, durch rasche Herbeiführung einer erneuten wirtschaftlichen Blüte Deutschlands die europäische Wirtschaft zu sanieren und zu diesem Zweck einen großen Teil der Reparationen zu streichen.

Die Weigerung des amerikanischen Senats, den Vertrag von Versailles zu ratifizieren, erfüllte Deutschland mit Zufriedenheit, denn es konnte diese Geste als eine Verurteilung des „Diktats" interpretieren. Der am 25. August 1921 unterzeichnete Separatfrieden schien den Weg für eine umfangreiche Zusammenarbeit zu bahnen. Auch wenn sich Washington vor allem im Handel Vorteile sicherte, so wurde dieses zwischen gleichberechtigten Partnern ausgehandelte Abkommen in Deutschland doch als der erste Schritt auf dem Weg zur Revision des Versailler Vertrags betrachtet.

So kam es zu immer tiefer gehenden Differenzen zwischen Frankreich, das Deutschland zu einer strikten Erfüllung der Bestimmungen des Vertrages zwingen wollte, und den Vereinigten Staaten sowie Großbritannien, die ein Deutschland mit einer blühenden Wirtschaft wünschten, das ihre Produkte abnehmen sollte und in dem sie Kapital investieren wollten. Diese Meinungsverschiedenheiten spitzten sich umso mehr zu, als in den Augen der Engländer und der Amerikaner Deutschland für das politische und wirtschaftliche Gleichgewicht in Europa notwendig war.

Die neuen führenden Politiker Deutschlands standen vor der Wahl, die Anwendung der Bestimmungen des Versailler Vertrags zu akzeptieren – das bedeutete, „Erfüllungspolitik“ zu treiben – oder sich zu widersetzen, d.h. eine Politik des Widerstands zu verfolgen. Bis 1923 fanden sich nur wenige mit den Bestimmungen ab, und die Widerstandspolitik richtete sich vor allem gegen die neuen Grenzziehungen und die Zahlung der Reparationen.

Im Osten versuchte Deutschland einige Territorien zu halten, die ihm Rußland im Frieden von Brest-Litowsk abgetreten hatte. Die Ententemächte hatten den deutschen Truppen unter von der Goltz erlaubt, die im November 1918 gegründete Republik Lettland zu verteidigen. Diese Freikorps eroberten Riga und setzten bis Ende 1919 den Kampf gegen die Bolschewisten fort. Erst in dem Vertrag, den das Deutsche Reich am 5. Mai 1920 mit Lettland schloß, verzichtete es endgültig auf diese Gebiete. Anfang 1919 hoffte Deutschland sogar, den „Anschluß“ Österreichs unter Ausnutzung der Wünsche der österreichischen Abgeordneten zu vollziehen. Obwohl der Vertrag von Versailles die Vereinigung Österreichs mit Deutschland untersagte, wurde in die Reichsverfassung ein Artikel für einen solchen Zusammenschluß aufgenommen. Diese Hoffnung schien der Vertrag von Saint-Germain (10. September 1919) zu zerstören, da er auch der Republik Österreich den Anschluß verbot. Mußte das Deutsche Reich auch feststellen, daß diese beiden Ziele – baltische Annexionen und Österreichs Anschluß – nicht zu verwirklichen waren, so klammerte es sich an Oberschlesien, wo ein Plebiszit stattfinden sollte. In der Volksabstimmung vom 20. März 1921 sprachen sich 62% für Deutschland aus. Die Polen versuchten, einen Aufstand anzuzetteln, aber nachdem sie von den deutschen Freikorps geschlagen worden waren, mußten sie die vom Völkerbund durchgesetzte Teilung akzeptieren. Das deutsch-polnische Abkommen vom Januar 1922 beließ beim Deutschen Reich 7522 km^2, eine Million Einwohner und vor allem die Hälfte der Kohlegruben. Im Norden blieb dank der im März 1920 abgehaltenen Volksabstimmung Südschleswig bei Deutschland.

Die Widerstandspolitik äußerte sich auch darin, daß das Reich die militärischen Bestimmungen nur langsam erfüllte und sich weigerte, die Kriegsverbrecher auszuliefern, richtete sich aber in erster Linie gegen die Reparationen. Während in Frankreich zunehmend der Standpunkt vertreten wurde, Deutschland solle zahlen, begrenzten London und Washington die französischen Ansprüche. Natürlich nutzte die deutsche Diplomatie diese Meinungsverschiedenheiten unter den Alliierten aus. Bei Kriegsende schien Großbritannien noch die gleiche Politik wie

Frankreich zu verfolgen; hatte nicht Lloyd George erklärt, Deutschland müsse bis auf den letzten Pfennig zahlen? Aber sehr schnell übte London wegen der Reparationen Druck auf Paris aus. Anfang 1921 gelang es Briand mit britischem Einverständnis, eine hohe Gesamtsumme – 226 Milliarden Goldmark – festzulegen und die gemeinsame Besetzung von Duisburg, Ruhrort und Düsseldorf beschließen zu lassen, mit der die Deutschen zur Akzeptierung dieses Betrags gezwungen werden sollten. Unter dem Einfluß Großbritanniens setzte die Reparationskommission (REPKO) diese Summe jedoch auf 132 Milliarden herab, die Deutschland akzeptieren mußte, da ihm die Alliierten in ihrem Ultimatum vom 5. Mai 1921 mit der Besetzung des Ruhrgebiets drohten.

Bereits 1922 konnte die deutsche Regierung dank der Inflation verstärkten Widerstand leisten; allerdings lief sie Gefahr, hierdurch eine ernste Krise auszulösen. Von der Regierung Lloyd George unterstützt, bemühte sich Deutschland um Zahlungsaufschub. Um Briand hierfür zu gewinnen, schlug Lloyd George vor, die Reparationen mit dem Problem der Sicherheit Frankreichs in Zusammenhang zu bringen und bot Paris erneut einen Garantievertrag an (Dezember 1921). Kurz vorher hatte Rathenau in London auf ein baldiges Moratorium gedrängt. Poincarés Regierungsantritt im Januar 1922 machte Londons Vorhaben zunichte. Der Gedanke eines Garantievertrages wurde aufgegeben. Während Lloyd George Reichskanzler Wirths Bitte um einen Zahlungsaufschub (im Juli 1922) durchaus wohlwollend gegenüber stand, lehnte Poincaré eine solche Lösung ohne vorausgehende Garantie ab: er wollte ein produktives Pfand, wofür nur das Ruhrgebiet in Frage kam. Als die Deutschen die Reparationszahlungen unterbrachen, forderte Poincaré Sanktionen. Warum ging die seit November 1922 amtierende Regierung Cuno denn ein solches Risiko ein? Die französische Unzufriedenheit war ihr bekannt, aber sie rechnete fest mit den unter den Alliierten herrschenden Meinungsverschiedenheiten. Großbritannien und Italien lehnten Sanktionen ab. Schlimmstenfalls würde eine brutale Reaktion aus Paris der ganzen Welt das Ausmaß der imperialistischen Absichten Frankreichs offenlegen.

Am 11. Januar 1923 besetzten französische und belgische Truppen – 60000 Mann – das Ruhrgebiet, um eine aus Ingenieuren und Beamten bestehende „Interalliierte Kontrollmission für Fabriken und Bergwerke“ (MICUM = *M*ission *i*nteralliée de *c*ontrôle des *u*sines et des *m*ines) zu schützen. Dieser französische Gegenschlag weckte nicht nur in Deutschland, sondern auch in London und Washington scharfe Reaktionen. Das Kabinett Cuno berief seine Botschafter aus Paris und Brüssel ab und ordnete den passiven Widerstand an, den sämtliche Bevölkerungsschichten befolgten. Unternehmer und Gewerkschaften lösten den Generalstreik aus und versprachen gleichzeitig die Fortzahlung der Löhne. Das energische Vorgehen der französischen und belgischen Truppen brach den passiven Widerstand. Die MICUM bemühte sich, die Wirtschaft wieder in Gang zu bringen und die Kohlelieferungen an die Alliierten zu sichern. Der Einsatz von 20000 französischen und belgischen Eisenbahnern beendete die Lähmung des Transportwesens. Zahlreiche unfügsame Beamte wurden ausgewiesen und große Industrielle, wie zum Beispiel Fritz Thyssen, wurden verhaftet. Einige der von Angehörigen deutscher Freikorps organisierten Sabotagen wurden mit harten Strafen geahndet. Bei schweren Zusammenstößen – zwischen Krupp-Arbeitern und einem französischen Kommando – eröffneten die Soldaten das Feuer und töteten 13 Personen.

Innerhalb weniger Wochen brachte die Krise Deutschland an den Rand des Abgrunds: die Produktion brach zusammen, es kam zu einer galoppierenden Inflation, in der Pfalz und vor allem in Bayern gab es separatistische Aktionen, und am 8./9. November 1923 machte Hitler in München einen Putschversuch. Etwas später brachen in Sachsen, Thüringen und vor allem in Hamburg kommunistische Unruhen aus. Der Reichswehr gelang es, die Ordnung wiederherzustellen. Im Rheinland scheiterten die Separatisten an der Gleichgültigkeit oder der Ablehnung der Bevölkerung. Am 26. September 1923 ordnete das Kabinett Stresemann die Beendigung des passiven Widerstandes an und bemühte sich um einen Kompromiß mit Frankreich.

In London protestierten die Briten gegen die Ruhrbesetzung. Die konservative Regierung unter Premierminister Bonar Law wünschte eine baldige Beilegung der Krise, da sie die britischen Interessen schonen wollte. Angesichts der ungeheuren Folgen für das Deutsche Reich gewann London Anfang November 1923 den Eindruck, die französische Regierung wolle „den Untergang Deutschlands". Man beschuldigte Paris in aller Öffentlichkeit, sie unterstütze die separatistische Bewegung im Rheinland. Das Foreign Office bemühte sich um einen Ausgleich. Washington vertrat den gleichen Standpunkt. Die Amerikaner als Hauptgläubiger der Siegermächte hatten sich von Anfang an für das Problem der Reparationen interessiert und sich geweigert, diese mit den Schulden der Alliierten in Zusammenhang zu bringen. Schon bevor die Reparationskommission ihre Tätigkeit beendet hatte, trugen die deutschen Politiker den USA eine Schiedsrichterrolle an. Zunächst beschränkten sich diese darauf, durch die Vermittlung von Bankiers wie J. P. Morgan und T. Lamont eine halbamtliche und mittelbare Rolle zu spielen. Als Deutschland sich auf militärische Sanktionen gefaßt machen mußte, machten die Amerikaner in den Gutachterkommissionen deutlicher ihren Einfluß geltend, konnten jedoch Poincarés Vorstoß nicht verhindern. Im Oktober 1923 schlug Präsident Coolidge vor, das Reparationsproblem einer Kommission aus Fachleuten anzuvertrauen und auf diese Weise die Beilegung der Krise zu beschleunigen. Diese Lösung, die Poincaré und die Reparationskommission annahmen, führte zum Zusammentritt des Internationalen Sachverständigenausschusses unter dem Vorsitz von General Charles G. Dawes, eines Vertreters der amerikanischen Geschäftswelt. Nach mehrmonatiger Arbeit veröffentlichte dieser Ausschuß am 9. April 1924 den Dawesplan.

Die Vermittlung der Engländer und der Amerikaner sowie die Haltung Poincarés – der wegen der Krise der französischen Währung und des in der Bevölkerung herrschenden Unmuts beunruhigt war –, ließen das Reichskabinett Marx mit Stresemann als Außenminister auf eine Lösung des Ruhrproblems hoffen. Der Dawesplan, der fünf Jahre lang in Kraft sein sollte, bewilligte Deutschland weitgehende Erleichterungen. Ein Darlehen über 800 Millionen Mark sollte ihm die Erfüllung des Dawesplans ermöglichen. Als Gegenleistung mußte Deutschland Garantien geben, vor allem zwei allgemeine Hypotheken, von denen eine die Reichsbahn und die andere die großen Industrieunternehmen betraf. Darüber hinaus sollte ein Kontroll- und Verwaltungsorgan mit Sitz in Berlin und unter der Leitung des Amerikaners Parker Gilbert – als für die Reparationen zuständiger Generalagent – geschaffen werden. Die deutsche Regierung stimmte diesem Plan bereits am 16. April 1924 zu, wollte aber die Räumung des Ruhrgebietes noch vor seinem Inkrafttreten durchsetzen. Auch in dieser Frage konnte Deutschland mit Unterstützung durch London und Washington rechnen.

Die Labourregierung in London schien weitgehend den deutschen Ansichten zuzustimmen. Hatte ihr jetziger Premierminister MacDonald nicht schon auf dem Parteitag der Labour Party von 1919 die Revision des Versailler Vertrages gefordert? Im Februar 1923 verurteilte er die Besetzung des Ruhrgebiets und forderte die Einberufung einer internationalen Konferenz, die den Vertrag von Versailles überarbeiten sollte, den MacDonald als undurchführbar und unmoralisch bezeichnete; an dieser Konferenz sollte Deutschland als gleichberechtigter Verhandlungspartner teilnehmen. Nachdem MacDonald im Januar 1924 Premierminister geworden war, zeigte er sich zwar etwas zurückhaltender, war aber immer noch entschlossen, das Deutsche Reich aus politischen und wirtschaftlichen Gründen in die Gemeinschaft der westlichen Länder zurückzuführen. Diese Politik, zu der Lord d'Abernon, der britische Botschafter in Berlin, mit Nachdruck riet, konnte Deutschlands Forderung nur gutheißen, die Anwendung des Dawesplans mit der Räumung des Rheinlandes zu verknüpfen.Bei der Eröffnung der Londoner Konferenz im August 1924 übte MacDonald Druck aus auf Herriot, den Ministerpräsidenten der Regierung des „Linkskartells“, der Poincaré nach den Wahlen von Mai 1924 abgelöst hatte. Der Brite wollte einen detaillierten Zeitplan für die Räumung des Ruhrgebietes als diplomatische Konsequenz des Dawesplans aufstellen. Außerdem setzten auch die Bank von England und die amerikanische Morgan Bank Frankreich unter Druck: es war auf ihre Hilfe angewiesen, um den Franc zu stabilisieren. Herriot gab nach. Frankreich verpflichtete sich, binnen Jahresfrist das Ruhrgebiet zu räumen, und der Dawesplan konnte am 1. September 1924 in Kraft treten.

Die neue deutsche Diplomatie begnügte sich nicht mit dem Bemühen um die Unterstützung Londons und Washingtons für ihre Widerstandspolitik. Sie schreckte nicht davor zurück, eine brisante Karte auszuspielen: die Annäherung an Moskau. Der erste Trumpf war der Vertrag von Rapallo (April 1922). Direkt nach Kriegsende hatte in Deutschland eine bolschewistische Revolution gedroht: die Ausschaltung der Spartakisten im Januar 1919 behob diese Gefahr. Von da an weigerten sich weite Kreise der Bevölkerung, die unnachgiebig antikommunistische Haltung der westlichen Staaten zu teilen. Bereits im November 1919 weilte in Berlin ein halbamtlicher sowjetischer Repräsentant (Kopp), und einige Monate darauf kam der deutsche Konsul Hilger in Moskau an. Bereits im Juli 1920 schlug das Reich die erneute Aufnahme voller diplomatischer Beziehungen vor. Im Kampf zwischen der roten und der weißen Armee verhielt sich Deutschland neutral, es schien zu einer Zusammenarbeit mit der Sowjetunion entschlossen. Neben der alten pro-russischen Gruppe aus der Wilhelmstraße strebte General von Seeckt, der Chef der Heeresleitung, eine militärische Zusammenarbeit an und begann schon 1921 mit Verhandlungen. Die Großindustriellen wiederum wollten Nutzen aus Lenins Neuer Ökonomischer Politik (NEP) ziehen. Am 6. Mai 1921 wurde ein deutsch-sowjetisches Handelsabkommen abgeschlossen.

Seit Anfang 1922 bereitete man auch schon einen politischen Vertrag vor. Anläßlich der Weltwirtschaftskonferenz von Genua unterzeichneten die deutschen und die sowjetischen Delegierten, die sich beide im Kreis der anderen Staaten zurückgesetzt fühlten, am 16. April in Rapallo den Vertrag. Dieser Einbruch der „Geächteten“ in die internationale Szene irritierte zwangsläufig die Alliierten. Der Vertrag mit seinem recht begrenzten Inhalt beschränkte sich darauf, zwischen Berlin und Moskau normale Beziehungen herzustellen; er sah eine Meistbegünstigung in den wirtschaftlichen Beziehungen vor, löschte die Schulden und enthielt einen gegenseitigen Verzicht auf Kriegsentschädigungen. Tatsächlich erwogen beide Staaten schon wesentlich umfassendere Abkommen auf militärischem, politischem und wirtschaftlichem Gebiet.

Die militärische Zusammenarbeit wurde rasch ausgedehnt. Die Reichswehr erhielt in der Sowjetunion drei Übungsplätze zugewiesen: in Kama bei Kasan für Panzer; bei Saratow für Kampfgase und in Lipezk bei Woronesch für die Luftwaffe. Hinter der Fassade der GEFU (*G*esellschaft zur *F*örderung gewerblicher *U*nternehmungen) mit ihrem industriellen Etikett verbarg sich die Tätigkeit deutscher Rüstungsfabriken. Sie war das Bindeglied zwischen den Forschungsbüros, die sich in Deutschland befanden, und den ausländischen Fabriken und befaßte sich mit der Erarbeitung von Rüstungsprototypen. Das Beispiel der Luftwaffe war bezeichnend. Seit 1922 bestand ein Vertrag zwischen der Firma Junkers und der Sowjetunion. Fokker erbaute 1925 sein Hauptwerk in Mchetsk und Filialen in Moskau, Leningrad, Smolensk und Kiew; Dornier betrieb eine große Fabrik in Kronstadt. Diese Firmen lieferten der russischen Luftfahrt viele Maschinen und verbesserten gleichzeitig ihre Prototypen. Deutsche Chemieunternehmen stellten seit 1924 in ihren russischen Filialen in Trost an der Wolga Gase her. Die Zusammenarbeit führte zur Gründung weiterer Laboratorien und Fabriken in Kalinin und Mchetsk: dort wurden vor allem Knall- und Brandgase erforscht. In Kronstadt bauten Ingenieure aus Kiel Modelle von Unterseebooten.

Eine politische Verständigung schien man nicht so leicht herbeiführen zu können. Zu Beginn des Ruhrkampfes hielt sich Moskau zurück, aber im Herbst 1923 wollten die sowjetischen Führungskräfte in Deutschland eine Revolution auslösen. Die Komintern stützte damals den linken Flügel der KPD, der einem Aufstand positiv gegenüberstand. Die kommunistische Partei versuchte Erhebungen in Sachsen und Thüringen anzuzetteln, aber die Reichswehr stellte die Ordnung wieder her. In Hamburg kam es zu einem gefährlicheren Aufstand, der aber ebenfalls scheiterte (im Oktober 1923). Trotz dieses Verhaltens der Sowjetunion wollte Stresemann die Rapallopolitik nicht in Frage stellen, die er für seine Schaukelpolitik zwischen Ost und West brauchte.

Insgesamt können die Ergebnisse, welche die Politik des Widerstands erreichte, nur als ziemlich dürftig angesehen werden. Deutschland hatte es zwar verstanden mit Hilfe Englands und Amerikas die Ansprüche Frankreichs zu begrenzen, aber um welchen Preis! Nach der Ruhrkrise, die das Land schwer getroffen hatte, schien man zu einer etwas nachgiebigeren Politik übergehen zu müssen.

Stresemanns Politik: „finassieren“

Die Lösung des Ruhrproblems und das Anlaufen des Dawesplans ermöglichten einen neuen politischen Kurs. Gustav Stresemann, der bis zu seinem Tod im Oktober 1929 deutscher Außenminister blieb, hatte aus der Ruhrkrise gelernt. Die Zeit der Widerstandspolitik war unwiderruflich vorbei, wenn auch eine geschlossene nationalistische Fraktion weiter an ihr festhielt. Eine friedliche, auf ständiges Feilschen gestützte Revisionspolitik sollte Deutschland zur allmählichen Wiedererlangung seiner vollen Souveränität und vielleicht auch zum Rückgewinn einiger verlorener Gebiete verhelfen.

Hierzu legte Stresemann, vor 1918 alldeutsch gesinnt und ab 1924 ein beachtenswerter Opportunist, die Ziele und die Mittel fest. In seinem Brief an den Kronprinzen vom 28. August 1925 äußerte er, Deutschland sei das Zünglein an der Waage, es müsse freie Hand behalten und jede feste Bindung an Ost oder West vermeiden. Die Heimat sei zu befreien, indem es den Griff des „Würgers" lockere, der das Rheinland besetzt halte. Ferner müsse es eine Berichtigung der Ostgrenzen erreichen – Stresemann dachte an Danzig, an den Polnischen Korridor, an Oberschlesien – und die 10 bis 12 Millionen im Ausland lebenden Deutschen schützen. Anschließend müsse man daran denken, Österreich dem Reich anzuschließen. All diese Ziele könnten nicht auf gewaltsamem Wege erreicht werden, da Deutschland nicht über das geeignete „Schwert" verfüge. Aber es sei angebracht, die diplomatische Waffe einzusetzen: zu verhandeln, zu überlisten, eine sinnvolle Ausführung der Bestimmungen des Versailler Vertrages zu gewährleisten und diese Ausführung nebenbei allmählich mit Teil-Revisionen zu verbinden. Stresemann wollte die unter den Alliierten herrschenden Meinungsverschiedenheiten nutzen, um Deutschland eine gleichberechtigte Stellung zu verschaffen und auf diese Weise die Unabhängigkeit und die Sicherheit seines Landes zu gewährleisten.

Zunächst mußte Stresemann im Westen, das hieß vor allem in Frankreich, das Gefühl der Sicherheit erwecken. Unmittelbar nach der Beendigung der Ruhrkrise war dies kein leichtes Unterfangen, da die von den Alliierten durchgeführte allgemeine Inspektion der deutschen Rüstung unangenehme Feststellungen erbrachte: es gab viele getarnte Waffen; die Kruppwerke in Essen konnten immer noch Kanonen herstellen, und Deutschland richtete unter dem Decknamen des „Truppenamtes" seinen Generalstab wieder ein. Die französische Öffentlichkeit lief Sturm. Paris erhielt die Unterstützung Londons: Ende Dezember 1924 beschlossen die Alliierten, die Räumung der Kölner Zone zu verschieben, die laut den Bestimmungen des Versailler Vertrages am 10. Januar 1925 erfolgen sollte. Aber die auf der Londoner Konferenz getroffenen Vereinbarungen über das Ruhrgebiet wurden eingehalten; Stresemann erreichte sogar die Räumung der drei Städte im Ruhrgebiet, die seit März 1921 im Rahmen von Sanktionen besetzt gewesen waren.

Auf Anraten Lord d'Abernons ging Stresemann noch weiter. Im Februar 1925 schlug er den Alliierten vor, die am Rhein interessierten Mächte (England, Frankreich, Italien und Deutschland) sollten sich vor den Vereinigten Staaten verpflichten, gegeneinander keinen Krieg zu führen. Er regte ein Schiedsabkommen zwischen Frankreich und dem Deutschen Reich an, das ihre Streitigkeiten schlichten sollte, und schlug auch eine deutsche Garantie der Rheingrenzen vor. Stresemann warf ganz offensichtlich Ballast ab: sein Angebot schloß zwar die Anerkennung der westlichen Grenzen ein, aber es bot auch den enormen Vorteil, den Franzosen künftig jegliche bewaffnete Intervention zu untersagen.

In Paris wollte man jedoch mehr. Herriot forderte die Garantie der Ostgrenzen, und Briand wünschte mehrere Verpflichtungen Deutschlands: es sollte Belgien in den Vertrag miteinbeziehen, den Vertrag von Versailles aus freien Stücken anerkennen und in den Völkerbund eintreten. Stresemann, heftigen Attacken der Rechten ausgesetzt, weigerte sich, so weit zu gehen. Auf der Locarnokonferenz, die zwischen dem 5. und 16. Oktober 1925 stattfand, geriet er mit Briand aneinander. In Stresemanns Augen mußte ein Garantieabkommen bedeutende Folgen verbuchen: Änderung des Rheinlandstatuts, Räumung der Kölner Zone, kürzere Besetzungszeiten, eine Volksabstimmung im Saargebiet vor dem dafür vorgesehenen Datum 1935 sowie uneingeschränkte Ausbildung der Streitkräfte. Die Unterhändler (Briand, Stresemann, Chamberlain und Vandervelde), zu denen noch polnische und tschechische Repräsentanten stießen, paraphierten eine Reihe von Abkommen, darunter auch den Rheinpakt. Diese Verträge garantierten die Unverletzlichkeit der Grenzen zwischen Deutschland und Frankreich sowie zwischen Deutschland und Belgien; Garantiemächte waren England und Italien. Ferner traf das Deutsche Reich Schiedsabkommen mit Frankreich, Belgien, Polen und der Tschechoslowakei. Paris seinerseits schloß Rückversicherungsverträge mit Warschau und Prag.

Es kostete Stresemann einige Mühe, seine Kabinettskollegen und den Reichstag für diese Abkommen zu gewinnen. Nachdem ihm die Alliierten versprochen hatten, die Kölner Zone im Januar 1926 zu räumen, erhielt er die Vollmacht zur Unterzeichnung der Verträge. Noch war Deutschlands Eintritt in den Völkerbund erforderlich, damit der Vertrag von Locarno in Anwendung kam. Stresemann gedachte aus diesem Eintritt Vorteile zu ziehen: er wollte Deutschlands Kriegsschuld tilgen, ihm erneut das Recht auf den Besitz von Kolonien verschaffen und – was den Völkerbund selbst anbetraf – ständiges Mitglied des Völkerbundrates werden, ohne eventuell von Genf beschlossene militärische Sanktionen durchführen zu müssen. Schließlich trat Deutschland am 10. September 1926 in die Liga der Nationen ein und wurde ständiges Mitglied des Völkerbundsrates.

Während dieser ganzen ersten Phase seiner Politik konnte Stresemann fest mit Londons Unterstützung rechnen. Die britische Regierung hatte ihn dazu veranlaßt, Paris eine Garantie zu geben, um dadurch Frankreichs Mißtrauen zu überwinden. In Locarno verpflichtete sich Großbritannien, die in Versailles festgelegten Westgrenzen zu schützen, lehnte es jedoch ab, auch Garantiemacht für die Ostgrenzen zu werden und ließ somit Raum für die deutschen Hoffnungen. In Washington hingegen zeigten sich die führenden amerikanischen Politiker über den Locarnopakt beunruhigt.

Stresemann begnügte sich nicht mit den ersten Erfolgen seiner Politik. Als Deutschland in den Völkerbund eintrat, war seine Souveränität noch durch verschiedene Bestimmungen eingeschränkt: die alliierten Truppen hielten im Rheinland immer noch zwei Zonen besetzt, die Abrüstung wurde weiterhin überwacht und die Saarfrage war noch nicht geregelt. Stresemann glaubte, eine deutsch-französische Annäherung und direkte Verhandlungen würden am ehesten seine Revisionspolitik erleichtern.

Auf beiden Ufern des Rheins gewann die Vorstellung einer erneuten Annäherung Befürworter in verschiedenen Kreisen. Auf deutscher Seite konnte Stresemann freilich kaum auf die Unterstützung der Politiker rechnen: die nationalistische Rechte, die äußerste Linke und selbst Mitglieder seiner eigenen Partei, der Deutschen Volkspartei, waren Frankreich gegenüber sehr feindlich eingestellt. Aber der 1925 gewählte Reichspräsident Hindenburg verstand es, die Zugeständnisse abzuwägen, die eine solche Annäherung erforderlich machte. Manche Geschäftsleute, die der nationalliberalen DVP nahestanden, erwogen eine gewaltsame Abschüttelung der Fesseln des Versailler Vertrages. Einige Industrielle wie Rechberg (Krupp) und Bruhn (Kaliwerke) traten jedoch für eine Verständigungspolitik ein: die dachten daran, das Problem der Reparationen durch eine Beteiligung der französischen Industriellen an deutschen Unternehmen zu lösen.

Auf französischer Seite verteilten sich die Vertreter des Annäherungsgedankens stärker über die einzelnen Bevölkerungsschichten. Die Bildung eines Kabinetts auf der Grundlage des Nationalen Blocks durch Poincaré im Juli 1926 bildete kein Hindernis, da die Regierung vor allem die französische Währung stützen wollte und Briand, der Außenminister blieb, sich als Friedensapostel gebärdete. Paris mußte Zugeständnisse an Deutschland machen, um die unentbehrliche Hilfe der Engländer und Amerikaner zu erhalten. Weder die französische Rechte, die nicht von ihrer Ansicht abwich, daß jegliche Annäherung einem Verrat gleichkomme, noch die Kommunisten befürworteten eine deutschlandfreundliche Politik. Aber die großen Tageszeitungen vertrauten auf den von Briand vertretenen politischen Kurs, wenn auch einige Organe ihr tiefsitzendes

Mißtrauen nicht verbargen. In Wirtschaftskreisen dachte man vor allem an den Abschluß eines Handelsvertrages, denn die Übergangsregelung für Produkte aus Elsaß-Lothringen lief im Januar 1925 aus. Industrielle, Weinbauern und Gemüsegärtner wollten ihre deutschen Absatzmärkte sichern. Auch Mitglieder religiöser Bewegungen und Intellektuelle fanden sich unter den Befürwortern einer Annäherung an Deutschland. Marc Sangnier und die „Jeune République" stellten eine aktive Minderheit unter den Katholiken dar und knüpften zahlreiche Kontakte nach Deutschland. Professoren (Haguenin, Vermeil etc.), Schriftsteller (Gide, Giraudoux, Wladimir d'Ormesson) betonten die Notwendigkeit einer „möglichen" bzw. „wünschenswerten" Verständigung.

Diese verschiedenen Gruppen regten Initiativen an, die teilweise recht begrenzten Umfang besaßen, teilweise aber auch weitgesteckte Ziele verfolgten. Anfang 1926 fand in Luxemburg unter der Schirmherrschaft von Mayrisch (ARBED) eine Versammlung von Industriellen statt. T. Laurent, H. de Wendel, F. Thyssen und Poensgen wiesen auf das Problem der Lieferung von Minette-Kontingenten an Deutschland hin; man sprach über den Preis des Eisenerzes und über die Sanierung des europäischen Eisenmarktes. Aber Mayrisch hatte noch mehr vor. Gemeinsam mit Viénot plante er die Gründung eines Deutsch-Französischen Komitees. Sie hatten sich in der Tat ein hohes Ziel gesetzt: die Öffentlichkeit versöhnlicher zu stimmen und besser zu unterrichten. Nach halboffiziellen Verhandlungen trat das Komitee am 30. Mai 1926 erstmals zusammen. Seine Verantwortlichen – Mayrisch, Viénot, d'Ormesson, Bruhn, Curtius und von Nostitz – wollten Industrielle, Bankiers und Akademiker als Mitglieder gewinnen. Das Komitee eröffnete ein Büro in Berlin und ein weiteres in Paris, aber sehr bald beschränkte sich sein Tätigkeitsbereich auf wirtschaftliche Interessen. Viénot, dem das Berliner Büro unterstand, setzte sich in den Jahren 1927 und 1928 sehr dafür ein, Treffen zu organisieren und, sofern möglich, den Nationalisten den Wind aus den Segeln zu nehmen. Die Wilhelmstraße verfolgte die Tätigkeit des Komitees mit großer Aufmerksamkeit; im Quai d'Orsay, wo Jacques Seydoux die deutschen Hoffnungen kannte, betrachtete man die Unternehmungen des Komitees mit Wohlwollen. Anläßlich der Vollversammlung vom Februar 1929 in Paris empfing Poincaré die Mitglieder des Büros in Gegenwart des deutschen Botschafters Hoesch. Diese offiziellen Gesten dürften jedoch nicht über einen gewissen Mißerfolg hinwegtäuschen: die Polemiken zwischen Franzosen und Deutschen nahmen vor allem ab Herbst 1928 wieder zu.

Den katholischen Förderern einer Annäherung gelang es, deutsch-französische Zusammenkünfte in Paris (1928) und Berlin (1929) zu organisieren, doch darf auch ihre Wirkung nicht überschätzt werden.

Wenngleich die Idee der Annäherung nur mühsam an Boden gewann, so herrschte doch ein günstiges Klima für direkte Verhandlungen. Konkret ermöglicht wurden sie durch das Treffen von Thoiry (17. September 1926). Dieses geheime Gespräch zwischen Briand und Stresemann, das kurz nach Deutschlands Eintritt in den Völkerbund auf französischem Boden stattfand, zeigte ganz deutlich, daß der deutsche Außenminister drei wichtige Fragen regeln wollte: das Ende der Besetzung, die Abschaffung der militärischen Kontrolle und die Wiedereingliederung des Saargebiets. Briand war durchaus bereit, in diesen Punkten nachzugeben, machte aber eine finanzielle Unterstützung in Höhe von anderthalb Milliarden Goldmark zur Rettung des Franc zur Bedingung. Man begann zu verhandeln, und die deutsche Seite nahm die Angelegenheit ernst: Stresemann ließ die technischen Aspekte des Frankreich zu gewährenden Beistands untersuchen. Auf französischer Seite wurde das Unternehmen jedoch durch Mangel an Verschwiegenheit vereitelt. Wegen der öffentlichen Empörung, die das Projekt hervorrief, mußte Poincaré versprechen, Frankreichs Ansprüche nicht preiszugeben. Außerdem wurde der Franc im Oktober 1926 ohne Deutschlands Beteiligung stabilisiert; von nun an hielt Poincaré politische Zugeständnisse für überflüssig.

Dieser Vorfall zeigte deutlich, welche Hindernisse sich einer erneuten Annäherung in den Weg stellten. Laut Aussage des französischen Botschafters in Berlin war die französische Öffentlichkeit noch nicht zu Konzessionen bereit. Briands Politik wurde in der Abgeordnetenkammer heftig angegriffen.

Außerdem muß man auch auf das Mißtrauen hinweisen, das die Engländer und Amerikaner diesen deutsch-französischen Annäherungsversuchen entgegenbrachten. In London hatten solche Bedenken schon Tradition. Sie hatten sich bereits im Oktober 1921 geregt, anläßlich des Wiesbadener Abkommens, als Rathenau und Loucheur eine direkte Unterstützung Deutschlands für den Wiederaufbau der durch den Krieg zerstörten Gebiete erwogen. Diese Übereinkunft, die keine Folgen nach sich zog, mißfiel London, da man eine deutsche Konkurrenz auf dem französischen Markt fürchtete. Zum Zeitpunkt der Begegnung von Thoiry wünschte England keine zweiseitige Verständigung, die seine Interessen an der Erstattung der Kriegsschulden beeinträchtigen würde. In den Vereinigten Staaten beunruhigte die Industriellen in erster Linie die Aussicht auf eine wirtschaftliche Annäherung zwischen Frankreich und Deutschland, da sie die Entstehung eines europäischen Kartells befürchteten.

Stresemann ließ sich durch das Scheitern der direkten Verhandlungen mit Paris keineswegs entmutigen, sondern hielt am Kurs seiner Revisionspolitik fest und stützte sich hierbei auf den Völkerbund, auf London und auf Washington. Bereits im November 1926 konnte er einen ersten Erfolg verbuchen: die interalliierte Kontrollkommission sollte am 31. Januar 1927 aufgelöst werden, wodurch Verstöße gegen die militärischen Bestimmungen des Versailler Vertrages erleichtert wurden und Deutschland mehr Spielraum in der Abrüstungsfrage erhielt. In dieser konnte Deutschland mit Londons und Washingtons Unterstützung rechnen. Schon im Frühjahr 1926 ließ sich England durch den Gedanken einer allgemeinen Abrüstung dazu motivieren, zuvor eine maßvolle deutsche Wiederbewaffnung zu dulden. Stresemann suchte die Gespräche voranzutreiben: im September 1927 forderte er die Mitglieder des Völkerbundes zu einer allgemeinen Abrüstung auf, nachdem Deutschland die seinige bereits vollzogen habe. Diese Ansicht vertrat er noch kurze Zeit vor seinem Tod vor der Völkerbundsversammlung in Genf. Als Vorkämpfer einer friedliebenden Politik unterstützte Stresemann folgerichtig die Amerikaner in den Verhandlungen, die im August 1928 in Paris zur Unterzeichnung des Briand-Kellogg-Pakts führten. Während Briand einen französisch-amerikanischen Pakt anstrebte, gestaltete ihn der amerikanische Außenminister Kellogg jedoch zu einem multilateralen Pakt ohne großen Inhalt aus: die fünfzehn unterzeichnenden Mächte verurteilten den Rückgriff auf den Krieg und verpflichteten sich, künftige Streitigkeiten auf friedlichem Wege zu schlichten. Stresemann, der von Washington über den Stand der französisch-amerikanischen Verhandlungen auf dem laufenden gehalten wurde, stimmte dieser Verpflichtung zur Kriegsächtung völlig zu; sie bot eine gute Gelegenheit, Deutschlands Friedenswillen zu demonstrieren und die Entbehrlichkeit einer starken französischen Armee sowie den anachronistischen Charakter des Bündnissystems offenzulegen, das Paris mit osteuropäischen Mächten geknüpft hatte.

Die Frage der vollständigen Räumung des Rheinlandes, an der Stresemann hartnäckig weiterarbeitete, führte zu einer neuen Auseinandersetzung zwischen Frankreich und Deutschland; denn Paris verband dieses Problem ein weiteres Mal mit der Regelung der Reparationen. Stresemann mangelte es nicht an Argumenten, mit deren Hilfe er das Ende einer Besetzung fordern konnte, die sich durch nichts rechtfertigen ließ, da Frankreichs Sicherheit durch den Locarnopakt und Deutschlands Mitgliedschaft im Völkerbund garantiert wurde. In Paris wünschten die Militärs jedoch die Besetzung bis zum vorgesehenen Zeitpunkt aufrechtzuerhalten, also bis 1935, und viele sahen in ihr ein Unterpfand für die Erfüllung der Reparationen. Im Juli 1928 unternahm Deutschland offiziell diplomatische Schritte bei den betroffenen Mächten – Paris, London, Rom, Brüssel – und brachte die Frage der Rheinlandräumung vor den Völkerbund. Poincaré, durch die Wahlen vom April 1928 in seinem Amt bestätigt, wollte die Räumung unbedingt mit einem

Plan verbinden, der die Zahlung der Reparationen endgültig festlegen sollte. Bei seinem Zusammentreffen mit Stresemann in Paris im August 1928 erinnerte Poincaré an diese Bedingungen und betonte gleichzeitig, er wünsche eine freundschaftliche Ausführung der Verträge. Paris setzte seinen Standpunkt durch, und im September 1928 einigten sich die betroffenen Mächte und Berlin darauf, Verhandlungen über die Räumung des Rheinlandes zu eröffnen und einen Sachverständigenausschuß zur endgültigen Regelung des Reparationsproblems einzusetzen. Von Februar bis Juni 1929 tagten die Sachverständigen in Paris. Zu dem von dem Amerikaner Young geleiteten Ausschuß gehörte auch der US-Bankier Morgan. Deutschland entsandte mit Schacht und Vögler, dem Direktor der „Vereinigten Stahlwerke", ebenfalls gewichtige Vertreter nach Paris.

Der Youngplan kam Deutschlands Wünschen weit entgegen. Die Kontrollen wurden abgeschafft; die Zeit der REPKO, des für die Reparationen zuständigen Generalagenten, und der alliierten Kontrolleure von Reichsbank und Reichsbahn war abgelaufen. Vor allem aber sah der Plan eine erhebliche Herabsetzung der Reparationen vor. Die Zahlungen sollten sich über einen Zeitraum von 59 Jahren erstrecken, der Anteil unaufschiebbarer Jahresbeträge war nur auf eine Summe von 22,6 Milliarden Mark festgesetzt und die aufschiebbaren Zahlungen – in Höhe von 87 Milliarden Mark – konnten erlassen werden, sofern die Vereinigten Staaten auf eine Rückerstattung der alliierten Kriegsschulden verzichteten. Somit schien der Vertrag für Deutschland keine allzu große Belastung darzustellen. Dennoch mußte Stresemann mit einer gewaltigen Offensive der Rechten gegen den Youngplan fertigwerden; daher versuchte er die Räumung des Rheinlandes und die Regelung der Saarfrage durchzusetzen. Von London unterstützt, drohte Stresemann mit seinem Rücktritt und trug dadurch auf der Haager Konferenz im August 1929 einen beachtlichen Sieg davon: Briand gab nach. Die Räumung der Koblenzer Zone sollte innerhalb von drei Monaten erfolgen, die der Mainzer Zone sofort nach der Ratifizierung des Youngplanes beginnen und spätestens bis zum 30. Juni 1930 abgeschlossen sein. Was das Saargebiet betraf, hatte Frankreich zwar nicht nachgegeben, aber hinsichtlich des Rheinlands schließlich einer völligen Räumung fünf Jahre vor der in Versailles festgelegten Frist zugestimmt.

Dieser letzte große Erfolg Stresemanns – er starb am 3. Oktober 1929 – war das Endergebnis einer mit viel Geschick betriebenen Revisionspolitik. Der hervorragende Diplomat und gute Patriot Stresemann kann übrigens nicht zu den geistigen Vätern des Europagedankens gezählt werden. Bevor Briand am 5. September 1929 der Völkerbundsversammlung seine Idee, „eine Art Bund" zwischen den Völkern Europas ins Leben zu rufen, vorlegte, hatte er bei seinem deutschen Amtskollegen in dieser Richtung vorgefühlt. Bei ihrem Madrider Zusammentreffen im Juni sprachen die beiden Männer vor allem über eine Vereinigung in Form einer wirtschaftlichen und finanziellen Zusammenarbeit zwischen Frankreich, Deutschland und Großbritannien. Stresemann, der die Gelegenheit nutzte, um die Räumung des Saargebietes zu fordern, fand diese Vorstellung nicht sehr verlockend. Er schien die Meinung der Büros in der Wilhelmstraße zu teilen, in der man davon überzeugt war, daß Frankreich ein gegen die amerikanische Macht gerichtetes Bündnis anstrebe und die durch den Vertrag von Versailles geschaffene Ordnung mittels einer europäischen Vereinigung festigen wolle. Paris träumte von einer Art „Pan-Europa" unter Frankreichs Führung. Deutschlands Antwort, die Stresemann am 9. September 1929 mitteilte, war eine höfliche Absage – er wollte keine gegen andere Kontinente gerichtete Bündnisse –, in deren Zusammenhang auch diejenigen Probleme angesprochen wurden, die Berlin immer noch sehr beschäftigten: die Abrüstung und das Saargebiet.

Stresemann hütete sich ganz bewußt davor, bei seinen diplomatischen Unternehmungen den Osten außer Acht zu lassen. Eine Revisionspolitik und die Korrektur der östlichen Grenzen war nur durch einen Vertrag mit der Sowjetunion möglich. Gegen Ende des Jahres 1924 schlug Moskau den Abschluß eines Neutralitätsvertrages vor. Stresemann lehnte dieses Angebot zwar ab, bemühte sich jedoch – vor allem nach Locarno –, die Russen zu beruhigen, indem er deutlich machte, daß Deutschland nicht dem Westen zuneige. Während der Gespräche über die polnische Frage zwischen Dezember 1924 und September 1925 erwog man, Polen auf der Grundlage der ethnographischen Grenzen zu verkleinern. Der Ausbau der militärischen und wirtschaftlichen Beziehungen ließ den Abschluß eines politischen Abkommens immer näherrücken. Der am 24. April 1926 unterzeichnete deutsch-sowjetische Berliner Vertrag war ein auf fünf Jahre befristeter Nichtangriffs- und Neutralitätspakt. Die Beziehungen zwischen den beiden Staaten, die im übrigen versprachen, sich über sämtliche sie angehenden Fragen politischer und wirtschaftlicher Natur zu verständigen, beruhten weiterhin auf dem Vertrag von Rapallo. Für den Fall, daß einer der beiden Vertragspartner durch eine dritte Macht angegriffen werden sollte, sollte sich der andere neutral verhalten und sich an keiner Wirtschafts- oder finanziellen Blockade beteiligen. Allein die Tatsache, wie wohlwollend dieser Vertrag aufgenommen wurde – der Reichstag nahm ihn fast einstimmig an – zeigte, wie sehr diese Annäherung an die UdSSR begrüßt wurde.

Einige Monate darauf gefährdete die Reichstagsrede des Sozialdemokraten Philipp Scheidemann vom 16. Dezember 1926 diese Annäherung durch den internationalen Widerhall, den seine Worte fanden. Er prangerte die skandalöse Zusammenarbeit zwischen der reaktionären Reichswehr und der Sowjetunion an, enthüllte den wahren Charakter der angeblichen Handelsgesellschaften (GEFU, WIKO) und deckte den Waffenhandel sowie die Tätigkeit deutscher Rüstungsfabriken in der UdSSR auf. Diese Enthüllungen beeinträchtigten die militärische Zusammenarbeit zwischen den beiden Ländern jedoch keineswegs und zögerten auch die Abschaffung der alliierten Kontrollkommission nicht hinaus.

Stresemann war an guten Beziehungen zu Moskau gelegen, weil er sich hiervon Unterstützung in der von ihm angestrebten Revision der deutsch-polnischen Grenze versprach. Er bemühte sich, Polens wirtschaftliche Schwierigkeiten auszunutzen, indem er eine mögliche Hilfe von Grenzverschiebungen abhängig machte. Der von zahlreichen Deutschen kritisierte deutsch-polnische Zollkrieg von 1925 war ein Druckmittel, mit dessen Hilfe man den Korridor, Danzig sowie einen Teil Oberschlesiens zurückerhalten wollte. Nach Pilsudskis Militärputsch stabilisierten sich die polnischen Verhältnisse allmählich, und die deutsche Taktik änderte sich. Stresemann bemühte sich gleichzeitig, Paris von der Notwendigkeit einer Revision der östlichen Grenzen zu überzeugen und mit Warschau zu verhandeln, aber die Besserung der deutsch-polnischen Beziehungen war nicht von Dauer. Im Jahre 1928 beschwerten sich die von Berlin unterstützten deutschen Minderheiten in Polen beim Völkerbund über die Kultur- und Bildungspolitik der Warschauer Regierung. Im März 1929 forderte Stresemann in Genf Garantien für die nationalen Minderheiten. Er hatte eine lebhafte Auseinandersetzung mit seinem polnischen Kollegen Zaleski, der auf Frankreichs Beistand rechnen konnte. Paris war nicht daran gelegen, das Problem von 10–12 Millionen Volksdeutschen aufzuwerfen, welche der Versailler Vertrag vom Reich abgetrennt hatte.

Was das Baltikum anbetraf, so versuchte Stresemann die führenden Männer der neuen Staaten davon zu überzeugen, er sei in der Lage, die Sowjetunion zu einem stärkeren Entgegenkommen in den baltischen Fragen zu bewegen. 1926 schloß Moskau mit Litauen einen Nichtangriffspakt, der aber, wie man Berlin in geheimen Gesprächen versprochen hatte, den deutschen Absichten auf das Memelland nicht im Weg stehen sollte. Als im Memelland infolge von Voldemaras Staatsstreich (1928) der Belagerungszustand ausgerufen wurde, griff Stresemann ein. Der Völkerbund beschäftigte sich damit aufgrund einer Klage der im Memelland ansässigen Deutschen, aber Stresemann erhielt von Voldemaras auf direktem Wege die Zusage von Wahlen, die die deutschen Parteien begünstigen sollten.

In seiner Osteuropapolitik zielte Stresemann – gestützt auf Deutschlands starken wirtschaftlichen Einfluß – auf eine Schwächung der Kleinen Entente und auf einen Ausbau der Stellung des Reiches, der vor allem mit wirtschaftlichen Waffen systematisch vorangetrieben werden sollte. Anläßlich Beneš' Berlinreise im Mai 1928 wurde eine umfangreiche wirtschaftliche Zusammenarbeit zwischen Deutschland, der Tschechoslowakei und Österreich in Aussicht gestellt.

Stresemann hat sich sehr um Deutschland verdient gemacht. Durch zähes Verhandeln erreichte er detaillierte Räumungsversprechen in Bezug auf das Rheinland, deren vorgezogene Fristen nicht dem Versailler Vertrag entsprachen. Er befreite Deutschland von der militärischen Kontrolle. Durch Dawes- und Youngplan hat er Deutschland zu einer beträchtlichen Herabsetzung der Reparationen verholfen. Indem er ein „Ost-Locarno" ablehnte, ließ er die Hoffnung auf eine Revision der deutschen Ostgrenzen offen. Durch seinen Eintritt in den Völkerbund wurde Deutschland wieder in die Reihe der Großmächte aufgenommen und konnte sich dort sogar zum Vorkämpfer wichtiger Grundsätze – einer allgemeinen Abrüstung und des Schutzes der Minderheiten – aufwerfen.

Auf dem Weg zur Gleichberechtigung

Stresemanns Nachfolger standen von Oktober 1929 bis Januar 1933 unter dem Eindruck großer internationaler und innenpolitischer Schwierigkeiten. Die Weltwirtschaftskrise, deren verheerende Auswirkungen Deutschland ab Mai 1931 erschütterten, machte sehr bald eine ausländische Finanzhilfe erforderlich und warf das Problem der Reparation wieder auf. Innenpolitisch förderte sie jedoch Unzufriedenheit und ein Klima der Unsicherheit, das einen fruchtbaren Boden für die Verbreitung der chauvinistischen Parolen der Nationalsozialisten abgab. Curtius, Reichskanzler Brüning selbst und Neurath, die Stresemanns Nachfolge als Leiter der Wilhelmstraße antraten, standen vor der schwierigen Aufgabe, die letzten Nachwirkungen des Krieges (Reparationen, Saargebiet, Entwaffnung) zu beseitigen, und sahen sich zugleich noch mit umfassenderen Problemen konfrontiert. Sie mußten auch die Richtlinien einer neuen Ostpolitik festlegen und gleichzeitig versuchen, den wirtschaftlichen Anschluß Österreichs herbeizuführen.

Brüning hatte sich schon Ende Sommer 1930 ganz offensichtlich eine Strategie zurechtgelegt, die Deutschland – unter Ausnutzung der Wirtschaftskrise – einen doppelten Gewinn verschaffen sollte: den Wegfall der Reparationen sowie die Wiedererlangung der Gleichberechtigung. Damit wollte er das deutsche Volk innerhalb von zwei oder drei Jahren von den Fesseln des Versailler Vertrages befreien und das Deutsche Reich in seine Großmachtrolle wiedereinsetzen.

Aufgrund heftiger Angriffe aus dem rechten Lager war das Anlaufen des Youngplanes mit einigen Schwierigkeiten verbunden. Er wurde im Januar 1930 ratifiziert, trat in Kraft und führte, wie vorgesehen, am 30. Juni 1930 zur völligen Räumung Deutschlands durch die Alliierten, doch mußte das Rheinland entmilitarisiert bleiben. Die Wirtschaftskrise lieferte aber sehr schnell den nötigen Vorwand, den Youngplan in Frage zu stellen. Viele betrachteten ihn als nicht mehr erfüllbar, und im Laufe des Wahlkampfs vom September 1930, der mit einem Erfolg der Nationalsozialisten endete, wurde bereits die Forderung nach Revision des Youngplans laut. Als der Abzug des amerikanischen Kapitals einsetzte, machten auch die Leiter der deutschen Politik sich die Forderung nach sofortiger Revision zu eigen. Sie konnten in dieser Angelegenheit mit der Unterstützung der Vereinigten Staaten rechnen, da die Amerikaner eine neue Finanzkrise befürchteten, durch die sie ihre Investitionen im Deutschen Reich gefährdet sahen. Im Oktober 1930 begab sich Schacht in die USA und machte Amerikas Öffentlichkeit auf Deutschlands ernste Lage aufmerksam, ohne jedoch Präsident Hoover überzeugen zu können; sein Verständnis für die Sorgen der amerikanischen Geschäftswelt wurde aufgewogen durch die Furcht vor Reaktionen der Alliierten, vor allem Frankreichs. Das Weiße Haus bevorzugte ein Moratorium, das hieß, eine bloße Unterbrechung des Youngplans. Endlich, im Juni 1931, schenkte Hoover dem Hilferuf des Reichspräsidenten Hindenburg Gehör, der nachdrücklich das Ausmaß der im Deutschen Reich herrschenden Krise vor Augen führte, und gab dem Druck der amerikanischen Bankiers nach. Am 21. Juni 1931 schlug Hoover ein Moratorium für alle internationalen Zahlungsverpflichtungen auf ein Jahr vor. In London, wo man auf die Sicherung der britischen Investitionen in Deutschland von schätzungsweise 154 Millionen Pfund bedacht war, unterstützten die führenden Politiker Hoovers Politik.

Während das Moratorium die Interessen der amerikanischen Banken nicht beeinträchtigte – ihre Darlehen an die Deutschen würden zurückgezahlt werden, da der Zahlungsaufschub sich nicht auf private Schulden bezog –, fühlte Frankreich sich geschädigt. Wohl setzte es durch, daß die unaufschiebbaren Annuitäten gezahlt werden sollten, aber angesichts der im Reich herrschenden wirtschaftlichen Lage beschlossen die Alliierten, diese Zahlungen sollten in Form von Darlehen an die Reichsbank gehen. Jenseits des Rheines verschärfte sich die Panik auf dem Geldmarkt, und im Bemühen, sie einzudämmen, fand Deutschland Hilfe u.a. bei Franzosen, Briten, Amerikanern und Belgiern.

Selbstverständlich versuchte die deutsche Diplomatie diese Schwierigkeiten zur Streichung der Reparationen zu nutzen. In Deutschland entwickelte sich eine Kampagne zur Aufhebung des Youngplans. Die Entscheidung lag bei einem vertraglich vorgesehenen Beirat, der befugt war, über die deutsche Zahlungsfähigkeit im Falle einer Wirtschaftskrise zu befinden. Ferner gab vor allem die Haltung der USA den Ausschlag. In Washington, wo man über Lavals Pressionen verärgert war – er hatte erklärt, Frankreich werde seine Rückzahlungen an die Vereinigten Staaten einstellen, falls Deutschland nach Ablauf des Hoovermoratoriums seinen Verpflichtungen nicht wieder nachkommen werden –, gingen die Meinungen auseinander, aber Hoover befürwortete eine Abschaffung der Reparationen. Der Beirat, der im Dezember 1931 in Basel zusammentrat, gelangte zu demselben Schluß und schlug eine europäische Konferenz in Lausanne vor. In England veranstaltete die Presse eine Kampagne im gleichen Sinne, und auch die Regierung hielt eine Beendigung der deutschen Zahlungen für notwendig.

Während der im Juni und Juli 1932 stattfindenden Konferenz von Lausanne konnte sich das Deutsche Reich ein weiteres Mal auf Londons Unterstützung verlassen. Herriot stand völlig isoliert da, denn MacDonald setzte die Beendigung der Reparationen durch: es würde eine frühestens 1935 zu entrichtende Abfindungssumme in Höhe von 3 Milliarden Goldmark zahlen. Dieses wirklich beachtliche Ergebnis wurde dennoch von der deutschen Rechten heftig angegriffen, die der Reichsregierung vorwarf, sie habe einem finanziellen Opfer zugestimmt, ohne politische Zugeständnisse (Saargebiet, Gleichberechtigung) erhalten zu haben; der Reichstag ratifizierte das Lausanner Abkommen nicht, und Hitler „vergaß", die drei Milliarden zu entrichten, Frankreich, Großbritannien und Italien ihrerseits beschlossen, die Ratifikation des Vertrags auszusetzen, bis die Vereinigten Staaten auf die Rückerstattung der Kriegsschulden verzichteten; Hoover und später Roosevelt lehnten diese Forderung jedoch ab.

Diese Begleitumstände taten dem wesentlichen Inhalt des Abkommens, dem Ende der deutschen Reparationszahlungen, jedoch keinen Abbruch. Laut Weill-Raynal hatte Deutschland nur 22,9 von den 132 Milliarden Goldmark gezahlt, die man ihm 1921 abgefordert hatte. Die schwere Krise zeitigte so auch eine positive Folge, nämlich die Abschaffung einer der härtesten Bestimmungen des Versailler Vertrages.

Die Wilhelmstraße griff auch auf Stresemanns Politik zurück und versuchte, durch deutsch-französische Verhandlungen eine Lösung der Saarfrage vor der für 1935 vorgesehenen Volksabstimmung herbeizuführen. Im Frühjahr 1930 begann man mit Gesprächen hierüber. Auf deutscher Seite wollte man das Saargebiet ohne vorheriges Plebiszit wieder an das Reich angliedern, aber in Paris lehnte man eine solche Lösung völlig ab. Unter diesen Umständen schlugen die Unterhandlungen fehl. In der Folgezeit bemühte sich Deutschland, im Saargebiet systematisch für eine Rückkehr zum Reich zu werben, da ein nicht geringer Teil der dortigen Bevölkerung zum Anschluß an Frankreich oder zur Autonomie zu neigen schien. Aufgrund seiner Verbindungen mit Frankreich hatte das Saargebiet nämlich weniger als das Reich unter der Wirtschaftskrise zu leiden gehabt; die dortigen Bergleute wurden besser bezahlt als diejenigen im Ruhrgebiet. Die Katholiken im Saargebiet waren über den Aufstieg des Nationalsozialismus in Deutschland beunruhigt. Aber die Befürworter einer Rückkehr zum Reich gewannen an Boden. Unter der Leitung des Industriellen Röchling in einer „Einheitsfront" zusammengefaßt, trieben die deutschen Parteien eine aktive Propaganda und errangen im März 1932 bei den Wahlen zum Landesrat, der die Geschäfte eines Landtages ausübte, einen großen Erfolg. Da man keine andere Wahl hatte, arbeitete man auf die Volksabstimmung hin.

Die Deutschen betrachteten das Problem der Entwaffnung vor allem unter dem Aspekt einer Beseitigung des Versailler Vertrags. Im Laufe der Gespräche, die die Genfer Abrüstungskonferenz von Februar 1932 vorbereiteten, verlangten die deutschen Politiker als Voraussetzung die Gleichberechtigung ihres Landes. Sie wurde auf verschiedenen Ebenen gefordert. Der Auswärtige Ausschuß des Reichstags nahm im Oktober 1930 einen Antrag an, der klarstellte, daß eine einseitige, nur dem Deutschen Reich allein auferlegte Abrüstung nicht in Frage komme, da sie völlig gegen das Prinzip der Gleichberechtigung verstoße. Am 1. Januar 1932 forderte Präsident Hindenburg diese Gleichberechtigung vor dem diplomatischen Korps. Es lag jedoch auf der Hand, daß nicht alle dasselbe unter Gleichberechtigung verstanden. Für die Sozialdemokraten bedeutete sie, gemäß dem Versailler Vertrag, eine Abrüstung der ehemaligen Alliierten bis auf den Deutschland auferlegten Stand. Die nationalistische Rechte ging wesentlich weiter: sie verstand unter Gleichberechtigung, daß das Reich nach Belieben aufrüsten konnte. In Brünings Augen ging es darum, die Revision des Versailler Vertrages zu vollenden und einen großen Plan zu verwirklichen, der darin bestand, die militärische Gleichberechtigung durchzusetzen sowie – auf territorialem Gebiet – die Berichtigung der Ostgrenzen und sogar die Rückgabe eines Teiles der ehemaligen deutschen Kolonien zu erlangen.

Während der ersten Phase der Abrüstungskonferenz in Genf leistete die deutsche Delegation – wie viele andere – Widerstand gegen den Plan des französischen Ministerpräsidenten Tardieu, der die Schaffung einer schlagkräftigen Völkerbundarmee sowie die Verpflichtung zur Anrufung des Völkerbunds im Konfliktfall vorschlug. Die Deutschen forderten – nach dem Vorbild der Reichswehr – eine Herabsetzung der übrigen Armeen auf 100000 Mann. Am 18. Februar legte der deutsche Delegierte Nadolny einen Plan vor, der die Abschaffung der Wehrpflicht, ein Verbot der schweren Waffen sowie die Verminderung und Kontrolle der militärischen Lagerbestände vorsah. Doch die ehemaligen Alliierten verwarfen diese Vorschläge.

Reichskanzler Brüning mußte dem Druck der Reichswehr, das hieß vor allem Schleichers, und den Auswirkungen einer nationalistischen Welle Rechnung tragen, die der Erfolg der Nationalsozialisten bei den preußischen Landtagswahlen noch verstärkt hatte. Im April 1932 kehrte er mit scharf umrissenen Forderungen nach Genf zurück: er forderte für Deutschland das Recht, die Dienstzeit von 12 auf 6 Jahre herabzusetzen, sowie die Genehmigung zum Besitz von Waffen, die durch den Vertrag von Versailles verboten waren. Die anderen Mächte, die im Rahmen der Konferenz sowie auch in privaten Gesprächen und im Verlauf eines deutsch-französischen Treffens in Luxemburg ausreichend informiert worden waren, stellten sich taub.

Im Juni 1932 nahm die Berliner Regierung den Hooverplan an, der die Abschaffung der meisten Angriffswaffen und die Reduktion der übrigen auf ein Drittel vorsah. Von solchen Maßnahmen wäre das Deutsche Reich kaum betroffen worden, und außerdem mußte man den Vereinigten Staaten, Deutschlands treuester Stütze, Beweise guten Willens geben; dies war umso mehr angebracht, als Washington eine Politik des „friedlichen Wandels“ eingeschlagen hatte, die Berlins Interessen vortrefflich entgegenkam. Während der Hooverplan in Paris und London auf Ablehnung stieß, schlug das Reich, das die Meinungsverschiedenheiten unter den Alliierten ausnutzte, einen härteren Ton an: am 22. Juli teilte Nadolny mit, sein Land werde nicht an der für Januar 1933 vorgesehenen zweiten Phase der Konferenz teilnehmen, wenn es nicht vorher zum gleichberechtigten Partner erklärt werde. Dieser Genfer Trompetenstoß wurde durch die im Radio übertragene Rede Schleichers vom 26. Juli unterstrichen, die im Stil eines Ultimatums gehalten war: falls Deutschland die Gleichberechtigung versagt bliebe, würde es alle Verpflichtungen als hinfällig betrachten und seine Armee beliebig organisieren. Der Erfolg, den die Nationalsozialisten bei den Wahlen vom 31. Juli davontrugen, konnte diesen Forderungen nur Nachdruck verleihen: einen Monat später überreichte Neurath eine Denkschrift an Frankreich, aus der klar hervorging, daß das Reich seine Gleichberechtigung forderte und die militärischen Bestimmungen des Versailler Vertrages durch ein Abkommen ersetzen wollte, das ihm die Umformung seiner Armee ermöglichen sollte. Im Dezember 1932 hatte Deutschland sein Ziel erreicht: die fünf in Genf versammelten Mächte erhoben es zum gleichberechtigten Partner „in einem System, das allen Nationen Sicherheit bietet“. Aufgrund dieses

Zugeständnisses nahm eine deutsche Delegation an der zweiten Phase der Abrüstungskonferenz teil, die am 2. Februar 1933 begann.

Auf solche Weise hatten die Nachfolger Stresemanns in wichtigen Punkten Erfolge verbuchen können: sie hatten das Ende der Reparationen und Deutschlands Gleichberechtigung erreicht. Sie versuchten auch, die Frage österreichischen Anschlusses erneut zur Sprache zu bringen, obgleich sowohl der Vertrag von Versailles als auch derjenige von Saint-Germain und das Genfer Protokoll von 1922 ihn ausdrücklich verboten. Am 14. März 1931 unterzeichneten Deutschland und Österreich eine Vertragsvorlage „zur Angleichung der zoll- und handelspolitischen Verhältnisse“ zwischen beiden Ländern. Aus welchen Gründen strebte man eine solche Zollunion an? Man wollte die beiden Länder wirtschaftlich zusammenschließen, um auf diese Weise besser mit der Wirtschaftskrise fertig zu werden; man wollte die von der Kleinen Entente (Jugoslawien, Rumänien, Tschechoslowakei) sowie Polen betriebene und von Paris geförderte Bildung eines Blockes der Agrarländer verhindern und schließlich die Wiedervereinigung der deutschsprachigen Völkerfamilie erreichen.

Als dieses Projekt am 21. März bekannt wurde, brach ein nahezu allgemeiner Sturm der Entrüstung los. In Paris erinnerte man sofort daran, daß Deutschlands Einigung mit einer Zollunion, einem Zollverein begann; im Mai nahmen die Abgeordneten eine ablehnende Tagesordnung zu diesem Vorhaben an. Die Kleine Entente äußerte ihre feindselige Haltung sehr deutlich. Auch London war gegen diesen Plan und beantragte seine Erörterung im Völkerbundsrat. Dort stieß Deutschland am 18. Mai 1931 auf den Widerstand Frankreichs, Italiens und Großbritanniens. London setzte die Anrufung des Internationalen Gerichtshofes in Den Haag durch, der darüber entscheiden sollte, ob dieser Plan mit den Verträgen vereinbar sei oder nicht. Aber noch bevor das negative Urteil mit knapper Mehrheit zustande kam, wurde der Plan fallengelassen. Der Konkurs der Wiener Kreditanstalt am 12. Mai löste eine allgemeine Panik aus, die auch auf Deutschland übergriff. Da beide Länder auf eine ausländische Finanzhilfe angewiesen waren, und zwar vor allem auf die Hilfe des von der Krise noch wenig in Mitleidenschaft gezogenen Frankreich, verzichteten sie Anfang September auf ihr Projekt.

Schwächte dieser diplomatische Fehlschlag die Schubkraft des Deutschen Reiches in Richtung Südosteuropa? Im Jahr 1930 tauchte unter verschiedenen Einflüssen der Mitteleuropagedanke wieder auf. Wegen des Preissturzes für Getreide auf dem Weltmarkt wurden die Donauländer besonders hart durch die Krise getroffen. Die deutschen Industriellen träumten davon, mit diesen mitteleuropäischen Agrarstaaten zusammenzuarbeiten, um sie als gute Absatzmärkte zu halten. Zu diesen wirtschaftlichen Argumenten kamen politische Überlegungen der Wilhelmstraße: man wollte die Kleine Entente zerstören und den französischen durch den deutschen Einfluß ersetzen. Man glaubte – laut J. Becker – die diplomatischen, militärischen und finanziellen Maßnahmen, die Frankreich in Mittel- und Osteuropa getroffen hatte, durchkreuzen zu müssen. Die deutsche Diplomatie setzte auch Handelsverträge mit Vorzugszöllen für Getreide als Waffe ein. Im Sommer 1931 wurden zwei Abkommen mit Rumänien und Ungarn geschlossen. Paris, das die drohende Gefahr erkannte und die 17 Milliarden Francs retten wollte, die es in diesen Ländern investiert hatte, schlug schon im Mai 1931 einen Plan vor, der dieselben Vorteile bot und überdies mit einer Finanzhilfe verknüpft war. Der im März 1932 veröffentlichte Tardieuplan wollte aus dem Donaubecken wieder ein einheitliches Wirtschaftsgebiet unter französisch-englisch-italienischer Führung und unter Ausschluß Deutschlands machen. Als Tardieu infolge verfrühter Äußerungen gezwungen wurde, Berlin in dieses Projekt miteinzubeziehen, sah er sich mit einem deutschen Gegenvorschlag konfrontiert, der auf ein riesiges, auch das Reich umfassendes Wirtschaftsgebiet hinauslief: der alte Traum von einem deutschen Mitteleuropa feierte Auferstehung. Von London fallengelassen und von Berlin abgelehnt, blieb der Tardieuplan erfolglos. Deutschland, das sich auf seine gute wirtschaftliche Stellung in Mitteleuropa stützte, verfolgte seine eigenen Ziele und gelangte tatsächlich wieder zu Einfluß; er wurde noch dadurch begünstigt, daß die große Wirtschaftskrise den Abzug des in diesen Gegenden investierten Kapitals der westlichen Länder zur Folge hatte.

Wie Brünings Memoiren beweisen, bildete die Korrektur der Ostgrenzen nach wie vor ein zentrales Thema im Deutschen Reich. Das wirkte sich selbstverständlich auf die deutsch-polnischen Beziehungen und auf das Verhältnis zwischen Moskau und Berlin aus. Im Jahr 1932 machte sich in Deutschland der Gedanke breit, Danzig und Ostpreußen – dessen Bevölkerung sich auf die Auswanderung vorbereitete – würden von Polen bedroht. Die Nationalsozialisten trieben viel Propaganda und forderten die Regierung zu energischer Standhaftigkeit auf, vor allem in Bezug auf die Freie Stadt Danzig. Das Reich fand sich nicht mit der Existenz des Polnischen Korridors ab. Es bemühte sich, ein gutes Verhältnis mit Moskau zu pflegen, um Druck auf Polen ausüben zu können. In Berlin herrschte große Besorgnis über die sowjetisch-polnischen Gespräche, die 1932 zur Unterzeichnung eines Nichtangriffspaktes führten. Dieses Abkommen bewerteten die Deutschen als einen Verstoß gegen den Geist von Rapallo und sahen in ihm vor allem ein Hindernis, das sich den deutschen Hoffnungen auf eine Grenzrevision im Osten in den Weg stellte.

Die Beziehungen zur Sowjetunion gestalteten sich immer schwieriger;

die konservativen Kabinette brachten dem stalinistischen Regime wenig Sympathie entgegen, und die russische Trumpfkarte besaß in Deutschlands diplomatischem Spiel fortan keinen so hohen Wert mehr. Obwohl Reichskanzler Brüning über den Nutzen guter Beziehungen zu Moskau im Zweifel war, betrachtete er eine Erneuerung des auslaufenden Berliner Vertrags von 1926 als notwendig. Die Ratifikation der im Juni 1931 vorgenommenen Verlängerung für drei Jahre wurde unter allen möglichen Vorwänden hinausgeschoben und schließlich erst zwei Jahre später vollzogen. Diese Verzögerungen waren ein deutliches Anzeichen dafür, daß sich die Beziehungen zwischen beiden Ländern verschlechterten. Moskau hegte wenig Sympathie für die Kabinette Papen und Schleicher und nahm Berlin 1932 seine Annäherungsversuche an Paris übel. Auf der Abrüstungskonferenz vertraten die sowjetrussischen und die deutschen Delegierten entgegengesetzte Standpunkte, und im April 1932 gerieten Brüning und Litwinow aus diesem Anlaß heftig aneinander. Trotz diese schwierigen politischen Beziehungen bestanden geschäftliche Kontakte fort, denn die deutschen Industriellen waren nach wie vor an der Sowjetunion interessiert, wie wir später sehen werden. Auch die militärischen Beziehungen litten kaum, obwohl mit der 1932 durchgesetzten Anerkennung des Deutschen Reiches als gleichberechtigter Partner einer der wichtigsten Gründe für die Zusammenarbeit mit der UdSSR wegfiel. Die Reichswehr nutzte die Übungsplätze in der Sowjetunion ausgiebig. Die Generalstäbe pflegten regelmäßigen Kontakt: russische Generäle kamen zur Fortbildung nach Deutschland, und im Oktober 1932 nahm eine militärische Abordnung an den großen Odermanövern teil.

Wollte sich die Wilhelmstraße, die zäh um die Rückkehr zu Deutschlands Gleichberechtigung kämpfte, immer noch auf eine Revision der östlichen Grenzen hoffte und den alten Traum eines deutschen Mitteleuropa wieder aufleben ließ, an einem größeren Vorhaben, das hieß, an der von Briand gewünschten europäischen Union, beteiligen? Nachdem Briand im September 1929 in Genf seinen Gedanken dargelegt hatte und mit der Abfassung eines Memorandums zu diesem Problem betraut worden war, legte er den Regierungen Anfang Mai 1930 einen genauen Plan vor. Ein Rahmenabkommen sollte die Solidarität der europäischen Staaten verkünden; die in Locarno eingeleitete Sicherheits- und Garantiepolitik sollte auf ganz Europa ausgedehnt werden. Aus Gründen der Sicherheit müsse dem Zusammenschluß auf wirtschaftlicher Ebene eine politische Vereinigung vorausgehen. Daher schlug Briand vor, Europa eine „organische" politische Gestalt zu geben.

Wie die meisten anderen Regierungen fragte sich auch die deutsche nach Briands wahren Beweggründen. In der Wilhelmstraße war man davon überzeugt, daß Frankreichs Ziel darin bestand, Deutschland zur

Anerkennung des Status quo und somit der östlichen und südöstlichen Grenzen zu zwingen. Berlin reagierte äußerst geschickt, indem es anderen Staaten die Aufgabe überließ, die Nachteile eines Projektes herauszustellen, das in deutschen Augen „unannehmbar" war. Die offizielle Stellungnahme vom 15. Juli 1930 entsprach einem Begräbnis erster Klasse. Die vorgebrachten Argumente waren so geschickt ausgewählt, daß sie das Ansehen des Reichs vergrößerten: man berief sich darauf, daß die europäischen Organe die Zuständigkeit des Völkerbundes schmälern würden; außerdem dürfe die wirtschaftliche Zusammenarbeit nicht von der Sicherheit abhängen. Ferner versäumte Berlin nicht, darauf hinzuweisen, daß man Europa nicht errichten könne, ohne gleichzeitig eine gründliche Revision einer allgemein als unhaltbar angesehenen Situation vorzunehmen. Die Diskussion über Briands Europaplan bot somit eine gute Gelegenheit, erneut die Revision der Verträge zu fordern. Als Briand im September 1930 seinen Plan dem Völkerbund unterbreitete, wollte er kaum mehr als eine Grundsatzerklärung erreichen, aber selbst hierbei stieß er auf den zweifachen Widerstand sowohl der Engländer als auch der Deutschen, die jeden Ansatz zu einer europäischen Organisation unterbinden wollten. Die Einberufung einer Kommission, die sich mit der möglichen Form einer europäischen Union befassen sollte, war mit der endgültigen Aufgabe des Projektes gleichzusetzen.

In der Zeit zwischen Stresemanns Tod und Hitlers Machtergreifung hatte die deutsche Diplomatie dank der britischen und amerikanischen Unterstützung sowie unter Ausnutzung der Weltwirtschaftskrise bedeutende Erfolge errungen: das Ende der Reparationen, die Räumung des Rheinlandes und die Gleichberechtigung. Es war zwar nicht gelungen, alle Probleme zu lösen: in der Frage des Saargebietes hatte man kein Einvernehmen herstellen können, aber man arbeitete mit allen zur Verfügung stehenden Mitteln auf seine Wiedereingliederung ins Reich hin. Infolge der Spannung zwischen Berlin und Warschau sowie der Annäherung zwischen Rußland und Polen schien die Möglichkeit einer Korrektur der Ostgrenzen in weite Ferne gerückt zu sein. Der alte, damals wiederauflebende Traum von Mitteleuropa stieß auf den entschlossenen Widerstand der westlichen Mächte, die keine wirtschaftliche Vereinigung Deutschlands mit Österreich zuließen und die Ausdehnung des deutschen Einflusses in Südosteuropa einzudämmen suchten.

Gegen Ende der Weimarer Republik war das Deutsche Reich wieder eine international bedeutende Großmacht geworden. Es war ihm somit gelungen, seinen alten Platz zurückzugewinnen. Die Weltwirtschaftskrise trug noch zur Vermehrung der aus Washington und London erhaltenen Unterstützung bei, obgleich Außenminister Henderson den immer aggressiver vorgetragenen deutschen Forderungen mit wachsendem Mißtrauen begegnete. Obwohl das Verhältnis zwischen Berlin und Moskau zunehmend schwieriger wurde, blieb Deutschland ein wichtiger Partner für die Sowjetunion. Und wenn auch die Beziehungen zwischen Frankreich und Deutschland weniger gespannt waren, so reagierte Berlin doch stets mißtrauisch auf alle aus Paris kommenden Vorschläge, und die Franzosen wollten Mitteleuropa nicht dem deutschen Einfluß preisgeben.

Die Rückeroberung des Weltmarktes

Die durch den Krieg jäh unterbrochene finanzielle Expansion Deutschlands war bei Kriegsende in einer kritischen Lage. Was passierte mit den weltweiten deutschen Geschäftsinteressen? Konnten die Banken ihre Expansionspolitik wiederaufnehmen? Lief Deutschland nicht Gefahr, selbst zum Tätigkeitsfeld ausländischer – vor allem amerikanischer – Bankiers zu werden?

Der weitgehende Verlust deutscher Auslandsinteressen

Laut Aussage der zuständigen Behörden war es unmöglich, eine Übersicht über sämtliche deutschen Besitzungen im feindlichen Ausland zu erstellen. Die Betroffenen gaben an, gegen Ende 1916 im Feindesland bewegliche Güter im Gegenwert von 3875 Millionen Mark besessen zu haben – davon 1899 Millionen in Großbritannien, 436 in Rußland und 356 in Frankreich – sowie anderen Besitz im Wert von über 2 Milliarden Mark (924 Millionen in Rußland, 665 in Frankreich, 418 in England usw.). All diese Güter waren beschlagnahmt worden und drohten aufgrund der deutschen Niederlage verlorenzugehen. Deutschlands Unterlegenheit im Krieg gefährdete gleichzeitig seine Interessen in der ganzen Welt.

Das Reich hatte die Stahlwerke und die Eisenerzvorkommen an der Mosel verloren, die durch die Rückkehr Elsaß-Lothringens nach Frankreich in französische Hand gelangt waren. Die deutschen Stahlhersteller verloren unwiederbringlich ihre Beteiligungen an den Eisenerzminen im Department Meurthe-et-Moselle und in der Normandie. In Luxemburg zogen sie es vor, ihre 27 Hochöfen zu verkaufen, obwohl der Vertrag von Versailles an keiner Stelle die Beschlagnahme deutscher Beteiligungen im Großherzogtum vorsah. In den Jahren 1919 bis 1922 mußten die Deutschen sogar eine umfangreiche Beteiligung französischer Unternehmen an der Stahlherstellung im Saargebiet hinnehmen. Sämtliche Filialen und Zweigniederlassungen in Frankreich, Großbritannien, Belgien und Italien waren verloren. Selbst in neutralen Ländern hatte Deutschlands Stellung Einbußen erlitten. Gleich bei Kriegsausbruch verließen die deutschen Verwalter die Aluminium Industrie AG, eine Bastion der Deutschen Bank und der AEG in der Schweiz; auch aus dem Vorstand von Brown-Boveri schieden sie aus. Die deutsche Finanzkrise von 1923 hatte mehreren Schweizer Unternehmen zur Unabhängigkeit verholfen, ja es gelang ihnen sogar, ihre Position in Deutschland auszubauen. Gegen Ende der zwanziger Jahre zeichnete sich jedoch bereits ein erneutes Anwachsen des deutschen Einflusses in der Schweiz ab. 1928 wurde in Basel die IG Chemie gegründet, die bestimmte Auslandsinteressen der IG Farben vertreten sollte.

Die Artikel 92, 256 und 297 des Versailler Vertrages ermächtigten Polen, Tschechen und Rumänen, sich gegen Entschädigung der Eigentümer in den Besitz der auf ihrem Territorium niedergelassenen deutschen Unternehmen zu bringen und schienen somit den Untergang der deutschen Interessen in Mitteleuropa und in den Donauländern einzuleiten. Diese Situation erschien umso bedrohlicher, als Paris sofort eine Verständigung mit den betroffenen Regierungen anstrebte – so zum Beispiel mit Polen –, in deren Rahmen es ihnen seine finanzielle Hilfe bei der Auflösung der deutschen Unternehmen anbot, sofern es im Austausch gegen die zur Verfügung gestellten Gelder an den liquidierten Unternehmen beteiligt würde. Diese Politik, die man Warschau gegenüber Anfang 1920 vor allem in Bezug auf deutsche Unternehmen in Oberschlesien verfolgte, wurde sehr bald durch andere Projekte abgelöst: Paris suchte eine Verständigung mit den schlesischen Besitzern und offerierte ihnen eine Bestandsgarantie gegen die Einbeziehung eines französischen Konsortiums in ihr Unternehmen. Die besorgten, aber gerissenen deutschen Eigentümer waren bereit, den Franzosen gegen eine geringe Beteiligung am Betriebskapital – in Höhe von 10% – die Kontrolle ihrer Gesellschaften zu überlassen.

Aufgrund des doppelten Spiels, das Frankreich betrieb und wegen des Eindringens britischen Kapitals konnten sich die Deutschen schließlich direkt mit den Polen verständigen: die deutschen Unternehmen in Oberschlesien bestanden weiter, indem sie dem polnischen Staat Beteiligungen anboten. Durch gleichzeitiges Verhandeln mit Paris und Warschau gelang es, die deutschen Interessen zu retten. Gegen Ende 1923 gelangte der Quai d'Orsay zu der Feststellung, daß erhebliche Teile der schlesischen Produktionsstätten von der Großindustrie, vor allem den Deutschen Stinnes und Otto Wolff, kontrolliert wurden. Das deutsch-polnische

Abkommen vom 31. Oktober 1929 besiegelte lediglich einen bereits bestehenden Sachverhalt: eine Auflösung deutscher Unternehmen war nicht mehr möglich. – Die Verhandlungen zwischen der Tschechoslowakei und Deutschland zogen sich bis November 1924 hin: letzten Endes verzichtete Prag auf die Mehrzahl der ursprünglich vorgesehenen Liquidationen. Der Deutschen Bank gelang es, ihre Beteiligung an der rumänischen Erdölförderung wiederzugewinnen. Ihren Anteil von 94% an der Steaua Romana konnte sie gegen 72 Millionen Schweizer Franken abstoßen.

Während es dem Reich gelang, seine bedeutenden Interessen in Mitteleuropa zu behaupten, bemühte es sich gleichzeitig, auch die Liquidierung seines auf 6,7 Milliarden Mark veranschlagten Vermögens in der Türkei abzuwenden. Gemäß dem Artikel 260 des Versailler Vertrages mußte Deutschland seine Wertpapiere, die es an in der Türkei errichteten Unternehmen besaß, an Gesellschaften der Siegermächte abtreten. Der Vertrag von Sèvres besiegelte das Ende der Beteiligungen an den erdölfördernden Unternehmen in Mossul sowie den Verlust der Investitionen der Deutschen Bank in das syrische und mesopotamische Netz der Bagdadbahn. Aber die große Bank verlor nicht alles. Kurz vor Kriegsausbruch hatte sie in Zürich die „Banque pour les chemins de fer orientaux" gegründet, und dieses Institut, ein schweizerisches Unternehmen, ermöglichte die Bewahrung deutscher Gelder. Auf diese Weise konnte die Deutsche Bank ihre anatolischen Eisenbahnaktien einer Schweizer Bank verkaufen, die ein internationales Konsortium vertrat.

Im deutsch-türkischen Freundschaftsvertrag vom 3. März 1924 machte Berlin eine erneute wirtschaftliche Zusammenarbeit von zwei Bedingungen abhängig: es forderte die Rückgabe des gesamten in die Hände der Alliierten gefallenen ehemaligen deutschen Vermögens sowie die Wiederherstellung deutscher Gesellschaften. Drei Jahre später ermöglichte ein Handelsvertrag neue deutsche Kapitalanlagen innerhalb der Grenzen, wie sie Mustafa Kemals Unabhängigkeitspolitik damals zog. Während der zwanziger Jahre investierten Versicherungsgesellschaften, Bauunternehmen (Holzmann, Lenz) und Reedereien in der Türkei. 1929 errichtete Siemens dort eine Filiale mit einem Startkapital von 300 Millionen Mark. Diese Beispiele dürfen jedoch nicht darüber hinwegtäuschen, daß in der deutschen Geschäftswelt ein gewisses Mißtrauen vorherrschte, da man die Lage nicht für sicher hielt, und außerdem die durch die türkische Regierung betriebene Verstaatlichungspolitik im Wirtschafts- und Finanzsektor fürchtete. Man wollte vom Reich Garantien für die geschäftlichen Beziehungen erhalten. Aus Angst vor der Reaktion in Paris und London und aus einer prinzipiellen Ablehnung umfassender Garantien ließ ihnen Berlin nur begrenzte Unterstützung zuteil werden:

1925/26 half es, die vom Konkurs bedrohten Junkers-Werke in der Türkei zu retten; außerdem garantierte es Ausfuhren bis zu 40 Millionen Reichsmark und deckte auf diese Weise die Hälfte der Materiallieferungen an die Türkei. Als Ankara infolge der Wirtschaftskrise 1930 die Wechsel zu kontrollieren begann und 1931 die Einfuhr kontingentierte, zeigten sich die deutschen Politiker und Unternehmer natürlich sehr beunruhigt. Die deutsche Finanzwelt – vor allem die beiden in Istanbul niedergelassenen Geldinstitute Deutsche Bank und Deutsche Orientbank – lehnten jegliche Beteiligung an einer Türkischen Staatsbank ab, obwohl ihnen der deutsche Botschafter Nadolny zuriet. In dieser ablehnenden Haltung wurde sie durch Schacht bestärkt, der sich ebenfalls gegen eine Beteiligung aussprach.

So faßte Deutschland in der Türkei wieder Fuß, und obwohl seine Engagements bei weitem nicht das Ausmaß von vor 1914 erreichten, waren sie doch nicht unbeträchtlich.

Das Deutsche Reich bemühte sich auch, im Fernen Osten wieder zu Einfluß zu gelangen. Gemäß den Bestimmungen des Versailler Vertrages hätten die deutschen Vermögen in Japan versteigert werden sollen. Aber schon im November 1920 unterzeichneten die beiden Regierungen ein Abkommen, das den Deutschen den Rückerwerb ihres in Japan beschlagnahmten Eigentums ermöglichte. Sie konnten unter Anrechnung des Goldmarkkurses gegen Papiermark zurückgekauft werden. Frankreichs Botschafter ärgerte sich. In China schien Deutschland 1919 die Früchte sämtlicher Bemühungen verloren zu haben: Pachtverträge, Bergwerks- und Eisenbahnkonzessionen, und die meisten Industrieunternehmen – 204 von 296 Firmen – wurden liquidiert. Ab 1920 schlug Berlin einen neuen politischen Kurs ein und stellte sich als Verteidiger der Unterdrückten hin: 1921 verzichtete es auf das Privileg der Exterritorialität, was seiner Propaganda zugute kam. In den technischen Instituten tauchte deutsches Führungspersonal auf. 1921 nahm die Deutsche Asiatische Bank ihre Tätigkeit wieder auf.

In Lateinamerika schien es mit dem deutschen Einfluß so gut wie vorbei zu sein: während das Reich 1914 mit 836 Millionen Dollar an vierter Stelle der ausländischen Kapitalanleger rangierte, war sein Anteil 1928 verschwindend gering. Die Deutsche Bank mußte auf ihre Anteile an der Deutschen Überseeischen Electricitäts-Gesellschaft verzichten, die zur Compania Hispano Americana de Electricidad umgewandelt wurde. Aber die Zweigniederlassungen deutscher Banken öffneten wieder ihre Schalter.

Wenn Deutschland auch unbestreitbare Einbußen erlitt, so muß doch eine genaue Bilanz gezogen werden. In mehreren Erdteilen hatte das Deutsche Reich sich behaupten können. 1930 beliefen sich die deutschen Auslandsbeteiligungen immerhin auf 9,7 Milliarden Reichsmark.

Die deutschen Banken, die vor 1914 im Ausland zahlreich vertreten waren, nahmen ihre Expansionspolitik wieder auf. Sie gerieten jedoch in eine immer stärkere Abhängigkeit von ausländischen Kapitalgebern, und das brachte Risiken mit sich. Die deutsche Finanzwelt hatte die Banken in den ehemaligen Kolonien verloren, die unter englische oder französische Kontrolle gerieten. Aber sie beteiligte sich an holländischen, österreichischen und südamerikanischen Geldinstituten. Die Danatbank, die 1922 aus der Fusion der Darmstädter mit der Nationalbank hervorging, gehörte zu den Mitbegründern der European Shares Importations. Die Dresdner Bank beteiligte sich an der Sanierung der Banque internationale de Luxembourg. Die Deutsche Bank war besonders aktiv. Schon 1920 war sie einer der Begründer der Tiroler Hauptbank in Österreich, sie lehnte es aber aus Gründen der Vorsicht ab, Aktien des Wiener Bankvereins zu erwerben. Drei Jahre nach Kriegsende ließ sie sich in Amsterdam nieder; 1922 fand die Neueröffnung ihrer Zweigniederlassung in Sofia statt und im Jahr darauf diejenige der Filiale in Konstantinopel. In Südamerika regte die deutsche Finanzwelt eine Wiederaufnahme der Tätigkeit der Deutschen Überseeischen Bank, der Südamerikanischen Bank, der Banco Brasileiro Alemano, der Banco de Chile y Alemania an und nahm zusammen mit englischen und französischen Unternehmen (Schröder C°, Banque de l'Union parisienne) neue Geschäfte in Angriff.

Ab 1924 verbanden sich die großen Banken und gründeten gemeinsame Filialen, die ausländisches Kapital anziehen sollten. So entstand in Amsterdam die Internationaale Kompagnie mit einem Startkapital von 20 Millionen Gulden, für das die Deutsche Bank, die Discontogesellschaft, die Dresdner Bank, Mendelssohn sowie auch holländische, britische, Schweizer und schwedische Banken zeichneten.

Die Weltwirtschaftskrise und der Konkurs der Danat im Jahre 1931 setzten dieser Politik ein Ende und fügten den deutschen Banken Verluste zu. Ihre Verwundbarkeit war zu einem großen Teil durch den hohen Anteil ausländischen Kapitals bedingt: 1929 betrug er 42,5%.

Die Auslandsverschuldung

In Zeiten politischer und wirtschaftlicher Stabilität war es leicht, kurzfristige Auslandsanleihen zu bekommen, aber sobald eine Krise drohte, spitzte sich die Lage gefährlich zu. Im Vertrauen auf den wirtschaftlichen Wiederaufschwung Deutschlands spekulierten ausländische Kapitalgeber 1920/1921 auf die Mark. 1922 mieden sie das Deutsche Reich: die Inflation, das Problem der Reparationen und die Ermordung Rathenaus veranlaßten sie zu einer vorsichtigen Haltung. Ab 1924 engagierten sie sich wieder stärker, da der deutsche Kapitalmangel wesentlich höhere Zinssätze als anderswo bewirkte. Kurzfristige Geldanlagen warfen 1925 durchschnittlich 9,13% Zins ab und 1928 immer noch 7,55%, während sie zu dieser Zeit im Ausland lediglich 4,5% erbrachten. Nach 1924 floß immer mehr Kapital ins Reich: in den Jahren 1924 bis 1929 beliefen sich die kurzfristigen Kapitalanlagen auf eine Gesamtsumme von 14,8 Milliarden Reichsmark.

Der Erfolg der Nationalsozialisten bei den Reichstagswahlen im September 1930 löste in den sechs darauffolgenden Wochen den Abzug ausländischen Kapitals in Höhe von 700 Millionen Reichsmark aus. Als die Regierung Brüning die Situation zu beherrschen schien, verlangsamte sich der Abzug zwar, aber das ausländische Kapital kehrte nicht mehr nach Deutschland zurück. In den ersten vier Monaten des Jahres 1931 wurden weitere 400 Millionen an amerikanischen, englischen, holländischen und Schweizer Geldern abgezogen. Nach dem Zusammenbruch der Creditanstalt wanderten in der zweiten Hälfte des Mai 1931 noch einmal 288 Millionen ab, während Frankreich diese schwierige Lage auf dem deutschen Geldmarkt nützte, um Berlin und Wien in der Angelegenheit der geplanten Zollunion zum Nachgeben zu zwingen (wir haben oben darüber berichtet). Im Laufe der Verhandlungen zwischen Luther, Moret und Flandin, die Anfang Juli 1931 stattfanden, versuchte Paris sogar, eine etwaige Finanzhilfe von politischen Bedingungen abhängig zu machen, die Berlin aber ablehnte.

Das Hoovermoratorium und das Ende der Reparationen haben wesentlich zur Lösung der schweren Bankenkrise beigetragen. Diese Krise bewies den deutschen Bankiers ein weiteres Mal, daß ein allzu hoher Anteil an ausländischem Kapital Gefahren barg, da diese Gelder jederzeit aufgrund der politischen oder wirtschaftlichen Lage abgezogen werden konnten.

Deutschlands langfristige Auslandsanleihen (in Millionen – Nennwert)

Ausgabeländer	1924	1925	1926	1927	1928	1929
USA	42,0	922,95	1082,70	890,38	1017,09	165,82
(% der Gesamtsumme)		72,93%	69,63%	63,07%	69,42%	47,57%
Großbritannien		122,22	142,0	152,79	136,21	56,40
Niederlande		142,13	189,50	262,40	201,73	65,39
Schweiz		67,85	66,24	51,96	57,56	57,51
Schweden		10,31	43,35	51,94	11,78	3,20
andere Länder			31,05	2,26	40,80	0,25
Gesamt	42,0	1265,46	1554,84	1411,73	1465,17	348,57

1 Dollar = 4,2 RM 1 RM = 0,2382 Dollar

Deutschlands Verschuldung war freilich nicht nur durch kurzfristige Kapitalanlagen bedingt. Das Deutsche Reich brachte zahlreiche Anleihen im Ausland unter, vor allem zwischen 1925 und 1928. Viele dieser Anleihen wurden vom amerikanischen Geldmarkt übernommen, aber auch der englische, holländische und schweizerische Geldmarkt spielten eine beachtliche Rolle.

1930 betrug die gesamte Auslandsverschuldung zwischen 32 und 32,5 Milliarden Reichsmark. 5/6 hiervon – etwa 25 Milliarden – waren langfristige Anleihen und Kredite mit einer kurzfristigen Laufzeit. 10 dieser 25 Milliarden setzten sich aus Schulden gegenüber den Vereinigten Staaten zusammen. Die übrigen Geldgeber waren die Niederlande mit 4,6 Milliarden, Großbritannien mit 3,7, die Schweiz mit 3,4 Milliarden sowie Frankreich mit 1,3 Milliarden.

Deutschlands Auslandsschulden
(in Milliarden Reichsmark jeweils zu Jahresende)

	1924	1925	1926	1927	1928	1929	1930
Langfristige Verschuldung	1,0	2,5	4,1	5,4	7,0	7,3	10,8
Langfristige ausländische Kapitalanlagen (Aktien, Besitztitel)	–	–	3,5	4,5	5,5	6,0	6,8
Schulden mit kurzer Laufzeit	–	–	4,1	6,6	9,0	11,2 – 12,2	14,8
Gesamt			11,7	16,5	21,5	24,5 – 25,5	32,4

Deutschland – eine finanzielle Kolonie Amerikas?

Nach Kriegsende wurde das Deutsche Reich vor allem zum Ausdehnungsfeld amerikanischer Finanzleute. Anleihen, kurzfristige Kapitalanlagen, Zusammenarbeit mit deutschen Firmen, Eröffnung von Niederlassungen und Zweigstellen, Durchdringung der deutschen Industrie – all dies waren Anzeichen für eine immer stärker werdende Präsenz amerikanischen Kapitals. Schon 1920 – 1921 bemühten sich amerikanische Bankiers und Industrielle um Beteiligungen an deutschen Industrieunternehmen und boten einer ganzen Reihe von Firmen Kredite an, um dadurch die Ausfuhr amerikanischer Güter nach Europa zu fördern. Durch Mittelsmänner wie Warburg und Speyer versuchten sie Verbindungen zu schaffen, die oft auf den Widerstand der großen Banken, vorneweg der Deutschen Bank, stießen.

Die mit dem Dawesplan verbundene Anleihe von 1924 war das Startsignal für den großen Kapitalandrang: von den 200 Millionen Dollar mußten 110 in den Vereinigten Staaten untergebracht werden. Die Amerikaner zeichneten reichlich und leiteten damit einen kontinuierlichen Prozeß ein, dessen Ausmaß das State Departement zu beunruhigen begann. Am Anfang dieser Entwicklung nahmen beispielsweise Industrielle und Städte Schulden im Nennwert von 10 Millionen Dollar auf. Laut W. Link waren es in den Jahren zwischen 1924 und 1930 insgesamt 135 deutsche Anleihen in den USA im Nennwert von 1430525000 Dollar, was etwa zwei Drittel der gesamten langfristigen Auslandsverbindlichkeiten Deutschlands ausmachte. Zwischen 1925 und 1928 überschritten diese Kredite jährlich die 200 Millionen-Grenze. Hinzu kamen noch die kurzfristig aufgenommenen Gelder: sie betrugen zwischen 1924 und 1930 155,9 Millionen Dollar. Diese Zahlen gaben bei weitem nicht die Gesamtsumme der amerikanischen Interessen wieder: zu ihnen zählten u. a. auch noch kurzfristige Geldanlagen und Aktienkäufe.

Die amerikanische Durchdringung Deutschlands äußerte sich auch darin, daß man eine Zusammenarbeit mit Firmen anstrebte, deren Konkurrenz man fürchtete. Im Bereich der Elektroindustrie wurden frühere Übereinkünfte erneuert bzw. erweitert: so zwischen der AEG und General Electric, ebenso zwischen Siemens und Westinghouse. 1930 verfügte Geneal Electric über 25% des AEG-Kapitals. Die chemische Industrie zeigt zahlreiche Beispiele der Zusammenarbeit, an der stets die IG Farben beteiligt war. Dieser Großkonzern traf mehrere Vereinbarungen mit der Standard Oil New Jersey und mit Du Pont de Nemours. 1927 einigte sie sich mit der Standard Oil (die in Deutschland bereits durch die Amerikanische Petroleum AG vertreten wurde) über die Nutzung einiger Patente. Zwei Jahre später nahm die Zusammenarbeit durch die Gründung der Standard Oil I. G. Cy noch größeren Umfang an. Ebenfalls im Jahr 1929 entstand die American I. G. Chemical Corporation, eine gemeinsame Schöpfung der I. G. Farben, der Standard Oil of New Jersey und von Ford. Die I. G. Farben erwarb Fordaktien, und ihr Vertreter C. Bosch wurde Präsident der deutschen Ford-Gesellschaft. Die Behörden in Washington duldeten diese gegenseitige Durchdringung in der Hoffnung, daß die American I. G. synthetischen Gummi herstellen und somit das britische Kautschukmonopol durchbrechen werde. Die I. G. Farben, die Standard Oil und weitere Partner beherrschten die Deutsche Gasolin AG, die synthetischen Kraftstoff herstellen sollte. Mit Du Pont C° traf die I. G. Farben zunächst ein „Gentlemen's Agreement", in dem beide Partner eine wechselseitige Erstoption auf neue Verfahrenstechniken vereinbarten. Du Pont erwarb ein kleines Aktienpaket der I. G. (Bayer), 1926 übernahmen die beiden Partner jeweils 50% der Sterling-Winthrop Chemical C°. Die I. G. Farben ließ sich sogar selbst in den Vereinigten Staaten nieder, indem sie in Alabama ein großes Werk mit einer Produktionskapazität von 25000 Tonnen Stickstoff pro Jahr errichtete. Du Pont wiederum verband sich 1930 mit Schering, um in Berlin die Duco Lack- und Farbenfabrik zu gründen.

Es kam also zu vielen partiellen Abkommen zwischen den großen Chemieunternehmen beider Länder. Trotz dieser Vereinbarungen entwickelte sich auf den neuzuerobernden Märkten in Afrika, Asien und Lateinamerika eine harte Konkurrenz zwischen diesen Firmen.

Andere Kooperationsverträge betrafen die verschiedensten Wirtschaftssektoren: 1925 zwischen Carl Zeiss und der Bausch-Lomb Optical C°; 1927/28 einigten sich Krupp und General Electric über den Wolframpreis. Daneben wurden zahlreiche Vereinbarungen im Bereich der Schallplatten-, Plattenspieler- und Schreibmaschinenindustrie getroffen. Selbst das Transportwesen wurde von dieser Entwicklung erfaßt: 1925 unterzeichnete die HAPAG, die mächtige Hamburger Schiffahrtsgesellschaft, ein Abkommen mit Harrimann.

Ihr Interesse an der Eroberung des deutschen Markts veranlaßte amerikanische Firmen sogar zur kostspieligen Errichtung von Zweigniederlassungen. 1930 besaßen 79 amerikanische Unternehmen Filialen (in der Nahrungsmittelindustrie, der chemischen Industrie und im Transportwesen) im Wert von fast 134 Millionen Dollar. 1930 belief sich die Gesamtsumme der amerikanischen Investitionen auf 216,5 Millionen Dollar. Zwischen 1925 und 1930 baute die amerikanische Automobilindustrie in Deutschland ein ganzes Netz von Werken auf. Bereits 1921/1922 plante Ford eine deutsche Niederlassung; 1925 wurde in Berlin eine Fabrik errichtet, die täglich 100 Wagen liefern konnte, und 1929 kam ein Werk in Köln dazu. 1926 stellten General Motors in ihrem Hamburger Werk 1257 Autos her. Eine weitere Fabrik wurde in Berlin gegründet. Im Frühjahr 1929 kauften sie für eine als ungeheuer hoch geltende Summe (155 Millionen Mark) die Opelwerke in Rüsselsheim auf, die täglich 130 Wagen produzieren konnten. Auch Chrysler erstellte in Berlin ein Montagewerk. Bis 1930 investierte die Automobilindustrie der USA 211,5 Millionen Mark in ihre neun Fabriken auf deutschem Boden.

Die Präsenz amerikanischer Firmen rief natürlich nationalistische Reaktionen hervor, vor allem, als die Vereinigten Staaten aus Furcht vor einer Kontingentierung und einer Erhöhung der Zollsätze 1930 Druck auf Berlin ausübten. Hitlers SA startete eine Kampagne gegen die Importeure und Käufer amerikanischer Wagen. In den Augen der deutschen Regierung wurden die Nachteile bei weitem durch zahlreiche Vorzüge aufgewogen: die amerikanische Unterstützung beim Problem der Reparationen (u.a. Youngplan und Hoovermoratorium) sowie eine Ankurbelung der Ausfuhr, die Schaffung von Arbeitsplätzen, der Deviseneingang und eine Anhebung des Lebensstandards. Daher betrachtete sie diese amerikanische Durchdringung durchaus mit Wohlwollen.

Der Gegenangriff des deutschen Handels

Bestanden für den deutschen Handel Chancen, seine durch den Krieg zunichte gemachte bemerkenswerte Expansion wieder aufzunehmen? Schlug der Vertrag von Versailles nicht eine Bresche in den deutschen Markt? Wie konnte Deutschland wieder neue Märkte erobern? In welchen Gebieten konnte der deutsche Handel Erfolge verbuchen?

Das Deutsche Reich wurde durch die Artikel 264 bis 267 und 280 des Versailler Vertrages für fünf Jahre, das bedeutete bis zum 10. Januar 1925, zu einer einseitigen Anwendung der Meistbegünstigungsklausel gezwungen. Daher konnte es keinem Handelspartner Vorteile einräumen, ohne daß die Alliierten nicht automatisch ebenfalls in den Genuß der Zollermäßigungen kamen. Hingegen behielten diese freie Hand, was die Erhebung von Zollgebühren auf deutsche Produkte anging. Während London am Freihandel festhielt, wollte Paris Produkte, die von jenseits des Rheines kamen, mit den höchsten Zollgebühren belegen und gleichzeitig französische Waren bei möglichst niedrigen Zollsätzen nach Deutschland verkaufen. Darüber hinaus berechtigten die Versailler Artikel 68 und 268 Frankreich für eine Dauer von fünf Jahren zum zollfreien Absatz elsaß-lothringischer Produkte in Deutschland. So erzwang der Vertrag von Versailles eine gewisse Öffnung des deutschen Marktes und belastete Berlins Zollpolitik bis zum 10. Januar 1925 mit einer Hypothek. Artikel 269 verpflichtete Deutschland außerdem zur Beibehaltung seines 1902 verabschiedeten und 1906 in Kraft getretenen Zolltarifs bis Anfang 1923.

Trotz dieser Einschränkungen ging die deutsche Wirtschaft Anfang der zwanziger Jahre zum Angriff über. Die Außenhandelsstelle, eine staatlicher Aufsicht unterstellte Gewerbebehörde, überwachte die Ausfuhr sämtlicher Industriezweige. Sie konnte die Ausfuhr von in Deutschland benötigten Gütern unterbinden und beschäftigte sich vor allem mit der Festsetzung der Preise und der Zahlungsbedingungen für die Exportartikel. Sie förderte Dumpingpreise und erlegte manchen Ländern unterschiedliche Zolltarife auf. Insgesamt wurden Waren, die nach Frankreich gingen, mit höheren Preisen belegt als diejenigen, die für die Vereinigten Staaten, England, die Niederlande oder Schweden bestimmt waren. Dieses Verfahren, das damit gerechtfertigt wurde, daß man die Abweichungen zwischen den Wechselkursen ausgleichen müsse, versetzte die devisenstarken Länder in die Lage, deutsche Waren zu niedrigen

Preisen zu erwerben. Somit verzichtete man sehr bald auf eine besondere Besteuerung der Ausfuhr. Die Rückeroberung ausländischer Märkte wurde dadurch begünstigt, daß die deutschen Preise unter denen der Konkurrenz lagen. Als die Alliierten gegen derlei Methoden protestierten, konnten sich die zuständigen Stellen in Deutschland leicht aus der Affäre ziehen, indem sie auf die Widersprüche zwischen den durch die Reparationen bedingten Zahlungsverpflichtungen einerseits und den Beschränkungen des deutschen Handels andererseits hinwiesen. Da Deutschland keine Handelsverträge mit anderen Ländern abschließen konnte, unterzeichnete es Tausch- und vor allem Kontingentierungsverträge mit mehreren Ländern: mit Österreich, Italien, der Schweiz, Portugal etc.

Aus politischen und wirtschaftlichen Erwägungen heraus wünschte Stresemann eine möglichst unabhängige wirtschaftliche Stellung: sie sollte ihm Waffe sein im Kampf um die Revision des Versailler Vertrages und für die Rückgewinnung von Deutschlands Großmachtstellung; außerdem schien sie auch die Voraussetzung für eine florierende Wirtschaft zu bilden. Weil das Reich wegen der Rohstoffe (u. a. Eisen, Baumwolle, Wolle, Erdöl) und seiner Absatzmärkte stark vom Ausland abhängig war, mußte es seinen Markt öffnen. Stresemanns Ziel war eine Handelsvertragspolitik unter dem Motto „Gibst du mir, so geb' ich dir". Während er eine strenge Schutzzollpolitik oder Abkapselung ablehnte, wollte er Zugeständnisse machen, um einen neuen Aufschwung von Handel und Industrie zu fördern. 1925 erklärte Stresemann in Hamburg, Deutschland müsse mit Hilfe des Wettbewerbs seine frühere Stellung zurückerobern, denn es verfüge über die notwendige Energie sowie technische Perfektion und könne erstklassige Waren anbieten. Stresemann lehnte jegliche wirtschaftliche Autarkie Europas gegenüber den Vereinigten Staaten ab und träumte von einem Europa ohne Zollschranken, das eine grundlegende Voraussetzung für ein Anwachsen der deutschen Produktion bilde. In einem im Januar 1926 verfaßten Rundschreiben an die diplomatischen Vertretungen des Deutschen Reichs befürwortete er den Übergang zum Freihandel, selbst auf die Gefahr hin, daß einige deutsche Industriezweige hierdurch Einbußen erlitten. Zunächst sollte für Rohstoffe der freie Warenverkehr gelten, dann sollten ganz allmählich die auf den Endprodukten lastenden Abgaben abgebaut und am Ende dieser Entwicklung alle Schutzzollschranken für Endprodukte gänzlich abgeschafft werden. Um ein solches Ziel erreichen zu können, hätte er jedoch zuerst den Widerstand der deutschen Großgrundbesitzer überwinden müssen sowie die Opposition derjenigen Länder, die die Konkurrenz deutscher Produkte fürchteten. Wenn Stresemann auch nicht mehr zustandebrachte, so hat er zumindest entscheidend die Handelsvertragspolitik gefördert.

Das deutsch-amerikanische Handelsabkommen von Dezember 1923 stellte einen ersten Erfolg der deutschen Politik dar. Während der Ruhrkrise war Washington zu Verhandlungen bereit, und die beiden Staaten gewährten einander die Meistbegünstigung. Deutschland wurde als gleichberechtigter Handelspartner anerkannt und erreichte hierdurch die weitgehende Entkräftung von Artikel 264 des Versailler Vertrages. Die deutsche Regierung hoffte, daß dieser Vertrag günstige Auswirkungen auf die Verhandlungen mit den lateinamerikanischen Staaten und auch mit den europäischen Ländern – Frankreich, Italien, Belgien und Spanien – haben werde. Am 2. Dezember 1924 schloß Berlin ein Abkommen mit England, das dem Reich einen enormen Vorteil bescherte: es gewährte ihm noch vor Ablauf der auf 10. Januar 1925 angesetzten Frist seine völlige Souveränität in wirtschaftlichen Dingen.

Von all den Handelsverträgen, die Deutschland abschloß, verdienen diejenigen mit Rußland und Frankreich besondere Beachtung. Die deutsch-russische Vereinbarung vom 12. Oktober 1925 enthielt grundlegende Richtlinien und sah praktische Durchführungsbestimmungen vor. Ein eigentümliches Verfahren der Kreditvergabe begünstigte die deutsche Industrie: die russischen Aufträge wurden von deutschen Banken finanziert, die ihrerseits durch staatliche Garantien gesichert wurden. Das Abkommen, von dem beide Seiten profitierten, ermöglichte den deutschen Unternehmern eine erneute Erschließung des russischen Absatzmarktes und gab den Sowjets Gelegenheit, die für die Industrialisierung der UdSSR erforderlichen Ausrüstungen zu erstehen.

Die Verhandlungen über einen deutsch-französischen Handelsvertrag gestalteten sich schwieriger. Am 10. Januar 1925 lief die günstige Übergangsregelung für Frankreich aus; die deutschen Unterhändler gedachten das eilige Interesse auszunutzen, das Frankreich einem Abkommen entgegenbrachte. Da sie genaue Kenntnis von dem Druck besaßen, den die französische Geschäftswelt und die Landwirtschaft auf Paris ausübten, wollten sie den Franzosen die Meistbegünstigungsklausel aufdrängen. Die Ende 1924 aufgenommenen Unterhandlungen zogen sich in die Länge. Ein erstes Protokoll von Februar 1925 hatte ein vorläufiges Abkommen über bestimmte Produkte zum Inhalt. Im August 1926 wurde nach der Bildung der Regierung Poincaré und nach Maßnahmen zur Stützung des Franc eine zweite provisorische Vereinbarung geschlossen. Der Vertrag vom 17. August 1927 gewährte Zollermäßigungen u.a. auf Produkte der französischen Metall- und Textilindustrie, und als Gegenleistung konnte Deutschland Güter der chemischen Industrie, des Maschinenbaus und der Elektroindustrie unter vorteilhaften Bedingungen nach Frankreich ausführen. Vom 15. Dezember 1928 ab sollte zwischen beiden Staaten die Meistbegünstigungsklausel gelten. Ein großer Erfolg der deutschen Diplomatie, da Paris Deutschland als gleichberechtigten Handelspartner anerkannt hatte: Poincaré wollte nicht gegen die Interessen der französischen Geschäftsleute verstoßen, die darauf bedacht waren, ihre Stellung auf dem deutschen Markt zu behaupten.

Das Deutsche Reich eroberte seine wirtschaftliche Großmachtstellung zurück. Die Entwicklung des Handels zwischen 1919 und 1923 ist nur sehr schwierig nachzuvollziehen, da die Statistiken wegen der Inflation und der Reparationen keine Aussagekraft besitzen. Das vor Kriegsausbruch herrschende Mißverhältnis in der Handelsbilanz verschärfte sich zwischen 1919 und 1922. Die Fabriken produzierten für den Binnenmarkt und für eine künftige Ausfuhr; der Import von Rohstoffen erhöhte sich, während der Absatz von Fabrikaten abnahm. Ab 1924 gelangte Deutschland allmählich wieder auf seinen früheren Rang im Welthandel; 1928 betrug der deutsche Anteil am Welthandel 10% im Vergleich zu 13% am Vorabend des Ersten Weltkrieges.

Deutscher Handel (in Milliarden RM)

Jahr	Einfuhr	Ausfuhr
1924	6,8	5,1
1925	12,4	9,3
1926	10,0	10,4
1927	14,2	10,8
1928	14,0	12,3
1929	13,4	13,4

In den Jahren vor der Weltwirtschaftskrise wies die deutsche Handelsbilanz – abgesehen von 1926 und 1929 – ein großes Defizit auf. Genau wie vor dem Ersten Weltkrieg mußte das Reich eine beachtliche Menge an Lebensmitteln einführen. Obwohl es der Landwirtschaft dank beträchtlicher Anstrengungen geglückt war, den Produktionsstand der Vorkriegszeit wieder zu erreichen, gelang es ihr nicht, die deutsche Bevölkerung ausreichend zu versorgen, die gegen Ende der zwanziger Jahre 63–64 Millionen Einwohner umfaßte. Die Verbesserung des Lebensstandards führte zu einer wachsenden Nachfrage: jährlich mußten 35 Kilogramm Getreide und 5,5 Kilo Fleisch pro Einwohner eingeführt werden, was einer Verdoppelung der Durchschnittswerte von vor 1914 entsprach. Nahrungsmittelkäufe – für die zwischen 4 und 5 Milliarden pro Jahr aufgewendet wurden – machten ein Drittel der Gesamteinfuhr aus und belasteten die Handelsbilanz in großem Maße. Außerdem mußte Deutschland größere Mengen an Rohstoffen importieren: die Rohstoffeinfuhr machte die Hälfte der Gesamtimporte aus (1928 belief sie sich auf über 7 Milliarden Reichsmark).

Die Ausfuhr von Fabrikerzeugnissen war daher nach wie vor von allergrößter Wichtigkeit. Sie stellten drei Viertel des gesamten Exports, während der Anteil von Energie und Rohstoffen – obwohl sie auch die Naturallieferungen im Rahmen der Reparationen einschlossen – sich auf etwa 20% beschränkten.

Struktur des deutschen Handels (in %)

	1925	1926	1927	1928	1929
Einfuhr					
Nahrungsmittel, Tiere	31,6	34,8	31,1	29,0	28,4
Rohstoffe und Rohprodukte	47,7	46,6	49,7	48,2	51,5
Fabrikerzeugnisse	15,2	12,8	17,0	16,4	16,2
Ausfuhr					
Rohstoffe, Energie	18,6	23,7	21,9	19,9	18,5
Fabrikerzeugnisse	75,0	70,9	73,7	74,5	69,2

Gegen Ende der zwanziger Jahre hatte sich der deutsche Handel also zum Teil erholt. Gelang es ihm, der vor 1914 in der ganzen Welt präsent gewesen war, seine wichtigsten Märkte zurückzuerobern? Welches waren seine Hauptkunden?

Geographische Verteilung der deutschen Ausfuhren (in %)

	Europa	Nordamerika	Lateinamerika	Afrika	Asien
1925	72,1	7,3	8,8	2,3	9,0
1926	70,6	8,4	8,2	2,5	9,6
1927	74,0	7,8	7,4	2,4	7,6
1928	74,0	7,2	7,4	2,3	7,7
1929	73,7	8,0	7,5	2,3	7,7

Im großen und ganzen hatte das Deutsche Reich innerhalb Europas wieder seinen alten Platz eingenommen: es führte weiterhin drei Viertel seines gesamten Exports in europäische Länder aus. Die Märkte in Westeuropa erwiesen sich jedoch aufgrund eines kräftigen Wirtschaftsaufschwunges als sehr beengt. Großbritannien, Belgien und die Schweiz bezogen bedeutend geringere Mengen aus Deutschland als vor dem Krieg. Hingegen konnte das Reich mit Frankreich, Italien und Spanien wieder Geschäfte im früheren Umfang abschließen und seine Ausfuhr in die Niederlande und nach Skandinavien sogar steigern.

In den zwanziger Jahren blieb Mitteleuropa noch ein Markt mit begrenzten Absatzmöglichkeiten: 1929 gingen nur 3,3% der deutschen Ausfuhr nach Österreich, 1,1% nach Ungarn, 3,1% nach Polen, 1,2% nach

Hauptabnehmer deutscher Ausfuhrartikel (in %)

	1925	1926	1927	1928	1929
Großbritannien	10,6	11,2	10,9	9,8	9,7
Niederlande	11,3	10,8	10,4	9,8	9,9
Frankreich	3,0	6,9	5,9	6,7	8,0
Schweiz	4,9	4,1	4,5	4,8	4,7
Italien	4,2	4,6	4,3	4,5	4,5
Belgien	3,0	4,0	4,1	4,1	4,5
Tschechoslowakei	5,2	4,1	4,8	5,4	4,9
Polen	4,8	2,5	4,0	4,1	3,1
Vereinigte Staaten	6,9	7,2	7,2	6,6	7,4
Sowjetunion	2,8	2,5	3,0	3,3	2,6

Rumänien und 4,9% in die Tschechoslowakei. Dennoch war Deutschlands Anteil an der Gesamteinfuhr dieser Länder beträchtlich: es lieferte 21,9% der österreichischen, 19,7% der ungarischen, 27,3% der polnischen, 22,3% der rumänischen und 25% der tschechoslowakischen Importe.

Ferner bemühte sich Deutschland, auf dem russischen Markt wieder Fuß zu fassen, der zwar lediglich zwischen 2 und 3% seiner Exportartikel abnahm, auf dem es jedoch unter den Einfuhrländern den ersten Platz einnahm.

In Nordamerika wurden die Vereinigten Staaten wieder zu einem wichtigen Handelspartner für das Deutsche Reich; etwa 7% der deutschen Ausfuhr gingen in die USA, während etwa 15% der deutschen Einfuhr von dort stammten. Deutschland mußte erhebliche Anstrengungen unternehmen, um wieder einen Platz auf den lateinamerikanischen Märkten zu ergattern. Wenn auch sein Anteil an den Importen Argentiniens, Brasiliens, Chiles etc. zurückging, so nahm ihm Lateinamerika doch immerhin zwischen 7 und 8% seines Gesamtexportes ab. Asien bezog 6 bis 7% der deutschen Ausfuhren. Die größten Bemühungen jedoch galten Japan: zu Beginn der zwanziger Jahre hielten sich dort mehr Techniker und Handelsreisende auf als vor 1914. Zwischen 1919 und 1929 steigerte Deutschland seine Ausfuhr nach China auf das Dreifache und gründete dort mehrere Industrieunternehmen.

Lief nun das Reich nicht Gefahr, den soeben zurückeroberten Platz innerhalb des Welthandels durch die Auswirkungen der Weltwirtschaftskrise zu verlieren? Auf der ganzen Welt waren die Märkte gesättigt, und als Großbritannien von der Goldwährung abwich und seine Ausfuhr infolgedessen förmlich in die Höhe schnellte, wurde die Konkurrenz für den deutschen Handel immer spürbarer. Der Markt der Vereinigten Staaten wurde durch Schutzzölle abgeschottet. Insgesamt ließ der deutsche Export rapide nach: von 13,4 Milliarden Reichsmark im Jahr 1929 fiel er auf 5,7 Milliarden 1932. Im übrigen versuchte die deutsche Regierung mit allen Mitteln, die Einfuhr zu beschränken: in den Jahren 1929 bis 1931 fiel sie von 13,4 auf 6,8 Milliarden RM und belief sich 1932 nur noch auf 4,6 Milliarden. Während Deutschlands Handelsbilanz 1929 ausgeglichen war, konnte sie nun einen Überschuß vorweisen, da sich Kontingentierungen und Schutzzölle gegenseitig ergänzten und ein beträchtliches Sinken der Importe zur Folge hatten.

Die Entwicklung des Handels zwischen Großbritannien und dem Deutschen Reich war symptomatisch für die Auswirkungen der Weltwirtschaftskrise. Im Import-Duties Act von Februar 1932 kündigte die Londoner Regierung eine ganze Reihe protektionistischer Maßnahmen an, die unter anderem auch schwer zu Lasten der deutschen Einfuhren gingen: 1932 sanken sie auf 52% des Vorjahresstandes ab. Deutschland stellte 1932 nur noch 4,3% der britischen Importe im Vergleich zu 7,4% im Jahr 1931. Der Absatz deutscher End- und Halbfabrikate brach völlig zusammen. Hingegen erwies sich das Reich nach wie vor als guter Abnehmer britischer Güter, wenngleich es auch hier zu einem Rückgang um 21% zwischen 1931 und 1932 kam. Dennoch blieb die Handelsbilanz vorteilhaft für Deutschland.

So war die Weltwirtschaftskrise für den deutschen Handel eine ernsthafte Bedrohung und gefährdete all seine Bemühungen, die infolge des Krieges verlorenen Positionen zurückzugewinnen.

6. Hitlers Imperialismus 1933 – 1939

Nach der Machtübernahme mußte Hitler gewaltige Anstrengungen unternehmen, weil er Deutschland dazu befähigen wollte, ehrgeizige und weitgesteckte Ziele zu erreichen: die Streitkräfte kriegsbereit machen, die Wirtschaft umstrukturieren und wieder ankurbeln, eine „geistige Wiederaufrüstung“ in Gang bringen. Zunächst bemühte sich der Führer jedoch, im Ausland keine Reaktionen auszulösen, die diese Vorarbeiten gefährden konnten. Erst anschließend plante er, sich in eine gewagtere Politik zu stürzen.

Hitler schmiedet seine Werkzeuge

Das wirtschaftlich-militärische Rüstzeug

Um Hitlers umfassenden Pläne verwirklichen zu können, war für das Dritte Reich die völlige Unterordnung von Wirtschaft und Militär unter die Expansionspolitik notwendig. Man schuf eine Wehrwirtschaft, die zum Instrument der Rüstungspolitik werden sollte. Obwohl zwischen beiden ein enger Zusammenhang besteht, sollen hier zunächst die wichtigsten Aspekte der Wehrwirtschaft dargestellt werden, bevor wir die Entwicklung des eigentlichen militärischen Sektors nachvollziehen.

Wirtschaft und Wiederbewaffnung

Gleich nach der Machtergreifung legte Hitler die groben Richtlinien für die Wirtschaft fest. Als am 8. Februar 1933 das Kabinett zusammentrat, lieferte die Debatte über den Staatshaushalt dem neuen Kanzler einen willkommenen Anlaß, seine wirtschaftliche Position darzulegen: „Alles für die Wehrmacht“! Außerdem erklärte er den Befehlshabern der Land- und Seestreitkräfte, die Weltwirtschaftskrise lasse sich nicht mit Hilfe klassischer Mittel lösen. Da der Weltmarkt gesättigt sei, solle man nicht die Ausfuhr zu erhöhen suchen. Vielmehr müsse Deutschland einen Lebensraum im Osten erobern und zu diesem Zweck eine schlagkräftige

Wehrmacht schaffen. Laut Rauschning erwog Hitler 1934 sogar eine Expansion gegen Westen (französische Küste, Flandern, Holland). Hitler schien einen klaren Plan zu verfolgen: kurzfristig sollte Deutschland im Wettrüsten einen Vorsprung vor seinen Nachbarn gewinnen, um ihnen drohen zu können; mittelfristig sollte durch begrenztes militärisches Vorgehen gegen einzelne Länder der große Krieg zur Eroberung des Lebensraums vorbereitet werden.

Für die Organisation der Wehrwirtschaft war eine stärkere Rolle des Staates nötig: man ging zum Dirigismus über, der schnell alle Bereiche erfaßte. Die wirtschaftlichen Verbände wurden vom nationalsozialistischen Regime gleichgeschaltet, so die Landwirtschaft Mitte September 1933 durch die Gründung des „Reichsnährstandes“, der die Erzeuger, Nahrungsmittelfabrikanten und Lebensmittelhändler umfaßte. Auch die Handwerker unterlagen der Gleichschaltung, die Gewerkschaften wurden landstrichartig vereinnahmt. Die Kriegswirtschaft machte auch eine Koordination des Bedarfs der drei Waffengattungen erforderlich: im Herbst 1934 schuf man innerhalb des Reichswehrministeriums ein zentrales wirtschaftliches Leitungsgremium, das ein Jahr später in „Wehrwirtschaftsstab“ umbenannt wurde. Die ganze Organisation stützte sich auf zahlreiche und oft konkurrierende Instanzen. Kompetenzüberschneidungen (zwischen Staat, Partei, Wehrmacht etc.) wirkten sich oft negativ aus.

Handel, Industrie und Landwirtschaft stellte das Regime direkt oder indirekt in den Dienst der Wehrwirtschaft. Es erstrebte ein gewisses Maß an Autarkie, doch bestand das Ziel nicht in einer hermetischen Abriegelung der Grenzen, sondern in einer sinnvollen wirtschaftlichen Unabhängigkeit, im Aufbau einer nationalen Wirtschaft nach der Lösung des ‚Raumproblems‘. Autarkiestreben war ohne Lebensraumimperialismus nicht möglich. Deutschlands Territorium sollte auf friedlichem oder kriegerischen Wege im Osten und Südosten vergrößert werden. Nach 1933 hat man auf diese Autarkie anscheinend mit einem mehrstufigen Plan hingearbeitet: Zunächst Wiederbewaffnung auf der Basis des vorhandenen Raumes und ohne Rücksicht auf etwaige Drohungen des Auslands; in einer zweiten Phase sollte durch wechselnde diplomatische und militärische Unternehmungen das Staatsgebiet durch Rückgewinnung der verlorenen Länder (im Osten, Nordmark und Elsaß etc.) erweitert werden. Schließlich würde die Zeit „Großdeutschlands“ anbrechen, das sich die deutschsprachigen Völker und Gebiete einverleiben sollte, auf die die Nationalsozialisten sich unverzichtbare Rechte zuschrieben (Österreich, Sudetenland, bestimmte Gebiete Polens). Nach einer solchen Stärkung der wirtschaftlichen und militärischen Leistungsfähigkeit plante man für eine letzte Etappe die gewaltsame Eroberung des ‚Lebensraums‘ im Osten.

Zunächst wurde Schacht, von August 1934 bis September 1937 Wirtschaftsminister, mit der Ausarbeitung eines neuen Wirtschaftsprogrammes beauftragt, das den für die Wehrwirtschaft notwendigen Bedarf sicherstellen sollte. Dieser Neue Plan von 1934 – der aus einer ganzen Reihe von aufeinanderfolgenden Maßnahmen bestand – erzielte nicht alle erhofften Ergebnisse. Schacht gab sich zwar betont zufrieden. Die Eisenerzproduktion (6 Millionen Tonnen) und die Stahlherstellung (16 Millionen) erreichten schon 1935 wieder den Stand von 1929. Die Handelsbilanz, die 1934 negativ war, schloß in den drei folgenden Jahren positiv ab. Die Versorgung wurde durch eine Erhöhung der Rohstoffeinfuhr (der Import von Erzen stieg um 132%, der von Erdöl um 116% und der von Kautschuk um 71%) und der Nahrungsmitteleinfuhr garantiert (der Getreideimport stieg um 102%). Gleichzeitig wurden die vorhandenen Vorkommen stärker genutzt: man versuchte, synthetisches Benzin herzustellen, und neue Unternehmen produzierten Stoffe aus Kunstseide und aus von Holzfasern gewonnener Zellwolle. Neben diesen positiven Aspekten zeigten sich aber auch schwerwiegende Probleme.

In Wirklichkeit befand sich die deutsche Industrie in einem regelrechten Dilemma: Da sie durch die Inlandsaufträge – vor allem im Rüstungsbereich – voll ausgelastet war, mußte sie ihre Exportkapazitäten reduzieren, was einen Rückgang an Devisen zur Folge hatte; diese benötigte man aber wiederum für die Rohstoffeinfuhr. Die Rohstoffvorräte schmolzen rasch dahin. 1934 besaßen die meisten deutschen Industriezweige Reserven für 4 bis 6 Monate. Zwischen dem 1. April 1934 und dem 1. September 1935 sanken die Vorräte an Baumwolle von 95000 auf 68000 Tonnen, an Wolle von 67000 auf 48000 und an Leinsamen von 120000 auf 80000 Tonnen. Ende 1935 schien die Durchführung des Wiederbewaffnungsplans gefährdet, da die Industrie nur noch über Reserven für ein bis zwei Monate verfügte. Im Sommer 1936 drosselten die Munitionsfabriken ihre Produktion auf 70% ihrer Kapazität.

Diese Lage wurde durch das teilweise Scheitern der ‚Produktionsschlacht' in der Landwirtschaft noch verschärft. Die schlechten Ernten von 1934 und der Vorrang der Rohstoffeinfuhr zwangen zu Einschränkungen auf dem Nahrungsmittelsektor. 1934/1935 deckte die Landwirtschaft nahezu den Bedarf an Getreide, Kartoffeln, Zucker, Milch und Rindfleisch, während es an Salzwasserfischen zu 30–40%, an Fett zu 40–50% und an pflanzlichen Ölen zu 95–99% mangelte.

Ende 1935 bis Anfang 1936 war die deutsche Wirtschaft nicht in der Lage, im Konfliktfalle den Bedarf zu decken. Man hatte die Reserven zu bedenkenlos herangezogen. Die Rohstoffversorgung war gefährdet und es mangelte an Nahrungsmitteln. Diese Krisensituation erforderte durchgreifende Maßnahmen. Die Alternativen lagen auf der Hand: entweder

Steigerung der Ausfuhr, um sich Devisen zu verschaffen, oder Herabsetzung des Tempos der Wiederbewaffnung. Während Schacht, Beck und zahlreiche führende Köpfe in der Wehrmacht der Ansicht waren, es sei besser, noch einige Jahre zu warten und dann ein zusammenhängendes militärisches Programm zu verwirklichen, glaubte Hitler, man dürfe sich nicht ablenken lassen und müsse eine militärische Expansion beginnen, die nur mit einem Minimum an Gefahren verbunden sei, da die Gegner nicht zurückschlagen könnten. Die Schlußbemerkung der geheimen Denkschrift Hitlers zum Vierjahresplan von August 1936 legte die Ziele fest: eine einsatzfähige Armee und eine kriegsbereite Wirtschaft. Der von Hitler auf dem Nürnberger Parteitag im September 1936 vorgestellte und von Schacht und Funk erarbeitete Vierjahresplan wurde Göring anvertraut. Man wollte vor allem Deutschlands Abhängigkeit vom Ausland verringern und zwar gleichermaßen in bezug auf Rohstoffe wie auf Nahrungsmittel. Sonderbare Lösungen wurden für die Herbeiführung dieser Autarkie angewandt. So gründete der Staat 1937 zum Beispiel die „Reichswerke Hermann Göring“, um alle Eisenerz verarbeitenden Gesellschaften zusammenzuschließen und aufgelassene Bergwerke wieder in Betrieb zu nehmen. Die Erforschung und Herstellung von Ersatzstoffen erhielt kräftige Impulse.

Ab 1938 erfuhr dieser zweite und viel zu hochgesteckte Plan zahlreiche Korrekturen, die sämtliche Anstrengungen auf bestimmte Sektoren konzentrieren sollten. Der Krauchplan (Wehrwirtschaftlicher Neuer Erzeugungsplan, WNE) war stärker auf Vorbereitungen zur Mobilmachung abgestellt und betraf vor allem die Herstellung von Sprengstoffen, Munition, Leichtmetallen, Kraftstoff, Gummi und Giftgasen. Dieses Dringlichkeitsprogramm, das den reichsweiten Bedarf der Jahre 1939 bis 1943 vorausplante, konnte nur eine Teilautarkie anstreben. Es blieb bis zum Beginn des Zweiten Weltkrieges in Kraft.

Die ab 1934 festgelegte Wirtschaftspolitik förderte zwar die meisten Produktionszweige, ohne jedoch dem Reich eine autarke Stellung zu verschaffen. Die großartigen Bauarbeiten nahmen einer Landwirtschaft 600000 Hektar anbaufähigen Boden, die ihren Ertrag zwar steigerte, aber immer noch nicht in der Lage war, 66 bis 68 Millionen Deutsche (einschließlich Saargebiet) zu ernähren. Der Anbau von Ausgangsstoffen für die Industrie und die Kartoffelernten verzeichneten zwar einen deutlichen Anstieg, aber die Getreideproduktion stagnierte. Deutschland gelang es, seinen Bedarf an Milch und Fleisch selbst zu decken. Rationierung und Verwendung von Ersatzstoffen ermöglichten eine Herabsetzung der Kaffee- und der Tierfetteinfuhr, aber man mußte trotzdem Getreide – 1938 1268000 Tonnen –, Kraftfutter und fast die Hälfte des Fettbedarfs einführen.

Die Kohleproduktion, die 1932 auf 105 Millionen Tonnen gesunken war, erreichte 1938 186 Millionen Tonnen: eine Produktionssteigerung und die Wiedereingliederung des Saargebietes brachten sie fast wieder auf den Stand von 1913. Im Jahre 1938 konnte das Reich 47 Millionen Tonnen Kohle und Koks exportieren. Die Förderung von Braunkohle – zugleich Brennmaterial und Grundstoff für die chemische Industrie –, stieg sprunghaft an: während 1933 nur 126 Millionen Tonnen gefördert wurden, waren es 1938 bereits 195 Millionen. Die Stahlhersteller wurden 1938 zwar ausschließlich mit deutschem Koks beliefert (40 Millionen Tonnen), mußten jedoch Eisenerz importieren. Obwohl die deutschen Vorkommen in starkem Maße herangezogen wurden, ließ sich 1938 eine Einfuhr von 20 Millionen Tonnen Eisenerz nicht vermeiden, von denen die Hälfte aus Schweden und ein Drittel aus Frankreich stammten. Die Stahlproduktion belief sich auf 22,6 Millionen Tonnen im Jahr 1938. Die verstärkte Förderung der Produktion von Ersatzstoffen kam der chemischen Industrie sehr zugute. Außer Kali, Farbstoffen und Düngemitteln stellte sie nun auch noch synthetisches Benzin, synthetischen Gummi, Kunstfasertextilien etc. her. Mit seinen 3,5 Millionen Tonnen natürlichen Erdöls und synthetischen Treibstoffes deckte das Reich jedoch lediglich ein Drittel seines Bedarfs in Friedenszeiten (65% des Erdöls stammten aus Mittelamerika und den Vereinigten Staaten). Auch die mechanische Industrie profitierte von der Wiederbewaffnung. Die Flugzeugwerke, verbunden mit einer Aluminiumherstellung von nahezu 200000 Tonnen, die Deutschland zum größten Aluminiumproduzenten auf dem Weltmarkt machte, arbeiteten für die Lufthansa und vor allem für die Luftwaffe. Die Autoindustrie stellte 350000 Fahrzeuge her (1938), und die Schiffswerften, die weltweit an zweiter Stelle rangierten, erreichten einen Ausstoß von 500000 Registertonnen.

Der aufsehenerregende Aufschwung, den bestimmte Industriezweige nahmen, darf jedoch nicht über die Schwachstellen oder Krisengefahren dieser Wirtschaft hinwegtäuschen. Der Mangel an Rohstoffen bedeutete nach wie vor das größte Problem: obwohl Deutschland die Produktion von Ersatzstoffen förderte und seine eigenen Vorkommen stark heranzog, mußte es über zwei Drittel seines Bedarfs an Eisenerz, fast seinen gesamten Verbrauch an Bauxit und an Nichteisenmetallen, zwei Drittel seines Erdölbedarfs und zwei Fünftel der benötigten Textilrohstoffe importieren.

So gelang es dem Reich nicht, jegliche Abhängigkeit abzuschütteln, und den Reichskanzler überraschte dies nicht. In einem Gespräch mit den Spitzen der Wehrmacht und Außenminister von Neurath im November 1937 gestand Hitler ein, daß das Reich nie autark werden könne. Selbst wenn man die landwirtschaftliche Produktion auf ein Maximum steigern würde, sei „eine Beteiligung am Weltmarkt nicht zu umgehen". In seinen Augen hatte die Autarkie gewisse Grenzen und boten Handelsverträge keine Garantie ihrer praktischen Durchführung. Da es „eine ausgesprochene militärische Schwäche derjenigen Staaten (sei), die ihre Existenz auf den Außenhandel aufbauten", gab es für Hitler nur eine Lösung: die „Gewinnung eines größeren Lebensraums" in Europa.

1938 bis 1939 wurden die Anzeichen der Krise immer deutlicher: die Wirtschaftskrise von 1938 ließ gleichzeitig Aus- und Einfuhr zurückgehen; es drohte eine Lähmung der Industrie, da der Binnenmarkt infolge der Konzentration auf Investitionsgüter und Rüstungsprogramme kleiner geworden war und sich die ausländischen Märkte verschlossen. Das verwundbare Dritte Reich konnte in Versuchung geraten, seine wirtschaftliche Unabhängigkeit und damit auch seine Sicherheit auf gewaltsamem Wege zu gewinnen.

Hatten die Schwierigkeiten im Wirtschaftssektor spürbare Auswirkungen auf die Rüstungspolitik? Sie wurde im Haushalt bestätigt durch eine Erhöhung auf das Fünffache, von 6 Milliarden Reichsmark im Jahre 1935 auf 30 Milliarden 1939. Zu diesem Zeitpunkt gab das Dritte Reich – ebenso wie Großbritannien – etwas mehr als 20% seines Bruttosozialprodukts für die Rüstung aus.

Der Vierjahresplan für die Wirtschaft (1936) sollte den Ausbau aller drei Waffengattungen begünstigen: in Wirklichkeit kam er vor allem der Luftwaffe zustatten. Die Herstellung von Kampfflugzeugen stieg von 1823 anno 1935 auf 4733 im Jahr 1939. Weitere militärische und zivile Zielvorstellungen belasteten den Plan mit schweren Hypotheken. 1938 befahl Hitler die Befestigung der Verteidigungslinie entlang der Westgrenze. Diese Maßnahme, die vor allem aus psychologischen Erwägungen heraus erfolgte und ein Bluff war, mit dessen Hilfe man Frankreichs Neutralität in der Sudetenkrise erreichen wollte, verschlang 21% der gesamten Stahlmenge, die der Wehrmacht für die zweite Jahreshälfte 1938 bewilligt worden war; sie verbrauchte außerdem Zement und erforderte eine große Anzahl von Arbeitskräften. Andernorts ließ Hitler aus Prestigegründen, und um dem Volke Symbole zu verschaffen, Autobahnen bauen und regte die Neugestaltung von Stadtzentren an; all diese nichtmilitärischen Programme verzögerten die Wiederbewaffnung.

Es gelang dem Regime nicht, die Ergebnisse zu erzielen, die es sich aufgrund der wirtschaftlichen Kapazität erhofft hatte. Während das Dritte Reich nach Meinung vieler ausländischer Beobachter über eine moderne und perfekt ausgestattete Armee verfügte, beklagte sich Generalmajor Thomas, der Leiter des Wehrwirtschaftsstabes, im November 1939 über die deutsche Wirtschaftspolitik. Wie konnte es zu dieser mangelhaften Wiederaufrüstung kommen, da Hitler doch stets seinen Willen bekundete, der Rüstungs- und Kriegspolitik Vorrang einzuräumen? Die eine mögliche Antwort lautet, daß sich die Wehrmacht auf einen „Blitzkrieg" vorbereitete; im Hinblick auf eine schnelle und entscheidende Aktion konnten die Vorbereitungen als hinreichend gelten. Andere glauben, daß sich zwischen den Plänen und ihrer Umsetzung eine tiefe Kluft auftat; die wirtschaftlichen Engpässe und die sozialen Probleme verhinderten eine bessere Verwirklichung. Folglich mußte man zur Eroberungspolitik übergehen, um neue Reichtümer zu gewinnen.

Während das Reich seine Wehrwirtschaft im Dienste der Rüstung aufbauen wollte, wurde dieses Bestreben zeitweise durch wirtschaftliche Hindernisse gebremst. Haben nun der Aufbau der Wehrmacht und ihre Strategie sehr darunter gelitten?

Die neue Armee

Es steht fest, daß bereits die Weimarer Republik auf umfassende Weise den Prozeß einleitete, der zur Wiederherstellung der militärischen Schlagkraft Deutschlands führen sollte. General von Seeckt hatte sich bemüht, aus den Berufssoldaten der Reichswehr, deren Stärke auf 100000 Mann beschränkt war, den Kern einer Armee auf breiter nationaler Grundlage zu machen. Die heimliche Wiederbewaffnung setzte bereits Anfang der zwanziger Jahre und unter Beihilfe der Sowjetunion ein. Seeckt hatte militärische Prototypen konstruieren und testen lassen, die im Bedarfsfalle sofort in Massenproduktion gehen konnten. Der Anteil der Reichswehr am Staatshaushalt nahm ständig zu: von 459 Millionen Mark im Jahre 1924 stieg er auf 726,5 Millionen 1928 und betrug damit bereits 8,6% des gesamten Etats. Wichtige Pläne sahen die Erhöhung der Truppenstärke vor. Das im September 1928 von der Reichswehrleitung angenommene Programm nahm für die Jahre 1928/1929 bis 1932 die Bereitstellung der Grundausrüstung und Munition für eine Armee von 16 Divisionen in Aussicht. Schon im Sommer 1930 wurde ein zweiter Plan erstellt; er wurde im Frühjahr 1932 angenommen und sah für den Zeitraum von April 1933 bis März 1938 die Sicherstellung der Grundausrüstung für eine Streitmacht von 21 Divisionen vor. Zusammen mit einem Rüstungsprogramm diente dieser Plan der Ausbildung einer „neuen Friedensarmee". Sie setzte sich aus Berufssoldaten zusammen, aber vom 1. April 1934 ab wurden ihr auch junge Männer eingegliedert, die einen kurzen, dreimonatigen Wehrdienst und später Wehrübungen absolvierten. Auf diese Weise wollte man bis Frühjahr 1938 die nötige Anzahl von 570000 Mann für eine 21 Divisionen starke Armee erreichen. Groeners Direktive von April 1930 schrieb der Wehrmacht freilich beschränkte Aufgaben zu: sie sollte gegen Unruhen im Innern eingesetzt werden und Deutschlands Verteidigung sicherstellen.

Hitlers Machtübernahme führte zu einer Änderung dieser Pläne. Bereits am 3. Februar 1933 betonte er die geplante Wende vor den Generälen. Er strebte eine „Wiederwehrhaftmachung“ an. Die Wehrmacht erhielt eine Vorzugsstellung; aus dem Berufsheer sollte eine Wehrpflichtarmee werden. Nachdem sich Deutschland von der Abrüstungskonferenz zurückgezogen hatte und aus dem Völkerbund ausgetreten war (Oktober 1933), forderte Hitler in seinen Abrüstungsverhandlungen mit London und Paris für Deutschland das Recht, über eine Armee von 300000 Mann mit einjähriger Dienstzeit zu verfügen. Da diese Forderung im Ausland keinen nennenswerten Widerstand hervorrief, beschloß man im Dezember 1933, eine Streitmacht von 300000 Mann Friedensstärke aufzustellen. Der neue Plan sah die Errichtung der 21 Divisionen innerhalb von 4 Jahren vor; man plante jedoch zusätzlich die Verdreifachung der Truppenstärke durch Reserveeinheiten, um im Kriegsfalle über 63 Divisionen zu verfügen, die imstande sein sollte, an mehreren Fronten einen Verteidigungskrieg mit einer sicheren Erfolgschance zu führen.

Nach Abbruch der deutsch-französischen Verhandlungen im April 1934 ordnete Hitler, der die mit einer deutschen Wiederbewaffnung verbundenen Risiken abzuschätzen wußte, die Aufstellung der 300000-Mann-Armee bereits für den kommenden Oktober an. Die Reichswehr bat um Aufschub, und Beck forderte die Wiedereinführung der Wehrpflicht schon im Herbst 1934. Tatsächlich erklärte sich Deutschland am 16. März 1935 in Verteidigungsangelegenheiten für souverän und kündigte die Einführung einer einjährigen Wehrpflicht ab 1. Oktober 1935 an. Auf Vorschläge des Truppenamtes hin ergriff man Maßnahmen, durch die das Heer schon im Herbst 1936 über 36 Infanteriedivisionen und 3 Panzerdivisionen verfügen sollte.

Auch die Marine, die nach dem Ersten Weltkrieg auf die Rolle einer Küstenwacht beschränkt worden war, wollte in die Wiederbewaffnung einbezogen werden. Hitler legte jedoch – aus Angst vor möglichen Komplikationen mit Großbritannien – den Schwerpunkt auf die Landstreitkräfte. Dank des deutsch-britischen Flottenabkommens vom 18. Juni 1935 durfte die deutsche Flotte bis zu einer Tonnage in Höhe von 35% der britischen ausgebaut werden, hinsichtlich der Unterseeboote durfte diese Grenze überschritten werden. Diesen außerordentlichen diplomatischen Erfolg betrachteten Hitler und Admiral Raeder jedoch lediglich als Übergangslösung. Die Luftwaffe erhielt unter Göring von vornherein beträchtliche Mittel bewilligt. Schon im März 1935 verfügte sie über rund 800 Kampfflugzeuge.

Die entmilitarisierte Rheinlandzone, zu der ein Teil des Ruhrgebiets gehörte, bedeutete eine ernste Gefahr für die Sicherheit des Reiches und ein großes Hindernis für die Wiederbewaffnung. Mit dem Einmarsch der Reichswehr am 7. März 1936 brach Hitler einen wichtigen Riegel auf. Nun stand seiner Politik nichts mehr im Wege. Der „Führer" hatte alle durch den Vertrag von Versailles auferlegten Beschränkungen aufgehoben – manchmal sogar unter Beihilfe der Alliierten, da London mit dem Abschluß des Flottenabkommens eine Teil-Wiederaufrüstung billigte. Hitler schätzte die Reaktionen der übrigen Mächte richtig ein; er konnte die zweite Phase der Wiederbewaffnung eröffnen, die die Expansion des Reiches – die Eroberungen im Osten –, vorbereiten sollte. Man ging von Fritschs Armee der „offensiven Verteidigung" zu entschieden offensiven Streitkräften über; Beck hatte sie schon geplant und im September 1935 die Schaffung von Panzerdivisionen gefordert.

Bereits im Sommer 1936 wurde die Aufstellung von 36 Infanteriedivisionen, 3 Panzerdivisionen, 3 leichtbewaffneten Divisionen und einer Gebirgsjägerdivision befohlen. Im Herbst 1935 war die Landstreitmacht (die Armee in Friedenszeiten) 520000 Mann stark; sie sollte fast 800000 Mann erreichen. Die Aufstellung einer Armee für Kriegszeiten wurde für 1940/1941 angesetzt. Ihr Umfang war mit insgesamt 102 Divisionen vorgesehen, von denen 21 der Landwehr angehören sollten. So wollte das Reich ab Oktober 1940 insgesamt 3621673 Mann mobilisieren können – das waren erheblich mehr als 1914 (2147000). Die gegen Ende 1936 stattfindenden Überprüfungen durch das Oberkommando der Wehrmacht gaben sogar Anlaß zu der Hoffnung, am 1. Oktober 1939 eine 830000 Mann starke Friedensarmee und 4626000 Soldaten zählende Kriegsstreitkräfte aufstellen zu können!

Ausstattung und Munitionsbelieferung dieser umfangreichen Truppen bedingten ein gewaltiges Rüstungsprogramm. Wie wurde dieses Programm verwirklicht? Worauf war es ausgerichtet? Die ab August 1936 einsetzende Tempoänderung in der Aufrüstung verschlang riesige Summen. General Fromm berechnete diese Kosten für die ersten Jahre wie folgt:

Erforderliche Geldmittel (in Milliarden Reichsmark)

Jahr	Bedarf laut Planung von Sommer 1935	Neuer Bedarf
1937	3,575	8,882
1938	3,675	8,979
1939	3,859	8,858
1940	3,439	4,669
1941	2,584	4,294

Man beschloß, den Plan der allgemeinen Aufrüstung in Kraft zu setzen, (den letzten vor dem Krieg), der innerhalb von knapp drei Jahren die Aufstellung und die Ausrüstung der Friedens- und der Kriegsarmee ermöglichen sollte. Fritsch erläuterte den Wunsch des „Führers" dahingehend, daß „ein schlagkräftiges Heer in möglichst kurzer Zeit geschaffen werden" solle. Diese militärische Planung war von wirtschaftlichen und politischen Faktoren abhängig. Zwischen dem Rüstungsprogramm und dem neuen Vierjahresplan für die Wirtschaft bestand eine verblüffende Übereinstimmung. Sein Memorandum zum Vierjahresplan ließ Hitler in den Sätzen gipfeln: „I. Die deutsche Wehrmacht muß in vier Jahren einsatzfähig sein. II. Die deutsche Wirtschaft muß in vier Jahren kriegsfähig sein."

Das Programm von Sommer 1936 wurde durch den ‚Anschluß' Österreichs und die Besetzung der Tschechoslowakai durchkreuzt. Die Eingliederung der österreichischen Armee – 60000 Soldaten und 1600 Offiziere (von 3100) – verstärkte die Wehrmacht, die zudem aus einigen im Verlauf der militärischen Aktionen auftretenden Schwächen lernte. Durch die Besetzung der Tschechoslowakai im März 1939 brachte sich Deutschland in den Besitz einer leistungsfähigen Industrie, von Rohstofflagern und Devisenvorräten sowie von wertvollem Kriegsmaterial.

Der Rohstoffmangel zwang jedoch zu einer langsameren Durchführung der Rüstungsprogramme (siehe oben). Das Ausmaß der Lücken ging deutlich aus einer Note vom 15. April 1939 hervor: 34 Infanteriedivisionen waren nur zum Teil ausgerüstet; die Reserveeinheiten besaßen nur 10% der erforderlichen Gewehre und Maschinengewehre; die gesamten Munitionsvorräte reichten lediglich für 15 Kampftage. Diese dramatische Lage ging zu einem großen Teil auf den Mangel an Stahl zurück.

Einsatzpläne für die mit Angriffswaffen, Panzerdivisionen und einer starken Luftwaffe ausgerüstete Wehrmacht wurden unter dem Einfluß der Befehlshaber und vor allem im Zusammenhang mit Hitlers Vorstellungen entwickelt. Die diskutierten Möglichkeiten bewiesen, daß man von der Vorsicht zum Wagemut überging. Was die französische Armee anbetraf – die in den Augen der Wehrmacht immer noch die stärkere war –, so dachte man noch im Juni 1937 in erster Linie daran, die Franzosen entlang einer Linie Rur-Rhein-Schwarzwald aufzuhalten. In Bezug auf den Süden und den Osten hegte die Wehrmacht andere Pläne. Seit März 1935 plante man bereits einen Überraschungsangriff auf die Tschechoslowakai. Beck fürchtete jedoch, daß diese Aktion wegen der Bündnissituation nicht isoliert bleiben könne; seiner Ansicht nach würde Frankreich mobilisieren, und es käme folglich zu einem Krieg an mehreren Fronten. Nach Hitlers Auffassung hatten die Auswirkungen der Rheinlandbesetzung Frankreichs Allianzen jegliche militärische Leistungskraft entzogen. Im November 1937 war er davon überzeugt, daß Frankreich im Falle eines deutschen Vorstoßes nach Österreich oder gegen die Tschechoslowakei nicht eingreifen werde. In Bezug auf Polen, das wegen des deutsch-polnischen Angriffspaktes von 1934 zunächst in den Hintergrund getreten war, stützten sich Hitler und seine Generäle auf das ab diesem Zeitpunkt vervollkommnete Konzept der isolierten Fälle. Man mußte einen Blitz-Sieg in Polen erringen und sich im Westen auf eine defensive Haltung beschränken. Der Fall „Rot" (gegen Frankreich) verschwand so gründlich aus der Einsatzplanung, daß im September 1939 nicht einmal ein Plan für einen Angriff auf Frankreich existierte.

Trotz der aufgezeigten Mängel verfügte die deutsche Armee unmittelbar vor Kriegsbeginn über beträchtliche Mittel. Am 1. September 1939 zählte die aktive Wehrmacht 53 Großverbände, darunter 35 Infanteriedivisionen, 4 motorisierte Infanteriedivisionen und 6 Panzerdivisionen. Mit insgesamt 103 solcher mobilisierbarer Verbände erreichte sie die 1936 festgelegten Ziele. Trotz einiger Schwachpunkte stellte die Wehrmacht ein ausgezeichnetes Werkzeug dar.

Ein „New Deal" im Handel

Die neue Handelspolitik

Der deutsche Handel, den die Weltwirtschaftskrise stark erschüttert und der unter der restriktiven Politik Brünings gelitten hatte, erfuhr im Gefolge der nationalsozialistischen Machtergreifung weitere Umwälzungen. Er spielte eine wesentliche Rolle in Hitlers Wirtschaftssystem. Der Aufschwung des kontrollierten und gelenkten Handels drohte durch die Einführung von Zollschranken vernichtet zu werden, mit deren Hilfe jegliches Defizit in der Handelsbilanz vermieden werden sollte.

Seit 1931 überwachte die Reichsbank auf dem Umweg über die Kontrolle der Devisenbewirtschaftung die Entwicklung des Außenhandels. Schacht, der Reichsbankpräsident, der im Juli 1934 Wirtschaftsminister wurde, erwirkte ein Gesetz, das die Kontrolle der Importe verschärfte. Er ließ 25 Büros einrichten, welche die als wesentlich eingestuften Importe abwickeln sollten. Unter ihnen wurden die verfügbaren Devisen nach festgesetzten Prioritäten verteilt. Man mußte jedoch auch den Handel ankurbeln, und hierfür waren bewegliche Gelder erforderlich. Schacht verbot den Abzug ausländischen, gesperrten Kapitals aus Deutschland: diese Guthaben in „Sperrmark" konnten von ihren ausländischen Besitzern ausschließlich zum Kauf deutscher Produkte verwendet werden. Sie stammten aus Geldeinlagen bei deutschen Banken oder aus dem Verkauf deutscher Wertpapiere durch ausländische Besitzer. Die Gläubiger boten sie Käufern deutscher Waren bereitwillig für 20% unter ihrem

Kurswert an, und diese Abwertung kam einer regelrechten Prämie auf Exportgüter des Reiches gleich. Ausländische Händler, die Waren nach Deutschland ausführten, konnten bei der Reichsbank ein Kreditkonto eröffnen (= Askimark), das allerdings nur für Käufe auf dem deutschen Markt verwendet werden konnte. Die systematische Anwendung des Dumpingverfahrens wurde dadurch erleichtert, daß man eine allgemeine Ausgleichskasse gründete, die einen gewissen Prozentsatz der in den Industrieunternehmen erzielten Gewinne erhielt. Mit Hilfe dieser Gelder unterstützte sie diejenigen Exporteure, die ihre Waren unter dem Gestehungspreis verkauften.

Die deutsche Wirtschaft war auf Rohstoff- und Nahrungsmitteleinfuhren angewiesen. Um den Abfluß von Gold und Devisen zu verhindern, mußten die Einfuhren in Relation zu den Exporten des Reichs stehen. Deutschland bemühte sich, die Zahl der Kapitaltransfers zu verringern, und schränkte hierdurch den Handel mit denjenigen Ländern ein, die Gold oder starke Devisen als Zahlungsmittel forderten – mit den Vereinigten Staaten, Großbritannien, der Sowjetunion und anfangs auch mit der Schweiz, Belgien, Frankreich und den Niederlanden. Die Kapitalbewegungen wurden streng überwacht: der deutsche Importeur mußte in einem der Büros der „Golddiskonto“ – die von der Reichsbank abhängig war –, eine Lizenz erwerben, und die Reichsbank beglich die Auslandsschulden. Deutschland bemühte sich um möglichst viele Verrechnungsverträge, die keinen Kapitaltransfer erforderlich machten, da sich Einfuhr und Ausfuhr die Waage halten sollten. Das Dritte Reich schloß mehrere solche Verträge mit den mitteleuropäischen Staaten und den Donauländern, deren größter Abnehmer, aber auch einziger Lieferant es wurde. Diese Länder waren froh, Getreide, Rohstoffe und Erdöl nach Deutschland exportieren zu können, und mußten zum Ausgleich dafür aus dem Reich Kohle und Endprodukte beziehen. Eine solche wirtschaftliche Abhängigkeit hatte natürlich auch politische Konsequenzen.

Mit der Verkündung des Vierjahresplans im September 1936 ging Hitler noch weiter: er schien eine vollständige Autarkie anzustreben. Deutschland müsse sich in Bezug auf Rohstoffe möglichst aus der Abhängigkeit vom Ausland befreien. Hitler hoffte auf den deutschen Erfindergeist, mit dessen Hilfe synthetische Produkte (Kraftstoff, Gummi, Textilien) hergestellt und eine große Rohstoffindustrie geschaffen werden sollten. Im November 1937 hatte er, wie wir sahen, im engsten Führungskreis deutlich erklärt, daß Deutschland nie völlig autark werden könne. Bis zur Eroberung eines riesigen Lebensraumes sei der Rückgriff auf den Weltmarkt unvermeidlich.

Wie wirkte sich diese stark auf Autarkie ausgerichtete Politik aus, die gegen den Widerstand gewisser Geschäftsleute durchgesetzt wurde?

Der deutsche Handel ging zunächst spürbar zurück. Zwischen 1933 und 1936 erreichte er nur ungefähr ein Drittel des Ende der zwanziger Jahre erzielten Umsatzes. 1937/1938 bahnte sich ein Wiederaufschwung an. Der Export sank dabei zwischen 1932 und 1934 ständig weiter ab, stieg bis 1937 wieder leicht an und nahm ab 1938 erneut ab. Ganz offensichtlich litt die deutsche Ausfuhr unter einer immer stärker werdenden Konkurrenz. Die Abwertung des Dollars im Jahre 1934, die die Ausfuhr amerikanischer Waren anregte, die britische Bevorzugung von Gütern aus dem Empire und die Erhöhung der Zollschranken – all dies erschwerte die Durchdringung der angelsächsischen Märkte. Die Importe blieben ihrerseits zwischen 1932 und 1936 konstant: alljährlich wurden Waren im Gegenwert von etwas mehr als 4 Milliarden Reichsmark eingeführt. In den Jahren 1937 und 1938 nahmen sie zu und erreichten 5,5 Milliarden.

Trotz der drakonischen Maßnahmen des nationalsozialistischen Regimes war die Handelsbilanz von 1934 ebenso wie diejenige von 1938 negativ; dies war durch die harte Konkurrenz bedingt sowie durch die zögernde Haltung, mit der die Handelspartner des Reichs die von Berlin auferlegten Bedingungen annahmen. Wenn der Aufschwung des deutschen Handels zwischen 1933 und 1939 somit eine empfindliche Einbuße erlitt – am Vorabend des Zweiten Weltkrieges war Deutschland nur zu 7 bis 8% am Welthandel beteiligt –, so gab es hierfür zwei weitere wichtige Ursachen: die Unfähigkeit der deutschen Wirtschaft, den gesamten Bedarf zu decken (siehe oben), sowie die geographische Neuorientierung des Handels.

Die großen Expansionsgebiete

Der deutsche Handel expandierte bevorzugt in zwei Gebieten: Lateinamerika sowie Mitteleuropa und Balkanländer; in den westeuropäischen Ländern, den bisher wichtigsten Partnern und in den Vereinigten Staaten ging er dagegen zurück.

Lateinamerika wurde für den Handel Deutschlands immer wichtiger; diese deutsche Handelsoffensive führte in den Vereinigten Staaten zu ernsthafter Beunruhigung. Während der Weltwirtschaftskrise war der Warenaustausch zwischen Deutschland und Lateinamerika um 75% gesunken. Schon ab 1934/1935 bemühte sich das Dritte Reich, ihn wiederzubeleben; so bereiste eine Handelsgesandtschaft sechs Monate lang alle Länder des Subkontinents und suchte sie für eine Politik der Handels- und Verrechnungsverträge zu gewinnen. Es kam zu zahlreichen Vertragsabschlüssen. 1935 bereits erreichte der Anteil Lateinamerikas am gesamten deutschen Handel 9,4% gegenüber 5,23% im Jahre 1932, und er wuchs ständig weiter, vor allem was die Importe betraf: 1938 stellten die lateinamerikanischen Staaten 15% der Gesamteinfuhr des Reiches. 1937 lieferte Argentinien Weizen im Umfang von 55 % des gesamten deutschen Getreideimports. Der deutsche Export nach Lateinamerika wuchs schnell an: während das Reich 1934 nur 9,9% der lateinamerikanischen Gesamteinfuhr stellte, waren es 1937 schon 13,6%. Die spektakulärsten Steigerungen betrafen Brasilien, Chile, Peru sowie vor allem die kleinen mittelamerikanischen Staaten: Ecuador, El Salvador und Guatemala. Insbesondere in Brasilien, Peru und Mexiko litt der englische Handel unter dieser Entwicklung. Am stärksten bekamen jedoch die Vereinigten Staaten die Auswirkungen der deutschen Handelsoffensive zu spüren. Die Amerikaner protestierten auch sogleich gegen die Handelsmethoden – Dumping und Subventionierung des Exports – ihrer Rivalen.

Die Anteile Deutschlands und der USA an der Einfuhr der lateinamerikanischen Staaten (in %)

	Deutschland			USA		
	1932	1935	1937	1932	1935	1937
Argentinien	9,2	9,1	10,3	13,4	14,4	16,4
Brasilien	8,9	20,7	20,0	30,0	23,3	24,3
Chile	14,7	20,0	26,0	23,1	27,0	29,1
Peru	10,7	14,7	19,7	28,8	32,9	35,4
Ecuador	9,2	14,0	24,1	58,1	28,9	39,6
El Salvador	9,4	23,1	31,1	50,0	38,5	40,4
Guatemala	11,8	22,5	32,4	49,9	41,2	45,3
Mexiko	11,3	11,9	14,8	63,8	65,3	64,8

Eine Untersuchung des State Departments ergab, daß der amerikanische Absatz 1935 in 14 Ländern aufgrund der deutschen Konkurrenz sowohl relativ als auch absolut zurückging. Washington versuchte dieser Offensive entgegenzuwirken, worauf die Wilhelmstraße von einem amerikanischen Plan zur Schmälerung von Deutschlands wirtschaftlicher Position in diesen Ländern sprach. Während der US-Diplomatie im Juni 1938 bewußt wurde, daß man nicht auf ein Nachlassen der deutschen Handelsoffensive hoffen konnte, betonte Hitler im Januar 1939 die Wichtigkeit eines Ausbaus der Handelsbeziehungen mit Lateinamerika und vertrat die Ansicht, daß diese Entwicklungen lediglich Deutschland und seine Partner angingen; „Deutschland ist jedenfalls ein souveränes und großes Reich und untersteht nicht der Beaufsichtigung amerikanischer Politiker."

Seit der großen Weltwirtschaftskrise waren die *Staaten Südosteuropas* aus wirtschaftlichen und politischen Gründen in Berlins Interesse gerückt. Schon das Kabinett Brüning hatte versucht, diese Staaten durch Begünstigungsverträge an das Reich zu binden. 1931 hatte man derartige Verträge mit Rumänien und Ungarn geschlossen. Diese Politik schien vor allem am Widerstand Washingtons gescheitert zu sein. Berlin, wegen der Lösung der Reparationsfragen auf die Vereinigten Staaten angewiesen, konnte sich keine wirtschaftliche Auseinandersetzung mit den Amerikanern leisten.

Hitler griff die Offensivpolitik wieder auf. Schon im Frühjahr 1933 riet die Wilhelmstraße zu einer doppelten – politischen und wirtschaftlichen – Strategie. Angesichts der Vertiefung des französischen Einflusses auf die Tschechoslowakei mußte man Rumänien und Jugoslawien wirtschaftlich unterstützen, dabei wichtige Märkte für die deutsche Industrie erschließen und den politischen Einfluß des Reiches dort fördern. Schon 1930 war unter der Bezeichnung „Großwirtschaftsraum" der Mitteleuropagedanke wieder laut geworden. Ab 1933 beriefen sich sämtliche Volkswirte auf dieses Konzept und betonten immer wieder, daß sich das Reich und das Donaubecken wirtschaftlich hervorragend ergänzten: Deutschland biete Industrieprodukte, während die Donauländer über Getreide und Rohstoffe verfügten. Historiker und Volkswirte stellten die Theorie eines Imperialismus ohne Geld oder eines vom Dritten Reich entwickelten Handelsimperialismus auf: Berlin würde den Donauländern – unter Ausnutzung ihrer wirtschaftlichen Notlage – Verrechnungsabkommen aufzwingen. Da diese Länder auf keine anderen Absatzmärkte ausweichen konnten, würden sie nachgeben, vor allem auch deshalb, weil der in diesen Verträgen fixierte und systematisch aufgewertete Kurs der Reichsmark vorteilhaft für sie sei. So würden immer engere wirtschaftliche Bande zwischen dem Reich und diesen Ländern entstehen, die, bereits halb zu Kolonien gemacht, schließlich nur noch annektiert oder militärisch besetzt zu werden brauchten. Die wirkliche Entwicklung stimmte jedoch nur teilweise mit dieser Theorie überein. Drei Probleme verdienen erwähnt zu werden:

- das Ausmaß, in dem Deutschland die gesamten Donauländer wirtschaftlich durchdrungen hatte;
- die Besonderheit der deutsch-rumänischen Beziehungen;
- der Widerstand, den Washington, Paris und London dem deutschen Vordringen entgegensetzten.

Das Maß der wirtschaftlichen Durchdringung durch Deutschland läßt sich vor allem an den Beteiligungen der Kapitalbesitzer, an der Anwesenheit deutscher Firmen und am Umfang der Handelsbeziehungen ablesen.

Das Dritte Reich besaß nicht genügend Mittel für umfangreiche Kapitalexporte. Der Anstieg der Ziffern kurz vor Kriegsausbruch war durch das Hinzukommen der österreichischen (nach dem „Anschluß") und tschechoslowakischen Beteiligungen bedingt. Zwischen 1934 und 1939 stieg der Anteil des deutschen am gesamten ausländischen, in Bulgarien angelegten Kapital von 5,3 auf 16%. Der Abzug des französischen Kapitals 1937/1938 hat dieses deutsche Vordringen begünstigt. Im Dezember 1937 beliefen sich die deutschen Investitionen in Industrie und Banken in der Tschechoslowakei erst auf 7,2% des gesamten dort angelegten ausländischen Kapitals (im Vergleich zu 30,8% britischen, 21,4% französischen und 13,1% österreichischen Beteiligungen). Nach dem Münchener Abkommen stieg dieser Anteil an, vor allem infolge der Abtretung der Beteiligungen von Schneider (Frankreich) an den Škoda-Werken, die sehr bald von den „Reichswerken Hermann Göring" beherrscht wurden.

Deutschland hatte sich nur in sehr geringem Umfang an den rumänischen Anleihen beteiligt, und die deutschen Schuldpapiere – die dem Reich eine 10,22%ige Beteiligung an den Auslandsschulden des rumänischen Staates für den 1. April 1939 einräumten –, stammten fast alle noch aus der Zeit von vor 1914. Frankreich (mit 27,08%) und Großbritannien (mit 14,96%) rangierten weiterhin an vorderster Stelle. Vor dem „Anschluß" begnügten sich die deutschen Kapitalbesitzer mit einer geringen Beteiligung an der rumänischen Privatwirtschaft: ihr Gegenwert stieg von 350 Millionen Lei im Jahre 1932 auf 450 Millionen Anfang 1938 und belief sich auf 550 Millionen zur Zeit von „München". Selbst am rumänischen Erdöl hatten sich die Deutschen kaum beteiligt: 1937 besaßen sie lediglich 0,21% des Aktienkapitals der Erdölgesellschaften. Nach den Annexionen von 1938 und 1939 und den Anstrengungen der Deutschen, mehr Geschäftsanteile in Rumänien zu erwerben, stieg ab März 1939 der deutsche Anteil leicht infolge der Gründung von etwa 10 deutsch-rumänischen Gesellschaften und der Beschlagnahme eines Teils der Rüstungsfabriken. Auch in Jugoslawien erhöhte sich infolge der Verschmelzung der deutschen mit österreichischen Unternehmen und Banken die deutsche Beteiligung am industriellen Sektor: während sie sich Ende 1936 nur auf 0,8% des Aktienkapitals belief, betrug sie nach dem Anschluß immerhin 8%.

So blieb der Anteil des in den Donauländern angelegten Kapitals selbst nach dem Münchner Abkommen sehr gering. Dagegen erfuhr der Handel des Reiches einen bedeutenden Aufschwung. Die Donauländer bezogen zunehmend Güter aus Deutschland.

Deutschlands Anteil an der Einfuhr (in %)

	Ungarn	Rumänien	Jugoslawien	Bulgarien	Griechenland
1929	20	24,1	15,6	22,2	9,4
1938	29,7	40	42	52	29

Das Anwachsen der deutschen Ausfuhr war ab 1933 ganz deutlich. Während das Reich zu diesem Zeitpunkt z.B. nur 10,2% der griechischen Einfuhren stellte, betrug sein Anteil 1938 bereits 29%. Die deutschen Exporte nach Rumänien sanken zwar von 24,1% (1929) auf 15,5% (1934), machten 1938 aber 40% der rumänischen Gesamteinfuhr aus. Auch in Bulgarien und Jugoslawien kam es zu einer starken Steigerung des Imports deutscher Waren. Gleichzeitig bezog Deutschland immer mehr Rohstoffe und Getreide aus den Donauländern.

Der Anteil der nach Deutschland ausgeführten Güter an der gesamten Ausfuhr (in %)

	Ungarn	Rumänien	Jugoslawien	Bulgarien	Griechenland
1929	11,7	27,6	8,9	29,9	23,2
1938	27,7	26,5	39,4	59	38,6

Diese Ergebnisse waren Früchte der Politik der Handelsverträge mit Ungarn und Jugoslawien (1934), mit Rumänien (1935) sowie mit Griechenland und anderen. Alle Abschlüsse waren darauf abgestellt, gleichzeitig dem französischen, italienischen und englischen Einfluß entgegenzuwirken und den Handel im Rahmen der Verrechnungsverträge auszubauen. So betonte die Wilhelmstraße zum Beispiel anläßlich des Vertrages mit Jugoslawien, welche Expansionsmöglichkeiten dem deutschen Handel aus einem solchen Vertrag erwüchsen: mit seiner Hilfe erwerbe man einen wirtschaftlichen Stützpunkt innerhalb der Kleinen Entente. Berlin brachte finanzielle Opfer und gewährte günstige Zollbedingungen. Hitler sprach sich mehrmals für einen Ausbau der Handelsbeziehungen mit den Donauländern aus, und alle ausländischen Beobachter wiesen nachdrücklich auf das Ausmaß der wirtschaftlichen Durchdringung hin.

Diese Durchdringung ging jedoch keineswegs so leicht vonstatten und erreichte auch kein so großes Ausmaß, wie man aufgrund einiger Veröffentlichungen glauben könnte. Die deutsch-rumänischen Beziehungen, die P. Marguerat untersuchte, lieferten einen Beweis hierfür. Der Handel zwischen beiden Ländern, der auf einen geringen Umfang zurückgefallen war – 1933 stellte das Reich nur noch 18,6% der rumänischen Einfuhr und gingen nur noch 10,6% der rumänischen Exporte nach Deutschland –, nahm bis ins Jahr 1935 nur langsam zu: Berlin bemühte sich noch nicht um enge wirtschaftliche Verbindungen zu Bukarest. Es bezog aus anderen Ländern Erdöl und Getreide. Rumänien sah sich sogar gezwungen, die bestehenden Wirtschaftsabkommen aufzukündigen, um Berlin zum Abschluß eines Handelsvertrages (März 1935) und eines Verrechnungsabkommens (Mai 1935) zu bewegen. Ab Sommer

1935 trat ein Wandel ein: das Reich beschleunigte seine Wiederaufrüstung und interessierte sich immer stärker für das rumänische Erdöl: 1934 bezog es 443000 Tonnen, 1936 bereits 1072000 Tonnen. Diese Ölkäufe störten das im Verrechnungsvertrag vorgesehene Gleichgewicht so stark, daß Rumänien Bedingungen stellte: die Ölausfuhr durfte nicht mehr als ein Viertel des Handelsvolumens mit Deutschland betragen. Infolgedessen fiel sie 1937 auf 435000 und 1938 auf 704000 Tonnen; dies beunruhigte Berlin – vor allem als der Teil-Fehlschlag des Krauchplanes (wir berichteten hierüber) offenbar wurde. 1938 zeichnete sich eine deutsche Handelsoffensive ab. Berlin nutzte die Bedrohung der rumänischen Grenzen durch Ungarn und zwang Bukarest nachzugeben: am 10. Dezember 1938 wurde ein neues Wirtschaftsabkommen unterzeichnet. Hitler wollte jedoch noch mehr: Im März 1939 gelang es ihm – immer noch von der Gefährdung der rumänischen Grenzen profitierend –, einen neuen Vertrag durchzusetzen, der den Auftakt zur Bildung eines wirklichen „Wirtschaftsraumes" darstellte. In Rumänien wurden gemischte Gesellschaften gegründet, Deutschland lieferte Waffen, und es floß wieder wesentlich mehr rumänisches Erdöl ins Reich: Ende 1938/Anfang 1939 waren es monatlich 60000 Tonnen, ab April 1939 90000 Tonnen pro Monat. Trotz dieser deutschen Offensive wurden Großbritannien und Frankreich jedoch nicht völlig vom rumänischen Markt abgedrängt.

Der Widerstand der Konkurrenz in den Donauländern

In Rumänien und den übrigen Donauländern stieß man auf den Widerstand der anderen Mächte. Wie reagierten Washington, London und Paris auf den deutschen Vorstoß in die Donauländer?

In *Washington* war man ernsthaft beunruhigt über diese Politik der Begünstigungsverträge, die der Handelspolitik und den Interessen der Vereinigten Staaten zuwiderlief. Im Sommer 1936 gewann die amerikanische Diplomatie den Eindruck, Deutschland habe diese Länder wirtschaftlich bereits so stark durchdrungen, daß die politische Beherrschung unausweichlich folge. Der Wunsch nach einer Schwächung des Reichs und einer Eindämmung seiner Expansionspolitik wurde laut. Washington nahm den Kampf auf, aber der im März 1938 geschlossene amerikanisch-tschechoslowakische Handelsvertrag blieb ein Haufen toter Buchstaben, und auch ein Anfang 1939 mit der Türkei abgeschlossenes Abkommen brachte keine größeren Ergebnisse.

In *London* verfolgte man eine Appeasementpolitik: Chamberlains Kurs führte zur Anerkennung der wirtschaftlichen Vormachtstellung Deutschlands auf dem Balkan. Trotz dieses Grundsatzes kam es zu einigen englischen Reaktionen: Großbritannien schloß beispielsweise im September 1938 einen Verrechnungsvertrag mit Rumänien, dank dessen der englisch-rumänische Handel den deutsch-rumänischen überflügelte. Nach dem „Anschluß" waren das Foreign Office und das Board of Trade ungeachtet der Erklärungen Chamberlains zum Gegenangriff geschritten, und im Mai 1938 hatte man einen interministeriellen Ausschuß gegründet, das sogenannte „Committee on Economic Assistance to Central and South-Eastern Europe". Dieses Gremium bemühte sich, den deutschen Einfluß – vor allem in Griechenland und Rumänien – zu bekämpfen. Großbritannien besaß immer noch bedeutende Engagements in den Balkanstaaten: am rumänischen Erdöl, an den jugoslawischen Bergwerken sowie an den österreichischen und ungarischen Banken. An den Staatsanleihen dieser Länder war London in großem Umfang beteiligt: an Rumäniens langfristigen Anleihen zu 55,8%, an den bulgarischen zu 21%; in Ungarn besaß es 17% der ausländischen Kapitalanlagen und Investitionen, in Jugoslawien 20%. Dennoch erzielte es im Handel zwischen 1929 und 1938 nur bescheidene Fortschritte. Die Ausfuhr britischer Waren nach Ungarn und Jugoslawien stieg zwar merklich an, nach Rumänien und Griechenland stagnierte sie aber, während der Export nach Bulgarien zurückging. Immerhin erhöhte Großbritannien seine Einfuhr aus sämtlichen Balkanländern mit Ausnahme Griechenlands.

Auch in *Paris* bemühte man sich, das deutsche Vordringen zu bremsen. Frankreich besaß 1939 auf dem Balkan beträchtliche finanzielle Interessen; es war zu 27% an den rumänischen, zu 33% an den bulgarischen Staatsanleihen beteiligt und hatte Kapital in Industrien und Handelsunternehmen sowie unter anderem in österreichische, tschechische und rumänische Banken investiert. Zwischen 1929 und 1937 verlor der französische Handel beträchtlich an Boden: mit Ausnahme der Tschechoslowakei sank überall sein Anteil an den Gesamteinfuhren. Frankreich lieferte nur noch 3,3% des bulgarischen, 0,9% des ungarischen und 6,1% des rumänischen Imports. Sogar in der Tschechoslowakei, in der es besonders viele Interessen besaß, mußte es sich mit einem Anteil von 5,3% begnügen, während Deutschland 15,5% erzielte. In Paris überlegte man, welche Auswirkungen die deutsche Strategie der Begünstigungsverträge zeigen werde. Botschafter François-Poncet schätzte Deutschlands Absichten richtig ein: es verfolge, schrieb er im Sommer 1936, eine Politik, die darauf abzielte, „die Kleine Entente zu sprengen," um den Weg für die Hegemonie des Reichs in Mitteleuropa, für ein Mitteleuropa unter deutscher Oberherrschaft zu bahnen. Am Quai d'Orsay wußte man genau, daß „die Fahne der Ware folgt." Aber was sollte man unternehmen? Sollte man die Staaten der Kleinen Entente wirtschaftlich und politisch stabilisieren? Die Wirtschaftskonferenz der verbündeten Mächte, die Anfang 1936 stattfand, verlief ergebnislos. Sollte man die Beziehungen zwischen diesen Ländern und Frankreich intensivieren? Daran waren sie nicht interessiert, und die diesbezüglichen französischen Avancen fanden kein Echo. 1937 erwog man eine Offensive des französischen Handels, der jedoch – da Frankreich über keine finanziellen Druckmittel verfügte –, nur wenig Aussicht auf Erfolg beschieden war. Daraufhin plante der Quai d'Orsay eine Zusammenarbeit mit dem Reich, um wenigstens einige französische Interessen zu retten; da Deutschland jedoch nicht zu einer Zusammenarbeit bereit war, verlegte Paris sich auf bilaterale Handelsabkommen in der Hoffnung, den Löwenanteil seiner Interessen zu retten. So sah zum Beispiel der französisch-rumänische Vertrag vom März 1939 vor, daß Rumänien zwischen März 1939 und März 1940 600000 Tonnen Erdöl an Frankreich liefern sollte.

Vor- und Nachteile der wirtschaftlichen Appeasementpolitik

Während Deutschland seine wirtschaftliche Beziehungen zu Lateinamerika und den europäischen Donauländern ausbaute, erlitt es gleichzeitig deutliche Einbußen in seiner Stellung auf traditionellen oder in den zwanziger Jahren wichtig gewordenen Märkten. Wie hatten sich die Handelsbeziehungen zu den USA, zu Frankreich und zu Großbritannien entwickelt?

1933 war Hitler bestrebt, auf die *Vereinigten Staaten* Rücksicht zu nehmen, aber die Interessen der beiden Länder gerieten sehr bald in Widerspruch zueinander. Während Washington den Export förderte, um die Überproduktionskrise zu überwinden, und der „Reciprocal Trade Agreements Act" im Juni 1934 eine Politik der Handelsverträge und der Freigabe des Handels einleitete, schlug das Dritte Reich in Anwendung des Schacht-Planes einen diametral entgegengesetzten Kurs ein: Berlin wünschte keine breite Anwendung der Meistbegünstigungsklausel und bevorzugte bilaterale Abkommen. Ihm war daran gelegen, die Partner zu einer Politik der Einfuhrbeschränkung und der Devisenverteilung zu bewegen. Die amerikanische Regierung lehnte derartige Angebote ab, woraufhin Berlin im Oktober 1934 den deutsch-amerikanischen Handelsvertrag von 1923 aufkündigte (der im folgenden Jahr auslaufen sollte), um Druck auf Washington auszuüben. Aber die Amerikaner blieben standhaft. Im Oktober 1937 schlug die Reichsregierung einen neuen wirtschaftlichen Modus vivendi vor. Während Teilen der amerikanischen Geschäftswelt ein solches Abkommen wünschenswert erschien, lehnte das State Departement die vorgeschlagene Lösung heftig ab. Da jeder Vertrag mit dem Reich das Risiko einer Erleichterung der deutschen

Wiederbewaffnung und der aggressiven Außenpolitik Hitlers mit sich brachte, sah man sich zu einer harten Haltung veranlaßt, um so Deutschland wirtschaftlich und politisch zu schwächen. Daher lehnte Washington jeglichen Gedanken an eine wirtschaftliche Appeasementpolitik ab. Im November 1938 unterzeichneten die Vereinigten Staaten ein Handelsabkommen mit Großbritannien, das unter anderem die von Außenminister Hull begonnene Politik der Handelsverträge vollenden sollte, eine Politik, die nach Feststellung der Wilhelmstraße die Einkreisung Deutschlands bezweckte. Den USA gelang es zwar nicht, der Expansionsstrategie des Reichs entgegenzuwirken, die in Lateinamerika und in Mitteleuropa die amerikanischen Interessen ernsthaft bedrohte, aber sie versuchten wenigstens, deren Auswirkungen zu begrenzen.

Diese Interessengegensätze ließen den deutsch-amerikanischen Handel zurückgehen. Deutschland, das 1933 zum wichtigsten europäischen Abnehmerland der Vereinigten Staaten geworden war – 8,4% der amerikanischen Gesamtausfuhr gingen damals ins Reich –, schränkte den Bezug von US-Gütern erheblich ein: während es 1928 Waren im Gegenwert von über 2 Milliarden Reichsmark bezogen hatte, importierte es 1936 nur noch Güter für 232 Millionen. 1938 stieg diese Summe wegen der Rohstoffkäufe für die Wiederaufrüstung auf 406 Millionen an. Der Absatz deutscher Waren in den Vereinigten Staaten brach dagegen zusammen: waren es 1928 noch Waren im Gegenwert von 796 Millionen Reichsmark, so fiel diese Summe 1936 auf 172 und 1938 auf nur noch 149 Millionen.

Die wirtschaftlichen Beziehungen zwischen *Großbritannien* und Deutschland waren durch eine ganze Reihe von Abkommen geprägt; sie bezeugten, daß beide Seiten einen Handelskrieg vermeiden wollten. Schon am 13. April 1933 verpflichtete sich Berlin zur monatlichen Abnahme von 180000 Tonnen britischer Kohle, wofür ihm London im Austausch Ermäßigungen auf 16 Einfuhrzoll-Positionen zugestand. Beunruhigt über die Bestimmungen des „Neuen Planes“ von Schacht (September 1934), übten die britischen Exporteure starken Druck auf ihre Regierung aus. Ein Kompensationsvertrag vom 1. November 1934 – der abgesehen von einigen kleinen Änderungen im Sommer 1938 bis Kriegsausbruch in Kraft blieb –, schien sie zu beruhigen: Deutschland verpflichtete sich darin, bis zu 55% seiner durch Ausfuhren ins Vereinigte Königreich erworbenen Sterlingdevisen für Waren aus England auszugeben. In Berlin glaubte man, London durch diesen Kompromiß zur Annahme des „Neuen Planes“ bewogen zu haben. Die Wiedereinführung der Wehrpflicht und vor allem die Remilitarisierung des Rheinlandes lösten zwischen März und Juli 1936 heftige Debatten innerhalb des englischen Kabinetts aus, in deren Verlauf die Anhänger einer wirtschaftlichen Appeasementpolitik, die sich von einer wirtschaftlichen Verständigung die Stärkung des Friedens in Europa erhofften, mit den Verfechtern eines harten Kurses aneinander gerieten. In der Geschäftswelt schienen die Meinungen auseinanderzugehen: während sich die City bereit zeigte, dem Reich Kredite zu gewähren, beschwerten sich die englischen Exporteure über eine deutsche Handelsoffensive, die sich – unterstützt durch Dumping – in Südamerika, Mitteleuropa und den britischen Dominions entfaltete.

In den beiden Jahren vor dem Krieg ging London immer mehr zu einer wirtschaftlichen Appeasementpolitik über, auf die dann eine Verbesserung des politischen Klimas in Europa folgte. Im November 1937 begab sich Außenminister Lord Halifax nach Berlin, um die Beilegung sämtlicher Meinungsverschiedenheiten vorzubereiten (wir werden später mehr darüber berichten). Der Weg zu einer Verständigung schien offen. Am 1. Juli 1938 verpflichtete sich das Reich in einem Kompensationsabkommen, 60 statt 55% seiner Devisen für britische Waren auszugeben, ohne hierdurch die Befürchtungen der britischen Exporteure zerstreuen zu können. Ende Januar 1939 schrieb ein deutsch-englischer Vertrag 46% der Kohleausfuhr ins übrige Europa Großbritannien und 32% Deutschland zu; diese Abkommen wurden als ein erster Schritt hin zur Errichtung eines Kohlekartells begrüßt. Zusammenkünfte von Industriellen, die Ende 1938 in London begannen, führten zu einem regelrechten Gipfeltreffen, das am 15./16. März 1939 in Düsseldorf zwischen Vertretern der Federation of British Industries und der Reichsgruppe Industrie stattfand. Eine gemeinsame 12-Punkte-Erklärung betonte, daß die Ausfuhr für beide Länder lebenswichtig sei und man schädliche Konkurrenz vermeiden müsse. Aufgrund der Ereignisse in der Tschechoslowakei durfte man keine großen Hoffnungen in Bezug auf die praktischen Folgen dieses Treffens hegen. Und doch fanden noch am 19. und 20. Juli 1939 in London auf Regierungsebene Gespräche über ein Wirtschaftsabkommen statt. Es ging um die Märkte für die Schwerindustrie, die Notwendigkeit einer Sicherung der Rohstoff- und Nahrungsmittelversorgung und sogar um den Vorschlag eines Vertrages über die Ausfuhr von Industrieerzeugnissen in die wichtigsten Märkte. Man sprach über eine Zusammenarbeit in der Sowjetunion und in China, ja sogar über eine Art koloniales Kondominium zur Ausbeutung Togos, Nigerias und Kameruns, der spanischen und portugiesischen Kolonien sowie Nordrhodesiens usw.

So wurden bis kurz vor Kriegsausbruch Gespräche im Hinblick auf wirtschaftliche Abkommen geführt. Unter Umständen hat sich Hitler über ihre Bedeutung getäuscht. London war keineswegs gewillt, eine deutsche Hegemonie anzuerkennen – man wollte dem Reich allerhöchstens Mitteleuropa überlassen –, sondern die Briten wollten Deutschland wieder in die Weltwirtschaft eingliedern und es von seinen friedensgefährdenden Expansionsplänen abbringen, indem man ihm wirtschaftliche Kompensationen anbot.

Die verschiedenen Handels- und Zahlungsabkommen bremsten den Rückgang des deutsch-englischen Handels. Zwischen 1934 und 1937 stieg der Absatz deutscher Güter in Großbritannien um 27%, aber der Anteil des Reichs an der britischen Gesamteinfuhr sank von 4,2% auf 3,8%. Die entsprechende Ausfuhr nach Deutschland erfuhr einen noch deutlicheren Aufschwung: zwischen 1934 und 1937 steigerte sie sich um 67,2%. Das Rezessionsjahr 1938 führte trotz des „Anschlusses" zu einer Abnahme des Handels auf beiden Seiten. Die Handelsbilanz fiel dabei immer noch deutlich zugunsten Deutschlands aus.

Der deutsch-britische Handel (in Millionen Pfund)

	1934	1935	1936	1937	1938
Deutsche Ausfuhr nach Großbritannien	30,6	30,1	35,3	38,8	31,9
Deutschlands Anteil an der britischen Gesamteinfuhr	4,2%	4,0%	4,2%	3,8%	
Britische Ausfuhr nach Deutschland	14,0	18,9	20,5	23,4	21,8
Deutschlands Anteil an der britischen Gesamtausfuhr	3,5%	4,4%	4,6%	4,5%	

Die Weltwirtschaftskrise hatte den *deutsch-französischen* Handelsvertrag von 1927 ausgehöhlt. Das am 28. Juli 1934 geschlossene Kompensationsabkommen war seit dem 1. August 1935 wirkungslos. Ein rapides Absinken der französischen Ausfuhr von Fabrikaten folgte. Auf beiden Seiten wünschte man den Abschluß eines neuen Handelsvertrags. In den Jahren 1936 und 1937 begab sich Schacht mehrmals nach Paris. Die Verhandlungen erwiesen sich als schwierig wegen der zahlreichen und komplexen Probleme: Man mußte das französische Kontingentierungssystem mit der deutschen Devisenregelung in Einklang bringen, was zusätzlich durch die Abwertung des französischen Franc erschwert wurde. Frankreich wollte Fabrikate und Nahrungsmittel ausführen, während Deutschland vor allem Rohstoffe im Austausch gegen Fabrikerzeugnisse forderte. Außerdem galt es, die Frage der französischen Interessen im Saarland sowie die mit dem Anleihendienst des Dawes- bzw. Youngplans verbundenen Schwierigkeiten zu lösen. Am 10. Juli 1937 wurden die deutsch-französischen Verhandlungen durch den Abschluß einer ganzen Reihe von Wirtschafts- und Finanzabkommen beendet. Sie waren die Grundlage für ein vom 1. August 1937 ab gültiges System der Kontrolle und

Kontingentierung, wobei der Austausch von Koks gegen Eisenerz besonderen Bedingungen unterlag (monatlicher Tausch von 175000 Tonnen Koks gegen 600000 Tonnen Eisenerz). Eine Zusatzvereinbarung vom 2. August 1938 ermöglichte die Einbeziehung Österreichs in den Vertrag und regelte gleichzeitig die Zinszahlungen der österreichischen Anleihen von 1933/1934 an die französischen Geldgeber. All diese Abkommen wurden auf beiden Seiten des Rheins zum Gegenstand optimistischer Kommentare: Man wollte in ihnen vor allem (so Hervé Alphand) „eine Besserung der politischen Atmosphäre zwischen den beiden Ländern" sehen.

Nach dem Münchener Abkommen verfolgten beide Länder einen Kurs, der auf eine echte Zusammenarbeit gerichtet war. Sie schienen entschlossen, der deutsch-französischen Nichtangriffserklärung vom 6. Dezember 1938 auch eine wirtschaftliche Dimension beizulegen. Im Austausch von Meinungen und Noten plante man einen Ausbau des Handels, der Unternehmerkartelle und eine Zusammenarbeit im Ausland; anhand dieses weitgesteckten Programms wurden detaillierte Vorschläge gemacht. Eine offizielle französische Note vom 12. Januar 1939 betonte die Bereitschaft zur Ausweitung der Wirtschaftsbeziehungen, was „der Schaffung einer Atmosphäre des Vertrauens zwischen beiden Völkern" dienlich sei. Ein interministerieller Ausschuß unter dem Vorsitz Daladiers selbst faßte am 25. Februar 1939 eine Reihe von Beschlüssen, die den deutschen Wünschen entgegen kamen. Man wollte den deutsch-französischen Handel durch eine Lockerung der Kontingentierungsbestimmung steigern, Produkte aus der französischen Landwirtschaft gegen deutsche Fabrikate tauschen, die deutsche Industrie an Aufträgen seitens der französischen Verwaltung – vor allem des Verteidigungsministeriums, der Marine und der Luftwaffe – beteiligen, man wollte die Deutschen bei der Erschließung von Bergwerken in den Kolonien mitwirken lassen, Absprachen von Industriellen fördern und ein Tourismusabkommen schließen. Anfang März konnten die Verhandlungen in Berlin unter umso günstigeren Voraussetzungen beginnen, als am 14. Februar ein Zusatzabkommen über den Tausch von Koks gegen Eisenerz geschlossen worden war und die Übereinkünfte vom 10. März die Verträge vom 10. Juli 1937 ergänzt hatten, indem sie das Sudetenland in die Abmachungen einbezogen. Der gute Wille der französischen Regierung schien unleugbar zu sein, obwohl hie und da nationalistische Reaktionen laut wurden. Die Annexion der Tschechei kompromittierte die wirtschaftliche Appeasementpolitik vollends. Paris willigte aber schließlich, wie gesagt, in die Ausdehnung der Übereinkunft vom 10. März auf das ganze tschechoslowakische Territorium ein. Ende Juni/Anfang Juli verhandelten beide Länder über eine Verlängerung der Verträge von Juli 1937; obwohl ein Klima des Mißtrauens und der Verdächtigungen herrschte, verliefen diese Gespräche erfolgreich.

Trotz der Wirtschaftsabkommen nahm der Handel zwischen Frankreich und Deutschland ab. 1938 erreichte die Ausfuhr französischer Güter ins Reich nur ein Fünftel der Zahlen von 1928; der Export deutscher Waren nach Frankreich betrug noch ein Drittel des Standes von vor zehn Jahren. Während Frankreichs Anteil an der deutschen Gesamteinfuhr 1928 5,3% betragen hatte, belief er sich 1938 nur noch auf 2,6%. Das Reich, das vormals 9,3% der französischen Importe stellte, war 1938 nur noch zu 6,9% an ihnen beteiligt. Die Handelsbilanz fiel immer noch zugunsten Deutschlands aus, das mehr Güter nach Frankreich ausführte (1938 im Gegenwert von 217 Millionen Reichsmark), als es von dort bezog (144 Millionen). Während der zwei Jahre, die der deutsch-französische Handelsvertrag von 1937 Anwendung fand, waren 4/5 der deutschen Einfuhren aus Frankreich Rohstofflieferungen, die das Reich benötigte, um das Tempo der Aufrüstung beizubehalten. Es handelte sich dabei vor allem um Eisenerze, Wolle, Holz, Leder und Tierhäute sowie Nichteisenmetalle. 1938 war Frankreich mit 23% der zweitgrößte Eisenerzlieferant des Reiches hinter Schweden (41%).

Auf diese Weise hatte das NS-Regime gegenüber Freund und Feind an einer Handelspolitik festgehalten, die durchaus mit politischen Hintergedanken verknüpft war. Hitler schien niemals geneigt, auf Angebote im Rahmen einer wirtschaftlichen Appeasementpolitik einzugehen, die nicht verlockend genug waren, um die Aufmerksamkeit eines Führers zu fesseln, der ein völlig anderes Ziel verfolgte.

Die geistige Kriegsvorbereitung

Nach innen: die psychologische Wiederaufrüstung

Hitler und die führenden Nationalsozialisten bemühten sich, die öffentliche Meinung in Deutschland für ihre Ziele zu gewinnen: diese psychologische Aktion ging von anfänglicher Friedenspropaganda zu einer regelrechten geistigen Mobilmachung über.

Die sorgfältig vorbereiteten Massenkundgebungen stützten sich auf ein Ritual von Trommeln, Marschmusik und Paraden. Der nationalsozialistische Kult knüpfte an die alten Ideale des Nationalismus an. Mit der Machtergreifung Hitlers rissen die Nationalsozialisten sämtliche Masseninformationsmittel an sich. Die Verordnung vom 4. Februar 1933 schränkte die Presse-, Meinungs- und Versammlungsfreiheit ein. Bereits Anfang 1933 wurde ein Propagandaministerium unter Joseph Goebbels geschaffen, ohne daß deshalb der entsprechende Ausschuß der NSDAP abgeschafft worden wäre. Die im September 1933 gegründete Reichskulturkammer übte eine scharfe Kontrolle über die Intellektuellen aus. Dieser dreiteilige Propagandaapparat diente zur Beeinflussung der öffentlichen Meinung. Er bemächtigte sich des Rundfunks. Außerdem gelang es, einen riesenhaften nationalsozialistischen Pressetrust aufzubauen, indem Verlage, Presseagenturen und Werbebüros aufgekauft wurden. Diese intensive Überwachung verschaffte dem Regime die nötigen Mittel: schon 1934 war alles vorhanden, um die Bevölkerung psychologisch auf einen Krieg vorzubereiten.

In Wirklichkeit lehnte schon gegen Ende der Weimarer Republik die Mehrheit der Bevölkerung eine mit Gewaltverzicht verbundene internationale Verständigungspolitik ab; sie betrachtete den Krieg als legitimes Mittel, ja sogar als ein Naturgesetz. Die verschiedenen Richtungen der nationalen Rechten beteiligten sich an der Verbreitung dieser kriegerischen Ideologie. Neben Verbänden wie dem Stahlhelm und der NSDAP unterstützen Politiker der verschiedensten Richtungen – Mitglieder der DVP, der DDP und des Zentrums – diese Position, die sogar von den Kirchen mit der Rechtfertigung des Kriegs vom theologischen Standpunkt aus gefördert wurde. Die pazifistischen Organisationen spielten nach 1930 nur noch eine unbedeutende Rolle. Die gemäßigten Friedenspolitiker – Sozialdemokraten, Gewerkschaften, die Mehrheit der DDP und des Zentrums –, die sich zunächst für ein System der kollektiven Sicherheit und für eine tatsächliche Abrüstung ausgesprochen hatten, waren schon seit Beginn der Weltwirtschaftskrise in das nationalsozialistische Fahrwasser geraten. Veröffentlichungen mit kriegerischer Tendenz – Bücher, Filme etc. – erlebten ab 1928/1929 einen regelrechten Boom. So wurden bereits vor Hitlers Machtergreifung militaristische Ideologien verbreitet. Das nationalsozialistische Regime vergrößerte diese Bewegungen. Welche Themen standen dabei im Vordergrund? War diese psychologische Aktion erfolgreich?

Die nationalsozialistische Massenbeeinflussung wechselte geschickt zwischen pazifistischen feierlichen Versicherungen und militärischer Propaganda. Dem Regime war ganz offensichtlich daran gelegen, die Kriegsvorbereitungen sowohl vor der internationalen Öffentlichkeit als auch vor der deutschen Bevölkerung zu verheimlichen. Die ergriffenen Maßnahmen wurden als Resultate einer zurückgewonnenen Gleichberechtigung und als Vorkehrungen zur Notwehr im Angriffsfalle hingestellt. Während die pazifistische Literatur schon im Mai 1933 der Bücherverbrennung anheim gefallen war, beteuerten Hitler und die NS-Propaganda bei jeder Gelegenheit Deutschlands Friedenswunsch. Der ehemalige Frontsoldat malte sogar die Schrecken des Krieges aus, um seine

Zuhörer besser von seinem Friedenswillen zu überzeugen. Die Propaganda war bis 1935/1936 vorsichtig genug, sich auf Themen zu beschränken, die die Nationalisten bereits seit Beginn der Weimarer Republik immer wieder angeführt hatten: Die Revision des Versailler Vertrages, die Ablehnung der Alleinschuld Deutschlands, das Ende der Reparationen, die Gleichberechtigung, die Notwendigkeit, für die Sicherheit des Reiches zu sorgen, die Wiederherstellung der deutschen Ehre usw. Ganz allmählich ging man hier und da aber doch wieder zu Kriegspropaganda über, attackierte die Pazifisten und bereitete gleichzeitig eine Verteidigungskampagne vor. Zahlreiche seit 1934 gespielte Filme versuchten Sympathie für die Soldaten und die Armee zu erwecken. Das Image der zeitgenössischen Armee wurde in dem 1936 gegründeten Blatt „Die Wehrmacht" gepflegt, das 1939 eine Auflage von 750000 Exemplaren erreichte. Die Wehrmacht selbst betrieb außerdem gezielte Öffentlichkeitsarbeit, unterhielt einen Pressedienst und kontrollierte damit die Kriegsliteratur sowie alles, was die Verteidigung betraf. Die frühere, 1929 gegründete Gesellschaft für Wehrpolitik und Wehrwissenschaften erhielt neuen Auftrieb. An den Universitäten wurden mehrere neue Lehrstühle errichtet, die sich in Forschung und Lehre mit der militärischen Verteidigung befaßten. Selbstverständlich wurde der Hitlerjugend im Rahmen ihrer vormilitärischen Ausbildung eine kriegerische Gesinnung eingeimpft. Man wollte im deutschen Volk die Bereitschaft zur Verteidigung, den „Wehrwillen", wecken.

1936 schlug die Propaganda einen anderen Ton an und ging auch zu anderen Methoden über, ohne jedoch auf Beteuerungen des deutschen Friedenswillens zu verzichten. Nachdem das politische Ziel erreicht war, bemühte man sich, alle Welt davon zu überzeugen, daß das Reich, das soeben seine Macht zurückgewonnen hatte, den Frieden aufrechterhalten wolle und keine Gebietserwerbungen anstrebe. In dieser Hinsicht war die Krise von März 1936 ein typisches Beispiel. Als Hitler am 7. März 1936 seine Truppen ins entmilitarisierte Rheinland einmarschieren ließ, war die allgemeine Überraschung perfekt. Nach vollendeter Tatsache bekräftigte er sowohl gegenüber der deutschen Öffentlichkeit als auch gegenüber der ganzen Welt, daß Deutschland den Frieden wahren wolle. Er trieb sein Täuschungsmanöver sogar so weit, die Schaffung eines Systems der Friedensgarantie in Europa und den Abschluß von Nichtangriffspakten vorzuschlagen. Am 7. März 1936 erhielt die deutsche Presse die Anweisung, die Rheinlandbesetzung zu rechtfertigen, die als Reaktion auf das französisch-sowjetische Beistandsabkommen – eine Verletzung des Locarnopaktes – hingestellt wurde. Hitler zögerte nicht, Neuwahlen anzusetzen, um nachträglich die Zustimmung des deutschen Volkes einzuholen. Nach einem Wahlkampf, der unter dem Motto des

Friedens, der Aussöhnung und der Verständigung geführt worden war, wandte sich Hitler am 28. März 1936, einen Tag vor der Abstimmung, in einer Ansprache an das deutsche Volk und die ganze Welt: „Ich glaube nicht, daß in der Welt ein Mann mehr vom Frieden und für den Frieden geredet und gerungen und gekämpft hat als ich.“ Sein Vorgehen wurde mit 99% Ja-Stimmen gebilligt.

Die Propaganda konnte nun all die Erfolge herausstellen, die Deutschland ohne Blutvergießen wieder zu seinem früheren Rang als Weltmacht verholfen und gleichzeitig die letzten Fesseln des Versailler Vertrages beseitigt hätten: die Rückkehr des Saargebiets ins Vaterland (1935), die Wiedereinführung der allgemeinen Wehrpflicht, das Deutsch-Britische Flottenabkommen sowie die Remilitarisierung des linken Rheinufers. Das Wort Krieg vermied man, um das deutsche Volk nicht aufzuschrekken. Während es verschiedene Anzeichen dafür gab, daß die Remilitarisierung in manchen Kreisen zur Beunruhigung führte, erhielt die Presse den Auftrag, Vertrauen zu erwecken und das Entstehen einer Kriegsfurcht zu unterbinden.

Dieses mächtige, blühende und friedliche Deutschland wollte das nationalsozialistische Regime aus Anlaß der Olympischen Spiele in Berlin 1936 der ganzen Welt vor Augen führen. Nachdem Hitler auf internationaler Ebene Vertrauen erworben und die Macht des Reichs demonstriert hatte, zögerte er im September 1936 nicht, auf dem Nürnberger Parteitag, einige Tage nach Beendigung der Spiele, die Verlängerung des Wehrdienstes auf zwei Jahre, einen neuen Wirtschaftsplan zur Beschleunigung der Wiederaufrüstung sowie die Bereitschaft zu einer Abrechnung mit dem Bolschewismus anzukündigen . . .

Dank des engen Informationsnetzes von Gestapo und Sicherheitsdienst wußte die Regierung bestens über die Haltung der Bevölkerung Bescheid. Die eingeholten Auskünfte entsprachen jedoch nicht den Vorstellungen der Nationalsozialisten. Während der Sudetenkrise im Herbst 1938 bewiesen sämtliche Meinungserkundungen, daß die Deutschen kaum kriegerisch gesinnt waren. Am 10. November 1938 zog Hitler hieraus vor den Verantwortlichen in Staat, Partei und Propagandaorganisationen die Lehre. Dadurch, daß man jahrelang pazifistische Propaganda betrieben habe, laufe man große Gefahr, eine defätistische Geisteshaltung zu fördern: „Die Umstände haben mich gezwungen, jahrzehntelang fast nur von Frieden zu reden . . . Irgendwie glaube ich, hat sich . . . die pazifistische Platte bei uns abgespielt,“ führte Hitler aus; man müsse dem deutschen Volk klarmachen, daß bestimmte Ziele nur auf gewaltsamem Wege erreicht werden könnten. Ab Herbst 1938 kam es folglich zur psychologischen Mobilmachung.

Sie schien jedoch im Sande zu verlaufen. Die deutsche Öffentlichkeit reagierte nicht mit Begeisterung, als am 1. September 1939 Reichswehrtruppen in Polen einmarschierten. Die Bevölkerung ließ sich höchstens ohne Widerstand in den Krieg hineinmanövrieren. So hatte die Propaganda nicht die von den nationalsozialistischen Machthabern erhoffte psychologische Mobilmachung bewerkstelligt. Genau wie die wirtschaftlichen und militärischen Instrumente wies auch das psychologische Werkzeug einige Mängel auf.

Nach außen: die Reaktivierung des „Deutschtums"

Ebenso wie ihre Vorgängerinnen interessierte sich auch die NS-Regierung für die im Ausland lebenden Deutschen. Das Dritte Reich bemühte sich, aus ihnen Propagandisten für das neue Deutschland zu machen, indem es eine ganze Reihe von Organisationen ins Leben rief, die das Auslandsdeutschtum nutzbar machen sollten. Mehrere Arbeiten, vor allem diejenigen von H.A. Jacobsen, gestatten die Bewertung dieses Aspekts der nationalsozialistischen Politik.

Der offiziellen Terminologie des Dritten Reiches entsprechend, umfaßte das Auslandsdeutschtum sowohl im Ausland lebende deutsche Bürger (Reichsdeutsche oder Auslandsdeutsche) als auch Menschen deutscher Abstammung (Volksdeutsche), die aufgrund ihrer Herkunft, ihrer Sprache und ihrer Kultur ungeachtet ihrer ausländischen Nationalität der deutschen „Rasse" angehörten.

Ende Juni 1937 wurden – abgesehen von den in den Vereinigten Staaten lebenden – 515860 Reichsdeutsche gezählt. Fast die Hälfte von ihnen lebten in Europa und ein knappes Viertel in Lateinamerika.
Die Volksdeutschen, die aufgrund der weiten Definition des Dritten Reiches sehr zahlreich waren, umfaßten 5 Kategorien:

– Die Deutschen, die in den durch Versailles verlorenen Gebieten lebten. Einschließlich Elsaß-Lothringens (1,8 Millionen), aber ohne das Saargebiet (650000) betrug ihre Zahl ungefähr 3 Millionen.
– Die in den ab 1918 selbständig gewordenen baltischen Staaten lebenden Deutschen: etwa 130000.
– Die Deutschen, die in den nach dem Zusammenbruch der österreich-ungarischen Monarchie entstandenen Staaten lebten: 6350000, von denen über die Hälfte (3,5 Millionen) in der Tschechoslowakei lebten.
– Eine Million im europäischen Teil der Sowjetunion lebender Volksdeutscher.
– Das Deutschtum in Übersee, das durch einen langanhaltenden Strom von Auswanderern gespeist worden war. Das waren 8 Millionen in den USA, 500000 in Kanada, 1,2 Millionen in Lateinamerika (davon

zwei Drittel in Brasilien). Ihre Zahl auf den übrigen Kontinenten war gering: 50000 in Afrika und in Australien sowie 200000 in Asien.

Die offiziellen Statistiken gingen sogar noch weiter. Indem sie sämtliche Deutschen in der Welt zusammenzählten (Reichsdeutsche + Volksdeutsche), kamen Parteistellen 1938 auf eine Zahl von 97,5 Millionen, von denen 67 Millionen im Mutterland und 6,2 Millionen in Österreich lebten. Allerdings erzielten sie diese fast 100 Millionen nur, indem sie kurzerhand 3 Millionen Schweizer, die Luxemburger sowie einen Teil der Belgier und Holländer mit in ihre Rechnung einbezogen.

Ein rund 25 Millionen umfassendes Deutschtum, das in bestimmten Erdteilen stark vertreten war, mithin eine mögliche Manövriermasse, auf welche die Nationalsozialisten nicht verzichten wollten: welche Ziele verfolgten sie damit?

Es war nichts Neues, daß sich die deutsche Regierung für das Deutschtum interessierte; daher konnten die Nationalsozialisten auf bereits bestehende Organisationen zurückgreifen, die sie umformten. Außerdem wurde ab 1933 eine ganze Reihe von Einrichtungen gegründet. Zahlreiche Vereinigungen bemühten sich, der „Entdeutschung" entgegenzuwirken, indem sie den Auswanderern kulturelle und wirtschaftliche Unterstützung zuteil werden ließen. Der „Verein für das Deutschtum im Ausland" (VDA) bestand schon seit 1881. 1933 wurde der „Verein" zum „Volksbund"; es gab ihn in 27 Ländern, er zählte 3200 Ortsgruppen und 5500 Schülergruppen. Der Ausgang des Ersten Weltkrieges hatte zur Gründung neuer Verbände geführt, wie zum Beispiel des „Bunds der Auslanddeutschen" im Jahr 1919. Der ebenfalls 1919 eingerichtete „Deutsche Schutzbund" war viel stärker politisch orientiert, umfaßte etwa hundert Vertriebenenvereinigungen und interessierte sich vor allem für die dem Reich benachbarten Länder. Neben diesen großen Organisationen gab es noch eine Unmenge von Einrichtungen mit enger umrissenen Aufgabenstellungen: „Institut für Ostforschung", „Sudetendeutscher Heimatbund", „Deutsche Akademie", „Deutsches Auslands-Institut" (DAI). Letzteres war 1917 in Stuttgart gegründet worden und kann als typisches Beispiel derartiger Institutionen angesehen werden. Obwohl es zu keiner Zeit eine Massenbewegung darstellte – es kam nie über 6500 Mitglieder hinaus –, spielte das DAI dennoch eine bedeutende Rolle, da es das Blatt „Der Auslandsdeutsche" herausgab, das bereits 1920 eine Auflage von 7500 Exemplaren erreichte und verschiedene eigene Arbeiten veröffentlichte. Gemäß seinen Statuten beschäftigte sich das DAI mit dem Auslandsdeutschtum, mit seinen Interessen wie seinen Beziehungen zum Mutterland. Sein Tätigkeitsfeld erstreckte sich vor allem auf den Ausbau der wirtschaftlichen Beziehungen, auf Auswanderungsfragen und die Erforschung des Auslands. All diese Organisationen wurden von der Wilhelmstraße in kultureller und finanzieller Hinsicht unterstützt: während des Krieges wurde innerhalb des Auswärtigen Amts eine „Kulturabteilung" ins Leben gerufen. Abgesehen von den äußerst skeptischen Kommunisten und Sozialdemokraten unterstützten die Parteien der Weimarer Republik diese Bewegung.

Diese Vereine und Institute reagierten erfreut auf Hitlers Machtergreifung: fast alle ergingen sich in Lobreden auf den Führer. Würde er nicht Deutschland aus dem Chaos herausführen und vor dem Elend und dem Bolschewismus retten? Man glaubte, er werde die Fesseln des Versailler Vertrages sprengen und eine energische Revisionspolitik betreiben. Im Juli 1933 legte der „Bund der Auslandsdeutschen" seinen Mitgliedern dar, daß Hitler den Wunsch nach einer Wiedergeburt des gesamten deutschen Volkes geradezu verkörpere. Der Reichskanzler und die offiziellen Stellen verhielten sich jedoch diesen Organisationen gegenüber sehr vorsichtig. Hitler hatte andere Sorgen, und bereits im Juli 1933 machte die Wilhelmstraße die übrigen Ministerien darauf aufmerksam, welche unliebsamen Folgen die Agitation dieser Vereinigungen nach sich ziehen könne: infolge der Stellungnahme zu Schleswig befürchtete man die Bildung einer skandinavischen Front gegen Deutschland. Vorerst entsprach der Kurs der Reichsregierung nicht den Vorstellungen der Vereine, die die Festlegung einer klaren politischen Linie und eine Zentralisierung wünschten. Hitler verhielt sich gleichgültig, und Hess führte im Juni 1933 aus, der Spielraum der Vereine sei umso größer, wenn sie ihre Unabhängigkeit von offiziellen Stellen wahrten. Erst im Oktober 1933 berief Hess auf Druck der Beteiligten einen „Volksdeutschen Rat" ein, der die Tätigkeit sämtlicher Organisationen koordinieren sollte, die sich mit dem Deutschtum beschäftigten. Alle deutschen Bürger, die im Reich wie die im Ausland, sollten lediglich Hitlers Befehlsgewalt unterstellt werden und es galt, den Volksdeutschen ihre Pflichten gegenüber dem Mutterland deutlich zu machen.

Doch Kompetenzstreitigkeiten sowie die Rivalität zwischen offiziellen Behörden und Parteiorganisationen lasteten auch schwer auf der „Volkstumspolitik. Schon im Oktober 1933 stand der Reichskanzler in Wirklichkeit zwei Stellen vor, wovon die eine eine Abteilung der NSDAP unter Leitung von Ernst Bohle und somit der Partei (Hess) untergeordnet war, während die andere durch den „Volksdeutschen Rat" (VR) dem Auswärtigen Amt unterstand. Dieses politische Führungsorgan geriet sehr bald in Konflikt mit dem „Volksbund für das Deutschtum im Ausland" (VDA), der als unpolitische Vereinigung gedacht war und sich vor allem mit kulturellen und sozialen Fragen beschäftigen sollte.

Was die offiziellen Organe anbetraf, so entwickelte sich ein heftiger Kampf zwischen den Abteilungen der Wilhelmstraße und dem Außenpolitischen Amt der NSDAP. Diese 1931 gegründete Parteistelle besaß bereits Niederlassungen jenseits der Reichsgrenzen. Gegen Ende 1932 umfaßte sie 160 nationalsozialistische Ortsgruppen in der ganzen Welt und 3102 Parteimitglieder im Ausland. Im Mai 1933 wurde sie in die „Auslandsorganisation" (AO) der Partei umgewandelt. Mit Sitz in Hamburg und geführt von Gauleiter Bohle, der wiederum direkt Hess und dem „Führer" unterstellt war, nahm sie einen raschen Aufschwung: Anfang 1936 besaß sie über 500 Ortsgruppen im Ausland.

So kam es in der ganzen Welt zur Gründung nationalsozialistischer Ortsgruppen und zur Bestellung von Gruppenleitern. Ende Juni 1937 erfaßte die AO 29099 deutsche Bürger und Parteimitglieder im Ausland. Fast die Hälfte von ihnen lebte in Europa, insbesondere in Holland (1925), Österreich (1678), Polen (1379), in der Schweiz (1364) und anderen Staaten. Besonders viele nationalsozialistische Reichsdeutsche gab es in Lateinamerika, in erster Linie in Brasilien (2903), Argentinien (1500) und Chile (985); in Afrika waren es etwa 3000, in Asien 2000 und in den Vereinigten Staaten 569. Damals war ungefähr jeder 17. Reichsdeutsche Parteimitglied. Ab Oktober 1933 forderte die AO ihre Mitglieder zur Unterordnung unter Hitler und zur Aufopferung für den „Führer aller Deutschen" auf.

Seit Beginn des Jahres 1934 war die AO für alle nationalsozialistischen Reichsdeutschen im Ausland – mit Ausnahme derjenigen in Österreich, Memelland und Danzig – zuständig. Im März 1935 wurde sie, mittlerweile zu einer unentbehrlichen Vermittlungsinstanz geworden, nach Berlin verlegt.

Faktisch kam es aber zu einigen Konflikten und zur Gründung von mit ihr konkurrierenden Organisationen. Anfangs schienen sich die Beziehungen der AO zum Auswärtigen Amt einerseits und den diplomatischen Vertretern des Reichs im Ausland andererseits schwierig zu gestalten. Erst Anfang 1937 griffen Hitler und Hess schlichtend ein: sie kamen Bohles Vorstellungen entgegen und schufen die Position eines Chefs der AO im Auswärtigen Amt. Diese Umgestaltung schien eine Verbesserung des Verhältnisses zwischen den diplomatischen Missionen und den Parteileitern im Ausland zu bewirken. Gleichzeitig dehnte die SS ebenfalls ihren Einfluß auf die nationalsozialistische Außenpolitik aus, indem sie die Gründung der „Volksdeutschen Mittelstelle" durchsetzte, die – unter der Leitung von Obergruppenführer Lorenz stehend – den älteren mit der Volkstumspolitik befaßten Organisationen (VDA, BDO (Bund Deutscher Osten), DAI) übergeordnet wurde. Die Dienststelle Ribbentrop, die im April 1934 gegründet wurde, weil Hitler den als zu bürokratisch und konservativ eingeschätzten Diplomaten der Wilhelmstraße zu wenig vertraute, bestand bis zum Kriegsausbruch fort, obwohl Ribbentrop im Februar 1938 Außenminister wurde. Dieser Apparat, dessen 160 Mitarbeiter über einen recht großen Ermessensspielraum verfügten, fischte gern im Trüben und beschäftigte sich mit allen möglichen Angelegenheiten.

Der Wirrwarr an Ämtern und Verbänden blockierte die AO nicht in der Verfolgung einer ganzen Reihe von Vorhaben. Was waren die Ziele und welche Methoden wandte die Auslandsorganisation der NSDAP an? Konnte sie greifbare Erfolge vorweisen?

Bereits 1933 sollten die im Ausland lebenden Reichsbürger, ganz gleich ob es sich um Parteimitglieder handelte oder nicht, missionarisch im Dienste des Mutterlandes wirken. Sie sollten in ihren Gastländern Sympathie und Verständnis für die nationalsozialistische Bewegung erwekken. Mit Vorträgen und der Verbreitung übersetzter Bücher zogen sie eine umfassende Propaganda auf. Sie durften sich jedoch auf keinen Fall in die inneren Angelegenheiten ihres Gastlandes einmischen und sollten um jeden Preis diplomatische Verwicklungen zwischen Deutschland und den übrigen Staaten vermeiden. Man wollte die Reichsdeutschen zu Pionieren des neuen Deutschlands, zu „fanatischen Anhängern" des Mutterlandes machen; Voraussetzung hierfür war jedoch zunächst eine Erziehung und Disziplinierung dieses Personenkreises. Die Mitglieder der AO sollten die Rolle der Hefe im Teig übernehmen. Um sie für ihre Ziele zu begeistern, zögerte die NSDAP nicht, sie zur großen Festveranstaltung nach Nürnberg, den Parteitagen, einzuladen; viele Mitglieder der AO, die bei dieser Gelegenheit erstmals nach Deutschland kamen, zeigten sich von diesen Massendemonstrationen beeindruckt. Außerdem organisierte die NSDAP Jahresversammlungen der Auslandsorganisation: im September 1936 kamen über 5000 Abgesandte aus aller Welt nach Erlangen, und im darauffolgenden Jahr betrug auf der Versammlung in Stuttgart ihre Zahl mehr als das Doppelte. Die Parteiprominenz hielt Ansprachen vor diesen Versammlungen und versprach, ihre Mitglieder in der ganzen Welt zu verteidigen. 1937 legte von Neurath ihnen dar, daß das Reich keine aggressive Politik verfolge, während Hess erklärte, daß die Wiederaufrüstung Deutschlands auch der Sicherheit der Auslandsdeutschen zugute komme. Daneben fanden weitere Jahresversammlungen mit genau umschriebenen Teilnehmerkreisen – wie zum Beispiel der Auslandslehrer – statt.

Die Ortsgruppen sollten auch den Absatz deutscher Produkte fördern. Die im Ausland lebenden Deutschen wurden aufgefordert, möglichst viele Güter aus Deutschland zu beziehen: Radios, Schallplatten, Musikinstrumente, Fahrräder, Elektroartikel etc. Mitte 1939 gab es innerhalb der ausländischen Gruppen 244 Handelsniederlassungen, und die Zentrale der AO hatte ein Netz von über 110000 Handelsvertretern aufgebaut.

Selbstredend hatten die Ortsgruppenleiter darüber hinaus die Aufgabe, der Auslandsorganisation Informationen – über innere und äußere Probleme des jeweiligen Gastlandes – zukommen zu lassen. Und wenn auch die Qualität ihrer Mitteilungen zu wünschen übrig ließ, so vertreten manche Forscher doch die Ansicht, daß es der AO gelang, unter dem Deckmantel dieser Auskunftsarbeit eine fünfte Kolonne einzurichten.

Die Auslandsorganisation hatte es sich zum Ziel gesetzt, die im Ausland lebenden Deutschen zu erziehen, zu sammeln, gleichzuschalten und zu „Missionaren", ja sogar zu Handelsvertretern und zu Spionen zu machen. Welche Methoden wandte sie hierbei an und wie reagierten die deutschen Ansiedlungen im Ausland?

Über die Landesgruppen, Ortsgruppen und Stützpunkte, die über die ganze Welt verstreut waren, übten Mitglieder der AO Druck auf die Bürger deutscher Siedlungen aus, bei denen die großen Schlagworte vom Kampf gegen den Bolschewismus und das Judentum zunächst nur ein geringes Echo hervorriefen, die aber recht empfänglich für die Idee einer kulturellen Zusammenarbeit aller Deutschen waren. Die Ortsgruppenleiter provozierten zum Teil einen größeren Widerstand gegen ihre Person als gegen die nationalsozialistische Ideologie. Persönliche Rivalitäten und durch den Generationenkonflikt bedingte Probleme – die ältesten Bürger widersetzten sich am hartnäckigsten – riefen hier und da in Südamerika, Südafrika, in Niederländisch-Indien, in China und auf den Philippinen ernsthafte Schwierigkeiten hervor. Schon 1933/1934 kam es in Guatemala, Rio de Janeiro, Mexiko, auf Manila und in Tientsin zu Protestkundgebungen von Deutschen, die sich nicht für die nationalsozialistischen Ziele einspannen lassen wollten. 1935 verkündete Bohle auf dem Nürnberger Parteitag, die Auslandsdeutschen hätten sich einstimmig dem Nationalsozialismus zugewandt, aber bereits ein Jahr später gab er zu, daß es noch einige Zeit dauern werde, bis die im Ausland lebenden Deutschen so stark nationalsozialistisch eingestellt seien, wie es die Partei wünsche.

Vor Ort konnten die Parteimitglieder im allgemeinen mit der Unterstützung durch die diplomatischen Vertreter des Reiches rechnen, die sich zwar abwartend verhielten, aber auch Opportunisten waren. In Mexiko, Shanghai, San Francisco, Buenos Aires und Tokio kam es von Anfang an zu einer guten Zusammenarbeit, aber mancherorts traten auch Spannungen zwischen den Ortsgruppenleitern und den Diplomaten auf. Im September 1933 bestand in Ungarn eine solche Rivalität zwischen dem Nationalsozialisten Wagner und dem diplomatischen Gesandten, daß sich das Deutschtum spaltete. In Mailand kam schließlich nach langen und mit Ausdauer geführten Verhandlungen zwischen Nationalsozialisten und dem Generalkonsulat im Oktober 1935 ein Kompromiß zustande. Die Lage spitzte sich noch zu, als sich die AO einiger Amtsanmaßungen schuldig machte. Als diese Übergriffe Reaktionen des Auslandes hervorriefen (siehe unten), schaltete sich die Wilhelmstraße ein. Im März 1936 tadelte von Neurath die Methoden der AO, die nahezu überall – in den Vereinigten Staaten, Holland, Schweden, der Schweiz, Italien usw. –, zu Amtsmißbräuchen führten.

Gleichwohl übte das Bild eines neuen, wiederhergestellten und starken Deutschlands in vielen Köpfen eine faszinierende Wirkung aus. Die verantwortlichen Parteifunktionäre konnten in wachsendem Maße Gedächtnistage, Einweihungsfeiern und Aufmärsche von uniformierten Einheiten mit Hakenkreuzarmbinden veranstalten. Aber diese Zellenbildung führte unweigerlich zu Reaktionen der Gastländer, die umso heftiger ausfielen, wenn die AO ihre Kompetenzen überschritt. Die Zentrale erinnerte die Ortsgruppen vergeblich daran, daß ausschließlich deutsche Bürger in die Partei eintreten konnten, ihre Propaganda griff über diesen engen Personenkreis hinaus und erfaßte auch Deutschstämmige mit ausländischer Staatsbürgerschaft. Wie konnte man da der Versuchung widerstehen, im Ausland faschistische Gruppierungen zu unterstützen?

Die „braune Pest“, die sich wie ein Ölfleck ausbreitete, löste in mehreren Staaten Unruhe, Protestkundgebungen und bisweilen Abwehrmaßnahmen aus. Sowohl in Europa als auch in Amerika gab es zahlreiche Beispiele hierfür. Die deutsch-schwedischen Beziehungen verschlechterten sich ab 1934: Stockholm protestierte gegen die Propaganda der Reichsdeutschen, deren Zahl in Schweden jedoch nicht mehr als 4000 betrug. Noch 1936/1937 warnte man dort oft vor der deutschen Gefahr. Zwischen Berlin und Budapest kam eine starke Spannung auf, da die 2500 Reichsdeutschen eine aktive Rolle in der Innenpolitik zu spielen suchten, umso mehr, als in Ungarn eigene faschistische Gruppierungen existierten. Budapest fürchtete, die 550000 bis 600000 Personen starke deutsche Minderheit – das entsprach 6,9% der Gesamtbevölkerung – könne der NS-Propaganda erliegen. In der Schweiz trachteten die Nationalsozialisten, die neokonservativen Kreise für ihre Sache zu gewinnen und die „germanische“ sowie die antibolschewistische Tradition zugunsten des Reiches spielen zu lassen. Der VDA pflegte Kontakte zum „Volksbund für die Unabhängigkeit der Schweiz“. 1938/1939 versuchte der Sicherheitsdienst der SS durch Einschaltung „kultureller“ Organisationen – des „Büros Peter“ und dann des „Alemannischen Arbeitskreises“ – seine Beziehungen zu den Nationalsozialisten in der Schweiz zu intensivieren. Ganz offensichtlich beschränkten sich diese Kontakte nicht auf die Erteilung von Auskünften, denn 1937/1938 erwog man sowohl in nationalsozialistischen Kreisen in der Schweiz als auch im Reich allmählich offen eine Vereinigung mit Deutschland. Diesen ohne große Energie geführten Bemühungen war kaum Erfolg beschieden. Aber die Schweizer wurden dennoch von Besorgnis ergriffen, obwohl Hitler schließlich im Februar 1937 versprach, daß er die Neutralität der Schweiz respektieren werde.

In Amerika löste das Vorgehen der Nationalsozialisten heftige Reaktionen aus. Bereits 1924 waren sie in den Vereinigten Staaten in Erscheinung getreten, als sie in Chicago einen Verein namens „Teutonia" gründeten. Zu Beginn der dreißiger Jahre bildeten sich einige Gruppen in Chicago, Detroit, Los Angeles und New York, deren Leiter in den meisten Fällen Mitte der zwanziger Jahre nach Amerika gekommen waren. Die Partei blieb klein: 1937 erfaßte die Auslandsorganisation 569 Mitglieder. 1933 gründeten die Nationalsozialisten in den USA die Organisation „Freunde des Neuen Deutschland", die allgemein der „Bund" genannt wurde. Sie wandte sich an alle Deutschstämmigen – nach Zählung des „Bundes" ungefähr 6,8 Millionen Menschen, von denen 1,6 Millionen in Deutschland geboren waren – und gab die erste Nummer des Blattes „Das Neue Deutschland" heraus, das vom deutschen Generalkonsulat in New York finanziert wurde. Eine Untersuchung 1934/1935 von einem durch das US-Repräsentantenhaus eingesetzten Ausschuß durchgeführt, ergab, daß nationalsozialistische Gruppierungen Geld, Waffen und Propagandamaterial aus dem Ausland erhielten. Andere, stärker kulturell orientierte Einrichtungen, wie zum Beispiel der „Fichte-Bund", verteilten ebenfalls Broschüren und Flugschriften. Die großen Schiffahrtsgesellschaften (HAPAG, Norddeutscher Lloyd) unterstützten diese Bewegungen. 1934 wurde der „Bund" zunehmend radikaler und gründete sogar einen Ordnungsdienst nach dem Vorbild der SA: die Hemden waren weiß statt braun, aber die Armbinde mit dem Hakenkreuz wurde auch hier getragen. Eine Presse mit einer Auflage von 30000 Exemplaren stellte die Feinde – die Juden und den Bolschewismus – klar heraus. Die deutschen Diplomaten trieben oft ein doppeltes Spiel: die Konsuln unterstützen die Partei, der Botschafter Luther verhielt sich abwartend. Ab 28. September 1935 startete die „New York Times" eine regelrechte Kampagne gegen den „Bund". In diesem Fall gelang es der Wilhelmstraße, die übrigen Ministerien von dem Ausmaß der durch diese Organisation verursachten Schwierigkeiten zu überzeugen: im November 1935 wurde sämtlichen Reichsdeutschen der Austritt aus dem „Bund" befohlen.

Der „Bund" wurde umgestaltet und nannte sich ab März 1936 „Amerika-Deutscher Volksbund". Seine Aufgabe bestand nach wie vor im Schutz der Interessen der Deutschstämmigen auf sämtlichen Gebieten, in der Verteidigung Deutschlands gegen jegliche „Gehässigkeit" und in der

Bekämpfung des Bolschewismus. Anfang 1937 zählte er 3000 Mitglieder und begann mit der Herausgabe einer Zeitung. Dieser wahrscheinlich indirekt vom Reich unterstützte „Volksbund", der sich selbst nach Aussage der Wilhelmstraße lediglich eine andere Fassade gegeben hatte, zog sich 1937/1938 ebenfalls amerikanische Proteste zu. Man war über die Aufmärsche uniformierter Einheiten und über antidemokratische Kundgebungen beunruhigt. Immer mehr Amerikaner glaubten, Berlin wolle alle Volksdeutschen an sich binden, um den Nationalsozialismus auszubreiten. Versuchte das Reich mit Hilfe dieses Trojanischen Pferdes etwa, ein totalitäres Regime zu errichten? In seinem Bericht vom 7. Januar 1938 hob Botschafter Dieckhoff diese Reaktionen hervor und griff den „Volksbund" an. Einen Monat später beschloß Berlin, sämtliche Kontakte zum Verein abzubrechen, die Reichsdeutschen daran zu erinnern, daß ihnen die Mitgliedschaft verboten war, sowie die Verwendung der Symbole des Reichs und der Partei zu untersagen. Dieckhoff setzte das State Departement hiervon in Kenntnis: das Reich hatte offiziell nichts mehr mit dem „Amerika-Deutschen Volksbund" zu tun.

In Lateinamerika hegte man starke Sympathien für Deutschland, und die Auslandsorganisation suchte sie zu vermehren. Ihr Vorgehen rief jedoch dermaßen heftige Reaktionen hervor, daß offizielle Kreise in Berlin stutzig wurden und eine etwas schwankende Haltung einnahmen. Während es u.a. in Argentinien, Chile und Venezuela zu Schwierigkeiten kam, löste das Vorgehen der AO in Brasilien eine regelrechte Krise aus. Bis 1935 bestanden gute Beziehungen zwischen Brasilien und dem Dritten Reich, und viele Brasilianer machten keinen Hehl aus ihrer Zuneigung für das neue Deutschland. Zu diesem Zeitpunkt lebten dort zwischen 800000 und 1 Million Menschen deutscher Abstammung: 92% von ihnen waren „Deutschbrasilianer", nur 8% deutsche Bürger. Von diesen etwa 75000 Reichsdeutschen waren nur wenige – 348 im Jahr 1933 und 2903 1937 – Mitglieder der NSDAP. Anfang 1936 schritt Präsident Vargas vor allem deshalb ein, weil die deutsche Botschaft hatte verlauten lassen, daß sie die „Deutschbrasilianer" als unassimilierbar betrachte. In der zweiten Hälfte des Jahres 1937 gingen sowohl die Presse als auch die Abgeordneten Brasiliens wesentlich weiter. Man griff die Partei an, die einen Staat im Staate bilde und einen deutschen Block, eine fünfte Kolonne schaffen wolle, die wiederum Vorstufe zu einem Übergriff Deutschlands auf den südamerikanischen Kontinent sei. Diese zweifellos von Washington unterstützte Kampagne führte dazu, daß man restriktive Maßnahmen gegen die deutschen Schulen im Süden des Landes und gegen die deutschen Zeitungen ergriff. In mehreren brasilianischen Teilstaaten wurden ausländische Parteien verboten. Vargas beabsichtigte, seine Assimilationspolitik voranzutreiben. Im April 1938 verbot er Ausländern sogar den Eintritt in Organisationen mit politischem Charakter: die Proteste der deutschen Botschaft verhallten wirkungslos. Einen Monat später beschuldigte ein Teil der Presse das Deutsche Reich, es habe den Aufstand der Integralisten gegen Vargas finanziert. Zwischen September 1938 und Juni 1939 waren die diplomatischen Beziehungen zwischen Berlin und Rio de Janeiro abgebrochen. In dieser Angelegenheit hatten viele „Deutschbrasilianer" auf der Seite von Präsident Vargas gestanden; sie kritisierten das Vorgehen der AO und stellten klar heraus, daß sowohl die Partei als auch ihre örtlichen Vertreter nicht immer den Unterschied zwischen Reichsdeutschen und Volksdeutschen respektiert hatten.

Diese Krise ist ein gutes Beispiel dafür, daß die Aktivitäten der Auslandsorganisation in manchen Fällen eine ernsthafte Verschlechterung des Verhältnisses zu anderen Staaten herbeiführten. Es gingen Warnungen z. B. von Diplomaten und Marineoffizieren ein. Erst im Frühjahr 1938 wurden Volksdeutsche und Bürger mit doppelter Staatsangehörigkeit aus der Partei ausgeschlossen. In Lateinamerika stieß man auf solche Feindseligkeit, daß sich im Juli 1938 die Leiter der deutschen diplomatischen Vertretungen Argentiniens, Brasiliens und Chiles in Montevideo trafen. Sie versuchten die Haltung der deutschen Regierung zu ergründen. Wollte man den Einfluß der Vereinigten Staaten bekämpfen? Wäre es nicht besser, sich auf wirtschaftliche und kulturelle Zielsetzungen zu beschränken? Sie forderten dazu auf, Fragen der Rasse und der Religion nicht zum Gegenstand der Propaganda zu machen; ferner sollte in Vereinen und Schulen Neutralität gewahrt werden; man sollte nur sehr zurückhaltenden Gebrauch von Hitlergruß, Uniform und Hakenkreuz im Ausland machen. Sie empfahlen, Militärattachés zu entsenden, durch eine stärkere Subventionierung der südamerikanischen Presse für einen besseren Informationsgrad zu sorgen und die Ausstrahlung von Kurzwellensendungen zu fördern. In Berlin zögerte man, während der „Führer" selbst und Ribbentrop Anfang 1939 mit Nachdruck betonten, daß das Reich gute Beziehungen zu Lateinamerika unterhalte.

Die Kampagne gegen das Dritte Reich brach wieder mit Heftigkeit aus, als die Presse Deutschland beschuldigte, Patagonien annektieren zu wollen. Daraufhin berief die Wilhelmstraße sämtliche Missionschefs aus Lateinamerika zu einer Konferenz nach Berlin, die wegen der Verschlechterung des Verhältnisses zu den Ländern Lateinamerikas seit 1936 notwendig geworden war. Diese Abkühlung in den Beziehungen führte die deutsche Außenpolitik auf den Druck des amerikanischen Wirtschaftsimperialismus, auf die zunehmende Verbreitung des Panamerikagedankens und auf das Anwachsen des Nationalismus zurück. Sie riet zu einer Politik, die sich auf wirtschaftliche und kulturelle Zielsetzungen beschränkte. Am 12. Juni 1939 wurden die versammelten Missionschefs

Zeugen einer Auseinandersetzung zwischen den Diplomaten und der AO. Zwei Monate lang in Berlin aufgehalten, während es weltweit zu erheblichen Spannungen kam, kehrten sie schließlich zurück, ohne eine klare Antwort bezüglich der Ziele der deutschen Politik in Lateinamerika erhalten zu haben – ein weiteres Indiz für die unbestreitbar schwankende Haltung Deutschlands.

Wie sah die Bilanz der Politik der Auslandsorganisation aus? Dank ihrer 800 Angestellten war sie zu einem richtigen Apparat geworden und hatte die Kontrolle über sämtliche nationalsozialistischen Gruppen im Ausland an sich gezogen. Unter den Reichsdeutschen führte ihr Vorgehen zu Rivalitäten und rief sogar Widerstand hervor. Ihre Tätigkeit darf zwar nicht überbewertet werden. Aber sie löste in den Gastländern Mißtrauen und abwehrende Reaktionen aus und bewirkte sogar einige ernsthafte Krisen in den Beziehungen des Dritten Reiches zu anderen Staaten. Die geistige Mobilisierung im Ausland sowie die Versuche, das neue Deutschland vorzustellen, schienen nicht viel Anklang zu finden. Gewiß, in Österreich und in der Tschechoslowakei hatten die Aktionen der Nationalsozialisten direkt den Plänen des „Führers" gedient: anderswo erbrachten sie höchstens die Gründung einzelner Stützpunkte, die im Kriegsfalle von Nutzen sein konnten.

Die Etappen der Expansionspolitik

Schon bei der Machtergreifung war Hitler gewillt, die letzten Fesseln des Versailler Vertrages abzustreifen und Deutschland auf internationaler Ebene großen Spielraum zu verschaffen. Der „Führer" wollte sämtliche militärischen Einschränkungen, die der Versailler Vertrag dem Reich auferlegt hatte, zunichte machen. Die bereits von seinen Vorgängern eingeschlagene Politik der Wiederaufrüstung trieb er energisch voran. Das Hindernis der internationalen Abrüstungsverhandlungen räumte er bald aus dem Weg: Schon am 14. Oktober 1933 verließen die deutschen Vertreter die Genfer Konferenz und trat Deutschland aus dem Völkerbund aus. Hitler weigerte sich, das Reich in ein internationales und multinationales System einbinden zu lassen, und bevorzugte bilaterale Abkommen. Der Abschluß eines Nichtangriffspaktes mit Polen am 26. Januar 1934 bedeutete einen ersten diplomatischen Erfolg; er löste Deutschland aus seiner Isolierung und schlug außerdem eine Bresche in den Gürtel von Bündnissen, die Frankreich in den zwanziger Jahren gegen das Reich mit dessen östlichen Nachbarn geschlossen hatte.

Der Reichskanzler begnügte sich jedoch nicht damit, die Verwirklichung der noch ausstehenden Ziele der Revisionspolitik (Wiedereingliederung des Saargebietes, Remilitarisierung des Rheinlandes) anzustreben. Hinter diesen Zielsetzungen, die lediglich den Charakter vorbereitender Aktionen trugen, zeichneten sich wesentlich umfassendere Pläne ab. Nach einer Periode der inneren und äußeren Konsolidierung wollte Hitler das Reich zur Vormacht Europas machen. Es mußte auf Kosten der Sowjetunion „Lebensraum" erobern und die Stellung einer Weltmacht erlangen. Nach Darlegung des Historikers E. Jäckel wollte Hitler sein Programm in drei Stufen verwirklichen:

1. Zunächst sollte Deutschland wiederaufrüsten und Bündnisse mit Großbritannien und Italien schließen. Unter diesen Rahmenbedingungen konnte es die notwendigen Vorbereitungen für eine Auseinandersetzung mit Frankreich treffen.
2. Dann sollte es den Krieg gegen Frankreich führen, der die revisionistischen Kreise in Deutschland zufriedenstellen, vor allem Frankreichs Ansprüchen auf eine Vormachtstellung innerhalb Europas jegliche Grundlage entziehen und die Flanke des Reiches für die Ostexpansion sichern würde.
3. Anschließend sollte in einem Eroberungskrieg gegen die Sowjetunion der „Lebensraum" für Generationen sichergestellt werden, den das deutsche Volk benötigte.

Dieses grundlegende Konzept, das dem Diktator gewiß in starkem Maße gegenwärtig war, darf jedoch nicht über einige Brüche oder Umschwünge im Fortgang seiner Gedanken hinwegtäuschen. Die inneren und äußeren Gegebenheiten, die Vorstellungen aus seiner Umgebung sowie seine eigenen Erwägungen veranlaßten ihn zu einem geänderten Vorgehen. Betrachtet man Hitlers Außenpolitik, so lassen sich zwei Etappen unterscheiden: zwischen 1933 und 1936 durchlief sie eine Phase des Revisionismus, in deren Verlauf das Reich eine „Risikozone" durchqueren mußte. Ab 1937 brach dann eine neue Phase an, jene der „verstärkten Dynamik", die bis 1940 zu großen Erfolgen führte.

Die Durchquerung der „Risikozone"

Hitler konnte gar nicht anders, als die revisionistische Politik seiner Vorgänger fortzusetzen; die Wiedereinführung der allgemeinen Wehrpflicht, die Remilitarisierung des Rheinlands sowie die Wiedergewinnung des Saargebietes, all dies waren selbstverständliche Ziele, die es zu erreichen galt. Während dieser Phase beschäftigte sich Hitler in erster Linie mit den zu erwartenden Reaktionen der Westmächte. Er versuchte, sie zu besänftigen und gleichzeitig seine Vorhaben weiter zu verwirklichen, was ihm Gelegenheit dazu bot, auszuloten, wie stark die Westmächte tatsächlich die Umsetzung seiner Pläne hemmen konnten.

Hitler beseitigt die französische Gefahr

Während der Durchquerung der Risikozone ging die stärkste Gefahr von *Frankreich* aus: es könnte einen Präventivschlag gegen das Dritte Reich führen. Wie stark bezog Hitler den „Faktor“ Frankreich in sein politisches Kalkül ein? Wie sind seine Friedensbeteuerungen und seine Annäherungsversuche an Paris in den Jahren 1933 bis 1936 zu bewerten?

Während Hitler in den zwanziger Jahren die militärische Macht des westlichen Nachbarn gefürchtet hatte, erschien ihm das Frankreich der dreißiger Jahre, das schwer unter inneren Krisen litt und sich ängstlich auf eine Verteidigungsstellung hinter der Maginotlinie zurückgezogen hatte, als empfindlich geschwächt. Der Reichskanzler bemühte sich, Paris in Sicherheit zu wiegen, und strebte sogar eine Verständigung an. Handelte es sich hierbei lediglich um eine psychologische Offensive, mit der die führenden Politiker und die Öffentlichkeit Frankreichs eingelullt werden sollten? Muß man nicht, wie unter anderem die Forscher Wiggershaus und Wollstein, annehmen, daß diese Annäherungsversuche Hitlers nicht nur bloße Täuschungsmanöver darstellten, sondern Teile seines Gesamtkonzeptes waren? In seiner Zusammenfassung des Forschungsstandes behauptet Hildebrand, Hitler habe zwischen 1933 und 1936 Frankreich gegenüber einen sehr nachgiebigen Kurs eingeschlagen. Er habe Paris vor allem zu einer Duldung der deutschen Wiederbewaffnung bewegen und dadurch jegliche Möglichkeit eines französischen Präventivschlages ausschalten wollen. Er strebte noch mehr an: Frankreichs Neutralität, ja Wohlwollen gegenüber seiner östlichen Expansionspolitik. Gleichzeitig zielten sämtliche Schritte Hitlers natürlich auch darauf ab, die Verteidigungsfähigkeit seines westlichen Nachbarlandes sowie dessen Position innerhalb Europas zu schwächen.

Da man zu keiner Verständigung mit Paris gelangte, schloß Hitler einen Krieg als „ultima Ratio“ nicht aus. Erklärte er denn nicht am 28. Februar 1934 im Reichswehrministerium vor den Generälen und den Führern von SA und SS, daß „kurze und entscheidende Schläge zunächst gegen den Westen, dann gegen den Osten erforderlich werden könnten,“ falls sich die Westmächte der Eroberung des „Lebensraums“ im Osten widersetzen sollten? War dies ein doppeltes Spiel, politisches Kalkül? Gegenüber Frankreich führte Hitler eine recht geschickte Politik. Schon 1933 beteuerte Hitler in Gesprächen mit Botschafter François-Poncet und anderen französischen Persönlichkeiten sowie in seinen Reden den deutschen Friedenswillen. Er versicherte, in gutem Einvernehmen mit Frankreich leben zu wollen; da Deutschland auf Elsaß-Lothringen verzichtete, glaubte er, daß es keinen Zankapfel mehr zwischen beiden Ländern gebe. Aber er stellte diesen Annäherungswunsch sofort in einen größeren Zusammenhang, den einer europäischen Mission: den Kampf gegen den Bolschewismus. Hitler ließ sich nicht durch die französisch-sowjetische Annäherung entmutigen, die sich Ende 1933/Anfang 1934 abzeichnete. Er unterschätzte die Politik des französischen Außenministers Barthou keineswegs, bemühte sich jedoch weiterhin um eine Annäherung an Paris.

Bereits Anfang 1935 konnte Hitler Frankreich gegenüber mit der Wiedereingliederung des Saargebietes und der Wiedereinführung der allgemeinen Wehrpflicht zwei entscheidende Erfolge erringen.

Der „Führer" brauchte keine französischen Ansprüche auf das Saargebiet zu fürchten. Die allermeisten Franzosen interessierten sich nicht für dieses Problem und Laval, der für eine deutsch-französische Entspannung eintrat, erklärte am 7. November 1934 in einem Gespräch mit dem deutschen Botschafter Köster, das Saargebiet sei zu 100% deutsch und müsse „baldmöglichst" zu Deutschland zurückkehren. Frankreich kümmerte sich nicht um die Volksabstimmung, die gemäß den Bestimmungen des Versailler Vertrages am 13. Januar 1935 durchgeführt wurde. 90% der Saarländer stimmten für die Wiedereingliederung in das Reich. Hitler feierte diesen riesigen Triumph und erklärte, daß es fortan nie mehr zu Streitigkeiten zwischen Frankreich und Deutschland kommen werde.

Durch seine Unnachgiebigkeit auf dem Gebiet der Wiederaufrüstung lief Hitler Gefahr, Frankreich zu beunruhigen. Tatsächlich machte Botschafter François-Poncet in den Monaten Januar und Februar 1935 kein Hehl aus seiner wachsenden Besorgnis. Als die französische Regierung Mitte März eine Gesetzesvorlage ins Parlament einbrachte, die die Wiedereinführung einer zweijährigen Dienstzeit vorsah, mit deren Hilfe die schwachen Jahrgänge ausgeglichen werden sollten, lieferte sie dem Reichskanzler den erhofften Vorwand, die Wiedereinführung der allgemeinen Wehrpflicht in Deutschland sowie den Beschluß, die Truppenstärke auf 36 Divisionen zu erhöhen, am 16. März zu verkünden. Diese einseitige Verletzung des Versailler Vertrages sowie der geäußerte Wunsch, Deutschland mit einer schlagkräftigen und vollständigen Armee auszustatten, lösten heftige Proteste François-Poncets aus, der um seine Abberufung ersuchte. Führende englische Politiker übernahmen die Vermittlerrolle. Mussolini versuchte, eine scharfe Erwiderung durchzusetzen. Aber Laval riet zur Mäßigung, und die Konferenz von

Stresa – an der Frankreich, Großbritannien und Italien teilnahmen – beschränkte sich darauf, gegen Hitlers Vorgehen zu protestieren und das Festhalten am Locarnopakt zu bekräftigen. Der Völkerbund, den die Franzosen eingeschaltet hatten, beschränkte sich auf eine verbale Verurteilung der deutschen Wiederbewaffnung.

Die Schwäche der französischen Reaktionen und die Unterzeichnung des französisch-sowjetischen Beistandspaktes am 2. Mai 1935 bewogen den Reichskanzler dazu, Frankreich gegenüber einen anderen Ton anzuschlagen. Gewiß, Hitler machte Paris gegenüber zwar weiterhin Avancen. Noch im November 1935 betonte Außenminister von Neurath den Wunsch nach einer Verbesserung des deutsch-französischen Verhältnisses; in Paris gründete man sogar ein Deutschland-Frankreich-Komitee. Sogar noch Anfang 1936 gab der Reichskanzler selbst in den Zeitungen „Paris-Soir" und „Paris-Midi" Friedensversicherungen gegenüber Frankreich ab. Aber Hitler hatte auch schon Warnungen verlauten lassen: für ihn bildete die Existenz des französisch-sowjetischen Beistandspaktes ein unüberwindliches Hindernis für eine deutsch-französische Annäherung. Er war gewillt, diesen Pakt als eine Verletzung des Vertrags von Locarno auszulegen, und verhehlte François-Poncet im November 1935 nicht, daß er dessen Ratifizierung als einen großen Fehler betrachten würde. Das war „eine eindeutige Warnung". Die Offerten gegenüber Paris verloren ihren Sinn, falls Frankreich sich militärisch mit der Sowjetunion verbände, dem Opfer der künftigen deutschen Ostexpansion. Sofern man zu keiner Einigung gelangen sollte, blieb als „ultima ratio" immer noch der Krieg im Westen, der Deutschlands Flanke für die anschließend geplante große Ostexpansion sichern sollte (Hildebrand).

Die Ratifizierung des französisch-russischen Beistandspaktes lieferte Hitler unterdessen einen ausgezeichneten Vorwand zur Lösung eines Problems, das er seit seiner Machtübernahme aus der Welt schaffen wollte: die Wiederbesetzung der entmilitarisierten Rheinlandzone. Zunächst war er vor allem durch die Warnungen der Wehrmachtsbefehlshaber gebremst worden, die sich noch außerstande sahen, mit einer militärischen Reaktion Frankreichs fertigzuwerden. Doch dann löste Hitler, der auf die britische Trägheit und die in Paris herrschende Passivität baute, eine seit Sommer 1935 vorbereitete Krise aus. Am 7. März 1936 marschierten deutsche Truppen in die entmilitarisierte Zone ein. Hitler kündigte den Locarnopakt und beschuldigte Frankreich, es habe durch den Abschluß eines militärischen, gegen Deutschland gerichteten Abkommens mit der Sowjetunion gegen den Rheinpakt verstoßen. Gleichzeitig bot er Frankreich und Belgien die Eröffnung von Verhandlungen über Nichtangriffspakte für eine Dauer von 25 Jahren an, deren Garantiemächte England und Italien sein sollten. Er kündigte sogar eine mögliche Rückkehr Deutschlands in den Völkerbund an, wenn dieser umgestaltet würde.

Die französische Regierung, die die militärische Stärke des Reichs überschätzte, wurde – laut Duroselle – „von einem pazifistischen Tornado mitgerissen". Einzelne erwogen einen militärischen Gegenschlag, aber „Gruppierungen, Zeitungen, Parteien und Gewerkschaften" begehrten „gegen die widerwärtige Perspektive einer militärischen Auseinandersetzung" auf. Paris stand nicht allein, war aber nicht gewillt, eine kollektive Reaktion zu organisieren. Man wollte nichts ohne Großbritannien unternehmen, doch in London setzte man immer noch auf die Strategie des Appeasement. Letzten Endes entschied man sich für eine folgenschwere Verzichtspolitik. Hitler, von 99% der Wahlberechtigten in der Volksabstimmung vom 29. März bestätigt, hatte gewagt und gewonnen.

Die Wehrmachtbefehlshaber und das deutsche Volk waren von der Genialität seiner Intuitionen überzeugt. Der Reichskanzler wußte nun, daß er fest auf die lähmende Wirkung der pazifistischen Welle rechnen konnte, die die westlichen Mächte ergriffen hatte, und fühlte sich dadurch natürlich zu künftigen Überrumpelungsmanövern ermutigt. Er konnte auf internationaler Ebene Vorschläge unterbreiten – so bot er zum Beispiel am 1. April einen umfassenden Friedensplan an, eine Wiederholung seiner Anregungen vom 7. März –, ohne ihnen jeweils einen konkreten Inhalt geben zu wollen. Die Krise erlaubte es dem Reich, seine internationale Stellung erheblich auszubauen. Zunächst einmal konnte es Gewinn daraus ziehen, daß die französische Politik ihre Glaubwürdigkeit einbüßte; wer würde sich denn künftig schon auf Frankreichs Freundschaft verlassen? Ferner beseitigte der „Führer" durch die Remilitarisierung des Rheinlandes eine bedeutende Gefahr: Frankreich verlor mit diesem Glacis einen zeitlichen Spielraum für eine eigene Mobilisierung.

Auf diese Weise hatte Hitler praktisch vorgeführt, daß das einst so gefürchtete Frankreich keine Bedrohung mehr darstellte. Die passive Haltung der Pariser Regierung hatte ihm die Durchquerung einer Risikozone ermöglicht, zusätzlich dadurch begünstigt, daß London bereitwillig auf Hitlers Verhandlungsangebote einging.

Hitler bemüht sich um ein Bündnis mit England

Großbritannien nahm in Hitlers „Programm" eine Schlüsselstellung ein. Während der zwanziger Jahre sah er in ihm den einzigen Bündnispartner, der Deutschland bei der Abschüttelung der Fesseln des Versailler

Vertrages behilflich sein konnte. Noch zu Anfang der dreißiger Jahre war er dieser Ansicht, obwohl er andererseits wußte, daß eine solche Allianz nur zustandekommen konnte, wenn Deutschland auf die Wiedererlangung seiner Kolonien und den erneuten Aufbau einer Seemacht, mit einem Wort, auf die vor 1914 verfolgte Weltpolitik verzichtete. Hitler schwebte ein Bündnis vor, das Großbritannien die Vorherrschaft zur See sowie in den Kolonien und Deutschland freie Hand in seiner nach Osten gerichteten Expansionspolitik sichern sollte. Diese Vorstellung äußerte Hitler bereits 1931 in einem Interview, das er englischen Journalisten in München gewährte.

Nach seiner Machtübernahme versuchte der „Führer", die Verantwortlichen in England von diesen Ideen zu überzeugen – eine schwierige Aufgabe, da die deutschen Konservativen noch nicht der Weltpolitik entsagt hatten! Auf der Weltwirtschaftskonferenz, die im Juni 1933 in London abgehalten wurde, forderte Wirtschaftsminister Hugenberg Kolonien, die das Reich zur Deckung seines Rohstoffbedarfs brauche, sprach aber gleichzeitig auch vom Ausgreifen gen Osten. Diese Intervention, weltweit als Versuchsballon bewertet, wurde nicht von Hitler ferngelenkt. Sie war ein deutliches Zeichen für den großen Einfluß, den politische Machtgruppen in Deutschland hatten, die nicht auf eine Expansion in Übersee verzichteten.

Der Reichskanzler bemühte sich wahrhaftig um ein Bündnis mit London und schien durchaus bereit, den erforderlichen Preis zu zahlen. Schon im November 1934 schlug er vor, die deutsche Flotte auf ein Drittel der britischen zu beschränken. Hitler hatte den Eindruck, man könne England für die Idee einer Allianz mit Berlin gewinnen. Während seines Zusammentreffens mit John Simon, dem Außenminister, und mit Anthony Eden, das im März 1935 in Berlin stattfand, traten jedoch vor allem die Meinungsverschiedenheiten klar zutage. Man war in London zwar beunruhigt über den Ausbau der Luftwaffe und wünschte durchaus direkt mit Deutschland zu verhandeln. Aber Simon beabsichtigte, das Reich durch multilaterale Verträge wieder fest in das Konzert der Nationen einzugliedern, um es auf diese Weise besser kontrollieren und dadurch den Frieden und den Status quo in Europa und auf der ganzen Welt sichern zu können.

Zum Beweis seines guten Willens sandte Hitler Ribbentrop in außerordentlicher Mission nach London und beauftragte ihn, mit Großbritannien ein Flottenabkommen zu schließen. In dem daraufhin unterzeichneten Vertrag akzeptierte Deutschland die Beschränkung der Flottentonage auf 35% der britischen, mit Ausnahme der Unterseeboote, die durchaus 100% erreichen durften. In Hitlers Vorstellung konnte das Flottenabkommen nur eine erste Etappe darstellen: er strebte ein richtiges zweiseitiges Bündnis an. Simons Nachfolger, Samuel Hoare und Lord Vansittart, reagierten kühl auf dementsprechende deutsche Offerten. Daraufhin griff der Reichskanzler unverzüglich zur kolonialen Waffe, um die führenden britischen Politiker gefügig zu machen. Dabei verfolgte er ein doppeltes Ziel: einerseits wollte er im Reich diejenigen politischen und wirtschaftlichen Machtgruppen beruhigen, die immer noch an der Weltpolitik festhielten, und andererseits gedachte er Druck auf Großbritannien auszuüben. Auf diese Weise wurde der „Reichskolonialbund" zum Instrument von Hitlers Englandpolitik. Als der britische Botschafter Sir Eric Philipps im Dezember 1935 Hitler in Berlin den französisch-englischen Plan einer Luftwaffenbeschränkung unterbreitete, bediente sich Hitler der kolonialen „Mine", um diese Offerte in die Luft zu sprengen. Die Unterhaltung, die er am 5. Februar 1936 mit dem britischen Luftfahrtminister Lord Londonderry führte, drehte sich unter anderem auch um die Frage, ob Deutschland zwei Kolonien zurückerhalten solle. Hitler verzichtete zwar nicht völlig auf eine Expansion in Übersee, aber sie sollte lediglich im Zusammenhang mit und als Fortsetzung einer Kontinentalpolitik erfolgen, die vorrangig blieb.

Großbritanniens Reaktion auf die Remilitarisierung des Rheinlandes im März 1936 – es blieb bei verbalem Protest –, bestärkte Hitler in seinem Glauben, daß London nicht eingreifen werde, solange nicht seine eigenen Interessen in Europa oder auf der ganzen Welt auf dem Spiel stünden. Die Führerrede vom 7. März 1936 erwähnte geschickterweise neben dem Rheinlandproblem auch das einer kolonialpolitischen Revision. Hitler glaubte, das geeignete Mittel gefunden zu haben, um die britischen Politiker für seine Gedanken zu gewinnen, indem er jegliche Krise auf dem Kontinent mit dem Thema einer kolonialen Revision zu verknüpfen gedachte.

Im Laufe des Sommers 1936 schnitt der Reichskanzler immer wieder das Thema eines Abkommens mit Großbritannien an. Bei Treffen mit Lord Rennel, Lord Monsell und Robert Vansittart sprach er in Berlin darüber, und vor allem beschloß er, Ribbentrop als Botschafter nach London zu senden. Als dieser im Oktober nach London aufbrach, versäumte Hitler nicht, ihn zu erinnern: „Ribbentrop, bringen Sie mir das englische Bündnis." Im Laufe der Gespräche zwischen Ribbentrop und Halifax im Februar 1937 wurde jedoch deutlich, daß Hitler und sein Botschafter nicht ganz einer Meinung waren. Ribbentrop brachte zwar das deutsch-britische Abkommen zur Sprache, aber als überzeugter Kolonialpolitiker sprach er auch über eine Revision in Übersee. Er schlug Berlin sogar vor, gemeinsam mit Italien und Japan Druck auf London auszuüben, um es dadurch zu kolonialen Zugeständnissen zu zwingen. Hitler hingegen wollte die koloniale Frage weiterhin lediglich als taktische Waffe zur Durchsetzung kontinentaler Pläne benutzen.

Anfang 1937 konnte der Reichskanzler insgesamt auf eine Reihe bedeutender außenpolitischer Erfolge zurückblicken. Es war ihm zwar noch nicht gelungen, England in das Bündnis einzubeziehen, das die Ostexpansion des Reiches ermöglichen sollte. Aber er hatte Gelegenheit bekommen, die Schlichtungsbereitschaft der britischen Staatsmänner abzuschätzen. Die Gefahr eines französischen Präventivschlages schien endgültig beseitigt. War jetzt, da die passive Haltung der Westmächte ein Wiedererstarken des Reiches ermöglicht hatte, nicht der geeignete Zeitpunkt gekommen, über eine revisionistische Politik hinauszugehen?

Die Phase der „verstärkten Dynamik"

Die Gründe für die Beschleunigung des Programms

Das Jahr 1937 war durch den Übergang zu einer energischeren Außenpolitik gekennzeichnet, die auch ganz bewußt gewaltsames Vorgehen einplante. Nachdem Hitler-Deutschland die Risikozone verlassen hatte, betrieb es fest entschlossen seine Expansionspolitik. Wie läßt sich dieser Wechsel erklären, den der „Führer" freilich seit mehreren Jahren geplant zu haben schien?

War die Überzeugung maßgebend, daß Deutschland wieder eine Großmacht geworden war? Diesen Gedankengang legte Hitler mehrmals dar. In seiner Reichstagsrede vom 30. Januar 1937 äußerte er, Deutschland habe seinen Status als Großmacht zurückerobert, und einen knappen Monat später sagte er anläßlich des Jubiläums der Parteigründung, das Reich sei zu einer Weltmacht geworden. Hitler konnte stolz darauf sein, ein grundlegendes Ziel erreicht zu haben, das er bereits in „Mein Kampf" angegeben hatte. Diese Überzeugung und die von Hitler aus ihr abgeleiteten Konsequenzen ließen sich durch die internationalen und innenpolitischen Situationen erklären.

In Hitlers Augen konnte die internationale Ordnung nicht mehr durch Frankreich und Großbritannien aufrechterhalten werden, die nicht in der Lage waren, sich den deutschen Bestrebungen in den Weg zu stellen. Der Reichskanzler hielt das vom Bürgerkrieg bedrohte Frankreich außenpolitisch für nahezu handlungsunfähig: die Krise von März 1936 hatte diese Lähmung besonders deutlich gemacht. England seinerseits mußte sich gezwungenermaßen auf eine defensive Haltung beschränken und hoffte, daß ihm die Appeasementpolitik die nötige Zeit verschaffen werde, die es brauchte, um für den Fall eines unvermeidlichen Konfliktes seine Rüstungen vervollständigen zu können. Nachdem das Deutsch-Britische Flottenabkommen nicht zu dem erhofften Bündnis geführt hatte, mußte man nun aus dieser Sackgasse wieder heraus, das hieß, die Expansion des Reichs ohne Großbritannien und nötigenfalls sogar gegen das Inselreich verwirklichen.

London wollte jedoch immer noch eine führende Rolle in der Deutschlandpolitik der Westmächte spielen. Was konnten die Briten anbieten, um Hitlers Ambitionen zu befriedigen? Das Treffen zwischen dem Reichskanzler und Lord Halifax vom 19. November 1937 führte in dieser Hinsicht zu einigen Ergebnissen. Halifax deutete die Möglichkeit von Grenzverschiebungen in Mittel- und Osteuropa an, die aber im Rahmen einer friedlichen Abwicklung („peaceful change") erfolgen sollten; London sei ferner auch zu einigen kolonialen Zugeständnissen bereit, die aber ebenfalls nur im Zusammenhang mit einer umfassenden, Frieden und Sicherheit in Europa garantierenden Regelung gewährt würden. Man beabsichtigte, das Dritte Reich gegen relativ unbedeutende Zugeständnisse in ein „general settlement" einzubeziehen, in eine allgemeine Ordnung, die seine Bestrebungen eindämmen sollte.

Hitler aber war nichts an einer Rüstungsbeschränkung oder einer Entspannung in Europa gelegen. Vielmehr wollte er im Osten freie Hand haben, um einen Krieg gegen die Sowjetunion führen zu können. Der „Führer" schien immer noch auf eine zumindest stillschweigende Neutralität Londons zu hoffen, obwohl Ribbentrop versuchte, ihm seine Illusion zu nehmen. Es gelang diesem auch ganz allmählich, seine antibritischen Vorschläge durchzusetzen; dies war umso leichter möglich, als England in Hitlers Vorstellung 1937 nur noch ein von Krisen erschüttertes Imperium, eine „alternde" Monarchie mit „banger Gesinnung" darstellte. Seiner Meinung nach konnte Großbritannien im günstigsten Fall „Erobertes bewahren", um „ein schwaches Gebilde noch irgendwie weiter zu konservieren". Diese Einstellung geht ganz deutlich aus der „testamentarischen Hinterlassenschaft" des „Führers" – der Hoßbach-Niederschrift vom 5. November 1937 – hervor, in der Hitler ein gewaltsames Vorgehen gegen England und Frankreich in Betracht zog und im Sinne der Gespräche mit Halifax darlegte: Deutschland werde seine Ziele entweder im Zuge des „Spiels der freien Kräfte" oder im Wege einer „höheren Vernunft" verfolgen, wobei mit letzterem nur Krieg gemeint sein konnte. In Hitlers Ansprachen fand sich immer seltener Friedenspropaganda, jetzt betonte er in zunehmendem Maße, daß ein gewaltsames Vorgehen notwendig sei, um Deutschland in den Rang einer Weltmacht zu erheben.

Abgesehen davon, daß es auf internationaler Ebene genug Gründe gab, die dazu angetan waren, Hitler zu einer kühneren, deutlich auf Expansion ausgerichteten Politik zu ermutigen, bewogen ihn hierzu auch wichtige innenpolitische Gründe. Wirtschaftliche, mit der Wiederaufrüstung verbundene Probleme scheinen, wie wir bereits sahen, eine sehr bedeutende Rolle gespielt zu haben. Außerdem mußte Hitler seine Ansichten der traditionellen Elite im Reich aufzwingen, die immer noch davon träumte, daß Deutschland durch weitere Revisionspolitik im Osten und im Bereich der Kolonien wieder seinen Rang als Großmacht zurückerobern werde. In Verbindung mit einer wirtschaftlichen Expansion in Mitteleuropa und Übersee sollte eine derartige Politik zum Aufbau einer indirekten Vorherrschaft in bestimmten Gebieten der Welt führen. Diese, in das bestehende internationale System eingeflochtene, unkriegerische Politik stand in krassem Widerspruch zu den Plänen des Reichskanzlers, der den „notwendigen Lebensraum“ gewaltsam erobern wollte. Das Ausscheiden Schachts, das Kaltstellen der wichtigsten Wehrmachtbefehlshaber – von Blombergs und von Fritschs – zu Beginn des Jahres 1938, die Ausschaltung von Neuraths aus der Wilhelmstraße zugunsten von Ribbentrop sowie die Ablösung mehrerer Botschafter waren deutliche Zeichen für Hitlers unerschütterlichen Willen, aus äußeren und inneren Gründen seine Expansionspolitik durchzusetzen.

Wo? Wann? Wie? 1937 zeichneten sich Antworten auf diese Fragen ab.

Ziel Nr. 1 bestand laut Hoßbach-Niederschrift darin, „die Tschechei und gleichzeitig Österreich niederzuwerfen“; die Einverleibung beider Länder könne „den Gewinn von Nahrungsmitteln für 5 bis 6 Millionen Menschen“ bedeuten, sofern man aus der Tschechei zwei, aus Österreich eine Million aussiedle. Außerdem würden hierdurch auch die politisch-militärischen Belastungen geringer, da man etwa 12 neue Divisionen aufstellen könne. Ferner machte Hitler seine Überzeugung geltend, daß England – und infolgedessen auch Frankreich – nicht eingreifen würden.

Wann? Allerspätestens in den Jahren 1943–1945. Jegliches Zögern bedeute lediglich ein Anwachsen der Schwierigkeiten: Ausrüstung und Waffen liefen Gefahr zu veralten, es könne zu einer Nahrungsmittelkrise und zu Devisenmangel kommen, und der Feind könne Gegenmaßnahmen ergreifen. Man müsse vorher handeln, wenn Frankreich durch einen Krieg gegen ein anderes Land in Anspruch genommen sei und deshalb nicht gegen Deutschland „vorgehen“ könne. Der „Führer“ hatte es eilig: er wollte, daß die Eroberung des Lebensraumes noch zu seinen Lebzeiten stattfinde.

Wie? Schnell, in Form eines „Blitzkrieges“. Der Angriff auf die Tschechoslowakei sollte mit Blitzgeschwindigkeit vor sich gehen. Weder die deutschen Vorbereitungen, noch die wirtschaftliche und finanzielle Lage noch gar die allgemeine Stimmung in Deutschland erlaubten es, einen langen Krieg ins Auge zu fassen.

So gab Hitler 1937 der deutschen Außenpolitik neue Impulse. Das erneut zur Großmacht aufgestiegene Dritte Reich beabsichtigte, schnell zu einer Expansionspolitik überzugehen, die durch dringende innere Notwendigkeiten ausgelöst wurde sowie durch eine internationale Lage, in der die Schwäche von Paris und London zu Abenteuern ermutigte.

Hitlers Überraschungscoups

Der „Anschluß" gab dem „Führer" ausreichend Gelegenheit, die Reaktionen der Westmächte auf die deutschen Absichten zu testen.

Von Mussolini hatte Hitler nichts zu befürchten. Nach seinem Deutschlandbesuch von Ende September 1937 verlieh der ‚Duce', der sich als Freund hinstellte, der „Achse Rom-Berlin" konkreten Inhalt. Am 6. November 1937 trat Italien dem deutsch-japanischen Antikominternpakt bei und gab grünes Licht für den „Anschluß". Die österreichische Frage stand nicht länger als Problem zwischen dem Reich und Italien; der ‚Duce' wollte nicht mehr über die Erhaltung der österreichischen Unabhängigkeit wachen. Falls Österreich in eine Krise geriete, wollte Italien den Dingen ihren Lauf lassen. In Frankreich vegetierte das schwache, prestigelose zweite Kabinett Chautemps in den letzten Wochen seiner Amtszeit dahin. Lediglich Außenminister Delbos erwog kurze Zeit – Mitte Februar 1938 –, eine energische französisch-britische diplomatische Intervention gegen „jeden Gewaltakt, der eine Änderung des territorialen Status quo in Mitteleuropa anstrebe", zu veranlassen. Im Foreign Office jedoch wurde Eden durch Lord Halifax abgelöst, einen Vorreiter der Appeasementpolitik, und Delbos Vorschlag fand kaum ein Echo. Am 10. März trat die Regierung Chautemps zurück.

Delbos täuschte sich nicht, als er in sein Tagebuch schrieb: „Der Führer rechnet mit unserer Passivität".

Hitler hatte in den Monaten Februar-März 1938 deutlich gezeigt, wie wenig Interesse er künftig einer deutsch-britischen Annäherung entgegenbrachte (in seiner Reichstagsrede vom 20. Februar sowie am 3. März in den Gesprächen mit Henderson), und glaubte nicht, daß es zu einer militärischen Reaktion kommen werde. Ribbentrops Besuch in London, der gerade in der Zeit des Schlags gegen Österreich erfolgte, sollte dazu dienen, das eingegangene Risiko auf ein Minimum zu beschränken. Am 12. März 1938 konnte Hitler seine Truppen in Österreich einmarschieren lassen, ohne eine Reaktion der Westmächte befürchten zu müssen. Nicht mehr als eine „empörte Resignation" von seiten Frankreichs und Englands; der „Führer" konnte zufrieden sein. Der „Anschluß" Österreichs an das Reich – ein alter Traum der Alldeutschen –

erfüllte die Wünsche der Anhänger einer konservativen und traditionellen Politik und stellte die führenden Wirtschaftskreise sowie die Wehrmachtbefehlshaber zufrieden. Ohne auf Widerstand zu stoßen, bereicherte sich Deutschland um 6 Millionen Einwohner.

Bei seinem Vorgehen gegen die Tschechoslowakei nahm Hitler mehr Risiken auf sich. Auf welche Weise bereitete er die internationale Szene darauf vor? Teilte er die Ansichten seiner engsten Mitarbeiter? Als er auf das Sudetenproblem zu sprechen kam, zeigte er sich gereizt und heftig und lehnte jede Einmischung der Westmächte in die Angelegenheiten der Tschechoslowakei auf das schärfste ab. Dieses ausschließlich innere Problem ging seiner Meinung nach nur die angrenzenden Staaten etwas an. Hitler war sich jedoch stets der vorherrschenden Stellung Londons innerhalb der europäischen Politik bewußt, ebenso wie die Wilhelmstraße, die ihm indessen durch Minister Ribbentrop einerseits und Staatsekretär Weizsäcker andererseits diametral entgegengesetzte Lösungsvorschläge unterbreiten ließ.

Ribbentrop vertrat seit langem eine eindeutig antibritische Politik, da seiner Ansicht nach alle Expansionspläne des Reiches auf den Widerstand Englands stoßen würden. Hendersons Vorschlag einer friedlichen und kollektiven Beilegung der Sudetenfrage lehnte er ab und schreckte dabei ebensowenig wie in seinen Gesprächen mit dem französischen Botschafter André François-Poncet vor Drohungen zurück: er gab zu verstehen, daß Deutschland sich nicht durch die Gefahr einer bewaffneten Auseinandersetzung innerhalb Europas von seinem Vorhaben abbringen lassen werde. Ribbentrop wollte die Beziehungen zwischen Paris und London schwächen und Großbritannien isolieren, um es dadurch unfähig zu machen, sich der deutschen Expansion gegen Osten zu widersetzen. Frankreich wollte er in „das weltpolitische Dreieck" Deutschland – Italien – Japan einbeziehen, das der weltweiten Vorherrschaft Großbritanniens ein Ende zu bereiten gedachte. Ribbentrop neigte sogar dazu, eine deutsch-französische Verständigung zu befürworten, die eine Garantie der Grenzen enthalten und beiden Ländern die Konzentration auf ihre wahren Interessen ermöglichen sollte: Paris auf sein Kolonialreich und Berlin auf seine Einflußzonen in Südosteuropa. Die Vorherrschaft des Reichs auf dem europäischen Kontinent wäre somit gesichert.

Der traditionell konservativ denkende Weizsäcker fürchtete die Folgen einer kriegerischen Revisionspolitik, die Reaktionen Frankreichs und Englands auslösen könne, wobei diese Mächte sogar mit der Unterstützung der Sowjetunion und der Vereinigten Staaten als potentieller Verbündeter gegen Deutschland rechnen konnten. Selbst mit Italien und Japan auf seiner Seite konnte das Reich eine derartige Koalition unmöglich besiegen. Folglich mußte man die Sudetenfrage durch die Anwendung eines „chemischen Verfahrens“ lösen: es galt, die Tschechoslowakei von innen her zu sprengen und zu zermürben. Mit wirtschaftlichem Druck und mit einem Schüren der Minderheitenprobleme konnte man die Tschechoslowakei dermaßen stark innerlich zersetzen, daß die Westmächte sie ihrem Schicksal überlassen würden.

Die Konservativen und die imperialistisch gesinnten Liberalen boten stets eine Alternative zu Hitlers Politik an, die sogar den Befehlshabern der Wehrmacht Furcht einflößte. Generalstabschef Beck zog es vor, zurückzutreten, und sein Nachfolger Halder pflegte Kontakte zu einer Gruppierung, die Deutschland vor einer militärischen Katastrophe bewahren wollte.

Aber der „Führer“ wagte den Sprung nach vorn. Seit dem 21. April 1938 hatte er zusammen mit Keitel den Plan „Grün“ erstellt, der einen Angriff auf die Tschechoslowakei vorsah. Am 30. Mai unterzeichnete er die allgemeine Direktive, die die Ausführung dieses Plans für spätestens den 1. Oktober ansetzte. Die Krise von Mai 1938 (auf Gerüchte über eine Truppenzusammenziehung an der deutsch-tschechischen Grenze hin ordnete Prag die Mobilmachung an) gab ihm Gelegenheit, seine Meinung ausführlich darzulegen. Auf einer Konferenz bekundete er vor Offizieren und hohen Beamten seinen „unabänderlichen Entschluß, die Tschechoslowakei in absehbarer Zeit durch eine militärische Aktion zu zerschlagen“. Dieser Staat mußte nicht nur von der Landkarte verschwinden, damit die Sudeten „heimgeführt“ werden konnten, sondern auch deshalb, weil er dem Reich wirtschaftliche Ressourcen verschaffen und seinen Rücken gegen eine Bedrohung aus dem Westen sichern sollte.

Hitlers Planungen gingen jedoch schon weiter. Vertraute er den Wehrmachtchefs – Keitel und Brauchitsch – denn nicht an, daß nach Erledigung der Tschechoslowakei die große Sache im Westen bereinigt werden müsse? Er gab ihnen drei bis vier Jahre Zeit, um sich darauf vorzubereiten. Hitler unterzog seinen Plan anscheinend einer grundlegenden Änderung: die kriegerische Eroberung von Lebensraum auf Kosten der Sowjetunion sollte erst dann einsetzen, wenn der Widerstand der Westmächte ausgeräumt worden sei. Die Niederwerfung Frankreichs und die Verdrängung Großbritanniens vom Kontinent wurden somit zu grundlegenden Voraussetzungen für die Verwirklichung aller weiterer Vorhaben.

Wer konnte Hitlers Absichten auf die Tschechoslowakei gefährlich werden? Die Sowjetunion fürchtete der Reichskanzler nicht, obwohl sie seit 1935 mit Prag verbündet war. Durch die Liquidierung der Kader der Roten Armee hatte Stalin die Sowjetmacht empfindlich geschwächt, und außerdem schienen weder Polen noch Rumänien bereit, den Durchzug sowjetischen Streitkräfte durch ihr Territorium zu dulden. Moskau war vom Münchner Abkommen ausgeschlossen. Auch fürchtete Hitler keine Reaktion Italiens. Im Verlauf seines Rombesuchs Anfang Mai 1938 hatte er die Achse Rom-Berlin intensiviert. Daher konnte er Druck auf Prag ausüben, ohne Rücksicht auf Mussolini nehmen zu müssen; als der ‚Duce‘ dennoch einen Moment unruhig wurde, erlaubte der „Führer“ ihm, in München als Vermittler zu fungieren.

Das Verhältnis zu Frankreich und England schien sich schwieriger zu gestalten. Hitler zeigte zunächst eine entschieden antibritische Haltung. Er förderte die Aufrüstung der Kriegsmarine, die im Frühjahr 1938 erstmals Manöver im Hinblick auf eine bewaffnete Auseinandersetzung mit Großbritannien abhielt. Aber die Flotte konnte lediglich als Druckmittel gegenüber London eingesetzt werden. Im Gegensatz zu Ribbentrop beabsichtigte Hitler nicht, gleichzeitig in die Tschechoslowakei einzumarschieren und einen Konflikt mit den Briten vom Zaun zu brechen; er wollte vielmehr die „Tschechei“ ohne Krieg gegen England „erledigen“.

Obwohl die gesamte westliche Diplomatie von London gesteuert wurde, konnte die Pariser Haltung dem Reichskanzler keineswegs gleichgültig sein, da die Franzosen seit 1934 mit der Tschechoslowakei verbündet waren. Aber Frankreich schloß sich Englands Standpunkt an, das keinen Krieg wünschte. François-Poncet war fest davon überzeugt, daß Hitler entschlossen sei, einen Gewaltstreich auszulösen. Als General Vuillemin, der Generalstabschef der französischen Luftwaffe, im August nach Deutschland kam, führte ihm Göring die beeindruckende Stärke der Luftwaffe so deutlich vor Augen, daß der Chef der französischen Luftwaffe kein Hehl aus seiner Besorgnis machte. Bis zu der Drohrede, die Hitler am 12. September 1938 in Nürnberg hielt, verharrte das isolierte Frankreich in seiner Passivität. Von diesem Zeitpunkt an griff es lediglich Chamberlains Anregungen auf und ging zur Appeasementpolitik über. Die Einberufung der Reservisten am 27. September hatte nichts zu bedeuten; am gleichen Tage äußerte Bonnet vor dem Ministerrat: „Die diplomatische Lage ist schlimmer denn je . . . Es ist unmöglich, einen Krieg zu führen . . . Um jeden Preis muß eine Verständigung erreicht werden“. Hitler hatte sich nicht getäuscht: im Schlepptau Londons verleugnete Paris sein Bündnis mit Prag, und Daladier wurde auf die Konferenz von München entsandt.

Der „Führer“ war jedoch mit dem diplomatischen Triumph nicht zufrieden, den er auf der Münchner Konferenz davontrug. Er hatte zulassen müssen, daß Mächte, die nicht direkt betroffen waren, über Probleme diskutierten, die sie nichts angingen. Einige Tage nach der Konferenz verkündete er bereits seine Entschlossenheit zur „Erledigung der Resttschechei“. Das Münchner Abkommen war lediglich die vorübergehende Unterbrechung einer kriegerischen Politik, die – trotz des deutsch-englischen Vertrages und der deutsch-französischen Erklärung vom 6. Dezember 1938 – sehr schnell wiederaufgenommen wurde.

Auch nach München richtete der „Führer“ sein Hauptaugenmerk auf die Haltung der westlichen Mächte. Bis März 1939 trieb er die Kriegsvorbereitungen gegen England energisch voran und bemühte sich, Frankreich durch eine Annäherung oder doch wenigstens durch eine gegenseitige Abgrenzung der Einflußzonen zu neutralisieren. Der „Z-Plan“ vom 27. Januar 1939 räumte der Kriegsflotte Priorität ein. Bereitete Hitler einen späteren Krieg auf Großbritannien oder gar einen in noch größerer zeitlicher Entfernung erwarteten Konflikt zwischen den großen Weltmächten, das hieß dann zwischen Deutschland und den Vereinigten Staaten, vor?

Er bemühte sich um ein Abkommen mit Frankreich, das London seines „Festlanddegens“ berauben sollte. Er wollte Paris zum Ausbau seiner Position im Mittelmeer und in Übersee ermutigen, um als Gegenleistung freie Hand für Deutschlands Ostexpansion zu erhalten. Die deutsch-französische Erklärung vom 6. Dezember 1938 entsprach diesem Vorhaben. Dieses Abkommen, das mittels einer formellen Anerkennung der Grenzen eine gute Nachbarschaft begründen sollte, sah den Ausbau der politischen und wirtschaftlichen Beziehungen vor. Auf beiden Seiten war man zu Verhandlungen über eine wirtschaftliche Zusammenarbeit bereit; man wollte den Handel intensivieren, Absprachen auf dem industriellen Sektor begünstigen und in den französischen Kolonien zusammenarbeiten. Der interministerielle Ausschuß, der auf französischer Seite entsprechende Vorschläge ausarbeiten sollte, faßte am 25. Februar 1939 eine ganze Reihe von Beschlüssen, aus denen klar hervorging, daß Paris wirtschaftliche Appeasementpolitik betrieb. Ende Februar wurden in Berlin handelspolitische Gespräche eröffnet, doch vierzehn Tage später bereitete die Besetzung der Tschechei durch Wehrmachttruppen der wirtschaftlichen Annäherung ein abruptes Ende. Noch am 15. März 1939 äußerte Weizsäcker in einem Gespräch mit Botschafter Coulondre, Frankreich solle sich auf den Westen konzentrieren und sich nicht in Angelegenheiten mischen, die es nichts angingen. Hitler und die nationalsozialistische Propaganda hoben bei jeder sich bietenden Gelegenheit Deutschlands Verzicht auf Elsaß-Lothringen hervor. Damit wollte man die französische Bereitschaft zu einer eventuellen Unterstützung seines polnischen Verbündeten schwächen und denjenigen Franzosen den Rücken stärken, die wie Marcel Déat – in „L'Oeuvre“ am 4. Mai – der Ansicht waren, es lohne sich nicht, für Danzig zu sterben.

Als Warschau am 26. März 1939 Hitlers Vorschläge ablehnte, die darauf hinausliefen, aus Polen einen gegen die Sowjetunion gerichteten deutschen Vasallenstaat zu machen, und der „Führer“ daraufhin dessen

Besetzung beschloß, nahm er das immer noch beträchtliche Risiko eines europäischen Krieges auf sich. Auch jetzt galt seine besondere Aufmerksamkeit der Haltung Großbritanniens; sie war umso wichtiger, als London sich in der Erklärung vom 31. März 1939 zur Garantiemacht der polnischen Unabhängigkeit erhoben hatte. Zu diesem Zeitpunkt dachte der „Führer“ an einen begrenzten Krieg, da er in Frankreich auf eine Krisensituation hoffte, die auch England zur Zurückhaltung veranlassen werde. Glaubte er später an eine Einmischung der Briten und Franzosen? Nach Aussage des Historikers Hillgruber lassen die erhaltenen Dokumente keinen eindeutigen Schluß zu. Die Initiativen und Äußerungen des Reichskanzlers schienen sich zu widersprechen. Seinen Erläuterungen gegenüber führenden Militärs zufolge scheint er bis zum letzten Augenblick geglaubt zu haben, daß London und Paris lediglich blufften und es bei verbalen Protesten bewenden lassen würden. Am 14. August hob er vor dem Oberbefehlshaber des Heeres (von Brauchitsch) und seinem Generalstabschef (Halder) erneut Frankreichs Schwächen – seine Bevölkerung und seinen Rüstungsstand – hervor und folgerte, „alles spricht dafür, daß England und Frankreich nicht in den Krieg eintreten, zumal kein Zwang für sie besteht“. Am Tag darauf setzte das Oberkommando die Marine darüber in Kenntnis, daß im Falle eines deutschen Angriffs auf Polen „eine Ausweitung des Konflikts auf die Westmächte unwahrscheinlich“ sei. In einer Rede vor den Oberbefehlshabern äußerte Hitler am 22. August, man müsse die polnische Frage vor der Auseinandersetzung mit dem Westen lösen, und betonte abermals Frankreichs Schwäche. Von Brauchitsch notierte, daß der „Führer“ keinesfalls von einem französisch-britischen Eingreifen ausgehe; Halder zeichnete am 31. August eine gleichlautende Bemerkung auf: Hitler rechne damit, „daß Frankreich und England nicht marschieren.“ War dies wirklich Hitlers tiefste Überzeugung, oder wollte er lediglich einen scheinbar unerwünschten Zusammenstoß mit dem Westen vermeiden?

In der Tat bemühte der „Führer“ sich nämlich immer noch unter Anwendung aller erdenklichen Mittel – von Verhandlungen bis zu massivem Druck –, Großbritannien zu neutralisieren. Im Sommer 1939 machte er London wiederholt Offerten. Am 13. Juni schlug Botschafter Henderson Gespräche über Gebietsfragen – zunächst in Übersee –, über das Wettrüsten sowie über den Ausbau der wirtschaftlichen Beziehungen zwischen dem Reich und dem britischen Empire an. Der Leiter des Vierjahresplanbüros, Wohlthat, wurde nach London geschickt, um dort am 24. Juli gemeinsam mit Chamberlain und Wilson die Möglichkeiten für einen Vertrag auszuloten. Hitler lehnte jedoch im Verlauf seiner Unterredung mit dem „Presselord“ Kemsley am 27. Juli den britischen Gedanken des „wirtschaftlichen Appeasement“ ab.

Der „Führer“ betrachtete seine diplomatischen Schritte weitgehend als Druckmittel gegenüber London. Am 22. Mai schlossen Deutschland und Italien den „Stahlpakt“. Die größte Bedeutung maß Hitler allerdings dem deutsch-sowjetischen Nichtangriffsvertrag bei. Er war bereit, Moskau, das seit dem 17. April in Berlin vorfühlte, entgegenzukommen, und machte seine Entscheidung, einen Krieg zu beginnen oder den Frieden zu wahren, vom Ergebnis der Verhandlungen in Moskau abhängig. Hitler erhoffte sich vom Abschluß dieses Paktes einen Schlag von solcher Härte für London, daß es von der Erfüllung seiner Pflicht als Garantiemacht gegenüber Polen Abstand nehmen werde. Aber die Unterzeichnung des Nichtangriffsvertrags am 23. August 1939 brachte nicht den erstrebten britischen Zusammenbruch.

Frankreich gegenüber ergriff der „Führer“ die willkommene Gelegenheit, die ihm Daladiers Brief vom 26. August bot, um seine psychologische Offensive gegen die französische Kriegsbereitschaft fortzuführen. Der Erneuerung des deutsch-französischen Handelsvertrages vom Juli 1937 stellte Hitler keine Hindernisse entgegen. Da er immer noch der festen Überzeugung war, daß die Franzosen nur eine Nebenrolle spielten, verwandte er auf Paris nicht dieselbe Mühe wie auf London.

Am 11. August hatte Hitler dem Hohen Kommissar des Völkerbunds in Danzig, C.J. Burckhardt, seine Strategie dargelegt: „Alles, was ich unternehme, ist gegen Rußland gerichtet; wenn der Westen zu dumm und zu blind ist, um dies zu begreifen, werde ich gezwungen sein, mich mit den Russen zu verständigen, den Westen zu schlagen, und dann nach seiner Niederlage mich . . . gegen die Sowjetunion zu wenden.“

7. Großdeutschland als Herr Europas

Die Erfüllung der alldeutschen Träume

Die Verwirklichung von Hitlers „Programm" erfolgte in Etappen nach dem Plan des „Führers". Welche Strategie wandte er an, um seine Ziele zu erreichen? Welche Rolle spielte er selbst bei der Ausarbeitung dieser Strategie, die oft den Ereignissen angepaßt wurde und ihm bis Herbst 1941 große Erfolge einbrachte?

Bei Ausbruch der Feindseligkeiten im September 1939 hatten die Generalstäbe der drei Waffengattungen kein Konzept für einen großangelegten Krieg ausgearbeitet. Für den Fall eines Kriegseintrittes der westlichen Mächte verfügte man über keine allgemeine Strategie. Der einzig vorhandene Operationsplan, der „Fall Weiß", richtete sich gegen Polen und war Resultat der Direktive Hitlers von April 1939: Isolierung Polens, rascher Sieg durch energische Schläge; gleichzeitig sollten die Westgrenzen und die Nordseeküsten des Reiches sowie der deutsche Luftraum durch vorbeugende Maßnahmen geschützt werden.

Hitler, der sich bereits am 4. Februar 1938 zum Oberbefehlshaber der Wehrmacht (ObdW) ernannt hatte, beseitigte jegliche Instanz zwischen sich und den Oberkommandos der drei Waffengattungen (OKH, OKM und OKL) sowie dem Oberkommando der Wehrmacht (OKW). Sobald sich die Kommandostellen bemühten, Hitlers Weisungen umzusetzen, hatten sie häufig Meinungsverschiedenheiten, selbst wenn die Weisungen theoretisch vom OKW stammten. Das rührte daher, daß der „Führer" nie darauf verzichtete, infolge plötzlicher „Intuitionen" zu improvisieren. Hitlers Eingriffe wurden immer häufiger und erstreckten sich gleichermaßen auf große Operationen wie auf Detailfragen; dies führte unweigerlich zu zahlreichen Vertrauenskrisen in der Wehrmachtsführung. Sie traten schon im Herbst 1939 auf, denn die Militärs, von gegenseitigem Mißtrauen erfüllt, sahen sich oft außerstande, die Ziele mit den vorhandenen Mitteln in Einklang zu bringen.

Man mußte die Kurswechsel des „Führers" hinnehmen, als nach dem Polenfeldzug die Munitionsvorräte erschöpft waren. Die für die Kriegswirtschaft Verantwortlichen vertraten die Ansicht, daß Rohstoff- und Nahrungsmittelvorräte nur für einen Krieg von begrenzter Dauer ausreichen würden. Während Hitler wohl gehofft hatte, Polen in einem

Blitzkrieg niederzuwerfen, der anderen Staaten keine Möglichkeit zum Eingreifen böte, zwang die Haltung der Westmächte Deutschland zu einem langen Krieg, auf den 1939 weder die deutsche Wirtschaft noch die Rüstung oder auch die Wehrmacht vorbereitet waren. Daher sah sich der „Führer" gezwungen, Gelegenheitspläne in Anwendung zu bringen, die sich oft auf provisorische Maßnahmen beschränkten und ihn häufig in waghalsige Unternehmungen stürzten, für die immer weniger Soldaten, Waffen und Vorräte zur Verfügung standen.

Hitler hielt jedoch unerschütterlich an den grundlegenden ideologischen Vorstellungen und Zielen fest, die er seit den zwanziger Jahren ausgearbeitet hatte. Alle seine Gedanken kreisten um die Alternative „Weltmacht oder Untergang", die jeglichen Kompromiß ausschloß. Ein Scheitern des Welteroberungsplans mußte in seinen Augen unweigerlich zu seinem eigenen Sturz und zum Verderben des deutschen Volkes führen. Der „Führer" ließ sich durch kein Risiko abschrecken; er machte sich die Umstände stets so weit wie irgend möglich zunutze und war zu Änderungen bereit, die die politische und militärische Lage verlangte. Falls es erforderlich wurde, wagte er einen völligen Kurswechsel, ohne dabei jedoch jemals sein endgültiges Ziel aus den Augen zu verlieren. Diese Haltung zwang ihn zu einer fortwährenden Neufestsetzung der Kriegsziele, von denen er manche seit Anbeginn angestrebt hatte; andere Ziele, durch die jeweiligen Umstände bedingt, wichen dagegen in Stoßrichtung und Reihenfolge oft stark von Hitlers Planungen aus den zwanziger und dreißiger Jahren ab. Die Vorbereitung der einzelnen Unternehmen hinderte ihn keineswegs, gleichzeitig Wunschvorstellungen zu hegen, die ihn immer mehr überwältigten.

„Blitzkrieg" und Hitlers Maßlosigkeit

Bei Kriegsausbruch im September 1939 wollte Hitler zunächst ein erstes Ziel erreichen: die Niederwerfung des polnischen Staates und die Aufteilung des Landes gemäß den Bestimmungen im geheimen Zusatzprotokoll des deutsch-sowjetischen Nichtangriffspaktes vom 23. August 1939. Das zuerst von deutschen und dann von sowjetischen Truppen überflutete Polen wurde schon am 28. September 1939 ein weiteres Mal geteilt. Der Grenz- und Freundschaftsvertrag mit der Sowjetunion hatte dem Reich einen großen Teil des Landes zugesprochen. Durch seinen Erlaß vom 8. Oktober annektierte Hitler die sogenannten eingegliederten Ostgebiete (Reichsgaue Danzig-Westpreußen und Posen, Teile an Schlesien und Ostpreußen). Im Südosten des Landes begründete er ein „Generalgouvernement für die besetzten polnischen Gebiete", das schon im

Herbst 1940 vollends ins Reich eingegliedert wurde. Sofort setzte die systematische Germanisierung der „eingegliederten Ostgebiete“ ein: Himmler erhielt den Auftrag, durch Zwangsassimilation und durch eine fortschreitende Vertreibung der polnischen Intellektuellen ein Überwiegen der deutschen Bevölkerung und Kultur herbeizuführen. Hingegen wurde die im „Generalplan Ost“ vorgesehene Bevölkerungsumsiedlung vorläufig nur in begrenztem Umfang vorgenommen.

Bereits während des Polenfeldzuges legte Hitler das Ziel der zweiten strategischen Phase fest: Verdrängung der Westmächte vom Kontinent. Am 12. September schon vertraute Hitler dem „Chefadjutanten der Wehrmacht beim Führer“, Oberst Schmundt, an, er wolle einen Angriff gegen den Westen starten, da er davon überzeugt sei, daß ein entscheidender Sieg über Frankreich Großbritannien zu einer gütlichen Übereinkunft bewegen werde. Zwei Wochen später weihte er die militärischen Befehlshaber in seine Pläne ein. Von seinen Ängsten getrieben (in einem halben Jahr sei die Lage für Deutschland weniger günstig, die Neutralität der kleinen Staaten könne wanken) und fest davon überzeugt, daß die Zeit gegen das Reich arbeite, hielt Hitler den Zeitpunkt eines entschlossenen Angriffs auf den Westen für gekommen. Das unmittelbare Kriegsziel bestand folglich in der Niederwerfung Frankreichs, die nach Hitlers Meinung London in die Knie zwingen werde. Sein Hauptaugenmerk richtete sich nach wie vor auf Großbritannien. Er hatte den Briten gegenüber ein doppeltes Spiel getrieben, indem er militärische Vorbereitungen durchführen und gleichzeitig weiterhin in London wegen einer Verständigung vorfühlen ließ. Nun bemühte er sich, England zur Anerkennung der Ergebnisse des Polenfeldzuges zu bewegen, und ging hierbei sogar soweit, ihm einen „großzügigen“ Separatfrieden anzubieten, den London am 6. Oktober zurückwies.

Aber Hitler verlor sein grundlegendes Ziel keineswegs aus den Augen: am 9. Oktober erinnerte er mit Nachdruck daran, daß Deutschland sich im Westen den Rücken frei machen müsse, um die Expansion des deutschen Volkes nach Osten beginnen zu können. Da ihm die „Rückensicherung“ ein dringendes Anliegen war, gedachte er Frankreich und England zum frühestmöglichen Zeitpunkt anzugreifen. Dieser Entschluß löste in den Generalstäben einen Sturm der Empörung aus. Die meisten führenden Militärs zweifelten am Erfolg eines solchen Unternehmens, das in ihren Augen äußerst gefährlich war, weil es einen Weltkrieg auslösen konnte. Der Chef des OKW war konsterniert. Neunundzwanzigmal wurde der „Fall Gelb“ hinausgezögert. Die Ausarbeitung des endgültigen Plans führte zu einem schwerwiegenden Konflikt zwischen dem OKH, dem OKW und anderen Stellen, da Hitler bis in die kleinsten Details hinein seinen Willen durchsetzte. Sein persönlicher Anteil an der von Manstein aufgebrachten „Sichelschnitt“-Idee dürfte erheblich gewesen sein.

Der am 24. Februar 1940 fertiggestellte, endgültige Plan besaß keinerlei Ähnlichkeit mit dem Schlieffenplan von 1914. Diesmal sollte der rechte Flügel (Heeresgruppe B) die alliierten Truppen fesseln, während die Heeresgruppe A die Ardennen überqueren, den Feind umgehen und zu einem Kampf mit vertauschten Fronten zwingen sollte.

Bei der Vorbereitung des Angriffs im Westen erhielt Hitler Anlaß, das Unternehmen „Weserübung" gegen Dänemark und Norwegen einzuleiten. Wie kam es dazu? Während der „Führer" bei Kriegsbeginn durchaus zur Achtung der Neutralität der skandinavischen Länder entschlossen schien, kam ihm bald der Gedanke, eine indirekt gegen England gerichtete strategische Operation einzuleiten. Marinekreise – Admiral Raeder – rieten ihm, London durch eine Blockade wirtschaftlich unter Druck zu setzen. Bereits im Oktober 1939 hatte Hitler Schritte unternommen, um die Zufuhr dänischer Lebensmittel sowie aus Norwegen und Schweden stammender Rohstoffe nach Großbritannien zu unterbinden. Der „Führer" trug jedoch auch ganz anderen Überlegungen Rechnung: die westlichen Alliierten könnten – unter dem Vorwand, Finnland in seinem Winterfeldzug gegen die Sowjetunion unterstützen zu wollen – in Norwegen Fuß fassen. Diese Möglichkeit mußte aus strategischen und wirtschaftlichen Gründen ausgeschlossen werden. Es galt, Großbritannien daran zu hindern, von einer norwegischen Basis aus den Ostseeraum mit Krieg zu überziehen und dadurch jegliche deutsche Flottenaktion in Nordsee und Atlantik unmöglich zu machen; ferner mußte vermieden werden, daß London weiterhin Druck auf Schweden ausübte, um die Eisenerzexporte nach Deutschland zu unterbinden. Auch politische Erwägungen waren ausschlaggebend: Reichsleiter Rosenberg stand in regelmäßigem Kontakt zu Quisling, der von einer germanisch-skandinavischen Gemeinschaft träumte.

All diese Überlegungen veranlaßten Hitler, am 1. März 1940 die Weisung zur Vorbereitung von „Weserübung" zu erlassen. Das Unternehmen sollte „den Charakter einer friedlichen Besetzung" tragen. Der Überraschungsschlag zielte mit beschränkter Truppenstärke auf die Eroberung Dänemarks ab, das unter den Schutz des Reiches gestellt werden sollte, und auf die Besetzung der wichtigsten strategischen Punkte Norwegens. Das Unternehmen, am 9. April begonnen, wurde zum Erfolg – die Alliierten landeten zwar in Narvik, konnten jedoch nur ein hinhaltendes Gefecht liefern. Aber man hatte einen hohen Preis zahlen müssen: die Kriegsmarine hatte einen Schweren, zwei Leichte Kreuzer sowie zehn Zerstörer verloren, drei andere Kreuzer und ihre beiden einzigen Panzerschiffe hatten Beschädigungen erlitten. Die Eisenerzversorgung war jedoch gesichert, Deutschlands Nordflanke gedeckt und die Westoffensive konnte in Angriff genommen werden.

Die Offensive vom 10. Mai 1940 löste die erwartete Überraschung aus, und alles verlief plangemäß. Der Schock-Effekt, die Schnelligkeit der Panzereinheiten und der Einsatz der Luftwaffe machten das Reich seinen Gegnern haushoch überlegen. Bei einem erneuten deutschen Vorstoß am 5. Juni waren die französischen Truppen nicht in der Lage, an Somme und Aisne ernsthaften Widerstand zu leisten. Mehr als die Hälfte des französischen Staatsgebietes wurde von Wehrmachtstruppen besetzt; Frankreich gab den Widerstand auf und unterzeichnete am 22. Juni 1940 den Waffenstillstand.

Wagemut und Risikobereitschaft hatten sich bezahlt gemacht: das Dritte Reich hatte in einem zweiten Blitzkrieg Frankreich niedergeworfen. Ab jetzt stand Hitler am Scheideweg. Bisher war ihm alles gelungen, und er konnte vom Aufbau einer weltweiten Vorherrschaft träumen. Welche Pläne hegte er im Sommer 1940? Wie stark beschäftigte ihn der Gedanke einer politischen Umgestaltung Europas? Dachte er an eine Expansion in Übersee? Bereitete er schon die nächste Etappe auf seinem Weg zur weltweiten Vorherrschaft, den Krieg gegen die Sowjetunion, vor?

Gegenüber Großbritannien trieb der Führer weiterhin ein doppeltes Spiel. Am 19. Juli 1940 appellierte er an die Vernunft der Briten: „Ich sehe keinen Grund dafür, der zur Fortsetzung dieses Kampfes zwingen könnte“ erklärte er im Reichstag. Dieses angebliche Friedensangebot – das gar kein echtes Angebot war – machte Hitler nur zu dem Zweck, sich vor den Augen der deutschen und internationalen Öffentlichkeit ein Alibi zu verschaffen. Er erwog allenfalls einen Separatfrieden mit England und auch ihn nur unter der Voraussetzung, daß London dem Reich wieder seine früheren Kolonien abtrete. Hitler wollte Großbritannien ohne deutsche Zugeständnisse zum Frieden bewegen. Er rechnete tatsächlich mit einer britischen Kapitulation, die jedoch ausblieb. Entgegen Hitlers Berechnungen gab London keineswegs auf, auch nicht nach der Niederwerfung Frankreichs, seines Verbündeten auf dem Kontinent. Obwohl der „Führer“ ständig vom Frieden sprach, hatte er gleichzeitig die militärischen Vorkehrungen für Englands Unterwerfung treffen lassen. Am 16. Juli gab er Weisung, eine Landung deutscher Truppen vorzubereiten. Einige Tage später legte er seinen engsten militärischen Mitarbeitern die Gründe dar, warum Großbritannien an einer Fortsetzung des Krieges gelegen sei: seiner Ansicht nach erhoffte es sich die Unterstützung durch die Sowjetunion und die Vereinigten Staaten. Als Hitler am 31. Juli im Verlauf einer Besprechung mit den militärischen Befehlshabern feststellen mußte, daß eine Landung deutscher Truppen in England im September nur geringe Erfolgsaussichten hatte, warf er seinen Plan um und erklärte: „Ist aber Rußland zerschlagen, dann ist Englands letzte Hoffnung getilgt." Obwohl der Diktator am 1. August 1940 die Verstärkung der gegen England gerichteten Luft- und Seestreitkräfte anordnete, gab er den Plan einer Landung in Großbritannien auf; dieses Projekt konnte nur als psychologisches Druckmittel eingesetzt werden, da die Luftwaffe lediglich für einen Blitzkrieg ausgerüstet war, ihr aber die zur Behauptung der Luftüberlegenheit unentbehrlichen Bomber mit großer Reichweite fehlten.

Da Hitler nicht direkt gegen England vorgehen konnte – ein solches Projekt jedoch als Drohung in der Schwebe ließ –, versuchte er, London indirekt zu treffen und auf diese Weise zum Nachgeben zu zwingen. Er förderte Ribbentrops Vorschlag einer kontinentalen Blockade, der am 27. September 1940 zunächst zum Abschluß des Dreimächtepakts Deutschland-Italien-Japan führte. Man wollte von der Iberischen Halbinsel bis zum Fernen Osten eine Angriffsfront gegen Großbritannien aufbauen, die die Vereinigten Staaten vom Eingreifen in einen europäischen Krieg abhalten und London zum Frieden zwingen sollte. Ein solches Vorhaben setzte wenigstens die Neutralität der Sowjetunion voraus. Dieser Plan einer kontinentalen Blockade, an der sich auch Spanien, Portugal und Vichy-Frankreich beteiligen sollten, scheiterte. Hitler hatte ihn nur widerwillig akzeptiert, und auch sonst stieß er auf einige Hindernisse. Weder der „Etat Français" noch Spanien unter Franco ließen sich ohne weiteres zu Satellitenstaaten des Reiches machen. Andererseits täuschte sich der „Führer", der der gelben und in seinen Augen minderwertigen Rasse ohnehin mißtraute, keineswegs über Japans Absichten, das seine eigenen militärischen Ziele verfolgte. Was das Verhältnis zur Sowjetunion betraf, so ging aus den im November 1940 stattfindenden Gesprächen zwischen dem Reichskanzler und Molotow klar hervor, daß Moskau durchaus dem Dreimächtepakt beitreten wollte, allerdings nur als gleichberechtigter Verbündeter und nicht als bloßes Instrument. Hitler seinerseits verheimlichte seinen Vertrauten gegenüber nicht, daß er auf keinen Fall die Russen nach Europa vordringen lassen wollte, da dies den Untergang Mitteleuropas bedeute; außerdem drohten die Sowjets Europa schon vom Balkan und von Finnland her an seinen Flanken anzugreifen. Im Grunde wollte Hitler nicht auf seinen Plan eines Krieges im Osten verzichten und mit dessen Hilfe England ausschalten. Er schien immer noch von einer Verständigung mit Großbritannien zu träumen, die auf einer Teilung der Erde beruhen und das Reich wieder in den Besitz von Kolonien bringen sollte. So ließ er Ministerien und Verwaltungen auf die baldige Übernahme von Kolonialbesitz in Afrika vorbereiten. Es handelte sich keineswegs – wie manche Dienststellen glaubten –, um eine Alternative zu dem Projekt einer nach Osten gerichteten Expansion, sondern darum, den großen europäischen und von Großdeutschland abhängigen Wirtschaftsraum durch Gebiete in Westafrika zu ergänzen.

Hitler unternahm also immer mehr Täuschungsmanöver, Einschüchterungsversuche, Friedensangebote und militärische Maßnahmen, um London unter Druck zu setzen. Aber alles war vergeblich. Dieser Mißerfolg hinderte den „Führer" jedoch nicht daran, die politische Neuordnung Europas ins Auge zu fassen. Wie sahen seine Pläne in diesem an Erfolgen, aber auch Belastungen für die Zukunft reichen Sommer 1940 aus?

Von Hitlers Plänen für das erst einmal unterworfene Europa wurde nur wenig bekannt. Im April 1940 erklärte Goebbels vor der deutschen Presse, diese Pläne würden nicht bekanntgegeben, da man die Schar der Feinde und Gegner nicht unnötig vermehren wolle; das Reich müsse zunächst mächtig werden, zu gegebener Zeit würden dann die wirklichen Pläne des national-sozialistischen Regimes bekanntgegeben. Auch die im Westen errungenen Siege ließen Hitler nicht mitteilungsfreudiger werden; dieses Schweigen löste unter den Ministerien Wettstreit und Rivalitäten aus – so zwischen Göring und Ribbentrop; in den Monaten Juni und Juli 1940 kam es zu erbitterten Kämpfen, die auf unterschiedliche Standpunkte der einzelnen Minister zurückzuführen waren. Im Juni 1940 beauftragte Hitler den Staatssekretär im Innenministerium, Stuckart, mit einer Studie zur künftigen Westgrenze Deutschlands, die von Flandern entlang der Ardennen und Argonnen bis zum Plateau von Langres verlaufen sollte. Der „Führer" wollte auf die Bestimmungen des Westfälischen Friedens (1648) und die Grenzen des mittelalterlichen Reiches zurückgreifen. Nachdem Stuckarts erster Entwurf als ungenügend zurückgewiesen worden war, schlug er eine neue Grenze vor, die von der Sommemündung am nördlichen Rand des Pariser Beckens und der Champagne entlang zu den Argonnen und dann durch Burgund zum Genfer See verlaufen sollte. Eine solche Grenzziehung bedeutete, daß Frankreich Flandern, den Norden der Champagne, ganz Lothringen, das Elsaß, die Franche-Comté und sogar einen Teil Burgunds verlieren würde. Auch Holland, Belgien und Luxemburg sollten vom Reich annektiert werden. Diese utopischen Pläne führten zunächst zu einigen viel bescheideneren Annexionen: das Reich verleibte sich Eupen-Malmedy ein, schon 1940 erfolgte auch die versteckte Angliederung der drei französischen Departements Haut-Rhin, Bas-Rhin und Moselle, und erst im Mai 1942 wurde das Großherzogtum Luxemburg annektiert.

Im Sommer 1940 trug sich Hitler jedoch weniger mit Annexionsplänen als mit der Vorstellung eines deutsch-europäischen Friedens, der auf einer Sperre der Festlandstaaten sowie einem riesigen Territorium unter deutschem Einfluß beruhen und dessen Verteidigung eine Art Monroedoktrin gewährleisten sollte. Diese vorläufige Planung lief auch auf die Vorstellung eines weiten, in bezug auf Nahrungsmittel autarken Wirtschaftsraumes, einer Zollunion hinaus, die das nördliche und mittlere Europa umfassen sollte; für die europäischen Mittelmeerländer hingegen, deren Einbeziehung sich ungünstig auf die germanische Rasse auswirken würde, war an eine italienische Einflußzone gedacht. Diesen europäischen Wirtschaftsraum wollte man durch ein afrikanisches Kolonialreich erweitern, das sich von Kamerun bis zur Ostküste Afrikas erstrecken und in das sowohl Französisch-Äquatorialafrika als auch Belgisch-Kongo eingegliedert werden würden. Ferner sollten zu diesem Kolonialreich auch Südostafrika, eine Reihe von Stützpunkten an der Küste Nordwest-Afrikas sowie vor den afrikanischen Küsten (Dakar, Azoren und Kanarische Inseln) als Militärbasen Großdeutschlands gehören.

Die Eroberung des „Lebensraums" – Vorspiel zum Krieg der Kontinente?

Es steht außerdem fest, daß Hitler ab Juli 1940 bereits an eine Expansion auf Kosten der Sowjetunion dachte. Den führenden Militärs erläuterte er seine Ziele im Osten: die deutsche Armee sollte ein Gebiet von bestimmter Größe besetzen und bis zur Wolga vordringen; anschließend war Rußland in mehrere autonome Einheiten wie die Ukraine, den baltischen Staatenbund sowie Weißrußland aufzuteilen, die als Pufferstaaten dienen sollten; Rumänien und das polnische „Generalgouvernement" waren zu vergrößern. Von einer Besatzung aus etwa sechzig Divisionen gehalten, könnte dieses gesamte Gebiet dem deutschen Großreich unzählige Reichtümer liefern. Hitler dachte also gleich nach dem Sieg über Frankreich an den Krieg gegen die Sowjetunion. Es ging darum, zugleich indirekt England zu treffen, den Bolschewismus zu vernichten sowie „Lebensraum" im Osten zu erobern, und zwar bevor die Vereinigten Staaten in den Konflikt eingriffen. Während Hitler die Vorbereitungen für das „Unternehmen Barbarossa" (den Feldzug gegen Rußland) genauestens verfolgte, mußte er sich gleichzeitig um die Deckung der Balkanflanke und um eine Präzisierung der Japan zugedachten Rolle bemühen. Alle aktuellen Sorgen hinderten jedoch den „Führer" nicht an immer grandioseren Expansionsträumen.

Als die Vorbereitungen für das „Unternehmen Barbarossa" in vollem Gange waren, mußte Hitler kurzerhand einen Balkanfeldzug einschieben, um die Südflanke zu decken. Mussolinis „Parallelkrieg" scheiterte nämlich und zwang den „Führer", sowohl auf dem Balkan als auch in

Nordafrika einzugreifen. Der italienische Bündnispartner war nicht in der Lage, den im Oktober 1940 gegen Griechenland begonnenen Krieg durchzuhalten; dies fiel ihm umso schwerer, als Großbritannien in seiner Eigenschaft als Garantiemacht Truppen nach Kreta entsandte. Hitler mußte diese Bedrohung beseitigen: schon Anfang November 1940 befahl er den Einmarsch nach Griechenland (Operation „Marita“). In Wirklichkeit handelte es sich um eine großangelegte Operation, mit der die rumänischen Erdölfelder gesichert werden und durch die Bulgarien zum Puffer gegen die Türkei gemacht werden sollte. Der Mitte Dezember fertiggestellte Plan sah den Einsatz von 24 Divisionen mit Truppenaufmarsch in Rumänien vor. Ende März 1941 machte ein antideutscher Staatsstreich in Belgrad auch eine Intervention in Jugoslawien erforderlich. Die Anfang April begonnenen Feldzüge führten innerhalb von vierzehn Tagen zu großen Erfolgen: Jugoslawien und Griechenland wurden zum Waffenstillstand gezwungen; die britischen Truppen schifften sich wieder ein. Das vorsichtigere Bulgarien hatte sich bereits am 1. März auf die Seite Deutschlands gestellt. Auf diese Weise sicherte Hitler den Schutz der deutschen Südflanke. Außerdem hatte er nach dem italienischen Zusammenbruch in Ägypten (im Dezember 1940) nicht gezögert, auch nach Nordafrika Truppen zu entsenden. Im Februar 1941 stieß Rommels Afrikakorps nach Tripolis vor; zwei Monate später erreichte er die ägyptische Grenze.

Diese in engem Zusammenhang stehenden Feldzüge hinderten Hitler keineswegs daran, die Kriegsvorbereitungen gegen die Sowjetunion voranzutreiben; der „Führer“ überwachte sie mit großem Interesse und griff durchaus auch in die operativen Überlegungen zu diesem großen Unternehmen ein. Ebenso wie seine Generäle unterschätzte er die Schlagkraft der russischen Armee. Die Weisung Nr. 21 vom 18. Dezember 1940 legte die wichtigsten Leitgedanken des „Falles Barbarossa“ fest. Die Wehrmacht mußte „einen schnellen Feldzug“ vorbereiten, dessen Endziel es war, entlang der Linie Wolga-Archangelsk eine feste Stellung gegen das asiatische Rußland aufzubauen. Die Luftwaffe wurde mit der Sicherung des deutschen Luftraumes und mit der Zerstörung von Industrieanlagen am Ural betraut. Am 30. März 1941 setzte Hitler im Verlauf eines langen Vortrags den Parteigrößen sowie den obersten Befehlshabern der drei Waffengattungen auseinander, daß es sich um einen „Vernichtungskampf“ handle. Hitler dachte nicht daran, in den eroberten Gebieten „entstalinisierte“ Republiken zu gründen. Gemäß dem „Generalplan Ost“ sollten drei Viertel der slawischen Bevölkerung nach Sibirien deportiert und das verbleibende Viertel zu Heloten, ausgebeutet nach dem Prinzip des Kolonialimperialismus, herabgestuft werden. Der Plan sah außerdem die Ansiedlung deutscher sowie – in Einklang mit der Rassenideologie – schwedischer, norwegischer, dänischer und holländischer Bevölkerungsgruppen vor.

Während dieser Vorbereitungen hegte der „Führer“ noch weitergehende Träume. Selbst wenn seine kolonialen Vorhaben in den Hintergrund gerieten, so verzichtete er dennoch nicht auf die Vorstellung eines Kamerun, Togo und Belgisch-Kongo umfassenden Kolonialreiches. Gleichzeitig dachte er jedoch auch darüber nach, was nach dem Sieg über Rußland zu tun sei. Zunächst würde er Großbritannien – nach einer angemessenen Aufrüstung – mit einem Blitzkrieg auf verschiedenen Kontinenten konfrontieren, der im Nahen Osten und in Indien stattfinden sollte, und es auf diese Weise zum Frieden zwingen. Hitler wollte Großbritannien und sein Reich jedoch nicht vollständig vernichten. Seine eigenen Worte sowie die Weisungen, die er am 9. Januar, 17. Februar und 11. Juni 1941 der Wehrmacht erteilte, zeigen deutlich, daß er nach dem Sieg über Stalin sich vom europäischen Kontinent, der bis dahin zu einer autarken, von Juden „gereinigten“ Festung ausgebaut werden sollte, und möglicherweise auch von Afrika aus der übrigen Welt zuwenden wollte, um sich eine Weltmachtposition aufzubauen; Deutschland sollte fähig sein, in einen Krieg gegen die Vereinigten Staaten von Amerika einzutreten.

Der Auftakt des am 22. Juni 1941 mit 153 Divisionen begonnenen Rußlandfeldzugs berechtigte in der Tat zu einem gewissen Optimismus. Aber bereits Ende August sah sich das OKW gezwungen, den für das Unternehmen „Barbarossa“ vorgesehenen Zeitplan abzuändern, und Hitler verlegte den Schwerpunkt auf die Heeresgruppe Süd, um sich in den Besitz der wirtschaftlichen Schätze Südrußlands, vor allem der Ukraine, zu bringen. Anfang Oktober fing sich die Rote Armee wieder, während zwischen dem OKW und den Befehlshabern der verschiedenen Fronten Streitigkeiten auftraten. Die Heeresgruppe Mitte erlebte Anfang Dezember einen russischen Gegenangriff. Am 16. Dezember stoppte der deutsche Diktator die Operationen; drei Tage später übernahm er persönlich das Oberkommando über die Landstreitkräfte.

Veranlaßte das Scheitern von „Barbarossa“ Hitler seit der zweiten Hälfte des Jahres 1941 zu einer Änderung seiner Strategie? Zu Beginn des Feldzugs hatte Hitler noch einen interkontinentalen Krieg gegen die Vereinigten Staaten geplant. Am 14. Juli 1941 schlug er Japan – das einige Tage zuvor entschieden hatte, nicht am Krieg gegen die Sowjetunion teilzunehmen – eine Ausdehnung seiner Einflußzone in Rußland bis zur Transsibirischen Eisenbahn vor sowie die Bildung einer Koalition gegen die USA. Ende Juli dachte der „Führer“ immer noch über einen Angriff auf die Vereinigten Staaten nach. Einige Wochen später änderte er seine Meinung. Im Herbst 1941 stieß der von Raeder und Ribbentrop ausgehende Vorschlag einer gemeinsamen Aktion Deutschlands und Japans gegen die Sowjetunion bei Hitler auf kategorische Ablehnung. Mißtraute er den im Grund von ihm verachteten Japanern? Fürchtete er die Folgen der japanischen Expansion auf Kosten Großbritanniens und die Entstehung einer riesigen Einflußzone Japans in Ostasien? Wahrscheinlich.

Vermutlich wurde das Mißtrauen des „Führers“ auch durch andere Probleme – wie etwa das der Vorherrschaft in Indien – oder durch wirtschaftliche Rivalitäten genährt. Angesichts dieser Umstände und des Widerstands der Roten Armee gab Hitler am 10. September 1941 seinen Plan eines Angriffs gegen die Vereinigten Staaten auf und kam wieder auf seine frühere Überlegung zurück, daß erst die nächste Generation den entscheidenden Kampf gegen Amerika führen solle. Als der „Führer“ dennoch im Dezember 1941 den Vereinigten Staaten den Krieg erklärte, tat er das mit Widerwillen und in erster Linie deshalb, weil es galt, das im Frühjahr mit Japan gegen Rußland und die USA geschlossene gegenseitige Schutzversprechen zu erfüllen. Zu diesem Zeitpunkt erlaubte das deutsche Kriegspotential keine großen Siege mehr. Hitler konnte nur in einigen begrenzten Bereichen die Initiative behalten, wobei nach wie vor sein besonderes Interesse der Ostfront galt.

Das verstümmelte, ausgebeutete, überwachte Europa

In den Jahren 1942/1943 beherrschte Hitler große Teile Europas. Direkt oder indirekt hielt er Europa „vom Nordkap bis zum Golf von Tarent und von der Bretagne bis zur baltischen Küste und zur Ukraine“ (A. Latreille) besetzt. Das Reich hatte jedoch, wie wir sahen, nur wenige Annexionen vorgenommen.

Die besiegten Länder wurden allesamt zu Vasallenstaaten herabgedrückt und durch die Besatzungstruppen bevormundet – ganz gleich, ob sie eine eigene Regierung besaßen (Frankreich, Belgien, Dänemark), oder von Strohmännern (Norwegen, Kroatien) bzw. durch Reichskommissare (Niederlande, „Generalgouvernement“ Polen, „Ostland“ mit Estland und Litauen) regiert wurden. Die Verbündeten ihrerseits – Italien, Rumänien, Ungarn, Bulgarien, ja selbst Finnland – waren dem Reich ausgeliefert.

Diese Organisation Europas diente einem wichtigen Zweck: sie sollte dem Reich helfen, die kriegsbedingten Belastungen zu tragen. Viel Zeit widmete der „Führer“ der systematischen Ausbeutung der Satelliten-

staaten. Die Kriegsziele aber verschwieg er und ließ damit die Zukunft offen. Mehrere Aspekte verdienen eine nähere Betrachtung:
– der mögliche Aufbau einer neuen Wirtschaftsordnung
– die Formen, in denen die unterjochten Gebiete ausgebeutet wurden,
– die Kolonisations- und Germanisierungsprojekte.

Auf dem Wege zu einer neuen Wirtschaftsordnung

Bei der Durchführung seiner Vorhaben mußte sich Hitler auf die deutsche Wirtschaft verlassen können. Dachten die durch ihre ersten Siege ermutigten Nationalsozialisten an die Einführung einer neuen Wirtschaftsordnung in Europa?

Es war offensichtlich, daß die Wirtschaft Großdeutschlands nicht die gesamten Belastungen des Krieges tragen konnte – umso weniger, als Hitler die bereits 1938 von General Thomas vorgeschlagene „Tiefenrüstung" abgelehnt hatte. Der Reichskanzler wollte der Bevölkerung genug Verbrauchsgüter zur Verfügung stellen und vertraute auf den Erfolg des „Blitzkriegs"; daher wollte er nichts von einer allumfassenden und rationellen Wirtschaftspolitik wissen. Zu Anfang des Krieges schienen sich seine Hoffnungen zu erfüllen: die industrielle Produktion stieg an, die Lebensmittelversorgung war gesichert, und die deutsche Bevölkerung litt keinen Mangel.

Das Fehlschlagen des Blitzkrieges gegen Rußland zwang zum Umdenken: im Februar 1942 begann Deutschland in wirtschaftlicher Hinsicht den totalen Krieg. Zunächst versuchte Hitler, die Rivalität zwischen der Leitung des Wehrwirtschafts- und Rüstungsamtes des OKW sowie dem Reichsministerium für Bewaffnung und Munition zu beseitigen, indem er letzterem den Vorrang einräumte. Das Ministerium, das nach Fritz Todt – der Anfang 1942 starb –, Albert Speer unterstand und durch Industrielle gefördert wurde, setzte sich zwar durch, aber es gelang ihm nicht, die Widerstände der Gauleiter, Sauckels und Görings, zu brechen. Ersterer behielt die Aufsicht über die Fremdarbeiter; letzterer neigte immer noch dem System des Staatskapitalismus zu, während sich Speer vor allem auf den privaten Sektor stützte. Diese Zersplitterung der Autorität sowie zunehmend die feindlichen Bombardements drohten immer mehr, die Aufrechterhaltung der maximalen Produktionshöhe in den wichtigsten Industriezweigen zu gefährden. Die Bombardierungen senkten den industriellen Ausstoß 1943 um 9% und 1944 um 17%. Zum völligen Zusammenbruch der Produktion kam es jedoch erst nach dem Massenaufgebot des Volkssturms, der die Arbeitskräfte aus den Fabriken abzog.

Am 22. Juni 1940 traf man die ersten Maßnahmen im Hinblick auf eine nach Kriegsende zu errichtende europäische Wirtschaftsunion: Göring beauftragte Reichswirtschaftsminister Funk, in Zusammenarbeit mit den übrigen Ministerien sowie den Parteiorganisationen entsprechende Pläne auszuarbeiten. Funk führte vor den Verantwortlichen der einzelnen Dienststellen aus, Deutschland könne fortan eine neue, auf seine Bedürfnisse abgestimmte Wirtschaftsordnung herbeiführen, und die Wirtschaft der übrigen Staaten Europas müsse sich nach Deutschlands Bedürfnissen richten. In einem am 26. Juli 1940 gewährten Interview äußerte Funk des weiteren, dieses europäische Wirtschaftsgebiet müsse über sämtliche notwendigen Produkte verfügen, die es von anderen Ländern unabhängig machen könnten. Im darauffolgenden Monat arbeitete er eine Liste der zu ergreifenden Maßnahmen aus. Zuallererst sollte die gesamte Produktion Europas für die deutsche Wirtschaft nutzbar gemacht werden; die Wirtschaft aller europäischer Länder wollte man nach dem Vierjahresplan-Prinzip organisieren; man projektierte ferner ein ganzes System von Verrechnungsverträgen zwischen den europäischen Staaten, mit dessen Hilfe Deutschland den Außenhandel beherrschen und den Warenaustausch mit außereuropäischen Staaten überwachen könne. Daneben erstellten Experten – vor allem der IG-Farben – Untersuchungen über die Struktur des gesamten europäischen Wirtschaftsraums; allerdings beschäftigten sie sich in erster Linie mit der Sicherung der Lebensmittelversorgung und mit der Frage, wie die Kapazitäten am sinnvollsten zu verteilen und zusammenzulegen seien, um dem Bedarf der großdeutschen Rüstungsindustrie Rechnung zu tragen.

Bis zur Einführung der neuen Wirtschaftsordnung – die zunächst nur ein Propagandagegenstand war – sollte die systematische Ausbeutung Europas mit allen Mitteln vorbereitet werden.

Die Ausbeutung der unterworfenen Gebiete

Das Prinzip der Plünderungspolitik wurde bereits 1939 aufgestellt, als man darüber beriet, wie die annektierte Tschechoslowakei zu behandeln war: die tschechoslowakischen Produktionskapazitäten sollten – ohne jede Gegenleistung – dem Reich zur Verfügung gestellt werden, damit dieses über das nötige Kriegsmaterial verfügte und Soldaten wie Zivilbevölkerung ausreichend mit Lebensmitteln versorgen konnte.

Das für den Vierjahresplan zuständige Amt, das immer noch Göring unterstand, trug die Verantwortung für die deutsche Wirtschaftspolitik in den besetzten Gebieten. Die 1942 ausgegebenen Instruktionen waren deutlich; sie verkündeten, in der Vergangenheit seien Plünderungen an der Tagesordnung gewesen und man wolle ebenfalls gründlich vorgehen. Hitler stimmte zu und erklärte, Deutschland werde entschädigungslos alles in seinen Besitz bringen, was ihm nutzen könne. Auch die Militärregierung in Frankreich gab deutlich zu verstehen, daß sie sich an Frankreich schadlos halten wolle, und zwar nicht nur, um den Bedarf der in Frankreich stehenden Truppen, sondern auch den der im Osten, im Westen, in Norwegen und in Rumänien stationierten Einheiten zu decken.

Die planmäßige Ausbeutung Europas war unterschiedlich hart. *Im Westen* setzte die Besatzungsmacht nach einer kurzen Plünderungsphase den Abschluß von Verträgen durch, die ihr einen Großteil der Reichtümer überließen. Frankreich, Belgien, die Niederlande, Norwegen, schließlich auch Griechenland und Jugoslawien mußten den Unterhalt der Besatzungstruppen tragen, der bewußt viel zu hoch angesetzt wurde. Dank dieses Überschusses und willkürlich festgesetzter, für Deutschland günstiger Wechselkurse konnte das Reich zu niedrigen Preisen Rohstoffe, Fabrikate und Lebensmittel aus den besetzten Gebieten beziehen; der Handel wurde immer einseitiger auf Großdeutschland hin ausgerichtet. Die Besatzungsbehörden konfiszierten den Besitz jüdischer Familien und ersannen mehr oder weniger ‚legale' Mittel, um Industrieunternehmen beschlagnahmen, die Gründung gemischter, von deutschen Interessen beherrschter Gesellschaften anregen und an das Vermögen der besetzten Staaten in Mitteleuropa und auf dem Balkan herankommen zu können.

Am Beispiel Frankreichs, das als reiches Land galt, zeigte sich ganz deutlich, wie das Reich die Ausbeutung eines zunächst teilweise und dann völlig besetzten Landes plante. Zu allererst erzwang Deutschland einen Wechselkurs von 20 Franc für 1 Mark, während die tatsächliche Parität bei etwa 16 Francs lag. Folglich erhielt das Reich auf alle aus Frankreich kommenden Waren einen Rabatt von 20%. Die Kosten für den Unterhalt der Besatzungstruppen wurden im August 1940 zunächst auf 400 Millionen Francs pro Tag veranschlagt, im Mai 1941 jedoch auf 300 Millionen herabgesetzt. Allerdings galt diese Ermäßigung nur für kurze Zeit, denn nach der Besetzung des ganzen Landes, wurde der Betrag im Januar 1943 auf 500 Millionen erhöht. So zahlte Frankreich in den Jahren 1940 bis 1944 etwa das Zehnfache der tatsächlichen Besatzungskosten. Den Überschuß verwendete Deutschland für Käufe auf dem Schwarzmarkt, für den Bau des Atlantikwalls und zur Befestigung der Mittelmeerküste. Der am 14. November 1940 Frankreich aufgezwungene Verrechnungsvertrag beruhte auf einem Ausgleich, der immer mehr nur noch auf dem Papier bestand. Die Verrechnungskassen in Berlin und Paris arbeiteten zum Vorteil der Besatzungsmacht. Die französische Kasse bezahlte nämlich die Massen von Waren, die Deutschland aus Frankreich bezog, während sich in Berlin Kredite zugunsten möglicher französischer Abnehmer anhäuften, die nicht abgebaut werden konnten, da der Handel einseitig abgewickelt wurde. Viele französische Industrielle erbaten – um ihre Fabriken in Gang zu halten und ihre Arbeiter zu beschäftigen – Aufträge aus Deutschland und zeigten sich auf diese Weise zu einer wirtschaftlichen Zusammenarbeit bereit. Außerdem wurden sie hierzu auch durch Gewinnsucht und die Sorge vor einer deutschen Inbesitznahme veranlaßt, da das Reich einige Unternehmen zu beschlagnahmen suchte. Deutschland bemühte sich, die französischen Industriellen zu Untergebenen herabzudrücken und sie in den ausschließlich deutschen Interessen vorbehaltenen Gebieten auszuschalten. Indem die Sieger von 1940 gemischte Gesellschaften gründeten – wie zum Beispiel die Francolor, deren Aktien zu 51% der IG Farben gehörten –, Hutchinson zur Unterstellung unter Semperit zwangen und im Falle der „Air liquide" und der „Norvégienne de l'Azote" die Rückgewinnung deutscher, 1918 widerrechtlich durch Frankreich in Besitz genommener Patente vorschoben, brachten sie die Kontrolle über wichtige Sektoren der französischen Wirtschaft in deutsche Hand.

In Ostfrankreich erreichte die Besitzergreifung noch ein viel größeres Ausmaß; der „Führer" wollte das ganze lothringische Bergbaugebiet Deutschland einverleiben. Nachdem das Departement Moselle annektiert und mit der Saarpfalz zum „Reichsgau Westmark" zusammengefaßt worden war, ernannte Göring Hermann Röchling zum Generalkommissar für Eisen und Stahl; dies bedeutete die Einbeziehung der gesamten Wirtschaft des annektierten Lothringen wie auch der im Departement Meurthe-et-Moselle ansässigen Bergwerks- und Metallindustrie in den metallurgischen Sektor der deutschen Wirtschaft. Im Februar 1941 veranlaßte man die Metallindustrie des Departements Moselle zur Fusion mit den an der Saar gelegenen Werken, ohne indes das Eigentumsproblem zu lösen, das man, trotz des Drucks der deutschen Stahlhersteller, aus politischen Gründen lieber auf sich beruhen ließ. Das Eisenerz aus dem Mosel- und Meurthegebiet war für die Reichswirtschaft von großer Bedeutung: 1943 übertraf allein die Produktion im Departement Meurthe-et-Moselle mit 15,7 Millionen Tonnen die des gesamten Reiches (15,2 Millionen). Schon ab 1941 lieferte dieses französische Departement jährlich über 6 Millionen Tonnen und zwischen Januar und August 1944 noch nahezu 4 Millionen Tonnen Eisenerz an Deutschland. Von Sommer 1940 bis Sommer 1944 ergab dies ingesamt 23 Millionen Tonnen – etwa die Hälfte der deutschen Fördermenge; die Versorgung der deutschen Stahlwerke mit Eisenerz war daher sichergestellt.

Deutschland zwang das besetzte Frankreich außerdem zur Abtretung der Bergwerke in Bor (Jugoslawien), der französischen Anteile an tschechischen und polnischen Banken sowie am rumänischen Erdöl.

Im Osten wurden die besetzten Gebiete auf ebenso unterschiedliche wie strenge Weise ausgebeutet. Das Generalgouvernement Polen machte zwei Phasen durch. Zunächst wurden systematisch Rohstoffe, Maschinen und Lebensmittel geplündert. Göring befahl, alle vor Ort entbehrlichen Unternehmen nach Deutschland zu übersiedeln. Nach der Annexion des Generalgouvernements wurden diese Verlegungen eingestellt, und es kam sogar zu einer vorsichtigen Wiedereinrichtung, die aber in erster Linie den Bedarf der im Osten stehenden Wehrmachttruppen decken sollten.

Mehrere nationalsozialistische Einrichtungen – unter anderem das von Rosenberg geleitete „Reichsministerium für die besetzten Ostgebiete" – übernahmen die Verwaltung des eroberten russischen Raumes. Bereits Ende August 1941 wurden zwei Reichskommissariate gegründet: im Norden das „Reichskommissariat Ostland" für Weißruthenien und die baltischen Staaten, sowie im Süden das „Reichskommissariat Ukraine", das Gauleiter Koch unterstellt war. Letzterer führte eine Politik ein, die nicht nur in der Ukraine zur Richtlinie wurde: die östlichen Völker waren dazu bestimmt, ihren natürlichen Herren (dem deutschen „Herrenvolk") zu dienen, und die Ausbeutung der eroberten Ostgebiete wurde als gutes Recht, sogar als Pflicht Deutschlands hingestellt. Diese Haltung stimmte vorzüglich mit Görings Ansichten überein, der am 8. November 1941 verkündet hatte, die kürzlich besetzten Ostgebiete würden wie Kolonien ausgebeutet. Sie sollten vor allem Getreide, Erze und Öl an Deutschland liefern. Zuallererst war Hitler übrigens nicht an einer Umstrukturierung interessiert: das System der Kolchosen wurde somit in Form von Gemeinschaftshöfen beibehalten, und erst 1942 kam es zu zaghaften Versuchen einer Landverteilung, mit deren Hilfe man russische Bauern zu gewinnen suchte, die die Kollektivierung ablehnten. Die Produktion sollte vor allem der Wehrmacht zugute kommen, die 40% der landwirtschaftlichen Erzeugnisse verbrauchte. 10% waren der deutschen Zivilbevölkerung zugedacht. Infolge der Deportationen, des Düngermangels, des Widerstands der Bauern sowie der Kriegshandlungen fiel die Produktion jedoch sehr schnell ab.

Die Erfordernisse des Ostkriegs trieben die Nationalsozialisten zur Wiederankurbelung der Industrie. Nachdem sie zunächst sämtliche verwertbaren Vorräte nach Deutschland hatten transportieren lassen, bemühten sie sich nunmehr um den Bau neuer Rüstungs- und Munitionsfabriken. Als die Deutschen in das Donezbecken vorstießen, ließen sich lediglich 25 von 178 Kohlebergwerken in Betrieb nehmen; dank einer gesteigerten Förderleistung konnten bis zu 400000 Tonnen pro Monat gewonnen werden, aber dennoch mußte man zusätzlich schlesische Kohle beziehen. Da überdies drei Viertel der Elektrizitätswerke zerstört waren, fehlte es auch an Strom: die Instandsetzung des großen Dnjeprstaudamms erwies sich als ein langwieriges und schwieriges Unterfangen. Die kaukasischen Erdölfelder von Maikop lagen in Trümmern, aber den Deutschen gelang es, in Kriwoi Rog wieder Eisenerz und in Nikopol wieder Mangan abzubauen. Insgesamt erreichte die industrielle Produktion in der Ukraine jedoch kaum ein Sechstel des Vorkriegsstandes. Deutsche Konzerne erhielten Konzessionen für Industrieunternehmen: Krupp, Flick, Mannesmann und die Reichswerke Hermann Göring machten sich die Lage zunutze.

Obwohl die wirtschaftliche Ausbeutung Rußlands besonders krasse Formen annahm, führte sie zu einem relativen Mißerfolg, da – laut Dallins Berechnungen – der Ertrag aus den Ostgebieten nur ein Siebtel dessen ausmachte, was Deutschland aus Frankreich herauspreßte.

Das Reich nutzte nicht nur die wirtschaftlichen Reichtümer der eroberten Gebiete für seine Zwecke, sondern es bezog aus ihnen auch *Arbeitskräfte* für die eigene Wirtschaft. Schon in den Jahren 1938/1939 hatte man 300000 Fremdarbeiter einstellen müssen. Mit Kriegsbeginn verlor die deutsche Wirtschaft durch die Mobilmachung jedoch 4,4 Millionen Arbeiter an die Wehrmacht. Aus ideologischen Gründen – die Frau sollte daheim am Herd bleiben und Kinder in die Welt setzen – wollten die Nationalsozialisten nicht in größerem Ausmaß weibliche Arbeitskräfte heranziehen. So war man gezwungen, auf Fremdarbeiter zurückzugreifen. Schon beim Einmarsch nach Polen sammelten Arbeitsämter 110000 polnische Arbeiter, während 300000 Kriegsgefangene bei der Ernte 1939/1940 eingesetzt wurden. Vor allem aus Italien kamen ab 1940 freiwillig Arbeiter nach Deutschland. Dann folgten die Scharen Kriegsgefangener aus den Westfeldzügen, von denen die meisten arbeiteten. Im Oktober 1941 waren in Deutschland schon 3,5 Millionen Fremdarbeiter im Einsatz, davon 1368000 Kriegsgefangene. Die zivilen Arbeiter stammten vor allem aus Polen (29%), den verbündeten Staaten (11,6%) sowie den besetzten Ländern im Westen (8,4%).

Als der Blitzkrieg gegen die Sowjetunion scheiterte und man mit einem längeren Krieg rechnen mußte, wurde der Mangel an Arbeitskräften zu einem zentralen Problem. Der zum Generalbevollmächtigten für den Arbeitseinsatz (GBA) ernannte Fritz Sauckel machte in sämtlichen Gebieten – einschließlich Rußlands – Jagd auf Arbeitskräfte. Innerhalb eines Jahres – von Mai 1942 bis Mai 1943 – ‚warb' Sauckel über 2 Millionen Fremdarbeiter an; sie stammten insbesondere aus der Sowjetunion, aus Frankreich, Belgien, Holland und ließen die Gesamtzahl der in Deutschland arbeitenden Ausländer auf über 6 Millionen ansteigen. Im folgenden Jahr konnte er nur noch eine Million Fremdarbeiter anwerben. Mitte 1944 waren somit 20% aller Arbeitsplätze im Reich mit

7 Millionen Fremdarbeitern besetzt. Zu ihnen zählten auch etwa 630000 russische Kriegsgefangene, die kräftig genug waren, um aus jenen Lagern herauszukommen, in denen über 3 Millionen ihrer Leidensgenossen elend zugrundegingen.

Daß Sauckels Methoden – deren Spektrum von Überredungsversuchen bis zur Zwangsverschleppung durch eigens dafür gegründete Trupps reichte – nicht immer großen Anklang fanden, zeigte das französische Beispiel deutlich. 1942 führte Sauckel im Einverständnis mit der Regierung Laval das „Ablösesystem" ein (gegen die Stellung von 3 Arbeiter, sollte ein Kriegsgefangener freigelassen werden). Angesichts des kümmerlichen Ergebnisses von ganzen 31300 Arbeitern, die auf diese Weise geworben werden konnten, setzte Sauckel alles daran, den jungen Franzosen einen zweijährigen Zwangsarbeitsdienst (service du travail obligatoire, Abk. STO) aufzuerlegen; damit trieb er sie jedoch nur der Résistance in die Arme. Sauckels Anstrengungen wurden durch das Vorgehen des französischen Industrieminsters Bichelonne durchkreuzt, der Speer für eine Produktion in den besetzten Gebieten zu gewinnen suchte. Schon im Oktober 1943 wurden 10000 französische Unternehmen als „geschützte Betriebe" eingestuft, deren Belegschaften Sauckels Maßnahmen entgingen. Als Sauckel sich bei Hitler deswegen beschwerte, antwortete ihm der „Führer", man müsse eben versuchen, beide Methoden miteinander in Einklang zu bringen. Zwischen Januar und Mai 1944 konnte Sauckel dann nur noch 34244 französische Arbeiter anwerben.

Die Jagd auf Arbeitskräfte hatte nicht zum erwünschten Erfolg geführt: ab Anfang 1943 sah man sich gezwungen, deutsche Frauen heranzuziehen.

Kolonisierung und Germanisierung

Von Anfang an wollte Hitler im Osten den notwendigen Lebensraum für das deutsche Volk erobern. Das Fortdauern des Krieges erschwerte eine detaillierte Planung. Der „Führer" dachte jedoch bereits daran, bestimmte Gebiete zu besiedeln und zu germanisieren; ab Herbst 1939 wurden spezielle Einrichtungen zu diesem Zweck geschaffen. Das Himmler unterstellte „Reichskommissariat für die Festigung deutschen Volkstums" (RKFDV) erhielt die Aufgabe, bestimmte, im Osten eroberte Gebiete zu „säubern", um auf diese Weise Platz für deutsche Siedler zu schaffen. Innerhalb kürzester Zeit wurde etwa eine Million Juden und Polen aus den annektierten westpolnischen Gebieten vertrieben und ins Generalgouvernement abgeschoben. Man ersetzte sie durch deutsche Siedler, die die Güter der Vertriebenen erhielten. Die erforderlichen

Arbeitskräfte konnten die deutschen Siedler aus der verbliebenen polnischen Bevölkerung beziehen. Die Rekrutierung deutscher Siedler bereitete Himmlers Organisation jedoch einige Probleme: man suchte Menschen, in deren Adern „bestes deutsches Blut" floß, auf die in politischer Hinsicht Verlaß war und die außerdem eine gute Berufsausbildung besaßen. Die Suche nach derartigen Elitepionieren erwies sich als äußerst schwierig: man hielt sowohl unter Volksdeutschen als auch unter den Reichsdeutschen Ausschau. Die ersten Siedler wählte man aus der halben Million Deutschstämmiger aus, die in den Jahren 1939 bis 1941 ins Reich zurückgekehrt waren. Nach einer sorgfältig durchgeführten Auslese wurden 200000 von ihnen insbesondere auf Bauernhöfe verpflanzt. Deutsche Bürger hingegen setzte man vor allem als Beamte oder Unternehmer ein. Bis 1943 wurden etwa eine Million Deutsche in Polen angesiedelt.

Der Krieg gegen die Sowjetunion eröffnete eine ganz neue Perspektive. Während des Sommers 1941 ließ Hitler kaum etwas über seine Absichten verlauten, ohne jedoch ein Hehl daraus zu machen, daß er die baltischen Staaten und die Krim germanisieren wollte. Anfang 1942 skizzierte er ein Vorhaben von ungeheurem Ausmaß: über mehrere Generationen hinweg sollten hundert Millionen Deutsche in diesen Gegenden angesiedelt werden. Bereits für die ersten zehn Jahre sprach man aber von 10 bis 20 Millionen. Während Hitler ebenso gigantische wie verschwommene Pläne enthüllte, machten sich die nationalsozialistischen Organisationen bereits ans Werk, obwohl der Krieg noch nicht zu Ende war. Die SS sowie das Reichsministerium für die besetzten Ostgebiete (unter Rosenberg) waren gleichermaßen am Generalgouvernement Polen, am Baltikum und an den eigentlich russischen Gebieten interessiert.

Nach Weißrußland wollte man die Bevölkerung aus dem Generalgouvernement abdrängen, dieses anschließend annektieren und mit Deutschen auffüllen. Das „Ostland" (die baltischen Staaten) wollte man ebenfalls deutsch besiedeln, die Mehrzahl der bodenständigen Einwohner Estlands, Lettlands und Litauens sollte jedoch – sofern sie sich eindeutschen ließen – an Ort und Stelle bleiben dürfen. Für die russischen Gebiete hatte Himmler noch vor dem Feldzug im Mai 1941 den „Generalplan Ost" ausgearbeitet. Das europäische Rußland wollte er mittels der Errichtung von „Grenzmarken" eindeutschen. Dieses Unternehmen, das sich über einen Zeitraum von mehreren Generationen hinweg erstrecken sollte, sah vor, daß der größte Teil der slawischen Bevölkerung in Gebiete östlich des Ural deportiert wurde. Zurückbleiben sollte lediglich ein geringer Anteil der einheimischen Bevölkerung, der – seines Landbesitzes beraubt – billige Arbeitskräfte für die deutschen Siedler stellen würde. Letztere, zunächst ehemalige Kriegsteilnehmer, könnten vom Ertrag ihrer Güter leben; für ihre Sicherheit sollten befestigte Militärposten sorgen.

Aufgrund des Kriegsverlaufs gelangten diese weitreichenden Träume kaum über das Erprobungsstadium hinaus: es kam zur Ansiedlung einiger Deutscher auf der Krim und zu größeren Experimenten im „Generalgouvernement“, in der Ukraine (Distrikt Schitomir) sowie in den baltischen Staaten. Einige Siedlungsversuche wurden recht weit vorangetrieben und verdienen durchaus eine gewisse Aufmerksamkeit, so etwa die der Organisation „Ostland“. Deren Aufgabe bestand zunächst darin, deutsche Landwirte in polnischen Gebieten anzusiedeln, aber sie entwickelte sich auch zum Instrument einer deutschen Besiedlung Nordostfrankreichs. Die im Februar 1940 gegründete Gesellschaft wurde im Mai 1942 zur „Reichsgesellschaft für Landbewirtschaftung“ – kurz „Reichsland“ – umgewandelt. Damals hatte sie die direkte Verwaltung von 3300 großen und 550000 kleinen Betrieben inne. Damit unterstand ein insgesamt 4 Millionen Hektar großes Areal den Weisungen von „Reichsland“. Zum Zeitpunkt ihrer größten Ausdehnung beschäftigte die Gesellschaft 5500 Deutsche und 5000 vertraglich gebundene, ortsansässige Bauern; über eine Million Polen wurden als Landarbeiter oder Kleinbauern beschäftigt. Obwohl „Reichsland“ für die Nutzung der Gebiete verantwortlich war, behielt Himmler ein beträchtliches Verfügungsrecht über das Eigentum an Grund und Boden. Er verteilte Landwirtschaftsbetriebe an deutsche Siedler unterschiedlichster Herkunft. „Reichsland“ sollte auf lange Sicht zu einem wesentlichen Bestandteil der landwirtschaftlichen Siedlungspolitik des Reiches werden.

Ab August 1940, nach dem Frankreichfeldzug, erhielt „Ostland“ den Auftrag, für die Bebauung des „herrenlosen“ Bodens in der besetzten französischen Zone zu sorgen. Unter der Aufsicht des Militärbefehlshabers in Frankreich wurden fast 900 Deutsche mit der Bewirtschaftung von insgesamt rund 170000 Hektar Land beauftragt. Aus dem Elsaß und dem Moselgebiet wurde die französischsprachige Bevölkerung vertrieben: im Elsaß mußten 710, an der Mosel 7700 Landwirte ihre Betriebe verlassen. „Ostland“ brachte sich in den Besitz von über 220000 Hektar landwirtschaftlicher Nutzfläche in Elsaß-Lothringen sowie weiterer 170000 Hektar in einer Sperrzone, vornehmlich in den Departements Ardennes und Meuse. Diese großen Enteignungen wurden – trotz Protests der Vichy-Regierung – ab Frühjahr 1941 vorgenommen. „Ostland“ ersetzte die Vertriebenen durch aus der Pfalz stammende Reichsdeutsche sowie durch Slowenen und sogar durch Polen.

Für die Nationalsozialisten gingen Kolonisierung und Germanisierung Hand in Hand. Man beschäftigte sich jedoch nicht nur mit der Ansiedelung deutschstämmiger Menschen. Himmlers Dienststellen fertigten auch eine Liste der zu germanisierenden Völker aus. Die Einwohner der baltischen Staaten, vor allem die Esten und Litauer, wurden als massenweise „eindeutschungsfähig“ angesehen. Im Westen galten viele ethnische Gruppen – Schweizer, Elsässer, Luxemburger, Flamen, Holländer und Skandinavier – in den Augen der Nationalsozialisten als echte Germanen oder als nahe Verwandte. Nach einer Auslese und Umerziehung könnten aus ihnen gute Deutsche werden. Auch anderswo stieß die SS auf „rassisch wertvolle“ Geschöpfe und zögerte manchmal nicht, sie selbst zu schaffen. Zu Beginn des Jahres 1942 meinte Heydrich, daß 40 bis 60% der Tschechen „eingedeutscht“ werden könnten. In Polen nahm man Kinder von ‚nordischem‘ Aussehen ihren Eltern weg und vertraute sie zuverlässigen deutschen Familien an, die sie adoptieren konnten. Man erwog sogar die Umsiedelung tausender junger Frauen aus der Ukraine ins Reich, um sie dort mit Deutschen zu verheiraten: 15000 kamen nach Deutschland . . .

Deutsche Politik gegenüber den Neutralen und die außereuropäischen Vorhaben

Die Unterjochung Europas erlaubte dem Reich dennoch keine Existenz innerhalb eines abgeschlossenen Raumes. Hitler war auf die neutralen Länder angewiesen. Er bemühte sich um gute Beziehungen zu Schweden, zur Schweiz und zu Spanien. Außerdem hegte er auch einige über Europa hinausgreifende Träume.

Schwedens Rolle innerhalb des deutschen Wirtschaftsgebietes

Schweden hatte es verstanden, seine Neutralität zu bewahren. Bereits vor dem Krieg wickelte es 20% seines Außenhandels mit Deutschland ab, einem wichtigen Handelspartner, und deutsche Firmen besaßen in Schweden Interessen: einige Bergwerke und Niederlassungen der AEG, von Siemens usw. Gleich nach Kriegsbeginn wurden die Handelsbeziehungen mit Deutschland ausgebaut: das Reich entwickelte sich anstelle Großbritanniens zum ersten Abnehmerland und ersten Lieferanten; diese Position wurde noch zusätzlich durch die Anlage der Minensperre im Skagerrak vom April 1940 verstärkt, die Schweden von den westlichen Ländern abschnitt. Daher richtete sich der schwedische Handel zwischen Frühjahr 1940 und Herbst 1944 fast ausschließlich auf das von Deutschland unterjochte Europa. Der deutsch-schwedische Handel beruhte seit 1934 auf einem System von Verrechnungsverträgen, das theoretisch während des ganzen Krieges in Kraft blieb. Ab Herbst 1941 zwang jedoch das deutsche Defizit bei der Erfüllung der Verrechnungsverträge zur Aufnahme schwedischer Kredite; schon 1943 entsprachen diese Kredite 38% der nach Deutschland exportierten schwedischen Güter.

Das von seinen früheren Märkten abgeschnittene Deutschland war auf Schweden angewiesen, vor allem auf seine Rohstofflieferungen. Es nahm große Anstrengungen auf sich, um die schwedischen Industriellen zu schonen, ohne jedoch den Gedanken an eine Einbeziehung in den deutschen Wirtschaftsraum – der vor allem im Frühjahr 1940 ständig auftauchte – völlig beiseitezuschieben. Schweden lieferte dem Reich vor allem Eisenerz und forstwirtschaftliche Erzeugnisse. Dieses reichhaltige Eisenerz war für Deutschland von großer Bedeutung: es ermöglichte die Einsparung von Arbeitskräften und auch von Transportmitteln, da es durch schwedische Schiffe von Luleå bis an die deutschen Küsten transportiert wurde. Während 1939 die Eisenerzlieferungen bis zu 50% der schwedischen Exporte nach Deutschland ausmachten, sank dieser Anteil zwar in der Folgezeit, betrug 1944 aber immerhin noch 25%. 1939 deckte Schweden mit 6,2 Millionen Tonnen 2/5 des deutschen Bedarfs an Eisenerz, 1943 mit 5,6 Millionen trotz der verstärkten Förderung innerhalb der unter deutschem Einfluß stehenden Gebiete immer noch mehr als ein Viertel. Ferner führte Schweden spezielle Stahlsorten und Kugellager nach Deutschland aus. Von England, seinem wichtigsten Kohlelieferanten aus der Vorkriegszeit, abgeschnitten, war Schweden jetzt auf deutsche Kohle angewiesen. Von 1940 bis 1944 lieferte das Reich zwischen 2,3 und 3,6 Millionen Tonnen Kohle sowie zwischen 1,2 und 1,6 Millionen Tonnen Koks. Außerdem bezog Schweden aus Deutschland chemische Produkte, Maschinen, Textilien und sogar Kriegsmaterial.

Dieser für beide Länder wichtige Handel hatte kaum unter dem Kriegsverlauf zu leiden. Man verwirklichte eine Art „wirtschaftlicher" Symbiose". Ab Sommer 1943 übten die Westmächte, vorneweg die Vereinigten Staaten, Druck auf Stockholm aus, um es zu einer Verringerung seiner Exporte nach Deutschland zu bewegen. Die führenden schwedischen Politiker, die zu einem schwierigen Drahtseilakt gezwungen waren und die heimische Industrie nicht ruinieren wollten, gaben zunächst nur scheinbar nach. Erst gegen Ende 1944, als der deutsche Zusammenbruch absehbar war, weigerte sich Stockholm, einen neuen Handelsvertrag mit Berlin zu schließen.

Obwohl Hitler Schweden wenig gewogen war, verschonte er den kleinen Staat aus Opportunismus. Er übte Druck auf das Land aus, ohne es jedoch direkt zu bedrohen. Im Juli 1940 kam es zwischen Deutschland und Schweden zum Abschluß einer Reihe von Verträgen, die den Transport von Kriegsmaterial und nichtbewaffneter, beurlaubter Soldaten zwischen beiden Staaten regelten; sie blieben bis Sommer 1943 in Kraft. Im Verlauf des deutschen Angriffs auf die Sowjetunion mußte auch Schweden den Durchzug einer Infanteriedivision dulden, die sich von Oslo nach Finnland begab. Schweden gelang es, ernsthafte Reibungen zu vermeiden, obwohl die deutsche Presse ihm bisweilen schwer zusetzte – so im Herbst 1941 – und obwohl es vom „Führer" verachtet wurde, der – im Januar 1942 – Schwedens Zuverlässigkeit bezweifelte. Es mußte allerdings einen hohen Preis bezahlen: um die Verteidigung seiner Interessen zu gewährleisten und seine Neutralität wahren zu können, mußte es sich letzten Endes in den deutschen Wirtschaftsraum einbeziehen lassen.

Der Druck auf die Schweiz

Sowohl aufgrund ihrer geographischen Lage als auch wegen ihrer wirtschaftlichen und finanziellen Rolle stellte die Schweiz ein weitaus größeres Problem dar. Sollte man sie besetzen und ein nationalsozialistisches Regime errichten? Oder sollte man sie nicht besser im Besitz ihrer Neutralität belassen und ihre industrielle Potenz sowie ihre internationale Bankenkapazität so weit wie möglich ausnutzen?

Am 25. August 1939 erachtete es die Wilhelmstraße für notwendig, Bern mitzuteilen, daß Deutschland die Neutralität und die Unverletzlichkeit des Schweizer Territoriums respektieren wolle. Der Blitzsieg über Frankreich und mehr noch die Auffindung von Dokumenten in Charité-sur-Loire Juni 1940, die bewiesen, daß französische und Schweizer Militärs über eine Zusammenarbeit bei einem deutschen Angriff auf die Eidgenossenschaft verhandelt hatten, waren jedoch dazu angetan, die Angelegenheit in einem anderen Licht erscheinen zu lassen. Am 25. Juni 1940 fertigte das OKH eine erste Note über einen Überraschungsangriff und eine blitzartige Besetzung des Landes an. In der zweiten Jahreshälfte hingen Teilungspläne zwischen dem Dritten Reich und Italien in der Luft; einige deutsche Politiker – vor allem Weizsäcker – fürchteten jedoch ein für Deutschland ungünstiges Teilungsergebnis und rieten daher von jeglichem direkten Eingriff ab. Diese Bedenken hinderten deutsche Kommandostellen verschiedener Ebenen jedoch keineswegs an der Ausarbeitung von Plänen für einen gegen die Schweiz gerichteten Fall „Tannenbaum". Man hielt den Einsatz von 9 bis 24 Divisionen für erforderlich. Einen Rückzug Schweizer Truppenteile in die Berge schien man besonders zu fürchten. Diese Pläne, bei denen es sich nicht nur um Gedankenspiele des Generalstabs handelte, blieben zwar in der Schublade, aber die Schweiz war dennoch bedroht. In Berlin hatte man General Guisans Erklärung vom 25. Juli 1940, in der er die Entschlossenheit zum Widerstand verkündet hatte, mit großer Aufmerksamkeit registriert. Die Furcht vor einem schwer errungenen Sieg, der die Bildung eines Widerstandherdes im Herzen Europas nach sich ziehen könnte, die Perspektive einer harten Demütigung Mussolinis sowie das Risiko, dem italienischen Verbündeten unter Umständen ein von Deutschstämmigen bewohntes Territorium überlassen zu müssen, haben sicherlich Hitler und seine Umgebung dazu bewogen, die Idee eines direkten Angriffs aufzugeben, der letzten Endes den Interessen des Reichs zuwidergelaufen wäre. Mit der deutschen Ostoffensive verschwand die Bedrohung der Schweiz für eine Zeit. Als sich jedoch in Nordafrika und dann in Sizilien und auf dem italienischen Festland eine zweite Front herausbildete, gewannen die Alpenpässe eine immer größere strategische Bedeutung. Nach der Kapitulation Italiens am 3. September 1943 besetzte Deutschland ganz Norditalien; damit war die Schweiz rundherum von Wehrmachtstruppen eingeschlossen. Bereits im Winter 1942/1943 kursierten in der Eidgenossenschaft Gerüchte über eine Besprechung der führenden Nationalsozialisten wegen eines gegen die Schweiz gerichteten Angriffsplans. Hierbei handelte es sich zweifellos um ein Druckmittel Berlins, mit dem Bern zum Abschluß umstrittener Handelsverträge bewegt werden sollte. In Wirklichkeit verfügte das Dritte Reich seit Sommer 1941 nämlich gar nicht mehr über die erforderlichen militärischen Mittel zur Besetzung der Eidgenossenschaft. Außerdem hatte die Schweizer Armee ihren Stand erheblich verbessert. 1943 mußte das Mißverhältnis zwischen den Kosten eines Unternehmens gegen die Schweiz und dem zu erwartenden Erfolg den deutschen Militärs klar vor Augen stehen; D. Bourgeois zufolge änderte auch die gefahrenträchtige Entwicklung in Italien nichts an dieser Perspektive.

Im Juni 1940 schlugen extremistische Grüppchen in der Schweiz ein Aktionsprogramm vor. Es baute auf einer Propaganda auf, die alle Richtungen ansprach, und sollte die Schweiz wieder in das Gleis ihrer „natürlichen Entwicklung" zurückführen. In ihren Augen bedeutete dies die Einbeziehung ins Reich. Obwohl der deutsche Gesandte teilweise ebenfalls diesen Standpunkt vertrat, beschränkte er sich darauf, eine zurückhaltende Unterstützung der Schweizer Nationalisten zu empfehlen, ohne den Lauf der Dinge zu beschleunigen. In Berlin sprachen sich einige SS-Führer für einen wenigstens geistigen, wirtschaftlichen und kulturellen ‚Anschluß' der Schweiz aus. In der Wilhelmstraße schien man wesentlich vorsichtiger zu sein. Hitler selbst war realistisch genug, diese Karte nicht tatsächlich ausspielen zu wollen. Im Oktober 1940 trafen sich die Führer der wichtigsten Schweizer „Erneuerungsbewegungen" in München, aber im darauffolgenden Monat sprach der eidgenössische Bundesrat ein Verbot der „Nationalen Bewegung der Schweiz" (NBS) aus; das entschlossene Vorgehen rief in Deutschland nur eine schwache Reaktion hervor, zumal sich die NBS zu illegalen Aktionen hinreißen ließ. Mitte Dezember war selbst Hitler der Ansicht, man solle vorläufig den Kontakt mit den Schweizer Nationalsozialisten nicht intensivieren. Diese blieben geteilt infolge der Rivalität zwischen verschiedenen Cliquen. Am 10. Juni 1941 wurden zahlreiche Schweizer Nationalsozialisten und fünf deutsche Staatsbürger festgenommen. Im Laufe des Ermittlungsverfahrens wurden geheime Absprachen zwischen deutschen Dienststellen und Schweizer Nationalsozialisten offenbar. Seitdem gab die „Erneuerungsbewegung" jede Hoffnung auf.

Die wirtschaftlichen und finanziellen Beziehungen zur Schweiz waren für das Dritte Reich von grundlegender Bedeutung. Am Anfang des Krieges war Deutschland sowohl erstes Zulieferer- wie auch wichtigstes Abnehmerland der Eidgenossenschaft. Hier befand sich dank Investitionen in Höhe von über 600 Millionen Franken ein Siebtel des gesamten deutschen Auslandsguthabens. Das Wehrwirtschafts- und Rüstungsamt war an zahlreichen Lieferungen aus der Schweiz – Werkzeugmaschinen und Meßinstrumenten – sehr interessiert. Außerdem galt es für das Reich, seine Verbindung mit Italien zu schützen: der Nord-Süd Durchgangsverkehr – vor allem über den St. Gotthard – mußte aufrechterhalten werden.

Im übrigen erlaubte es die internationale Stellung des Schweizer Franken, der Unkonvertierbarkeit der Reichsmark Abhilfe zu verschaffen: die Schweiz beglich nämlich einen gewissen Teil der Verrechnungsguthaben in Devisen, und das Reich verkaufte der „Banque nationale suisse" Gold (nachdem es seine Goldreserven auf Kosten der besetzten Gebiete aufgefrischt hatte). Hierfür erhielt es Banknoten, die viel leichter börsenfähig waren als irgendwelches Gold zweifelhafter Herkunft. Schweizer Quellen zufolge hat Deutschland während des Krieges Gold im Gegenwert von 1,6 Milliarden Franken an die Eidgenossenschaft verkauft.

Unter solchen Umständen lag dem Dritten Reich viel an der Aufrechterhaltung und sogar an einem Ausbau der Wirtschaftsbeziehungen zu seinem südlichen Nachbarland. Im Laufe harter Verhandlungen geriet die Schweiz in eine immer stärkere Abhängigkeit vom Reich, ohne daß es zu einem regelrechten wirtschaftlichen Anschluß gekommen wäre. Bei Kriegsbeginn hielten sich beide Länder im Großen und Ganzen an die Abmachungen des Verrechnungsvertrages vom 24. Oktober 1939. Die deutschen Erfolge im Westen und die daraus resultierende Einkreisung der Schweiz gaben Berlin jedoch äußerst wirksame Druckmittel in die Hand. Sie reichten bis zum Handelsembargo, das im Juni 1940 über die Kohlelieferungen verhängt wurde. Am 9. August 1940 mußte Bern ein

Abkommen unterzeichnen, das Deutschland einen Verrechnungskredit über 150 Millionen Franken sowie die Kontrolle über die Schweizer Ausfuhren einräumte. Dieses System der Begleitscheine, ausgestellt von einem deutschen Amt, zwang die Eidgenossenschaft zur Beteiligung an der gegen England gerichteten Blockade. Dabei ging Bern jedoch nicht zu einem völligen Embargo über. Nur um diesen hohen Preis erhielt die Schweiz die unentbehrlichen Lieferungen von Kohle (870000 Tonnen in der zweiten Jahreshälfte 1940), Eisen, Erdöl u.a. aus dem Reich.

Ab Winter 1940/1941 forderte Deutschland weitere Kredite und erhielt sie durch das Abkommen vom 18. Juli 1941, das ihm bis Ende 1942 weitere 700 Millionen Franken zugestand. Diesen Preis mußte die Schweiz entrichten, um die 200000 Tonnen Kohle zu erhalten, die sie monatlich benötigte.

Als England mit Vergeltungsmaßnahmen drohte und die Schweiz auszuhungern versuchte, sah sich Bern zu neuen Wirtschaftsverhandlungen mit Berlin gezwungen, die umso dringlicher erschienen, als das Reich mit seinen Erdöl-, Kohle- und Eisenlieferungen weit im Rückstand war.

Im September 1942 machte Deutschland der Schweiz zwar Zugeständnisse, was die Blockade gegen England betraf, setzte jedoch gleichzeitig die Kohle- und Eisenlieferungen herab und forderte zusätzlich neue Kredite. Diese Fakten sowie der Druck der Alliierten veranlaßten Bern, seine Leistungen an das Reich zu verringern, wodurch es 1943 eine echte Krise auslöste. Die Deutschen setzten ihre Kohlelieferungen auf 50000 Tonnen pro Monat herab und erwogen einen Wirtschaftskrieg, vor dem sie jedoch aus Angst vor den Folgen möglicher wirtschaftlicher Vergeltungsmaßnahmen der Schweiz zurückschreckten. Hitler und Ribbentrop rieten zur Mäßigung. Im Protokoll vom 23. Juni 1943 verpflichtete sich das Reich zu monatlichen Kohlelieferungen in Höhe von 150000 Tonnen. Daraufhin erhielt es im Abkommen vom 1. Oktober einen weiteren Kredit über 100 Millionen eingeräumt. Ab Juni 1944 gingen die deutschen Ausfuhren erneut zurück; die Schweiz nutzte diesen willkommenen Anlaß, um die Blockade gegen England aufzuheben und ein Verbot des Waffenexports auszusprechen, das ausschließlich Deutschland traf. Doch weigerte sich Bern zunächst noch, dem Wunsch der Alliierten nach einem völligen Bruch mit dem Reich zu entsprechen. Er wurde erst um die Jahreswende 1944/1945 vollzogen, als Deutschland seine Lieferungen einstellte.

Von einer wirtschaftlichen Neutralität konnte nicht die Rede sein, da die Eidgenossenschaft vier Jahre lang Waffen an Deutschland und Italien lieferte, die sie mit Hilfe von Verrechnungsverträgen selbst finanzierte. Während der Krieg am heftigsten wütete, stellte man in Deutschland Berechnungen an, die ergaben, daß die Schweizer Rüstungsindustrie zu

60%, die Eisengießereien zu 50%, die optische Industrie zu ungefähr 50% sowie die Werkzeugmaschinenindustrie zu 80% Spitzenprodukte für Deutschland herstellten; in der Elektroindustrie (Elektromotoren und elektrische Kleingeräte) lag dieser Anteil sogar bei 70%. Gegen Ende April 1944 beliefen sich die Schulden des Reichs gegenüber der Schweiz auf über eine Milliarde Franken. Wenn Deutschland die Eidgenossenschaft schonte und überleben ließ, so geschah dies ganz offensichtlich vor allem aus wirtschaftlichen Erwägungen.

Der eidgenössische Handel mit Deutschland (in Millionen Schweizer Franken)

	1938	1939	1940	1941	1942	1943	1944	1945
Einfuhren aus Deutschland	373,1	440,4	411,3	656,2	660,3	532,2	433,4	54,3
Ausfuhren nach Deutschland	206,1	191,5	284,8	577,0	655,6	598,4	293,6	11,2

Spanien: der Rohstofflieferant

Bekanntlich gelang es Hitler nicht, Franco zur Beteiligung am Kriegsgeschehen zu bewegen. Dafür verstand es der deutsche Diktator, die Sympathien, die das falangistische Spanien den Achsenmächten entgegenbrachte, vor allem auf wirtschaftlichem Gebiet zu nutzen.

Die deutsche Unterstützung für die Francopartei während des spanischen Bürgerkrieges hatte dem Reich – das Waffen lieferte –, starken Einfluß auf Spaniens Handel und Industrie verschafft. Die deutsch-spanische Firma Hisma sicherte sich Anteile in der Montan- und Metallindustrie sowie 1938 in anderen Zweigen der spanischen Wirtschaft. Gegen Ende des Bürgerkrieges beherrschte Deutschland bereits die wichtigsten Sektoren. Das deutsch-spanische Handelsabkommen vom 22. Dezember 1939 hinderte Franco keineswegs, im darauffolgenden Monat einen Vertrag mit Frankreich und im März 1940 einen mit England zu schließen.

Wegen Devisenmangels war es Deutschland nicht möglich, den Schlag zu parieren und durch umfangreiche Aufkäufe Rohstofflieferungen an die Westmächte zu verhindern. Die französisch-britische Seeblockade führte zu einem Nachlassen des Verkehrs zwischen Spanien und Deutschland, doch Hitlers Sieg über Frankreich ließ den Handel zwischen beiden Ländern wieder ansteigen. Das Reich war entschlossen, seine starke Stellung in Spanien auszunutzen – deutsches Kapital kontrollierte 20% der spanischen Aktiengesellschaften, deutsche Unternehmer waren zu 10% an der Elektro- und zu mehr als 7% an der chemischen Industrie beteiligt usw. Während Madrid Deutschlands Unterstützung bei der Industrialisierung des Landes erbat, wollten die deutschen Industriellen Spanien in der Rolle eines Rohstofflieferanten und Abnehmers industrieller Enderzeugnisse belassen.

Bereits 1941 wurde das Reich zum wichtigsten Handelspartner Spaniens, das ihm zahlreiche, für die Kriegswirtschaft notwendige Rohstoffe – Wolfram, Kalziumchlorid, Quecksilber, Blei, Wolle, Leder etc. – lieferte.

Spaniens Handel mit Deutschland (in Millionen Goldpeseten)

	1939	1940	1941	1942	1943
Einfuhren aus Deutschland	44,2	23,2	56,6	116,8	171,1
Ausfuhren nach Deutschland	59,3	19,9	146,1	137,0	226,6

Spanien konnte sich jedoch nicht mit der Rolle einer deutschen „Rohstoffkolonie“ zufriedengeben. Seinen Bedarf an Nahrungsmitteln, Kautschuk, Steinkohle und Erdöl vermochten die Einfuhren aus dem Reich nicht zu decken. Ende Januar 1942 mußte Franco eine Übereinkunft mit den Vereinigten Staaten schließen, die Spanien jederzeit – aufgrund ihrer Erdöllieferungen – unter Druck setzen konnten. Madrid bat Berlin um eine Revision der Handelsverträge, zu der sich die Deutschen jedoch erst im Laufe des Sommers 1942 bereit fanden. Die Spanier wollten Kohle, Dünger, Maschinen und – nach der Landung der Alliierten in Nordafrika – vor allem Waffen aus Deutschland beziehen. Das Handelsabkommen vom 17. Dezember 1942 garantierte spanische Rohstofflieferungen bis mindestens Sommer 1943. Deutschland versprach als Gegenleistung, Kriegsmaterial zu liefern. Im Mai 1943 lief ein Waffenlieferungsplan (Flugabwehr-Kanonen und Flugzeuge) an. Im Jahr 1943 exportierte das Reich Kriegsmaterial im Gegenwert von 258 Millionen Reichsmark nach Spanien, genausoviel wie an seinen italienischen Bündnispartner. Im August 1943 unterzeichneten Berlin und Madrid die Verlängerung des Handeslvertrages bis November 1944. Deutschland verpflichtete sich, die spanische Industrie durch die Lieferung technischer Anlagen und durch Entsendung von Fachleuten zu unterstützen. Es rechnete immer noch fest auf die für die Kriegsindustrie unentbehrlichen Wolframlieferungen. Im Oktober 1943 blockierten die Vereinigten Staaten den Ölexport nach Spanien, um auf diese Weise die Wolframlieferungen zu stoppen. Anfang 1944 gab Franco dem amerikanischen Druck nach und ließ die Wolframausfuhr verbieten. Madrid begünstigte jedoch den Schleichhandel, so daß Deutschland weiterhin bis Juni 1944 dieses kostbare Rohmaterial aus Spanien beziehen konnte.

Die neutralen Staaten unterhielten folglich während des ganzen Krieges bedeutende Handelsbeziehungen zum Reich, denn einerseits wollten sie ihre Interessen wahren, und andererseits verfügte Hitler über genug Druckmittel. Es besteht kein Zweifel, daß die für die Kriegswirtschaft Verantwortlichen diesen Umstand begrüßten.

Pläne über Europa hinaus

Griffen Hitlers Planungen während des Krieges über den europäischen Rahmen hinaus? Ohne daß sie jemals im Zentrum seines Interesses gestanden hätten, trug der „Führer" sich auch mit außereuropäischen Plänen. Ihr Gegenstand waren insbesondere die arabischen Länder und Schwarzafrika, während es in Lateinamerika vor allem um die Behauptung des bereits erworbenen Einflusses ging.

Obwohl sie die arabischen Völker insgeheim verachteten, gingen Hitler und seine Umgebung bereits vor 1939 dazu über, die *arabisch*-muslimische Welt zu schonen und zu umschmeicheln; überdies waren die Araber für die antijüdische Politik des Dritten Reiches sehr empfänglich. Viele arabische Nationalisten hofften, Deutschland werde ihre Befreiungsbewegung unterstützen. Im Jahr 1939 wuchsen diese Sympathien noch an: am 21. Juni gab die Wilhelmstraße eine Erklärung ab, in der sie die Lage der Araber in der Welt bedauerte und Anlaß zur Hoffnung auf Hilfe für ihre legitimen Forderungen gab.

Während maghrebinische Nationalisten für diese Avancen empfänglich waren und man auf französischer Seite damit rechnete, daß das Reich in Syrien und im Maghreb Aufstände entfesseln werde, verhielt sich Deutschland sehr vorsichtig. Es beschränkte sich auf vage Versprechungen. Diese Zurückhaltung lag in einer dreifachen Sorge begründet. Da das Reich in diesen Gebieten keine direkten Kriegsziele besaß, wollte es den Wiederaufbau des arabischen Einflußbereichs Italien überlassen. Diese Anweisung, die die Wilhelmstraße am 20. August 1940 an ihre Vertreter ausgab, bewies deutlich, daß Hitler nicht der Politik seines Verbündeten im Weg stehen wollte. Ferner trug er den Hoffnungen Spaniens unter Franco Rechnung, das am 19. Juni 1940 seine Absichten auf Marokko und Oran bekanntgab. Außerdem wollte der „Führer" mit Rücksicht auf die Bedingungen des französisch-deutschen Waffenstillstandes jeglichen Schritt vermeiden, der das französische Kolonialreich in die Arme Englands treiben konnte.

Hitler beschränkte sich folglich auf vage Versprechungen, die oft geheim blieben, und auf eine Propagandaaktion zur Förderung von Antikolonialismus und Antisemitismus. Al Husaini, der Großmufti von Jerusalem, verkündete im Januar 1941, die arabischen Völker seien bereit, sich gegen die westlichen imperialistischen Staaten zu erheben, sofern die Achsenmächte in einer offiziellen Erklärung den ararbischen Anspruch auf Einheit und Unabhängigkeit anerkennen würden. Die Wilhelmstraße begnügte sich mit geheimen Versprechen, und die einzige konkrete Aktion bestand in der Unterstützung eines irakischen Aufstandes: es handelte sich um eine einfache Hilfsaktion der Luftwaffe, die den Einmarsch britischer Truppen nach Syrien sowie die Besetzung des Iran durch Engländer und Sowjets auslöste.

Dem Mufti gelang es bei seinem Zusammentreffen mit Hitler am 28. November 1941 nicht, dem „Führer" die gewünschte Absichtserklärung zu entlocken. Obwohl der Reichskanzler in der arabischen Befreiungsbewegung einen natürlichen Verbündeten in der Bekämpfung der englischen Stellung im Nahen Osten sah, lag ihm nichts daran, derlei Absichten vorzeitig zu enthüllen. Ribbentrop ging am 28. April 1942 auch nicht weiter. Die einzige offizielle Erklärung wurde am 3. Juli 1942 abgegeben bezüglich der Unabhängigkeit Ägyptens, nachdem das Afrikakorps nach El-Alamein vorgestoßen war. Die deutsche Propaganda hatte Rommels Truppen als Mitfechter im Kampf gegen die britischen Unterdrücker, als Befreier vom Kolonialismus hingestellt. Sie rief im Mai 1942 die Ägypter auf, den Sieg des Afrikakorps zu erleichtern: die Achsenmächte seien die Freunde der arabischen Welt und würden im Irak, in Syrien, in Palästina ebenso wie in Ägypten sehnlichst erwartet und als Befreier begrüßt.

Nach der alliierten Landung in Nordafrika befahl der Mufti die Aufstellung einer großen Befreiungsarmee, die auch in Deutschlands Dienste treten sollte. Berlin jedoch schloß eine solche Möglichkeit aus und schob die Pétain und Franco gegenüber eingegangenen Verpflichtungen vor. So sehr sich der Mufti auch bemühte, vom Reich eine Garantie der tunesischen Unabhängigkeit zu erhalten, blieben alle seine Bemühungen erfolglos. Dieselbe Zurückhaltung legten die Deutschen in Bezug auf Marokko an den Tag, wo verschiedene Nationalisten eine Unabhängigkeitsgarantie für ihr Land anstrebten.

Obgleich Berlin sich somit niemals zu einer offiziellen Erklärung zugunsten der Unabhängigkeit dieser Länder bewegen ließ und keine Territorien innerhalb dieser Zone beanspruchte, war es dennoch entschlossen, seine wirtschaftlichen und kulturellen Zielsetzungen zu verteidigen: Deutschland war am Erdöl aus dem Nahen Osten, an den afrikanischen Rohstoffen sowie an der Errichtung strategischer Stützpunkte – vor allem in Marokko – interessiert. Als man 1940/1941 Entwürfe für einen Frieden mit Frankreich anfertigte, vergaß man nicht, auch die Abtretung der Bergwerksunternehmen in Nordafrika, der Stützpunkte in Marokko und des Nutzungsrechts für die Häfen Biserta und Dakar einzubeziehen.

Hitler war keineswegs an einer Befreiung der arabischen Völker gelegen; er wollte sie allenfalls gegen die Alliierten aufhetzen. In den Jahren 1939/1940 bemühte sich die deutsche Propaganda in Maghreb, den Frieden zu predigen, das Vertrauen in die französisch-britischen Truppen zu untergraben und die Aufstellung eingeborener Truppenverbände zu verhindern. Nach dem Sieg über Frankreich brachte man das Problem der Unabhängigkeit zur Sprache, ohne jedoch irgendeine Verpflichtung einzugehen. Als die nationalsozialistische Propaganda nach der alliierten Landung verstärkt zur Defensive überging, zeitigte sie keine Wirkung mehr.

Die kolonialen Vereinigungen waren vor allen Dingen an *Schwarzafrika* interessiert. Sie hatten sich während der Weimarer Republik sehr aktiv bestätigt und wurden ab 1933 im Reichskolonialbund (RKB) zusammengefaßt, während das Kolonialpolitische Amt der NSDAP zum verantwortlichen Organ wurde. Die Verfechter des Kolonialismus forderten nicht nur die Rückgabe der ehemaligen deutschen Besitzungen; im Falle eines Sieges wollten sie ganz Afrika einer Umgestaltung unterziehen. Ab Sommer 1940 arbeiteten verschiedene Kreise – Experten der IG Farben und der Deutschen Bank, das OKM sowie das Auswärtige Amt – Pläne für ein mittelafrikanisches Kolonialreich aus; es sollte sich vom Indischen bis zum Atlantischen Ozean und von der Südgrenze der Sahara bis zur Nordgrenze der Südafrikanischen Union erstrecken. Zu seinem Schutze sollten Militärstützpunkte u.a. in den Häfen Dakar, Conakry, Freetown, Duala, Pointe-Noire, Sansibar, Daressalam, Diégo-Suarez sowie auf den Inseln Fernando Póo, São Tomé, Sankt Helena, Ascension, auf den Komoren, den Seychellen und auf Mauritius errichtet werden. Im Januar 1942 griff die Wilhelmstraße dieses Projekt auf, wobei sie am Kerngedanken festhielt, das mittelafrikanische Kolonialreich aber stärker auf Kosten Großbritanniens als auf Kosten des État Français errichten wollte.

Hitlerdeutschland beabsichtigte in erster Linie die Schaffung eines Europa ergänzenden kolonialen Wirtschaftsraumes. Man wollte Afrika ganz in den Dienst des alten Kontinents stellen und den Bedürfnissen des Großreiches Vorrang einräumen. Die nationalsozialistische Ideologie besagte, daß die weiße „Herrenrasse“ die schwarze Rasse ausbeuten dürfe. In dieser Hinsicht lieferte die Apartheidspolitik der Südafrikanischen Union das Vorbild. Das Dritte Reich ließ grundlegende Prinzipien für die Kolonialpolitik ausarbeiten, die auf eine regelrechte Versklavungsstrategie hinausliefen. Von offizieller Seite wurde mehrmals betont, daß diese Kolonien völlig in den Dienst des Mutterlandes gestellt würden und den Bedürfnissen der gesamten deutschen Wirtschaft entsprechen müßten. Die Weißen seien zum Herrschen geboren und sollten für sich leben, während die Schwarzen in Reservate einzupferchen seien und nur zu gehorchen hätten. 1943 wurden die vorbereitenden Arbeiten abgeschlossen und Beamte für die Verwaltung der Kolonien ausgesucht.

Die nationalsozialistischen Dienststellen fühlten sich zur Südafrikanischen Union hingezogen und stießen dort ihrerseits auf Sympathie. Sie nahmen Studenten aus Südafrika in deutsche Universitäten auf und bemühten sich um die Förderung faschistischer und nationalsozialistischer Organisationen. Der bereits 1918 gegründete „Broederbond" baute ab 1934 seine Kontakte zur NSDAP aus; 1944 besaß er 2672 Mitglieder, zu denen auch die bedeutendsten nationalistischen Führer (Malan, Hertzog, Verwoerd etc.) gehörten. Das „South African Gentile National Socialist Movement" berief sich auf den deutschen Faschismus und kämpfte gegen jüdischen Einfluß. Die „New Order" unter Oswald Pirow verbreitete NS – Ideologie, und die paramilitärische Organisation „Ossewa Brandwag" wurde durch deutsche Unterseeboote mit Geld- und Materiallieferungen versorgt. Es gab jedoch viele südafrikanische Nationalisten, die Hitlerdeutschland nicht bei der Durchdringung Südafrikas auf Kosten Englands behilflich sein wollten. Sie lehnten sogar eine Rückgabe Südwestafrikas an das Reich ab.

Die in Rußland und anderweitig erlittenen Niederlagen machten diese afrikanischen Pläne des Dritten Reiches zunichte. Ab Februar 1943 stellten das Kolonialpolitische Amt und der Reichskolonialbund ihre Arbeit ein. Der großartige Traum von einem deutschen Mittelafrika war ein weiteres Mal geplatzt.

Lateinamerika spielte in Hitlers „Programm" keine Rolle. Dennoch war es während des Krieges aus wirtschaftlichen und politischen Gründen durchaus interessant, und die führenden Nationalsozialisten suchten es für die Ziele des Regimes einzuspannen; sie mußten in erster Linie den Einfluß der Vereinigten Staaten bekämpfen, die Deutschland gegenüber eine zunehmend feindselige Haltung bezogen.

Von Kriegsausbruch bis Juli 1940 wahrten die lateinamerikanischen Staaten ihre Neutralität, wobei jedoch die Handelsbeziehungen zum Dritten Reich bereits durch die britische Seeblockade beeinträchtigt wurden. Die auf Anregung der Wilhelmstraße und der übrigen Reichsministerien hin erhobenen Proteste – das Reich war weiterhin an Lateinamerika als Rohstofflieferant und Absatzmarkt für deutsche Industrieerzeugnisse interessiert – verhallten wirkungslos. Andererseits verfügte man nicht über genug Devisen, um einen umfangreichen Handel finanzieren zu können. Die deutschen Firmen wurden durch die USA boykottiert, und die Engländer trugen sie in eine schwarze Liste ein.

Das Abenteuer vom Dezember 1939, an dessen Ende die Versenkung des deutschen Panzerschiffs Admiral „Graf Spee“ vor Montevideo stand, zeigte ganz deutlich, daß Berlin Südamerika gegenüber kein Druckmittel besaß. Der Westfeldzug in Europa brachte dem Reich in Lateinamerika einen starken Sympathieverlust ein. Man war dort äußerst beunruhigt wegen der – überbewerteten – Tätigkeit einer „Fünften Kolonne“. Manche Blätter erwähnten sogar die Möglichkeit einer deutschen Invasion in Südamerika.

Der Blitzsieg über Frankreich hatte für die lateinamerikanischen Hauptstädte jedoch noch eine andere Bedeutung: man glaubte, daß Großbritannien nicht mehr lange Widerstand leisten könne und das Kriegsende bevorstehe. Angesichts dieser Perspektive legten die Staaten Lateinamerikas großen Wert auf die Aufrechterhaltung des Handels mit dem unter deutscher Kontrolle stehenden Wirtschaftsraum, der in Zukunft ein Handelspartner von allergrößter Bedeutung werden konnte. Auf deutscher Seite unternahm man alles, um sie in diesem Glauben zu bestärken: im Juni 1940 versprach das Dritte Reich Brasilien, daß es nach Kriegsende große Warenmengen abnehmen, ein Stahlwerk errichten und 30000 Tonnen Baumwolle beziehen wolle. Mit Argentinien, Chile und Peru nahm man ähnliche Verhandlungen auf. Auch Argentiniens, Boliviens und Uruguays Wünschen nach Waffenlieferungen zeigte sich Berlin durchaus aufgeschlossen.

Als der Angriff auf die Sowjetunion die Hoffnungen auf einen baldigen Frieden zunichte machte, konnte die antideutsche Propaganda der Vereinigten Staaten einige Erfolge verbuchen: man suchte die Deutschen aus der Geschäftswelt hinauszudrängen, und Washington setzte eine strategische Kontrolle über die Rohstoffe durch. Man ging gegen die deutschen Konsulate vor; auf Kuba, in Bolivien, Kolumbien, Chile etc. wurden Reichsbürger festgenommen; deutsche Stellen untersuchten die Möglichkeit einer Rückführung der „Volks- und Reichsdeutschen“. Ende 1940 veranschlagte das „Deutsche Ausland-Institut“ (DAI) die Zahl der heimkehrwilligen Deutschen u.a. in Brasilien auf 250000, in Argentinien auf 150000 und in Paraguay auf 10000; der realistischere Himmler sprach von insgesamt 50000 bis 100000 Personen, die es nach dem Krieg rückzuführen gelte. Am 16. Juni 1941 verlangte Washington die Schließung der deutschen Konsulate in den USA. Mehrere lateinamerikanische Staaten folgten diesem Beispiel. Die Lage der deutschen Firmen wurde immer prekärer; gelegentlich riet Berlin ihnen sogar zur Liquidierung, sofern sie jede Hoffnung aufgegeben hatten.

Der Kriegseintritt der Vereinigten Staaten gegen Deutschland zog die

Kriegserklärungen der Länder Mittelamerikas nach sich, während sämtliche südamerikanischen Staaten bis auf Argentinien und Chile die diplomatischen Beziehungen zu Berlin abbrachen. Abgesehen von Chile erklärten sie schließlich alle zwischen August 1942 (Brasilien) und Februar/März 1945 (Ecuador, Paraguay, Peru, Venezuela, Uruguay und Argentinien) dem Dritten Reich den Krieg.

So mußte Hitlerdeutschland infolge des Mangels an Kriegsschiffen und finanziellen Mitteln tatenlos zusehen, wie durch die Einwirkungen Großbritanniens und der USA sein Einfluß in Lateinamerika rapide zurückging und eine Handelsverbindung gekappt wurde, die vor dem Krieg einen beträchtlichen Umfang erreicht hatte. Es steht fest, daß Hitler seine Aufmerksamkeit diesem Erdteil kaum widmete. Seit 1941 hatte er wiederholt geäußert, daß das Reich keinerlei Absichten auf dieses Gebiet hege. Durch andere Aufgaben in Anspruch genommenen und fest überzeugt, daß der Kampf gegen die Vereinigten Staaten um die Weltherrschaft künftigen Generationen überlasssen sei, hatte der „Führer“ in dieser letzten Perspektive Lateinamerika noch keine besondere Rolle zugedacht.

8. Das Ende des Traums

Der Traum wurde sehr schnell zum Alptraum. Am 8. Mai 1945 unterzeichnete ein völlig in Trümmern liegendes Reich die Kapitulation. Welche Chancen hatte Deutschland, aus diesem Chaos wieder herauszukommen?

Auf dem Weg zur Stunde Null

Ende 1942/Anfang 1943 zeichnete sich die Gegenoffensive der Alliierten ab. Hitler war nun zu einem Kampf an allen Fronten gezwungen und mußte obendrein noch mit Widerstandsbewegungen (auf die hier nicht eingegangen werden soll) mitten im unterjochten Europa fertigwerden. Was unternahm er, um die Vorstöße der Alliierten zum Stehen zu bringen und den Rückzug der eigenen Streitkräfte zu verhindern?

Der Rückzug der Wehrmachtstruppen

Zu Beginn des Frühjahrs 1942 hoffte Hitler noch auf einen großangelegten Vorstoß nach Rußland. Durch die Weisung 41 vom 5. April erhielt der Operationsplan „Fall Blau“ seine endgültige Gestalt. Es galt, im Süden die russische Verteidigungslinie zu durchbrechen und sich Zugang zum Kaukasus und zu den Erdölgebieten zu verschaffen; im Norden sollte Leningrad erobert und in der Mitte die deutschen Stellungen gehalten werden. Die am 28. Juni 1942 mit 4 Armeen – darunter eine ungarische – gestartete Sommeroffensive gegen den Don zeitigte nicht die erhofften Erfolge. Hingegen bedrohte der russische Gegenangriff in wachsendem Maße die VI. Armee, die schließlich bei Stalingrad eingeschlossen wurde. Obwohl die deutsche Position stark erschüttert war, lehnte Hitler den Vorschlag der Heeresführung entschieden ab, sich während des Winters hinter eine rückverlegte Frontlinie zurückzuziehen.

Die Lage in Nordafrika verschlechterte sich zusehends. Rommels Offensive ermattete; Ende August kam sein Vorstoß bei El-Alamein zum Stehen. Nach einem heftigen Angriff der 8. Armee unter Montgomery mußte sich das Afrikakorps sogar nach Tripolis zurückziehen. Am 8. November 1942 landeten die Alliierten in Casablanca, Oran und Algier.

Am 10. Dezember 1942 gab Generaloberst Jodl eine umfassende Darstellung der Lage und einen Ausblick auf das Jahr 1943. Seiner Ansicht nach mußte Nordafrika als Europa unmittelbar vorgelagerte Zone um jeden Preis gehalten werden; falls das nicht gelänge, müsse man sich darauf gefaßt machen, daß die Briten auf dem Umweg über den Dodekanes, Kreta und die Peloponnes einen Angriff auf Südosteuropa starten würden. Es sei unbedingt notwendig, die Balkanländer zu befrieden und zu verteidigen; schließlich bezog das Reich die Hälfte seines Bedarfs an Erdöl, 60% des Bauxits sowie sein gesamtes Chrom aus diesen Staaten. Im Osten gelte es, die Stellungen zu halten und sogar zum Angriff überzugehen, sei es auch nur an einem einzigen Frontabschnitt. Man verfügte noch über 4183000 Soldaten (darunter zehn rumänische und sechs ungarische Divisionen), denen 5500000 sowjetische gegenüberstanden, die – vor allem, was Panzer und Kampfflugzeuge anging –, zunehmend besser ausgerüstet waren. Jodl rechnete fest mit einer Landung im Westen. Es galt – mit Hilfe der durch die Organisation Todt gebauten Befestigungsanlagen und mit den 27 an der Küste stationierten Divisionen (1370000 Soldaten) –, 2600 km Küste zu verteidigen.

Diese Überlegungen Jodls zeigen deutlich, daß die Initiative nicht mehr beim Reich lag. Der Generalstab schätzte zwar die Lage richtig ein, machte sich jedoch noch Illusionen über Mittel, die ihm zur Verfügung standen. Im Jahr 1943 wurden alle Hoffnungen mit einem Schlag zunichte. Leningrad widerstand. Als Generalfeldmarschall Paulus am 5. Februar 1943 in Stalingrad kapitulierte, löste er damit den Rückzug der Kaukasustruppen aus. Hitler ließ einen letzten Versuch unternehmen: die Sommeroffensive „Zitadelle“ gegen den sowjetischen Frontbogen um Kursk im Juli, die bereits nach Ablauf einer Woche zum Stehen kam.

Ab Mai 1943 brach die deutsch-italienische Stellung in Tunesien zusammen; im Juli landeten die Alliierten auf Sizilien, und am 9. September setzten ihre Truppen auf das italienische Festland über. Diese Entwicklung sowie die Kapitulation Italiens am 3. September zwangen Hitler zur Entsendung von Truppen nach Norditalien. Die Divisionen unter Kesselring verteidigten Schritt für Schritt das Zentrum der Halbinsel, und die Wehrmacht bereitete sich auf eine hartnäckige Verteidigung der Alpenpässe vor. Alliierte Bomber drangen in den deutschen Luftraum ein, und die „fliegenden Festungen“ gelangten mit ihrer tödlichen Fracht immer wieder ins Innere Deutschlands. Die Bombardements erfolgten allerdings eher in der Absicht, die Bevölkerung zu demoralisieren, als in der Hoffnung, einer noch recht funktionstüchtigen Kriegswirtschaft unwiederbringliche Verluste beizubringen.

Ende 1943 konzentrierte sich Hitlers Strategie (Weisung 51 vom 3. Dezember) hauptsächlich auf den Westen. Im Osten konnte man sich dank der großen Gebietsausdehnung durchaus Verluste leisten. Dennoch verbot Hitler aus Prestigegründen jeglichen Rückzug – eine Unnachgiebigkeit, die die deutsche Armee teuer zu stehen kam. Er wollte den ab Juli schnell gen Westen vorstoßenden sowjetischen Armeen „Wellenbrecher“, Befestigungsanlagen, Widerstandsnester oder einfach Hinhaltemanöver entgegensetzen.

Als die Alliierten am 6. Juni 1944 im Westen landeten, wurden angesichts der hoffnungslosen Lage verschiedene Vorschläge gemacht, wie man der alliierten Offensive begegnen solle. Rommel, jetzt Oberbefehlshaber der Heeresgruppe B, wollte die Gesamtheit der deutschen Streitkräfte der alliierten Landung in der Normandie entgegenstellen. Hitler wußte nicht recht, ob er Rommels Vorschlägen folgen oder lieber den Rückzug befehlen sollte. Außerdem befürchtete er weitere Landungen an der Kanalküste. So zauderte der „Führer“ und befolgte die Vorschläge des ruhmreichen Befehlshabers des ehemaligen Afrikakorps nur teilweise. Die beachtliche Stärke der gelandeten alliierten Truppen und ihre Luftüberlegenheit ließen die deutschen Pläne scheitern. Während Jodl der Überzeugung war, daß ganz Frankreich in die Hände der Alliierten fallen werde, erwog Hitler einen Gegenangriff. Diese Gegenoffensive, mehrmals verschoben, begann schließlich im Dezember 1944 in den Ardennen zwischen Malmedy und Bastogne. Es war der letzte große deutsche Vorstoß nach Westen; Hitler hatte ihn gefordert, und die Alliierten bekamen ihn stark zu spüren.

Im Osten drang die Rote Armee, nachdem sie das sowjetische Territorium befreit hatte, zwischen Juli und Oktober 1944 in die durch Deutschland unterworfenen Länder vor. Am 28. August zog sie in Bukarest und am 12. September in Sofia ein; vor Warschau trat sie jedoch auf der Stelle und ließ die Deutschen die Stadt zerstören. Um das auf Hitlers Befehl stark befestigte Budapest mußte sie einen erbitterten Kampf führen, und die Stadt fiel erst im Februar 1945.

Der „Führer“ konnte sich immer noch auf die Treue seiner Truppen verlassen, auf die Passivität einer durch die Schrecken der anglo-amerikanischen Bombardements und durch das Verhalten der Roten Armee wie gelähmten Bevölkerung. Das fehlgeschlagene Attentat vom 20. Juli 1944 versetzte ihm einen schweren Schock, und – zwischen Zorn und Niedergeschlagenheit schwankend – phantasierte er nur noch vor sich hin. Er bagatellisierte die Gefahren, leugnete die bedrohliche Situation im Osten und beschwörte den Einsatz von geheimen Waffen, war jedoch außerstande, sämtliche Truppen zur Verteidigung der geheiligten Nation zusammenzuziehen. Am 19. März 1945 erteilte er sogar den – wenn auch kaum befolgten – Befehl, sämtliche militärischen Einrichtungen, Verkehrswege und Industrieanlagen zu zerstören, um sie nicht in Feindeshand fallen zu lassen. Im Westen konnte von Rundstedt die Alliierten nicht daran hindern, bis an den Rhein vorzustoßen. Nachdem sie den Strom im März ohne größere Schwierigkeiten überquert hatten, entfaltete sich die alliierte Offensive, die durch die Überreste der Wehrmacht nur geringfügig gebremst werden konnte. Das lag daran, daß Hitler schließlich darin eingewilligt hatte, den Großteil seiner Streitkräfte der Roten Armee entgegenzustellen, um ihren Vormarsch aufzuhalten. Eine kurze Zeit lang vermochte Guderian die deutschen Stellungen in Ungarn und Ostpreußen zu behaupten, doch da es ihm an Panzern fehlte, konnte er erneute Vorstöße der sowjetischen Truppen nicht mehr verhindern: am 13. April zog die Rote Armee in Wien und am 9. Mai in Prag ein; gleichzeitig drangen sie nach Mecklenburg vor und begannen mit der Belagerung Berlins.

Nachdem der „Führer" am 30. April Selbstmord begangen hatte, unterzeichnete Jodl am 7. Mai in Reims die Kapitulation. Am 8. Mai 1945 wurden die Kriegshandlungen eingestellt. Hitler, der bis zuletzt an seinen Vorstellungen festgehalten hatte – „Deutschland wird entweder Weltmacht oder überhaupt nicht sein" – hatte gewagt und verloren. Für die Deutschen kam die Stunde Null. Das Land war völlig den Alliierten ausgeliefert. Aber hatten die Sieger sich Gedanken gemacht, was mit Deutschland geschehen solle?

Die Pläne der Alliierten bis zur deutschen Kapitulation

Während der alliierten Gegenoffensive zwischen Ende 1942 und Anfang 1943 machte man sich auch erstmals Gedanken, was mit dem besiegten Deutschland geschehen solle. Im Westen wie im Osten begann man darüber nachzudenken. Nach dem Treffen Roosevelts und Churchills in Casablanca (Januar 1943) gab der amerikanische Präsident der Öffentlichkeit die gemeinsame Entschlossenheit bekannt, die „bedingungslose Kapitulation Deutschlands" zu erwirken. Als Churchill am 20. Januar dem Kriegskabinett in London über das Treffen Bericht erstattete, bestätigte er diesen Willen. Man zielte auf eine Kapitulation ganz Deutschlands, nicht nur der deutschen Armee. In Washington ebenso wie in London wurden viele Stimmen laut, die jegliche Unterscheidung zwischen den verantwortlichen Nationalsozialisten und dem deutschen Volk strikt ablehnten. Die grobe Forderung der Briten und Amerikaner machte zwangsläufig einen großen Eindruck auf Deutschland: sie schwächte die deutschen Widerstandskämpfer und rief eine ablehnende Haltung gegenüber den Alliierten hervor. Der Osten verhielt sich vorsichtiger. Schon am 23. Februar 1942 hatte sich Stalin in einem Tagesbefehl geweigert, „die Hitlerclique mit dem deutschen Volk" gleichzusetzen. Am 1. Mai 1943 forderte er die bedingungslose Kapitulation lediglich für die Armee Hitlers, und seit dem Sieg bei Stalingrad unterstützte er den deutschen Widerstand gegen den Nationalsozialismus mit Hilfe des in der Sowjetunion gegründeten „Nationalkomitees Freies Deutschland".

Auf der Konferenz von Teheran (28. November bis 1. Dezember 1943) sprachen Stalin, Churchill und Roosevelt nur sehr wenig über Deutschlands Zukunft, obwohl jeder geheime Hoffnungen hegte. Über das Prinzip der Teilung wurde man sich sehr schnell einig. Roosevelt neigte zu einer Aufteilung in fünf Länder; Churchill schwebte ein süddeutsches, österreichisch-bayrisches, von Preußen abgetrenntes Staatsgebilde vor. Stalin äußerte sein Anliegen, mit allen Mitteln der deutschen Neigung entgegenzutreten, durch Druck eine Wiedervereinigung herbeiführen zu wollen. In dieser Sache wurde jedoch nichts Konkretes beschlossen. Was die polnische Frage anging, so akzeptierten die „Großen Drei" eine Westverschiebung Polens als Entschädigung für die der Sowjetunion überlassenen Gebiete und erklärten sich auch mit einer möglichen Bevölkerungsverschiebung einverstanden. Mit der Lösung des Teilungsproblems und der Frage der Ostgrenzen wurden die Experten der „Europäischen Beratenden Kommission" (European Advisory Commission – EAC) betraut, eines aus amerikanischen, britischen und russischen Vertretern gebildeten Organs mit Sitz in London. Dank der Arbeit dieser Kommission konnten in London wichtige Protokolle unterzeichnet werden. Das „Protokoll betr. die Besatzungszonen in Deutschland und die Verwaltung von Groß-Berlin" vom 12. September 1944 teilte Deutschland (in den Grenzen vom 31. Dezember 1937) in drei Besatzungszonen ein und legte deren Grenzen fest, während das „Abkommen über das Kontrollsystem in Deutschland" vom 14. November die Verwaltung der drei Zonen regelte. Über die Aufgabe des Alliierten Kontrollrats sowie über das Schicksal und die Verwaltung Berlins herrschte bereits Klarheit.

Diese Abkommen zwischen den „Großen Drei" nahmen keine Rücksicht auf die Standpunkte der befreiten Staaten, während de Gaulle und der Belgier Spaak beispielsweise einige Ansprüche geltend gemacht hatten. Seit Oktober 1943 erwog die Regierung des „Freien Frankreich" die Bildung eines westeuropäischen Staatenbundes, zu dem auch das vom Rest-Deutschland abgetrennte Rheinland gehören sollte. Nach seinem Einzug in Paris (August 1944) forderte General de Gaulle in aller Öffentlichkeit die Abtrennung des Rheinlandes sowie die Internationalisierung des Ruhrgebiets. Dem Außenminister (später Ministerpräsident) Spaak seinerseits schwebte ein vereinigtes Westeuropa vor; diese Idee stieß bei Eden jedoch auf Ablehnung.

Auch auf anglo-amerikanischer Seite wurden mehr oder weniger gemäßigte Pläne ausgearbeitet. Selbst die maßvollsten Experten empfahlen die Kontrolle und Entwaffnung des neuen Deutschlands. Für einige gehörte dazu auch die Wegnahme der wirtschaftlichen Waffen. Dem amerikanischen Finanzminister Henry Morgenthau gelang es trotz des Widerstandes, auf den er in Washington – vor allem im Außen- und Kriegsministerium – stieß, Präsident Roosevelt einen radikalen Plan zu unterbreiten: Ostpreußen und Oberschlesien sollten an Polen, das Saargebiet sowie das Land zwischen Rhein und Mosel an Frankreich fallen; das Ruhrgebiet sollte internationalisiert, das verbleibende Deutschland – als lockerer Staatenbund – in ein Agrarland umgewandelt werden; im Rahmen von Reparatonsleistungen war Zwangsarbeit von Deutschen im Ausland vorgesehen. Dieser äußerst harte Plan wurde auf der Konferenz in Quebec am 15. September 1944 von Roosevelt und Churchill paraphiert. Churchill hatte dem Vorhaben zunächst ablehnend gegenübergestanden, später aber nachgegeben, da es die Ausschaltung der deutschen Konkurrenz bedeutete und Roosevelt Konzessionen machte, indem er das Ruhrgebiet in die britische Besatzungszone einbezog. Diplomaten versuchten, die beiden Staatsmänner zu etwas mehr Mäßigung zu bewegen. Eden, der an das Risiko dachte, das ein ausgehungertes Deutschland darstellen würde, geriet in eine heftige Auseinandersetzung mit Churchill. Cordell Hull führte Roosevelt die verheerenden Auswirkungen des Morgenthauplans auf die Weltöffentlichkeit vor Augen – und auf die Deutschen, deren Widerstandswillen durch ihn gestärkt würde. Das zunächst zurückgestellte Vorhaben wurde nicht offizielle anglo-amerikanische Politik, zumal Briten und Amerikaner in Jalta mit einem Stalin zusammentrafen, dessen Position aufgrund der sowjetischen Siege wesentlich erstarkt war.

In Jalta (Februar 1945) erklärte sich Stalin mit der Einrichtung einer französischen Besatzungszone auf Kosten der britischen und amerikanischen einverstanden. Man führte zähe Verhandlungen über drei grundlegende, Deutschland betreffende Probleme: die Festlegung der Grenzen, die etwaige Zerstückelung des Reichs sowie die Reparationen. Bei der Diskussion über die deutsch-polnische Grenze traten tiefgreifende Meinungsverschiedenheiten zutage. Stalin forderte die Linie Oder- westliche Neiße, was die Abtrennung Oberschlesiens, eines Teiles von Niederschlesien und von Brandenburg vom Reich bedeutete. Diese Forderungen lehnten Roosevelt und Churchill ab, die die Oder-Linie akzeptierten, im Süden die Grenze jedoch entlang der östlichen Neiße verlaufen lassen wollten. Churchill, der den Auftrag hatte, mit der polnischen Exilregierung in London vorsichtig zu verhandeln, konnte in diesem Punkt keinerlei Zugeständnisse machen. Hingegen erlaubte er bereits vom

15. Dezember 1944 ab die Vertreibung der Deutschen aus den Polen zugedachten Gebieten.

Während die „Großen Drei“ die endgültige Festlegung der polnischen Westgrenze einer Friedenskonferenz vorbehielten, schienen sie, was die Zerstückelung Deutschlands anging, recht ähnliche Standpunkte zu vertreten. Während Stalin auf eine rasche Entscheidung drängte, hatten es Briten und Amerikaner weniger eilig. Die hohen Beamten der westlichen Staaten lehnten eine Zerstückelung ab und befürchteten, ein aufgeteiltes Deutsches Reich werde einen ständigen Unruheherd innerhalb Europas bilden; außerdem hatten sie vor allem Bedenken, daß ein Teil des Landes zu einem Satellitenstaat der Sowjetunion werden könne. Daher begnügte man sich in Jalta damit, das Problem zur weiteren Bearbeitung einer Kommission unter Eden zu übertragen.

Die Diskussion über die Reparationsfrage verlief äußerst lebhaft. Briten und Amerikaner erschraken über die umfassenden und genau umrissenen Forderungen der Sowjets. Stalin wollte in den ersten beiden Nachkriegsjahren sämtliche deutschen Fabriken, Maschinen, Lagerbestände und alles rollende Material abtransportieren, Auslandsguthaben des Reiches beschlagnahmen lassen und Deutschland auf zehn Jahre hinaus zu Naturallieferungen verpflichten. Außerdem schlug er vor, die Gesamtsumme der Reparationen auf 20 Milliarden Dollar festzusetzen, wovon die Hälfte an die Sowjetunion gehen sollte. Während die britische Delegation besonders hervorhob, daß ein Land, dem man alle Fabriken geraubt habe, gar keine Naturallieferungen mehr aufbringen könne, lehnte Roosevelt den Vorschlag ab, Deutschland – ähnlich wie nach 1919 – amerikanische Kredite zu bewilligen, mit deren Hilfe es die Reparationen finanzieren könnte; er vertrat den Standpunkt, daß Deutschland die Reparationen aus eigener Kraft tragen müsse. Schließlich beschränkten sich die „Großen Drei“ auf die Festlegung von Reparationen in Form von Naturalien: Demontagen während der ersten zwei Jahre, jährliche Lieferungen über einen gewissen Zeitraum hinweg sowie Einsatz deutscher Arbeitskräfte im Ausland. Eine Alliierte Reparationskommission mit Sitz in Moskau wurde geschaffen. Russen und Amerikaner waren sich darüber einig, daß man die von der sowjetischen Delegation vorgeschlagene Gesamtsumme von 20 Milliarden Dollar zur Diskussionsgrundlage nehmen solle, während die Briten keinerlei Zahlen nennen wollten.

So blieben noch viele Punkte ungeklärt, während die alliierten Truppen Deutschland umzingelten.

Die Alliierten als Herren in Deutschland

Die Kapitulation zog auch die Auflösung Deutschlands nach sich: das Reich als Staat existierte nicht mehr. Bereits am 22. Mai 1945 wurde die Regierung Dönitz abgesetzt. Die Alliierten beseitigten das dadurch entstandene Vakuum, indem sie das Abkommen vom 14. November über die Besatzungsordnung, lediglich ergänzt durch den in Jalta gefaßten Beschluß zur französischen Zone, in Anwendung brachten. Die Proklamation der vier alliierten Oberkommandierenden vom 5. Juni 1945 legte dar, daß jeder Befehlshaber im Namen seiner Regierung innerhalb der ihm unterstellten Besatzungszone die „oberste Regierungsgewalt" übernahm. In Angelegenheiten, die ganz Deutschland betrafen, übte der aus den vier Oberkommandierenden bestehende Alliierte Kontrollrat die Machtbefugnisse aus. Ihm unterstand auch das in vier Sektoren aufgeteilte Berlin.

So zogen sofort nach der Kapitulation (7./8. Mai 1945) die Alliierten in ihre jeweilige Besatzungszone ein, ohne daß alle Aspekte des Problems gelöst gewesen wären. Auf der Potsdamer Konferenz (17. Juli bis 2. August 1945) bemühten sich die „Großen Drei" um eine Lösung der offenen Fragen. Stalin, der neue amerikanische Präsident Truman, Churchill sowie sein Nachfolger Attlee faßten eine Reihe von Beschlüssen, die – als vorläufige Maßnahmen bis zur Abhaltung einer Friedenskonferenz konzipiert – die deutsche Macht spürbar einschränkten. Gewiß, die Gefahr einer Zerstückelung bestand nicht mehr. Truman war zwar mit der Absicht nach Potsdam gekommen, einen großen Südstaat aus Bayern, Württemberg, Baden, Österreich und Ungarn zu bilden, und de Gaulle – der nicht nach Potsdam eingeladen worden war – forderte immer noch die Abtrennung des Rheinlands von Deutschland. Aber all diese Projekte waren zum Scheitern verurteilt: am 8. Mai 1945 erklärte Stalin, daß er Deutschland nicht zu zerteilen beabsichtige.

Das damalige Deutsche Reich erlitt aber folgenschwere Gebietsverluste. Durch die Viermächteerklärung vom 5. Juni 1945 wurde es auf die Grenzen von Anfang 1938 beschränkt; es verlor somit im Westen und im Süden sämtliche Territorien, in deren Besitz es sich seit dem „Anschluß" gebracht hatte. Die deutsche Ostgrenze wurde auf die Linie Oder – westliche Neiße festgelegt, ungeachtet der britisch-amerikanischen Proteste gegen das russisch-polnische Abkommen vom 21. April 1945, das die Westmächte vor vollendete Tatsachen stellte. Die Territorien östlich dieser Linie wurden bis zum Friedensvertrag polnischer Verwaltung unterstellt. Ganz gleich, ob es sich hierbei um eine endgültige Regelung handelte – wie die Sowjetunion behauptete – oder lediglich um eine provisorische Maßnahme – wie Briten und Amerikaner wiederholt betonten: Deutschland verlor riesige Gebiete. Seine Verluste 1945 umfaßten insgesamt 114000 km² – das war etwa ein Viertel seines Staatsgebietes von 1938 –, Flächen, auf denen damals etwa 9,5 Millionen Einwohner lebten. Diese Gebiete mußten von der deutschen Bevölkerung geräumt werden. Ebenso hatten die 7,2 Millionen in Mittel- und Osteuropa lebenden Deutschen die Tschechoslowakei, Ungarn, Jugoslawien etc. zu verlassen; eine ungeheure Bevölkerungsverschiebung bahnte sich an. Zu den Vertriebenen gesellten sich Flüchtlinge, die vor der immer weiter vorrückenden Roten Armee geflohen waren und noch flohen. Nach Schätzungen belief sich die Zahl der betroffenen Deutschen – einschließlich der Verschollenen – auf zusammen etwa 13,2 Millionen. Mit der aus den bombardierten Städten geflüchteten Bevölkerung sowie den verschleppten Polen, Rumänen, Ukrainern etc., die das Dritte Reich für seine Zwecke eingespannt hatte und die in Deutschland bleiben mußten, erhielt Deutschland immer mehr den Charakter eines riesigen Flüchtlingslagers, wodurch sich die Versorgungs-, Wohnungs- und Arbeitsplatzprobleme noch vergrößerten.

Die in Potsdam gefaßten Beschlüsse konnten auch als Auftakt zu einer regelrechten Demontage der deutschen Wirtschaft betrachtet werden. Wohl sollte Deutschland während der Besatzungszeit „als ein einziges wirtschaftliches Ganzes" behandelt werden und die Zahlung der Reparationen „dem deutschen Volk genügend Mittel belassen, um ohne Hilfe von außen zu existieren", doch war die deutsche Industrie auf das Schwerste belastet. Zunächst wurden das gesamte Kriegspotential zerstört und gemäß einem Reparationsplan sämtliche Produktionsmittel abtransportiert oder vernichtet, die für die von den Alliierten erlaubte Produktion nicht notwendig waren. Die Vagheit der Formulierung gab Anlaß zu ernsthaften Besorgnissen. Anders als 1919 lehnten die Alliierten Reparationszahlungen in Geldbeträgen oder in Form von Naturallieferungen ab. Sie entschieden sich für sofortige und endgültige Demontagen. Das deutsche Vermögen im Ausland (10 Milliarden Mark), Konzessionen, Patente u.a. (weitere 10 Milliarden) sollten beschlagnahmt werden. Deutschland mußte den größten Teil seiner Handelsflotte und vor allem Industrieanlagen abliefern. Die Alliierten konnten im Rahmen der Reparationen Demontagen und Verlegungen vornehmen lassen. Die Westmächte sollten sich in ihrer jeweiligen Besatzungszone bedienen; die Sowjets erhielten – abgesehen von den in ihrer Zone vorgenommenen Entnahmen – 10% der im Westen demontierten Industrieanlagen als Reparationsanteil zugesprochen (soweit sie nicht für die deutsche Friedensindustrie unentbehrlich waren) sowie darüber hinaus 15% im Austausch u.a. gegen Kohle und Agrarprodukte aus der Sowjetzone.

All diese Maßnahmen liefen auf die Leistung beträchtlicher Reparationen hinaus. Sie erlaubten lediglich den Wiederaufbau einer Wirtschaft, die allerhöchstens die Bedürfnisse des Binnenmarktes decken konnte. Auf diese Weise hatte man die deutsche Konkurrenz ausgeschaltet. Das Potsdamer Abkommen griff jedoch auch heftig das deutsche Großkapital an, das Hitler unterstützt und sich an der Ausbeutung des unterworfenen Europas beteiligt hatte. Die Alliierten wollten die Kartelle, Trusts und anderen Formen von Monopolen zerschlagen. Die deutsche Industrie sollte entflochten und dezentralisiert werden. Selbst gegen die Großgrundbesitzer, die „Junker", die gleichfalls als Werkzeuge des NS-Regimes betrachtet wurden, ging man vor und wollte ihre Besitzungen durch eine Agrarreform auflösen. Man stand also kurz vor der Lahmlegung der wirtschaftlichen Leistungskraft: Zerstörungen, Demontagen, Produktionsbeschränkungen und Entflechtung erschwerten in hohem Maße die Ankurbelung der Wirtschaft.

Die „Großen Drei" wollten die Deutschen außerdem bestrafen und umerziehen. Dem deutschen Volk mußte klargemacht werden, daß es eine totale militärische Niederlage erlitten hatte; außerdem sollte es über sämtliche Greueltaten der Nationalsozialisten informiert werden. Die kollektive Schuldzuweisung wurde von Entnazifizierungsmaßnahmen begleitet. Alles, was an das Hitlerregime erinnerte – die Partei mit ihren Organisationen –, sollte beseitigt und die Nationalsozialisten angeklagt werden. Da man viele Menschen aufgrund ihrer vorherigen Funktion automatisch festnahm, füllten sich die Internierungslager: bis Ende 1946 wurden auf diese Weise in der britischen Zone 64000 Personen, in der amerikanischen 95000, in der französischen 19000 und in der sowjetischen Zone 67000 inhaftiert. Die politische Säuberungsaktion führte zu zahlreichen Amtsenthebungen. Die Franzosen ordneten 70000 Absetzungen in ihrer Zone an, die Briten 320000. Die Komplexität und Zusammenhanglosigkeit des sowohl auf der Ebene des Alliierten Kontrollrates in Berlin als auch in den einzelnen Zonen ausgearbeiteten Verfahrens verliehen der Entnazifizierung einen halb-anarchischen Charakter, da es einigen bedeutenden Nationalsozialisten gelang, durch die entweder zu eng oder zu weit geknüpften Maschen des Netzes zu schlüpfen. Die großen Nürnberger Prozesse trafen nur wenige. Das Kaltstellen der Nationalsozialisten stand dem Wiederaufbau des „politischen Lebens auf friedlicher und demokratischer Grundlage" nicht im Wege. Um diese politische Wiedergeburt zu fördern, wurden demokratische Parteien zugelassen und die Ausübung politischer Rechte erlaubt, soweit sie nicht gegen „militärische Sicherheitsbedürfnisse" verstießen. Ferner sah das Potsdamer Abkommen auch eine Reform der Justiz und des Unterrichtswesens vor.

Um zu vermeiden, daß von Deutschland jemals wieder eine Gefahr ausgehe, wollten die Alliierten den Nationalsozialismus ausrotten, die nationalsozialistische Ideologie aus ihren Angeln heben und gleichzeitig für sämtliche Schrecken und Mißstände verantwortlich machen, unter denen Deutschland nach diesem vernichtenden Krieg litt. Dieses besetzte, für schuldig erklärte, überwachte und eines Teils seines Wirtschaftspotentials sowie sämtlicher militärischer Einrichtungen beraubte Deutschland schien lange Zeit auf Expansionsträume verzichten zu müssen. Während der „Stunde Null“ des Jahres 1945 ging es ums bloße Überleben: man war auf der Suche nach Nahrung, nach Wohnungen, nach Angehörigen sowie nach Arbeit und hatte alle Hände voll zu tun; die Deutschen fanden so gut wie keine Zeit, sich mit alldeutschen Träumen abzugeben.

Vom Chaos zum Wiederaufschwung

Nach den äußerst harten Jahren 1945/1946, geprägt durch Hunger, Kälte, ein Ersticken der Wirtschaft und eine Lähmung des Transports – die sich aus Zerstörungen des Straßen- und Eisenbahnnetzes sowie der Schiffahrtswege ergeben hatte – wurde Deutschland mit dem Chaos fertig und legte allmählich den Grundstein zu neuer Macht. Dabei konnte es sich auf seine tatkräftige Bevölkerung stützen, auf sein Industriepotential sowie auch auf die Politik der Westmächte, die das Land zu einem Trumpf im Kalten Krieg machen wollten.

Die demographische Situation

Die demographische Bilanz erwies sich bei Kriegsende als katastrophal. 1650000 identifizierte Soldaten waren gefallen, 1600000 galten als vermißt (drei Viertel davon waren ebenfalls tot). Auch die Zivilbevölkerung hatte schwere Verluste zu beklagen: 500000 Tote und 1500000 in den im Osten verlorenen Gebieten Vermißte. Insgesamt hatte der Krieg etwas mehr als 5,5 Millionen Deutsche das Leben gekostet. Andere hatten Körperteile verloren: es gab 2 Millionen Invaliden. Wieder andere befanden sich in alliierter Kriegsgefangenschaft. Die Amerikaner hatten fast 3400000 deutsche Soldaten gefangen genommen, die alle bereits im Juli 1946 freigelassen wurden, während die Briten ihre 3180000 deutschen Kriegsgefangenen erst zwei Jahre später vollends entließen. Die Russen gaben schließlich im Laufe der Jahre 1946 bis 1949 550000 Gefangene heraus.

Die Bevölkerungsstruktur geriet heftig aus dem Gleichgewicht: die jungen Jahrgänge und die Männer waren besonders stark mitgenommen; dies führte zu einer Überalterung sowie zu dem Mißverhältnis von 100 Männern auf 125 Frauen. In den drei westlichen Besatzungszonen stieg die Bevölkerung von 43,7 Millionen (im Oktober 1946) auf 47,6 (im September 1950) an. Der Anstieg beruhte auf einem natürlichen Bevölkerungswachstum, das in erster Linie zurückzuführen war auf den Rückgang der Sterblichkeitsrate, auf den Zustrom von fast 10 Millionen Flüchtlingen seit 1945 – so daß etwa auf fünf Einwohner je ein Flüchtling kam – und auf die Heimkehr von Kriegsgefangenen. Dies führte zu einer bis 1950 (1897644 Arbeitslose) stets wachsenden Arbeitslosigkeit, bedeutete aber gleichzeitig eine beträchtliche Reserve an Arbeitskräften, die dem wirtschaftlichen Wiederaufschwung zugute kam. Auch in der sowjetischen Besatzungszone war von den 18,6 Millionen Einwohnern des Jahres 1946 jeder sechste ein Flüchtling; ein leichter Bevölkerungsrückgang – zwischen 1946 und 1949 lag die Sterblichkeit über der Geburtenrate – sowie zahlreiche Abwanderungen führten dazu, daß die Bevölkerung trotz der Rückkehr der Kriegsgefangenen sowie des Zustroms deutscher Vertriebener aus dem Sudetenland und den Gebieten östlich der Oder-Neiße-Linie kaum zunahm (18,9 Millionen 1949).

Die Bedrohung der Industrie

Trotz der Zerstörungen verfügte Deutschlands Industrie noch über eine *Produktionskapazität*, die oft über der der Nachbarländer – etwa Frankreichs – lag. Die verschiedenen Regionen waren unterschiedlich stark betroffen: an der Ruhr waren 25% der Industrieanlagen verloren, in den östlichen Gebieten dagegen weniger als 10%. Auch die einzelnen Industriezweige hatten nicht im gleichen Ausmaß unter dem Krieg gelitten: für die Eisenindustrie lagen die Zerstörungen bei 10%, für die chemische bei 10–15%, für den Maschinenbau bei 15–20% und für die Textilindustrie bei 20%. Insgesamt verfügte die deutsche Industrie jedoch noch über eine Produktionskapazität, die etwa 80–85% des Standes von 1938 betrug.

Diese Produktionskapazität wurde aber durch eine ganze Reihe von alliierten Maßnahmen – Zerstörungen und Demontage von Fabriken, Produktionsbeschränkungen, Zerschlagung der Trusts und Kartelle – in Frage gestellt. Der erste Industrieplan des Kontrollrates vom März 1946 enthielt eine Liste der *verbotenen Industriezweige*: Bau von Schiffen, Flugzeugen, Traktoren, Werkzeugmaschinen, Aluminiumherstellung, synthetische Treibstoff- und Kautschukgewinnung, Bau von Funkgeräten etc. sowie die Produktion jeglichen Kriegsmaterials. Für alle anderen Zweige wurden Produktionsbegrenzungen verfügt, die sich nach dem 1938 erreichten Niveau richteten: die Beschränkungen betrugen für die Produktion von Stahl 25%, von Automobilen 20%, von schweren Werkzeugmaschinen 31% und von chemischen Grundstoffen 32%; in mehreren Zweigen – in der optischen, Zement-, Textil- und Elektroindustrie – durfte die Produktion jedoch ohne weiteres 50% erreichen oder sogar überschreiten. Die überschüssigen Kapazitäten sollten für die Reparationen zur Verfügung stehen, das hieß, demontiert und abgeliefert werden.

In Wirklichkeit standen jedoch die Interessen der Besatzungsmächte sowie die zwischen den Alliierten herrschenden Rivalitäten einer strikten Anwendung dieses Plans im Wege. Während Sowjets und Franzosen die Deutschen zahlen lassen wollten, *Demontagen und Entnahmen* durchführten und gleichzeitig die Wirtschaft ihrer Besatzungszonen in Abstimmung auf die jeweiligen nationalen Bedürfnisse wieder anzukurbeln suchten, verfolgten Briten und Amerikaner, die bereits im September 1946 die wirtschaftliche Bizone gründeten, einen weitaus weniger harten Kurs. Da ihnen an einer Verringerung ihrer finanziellen Lasten – 700 Millionen Dollar pro Jahr – gelegen war, beabsichtigten sie eine Wiederankurbelung der deutschen Industrie und bremsten die Demontagen schlagartig. Während der Industrieplan vom März 1946 die Demontage von etwa 1800 Fabriken in den westlichen Besatzungszonen vorsah, begnügten sich Briten und Amerikaner im Oktober 1947 damit, 682 zu demontierende Unternehmen aufzulisten, denen in der französischen Zone weitere 236 Fabriken folgten. Am 19. April 1949 strich man diese Liste im Rahmen eines Abkommens schließlich auf 480 Werke zusammen. Die seit Sommer 1949 eingestellten Demontagen umfaßten nach Angaben der Westmächte einen Wert von 1,5 Milliarden, nach deutschen Schätzungen 5 Milliarden. Jedenfalls verringerte dieser Abbau von Industrieanlagen die Produktionskapazität, gemessen am Stand von 1936, lediglich um etwa 6 bis 8%.

Die Demontagen führten jedoch zu aufsehenerregenden Zwischenfällen. Die deutsche Bevölkerung, von Arbeitslosigkeit bedroht, interpretierte sie vor allem als Maßnahmen zur Ausschaltung der deutschen Konkurrenz; daher kam es zu heftigen Demonstrationen im Ruhrgebiet und in der französischen Besatzungszone. Der Abbau wirkte sich jedoch nicht nur nachteilig aus: veraltete, verbrauchte Betriebe verschwanden zugunsten neuer Anlagen, die dazu beitrugen, die deutsche Industrie wieder zu einem ernstzunehmenden Konkurrenten zu machen. Darüber hinaus verschärften die Demontagen auch die Streitigkeiten zwischen den Alliierten: im Mai 1946 beschuldigte man die Sowjets, sie demontierten zu umfangreich, und enthielt ihnen den vorgesehenen Anteil an Reparationen aus den westlichen Zonen vor. Auch an der Kontrolle über das Ruhrgebiet wurden sie nicht beteiligt. Bis Juni 1948 demontierten die Russen in ihrer Zone 1372 Fabriken und verringerten dadurch deren industrielle Kapazität um 80% (Eisenherstellung) bis 20% (Braunkohleförderung). Insgesamt kann man davon ausgehen, daß das Industriepotential der Sowjetischen Besatzungszone (SBZ) etwa um die Hälfte reduziert wurde.

Auch die *Produktionsbeschränkungen* erfuhren sehr bald Abänderungen, vor allem, was Kohle und Stahl anbelangte. Bereits im August 1947 wurde die Obergrenze von 50% auf 75% des Standes von 1938 erhöht; im Laufe des Sommers 1949 wurde sie weiter angehoben und im Frühjahr 1951 vollends beseitigt. Die Kohleförderung stieg in Westdeutschland von 35,5 Millionen Tonnen (1946) auf 103 Millionen (1949) an, und die Stahlherstellung erhöhte sich von 2,5 Millionen (1946) auf 12 (1950) und schließlich 14,5 Millionen Tonnen (1951). Geht man vom Produktionsstand im Jahr 1938 aus (=100%), so stieg die industrielle Produktion von 33% im Jahre 1946 auf 76% im Januar 1949 an und erreichte bereits im November desselben Jahres wieder 100%. Es war ganz offensichtlich, daß die westdeutsche Wirtschaft fünf Jahre nach Kriegsende wieder ihr früheres Produktionsniveau erreicht hatte.

Von der im Potsdamer Abkommen vorgesehenen *Zerschlagung der Kartelle* und der *Entflechtung* sah man sehr bald ab. Vor allem die sechs großen Konzerne, die 1938 98% der Eisengießereien und 95% der Stahlherstellung im Ruhrgebiet beherrschten, wurden freilich zunächst beschlagnahmt. Bereits ab November 1945 hatten die Alliierten sämtliches Vermögen der IG Farben konfisziert. Mehrere Großindustrielle – Krupp, Röchling, Flick etc. – wurden als Kriegsverbrecher festgenommen und ihr Besitz beschlagnahmt. In ihrem Bemühen, die komplexen Verbindungen zwischen den einzelnen Gesellschaften auszumachen, um die Kartelle zu zerschlagen, sprengten die Alliierten die zur Monopolbildung tendierenden Gruppierungen. Die einzelnen Gesellschaften, die sich zur IG Farben zusammengeschlossen hatten, erhielten ihre Selbständigkeit zurück. Die größten Montan- und Eisenhüttenunternehmen zerfielen in 28 unabhängige Gesellschaften. Die drei großen Komplexe Commerzbank, Deutsche Bank und Dresdner Bank wurden durch dreißig Bankinstitute ersetzt, deren Zuständigkeit sich fortan auf das jeweilige Land beschränken sollte. Während man innerhalb der britischen Zone und in bestimmten Ländern Verstaatlichungen erwog, entschieden sich die Amerikaner für die Beibehaltung der überkommenen Strukturen der deutschen Wirtschaft. Sie leisteten immer stärkeren Widerstand gegen eine Entflechtung, die den Wiederaufschwung der Produktion bremsen würde. In der Sowjetischen Besatzungszone allerdings wurden ab 1945 die großen Unternehmen enteignet. 1948 stellten der verstaatlichte Sektor bereits 40% und die im Jahre 1946 gegründeten sowjetischen Aktiengesellschaften (SAG) – russische Unternehmen – ein Drittel der Produktion in der SBZ.

Die aus dem Potsdamer Abkommen erwachsenen Bedrohungen für die deutsche Wirtschaft haben also bei weitem nicht die industrielle Leistungsstärke ganz Deutschlands entkräftet. Im Gegenteil, die drei westlichen Besatzungszonen kamen in den Genuß eines starken Zustroms amerikanischen Kapitals, das eine wichtige Rolle beim wirtschaftlichen Wiederaufschwung im Westen spielte.

Die anglo-amerikanische Finanzhilfe für den Westen

Die Haltung der Briten und Amerikaner war maßgebend. Ihr Hauptanliegen bestand in der Wiederankurbelung der Wirtschaft. Sie wollten den Deutschen wieder Anlaß zur Hoffnung geben, um sie vom Kommunismus fernzuhalten und gleichzeitig ihre eigenen, aus der Besatzung entstehenden Ausgaben zu verringern. Im Aufschwung des Kalten Krieges wollte man die deutsche Produktion nicht weiter einschränken, sondern vielmehr die Wiederbelebung begünstigen. Briten und Amerikaner griffen auf direktem Wege ein, indem sie die in Potsdam gefaßten Beschlüsse milderten (siehe oben), Kapital zur Verfügung stellten und unerläßliche Finanz- und Wirtschaftsreformen förderten.

Zu Beginn der Besatzungszeit war Deutschland nicht in der Lage, die benötigten Rohstoffe und Nahrungsmittel einzuführen. Angesichts einer Handelsbilanz, die allein für die britische und amerikanische Zone 1946 ein Defizit von 500 Millionen Dollar und 1948 von 996 Millionen aufwies, stand es fest, daß Deutschland auf ausländische Hilfe angewiesen war. Es profitierte von der GARIOA (Government and Relief in Occupied Areas), einer Hilfsorganisation für besetzte Gebiete, die über einen von den amerikanischen Steuerzahlern gespeisten Fonds verfügte. Auf diese Weise erhielt Westdeutschland 1620 Millionen Dollar, die es vor allem zum Kauf von Nahrungsmitteln und Rohstoffen verwendete. Nachdem der frühere republikanische Präsident Hoover im Februar 1947 über die Lage der europäischen Wirtschaft Bericht erstattet hatte, steigerte man die Hilfsmaßnahmen. Da Westdeutschland als Mitglied der „Organisation für europäische wirtschaftliche Zusammenarbeit“ (Organization for European Economic Cooperation, OEEC) auch in den Genuß der amerikanischen Hilfeleistungen kam, erhielt es im Rahmen des Marshallplans im Laufe von 4 Jahren über 1,5 Milliarden Dollar.

Die Marshallplanhilfe (in Millionen Dollar)

1. Jahr (3. 4. 1948 – 30. 6. 1949)	613,5
2. Jahr (1. 7. 1949 – 30. 6. 1950)	457,1
3. Jahr (1. 7. 1950 – 30. 6. 1951)	384,8
4. Jahr (1. 7. 1951 – 30. 6. 1952)	106
	1561,4

Insgesamt erhielten Westdeutschland und Westberlin in den Jahren 1946 bis 1952 amerikanische Hilfsgelder in Höhe von 3157 Millionen Dollar. Bezieht man auch noch die 720 Millionen in die Rechnung mit ein, die Großbritannien in Form von Krediten zur Verfügung stellte, so beliefen sich die anglo-amerikanischen Hilfsgelder nahezu auf 4 Milliarden Dollar. Sie spielten eine wesentliche Rolle beim wirtschaftlichen Wiederaufschwung, da sie dazu beitrugen, das Handelsdefizit zu verringern und neue Investitionen anzuregen.

Parallel zu diesen finanziellen Unterstützungsmaßnahmen schuf man auch Organe, die die Währung wieder stabilisieren und die grundlegenden Richtlinien einer neuen Wirtschaftspolitik bestimmen sollten. Auf die Errichtung der Bizone – den Zusammenschluß der britischen und amerikanischen Zone zum „Vereinigten Wirtschaftsgebiet“ – im September 1946 (in Kraft 1. Januar 1947), folgte die Gründung von Verwaltungsräten, die sich in erster Linie mit Problemen der Lebensmittelversorgung, des Transports, von Wirtschaft und Finanzen befaßten. Schon im Mai 1947 förderten Briten und Amerikaner die Bildung eines Wirtschaftsrates in Frankfurt am Main, der sich einige Monate später zu einem richtigen Parlament entwickelte. Sie regten sogar die Durchführung einer alle drei Westzonen betreffenden Währungsreform an. In jedem deutschen Land ließen sie eine Zentralbank einrichten, und im März 1948 gründeten sie dann in Frankfurt am Main eine für alle drei Zonen zuständige Zentralbank, die Bank Deutscher Länder. Gemeinsam mit 25 deutschen Experten arbeiteten sie eine radikale Währungsreform aus: im Juni 1948 wurde die Reichsmark (RM) durch die neue Währung, die Deutsche Mark (DM) ersetzt. Da diese neue Währung nur in begrenzter Menge ausgegeben wurde, flößte sie Vertrauen ein. Diese Währungsreform, die für Sparer und Gläubiger einen harten Schlag bedeutete, hatte den großen Vorzug, daß sie den Schwarzen Markt verschwinden und die gehamsterten Lagerbestände wieder auftauchen ließ; zusätzlich wirkte sie sich sehr positiv auf die industrielle Produktion aus, die bereits in der zweiten Hälfte des Jahres 1948 um 50% anstieg.

An der ab 1946 einsetzenden Debatte, welche Struktur die deutsche Wirtschaft erhalten solle, nahmen die Amerikaner regen Anteil. Die von der SPD geforderten Verstaatlichungen lehnten sie ab; sie wollten auch nichts von dem im Ahlener Programm (Februar 1947) propagierten christlichen Sozialismus wissen. Ihrer Ansicht nach sollte in Westdeutschland wieder ein kapitalistisches System begründet werden, obwohl Sozialisten und einige Christdemokraten dem Kapitalismus eine Mitverantwortung für die nationalsozialistische Katastrophe zuschrieben. Die Amerikaner unterstützten Ludwig Erhard, der seit März 1948 Direktor der Verwaltung für Wirtschaft in der Bizone war und für das Prinzip der sozialen Marktwirtschaft eintrat. Vorsichtig und hartnäckig zugleich, wollte Erhard die Wirtschaft vom Dirigismus befreien und – mittels freier Produktion, eines freien Marktes und freien Wettbewerbs – den Wiederaufbau einer leistungsstarken deutschen Wirtschaft fördern.

Bisweilen verteidigten Briten und Amerikaner Westdeutschland auch gegen französische Absichten. Sie ließen zwar zu, daß Frankreich das Saargebiet in wirtschaftlicher und finanzieller Hinsicht vereinnahmte, widersetzten sich jedoch den französischen Plänen einer Internationalisierung des Ruhrgebietes. Die Briten kurbelten die Förderung in den Zechen weiter an und bemühten sich – trotz der französischen Beschwerden –, den größten Teil der geförderten Kohle dem deutschen Bedarf zugute zukommen zu lassen. Im November 1948 übergaben sie sogar die Verwaltung der Fabriken und Bergwerke in deutsche Hände. Frankreich konnte den Briten und Amerikanern nur eine unbedeutende Kompensation abnötigen: das Abkommen über die internationale Ruhrkontrolle (Ruhrstatut),auf dessen Grundlage die Internationale Ruhrbehörde errichtet wurde, die lediglich die Kontrolle über die Verteilung der Kohle erhielt. Da im übrigen große Anlagen den Demontagen entgangen waren, bildete das Ruhrgebiet nach wie vor eines der wichtigsten Zentren der deutschen Wirtschaft. Auf diese Weise kamen im Westen eine ganze Reihe von Faktoren zusammen, um das Werden eines „Wirtschaftswunders“ zu begünstigen.

Im Osten hingegen war die von den Sowjets verfolgte Politik nicht gerade dazu angetan, ähnlich günstige Perspektiven zu eröffnen. Der Aufbau eines sozialistischen Systems führte zu Verstaatlichungen und Planwirtschaft. Die Industrie, die unter den Demontagen und allen möglichen Entnahmen schwer gelitten hatte, erholte sich bis 1950 nur langsam. Jenseits des Eisernen Vorhangs schien die Wiederaufnahme einer wirtschaftlichen Expansionspolitik noch in weiter Ferne zu liegen.

So entstanden im Herbst 1949 auf dem Boden des in Trümmern liegenden Deutschlands zwei deutsche Staaten, die Bundesrepublik Deutschland im Westen und die Deutsche Demokratische Republik (DDR) im Osten. Im Westen konnten sich die für eine kurze Zeit stark erschütterten

Grundlagen der deutschen Wirtschaftsmacht dank der anglo-amerikanischen Finanzhilfen rasch wieder erholen. Im Osten hingegen war wegen der schweren Belastung durch das sowjetische Protektorat nur eine langsame Besserung möglich.

III. Eine neue internationale Rolle für das geteilte Deutschland (1949 bis heute)

9. Das zerrissene Deutschland auf der Suche nach seiner verlorenen Macht

Im zweigeteilten Deutschland bemühte sich jeder der beiden Staaten, die eingebüßte Souveränität zurückzugewinnen. Keiner von ihnen konnte auf die Wiedervereinigung verzichten, während der Kalte Krieg keinerlei Chance für die Verwirklichung einer unmöglich gewordenen Einheit zu lassen schien. Wenn es ihnen auch nicht gelang, das erhoffte politische Gewicht wiederzuerlangen, so erlebten die beiden Staaten, die mehr oder weniger stark den Einfluß ihrer jeweiligen Schutzmächte zu spüren bekamen, einen Wiederaufschwung, der dazu angetan war, beiden Teilen Deutschlands eine beachtliche wirtschaftliche Stellung innerhalb ihrer jeweiligen politischen Welt zu verschaffen.

Deutschland unter Adenauer: das Streben nach der Souveränität

Als Konrad Adenauer Kanzler der soeben gegründeten Bundesrepublik Deutschland wurde, übernahm er die Regierung eines Landes, das noch längst keine volle Souveränität besaß. Die drei Westmächte hatten die Gründung der Bundesrepublik gefördert und das Besatzungsstatut geändert. Sie schränkten aber die Hoheitsgewalt des neuen Staates stark ein. Gewiß, auf der Konferenz von Washington, die im April 1949 stattfand, beschlossen sie die Abschaffung der Militärregierung: die Zuständigkeit der drei Oberkommandierenden wurde auf militärische Angelegenheiten begrenzt und ihre zivile Amtsgewalt auf drei Hohe Kommissare übertragen, die die Alliierte Hohe Kommission (AHK) bildeten. Die amerikanische, britische und französische Regierung behielten sich die Zuständigkeit in zahlreichen Fällen vor – Abrüstung, Entmilitarisierung, Entnazifizierung, Reparationen, Außenpolitik, Außenhandel, Wechselkurse, Ruhrstatut etc. – und setzten dadurch der Macht der in Bonn zusammengetretenen Bundesregierung außerordentlich enge Grenzen.

Aus Gründen der Sicherheit oder im Rahmen ihrer internationalen Verpflichtungen konnten die drei Alliierten sogar wieder die volle Souveränität an sich ziehen. Das im Mai 1949 verabschiedete Grundgesetz durfte nur mit ihrer Zustimmung geändert werden. Die Bonner Bundesregierung konnte nicht frei über das wirtschaftliche Potential des Ruhrgebiets verfügen: die internationale Ruhrbehörde überwachte die Produktion sowie die Verteilung der hergestellten Güter auf Deutschland und seine Nachbarstaaten. Die Industrie sah sich nach wie vor vom Abbau bedroht, obwohl die Alliierten im April 1949 die Demontage-Liste zusammengestrichen hatten; ferner waren noch Produktionsbeschränkungen in Kraft, obgleich man die zulässigen Mengen erhöht hatte. Darüber hinaus hatten die Besatzungsmächte aufgrund einer Übereinkunft vom Januar 1949 ein militärisches Sicherheitsamt in Koblenz eingerichtet, das Abrüstung und Entmilitarisierung überwachen sollte.

Der neue Staat besaß also nur übertragene und beschränkte Vollmachten. Die oberste Gewalt blieb in den Händen der drei westlichen Alliierten. Der frischgewählte Bundeskanzler mußte sich mit allen Kräften darum bemühen, für die Bundesrepublik die volle Souveränität und Gleichberechtigung zurückzuerlangen.

Adenauer, der Meister der Außenpolitik

Bereits ab September 1949 schuf Adenauer innerhalb des Bundeskanzleramts spezielle Dienststellen. Da gab es zunächst eine „Verbindungsstelle zur Alliierten Hohen Kommission", beauftragt mit den Beziehungen zu den Hoch-Kommissaren. Im Juni 1950 wurde sie in die „Dienststelle für Auswärtige Angelegenheiten" umgewandelt und der Leitung Herbert Blankenhorns unterstellt. Noch besaß die Bonner Regierung keinen Außenminister. Diese Funktion übernahmen die oben genannten Stellen im Bundeskanzleramt. Adenauer hatte von vornherein seinen Willen bekräftigt, persönlich die auswärtigen Angelegenheiten zu leiten, auch wenn das Besatzungsstatut der Bundesrepublik keine selbständige Außenpolitik zugestand. Im „Petersberger Abkommen" vom 22. November 1949 einigte er sich mit der Alliierten Hohen Kommission auf den Beitritt der Bundesrepublik zur Internationalen Ruhrbehörde und zum militärischen Sicherheitsamt, was ihm den Vorwurf des Oppositionsführers Kurt Schumacher (SPD) eintrug, er sei ein „Bundeskanzler der Alliierten". Dieses Abkommen brachte jedoch einen Demontagestopp und ermöglichte der Bundesrepublik die Einrichtung konsularischer Vertretungen in Paris, London und New York sowie die Mitgliedschaft in internationalen Organisationen. Dieser bescheidene Zugang Westdeutschlands zur internationalen Ebene war ein erster wichtiger Schritt; denn das Abkommen war auf dem Verhandlungswege zustandegekommen und nicht etwa von den Besatzungsmächten beschlossen worden.

Ab Ende 1949 nutzte Adenauer jede sich bietende Gelegenheit, um die volle Souveränität und Gleichberechtigung für die Bundesrepublik zu erreichen. Dieser pragmatische Rheinländer wußte in bewundernswürdiger Weise seine persönlichen Überzeugungen mit den deutschen Gegebenheiten der Nachkriegszeit in Übereinstimmung zu bringen. Angesichts der durch den Kalten Krieg geprägten internationalen Lage trat er für die Westintegration und den Aufbau eines vereinten Europas ein. Dies sollte die Bundesrepublik vor dem gefürchteten Vordringen des Kommunismus bewahren und ihr die Möglichkeit verschaffen, auf internationaler Ebene wieder eine bedeutende Position zu erringen. Der stark betonte Antikommunismus des Bundeskanzlers ließ ihn, vor allem in den Augen Washingtons, als „Musterschüler der atlantischen Klasse" erscheinen und gab zugleich den traditionellen Führungsschichten sowie der deutschen öffentlichen Meinung die Gewißheit, daß der soziale Status quo beibehalten werde. Europäisch gesinnt, flößte der Bundeskanzler den Opfern des deutschen Nationalismus Vertrauen ein, bemühte sich um eine Aussöhnung mit Frankreich und strebte ein vereintes Europa an, in dessen Rahmen die Bundesrepublik den rechten Platz wiederfinden sollte. Als schlauer Fuchs, der er war, verstand er es ebensogut wie Stresemann, zu „finassieren" und alle möglichen Trümpfe auszuspielen, einschließlich seines Images als unentbehrlicher Staatsmann, ohne dessen Wirken Deutschland ziellos dahintreiben würde. Er wußte innerdeutsche Widerstände zu überwinden, aber sie auch gegenüber dem Ausland auszunutzen. Da man ihm in Washington Verständnis entgegenbrachte und auch in London und Paris auf ihn einging, konnte er einen zwischen starren Prinzipien und nachgiebigem Taktieren lavierenden Kurs verfolgen, den er allerdings im Bundestag mehrmals in harten Wortgefechten zu verteidigen hatte. Auf den unverdienten Vorwurf, er sei ein „Kanzler der Alliierten", antwortete er mit einer Politik, in deren Rahmen er Schritt für Schritt Erfolge auf dem Weg zur Gleichberechtigung verbuchen konnte, wenn diese Gleichheit auch eher de facto als de iure bestand.

Um die obersten Ziele der Bundesrepublik erreichen zu können, bediente Adenauer sich vor allem zweier Hebel: der Wiederbewaffnung und der Gründung eines vereinten Europas. Riskierte der Bundeskanzler durch den Gebrauch dieser Mittel aber nicht, die Wiedervereinigung zu erschweren und die Beziehungen zum Ostblock auf das Schwerste zu belasten? Zweifellos waren all diese Probleme eng miteinander verknüpft und bestimmten Bonns Haltung.

Der Hebel der Wiederbewaffnung

Die Wünsche der Westmächte. Auf dem Weg zu einer europäischen Verteidigungsgemeinschaft?

Während das Petersberger Abkommen vom 22. November 1949 an der Entmilitarisierung festhielt und vereinbarte, sich mit allen Mitteln der Aufstellung bewaffneter Einheiten zu widersetzen, gab Adenauer einige Tage darauf einem amerikanischen Journalisten zu verstehen, daß Deutschland sich – auf Wunsch der Westmächte – im Rahmen einer europäischen Armee an der Verteidigung Europas beteiligen könne. In diesem Interview verlieh der Bundeskanzler lediglich einer bereits seit Anfang 1949 diskutierten Vorstellung Ausdruck; Adenauer war der Überzeugung, daß eine unabhängige deutsche Armee nicht im Bereich des Möglichen liege, wohingegen Deutsche durchaus in einer europäischen Armee dienen könnten. Sowohl in Paris als auch in London löste seine Erklärung einen Sturm der Entrüstung aus, obwohl Einzelne – die führenden französischen Militärs und de Gaulle – eine deutsche Beteiligung aus Gründen der militärischen Schlagkraft für unumgänglich hielten. Noch bevor am 25. Juni 1950 der Koreakrieg ausbrach, äußerte der britische Oppositionsführer Winston Churchill im Unterhaus (16. März), daß ein deutsches Truppenkontingent für eine europäische Armee unentbehrlich sei, und auch General Clay, der ehemalige amerikanische Oberbefehlshaber in Deutschland, sprach sich in aller Öffentlichkeit für eine deutsche Wiederbewaffnung aus.

Der Koreakrieg beschleunigte somit den Lauf der Ereignisse nur. Der amerikanische Hochkommissar Mc Cloy verlieh am 23. Juli seiner Überzeugung Ausdruck, man dürfe den Deutschen erforderlichenfalls nicht die notwendigen Mittel zur Verteidigung ihres Vaterlandes vorenthalten; durch diese Äußerung ermutigt, bat Adenauer die Hochkommissare um Erlaubnis, als Gegengewicht zur ostdeutschen Volkspolizei eine 150000 Freiwillige umfassende Bundespolizei aufzustellen. Im Europarat ließ die recht zurückhaltend agierende deutsche Delegation der Beratenden Versammlung durch Gerstenmaier mitteilen, daß Bonn mit einem deutschen Beitrag zu einer europäischen Armee einverstanden sei. Nach einer Rede Churchills verabschiedete der Europarat eine Resolution, in der die Aufstellung einer europäischen Streitmacht gefordert wurde.

Während der amerikanische Außenminister Dean Acheson die Dinge vorantrieb und eine unter amerikanischem Oberbefehl stehende integrierte Armee plante, zu der außer alliierten auch deutsche Divisionen gehören sollten, schwebten dem britischen Außenminister Bevin und seinem französischen Amtskollegen Robert Schuman wesentlich bescheidenere Lösungen vor, die auf eine derart geringe deutsche Beteiligung hinausliefen, daß eine richtige Wiederbewaffnung ausgeschlossen war. Ende September 1950 einigten sich die Außenminister der zwölf NATO-Mitgliedstaaten auf den Grundsatz, Deutschland die Mitwirkung bei der Verteidigung Westeuropas zu ermöglichen.

Adenauer verhielt sich recht reserviert: er wartete, bis die westlichen Staaten eine Bonner Beteiligung verlangten, um dann umso höhere Forderungen stellen zu können. Erst als am 24. Oktober 1950 der Pleven-Plan diskutiert wurde, der die Errichtung einer Europäischen Verteidigungsgemeinschaft (EVG) unter Einschluß deutscher Kontingente vorsah und die EVG mit dem Schuman-Plan in Verbindung brachte, gab der Bundeskanzler seine Zurückhaltung auf. Bis zu diesem Zeitpunkt hatte er wiederholt großen Wert auf die Sicherheit der Bundesrepublik gelegt und vor allem eine Verstärkung der in Westdeutschland stationierten Besatzungstruppen sowie die Erlaubnis zur Aufstellung einer bundesweiten Sicherheitspolizei gefordert. Bonn betrachtete einige Bestimmungen des Pleven-Planes als diskriminierend. Adenauer, der mit einer starken Opposition fertigwerden mußte, forderte die Gleichberechtigung mit den übrigen Verhandlungspartnern. Die Diskussion über die Wiederbewaffnung verschaffte ihm unverhofft Gelegenheit, zu einem sehr frühen Zeitpunkt das Besatzungsstatut in Frage zu stellen. Bereits im März 1951 wurde der Bundesrepublik zugestanden, ein Außenministerium einzurichten und diplomatische Beziehungen zu fremden Staaten aufzunehmen; außerdem schränkten die drei Alliierten ihr Recht zur Kontrolle über die Devisen und den Außenhandel ein. Am 2. Mai 1951 trat die Bundesrepublik Deutschland als gleichberechtigtes Mitglied dem Europarat bei. Als Adenauer am 18. April 1951 in Paris den Vertrag über die Errichtung der Europäischen Gemeinschaft für Kohle und Stahl (EGKS; Montanunion) unterzeichnete, trug er dem amerikanischen Hochkommissar ein weiteres Mal die Bedingungen vor, unter denen Bonn zum Eintritt in die EVG bereit sei; er forderte eine Verstärkung der in Deutschland stationierten alliierten Truppen, eine Finanzhilfe für den deutschen Beitrag zur europäischen Verteidigung, außerdem eine Erklärung über die Erneuerung des Besatzungsstatuts und die Gleichberechtigung der Bundesrepublik innerhalb der Gemeinschaft. Ganz offensichtlich wollte der Bundeskanzler gleichzeitig die volle Souveränität, eine neue Etappe in der Geschichte Europas nach Annahme des Schuman-Planes und sogar die Unterstützung der Westmächte für seine Bemühungen um eine Wiedervereinigung Deutschlands erreichen.

Adenauers erfolgreiches Taktieren

Die langwierigen Verhandlungen, die man in Paris über die Aufstellung einer europäischen Armee und in Bonn (Petersberg) über die Aufhebung des Besatzungsstatuts führte, gaben dem Bundeskanzler reichlich Gelegenheit zu geschickten politischen Manövern. Im Laufe des Sommers 1951 präsentierte er den Hochkommissaren immer weitergehende Forderungen; so ließ er sie wissen, daß Bonn der Wiederbewaffnung nur unter der Bedingung zustimmen werde, daß das Besatzungsstatut durch eine Reihe zwischenstaatlicher, auf völliger Gegenseitigkeit beruhender Bündnisse und Garantieversprechen zwischen der Bundesrepublik und den Alliierten ersetzt werde. Als Übergangslösung forderte Adenauer die Aufstellung von 12 deutschen Divisionen, einen Verteidigungsminister und einen Oberbefehlshaber der Streitkräfte sowie die Beteiligung Bonns an sämtlichen politischen und militärischen Einrichtungen – alles auf der Basis der Gleichberechtigung. Obwohl Frankreich sich beunruhigt zeigte, akzeptierten die drei westlichen Alliierten Vertragsverhandlungen auf einer möglichst breiten Grundlage. Als man ihn für den 22. November 1951 zu einem Treffen der drei Westmächte in Paris einlud, legte der deutsche Bundeskanzler, der genauestens über die französischen Bedenken unterrichtet war, große Zurückhaltung an den Tag. Er konnte hier bedeutende Erfolge erringen: nach der Ratifikation der Verträge sollte die Alliierte Hohe Kommission aufgelöst werden und an die Stelle der Zahlungen für die Besatzungskosten ein finanzieller Beitrag der Bundesrepublik zur Verteidigung treten.

Zu Beginn des Jahres 1952 schlug Bonn einen schärferen Ton an. Die Bundesregierung warf erneut die Frage nach der Zukunft des Saargebiets auf (siehe unten), die sie mit den Verhandlungen über die EVG zu verknüpfen suchte, und forderte die Aufnahme Westdeutschlands in die NATO; gleichzeitig lehnte sie die von alliierter Seite geplanten Verbote ab: sie betrafen bestimmte, vor allem schwere Waffen, paramilitärische Streitkräfte sowie Beschränkungen der Polizeitruppen. Der Bundeskanzler beklagte sich über das „unbegreifliche Mißtrauen des Quai d'Orsay" und betonte in dramatischer Weise das Anwachsen der Opposition innerhalb Deutschlands. Während der Bundestag unter Hinweis auf die deutschen Bedingungen Adenauers Politik billigte, mußte Robert Schuman in der Nationalversammlung eine heftige Debatte über sich ergehen lassen. Die französischen Abgeordneten lehnten den Eintritt der Bundesrepublik in die NATO ab. Die auf der Konferenz in Lissabon im Rahmen einer Tagung des Nordatlantikrates von Eden vorgeschlagene Kompromißlösung stellte die Bonner Regierung zufrieden; sie betrachtete fortan die Bundesrepublik praktisch als Mitglied der Nato.

Die Unterzeichnung des *Deutschlandvertrages* am 26. Mai 1952 beendete ein diplomatisches Tauziehen, in dessen Verlauf Paris sich bemüht hatte, die deutschen Forderungen einzuschränken. Die Bundesrepublik hatte die Aufhebung des Besatzungsstatuts sowie des Wiederbewaffnungsverbots erreicht und innen- wie außenpolitisch ihre „unbeschränkte Autorität" zurückgewonnen. Von der Souveränität war im Vertragstext jedoch nirgends die Rede, und vor allem in der Frage der Wiedervereinigung gab es starke Einschränkungen. Während die Alliierten Bonn ihre Unterstützung für eine Wiederherstellung auf friedlichem Wege versprachen, mußte die Bundesrepublik als Gegenleistung auf jeden Versuch einer gewaltsamen Herbeiführung der deutschen Einheit verzichten. Ferner konnten die Besatzungstruppen, die als Sicherheitskräfte weiterhin in der Bundesrepublik stationiert blieben, jederzeit eingreifen, sobald sie bei inneren Unruhen die demokratische Grundlage der Republik gefährdet sahen. Schließlich wurde das Inkrafttreten dieser vertraglichen Vereinbarungen von der Gründung der EVG abhängig gemacht.

Der am darauffolgenden Tag (27. Mai 1952) in Paris unterzeichnete *Vertrag über die Europäische Verteidigungsgemeinschaft* enthielt auch einige diskriminierende Bestimmungen für die Bundesrepublik: sie durfte nur 12 Divisionen aufstellen, war nicht unmittelbar Mitglied der NATO und mußte auf atomare, bakteriologische sowie chemische Waffen (ABC-Waffen) verzichten.

Trotz dieser Einschränkungen hatten die Verhandlungen über Souveränität und Wiedervereinigung, die eng mit der Wiederbewaffnung zusammenhingen, der Bundesrepublik einen Platz im Konzert der Westmächte gesichert. Adenauer konnte zu Recht behaupten, daß die Zeit der Besatzung und der Überwachung vorbei, daß das deutsche Volk aus seiner Isolierung herausgetreten sei und einen Schritt hin zur Wiedervereinigung getan habe. Dieser optimistischen Sichtweise muß man jedoch einerseits den Standpunkt der SPD entgegenstellen, die behauptete, daß Bonn große Opfer gebracht habe, ohne die völlige Gleichberechtigung zu erreichen; auf der anderen Seite gab es zurückhaltende französische Bedenken, obgleich Schuman davon überzeugt war, seine Politik werde dazu führen, daß man Deutschland einflechte „in ein europäisches Miteinander, wo es keine Gelegenheit mehr finden wird, diese Expansionspolitik zu betreiben, die uns schon so oft bedroht hat."

Adenauers Reaktion auf Frankreichs zögernde Haltung

War der Bundeskanzler zwischen Mai 1952 und August 1954 – dem Zeitpunkt, an den Frankreich die EVG ablehnte – bemüht, dem französischen Verhandlungspartner die Ratifikation des Vertrages zu erleichtern, oder wollte er weitere Vorteile für die Bundesrepublik herausschlagen?

In Frankreich hagelte es von allen Seiten heftige Kritik. Für de Gaulle, den Chef des „Rassemblement du Peuple Français" (RPF), waren diese Verträge „Protokolle der Preisgabe". Die Ablehnungsfront wurde noch verstärkt aufgrund einiger Ungeschicktheiten Bonns, und da man außerdem das Aufkommen einer neuen nationalistischen Welle Deutschlands festzustellen glaubte. Man beunruhigte sich in Paris über die Äußerungen des „geheimen Verteidigungsministers" Theodor Blank von Mitte Juni 1952, der angekündigt hatte, daß die deutschen Kontingente bereits Ende 1954 zwischen 500000 und 520000 Mann zählen würden. In der Saarfrage nahm Adenauer eine unnachgiebige Haltung ein. Selbst Robert Schuman bekannte angesichts des nationalistischen Umschwunges jenseits des Rheins, daß dies „wenn auch noch nicht der Gedanke der Revanche, so wenigstens die Hoffnung sei, wiederzugewinnen, was man im Laufe der letzten zehn Jahre verloren hatte . . .".

Die ab Januar 1953 amtierende Regierung René Mayer mußte, um die Unterstützung der Gaullisten zu gewinnen, genau umrissene Verpflichtungen im Hinblick auf die Ratifizierung der EVG-Verträge eingehen: mit ihren Partnern Zusatzprotokolle aushandeln, die Gespräche über die Errichtung einer politischen Gemeinschaft wiederaufnehmen, der die europäische Armee unterstellt werden sollte, zunächst aber das als vorrangig geltende Saarproblem lösen. Bonn nahm am 11. Februar 1953 Frankreichs Vorschläge in bezug auf die Protokolle unfreundlich auf: Adenauer konnte gar nicht anders, als mit heftiger Ablehnung auf Protokolle zu reagieren, die nach Mayers eigener Einschätzung das Ausmaß derselben Kontrollen und Beschränkungen deutlich machten, welche die Bundesregierung geradezu bagatellisieren versucht hatte. Indem der Bundeskanzler am 19. März 1953 den Vertrag über die Europäische Verteidigungsgemeinschaft durch den Bundestag ratifizieren ließ, gab er deutlich zu verstehen, daß er keine Änderung des Vertragstextes wünschte, gleichzeitig aber Frankreich gegenüber zu einigen Zugeständnissen bereit war. Die neuen Übereinkünfte, die Frankreich am 20. Mai 1953 mit dem Saargebiet schloß (siehe unten), erbitterten Adenauer und die deutsche Öffentlichkeit. Im Frühjahr 1953, als René Mayer zurücktreten mußte, schien die Zukunft der EVG sehr gefährdet.

Ministerpräsident Mendès-France war entschlossen, den Ratifizierungsvorgang 1954 in die Wege zu leiten. Während sich am 18. Juni 1954 sein Kabinett konstituierte, wurde jenseits des Rheins eine Kampagne eingeleitet, die die Wiederherstellung der Souveränität der Bundesrepublik zum Ziel hatte. Der Bundeskanzler äußerte sich immer häufiger zu diesem Thema. Anfang Juli lehnte er in einem Interview in der *„Zeit"* jeden Gedanken an eine Änderung der EVG ab, bevor Frankreich den Vertrag unterzeichnet habe; er fügte sogar hinzu, die einzige Alternative bestehe im Aufbau einer nationalen deutschen Armee. Das neue Durchführungsprotokoll, das Pierre Mendès-France den Vertragspartnern aufzwingen wollte, wurde in Bonn mit Unwillen aufgenommen. Der französische Regierungschef, der die Formulierungen des auf der Konferenz in Brüssel (19.–22. August 1954) vorgeschlagenen Vergleichs selbst als ungenügend betrachtete, riskierte es, den Vertrag der französischen Nationalversammlung zur Prüfung vorzulegen. Sie lehnte ihn auf einen entsprechenden Antrag hin ab.

Eine Bundeswehr im Rahmen der NATO

Adenauer, der über das Scheitern der EVG verärgert war und die Schuld Mendès-France gab, nutzte die dadurch entstandene Lage zielstrebig aus. Er stimmte Edens Gedanken einer Einbeziehung Deutschlands und Italiens in den Brüsseler Pakt und dem NATO-Beitritt der Bundesrepublik zu, verlangte aber nachdrücklich, alle diskriminierenden Maßnahmen zu beseitigen und alle die Vorteile zu gewähren, welche die im Mai 1952 geschlossenen Verträge von Bonn und Paris eröffnet hatten. Am 23. Oktober 1954 endeten die Konferenzen in Paris mit einer ganzen Reihe von Abkommen, die zu Bonns voller Zufriedenheit ausfielen; man beschloß:
- das Ende des Besatzungsregime sowie die Wiederherstellung der Souveränität auf dem Gebiet der Innen- und Außenpolitik;
- den Beitritt der Bundesrepublik zum Brüsseler Pakt, der umgestaltet und zur Westeuropäischen Union (WEU) erweitert wurde;
- den Beitritt zur NATO als gleichberechtigtes Mitglied.

In Wirklichkeit besaß die Bundesrepublik jedoch noch nicht die volle Souveränität, da die drei Alliierten ihre Rechte auf die Verwaltung Berlins, auf die Mitwirkung bei einer etwaigen Wiedervereinigung und bei der Ausarbeitung des Friedensvertrages sowie auf Truppenstationierungen in Deutschland beibehielten; sie konnten sogar Notstandsmaßnahmen ergreifen. Die Bundeswehr wurde auf 12 Divisionen beschränkt und durfte keine ABC-Waffen herstellen; sie bildete zwar eine nationale Streitmacht, die aber, da sie in den Atlantikpakt integriert war, nicht selbständig vorgehen konnte. Trotz dieser Einschränkungen ratifizierte der Bundestag am 27. Februar 1955 nach stürmischen Debatten die Pariser Verträge. Am 5. Mai wurde das Besatzungsstatut beendet und am 9. Mai trat die Bundesrepublik der NATO bei. Der Aufbau der Bundeswehr konnte beginnen.

Ab 1953 stellte Bonn beachtliche Mittel für den Wiederaufbau seiner Streitmacht bereit. Theodor Blank wurde zum ersten Amtsinhaber des am 7. Juni 1955 geschaffenen Verteidigungsministeriums. Fünf Wochen später ließ er vom Bundestag die Wiedereinführung eines freiwilligen Wehrdienstes beschließen. Bereits im Herbst desselben Jahres verkündete die Bundesregierung ihre Absicht, noch vor dem 1. Januar 1959 zwölf gut ausgerüstete Divisionen aufzustellen. Dieses ehrgeizige Programm wurde durch Blanks Nachfolger ab Oktober 1956, Franz Josef Strauß, abgeändert, da der neue Verteidigungsminister mehr Wert auf moderne Waffen als auf die Anzahl der Divisionen legte. Es galt, das Problem der Führungskräfte zu lösen und neue Generalstäbe einzurichten. Zwischen Mai 1958 und 1960 wuchs die Bundeswehr von 150000 auf 260000 Mann, Ende 1963 erreichte sie eine Truppenstärke von 404000. Mit ihren zwölf Divisionen – darunter sieben motorisierten und drei Panzerdivisionen –, 1500 Panzerfahrzeugen, 17 Flugzeuggeschwadern und einer namentlich aus modernen Zerstörern bestehenden Marine bedeutete die neue Streitmacht einen beachtlichen Beitrag zur NATO. Die Bundeswehr stellte die Hälfte der zur Verteidigung Westdeutschlands bestimmten Streitkräfte. Das Verteidigungsbudget stieg allmählich an: es erhöhte sich von 1,5 Milliarden Dollar im Jahr 1954 auf 3 Milliarden 1960 und fast 5 Milliarden 1963; zu diesem Zeitpunkt lag es somit zwischen den Verteidigungsausgaben Frankreichs (4,3 Milliarden) und Großbritanniens (5,3 Milliarden).

Manche waren über die in der Bundeswehr vorherrschende Geisteshaltung beunruhigt. Der 1958 zum Wehrbeauftragten des Bundestages ernannte frühere Vizeadmiral H. Heye klagte 1964 darüber, daß diese Armee zu einem „Staat im Staate“ zu werden drohe und, obwohl mit den Waffen von morgen ausgerüstet, im Geist von gestern befangen sei. Handelte es sich bei der Bundeswehr wirklich um eine reaktionäre Armee mit mittelmäßigen Führungskräften, wie Heye behauptete?

Da die Sicherheit der Bundesrepublik stets von Washington abhing, mußte sie sich nach den strategischen Konzepten der Vereinigten Staaten richten. Während innerhalb der NATO die Debatte über den Einsatz atomarer Waffen begann, hielt die Bundesrepublik in den Jahren 1956 bis 1958 aus politischen Gründen den Zeitpunkt noch nicht für gekommen, ihre Verteidigung von konventionellen auf Atomwaffen umzustellen. Zwischen 1958 und 1961 paßte sie sich dann doch der neuen NATO-Strategie an, trotz ernsthafter innerer Auseinandersetzungen über die Frage einer atomaren Bewaffnung der Bundeswehr. Das Vertrauen auf einen nuklearen Vergeltungsschlag der Amerikaner schwand jedoch umso rascher, als Washington mit Moskau eine umfassende Abmachung auszuhandeln suchte. Ab 1961 erwarteten die Vereinigten Staaten von der

Bundesrepublik eine doppelte Anstrengung: den Ausbau ihrer konventionellen Truppen und die Beteiligung an der multilateralen NATO-Streitmacht (MLF). Trotz der erheblichen Kosten für eine solche Politik gab Bonn nach und erteilte 1963 seine Zustimmung; es sollte jedoch nie zur Aufstellung dieser MLF kommen.

So erlaubte der Hebel der Wiederbewaffnung, daß die Bundesrepublik nahezu ihre volle Souveränität zurückgewann. Eingebunden in das Konzept der westlichen Nationen und mit einer starken konventionellen Streitmacht ausgerüstet, war Westdeutschland wieder zu einem eigenständigen Partner der größten Staaten geworden. Diesen Umstand verdankte es zu einem großen Teil der Gewandtheit Adenauers, der noch einen weiteren, ebenfalls wirksamen Hebel für seine Ziele ins Spiel brachte: die Politik der europäischen Integration.

Der europäische Hebel der deutschen Politik

Mit der Europaidee begründete der Bundeskanzler eine neue diplomatische Tradition durch einen völligen Bruch mit der nationalsozialistischen Großmachtpolitik unseligen Angedenkens. Adenauer mußte den europäischen Gedanken jedoch gegen eine immer noch rege nationale und konservative Opposition durchsetzen, die eine Rückkehr zur herkömmlichen Politik forderte.

Adenauers europäische Gesinnung konnte nicht angezweifelt werden, obwohl er die Europapolitik oft dazu benutzte, gesamt- oder auch nur bundesdeutsche Interessen zu vertreten. Schon im März 1946 hatte Adenauer kein Hehl daraus gemacht, daß er Deutscher sei und Deutscher bleibe; im Verlauf derselben Erklärung hatte er sich aber auch als Europäer bezeichnet. Er befürwortete die Gründung der Vereinigten Staaten von Europa, in deren Rahmen Deutschland eine gleichberechtigte Mitwirkung erhalten sollte. Im Mai 1948 äußerte er gegenüber Parteifreunden die Hoffnung auf eine baldige Gründung dieser europäischen Organisation, da sowohl ganz Europas als auch Deutschlands Wohlergehen auf dem Spiel stehe. Wenn er in den Jahren 1946 bis 1948 auch noch keine allzu klare Vorstellung von der Form dieser Vereinigung hatte, so wußte er ab 1949 durchaus, welche Vorteile sie der Bundesrepublik einbringen konnte; sie sei dazu angetan:

- die Nachbarn der Bundesrepublik zu beruhigen, die immer noch eine von Deutschland ausgehende Gefahr fürchteten, und dadurch eine deutsch-französische Versöhnung als unerläßliche Grundlage für die Einigung Europas zu fördern;
- die Bedrohung durch die Sowjetunion in Grenzen zu halten;

– eine Dritte Macht zwischen den beiden Supermächten aufzubauen;
– das Ende der Kontrollen sowie die Gleichberechtigung der Bundesrepublik herbeizuführen, ohne dadurch eine etwaige Wiedervereinigung von vornherein zu gefährden.

Um das Jahr 1960 herum dachte Adenauer sogar an ein starkes Europa als Gegengewicht gegen die amerikanische Hegemonie, aber ihm war sehr wohl bewußt, daß dieses Europa noch lange Zeit keine Alternative zur amerikanischen Verteidigungsleistung bieten konnte.

Der Erfolg der Verhandlungen über die Montanunion

Wenn Adenauer bei seinem Amtsantritt auch noch keine europäischen Initiativen ergreifen konnte, so war er immerhin bereit, entsprechende Vorschläge wohlwollend anzunehmen. Ohne anscheinend hinreichend über den Inhalt des Schuman-Plans informiert worden zu sein, konnte er den französischen Vorschlag vom 9. Mai 1950 nur gutheißen. Hatte ihm nicht schon seit 1923 eine Vereinigung der Industrien des Rheinlands, Westfalens, Lothringens und Luxemburgs vorgeschwebt? In seiner Erklärung vom 24. März 1946 erinnerte Konrad Adenauer daran, daß er bereits in den zwanziger Jahren für einen Zusammenschluß der französischen, belgischen und deutschen Wirtschaft eingetreten war, da seiner Ansicht nach gemeinsame wirtschaftliche Interessen eine solide und dauerhafte Grundlage für gute politische Beziehungen bildeten. In Interviews mit einem amerikanischen Journalisten legte er am 7. und 21. März 1950 den Gedanken einer politischen Vereinigung Frankreichs und Deutschlands als Basis für die Vereinigten Staaten von Europa vor. Am Anfang sollte ein gemeinsames Wirtschaftsparlament stehen.

Da der Kanzler pragmatisch dachte, begrüßte er den Schuman-Plan. Die Montanunion kam seinen Bemühungen um die Bildung deutsch-französischer Interessengemeinschaften entgegen; außerdem bildete sie eine wesentliche Grundlage für die deutsch-französische Aussöhnung, die er für unerläßlich hielt. In einem persönlichen Brief an Adenauer betonte Schuman vor allem den höchst politischen Charakter seiner Initiative. Es war jedoch ganz klar, daß der Kanzler bei den Verhandlungen der Sechs über die Gründung der EGKS Vorteile für die Bundesrepublik erreichen wollte; er strebte vor allem die Gleichberechtigung Westdeutschlands innerhalb der Hohen Behörde, die Beendigung der Kontrolle über das Ruhrgebiet und die Regelung der Saarfrage an.

Die Gespräche, die schließlich zur Unterzeichnung des Vertrages in Paris führten, zeigten deutlich, daß niemand die deutsche Gleichberechtigung im Rahmen der europäischen Institutionen in Frage stellte.

Das Ruhrgebiet hingegen verursachte schwerwiegende Probleme. Adenauer erreichte zwar ohne allzu große Schwierigkeiten die Beseitigung der im Mai 1949 gegründeten Internationalen Ruhrbehörde, aber die Franzosen forderten eine Entflechtung der Industrie an der Ruhr; denn Frankreich wollte innerhalb der EGKS keine Unternehmen dulden, die drei- oder viermal so leistungsstark waren wie die eigenen. Unter dem Druck der Vereinigten Staaten, und da ihm im übrigen an einem Gelingen des Schuman-Plans gelegen war, gab Adenauer schließlich nach. Er akzeptierte die Kernpunkte der französisch-amerikanischen Vorschläge vom März 1951: Entflechtung der Eisenindustrie in 24 selbständige Gesellschaften, Begrenzung der vertikalen Konzentration (Kohle-Stahl) auf 11 Unternehmen sowie Abschaffung der in Essen residierenden Kohlenausfuhrbehörde.

In der Saarfrage war die Situation verfahren. Die saarländische Verfassung von 1947 – „Politische Unabhängigkeit des Saarlandes vom Deutschen Reich“ und wirtschaftlicher Anschluß an Frankreich – wurde in Bonn heftig angegriffen; man forderte die Wiedereingliederung des Saargebietes nach Deutschland. Auf seiner Deutschlandreise im Januar 1950 bekam Schuman aus allen möglichen Bevölkerungskreisen heftige Kritik an der französischen Saarpolitik zu hören. Der Abschluß neuer Vereinbarungen zwischen Frankreich und dem Saarland im März 1950 löste in der Bundesrepublik einen Sturm der Entrüstung aus. Adenauer reagierte mit Nachdruck, und ein von der Bundesregierung herausgegebenes Weißbuch beurteilte diese Übereinkünfte als nichtig. Die Bundesrepublik weigerte sich sogar, dem Europarat in Straßburg beizutreten, da Paris das Saarland zu einem assoziierten Mitglied machen wollte. Adenauer nahm sich vor, bei den Pariser Verhandlungen über die EGKS Zugeständnisse zu erlangen. Um den Bundeskanzler zur Unterzeichnung des Vertrags von Paris (18. April 1951) zu bewegen, mußte Robert Schuman schließlich, ohne wesentliche Konzessionen machen zu wollen, einen Briefwechsel über das Saarland akzeptieren; darin wurde mit aller Deutlichkeit festgehalten, daß die deutsche Unterzeichnung keineswegs eine Anerkennung des Saarstatuts bedeute und das endgültige Statut erst durch den Friedensvertrag geregelt werden solle. Wenn es Adenauer auch noch nicht gelungen war, die Wiedereingliederung des Saarlandes zu erreichen, so hatte er doch zumindest den Weg für Verhandlungen geebnet, in denen das heikle Problem gemeinsam mit Paris angegangen werden konnte.

So hatte der europäische Hebel der deutschen Politik im Laufe der Verhandlungen über die EGKS die Beendigung der Ruhrkontrolle, eine gleichberechtigte Stellung innerhalb der Institutionen der Montanunion sowie eine Verhandlungszusage über das Saarland bewirkt.

Europarat, EWG, EURATOM und Politische Union

In gleicher Weise war Adenauer bestrebt, aus einem eventuellen Beitritt der Bundesrepublik zum *Europarat* in Straßburg Nutzen zu ziehen. Bereits anläßlich des ersten Zusammentretens der Beratenden Versammlung im August 1949 stellte sich die Frage einer deutschen Mitgliedschaft. Briten und Amerikaner setzten sich mit Nachdruck für eine Zulassung Bonns ein. Dagegen machte Frankreich Schwierigkeiten, vor allem deshalb, weil Adenauer 18 Sitze forderte, von denen drei für das Saarland gedacht waren, während Paris seinerseits 18 zuzüglich dreier Sitze für das Saarland beanspruchte. In der Tat verhinderte Frankreich den sofortigen Beitritt der Bundesrepublik, indem es im November 1949 die Mitgliedschaft des Saarlandes vorschlug. Im März 1950 wurden Bonn und Saarbrücken aufgefordert, als assoziierte Mitglieder dem Europarat beizutreten. Nachdem man der Bundesregierung versprochen hatte, daß erst der Friedensvertrag das endgültige Saarstatut enthalten werde, erklärte sich Adenauer mit dem Beitritt Westdeutschlands zum Europarat als assoziiertes Mitglied ab Sommer 1950 einverstanden. Im Mai 1951 erhielt die Bundesrepublik volles Stimmrecht.

Ebenso wie Frankreich, Großbritannien und Italien verfügte Westdeutschland über 18 Sitze. Damit war Bonn zwar gleichberechtigt, aber Adenauer hatte, was das Saarland anging, nichts erreicht: bis zur Neuregelung von 1956 besaß es drei eigene Stimmen.

Der Bundeskanzler nutzte das Straßburger Forum, um Frankreich wegen des Saarlandes unter Druck zu setzen. Am 1. März 1952 legte Bonn dem Europarat ein Memorandum vor, in dem die Rückkehr zu den demokratischen Freiheiten an der Saar gefordert wurde; das hieß, daß den Parteien, die für die Rückgliederung eintraten, die Teilnahme am politischen Leben des Saarlandes gestattet werden sollte. Mitte September desselben Jahres versuchten die deutschen Delegierten, das Saarproblem auf die Tagesordnung zu setzen, aber ihre Beschwerde gegen die Saarbrücker Regierung wegen Verletzung der demokratischen Freiheiten hatte keinen Erfolg.

Das Scheitern des Projekts einer politischen Gemeinschaft, für das die Bundesregierung keinerlei Verantwortung trug, veranlaßte die überzeugten Europäer, auf eine bescheidenere Basis zurückzukehren: man beschränkte sich auf die wirtschaftliche Ebene. Die Bundesrepublik war eher an einem *Gemeinsamen Markt (EWG)* als an einer Atomgemeinschaft *(EURATOM)* interessiert. Sie beteiligte sich an der Ausarbeitung der Vorhaben, die auf der Konferenz von Messina im Juni 1955 abgesprochen worden waren. Bonn arbeitete aktiv im Sachverständigenkomitee unter Paul Henri Spaak mit, während Jean Monnet, der am 12. Oktober 1955 das „Aktionskomitee für die Vereinigten Staaten von Europa" gründete, es fertigbrachte, einen Teil der deutschen Opposition für sein Projekt zu gewinnen. Monnet erreichte die Unterstützung der Sozialdemokraten, und so bildete sich in der Bundesrepublik eine starke Mehrheit für ein Vorankommen in der europäischen Einigung heraus.

Gewiß verheimlichten auch die Franzosen nicht, daß der Zweck der Europäischen Atomgemeinschaft vor allem darin bestand, Deutschland am Aufbau einer nationalen Atomindustrie zu hindern, da diese allzu leicht zur Kriegsindustrie werden konnte. Die deutschen Industriellen aber hätten viel lieber mit den Amerikanern auf dem Gebiet der Atomenergie zusammengearbeitet. Gleichwohl gab die Bundesregierung nach, um die Entstehung eines Gemeinsamen Marktes zu beschleunigen, der in Westdeutschland allgemein lebhaft begrüßt wurde. Adenauer machte Konzessionen. Er akzeptierte beispielsweise die Verbindung der Übersee-Territorien mit dem Gemeinsamen Markt, was von der öffentlichen Meinung in der Bundesrepublik schlecht aufgenommen wurde, da man dies als zusätzliche Belastung betrachtete. Der Bundeskanzler jedoch, der ein starkes Europa anstrebte, versprach sich auch politische Vorteile von der fortdauernden Verbindung mit Territorien, die der Entkolonisierung entgegengingen. Ende 1956 nahm Adenauer auch die unter Spaaks Einfluß ausgearbeitete Kompromißlösung bezüglich der militärischen Nutzung der Atomenergie an, obwohl die Bundesrepublik aufgrund der Verbote in den Pariser Verträgen hiervon gar nicht betroffen war: Die Vertragspartner durften nach Ablauf von vier Jahren Atombomben herstellen. In Wirklichkeit ließ der EURATOM-Vertrag sämtlichen Signatarmächten – mit Ausnahme der Bundesrepublik – die Freiheit, mit der Fabrikation von Kriegsmaterial zu beginnen. Bundeskanzler Adenauer unternahm alles, was in seiner Macht stand, um die Unterzeichnung der Römischen Verträge im März 1957 zu erleichtern.

Das Zustandekommen des Gemeinsamen Marktes erfüllte die Verfechter einer *politischen Union* mit neuer Hoffnung. Im September 1960 schlug de Gaulle ein sogenanntes „Europa der Vaterländer" vor, in dessen Rahmen die Regierungen zu häufigen Konsultationen zusammenkommen sollten; dieses Projekt erregte in Bonn Besorgnis, da man dort ängstlich darum bemüht war, jegliche Beeinträchtigung der wirtschaftlichen Interessengemeinschaften und der NATO-Strukturen zu vermeiden.

Nachdem Ministerpräsident Debré Adenauers Bedenken zerstreut hatte, stellte sich dieser beim ersten europäischen Gipfeltreffen in Paris im Februar 1961 hinter Frankreich. Eine zweite Konferenz der Staats- und Regierungschefs der EWG-Staaten führte am 18. Juli 1961 zur Bonner Erklärung. Bundeskanzler Adenauer hatte durchgesetzt, daß die Idee einer Volksabstimmung – ein im deutschen Grundgesetz nicht vorgesehenes Verfahren – fallengelassen wurde. Die Prüfung der ersten Vorschläge des französischen Ausschußvorsitzenden Christian Fouchet führte zu ernsthaften Einwänden der Bundesregierung, da Fouchet der Gemeinschaft auch Verteidigungsaufgaben zugedacht hatte, Bonn aber eine Schwächung der NATO befürchtete. Als Belgien und die Niederlande die Einbeziehung Großbritanniens vorschlugen, stießen sie auf den Widerstand Frankreichs und der Bundesrepublik. Wahrscheinlich hatten Brüssel und Den Haag diesen Schritt vor allem deshalb unternommen, weil sie aufgrund des guten Kontakts zwischen Adenauer und de Gaulle die Entstehung einer deutsch-französischen Vorherrschaft befürchteten. Der im Januar 1962 vorgelegte zweite Fouchet-Plan stieß auf einstimmige Ablehnung.

Dadurch öffneten sich bei den europäischen Verhandlungen für Deutschland gute Chancen. In den Diskussionen über eine Einigung Europas auf militärischer, wirtschaftlicher und politischer Ebene sowie auf dem Gebiet der Atomenergie forderte Adenauer immer wieder die Gleichberechtigung für den deutschen Partner. Bot nicht der europäische Rahmen der Bundesrepublik die besten Chancen, wieder eine Macht zu werden? Auf alle Fälle ermöglichte das Hin und Her in den Verhandlungen über ein vereintes Europa geschickte Schachzüge, wobei der Kanzler mit seiner häufig angewandten Taktik nach dem Motto „eine Hand wäscht die andere“ beachtliche Erfolge erzielen konnte.

Die Rückkehr der Saar

Der Streit um die Saarfrage, der einer deutsch-französischen Aussöhnung im Wege stand, spielte sich auf einer völlig anderen Ebene ab: es ging ja um die Rückgliederung eines Territoriums, das Frankreich vom Mutterland abgetrennt hatte. Seit seinem Amtsantritt suchte Bundeskanzler Adenauer mit allen Mitteln die Rückgabe des Saarlandes an Westdeutschland zu beschleunigen; zu diesem Zweck förderte er auch die starke prodeutsche Agitation, die an der Saar vor allem vom „Deutschen Friedensbüro“ ausging. Alle Politiker in Westdeutschland – von Bundespräsident Theodor Heuss bis hin zur Opposition – betonten immer wieder, daß das Saarland deutsch sei. Im April 1951 erwirkte Adenauer von Frankreich die Zusage, daß die endgültige Regelung des Saarstatuts dem Friedensvertrag vorbehalten bleiben solle. Im Jahre 1952 verdoppelte er seine Bemühungen, Schuman zum Nachgeben zu bewegen; der französische Außenminister war seinerseits davon überzeugt, daß das Saarproblem beigelegt werden müsse, da es bei sämtlichen internationalen

Verhandlungen zur Sprache komme. Das ganze Jahr war von erbitterten diplomatischen Auseinandersetzungen geprägt. Anfang 1952 hatte es den Anschein, daß Bundeskanzler Adenauer den europäischen Hebel zur Lösung der Saarfrage nutzen wolle: er schlug Schuman eine Europäisierung des Saarlandes vor. Paris war zu Verhandlungen bereit, denen der Bundeskanzler jedoch auswich, während er gleichzeitig verstärkten Druck ausübte. Dabei hatte sich Schuman sogar bereitgefunden, auch die wirtschaftliche Vereinigung zwischen dem Saarland und Frankreich, an der Paris sehr gelegen war, einem eventuell ausgehandelten europäischen Statut anzupassen. Dann siegten die Autonomisten – und mit ihnen Frankreich – in den Wahlen an der Saar vom 30. November 1952. Dennoch lehnte Adenauer neue Verhandlungen mit Schuman ab. Dessen politische Laufbahn endete daher mit einer Schlappe.

Als René Mayer, der die Lösung des Saarproblems zur Voraussetzung für eine Ratifizierung der EVG erhoben hatte, ein Abkommen schließen wollte, machte der Bundeskanzler einen Rückzieher. Deshalb schloß Paris am 20. Mai 1953 mit der Saarregierung neue Vereinbarungen ab, die die Währungs- und Zollunion mit Frankreich aufrechterhielten, ansonsten dem Saarland jedoch in Erwartung seines europäischen Statuts eine politisch autonome Stellung einräumten. Adenauer und die öffentliche Meinung in der Bundesrepublik zeigten große Verbitterung.

Erst 1954, nach dem Scheitern der EVG, schienen Paris und Bonn zu den erforderlichen Zugeständnissen bereit zu sein. Als Mendès-France und Adenauer Ende Oktober 1954 in Saint-Cloud zu Gesprächen zusammentrafen, machte der Ministerpräsident die Unterzeichnung der interalliierten Verträge vom Abschluß einer deutsch französischen Übereinkunft in der Saarfrage abhängig. Adenauer, der die Parteivorsitzenden seiner Koalition nach Paris kommen ließ, mußte schließlich nachgeben: das Abkommen über die Saar wurde Bestandteil der Pariser Verträge vom 23. Oktober 1954. Die Bundesrepublik akzeptierte einen europäischen Status des Saarlandes unter der Schirmherrschaft der Westeuropäischen Union (WEU). Frankreich seinerseits erlaubte die uneingeschränkte Bildung von Parteien und Vereinigungen an der Saar. Die Bewohner des Saarlandes sollten dann in einer Volksabstimmung über ihre politische Zukunft entscheiden.

Bonn setzte alle Mittel ein, um eine Ablehnung des europäischen Statuts zu bewirken. Am 23. Oktober 1955 sprachen sich zwei Drittel der saarländischen Wahlberechtigten gegen dieses Statut aus: sie wollten Deutsche sein. Die Pariser Regierung unter Guy Mollet zog die notwendigen Konsequenzen, bemühte sich aber gleichzeitig, die französischen Interessen zu wahren. Im Februar 1956 begannen die Verhandlungen zwischen Pineau und Brentano. Bereits Anfang Juni gelangten Mollet und Adenauer in Luxemburg zu einer vertraglichen Einigung. Das Problem der Moselkanalisierung, von Frankreich in die Verhandlungen eingebunden, zögerte die Unterzeichnung der Verträge jedoch noch bis zum 27. Oktober 1956 hinaus. Das Saarland sollte vom 1 Januar 1957 ab in die Bundesrepublik Deutschland eingegliedert werden; die wirtschaftliche Rückgliederung sollte drei Jahre später erfolgen. Frankreichs Kohleforderungen wurde entsprochen, und Bonn erklärte sich auch mit der Schiffbarmachung der Mosel einverstanden. In diesem letztgenannten Punkt hatte Bonn eine nachgiebige Haltung vertreten. Man war Frankreich gegenüber durchaus zu Entschädigungen bereit. Paris seinerseits, durch den Algerienkrieg in Anspruch genommen, hatte sich in das Suesunternehmen gestürzt und zeigte sich an der Saar kaum noch interessiert. Der Sieg in der Saarfrage besaß für Adenauer große Bedeutung. Elf Jahre nach Kriegsende war es ihm gelungen, ein ehemals Deutschland gehörendes Territorium für die Bundesrepublik zurückzugewinnen. Gleichzeitig hatte der Kanzler damit das letzte Hindernis beseitigt, das einer umfassenden deutsch-französischen Aussöhnung noch im Wege stand.

Keine Chance für die Wiedervereinigung

Auf beiden Seiten des Eisernen Vorhangs konnten die Deutschen den Gedanken an eine Wiedervereinigung nicht aufgeben, der wichtigstes Ziel jeder deutschen Regierung bleiben mußte. So wenigstens schien es. Konnten die beiden deutschen Staaten, denen man das Recht auf eine eigenhändige Lösung des Problems vorenthalten hatte, aber überhaupt berechtigte Hoffnungen hegen? War dann die Wiedervereinigung mitten im Kalten Krieg nicht nur ein bloßer Mythos, der von beiden Seiten lediglich zu propagandistischen Zwecken beschworen wurde? Die Bundesrepublik und die DDR verfochten völlig verschiedene Ansichten zur deutschen Frage, und die Berlinkrise, deren Höhepunkt der Mauerbau war, schien für lange Zeit die Lösung eines Problems unmöglich zu machen, das in den Augen von Moskau, Washington, London und Paris keinesfalls dringlich zu sein schien.

Adenauer und die Wiedervereinigung

Hatte der Kanzler über der Westintegration die Wiedervereinigung Deutschlands aus den Augen verloren, die in der Präambel des Grundgesetzes als erste Pflicht der Bundesregierung genannt wurde? Muß man dem Urteil der Opposition beipflichten, die ihm vorwarf, er habe Moskaus Angebot von 1952 nicht angenommen?

In Wirklichkeit stellte Konrad Adenauer sich die Wiedervereinigung nur so vor, daß Ostdeutschland der Bundesrepublik eingegliedert wurde. Angesichts eines vereinten und mächtigen Europas, zu dem auch ein Westdeutschland voller Anziehungskraft gehörte, könne, so meinte er, Moskau seine Herrschaft über die Ostdeutschen nicht lange behaupten. Lag es denn nicht im Interesse der Sowjetunion, die Einbeziehung aller Deutschen in ein Westeuropa zu dulden, in dem sie so gut überwacht würden, daß sie für ihre Nachbarn nie mehr zur Gefahr werden könnten. Während Adenauer die Wiedervereinigungsfrage mit der Europapolitik verknüpfte, dachte er, die UdSSR könne nichts gegen den Westen unternehmen und müsse sich zu Verhandlungen bereit erklären, zumal sie die Wiederaufrüstung teuer zu stehen kam. Als die Sowjetunion in ihrer Note vom 10. März 1952 den Abschluß eines Friedensvertrags mit einem wiedervereinigten, aber neutralen Deutschland vorschlug, konnte es sich nach Adenauers Meinung lediglich um ein taktisches Manöver handeln, das die Wiederbewaffnung der Bundesrepublik im Rahmen der EVG verhindern solle.

Im Verlauf der europäischen Verhandlungen teilte der Bundeskanzler auch seine grundlegenden Gedanken in Bezug auf die Wiedervereinigung mit. Sie stand im Zentrum einiger Debatten über die Europäische Verteidigungsgemeinschaft. Als das EVG-Projekt Anfang Februar 1952 im Bundestag diskutiert wurde, befürchtete die Opposition, die Verwirklichung dieses Vorhabens werde alle Aussichten auf eine Wiedervereinigung endgültig zerstören. Adenauer stellte einen Antrag, in dem er den Willen zu einer Wiedervereinigung in Frieden und Freiheit bekundete, und der Bundestag sprach ihm sein Vertrauen aus. Im Deutschlandvertrag vom 26. Mai 1952 versprachen die drei Westmächte der Bundesrepublik ihre Hilfe bei einer friedlichen Herbeiführung der deutschen Einheit.

Am Ende des Koreakrieges und nach Stalins Tod griffen die vier Alliierten die deutsche Frage wieder auf. Zunächst, am 15. Juli 1953, schlugen die drei Westmächte Moskau Gespräche über die Bedingungen für die Bildung einer gesamtdeutschen Regierung vor. Zuvor sollten aber in ganz Deutschland freie Wahlen stattfinden. Die Berliner Viermächtekonferenz vom Januar/Februar 1954 endete ergebnislos: Moskau lehnte freie Wahlen unter internationaler Aufsicht ab, forderte für Gesamtdeutschland einen neutralen Status und außerdem die Beteiligung der DDR an den Verhandlungen. Adenauer zeigte sich beeindruckt, ja, beunruhigt von diesen Gesprächen.

Nach dem Scheitern der EVG beanspruchten die drei Westmächte ihre Rechte in Sachen Wiedervereinigung: die Pariser Verträge vom 23. Oktober 1954 erklärten für dieses Problem nach wie vor die vier Großmächte zuständig. War es glaubwürdig, wenn Adenauer versicherte, man habe Verbündete für die Wiedervereinigung gewonnen? Oder bedeutete es nicht vielmehr das endgültige Aus für derlei Hoffnungen? Im Sommer 1955 äußerte sich der Bundeskanzler trotz der amerikanischen Versprechungen recht pessimistisch. In Washington versicherte man ihm, das Wiedervereinigungsproblem sei die Conditio sine qua non für die Gründung eines europäischen Sicherheitssystems. Adenauer war jedoch über den Eden-Plan beunruhigt, der eine neutrale Zone vorsah. Obwohl Dulles sich optimistisch gab und Ende Juli 1955 nach dem Genfer Gipfeltreffen behauptete, die Frage der deutschen Einheit liege in der Luft, fand sich Moskau mit der Existenz der beiden deutschen Staaten ab.

Gab es für Adenauer überhaupt noch eine Möglichkeit, die Lösung der deutschen Frage voranzutreiben? Er hatte eine Einladung in die Sowjetunion angenommen. Nun, während seines Moskauaufenthalts vom 9. bis 13. September 1955, bemühte sich der Bundeskanzler zu beweisen, daß er jede Möglichkeit einer Verständigung zu nutzen gewillt war; er wollte auf diese Weise in Oppositionskreisen den Eindruck wettmachen, den seine Reaktion auf die sowjetische Note vom März 1952 hinterlassen hatte. Er glaubte, daß die Sowjetunion trotz Westdeutschlands NATO-Beitritt noch zu Verhandlungen über die Wiedervereinigung bereit sei. Ging es ihm darüber hinaus darum, ein Verschwinden der deutschen Frage aus dem internationalen Blickfeld zu verhindern, wie es der Geist von Genf nach der Gipfelkonferenz befürchten ließ? Adenauer, der mit seiner Moskaureise in den Vereinigten Staaten Unwillen erregte und bei einem beträchtlichen Teil der deutschen Diplomaten auf Ablehnung stieß, bekam in Moskau zu hören, daß die Wiedervereinigungsfrage in erster Linie die Deutschen selbst angehe. Freilich erzielte er auf seiner Reise nur geringe Erfolge: als Gegenleistung für die Wiederaufnahme der diplomatischen Beziehungen erwirkte er nur die Freilassung der deutschen Kriegsgefangenen. Der Sowjetunion war vor allem an einer Aufwertung der DDR gelegen; daher schloß sie eine Woche nach Adenauers Moskaubesuch mit Ostberlin den Vertrag vom 20. September 1955, der dem Augenschein nach für die DDR die volle Souveränität nach innen und außen brachte.

Die öffentliche Meinung gewann den Eindruck, daß Adenauer die Zweiteilung Deutschlands akzeptiert habe. Nach 1955 hatten sich, wie es schien, die Gespräche über die Wiedervereinigung festgefahren. Die Westmächte gingen davon aus, daß einzig die Durchführung freier Wahlen in ganz Deutschland unter UNO-Aufsicht ein erster Schritt zur

Wiedervereinigung sein könnte; Moskau wollte eine solche Forderung nicht akzeptieren. Die Genfer Außenministerkonferenz von Oktober/November 1955 machte lediglich das Scheitern der Verhandlungen deutlich; Molotow verlangte, die Wiedervereinigung müsse durch ein Abkommen zwischen den beiden deutschen Staaten geregelt werden. Adenauer fand sich jedoch nicht zu entsprechenden Verhandlungen bereit. Für die Verantwortlichen in der Bundesrepublik war das andere Deutschland kein Staat. Im Westen sprach man daher auch nicht von der Deutschen Demokratischen Republik (DDR), sondern von der Sowjetischen Besatzungszone (SBZ). Die Bundesrepublik betrachtete sich als alleinigen Nachfolgestaat des Deutschen Reiches, da die Ostdeutschen in einem von der Sowjetunion aufoktroyierten System lebten und somit deren Handlanger seien. Deshalb kamen Verhandlungen mit „Pankow" überhaupt nicht in Frage. Bonn ging sogar noch weiter: es beschloß, die diplomatischen Beziehungen zu all jenen Staaten abzubrechen, welche die DDR anerkannten. Diese „Hallstein-Doktrin", die vor allem von Grewe und auch von Brentano angeregt worden war, führte beispielsweise im Sommer 1957 zum Bruch mit Jugoslawien und seinem Staatschef Tito. Bei ihrer Anwendung gab es allerdings auch Widersprüchlichkeiten: nach Adenauers Moskaureise nahm Bonn diplomatische Beziehungen zur Sowjetunion auf, die schließlich die DDR begründet hatte.

Die DDR und die deutsche Frage

In Artikel 1 der Verfassung der Deutschen Demokratischen Republik vom 7. Oktober 1949 heißt es: „Deutschland ist eine unteilbare demokratische Republik". Bei ihrer Gründung erkannte sie die Oder-Neiße-Linie als ihre Ostgrenze an, als „unantastbare Friedens- und Freundschaftsgrenze" wurde sie im Görlitzer Abkommen zwischen der DDR und Polen von Juli 1950 bezeichnet. Laut Artikel 8 der neuen Verfassung von 1968 sieht die DDR ihre nationale Aufgabe in der „Herstellung und Pflege normaler Beziehungen" und in der „Zusammenarbeit der deutschen Staaten auf der Grundlage der Gleichberechtigung". Darüber hinaus wird dort klar herausgestellt, daß die DDR „die schrittweise Annäherung der beiden deutschen Staaten bis zu ihrer Vereinigung auf der Grundlage der Demokratie und des Sozialismus" erstrebe.

So schien der Weg frei für eine Koexistenz zweier deutscher Staaten, ohne daß deshalb eine mögliche Wiedervereinigung ausgeschlossen worden wäre.

Gleich beim Zusammentritt der Regierung Grotewohl im Oktober 1949 schuf sich die DDR ein Außenministerium. Sie wurde auch sofort von der Sowjetunion völkerrechtlich anerkannt, unmittelbar gefolgt von Albanien, Bulgarien, China, Ungarn, Polen, Rumänien und der Tschechoslowakei. Da die Wiedervereinigungsbemühungen der Sowjetunion und der DDR in den Jahren 1952 bis 1954 scheiterten, verlieh ihr Moskau in einer Erklärung vom 25. März 1954 volle Souveränität nach innen und außen, einschließlich der Beziehungen zum anderen Deutschland. Im Laufe des folgenden Sommers wurden die Erlasse der Militärverwaltung und der sowjetischen Kontrollkommission aufgehoben. Die Zeit des Besatzungsregimes war vorbei.

Anfang 1955 machte sich Moskau, was die Aussicht auf einen Friedensvertrag anging, keine Illusionen mehr: am 25. Januar erklärten die Sowjets den Kriegszustand mit Deutschland für beendet. Mit der DDR schlossen sie am 20. September 1955 einen Vertrag, der die Beziehungen zwischen beiden Ländern auf der Basis „völliger Gleichberechtigung, gegenseitiger Achtung der Souveränität und der Nichteinmischung in die inneren Angelegenheiten“ regeln sollte. An der Gründung des Warschauer Paktes im Mai 1955 wurde die DDR voll beteiligt. Während die Sowjetunion in Ostdeutschland zwanzig Divisionen unterhielt, besaß die DDR seit 1952 eine mit Panzern und Artillerie ausgerüstete Volkspolizei. Offiziell im Januar 1956 wurde die „Nationale Volksarmee“ geschaffen, deren Stärke 120000 Mann nicht übersteigen durfte, und im Januar 1962 wurde die allgemeine Wehrpflicht eingeführt.

Scheinbar war die DDR seit 1954 im Besitz der vollen Souveränität. In Wirklichkeit wurde sie aber von Moskau weiterhin in großem Umfang bevormundet. Sowjetische Truppen halfen Walter Ulbricht bei der Niederwerfung des Volksaufstandes vom 17. Juni 1953; damals verzichtete Moskau im Einverständnis mit Polen auf weitere Reparationsleistungen in der Absicht, die Stellung des SED-Regimes zu stärken. Im Jahr 1956 machte die Sowjetunion Zugeständnisse, um zu verhindern, daß sich die DDR zu einem zweiten Polen oder gar zu einem zweiten Ungarn entwickelte: sie erklärte sich namentlich dazu bereit, die Kosten für die im Rahmen des Warschauer Pakts in Ostdeutschland stationierten Truppen um 50% zu reduzieren. Die moskautreue DDR wurde sogar ermächtigt, das Problem der deutschen Einheit erneut aufzugreifen.

Die ersten Anstöße zu einer neuen Wiedervereinigungsdebatte gingen von Moskau aus. Sie wurde eröffnet durch die bekannte sowjetische Note vom 10. März 1952. In ihr schlug Moskau den Abschluß eines Friedensvertrags mit dem wiedervereinigten Deutschland vor. Der Vertragsentwurf stellte in Aussicht, daß ein Jahr nach Inkrafttreten sämtliche Besatzungstruppen aus Deutschland abgezogen würden und Gesamtdeutschland eigene Streitkräfte unterhalten sowie Kriegsmaterial herstellen dürfe. Dieser diplomatische Überraschungscoup, der zweifellos die Ratifizierung der EVG-Verträge verhindern sollte, verpuffte wirkungslos, da der Westen ihn als bloßes Störmanöver betrachtete. Am 26. August 1953 unternahm die DDR einen erneuten Vorstoß und legte einen Wiedervereinigungsplan vor: in einem ersten Schritt sei eine provisorische gesamtdeutsche Regierung zu bilden, die dann ihrerseits freie, gesamtdeutsche Wahlen zu organisieren habe. Diesem Plan – einer Neufassung des sowjetischen Vorschlags von 1952 – war auch nicht mehr Erfolg beschieden. Nach dem Scheitern der Berliner Viermächtekonferenz von Anfang 1954 schien die Behandlung der deutschen Frage verschoben zu sein.

In der Tat sah die DDR das Problem unter einem anderen Aspekt, nämlich dem des Staatenbundes. Nachdem sie dargelegt hatte, daß Verhandlungen zwischen beiden deutschen Staaten auf der Grundlage der Gleichberechtigung aufgenommen werden müßten, schlug sie 1957 die Gründung eines Staatenbundes aus Ost- und Westdeutschland vor. Die volle innenpolitische Souveränität sollten beide Länder behalten. Voraussetzung war die Anerkennung der DDR durch den Westen. Ulbricht konnte sich der sowjetischen Rückendeckung sicher sein, denn Moskau wollte die Anerkennung unbedingt erzwingen. Mit der Auslösung der Berlinkrise hofften die Sowjets, die Westmächte hierzu nötigen zu können.

Die Berlinkrise (1958 – 1962)

Ende 1958 wurde der im Jahre 1945 begründete Viermächtestatus Berlins heftig in Frage gestellt. Ulbricht erklärte am 27. Oktober, die Westmächte hätten kein Recht zur weiteren Anwesenheit in Berlin, das zur Hauptstadt der DDR werden solle, und Chruschtschow bestärkte ihn am 10. November darin. Am 27. November stellte die Sowjetunion den Westmächten ein regelrechtes Ultimatum, in dem sie mitteilte, daß sie über eine Abtretung ihrer Rechte auf Berlin an die DDR verhandeln wolle, und die Westmächte aufforderte, ihrem Beispiel zu folgen. Nach Moskaus Meinung sollte Berlin-West zumindest eine freie, entmilitarisierte und neutralisierte Stadt unter der Kontrolle der UNO werden.

Abgesehen von anderen, durch ihre weltumfassende Strategie bedingten Motiven, wollte die Sowjetunion die DDR unterstützen und um jeden Preis deren Anerkennung durch sämtliche Mächte durchsetzen. Berlin-West war für beide deutsche Staaten von zentraler Bedeutung. Bonn machte, gestützt auf die USA, die Teilstadt zum Schaufenster des Westens, führte hier eine künstliche wirtschaftliche Blüte herbei und demonstrierte auch politisch, daß Berlin-West ein fester Bestandteil der

Bundesrepublik sei. Dieser Bresche im Eisernen Vorhang verdankte die DDR bedeutende Bevölkerungsverluste. Etwa 1,8 Millionen Menschen verließen auf diesem Weg den SED-Staat. Zwischen 1949 und 1961 sank seine Einwohnerzahl von 18,4 auf 17,2 Millionen; dieser Aderlaß traf das Land umso härter, als gerade viele leitende Angestellte, Ingenieure und Techniker auswanderten. Moskau sah in Berlin-West einen unerträglichen Pfahl im Fleisch des sowjetischen Reiches.

In Berlin stießen die Interessen der beiden deutschen Staaten aufeinander, ihr Verhalten wurde aber jeweils von ihren Verbündeten bestimmt. Weder Washington noch London oder Moskau wollten die Atmosphäre vergiften. Die Westmächte lehnten zwar den sowjetischen Standpunkt ab, schlugen aber gleichzeitig die Einberufung einer Außenministerkonferenz vor, auf der Bonn und Ostberlin durch „Berater“ vertreten sein sollten. Die Konferenz verlief zwar ergebnislos, aber im Osten gab man sich bereits mit diesem bescheidenen Erfolg zufrieden. Im Westen schien sich eine Öffnung abzuzeichnen: im März 1959 legte die SPD einen „Deutschlandplan“ vor. Er ging von der – durch den polnischen Außenminister Rapacki propagierten – Idee einer neutralisierten Zone in Mitteleuropa aus und sah eine Wiedervereinigung vor, die durch Verhandlungen zwischen beiden deutschen Staaten zustandekommen sollte. Dieser bescheidene Versuch wurde sehr schnell aufgegeben.

Die sowjetisch-amerikanische Entspannung sowie dann die Kubakrise drängten die deutsche Frage zwei Jahre lang in den Hintergrund. Als Chruschtschow zu Beginn des Sommers 1961 in Wien mit Präsident Kennedy zusammentraf, gewann sie wieder an Aktualität: die Sowjetunion verlangte eine Lösung vor Ablauf des Jahres. In der Nacht vom 12. auf den 13. August 1961 begann die DDR mit dem Bau der Mauer, die fortan Berlin-Ost von den drei westlichen Sektoren abriegelte. Die Länder des Warschauer Paktes begrüßten diesen Entschluß der DDR sofort. Die Westmächte, untereinander uneinig, begnügten sich damit, am 17. August eine Protestnote zu überreichen. Kennedy und Macmillan waren für Verhandlungen; lediglich de Gaulle schloß sich mit Nachdruck Adenauers Protest an und ließ verlauten, daß die Alliierten ihre Berliner Positionen notfalls mit Waffengewalt verteidigen würden. Ende 1962 war die Krise vorüber. Als Kennedy dann bei seinem Berlinbesuch erklärte: „Ich bin ein Berliner“, machte sich niemand Illusionen über diese Worte.

Auf diese Weise hatte die DDR ihre Existenz gesichert, wenn ihr Vorgehen auch vielerorts als eine Schande empfunden wurde. Die Krise hatte ihr sogar Gelegenheit zur Veröffentlichung eines deutschen Friedensplans gegeben, der von der Volkskammer am 6. Juli 1961 verabschiedet worden war. Dieser Plan sah Verhandlungen zwischen beiden deutschen

Staaten über die Schaffung einer atomwaffenfreien Zone in Mitteleuropa sowie über beiderseitige Rüstungsbeschränkungen vor, die den Auftakt zu einer allgemeinen Abrüstung bilden sollten. Am 30. November 1961 leitete Grotewohl Adenauer diesen Plan zu, fand aber kein Gehör. Bonn war nicht zur Gesprächen bereit, solange sich die DDR nicht mit der Durchführung freier, gesamtdeutscher Wahlen unter internationaler Aufsicht einverstanden erklärte; diese Forderung aber stieß sowohl bei den führenden Politikern Ostdeutschlands als auch in der Sowjetunion auf Ablehnung. Man lief große Gefahr, weiterhin aneinander vorbeizureden.

Die Berlinkrise hatte jedoch noch eine weitere Folge: sie hatte Meinungsverschiedenheiten unter den Alliierten an den Tag gebracht. In Bonn zweifelte man immer mehr an der amerikanischen Standhaftigkeit. Lief die Bundesrepublik dadurch, daß sie sich an Washingtons Rockzipfel anhängte, nicht Gefahr, die Kosten für eine friedliche Koexistenz der beiden Supermächte bestreiten zu müssen? War nicht der Zeitpunkt für eine Umorientierung der bundesdeutschen Politik gekommen?

Eine Umorientierung der Bonner Außenpolitik?

Adenauer schien sich Frankreich zuzuwenden: er hatte wenig Vertrauen zu Kennedy, dem „jungen Mann aus Washington“. Wenn den Kanzler auch de Gaulles Rückkehr an die Macht beunruhigte, so stellte er anläßlich des Treffens in Colombey im September 1958 doch fest, welch große Anziehungskraft dieser französische Staatspräsident, der sich mit seinem Vaterland identifizierte, für eine standhafte Ostpolitik eintrat und Europa wieder zu einer erstrangigen Rolle verhelfen wollte, auf die deutsche Öffentlichkeit ausüben konnte. Gleichwohl gab es zwischen Paris und Bonn weiterhin zahlreiche Meinungsverschiedenheiten. In der Bundesrepublik hatte man wenig Verständnis dafür, daß der General in seinen Erklärungen an die Endgültigkeit der deutschen Ostgrenze entlang der Oder und Neiße erinnerte. Man wollte auch nichts von einem Europa ohne Großbritannien wissen; de Gaulles Konzept eines „Europa der Vaterländer“ stieß auf einstimmige Ablehnung. Durch seine entschlossene Unterstützung Bonns während der Berlinkrise und zahlreiche Gesten guten Willens gelang es dem Staatspräsidenten aber, einige Befürchtungen auszuräumen. Er schien Adenauer, der im Sommer 1962 mit außergewöhnlicher Hochachtung in Frankreich empfangen worden war, für sich eingenommen zu haben. Während seines Triumphzuges, der de Gaulle im September darauf durch die Bundesrepublik führte, war der General bemüht, die Symathie aller Bevölkerungsschichten zu gewinnen. Der französische Präsident brachte Deutschland wieder zu Ehren, beschwor die Einigkeit zwischen Frankreich und Deutschland und war der festen Überzeugung, daß die beiden Völker sich verbrüdern müßten. Allerdings konnte er nicht sämtliche Bedenken zerstreuen, am wenigsten diejenigen eines großen Kreises von Politikern, denen an guten Beziehungen zu Washington gelegen war. Indem Bonn Kennedys und Macmillans Projekt einer multilateralen Streitmacht zustimmte, schien es sich sogar von Frankreich zu entfernen.

Trotz dieser unterschiedlichen Ansichten schlossen beide Länder mit der Unterzeichnung des Vertrages vom 22. Januar 1963 eine Art Vernunftehe. Die Aussicht auf eine enge Zusammenarbeit wurde jedoch durch den Bundestag gefährdet, der den Vertrag nur in Verbindung mit einer Präambel ratifizieren wollte, die große Teile seines Inhalts hinfällig machte. Diese Präambel betonte alle Meinungsverschiedenheiten zwischen Deutschland und Frankreich, indem sie ausdrücklich an Bonns Ziele erinnerte: eine enge Zusammenarbeit mit den Vereinigten Staaten, die Verteidigung im Rahmen der NATO, die NATO-Integration der Streitkräfte sowie eine europäische Einigung unter Einschluß Großbritanniens. De Gaulle wandte sich voll Enttäuschung von einer Bundesrepublik ab, die weiterhin enge Beziehungen zu den USA wünschte und daher an ihrem 1949 eingeschlagenen Kurs festhielt.

Wenn man schon nicht von einer regelrechten Umorientierung der Bonner Politik gegenüber dem Westen sprechen konnte, so stellten die Bemühungen gegenüber dem Ostblock höchstens den Ansatz zu einem Wechsel dar. Während die Bundesregierung im Januar 1963 die diplomatischen Beziehungen zu Kuba abbrach, weil dieses die DDR anerkannt hatte, richtete sie in Warschau eine Handelsmission ein. Dies zeigte ganz deutlich, daß zum Zeitpunkt von Adenauers Rücktritt die Mehrzahl der Diplomaten starr an ihren früheren Positionen festhielt. Gleichzeitig aber zögerten die Geschäftsleute nicht, sich in eine östliche Welt vorzuwagen, die zu einem hervorragenden Absatzmarkt für die leistungsstarke westdeutsche Industrie werden konnte. Die Ostpolitik nahm ihren Anfang.

Die Rückkehr zur wirtschaftlichen Expansion

Gelang es den beiden Nachfolgestaaten des Deutschen Reiches, sich wieder eine bedeutende wirtschaftliche Position innerhalb der Nachkriegswelt aufzubauen?

Die Früchte des „Wirtschaftswunders"

Unter Adenauer erlebte die Bundesrepublik ein Wirtschaftswunder, das zum Teil vom Ausland abhing. Gelang es Bonn, die Expansion des deutschen Handels wieder in Schwung zu bringen?

Die internationale Konjunktur, die spezielle Situation Westdeutschlands sowie Adenauers Europapolitik trugen dazu bei, die Wirtschaft wieder auf Trab zu bringen, die sich sehr bald auch dem Export zuwandte. Der Koreakrieg rief einen Boom hervor, der es der Bundesrepublik ermöglichte, auf dem Weltmarkt mit seiner starken Nachfrage nach Industrieprodukten wieder Fuß zu fassen. Da Bonn sich zunächst – abgesehen von den Kosten für die stationierten Truppen – nicht weiter an der Verteidigung der westlichen Welt zu beteiligen brauchte, konnte man sich in der Bundesrepublik völlig auf die Rückeroberung der Märkte konzentrieren. Mit ihrem NATO-Beitritt im Jahr 1955 begann die Teilnahme an einer Wiederaufrüstung, die in zunehmendem Maße der nationalen Industrie zugute kam. Adenauers Europapolitik festigte die Stellung der deutschen Industrie und des deutschen Handels – erst im Rahmen der Montanunion, dann des Gemeinsamen Markts. Westdeutschland erreichte auch die Abschaffung der alliierten Kontrollen sowie jeglicher Eingriffe der Westmächte in die deutsche Wirtschaft; damit wurde nicht nur weiteren Entflechtungen Einhalt geboten, sondern es erfolgte sogar eine weitaus stärkere industrielle Konzentration als vor dem Zweiten Weltkrieg.

Die Alliierten lieferten noch weitere Beweise ihres guten Willens: sie ließen der Bundesrepublik Finanzhilfen zukommen und verringerten ihre Zahlungsverpflichtungen. Der finanzielle Beistand der USA trug in großem Ausmaß zum deutschen Wirtschaftswunder bei. Er begann mit den Geldspritzen von 4,4 Milliarden Dollar im Rahmen der GARIOA-Hilfe (Government and Relief in Occupied Areas, 1945 gestartet) und des Marshallplans. Dann genoß die Bundesrepublik einen Zustrom privaten Kapitals, der sich für die Jahre 1953 bis 1962 auf 40 Milliarden Mark belief. Dabei handelte es sich vor allem um amerikanisches Kapital. Innerhalb von fünf Jahren – zwischen 1958 und 1963 – erreichten die direkten Investitionen der Vereinigten Staaten im westlichen Deutschland eine Höhe von insgesamt 5 126 Millionen Dollar. Außerdem profitierte die Bundesrepublik auch von einer Herabsetzung ihrer Verbindlichkeiten. Die aus der Vorkriegszeit stammenden Auslandsschulden – die Anleihen im Rahmen von Dawes- und Youngplan, sowie private Kredite aus der Zeit vor 1939 –, die sich auf 13,3 Milliarden Mark beliefen, wurden im Februar 1953 durch das Londoner Schulden-Abkommen auf 7,3 Milliarden herabgesetzt, die Zinsforderungen gleichzeitig um zwei Drittel reduziert. Auch die Bonner Nachkriegsschulden wurden verringert: die Auslandshilfe in Höhe von 16 Milliarden Mark wurde auf 5 Milliarden mit einer Tilgungsfrist von dreißig Jahren zusammengestrichen, die Besatzungskosten auf 7 Milliarden jährlich reduziert. Gewiß, die Bundesrepublik leistete den Opfern des Nationalsozialismus Wiedergutmachung – sie kam auf 3,6 Milliarden Mark – und zahlte an Israel etwa 1,6 Milliarden. Trotz der Zahlungen fiel die Bilanz insgesamt sehr positiv aus.

All diese vom Ausland abhängigen Faktoren begünstigten den Aufbau einer Industriemacht, welche die Wiederbelebung eines umfangreichen Außenhandels verlangte. Der Warenstrom war derselbe wie vor dem Krieg: Die Bundesrepublik mußte Rohstoffe, Erdöl und Nahrungsmittel einführen und zur Bezahlung dieser Importe Industriegüter exportieren. Aus politischen und wirtschaftlichen Gründen entschied sie sich für eine Freihandelspolitik. Dank relativ niedriger, vom Warenwert berechneter Zolltarife – durchschnittlich 35% – und eines fast vollständigen Verzichts auf Kontingentierungsmaßnahmen gewann sie eine Handlungsfreiheit zurück, mit der sie erneut einen Platz auf dem Weltmarkt eroberte. Die freie Marktwirtschaft schloß jedoch ein Eingreifen des Staates zugunsten einer größeren Ausfuhr keineswegs aus; um die Exportrate zu steigern, duldete die Bundesregierung eine schwache Mark, gewährte Steuervorteile und besonders günstige Transporttarife, übernahm einen Teil der Risiken, richtete im Ausland Handelsmissionen ein, entsandte Techniker und trat für eine Liberalisierung des Handels innerhalb der OEEC (Organization for European Economic Cooperation) und des GATT (General Agreement on Tariffs and Trade) ein. Der deutsche Handel griff die Methoden wieder auf, die sich seit dem Ende des 19. Jahrhunderts bewährt hatten: systematische Kundenwerbung, Preisvorteile für die Käufer, kurze Lieferfristen sowie Zahlungserleichterungen.

Wenn der westdeutsche Handel seiner *Struktur* nach auch ein Abbild der Vorkriegsverhältnisse war, so wurden die fünfziger Jahre doch von einer deutlichen Schwenkung geprägt. Zwischen 1950 und 1960 fiel der Anteil der Nahrungsmittel am gesamten Import von 44% auf 25%, während die Fertigwaren von 12% auf 30% anstiegen; was den Export betraf, so führte die Bundesrepublik immer weniger Rohstoffe (1960 nur noch im Umfang von 4,6%) und zunehmend mehr Fertigwaren aus (1960 im Umfang von 84% der Gesamtausfuhr).

Die schnelle Steigerung des Exports führte zu Überschüssen in der Handelsbilanz der Bundesrepublik. Von 1951 bis 1956 verdoppelte sich die Ausfuhr; innerhalb von zehn Jahren (1951–1960) stieg sie sogar um mehr als das Dreifache an. Die Einfuhr, die im Korea-Boom schlagartig in die Höhe schnellte, machte einige Schwankungen durch, bevor sie ab 1958 wieder kontinuierlich anstieg. Wenn man für die Jahre ab 1960 auch das Saarland in diese Berechnungen einbezieht, so läßt sich ein noch stärkerer Aufschwung des gesamten westdeutschen Handels feststellen.

Der Handel der Bundesrepublik Deutschland (in Milliarden DM)

	1950	1951	1952	1953	1954	1955	1956	1957	1958	1959	1960	1961	1962	1963
Einfuhr	11,4	14,8	16,2	16,0	19,3	24,5	28,0	31,7	31,1	35,8	42,7	44,4	49,5	52,3
Ausfuhr	8,4	14,6	16,9	18,5	22,0	25,7	30,9	36,0	37,0	41,2	48,0	51,0	53,0	58,3
Bilanz	−3,0	−0,2	+0,7	+2,5	+2,7	+1,2	+2,9	+4,3	+5,9	+5,4	+5,3	+6,6	+3,5	+6,0

In welche *Richtungen* erstreckte sich die Wiederaufnahme der Handelsexpansion? Westeuropa blieb der wichtigste Handelspartner: mehr als die Hälfte der Ausfuhr ging nach wie vor in westeuropäische Länder, die bisweilen ihrerseits fast die Hälfte der bundesdeutschen Gesamteinfuhr stellten. Von den Jahren 1959/1960 ab tendierte der europäische Anteil sogar zu einer Steigerung, und zwar in beide Richtungen. 1963 blieben 64,4% der Exporte Westdeutschlands in Europa und stammten 51,7% seiner Importe aus europäischen Ländern. Zu diesem Zeitpunkt nahm der Gemeinsame Markt bereits 37% der Ausfuhr der Bundesrepublik ab und stellte ein Drittel ihrer Gesamteinfuhr.

Der Anteil der Vereinigten Staaten an diesen Wirtschaftsströmen war höher als in der Vorkriegszeit: zwischen 5,2% (1950) und 7,9% (1960) der westdeutschen Exporte gingen in die USA, während dic Bundesrepublik mehr als 10% ihrer gesamten Einfuhren von dort bezog; in den Jahren 1950 bis 1952, 1957 und 1963 lag dieser Anteil sogar über 15%.

Der Handel mit Ostblockländern hielt sich dagegen in begrenztem Umfang; von 1950 bis 1963 schwankten die Ausfuhren in diese Staaten zwischen 1,3% und 5%, die Einfuhren zwischen 1,9% und 4,7%. 1960 wickelte die DDR fast 10% ihres Außenhandels mit der Bundesrepublik ab, Rumänien immerhin 8,5%. Am Außenhandel der Sowjetunion war Westdeutschland nur zu 2,3% beteiligt.

Seit dem Ende der fünfziger Jahre wurde der Handel mit den Ländern der Dritten Welt, der etwa ein Fünftel des gesamten Handels der Bundesrepublik ausmachte, rückläufig. Hatten die Westdeutschen in den Jahren 1951 bis 1956 über 25% ihrer sämtlichen Einfuhren aus diesen Staaten bezogen, so fiel dieser Anteil zu Beginn der sechziger Jahre auf 20%. Bis ins Jahr 1958 gingen über 20% der Exporte in die Dritte Welt; 1962/1963 waren es nur noch um die 15%. Dabei überging die Bundesrepublik bei ihren Bemühungen um einen Ausbau des Handels keines dieser Länder:

sie bemühte sich um Lateinamerika, wo sie ab 1957 bereits 9% der Importe stellte, um den Fernen Osten sowie um Afrika.

Der westliche Teil Deutschlands war somit Anfang der sechziger Jahre wieder zu einer bedeutenden Handelsmacht geworden. Er kam an zweiter Stelle nach den Vereinigten Staaten und stellte weltweit 10% der Ausfuhren sowie 8,5% der Einfuhren.

Kann man auch von einer finanziellen Expansion der Bundesrepublik sprechen?

Während der fünfziger Jahre wurden nahezu sämtliche Kreditgeschäfte mit dem Ausland über das Netz der korrespondierenden Banken abgewickelt. Die großen bundesdeutschen Banken hatten wieder Verbindung zu ihren ausländischen Partnern aufgenommen und ihre geschäftlichen Verbindungen ausgeweitet, ohne jedoch gleich wieder zu einer Politik der Zweigstellengründungen überzugehen. Ende 1963 gab es im Ausland erst drei Filialen deutscher Banken: zwei Niederlassungen der Deutschen Asiatischen Bank und eine der Deutschen Überseeischen Bank.

Die Banken spielten nur eine sehr beschränkte Rolle bei den direkten Auslandsinvestitionen (1961 waren es 2,7%). Ab 1952 nahmen diese Investitionen aber wieder zu. 1961 hatte die Bundesrepublik weltweit 1 121,2 Millionen Dollar investiert: 39% davon – 436,8 Millionen Dollar – waren in Europa angelegt worden. An zweiter Stelle kam Lateinamerika mit 315 Millionen, das waren 28% der Gesamtmenge. Zwischen 1952 und 1962 investierten die Westdeutschen auf diesem Teilkontinent durchschnittlich 32 Millionen Dollar pro Jahr, die in erster Linie nach Argentinien, Brasilien und Kolumbien flossen. Dabei handelte es sich vor allem um direkte Geldanlagen und um die Einrichtung von Industrieunternehmen, mit deren Hilfe die deutsche Industrie die zahlreichen Einfuhrbeschränkungen der lateinamerikanischen Länder umgehen wollte. Die Investitionen in den Vereinigten Staaten beliefen sich auf 201,7 Millionen Dollar, das entsprach 18% der gesamten Auslandsinvestitionen der Bundesrepublik. Afrika (mit 5,6%) und Asien (mit 3,8%) kamen an letzter Stelle.

Die wirtschaftliche Rolle der DDR in der östlichen Welt

Während die Bundesrepublik die kommerzielle und finanzielle Expansion des Deutschen Reiches fortsetzte, wandte sich die DDR fast ausschließlich dem Ostblock zu. In seinem Rahmen spielte sie eine immer wichtiger werdende wirtschaftliche Rolle.

Nach ihrem Beitritt zum *COMECON* (Rat für gegenseitige Wirtschaftshilfe) im Jahr 1950 unterzeichnete die DDR mit ihren Partnern eine Reihe langfristiger Handelsverträge: mit der Sowjetunion im September 1950, mit Polen und der Tschechoslowakei 1951, mit Rumänien, Ungarn und Bulgarien 1952. Im Oktober 1952 schloß Ostberlin mit China ein gleichartiges Abkommen. Bis zum Beginn der sechziger Jahre kam es zu Verträgen der DDR mit 41 ausländischen Staaten.

Nach 1955 nahm der gesamte ostdeutsche Handel einen rapiden Aufschwung. Zwischen 1950 und 1960 verfünffachte er sich. Da es der DDR an Kohle, Eisen und Nahrungsmitteln fehlte, war sie auf das Ausland angewiesen, um den Bedarf ihrer Industrie und ihrer Bevölkerung decken zu können. Ihre Gesamteinfuhr bestand zu einem Drittel aus Rohstoffen und zu einem weiteren Drittel aus Nahrungsmitteln. Die Verträge im Rahmen des *COMECON*, die eine Zusammenarbeit sowie Arbeitsteilung zwischen den einzelnen Ländern zum Ziel hatten, sollten im Prinzip diese unentbehrliche Versorgung gewährleisten. Im Austausch gegen Rohstoffe und Nahrungsmittel exportierte die DDR Industrieprodukte, insbesondere Maschinen und chemische Produkte. Die 1950 noch unausgeglichene Handelsbilanz wies in der Folgezeit Überschüsse auf.

Der Außenhandel der DDR (in Millionen Neue Rubel)

	Exporte				Importe			
	Gesamtumfang	sozialistische Länder	Bundesrepublik	andere Staaten	Gesamtumfang	sozialistische Länder	Bundesrepublik	andere Staaten
1950	365,4	249,2	71,4	44,8	422,7	320,8	54,7	47,2
1955	1150,3	846,2	122,8	181,4	1055,5	745,4	118,0	192,1
1958	1700,7	1305,4	190,2	206,1	1511,9	1072,2	171,1	268,6
1959	1909,3	1474,8	206,8	227,7	1793,1	1343,1	205,7	244,3
1960	1971,5	1491,8	216,6	263,2	1952,8	1443,5	185,8	323,4
1961	2035,3	1520,3	196,9	318,1	1994,5	1510,3	176,9	307,4
1962	2118,0	1670,4	182,3	265,3	2134,4	1696,9	171,3	266,2

Die DDR wickelte etwa drei Viertel ihres Handels – Import und Export – mit sozialistischen Ländern ab. Ihr wichtigster Handelspartner war die Sowjetunion. Von 1950 bis 1960 stieg der Handel zwischen diesen beiden Staaten um mehr als das Fünffache an, und 1960 machte er über 40% des gesamten ostdeutschen Handels aus. Die DDR lieferte Maschinen, Ausrüstungsgüter und chemische Produkte; als Gegenleistung erhielt sie Erdöl, Eisenerz und Walzbleche. Der Handel zwischen der DDR und der Tschechoslowakei – der sich vor allem auf Maschinen und Ausrüstungen erstreckte –, erhöhte sich zwischen den Jahren 1953 und 1960 um mehr als das Dreifache. Nach Polen lieferte die DDR ebenfalls Ausrüstungen, und zwar gegen Kohle. Der Warenaustausch mit Rumänien –

Ausrüstungsgüter gegen Nahrungsmittel – verdoppelte sich von 1950 bis 1959, aber Bulgarien und Ungarn waren noch bedeutendere Handelspartner. Was die außereuropäischen sozialistischen Länder anbetraf, so baute China seine Wirtschaftsverbindung zur DDR aus, die ihm vollständige Industrieanlagen, Dünger, Maschinenbau- und elektrotechnische Erzeugnisse im Austausch gegen Erze und Textilfasern lieferte.

Der Handel mit den Industrieländern der kapitalistischen Welt hielt sich in einem beschränkten Rahmen: 1955 machte er dennoch ein Viertel des gesamten Volumens und 1960 kaum weniger aus. Großbritannien war ein wichtiger Partner: es bezog aus der DDR Kali und andere chemische Produkte, feinmechanische Erzeugnisse und Werkzeugmaschinen; die DDR führte Stahl und Walzbleche ein. Der Vertrag von 1961 sah eine Erhöhung des Warenaustauschs um 30% vor. Noch wichtiger waren sämtliche nordischen Länder – vor allem Schweden, Dänemark und Finnland. Aus Schweden erhielt die DDR Stahl, Papier, Holz und Fische gegen Kali und andere Chemieerzeugnisse.

Der Anteil der Entwicklungsländer blieb bescheiden. Im Jahr 1960 betrug er nicht einmal ein Zwanzigstel des gesamten Handelsvolumens. Gewiß, der Warenaustausch mit den Ländern des Mittleren Ostens stieg zwischen 1953 und 1959 um mehr als das Zehnfache an, und auch der Handel mit Ägypten nahm zu. Indien, Brasilien und Guinea unterhielten dagegen nur geringfügige Wirtschaftsbeziehungen zur DDR.

Die DDR war somit ein wichtiger Handelspartner der benachbarten kommunistischen Staaten. Ferner gelang ihr der Aufbau eines nicht unbedeutenden Warenaustauschs mit kapitalistischen Ländern. Sie bemühte sich überdies um eine Aufrechterhaltung des innerdeutschen Handels. Der deutsch-deutsche Warenverkehr wurde durch eine ganze Reihe von Verträgen geregelt, von denen mehrere zwischen Oktober 1949 und Mai 1952 geschlossen worden waren. Durch die politische Konjunktur beeinflußt, sank der innerdeutsche Handel zwischen 1950 und 1952, um anschließend von 1953 bis 1960 um das Vierfache zuzunehmen. Für die DDR machte der Handel mit der Bundesrepublik weniger als 10% ihres gesamten Volumens aus. Westdeutschland lieferte Stahl und Nahrungsmittel im Tausch gegen Braunkohle, chemische Erzeugnisse und Textilien.

Die Behörden in Berlin-Ost bemühten sich, Leipzigs Ruf als große, internationale Messestadt aufrechtzuerhalten. Die Leipziger Messe wurde in immer stärkerem Maße von kapitalistischen Ländern beschickt, aus den 106 westlichen Ausstellern des Jahres 1950 wurden 1963 bereits 1942.

Die westdeutschen Unternehmen, die über einen großen Handlungsspielraum verfügten, durch Bonn unterstützt wurden und von der Entstehung der EWG profitierten, begannen eine umfassende Handelsexpansion. Die DDR dagegen, durch die im Rahmen des COMECON eingegangenen Verpflichtungen eingeengt, orientierte sich in erster Linie auf den Ostblock; gleichwohl bemühte sie sich um einen Ausbau ihrer Handelsbeziehungen zur kapitalistischen Welt.

10. Die Kennzeichen der wiedergefundenen Macht

Gegen Ende der siebziger Jahre zweifelte niemand daran, daß Bonn und Ostberlin Deutschland wieder auf einen der vordersten Plätze der Weltwirtschaft gebracht hatten. Die Bundesrepublik war die viertstärkste Wirtschaftsmacht der Welt nach den Vereinigten Staaten, der Sowjetunion und Japan. Nach Angaben der Weltbank betrug das westdeutsche Bruttosozialprodukt 1980 fast 3 500 Milliarden Francs. Diese große Industriemacht stellte 13 % der gesamten Produktion innerhalb der Organisation für wirtschaftliche Zusammenarbeit und Entwicklung (OECD). Die DDR rangierte mit einem Bruttosozialprodukt von 457 Milliarden 1979 auf Platz sechzehn, in bezug auf die Industrieproduktion stand sie jedoch an zehnter Stelle. Das ostdeutsche Bruttosozialprodukt pro Einwohner war das höchste in einem kommunistischen Land und bewegte sich etwa in der gleichen Größenordnung wie das Großbritanniens.

Führte diese wirtschaftliche Macht der beiden deutschen Staaten zu einer ebenso kräftigen Expansion wie vor 1914 oder vor der Weltwirtschaftskrise von 1929? Spielten die deutschen Staaten, die aufgrund des Gegensatzes der Supermächte und in der Folge des Kalten Krieges entstanden waren, eine wichtige Rolle bei der Aufrechterhaltung des militärischen Gleichgewichts? Versuchten sie, in der Welt Einfluß auf kulturellem Gebiet und damit automatisch auch in anderen Bereichen zu gewinnen?

Die wirtschaftliche und finanzielle Macht der Bundesrepublik beeindruckte die Gemüter. In den Jahren von 1963 bis 1980 hatte sie ein beachtliches Ausmaß erreicht. Wie und warum kam es hierzu?

„Deutsche Mark über alles?“

Die Deutsche Mark wurde immer wichtiger. Es war ihr gelungen, im internationalen Währungssystem eine zentrale Stellung zu erobern. Dies erweiterte auch Bonns Handlungsspielraum erheblich.

Die Deutsche Mark im internationalen Währungssystem

Auch die Bundesrepublik hatte Mißgeschicke mit der Währung, aber die Deutsche Mark (DM) ging letzten Endes gestärkt aus einer ganzen Reihe von Krisen hervor. Zunächst wurde sie in die Regelungen des Internationalen Währungsfonds (IMF) einbezogen, der 1944 auf der Konferenz von Bretton Woods gegründet worden war. Mit der Währungsreform orientierte sich die neugeschaffene Mark am System der festen Wechselkurse mit dem US-Dollar als Leitwährung.

Während die DM in den fünfziger Jahren den übrigen Währungen gegenüber (mit Ausnahme des 1958 abgewerteten Franc) stabil blieb, wurde sie im Lauf der sechziger Jahre mehrmals aufgewertet: im März 1961 um 4,75% und nach zweimaligem Floating im Oktober 1969 um weitere 8,5%.

Erst im Jahre 1970 tauchte der Gedanke auf, eine europäische Wirtschafts- und Währungsunion zu schaffen. Doch wurden die im Werner-Plan vorgesehenen Maßnahmen im Mai 1971 angesichts der internationalen Währungskrise und der problematischen Situation des Dollars aufgeschoben: die Vereinigten Staaten beschlossen schließlich die Aufhebung der Konvertibilität des Golddollars. Die Washingtoner Währungskonferenz im Dezember 1971 brachte eine allgemeine Korrektur der Wechselkurse: der Dollar wurde um 7,89% abgewertet und die Bandbreite für Schwankungen der einzelnen Währungen ihm gegenüber von 1% auf 2,25% erhöht. Die DM dagegen erlebte eine neue Aufwertung: gegenüber dem Gold um 4,6 % und gegenüber dem US-Dollar sogar um 13,58%.

Die Schwankungen zwischen den einzelnen europäischen Währungen nahmen jedoch ein so großes Ausmaß an, daß die Mitglieder der Europäischen Gemeinschaft im März 1972 eine Reduzierung der zulässigen Bandbreite beschlossen. Seitdem war die DM an die Europäische „Währungsschlange" gebunden. Die ihr angeschlossenen Währungen durften nur innerhalb bestimmter Richtwerte schwanken. Im Februar 1973 erlitt der Dollarkurs erneut Einbrüche. Der Dollar wurde abgewertet, Washington gab den Wechselkurs frei, und die Bundesbank sowie die übrigen europäischen Zentralbanken hörten auf, ihn zu stützen. Die DM ihrerseits wurde auch innerhalb der „Währungsschlange" zahlreichen Kursanpassungen unterworfen und zwischen 1973 und 1978 viermal aufgewertet: 1973 gleich zweimal (im März um 3% und im Juni um 5,5%), dann wieder im Oktober 1976 (um 2%) und schließlich im Oktober 1978 (um weitere 2%).

Auf Betreiben der Bundesrepublik und Frankreichs gelang im März 1979 die Gründung des neuen Europäischen Währungssystems (EWS) als großer Fortschritt in der Entwicklung einer europäischen Währungsgemeinschaft. Es bestimmte nämlich feste Wechselkurse, von denen die einzelnen Währungen nur um bis zu 2,25% nach oben oder unten abweichen durften. Das Inkraftsetzen des EWS führte im September 1979 zu einer Kurskorrektur der Leitwährungen: die DM wurde erneut um 2% aufgewertet. Um die von allen europäischen Ländern gewünschte Stabilität zu wahren, verhielt sich die Bundesrepublik vor allem gegenüber Frankreich und Italien solidarisch und sah sich daher 1981 zu einer weiteren Aufwertung um 5,5% gezwungen. Daß Bonn der Währungsstabilität absoluten Vorrang einräumte, geschah in der doppelten Absicht, einerseits den Partnern entgegenzukommen und andererseits wirtschaftliche Schwierigkeiten aus dem Weg zu räumen, selbst wenn seine Entscheidungen die deutschen Exporteure behinderte. Die DM festigte ihre Position im Rahmen des EWS und verstärkte sie auch außerhalb dieses Verbandes.

Die dargelegte Entwicklung des europäischen Währungssystems erlaubte es der Mark, eine begehrte Position zu erlangen. Während dieser ganzen Jahre sank der Dollar von 4,20 DM zwischen 1949 und 1961 auf 4 DM für die Jahre 1961 bis 1969, dann 1970 auf 3,66 DM, 1975 auf 2,44 DM, weiter im März 1978 auf 2 DM und schließlich am Anfang des Jahres 1980 auf nur 1,70 DM. Gleichzeitig entwickelte sich die Mark der Bundesrepublik immer mehr zu einer zweiten weltweiten Leitwährung. Experten fragten sich sogar, ob die DM nicht sogar als internationale Reservewährung eine bedeutende Rolle spielen könne. Zu Beginn des Sommers 1977 konnte Bundesbankpräsident Otmar Emminger mit gutem Recht darauf hinweisen, welche günstigen Auswirkungen diese starke Stellung der DM auf den Bonner Einfluß in der ganzen Welt habe. Die DM-Stabilität nahmen sich alle Staaten zum Vorbild, die das weltweite Chaos einer Inflation vermeiden wollten. Die als Modell angesehene Bundesrepublik, die dank ihrer leistungsstarken Wirtschaft und ihrer stabilen Währung zu einer bedeutenden Mittelmacht aufgestiegen war, übernahm auch internationale Verantwortung – namentlich für die internationale Zahlungsbilanz, indem sie andere, stark defizitäre Staaten unterstützte.

Trotz dieses Bildes deutscher Währungsstabilität machten sich manchmal auch gewisse Schwächezeichen bemerkbar. 1980 verlor die DM sogar vorübergehend ihren Rang als starke Währung. Während Anfang Januar der Dollarkurs auf seinen tiefsten Stand (1,70 DM) fiel, setzte dann ein Umschwung zugunsten der amerikanischen Währung ein und der DM-Kurs erlitt in der Folgezeit einige leichte Einbrüche; dieser Anflug von Schwäche war vor allem durch ein ansehnliches Defizit in der westdeutschen Zahlungsbilanz sowie durch einen Anstieg der Zinssätze in den übrigen Länder bedingt, der das bewegliche Kapital anlockte. Diese Schwächeperiode erstreckte sich noch bis zum Beginn des Jahres 1981 und stand daher auch im Zentrum der Gespräche während des deutsch-französischen Gipfeltreffens in Bonn.

Kurswerte in DM

	1950	1955	1960	1965	1970	1975	März 1978
1 Dollar	4,20	4,20	4,20	4,00	3,66	2,44	2,00
1 französischer Franc*	1,20	1,20	0,85	0,81	0,66	0,57	0,42
1 Pfund Sterling	11,8	11,8	11,8	11,8	8,7	5,4	3,9

*(umgerechnet auf Nouveau Franc)

War dies eine vorübergehende Erscheinung? Während des gesamten Jahres 1981 blieb der Wechselkurs der DM relativ schwach: bis August stieg er zwar von 2 Dollar auf 2,5 Dollar an, fiel aber gegen Jahresende wieder auf 2,26 ab. Mit Reagans Regierungsantritt stieg der Dollarkurs seinerseits wieder an, während die DM neue Schwächen zeigte. Sie erholte sich erst im September, und zwar vor allem aufgrund einer Verringerung des Defizits in der Bilanz laufender Zahlungen. Erneut stürzte sich alle Welt auf die Mark, der Dollar sank wieder, und der Kurswert des französischen Franc fiel rapide ab. Im Oktober 1981 sah man sich zu Wechselkursanpassungen gezwungen: die DM wurde um 5,5% auf-, der Franc um 3% abgewertet.

Diese vereinzelten Anzeichen von Schwäche dürfen jedoch nicht darüber hinwegtäuschen, daß die Deutsche Mark infolge einer niedrigen Inflationsrate weiterhin eine herausragende internationale Position besaß. Innerhalb der Europäischen Gemeinschaft behauptete sie ihre Stellung als starke Währung. Diese Tatsache verschaffte Bonn auch eine Schlüsselrolle in internationalen Währungsfragen. Auf welche Weise nutzte die Bundesregierung diese Währungswaffe? Gelang es ihr, bestimmte Auseinandersetzungen – vor allem diejenigen zwischen Washington und Paris – zu schlichten? Denn selbstverständlich hatten derartige Probleme auch politische Folgen.

Die Rolle der Mark in der Währungspolitik

Bei der Festlegung seiner Währungspolitik mußte Bonn Entscheidungen treffen, die nicht mehr nur rein wirtschaftlicher Natur waren. Insbesondere hatte die Bundesregierung mehrmals zwischen Washington und Paris zu wählen.

In den sechziger Jahren hatte Bonn die überragende Stellung der amerikanischen Währung hingenommen, obwohl die Ausrichtung der europäischen Währungen nach der amerikanischen einige Schwierigkeiten bereitete. Während der Krise des internationalen Währungssystems in den Jahren 1968 bis 1971 unterstützte Bonn Washington – trotz der sogar in Deutschland laut werdenden Kritik an der inkonsequenten amerikanischen Währungspolitik – gegen de Gaulle, der für den Goldstandard eintrat.

Nach den Ereignissen des Mai 1968 erhielt Frankreich von den Zentralbanken der Gruppe der Zehn Unterstützung für den bedrohten Franc; die Wahlen im Juni sowie die von Paris getroffenen Maßnahmen ließen eine Besserung des Franc-Kurses erwarten, doch die Währungskrise im Herbst 1968 führte zu ernsten Problemen. Trotz starken Drucks aus Washington war Bonn zu keiner Aufwertung der DM bereit, und de Gaulle wollte ebensowenig den Franc abwerten wie die vom deutschen Wirtschaftsminister Karl Schiller angebotene Unterstützung annehmen. Die Bundesrepublik hatte sich Washingtons Weisungen widersetzt. Diese erste Weigerung schien ganz neue Perspektiven für das Europäische Währungssystem zu eröffnen.

Nach de Gaulles Rücktritt erwartete Bonn im März 1969 eine Abwertung des französischen Franc. Da manche damals auch mit einer Aufwertung der DM rechneten, strömten beträchtliche Summen beweglichen Kapitals – fast 17 Milliarden DM – in die Bundesrepublik. Bundeskanzler Kiesinger lehnte vor den Wahlen jegliche Aufwertung ab, aber Frankreich sah sich im August zu einer starken Abwertung des Franc gezwungen. Um den Spekulationen ein Ende zu bereiten, entschloß sich die neue Bundesregierung unter Willy Brandt zu einer Aufwertung der DM um 8,5%, die am 24. Oktober 1969 erfolgte.

Weitaus schlimmer war die Krise des Frühjahrs 1971. Bonn lehnte die amerikanische Währungspolitik ab, konnte jedoch nicht auf französischen Beistand rechnen. Der starke Dollarzustrom löste eine regelrechte Panik aus. Die Bundesregierung schlug Frankreich die Freigabe der europäischen Wechselkurse vor, handelte dann aber, da Paris sich weigerte, allein, lediglich die Niederlande folgten ihrem Beispiel. Die amerikanische Entscheidung, die Konvertibilität des Dollars aufzuheben und alle zollpflichtigen Einfuhren mit einer 10%igen Zusatzsteuer zu belegen, wurde als Ultimatum aufgefaßt. Als Bonn erneut den Vorschlag machte, die europäischen Wechselkurse dem Dollar gegenüber freizugeben, lehnte Paris wieder ab. Die europäische Front kam nur sehr mühselig zustande; erst während des Gipfeltreffens zwischen Brandt und Pompidou am 5. Dezember 1971 wurden die Schwierigkeiten behoben und gemeinsamer Druck der Europäer auf Washington beschlossen. Diese Maßnahme führte zu einer Abwertung des Dollar gegenüber dem Gold und zur Abschaffung der 10%igen Zusatzsteuer. Im Dezember 1971 löste die Gruppe der Zehn, die sich in der Smithsonian Institution in Washington versammelt hatte, das Problem: der Dollar wurde abgewertet, Franc und Pfund behielten ihren bisherigen Kurswert; die Mark wurde um 4,6% und damit gegenüber dem neuen Kurs des Dollars um 13,58% aufgewertet. Es handelte sich hierbei jedoch nur um einen vorübergehenden Hoffnungsschimmer. Die Bundesbank war praktisch die einzige europäische Zentralbank, die bereit war, sich an dieses Abkommen zu halten und folglich auch den Dollar zu stützen. Diese Stützung wurde erst im März 1973 aufgegeben.

Als Frankreichs Staatspräsident Giscard d'Estaing 1975 gegen die amerikanische Position den Gedanken fester Wechselkurse durchzusetzen versuchte, wollte Bonn nicht mitziehen. In den Jahren 1977/1978 löste die amerikanische Währungspolitik jedoch sowohl in Frankreich als auch in der Bundesrepublik eine Woge der Empörung aus. Die deutsche Presse reagierte sehr heftig auf die Politik des amerikanischen Finanzministers Blumenthal, der die DM wie eine feindliche Währung behandelte. Die Bonner Regierung, Bundeskanzler Schmidt und der Bundesbankpräsident protestierten auf das Schärfste gegen diese Politik. Während der Dollar zu Anfang des Jahres 1978 auf 2 DM fiel, weigerte sich die Bundesrepublik, die von den USA geforderten Maßnahmen zu ergreifen; die unterschiedlichen Standpunkte Bonns und Washingtons in der Währungspolitik traten ganz deutlich zutage. Die Meinungsverschiedenheiten hielten die deutschen Banken jedoch nicht davon ab, in den Jahren 1978/1979 zur Stützung des Dollarkurses amerikanische Schuldscheine im Gegenwert von 3 Milliarden DM zu erwerben. Ende 1979 beschwor die Bundesbank die USA, dem Dollar wieder eine seiner Funktion als Leitwährung entsprechende Stellung zu verschaffen. Die DM sollte eine am US-Dollar orientierte Währung bleiben und nicht Reservewährung werden; um Spekulationen vorzubeugen, bezeichnete sie die Mark sogar als „Ersatz".

Im Rahmen der Inflationsbekämpfung setzten die Vereinigten Staaten bisher nie erreichte Zinssätze fest (Ende 1980 lagen sie bei 21,5%) und schufen damit einen Abstand von den europäischen Währungen, der diesen allergrößte Schwierigkeiten bereitete. Anfang November 1980 kam Paris der DM zu Hilfe: in enger Zusammenarbeit mit Bonn senkte Frankreich die Zinssätze auf dem Geldmarkt um 0,5% und häufte vorübergehend auf Konten ausländischer Geldgeber Reserven an. Diese Maßnahme bremste den Verfall der Mark etwas ab, die 1980 über 15% ihres früheren Kurswertes gegenüber dem US-Dollar eingebüßt hatte.

Wenn das im März 1979 in Kraft gesetzte Europäische Währungssystem zu relativ stabilen Kursen führte, so war dies großenteils durch die bis Frühjahr 1981 vorherrschende Übereinstimmung der deutschen und französischen Wirtschafts- und Finanzpolitik bedingt. Als die Linke in Frankreich die Regierungsverantwortung übernahm, gab es ab Sommer

1981 Meinungsverschiedenheiten. Delors Vorschlag, gemeinsam die europäischen Zinssätze aus ihrer Abhängigkeit von den amerikanischen zu lösen, stieß auf den energischen Widerspruch des Bundesbankpräsidenten Pöhl; er übte sogar Kritik am EWS, das seiner Ansicht nach die Wiederaufwertung der DM gegenüber dem Dollar bremste. Dennoch stützte Bonn im Oktober den Franc. Nach zähen Verhandlungen willigte die Bundesrepublik schließlich in eine Anpassung des Europäischen Währungssystems ein: die DM wurde um 5,5% auf-, der Franc um 3% abgewertet. Im Juni 1982 stützte Bonn die französische Währung ein weiteres Mal, weil man fürchtete, Frankreich, wegen seines Handelsbilanzdefizits in Atemnot, werde seine Grenzen dicht machen. Das Kabinett Schmidt akzeptierte eine weitere Kurskorrektur: während der Franc um 5,75% abgewertet wurde, erfuhr die DM eine 4,25%ige Aufwertung.

In der Währungspolitik verfolgte Bonn also oft ganz andere Ziele als Washington, Paris und andere europäische Partnerländer. Als starke Währung war die DM ein beliebtes Spekulationsobjekt, vor allem für diejenigen, die wegen der Schwächen des Franc, der Lira etc. mit DM-Aufwertungen rechneten. Doch die Stellung des Dollar sowie die Beibehaltung der erhöhten amerikanischen Zinssätze bereiteten den westdeutschen Währungsexperten die meisten Sorgen. Das finanzielle Druckmittel wurde äußerst vorsichtig eingesetzt. Offensichtlich war der Bundesregierung mehr an einer Politik der Solidarität und der Umsicht gelegen als an einem aufsehenerregenden Kurs. Es fiel Bonn stets schwer, sich auf Dauer den amerikanischen Interessen zu widersetzen. Man war nicht bereit, dem Prinzip „Deutsche Mark über alles“ jedes Opfer zu bringen.

Die Bundesrepublik Deutschland als große Finanzmacht

Die Bundesrepublik war auch zu einer großen Finanzmacht geworden. Diese Position beruhte einerseits auf der Stabilität der DM, andererseits war sie aber auch Ausdruck der Dynamik der westdeutschen Wirtschaft, die im Ausland Fuß zu fassen und gleichzeitig ausländische Kapitalgeber zu Investitionen in die eigene Industrie zu bewegen suchte. Wie wurde der Ausgleich zwischen diesem Zustrom und Abzug von Kapital zustande gebracht? Anhand der Arbeiten B. Keizers wollen wir uns einen Überblick verschaffen.

Was die Bewegungen des langfristig angelegten Kapitals anging, so überwog in der Bundesrepublik zwischen den Jahren 1950 und 1970 der

Kapitalexport. Ende der sechziger Jahre verstärkte sich dieser Trend, während der Anfang der siebziger Jahre durch einen Rückstrom gekennzeichnet ist. Um die restriktiven Maßnahmen der Bundesbank zu verschleiern, ging man dazu über, deutsche Investitionen und Kredite aus dem Ausland abzuziehen, und ab 1974 überwog der Kapitalimport den -export in Westdeutschland. Die Bewegungen des kurzfristig angelegten Kapitals waren durch Spekulationen über die Wechselkurse von Dollar und Mark sowie über die Entwicklung der Zinssätze bedingt.

Auch auf dem Sektor der direkten Investitionen kam es zu raschen Umschwüngen. In den sechziger Jahren führten der niedrige DM-Kurs sowie die in der deutschen Wirtschaft herrschende Hochkonjunktur dazu, daß viele ausländische Kapitalbesitzer ihr Geld in der Bundesrepublik anlegten und ein größerer Kapitalabfluß ausblieb. Bis 1973 überwog die Kapitalzufuhr, abgesehen nur von den Jahren 1961 und 1969/1970, in denen die DM aufgewertet wurde. Bereits zwischen 1968 und 1973 bildete sich jedoch ein Gleichgewicht heraus. Ab 1974 setzte dann die umgekehrte Entwicklung ein. Die Auslandsinvestitionen erreichten einen größeren Umfang als das nach Westdeutschland fließende ausländische Kapital: in den Jahren 1974 bis 1976 investierte die Bundesrepublik im Ausland 14,8 Milliarden DM, während in Deutschland lediglich 10 Milliarden fremden Kapitals angelegt wurden. Innerhalb von zehn Jahren – zwischen 1967 und 1976 – nahm der Bestand an ausländischem, in der Bundesrepublik investiertem Kapital um das Dreifache zu; die deutschen Auslandsinvestitionen verfünffachten sich innerhalb derselben Zeitspanne, und die Differenz nahm zu.

Die Auslandsinvestitionen in der Bundesrepublik Deutschland

Nach der Ära Adenauer übte die Bundesrepublik gut zehn Jahre lang eine große Anziehungskraft auf ausländische Investoren aus. Ab 1975 ließ deren Interesse jedoch deutlich nach.

Woher stammte dieses Kapital? Gegen Ende der sechziger Jahre kam es beispielsweise fast zur Hälfte aus Europa (47,9%) und zur anderen Hälfte aus den Vereinigten Staaten (47,7%). Innerhalb Europas waren es vor allem Kapitalbesitzer aus den Benelux-Staaten und der Schweiz, die in der Bundesrepublik investierten, gefolgt von den Briten und – ganz weit hinten – den Franzosen. In den siebziger Jahren wuchs der Anteil Europas, während der der USA ab 1973 rapide zurückging. Ende 1976 stammte mehr als die Hälfte des in der Bundesrepublik angelegten Kapitals aus Europa (53,1%), während das amerikanische auf 39,2% gefallen war. Bei den europäischen Kapitalgebern nahmen die belgische und die französische Beteiligung ab, während Schweizer und Holländer zu umfangreicheren Investitionen übergingen: Ende 1976 stammten 28,8% des gesamten in Westdeutschland investierten ausländischen Kapitals aus der Schweiz und den Niederlanden.

Zwischen September 1961 und Ende 1976 nahm die Bundesrepublik ausländische Direktinvestitionen im Gesamtwert von 45,5 Milliarden DM auf. Anschließend trat ein auffallender Rückgang ein. In den Jahren 1975 bis 1980 beliefen sich die Investitionen lediglich auf 13 Milliarden. Gleichzeitig setzte sogar ein Abzug ausländischen – vor allem amerikanischen – Kapitals ein, der 17,7 Milliarden DM erreichte.

Ganz offensichtlich spielte das US-Kapital eine wichtige Rolle. Vom Beginn der sechziger Jahre bis 1975 vermehrten sich die Direktinvestitionen aus den Vereinigten Staaten in der Bundesrepublik stetig. Während sie sich 1963 auf insgesamt 1780 Millionen Dollar beliefen, überschritten sie bereits 1966 die 3 Milliarden-, 1969 die 4 Milliarden-Grenze und stiegen zwischen 1970 (4,6) und 1975 (8,8 Milliarden Dollar) erneut an. Das waren damals 6–7% der gesamten amerikanischen Auslandsinvestitionen. Am Anfang der siebziger Jahre gab es in der Bundesrepublik etwa 800 US-eigene Firmen. Ab 1975 ließ dieser Trend jedoch deutlich nach.

In den Jahren 1974 bis 1975 herrschte in der Bundesrepublik große Unruhe wegen drohender arabischer Investitionen. Der Iran beteiligte sich zu 25% an den Krupp-Stahlwerken und versuchte, 29% der Daimler-Benz-Aktien zu erwerben. Wenn den Iranern dies – wegen des Widerstands der Deutschen Bank – auch nicht gelang, so erwarb Kuwait gegen Zahlung von über einer Milliarde Mark 14,6% des Stammkapitals von Daimler-Benz. Die Furcht vor umfassenden Investitionen der Erdöl exportierenden Länder löste in der deutschen öffentlichen Meinung eine heftige nationalistische Reaktion aus. Bonn war zu keiner gesetzlichen Beschränkung bereit – man begnügte sich mit dem bereits am 1. September 1961 erlassenen Gesetz, das ausländische Beteiligungen anzeigepflichtig machte – und wollte auch keine diskriminierenden Maßnahmen ergreifen. Trotzdem wurde von offizieller Seite eine Liste von 500 Unternehmen erstellt, die aus Sicherheits- und Versorgungsgründen auf keinen Fall in ausländische Hände geraten durften. Mit der Umkehrung des Trends ab 1975 erwiesen sich diese Ängste als völlig unbegründet.

An welchen Sektoren der deutschen Wirtschaft waren die ausländischen Investoren interessiert? Die ausländischen Investitionen verteilten sich hauptsächlich auf zehn Wirtschaftszweige. Besonders beliebte Investitionsbereiche waren Banken, Versicherungen, Holding-Gesellschaften, die Mineralölindustrie, die chemische und die elektrotechnische Industrie, der Maschinenbau und die Automobilproduktion.

Die deutsche Expansion im Ausland

Vor allem im Verlauf der siebziger Jahre wurde die Bundesrepublik zu einem bedeutenden Kapitalexporteur. Dies hing mit der Gründung zahlreicher deutscher Niederlassungen im Ausland zusammen.

Die deutschen Auslandsinvestitionen

Wohin floß dieses deutsche Kapital? 1967 wurde es zu zwei Dritteln innerhalb Europas angelegt (vor allem in den Beneluxstaaten, die über ein Fünftel der gesamten Investitionen erhielten), je 7,5% gingen nach Kanada sowie in die Vereinigten Staaten und 10% nach Lateinamerika (insbesondere Brasilien). Nach Asien flossen damals lediglich knapp 3% der deutschen Auslandsinvestitionen. Im Lauf der siebziger Jahre ergab sich ein teilweise verändertes Bild. Der Anteil Europas, der von 1971 bis 1973 fast 75% erreichte, ging anschließend wieder zurück, während sich der Kapitalfluß in die USA und nach Lateinamerika ab 1974 deutlich erhöhte. Ende 1976 blieben nur noch 61% der deutschen Auslandsinvestitionen in Europa – wobei der Anteil der Beneluxstaaten zugunsten Großbritanniens und Spaniens geringer wurde –, 18% nach Nordamerika (davon 11,6% in die Vereinigten Staaten), 12,4% nach Lateinamerika (wovon die Hälfte Brasilien erhielt) und lediglich 4,2% nach Asien. Bemerkenswerterweise nahmen die deutschen Auslandsinvestitionen in den USA während der sechziger Jahre nur sehr langsam zu. Zwischen 1969 und 1973 schwankten sie zwischen 600 und 800 Millionen Dollar jährlich; 1974/75 überschritten sie dank der Niederlassung deutscher Firmen die Milliardengrenze. Auch Frankreich wurde zu einem bevorzugten Expansionsfeld: im Jahre 1979 beliefen sich die deutschen Investitionen hier auf 772 Millionen DM.

Während die westdeutschen Direktinvestitionen im Ausland zwischen September 1961 und Ende 1976 einen Umfang von 47 Milliarden DM erreichten, schnellten sie ab Mitte der siebziger Jahre schlagartig in die Höhe. Innerhalb von fünf Jahren – von 1975 bis zum Herbst 1980 – stiegen sie auf 37 Milliarden an. Von 6,1 im Jahr 1978 erhöhten sie sich auf fast 10 Milliarden 1981, wobei vier Fünftel dieser Investitionen in die Industrieländer der westlichen Welt gingen. Die Deutschen waren vor allem an der chemischen und der elektrotechnischen Industrie, am Maschinenbau, an Banken, Versicherungen, Ölraffinerien und Stahlwerken interessiert. Das hatte seinen Grund in den Anstrengungen, die die deutsche Industrie unternahm, um einen festen Platz auf den wichtigsten Märkten in der ganzen Welt zu erobern.

Die weltweite Niederlassung deutscher Firmen

Industrieunternehmen aus der Bundesrepublik beteiligten sich in starkem Ausmaß an der Internationalisierung: zwölf von ihnen gehörten 1973 zu den 50 wichtigsten multinationalen, nicht-amerikanischen Firmen. Die Tabelle zeigt den Internationalisierungsgrad der multinationalen Firmen auf, die Anfang der siebziger Jahre etwa 80% der Auslandsproduktion der deutschen Industrie stellten.

Diese Firmen beschäftigten im Ausland nahezu 400000 Arbeitskräfte, was etwa 22% ihrer gesamten Belegschaften entsprach. Sie mußten sich den ausländischen Märkten anpassen, auf ihnen mit Macht einen Platz zu erobern suchen; manchmal wollte man mit diesen Niederlassungen eine protektionistische Politik umgehen, in anderen Fällen war man auch einfach an billigen Arbeitskräften interessiert. Fabriken, Verkaufsstellen und Kundendienstbüros wurden gegründet.

Verschiedene westdeutsche Konzerne, vor allem jene der chemischen Industrie, der Stahlherstellung, des Maschinenbaus und der Elektro- sowie der elektronischen Industrie gründeten Niederlassungen im Ausland.

Die *chemische Industrie* der Bundesrepublik – Hoechst, BASF und Bayer – betrieb eine entschlossene Expansionspolitik. Diese drei großen Konzerne, die auf eine bis ins ausgehende 19. Jahrhundert reichende Tradition zurückgriffen und sich nach der Auflösung der IG Farben ziemlich schnell erneut gebildet hatten, erzielten einen sehr beträchtlichen Teil ihres Umsatzes im Ausland.

Zu den Produkten der *BASF* zählten Anfang der siebziger Jahre u.a. Farbstoffe, Kunststoffe, Dünger, Kali, Salze und Petroleum, sie war im Gas- und Ölgeschäft tätig usw. Zweigniederlassungen gab es auf sämtlichen Kontinenten in 27 Ländern, aber noch 1977 wurde der größte Teil des Umsatzes in den Industrieländern erwirtschaftet: in Westeuropa (ohne Bundesrepublik) 24% und in Nordamerika 11,7%. In Lateinamerika wurden nur 5,3%, in Asien 4,3%, im Nahen Osten und in Afrika 2,6% des gesamten Umsatzes erzielt; Osteuropa lieferte nur den geringen Beitrag von 2,6%. Zwischen 1958 und 1973 investierte die BASF in den Vereinigten Staaten mehr als 1 Milliarde DM und steigerte ihren dortigen Umsatz beträchtlich.

Hoechst, der Großproduzent chemischer und pharmazeutischer Erzeugnisse, erweiterte ebenfalls seine Produktpalette und dehnte seine internationalen Tätigkeiten aus. Mit einer mehrheitlichen Beteiligung an über 300 Gesellschaften in 140 Ländern und mit Niederlassungen in 39 Staaten erzielte auch dieser Konzern einen großen Teil seines Umsatzes in den Industriestaaten – 29% im westeuropäischen Ausland und 10% in

Die multinationalen Firmen der Bundesrepublik

Der Internationalisierungsgrad der wichtigsten westdeutschen Unternehmen

Firmen	Branchen	Produktion im Ausland		Arbeitskräfte im Ausland		Umsatz im Ausland		Zahl der Gastländer
		in Mio. DM	in % der Gesamtproduktion	in 1000	in % des Gesamtpersonals	in 1000	in % des gesamten Umsatzes	
VW	Automobile	4272	24,7	42,0	20,8	12181	70,4	7
Hoechst	Chemie	2922	23,0	44,7	31,5	7110	56,0	39
Siemens	Elektro	2889	19,6	72,0	23,5	5896	40,0	25
Bayer	Chemie	2617	25,8	47,2[3]	34,5[3]	6650	65,5	35
BASF	Chemie	1684	16,5	15,4	16,5	4787	46,9	27
Daimler-Benz	Auto	1669	13,1	19,0	12,9	5501	43,2	30
AEG-Telefunken	Elektro	1015	10,1	20,6	12,3	2969	29,6	12
Mannesmann	Stahl	814	11,3	11,0	12,9	3314	46,0	8
Henkel	Chemie	738	20,5	9,5	28,9	900	25,0	22
Bosch	Elektro	666	11,8	24,9	21,6	2240	39,7	16
Reemtsma	Zigaretten, Getränke	539	12,7	3,4	34,6	587	13,7	4
Metallgesellschaft	Metallurgie	400	9,0	–	–	1615	33,0	8
FAG	Kugelfischer	352	25,7	7,7	31,2	747	54,6	9
Krupp	Stahl, Schiffe	322	5,0	4,1	5,1	1980	30,8	9
Freudenberg	Textil	300	22,5	10,7	42,3	624	46,8	18
Varta	Elektro	290	17,0	7,5[3]	34,1[3]	500	29,3	13
Degussa	Chemie, Metall	288	12,3	–	–	909	38,8	6
Triumph International	Textil	265	41,5	9,8	51,6	276	43,2	17
Schering	Pharmazie	250	20,6	7,0	42,2	654	53,9	17
Osram	Elektro	250	32,7	6,8	30,5	380	49,7	11
Grundig	Elektro	250	21,6	6,3	26,0	527	45,6	6
Beiersdorf	Chemie	240	35,7	3,5	36,8	290	43,2	18
Villeroy & Boch	Keramik	221	33,6	5,9[3]	33,9[3]	392	59,7	6
KHD	Maschinenbau	217	6,2	4,7	11,0	1735	49,6	4
E. Merck	Pharmazie	200	25,9	–	–	380	49,3	20
Feldmühle	Papier	200[1]	16,6	–	–	414	34,3	5
Metzeler	Chemie, Gummi	200	15,3	–	–	319	24,4	6
Liebherr	Maschinenbau	188	30,4	2,6	33,3	360	58,3	5
Klein, Schanzlin & Becker	Nägel	178	29,3	2,5	30,9	359	59,1	16
Demag	Maschinenbau	172[2]	12,7	3,5	13,5	815[2]	60,2	11
([1]1971; [2]1970; [3]1972.)		24608	17,4	392,3	22,0	65411	46,4	

Quelle: Rolf Jungnickel, Georg Koopmann: Strategien deutscher Konzerne. Im Ausland auf dem Vormarsch, in: Manager Magazin (Hamburg) Dez. 1973, SS. 116—117.

Nordamerika –, daneben erwirtschaftete er jedoch 8% seines Umsatzes in Osteuropa, 7% in Asien und 6% in Lateinamerika. Hoechst beschäftigte im Ausland rund 45000 Personen, das entsprach 31,5% seiner gesamten Belegschaft. In einigen Staaten baute sich Hoechst eine besonders starke Position auf: die Kontrolle über Roussel-Uclaf in Frankreich machte das deutsche Unternehmen zum zweitgrößten französischen Chemiekonzern. Die Zweigniederlassungen deckten größtenteils den Warenabsatz des Konzerns im Ausland: 80% der in Australien, Kanada und den Vereinigten Staaten verkauften Produkte wurden dort produziert. Die Marktbedingungen veranlaßten Hoechst dazu, im Ausland Fabrikationseinheiten zu errichten. 1980 gründete der Konzern eine Filiale in den USA: die „American Hoechst Corporation“. Von ihrem Standort Bayport in Texas aus besorgte sie die Errichtung von 19 Produktionszentren, in denen 10000 Personen beschäftigt wurden. In Spanien wurde eine Arzneimittelfabrik aufgebaut, um das Verbot der massenhaften Einfuhr von Medikamenten zu umgehen.

Bayer produzierte neben chemischen Grundstoffen vor allem Arznei- und Pflanzenschutzmittel, Bindemittel und Kunststoffe. Dieser Konzern wurde zu einem der größten Exportunternehmen nach dem Volkswagenwerk. Ab 1975 nahm seine Auslandsproduktion dermaßen zu, daß im Jahre 1978 die westdeutschen Gesellschaften nur noch 20% der gesamten Produktion herstellten. Bayer betrieb Werke in 35 Ländern. Die wichtigsten Herstellungsbetriebe waren Europa (ohne Bundesrepublik) mit 35%, Nordamerika mit 16% sowie Lateinamerika und Asien mit jeweils 8%. Im Ausland beschäftigte der Konzern 47000 Personen, ein Drittel seiner gesamten Belegschaft.

Die großen deutschen Chemiekonzerne hatten nicht allein ihre frühere Weltstellung wiedererlangt, sondern darüber hinaus vermochten sie ihr Betätigungsfeld erheblich zu erweitern. Diese äußerst dynamischen Unternehmen hatte alle nur erdenklichen Vorgehensweisen angewandt, um sich im Ausland niederzulassen und eine beherrschende Stellung auf den ausländischen Märkten zu erobern. Gegen Ende der siebziger Jahre gab man dem Aufkauf ausländischer Betriebe den Vorrang vor der Errichtung eigener Werke. Gewiß, man mußte die Gewinnspanne notgedrungen etwas niedriger ansetzen, um die Aufwertung der DM auszugleichen; dennoch waren die Konzerne bei der Eroberung der ausländischen Märkte ungeheuer erfolgreich.

Die *Elektro- und Elektronikkonzerne* legten zwar ebenfalls eine große Dynamik an den Tag, aber mehrere unter ihnen – vor allem AEG und Grundig – schienen sich übernommen zu haben.

Die *Siemens AG,* die sich zunehmend auf die Techniken der Energieerzeugung (vor allem auf Atomkraftwerke), auf das Fernmeldewesen und auf elektrische Anlagen verlegte, beschäftigte über 30% ihrer gesamten Belegschaft – mehr als 100000 Arbeiter – im Ausland: 16% innerhalb Europas, 8% in Amerika sowie 4% in Asien und Australien; Siemens suchte sich auch eine Position auf dem elektrotechnischen Markt Amerikas zu verschaffen, wozu es Allis-Chalmers aufkaufte; indem es sich außerdem auf dem Gebiet der Mikroschaltungen und der Mikroprozessoren um eine Zusammenarbeit mit Intel et Amo bemühte, versuchte Siemens sich den Zugang zu neuen und konkurrenzfähigen Sektoren zu sichern. Da der Konzern fast sämtliche wichtigen Bereiche der Elektroindustrie abdeckte, war er in der Lage, die gesamte elektrische Ausstattung für ein Wärmekraftwerk zu liefern und sich zugleich mit allen Techniken der Fernmeldeübertragungen zu befassen.

Die *AEG,* die 1970 Telefunken aufgekauft hatte, produzierte neben Gütern für den privaten Konsum Atomkraftwerke und alle möglichen Sorten elektronischer Grundelemente. Vom US-Konzern General Electric kontrolliert, der 11% der AEG-Aktien besaß, folgte die westdeutsche Firma beim Bau von Atomkraftwerken dem amerikanischen Vorbild. Die Mißgeschicke auf diesem Gebiet und im Bereich der Informatik schwächten die Position der AEG, die hingegen im Ausland große Durchbruchserfolge erzielte: der Auslandsumsatz erhöhte sich innerhalb von zehn Jahren (1968–1978) von 20% auf 40%. Da die AEG jedoch anfälliger war als Siemens, bereitete ihr die Umstrukturierung der Produktion einige Schwierigkeiten. 1978 schloß sie eine Übereinkunft mit Thomson-Brandt (Frankreich), die eine Umgruppierung ihrer Anlagen zur Herstellung von Fernsehröhren betraf; auf diese Weise wollte man dem Einbruch der Japaner auf den europäischen Markt entgegentreten. Trotz dieses Abkommens geriet AEG in solche Schwierigkeiten, daß eine staatliche Unterstützung notwendig wurde.

Die ausländischen Zweigniederlassungen von *Grundig* wurden direkt von der Produktion in den Stammwerken gesteuert. Die Grundig-Gruppe besaß 13 Filialen in Italien, 10 in Frankreich, 5 in Österreich sowie weitere in Schweden und in der Schweiz. Die Produktion in Italien und auf Taiwan wurde besonders gefördert. Als größter deutscher Hersteller von Fernsehgeräten stieß Grundig jedoch ebenfalls auf die japanische Konkurrenz, die sich anschickte, den europäischen Markt für Unterhaltungselektronik zu erobern. 1982 stand das Unternehmen kurz vor dem Ruin.

Die Konzerne der Elektro- und Elektronikbranche erzielten in der Fortdauer einer alten Tradition zunächst einen beachtlichen Durchbruch im Ausland, mußten dann aber gegen Ende der siebziger Jahre in harte Konkurrenzkämpfe auf zwei technologischen Kriegsschauplätzen eintreten, und zwar auf dem Gebiet der Atomenergie sowie auf dem Feld der Fernsehgeräte und Videorecorder. Vor allem im letztgenannten Bereich hatten die deutschen Firmen ihren Meister gefunden: sie konnten immer weniger mit der japanischen Konkurrenz mithalten und suchten dieser Schwäche durch die Gründung europäischer Gruppen Abhilfe zu schaffen; dies wurde aber durch gewisse nationalistische Reaktionen erschwert, wie sich ganz deutlich am Beispiel der Grundig-Gruppe zeigte, als sie 1982 75% ihres Stammkapitals an das französische Staatsunternehmen Thomson abtreten wollte.

Obwohl die *Stahl- und Maschinenbauindustrie* eine Krise durchmachte, nahm auch sie an der allgemeinen Expansion deutscher Firmen im Ausland teil und knüpfte damit wieder an alte Gewohnheiten an.

Der *August Thyssen-Hütte* (ATH) gelang Ende der siebziger Jahre noch ein Durchbruch auf dem Auslandsmarkt für Stahl (40% im Jahre 1977). Sie blieb zu 80% von Eisenerzlieferungen abhängig, die entweder aus Bergwerken stammten, an denen der Konzern beteiligt war – wie in Brasilien und in Liberia –, oder von langfristig verpflichteten Lieferanten gestellt wurde. Der *Krupp-Konzern,* der seine Produktpalette variierte, stützte sich auf die Herstellung von rollendem Material, von Schiffen und von Metallarmierungen. Als die Firma mit ihrem Angebot der Errichtung „schlüsselfertiger" Unternehmen in eine Marktlücke vorstieß, nützte sie diese intensiv. Sie versuchte auch im Nahen Osten und sogar in der Sowjetunion eine Position aufzubauen; in die UdSSR lieferte Krupp Teile der Stahlwerke in Kursk. Die *Mannesmann AG,* die vor allem in großem Umfang Stahlrohre und – seit der Fusion mit der Demag (1973) – auch Maschinen herstellte, bot das Beispiel eines Konzerns, der seine Zweigniederlassungen sowohl in der Nähe großer Verbraucherzentren errichtete, so in Kanada und in den Niederlanden, als auch in Ländern mit billigen Arbeitskräften, wie etwa in der Türkei und in Brasilien. Mannesmann war am amerikanischen Markt interessiert, bemühte sich jedoch gleichzeitig auch um einen höheren Absatz in den Ländern des Ostblocks: der Konzern lieferte der Sowjetunion einen Teil der zum Bau der sibirischen Erdgasleitung benötigten Röhren, mit der Westeuropa versorgt werden sollte.

Das *Volkswagenwerk (VW)* bot einen guten Einblick in den Unternehmergeist eines Automobilherstellers, der eine Position auf dem amerikanischen Markt erobern und behaupten wollte – als wesentliche Grundlage für seinen Erfolg im Ausland. Bis ins Jahr 1960 gingen nur 200000 „Käfer" in die Staaten; zwischen 1960 und 1976 betrug ihre Zahl bereits 5 Millionen! VW hatte in Amerika ein riesiges Handelsnetz aufgebaut und in Emden, in der Bundesrepublik, ein Werk errichtet, das ausschließlich für den amerikanischen Markt produzierte, auf dem jährlich 500000 Käfer abgesetzt wurden. Nach dem Höhepunkt im Jahr 1971 –

570000 Wagen – kam es jedoch zu einem jähen Einbruch. Während VW jahrelang im Tausch gegen 1 US-Dollar 4 DM erhalten hatte, bereiteten der Zusammenbruch des Dollarkurses und die Aufwertung der Mark dem Unternehmen zu Beginn der siebziger Jahre erhebliche finanzielle Schwierigkeiten. Als dann noch die Konkurrenz der japanischen Firmen Datsun und Toyota hinzukam, brach der amerikanische Markt zusammen: in den Jahren 1975/1976 verkaufte VW nur noch 200000 bzw. 250000 Wagen nach USA, obwohl gerade damals der „Golf" neu auf den amerikanischen Markt kam. Volkswagen produzierte in Nigeria, in der Republik Südafrika, in Brasilien und in Mexiko weiterhin 1100 Käfer pro Tag, konzentrierte allmählich jedoch die Produktion in den beiden letztgenannten Ländern auf Werke in der Nähe von São Paulo und von Puebla. Von dort ließ die Firma jene Käfer kommen, die sie auf dem westdeutschen Markt noch an nostalgische Autoliebhaber verkaufte. Zur Sicherung der Position auf dem US-Markt gelang es der Leitung von VW, die IG Metall zur Zustimmung für die Errichtung einer Golf-(„Rabbit"-)Produktionsstätte in den USA zu bewegen. Das in New Stanton (Pennsylvania) errichtete Montagewerk machte Investitionen von einer halben Milliarde DM erforderlich. Mit einer Belegschaft von 5000 Arbeitern sollte das Werk pro Jahr 200000 „Golf" produzieren. Die Motoren und Getriebe wurden aus der Bundesrepublik eingeführt; 60% der Bauteile waren amerikanischer Herkunft. 1978 war die „Volkswagen Manufacturing Co. of America" betriebsfertig. 1980 ließ sie 170000 „Rabbits", eine US-Version des Golf, vom Band laufen. Das Volkswagenwerk, weltweit der drittgrößte Automobilhersteller, beschränkte seine Bemühungen jedoch nicht auf die Vereinigten Staaten. 1979 beschäftigte VW in den USA 10000 Personen, in Mexiko 13500, in Belgien 4600, in Argentinien 4300, in Nigeria 2700, in Jugoslawien 1800 und in Brasilien, einem weiteren Produktionsschwerpunkt, 46000 Menschen. Das Wolfsburger Unternehmen besaß 80% des Stammkapitals von „VW do Brasil" (10% waren im Besitz Kuwaits und 10% gehörten einem brasilianischen Kartell) und war zu zwei Dritteln an Chrysler (in Brasilien) beteiligt. 1980 produzierte „VW do Brasil" fast 500000 Fahrzeuge und sicherte sich damit über die Hälfte des brasilianischen Automarktes. VW war ganz offensichtlich sowohl an den Märkten der Industriestaaten als auch an denjenigen der Entwicklungsländer interessiert. Anfang 1981 schien VW sogar eine Zusammenarbeit mit Nissan zu planen, da es sich hiervon den Zugang zum japanischen Markt sowie vor allem bessere Möglichkeiten für den Ausbau des Handels mit dem Fernen Osten versprach.

Zusammenfassend läßt sich feststellen, daß die deutschen Firmen bald wieder Niederlassungen im Ausland errichteten. Es ist durchaus interessant, die Folgen einer solchen Politik – zum Beispiel für Frankreich –

zu untersuchen. Die durch das „Büro für Industrielle Entwicklung in Frankreich" (BIEF) – das seit 1971 in Frankfurt am Main saß und praktisch als eine Außenstelle der Direction de l'aménagement du territoire (DATAR) fungierte – geförderte Niederlassungen deutscher Firmen in Frankreich erzielte 1980 ein bemerkenswertes Ergebnis. Innerhalb von zehn Jahren waren etwa 300 Fabriken errichtet und fast 34000 Arbeitsplätze geschaffen worden. In den Jahren 1960 bis 1980 investierte die chemische Industrie der Bundesrepublik in Frankreich 994 Millionen DM, der Maschinenbau 720 Millionen und die elektromechanische Industrie 503 Millionen. Während eines langen Zeitraumes (1960–1973) gründeten deutsche Unternehmen in Frankreich – vor allem im Elsaß – Fabriken, um ihre Produktionskapazität zu steigern. Angesichts der Krise bevorzugten sie Investitionen, die auf eine Erhöhung der Produktivität und auf eine stärkere Rationalisierung hinausliefen und weniger Arbeitsplätze schufen. Doch noch 1980 errichteten deutsche Investitionen 2565 Arbeitsplätze, von denen gut die Hälfte im Elsaß und etwa 15% in Lothringen lagen.

So versuchten die deutschen Firmen über eine Steigerung ihrer Exporte die Minderung der Wettbewerbsfähigkeit auszugleichen, die sich aus den wiederholten Aufwertungen der DM ergab. Außerdem wollten sie mit der Gründung von Niederlassungen im Ausland den Gefahren vorbeugen, die mit einer eventuellen Rückkehr zu protektionistischen Praktiken verbunden waren. Ferner trugen sie bei ihrer Expansionspolitik auch zukünftigen Entwicklungen Rechnung; dies geschah zum Beispiel im Fall Spaniens, das Mitglied des Gemeinsamen Marktes werden wollte, oder im Fall der Vereinigten Staaten, bei denen man mit einem baldigen Wiederaufschwung der Wirtschaft rechnete. Diese Strategie barg zwar auch gewisse Risiken, trotzdem schlugen sämtliche großen deutschen Industrieunternehmen (Hoechst, Bayer, Siemens, Volkswagen etc.) diesen Weg ein. Eine solche Anti-Krisen-Strategie, zu der auch die immer stärkere Spezialisierung auf dem industriellen Sektor sowie eine mit ungeheurem Aufwand betriebene Forschung beitrugen, konnte sich durchaus bezahlt machen. Das „deutsche Modell" war um Anpassung bemüht, um auf diese Weise – trotz der inneren und äußeren erschwerenden Umstände – seine Position auf dem Weltmarkt zu behaupten und womöglich gar auszudehnen.

Die Expansionspolitik der Banken

Die Banken begannen nur ganz vorsichtig mit der Wiederaufnahme ihrer früheren Politik der Niederlassung im Ausland. Innerhalb von nicht einmal einem halben Jahrhundert hatten sie zweimal fast ihr gesamtes Vermögen verloren. Bis in die sechziger Jahre begnügten sie sich damit, ein weltweites Netz von korrespondierenden Banken und von Vertretern aufzubauen. Filialen wurden nur sehr selten gegründet.

Mit der Zunahme des Handels und der Auslandsinvestitionen folgten die Banken vorsichtig der Expansion der deutschen Industrie und schufen ein Netz von *Agenturen oder Filialen.* Dieses Netz blieb jedoch recht weitmaschig. Da man sich eine solide Dollarbasis verschaffen und sich direkt an den Aktivitäten der Wall Street beteiligen mußte, war es für die großen deutschen Banken vor allem notwendig, Vertretungen in New York zu errichten. 1972 eröffnete die Dresdner Bank dort ein Büro; zwei Jahre später ließ sie sich auch in Los Angeles und Chicago nieder. Die Commerzbank richtete 1971 ihr New Yorker Büro ein; 1974 war auch sie in Chicago vertreten. Andere Geldinstitute folgten diesem Beispiel: die Bayerische Vereinsbank etablierte gleichfalls eine Agentur in New York, und 1978 konnte sich auch die Deutsche Bank hierzu entschließen. In Europa waren die Geldinstitute vor allem an einer Präsenz in London und Luxemburg interessiert. Londons Bedeutung für den europäischen Devisenmarkt sowie die regen Aktivitäten deutscher Industrieunternehmen in Großbritannien führten zu Filialgründungen unter anderem der Commerzbank, der Dresdner Bank, der Westdeutschen Landesbank. In Luxemburg gründeten die Commerzbank, die Dresdner Bank, die Deutsche Bank, die Bayerische Vereinsbank, die Westdeutsche Landesbank und andere ihre Agenturen; sie erzielten dort beachtliche Umsätze: 1977 erwirtschaftete beispielsweise die luxemburgische Filiale der Dresdner mit 60 Millionen DM Gewinn ein Viertel vom Ergebnis des Frankfurter Stammhauses. Die großen Institute errichteten auch Agenturen in Paris. 1977 eröffnete das Büro der Commerzbank an der Place de l'Opéra und das der Deutschen Bank an der Place Vendôme; zwei Jahre später ließ sich die Dresdner Bank in der Nähe des Arc de Triomphe nieder.

Auch in der übrigen Welt wurden immer mehr Filialen gegründet. In Asien war die Deutsche Bank durch eine Filiale der Deutschen Überseeischen Bank in Tokio vertreten, und die Dresdner Bank, die bereits eine Agentur in Singapur unterhielt, eröffnete Ende 1973 ebenfalls eine Niederlassung in Tokio. In Lateinamerika richtete die Deutsche Überseeische Bank, zu 97% ein Tochterunternehmen der Deutschen Bank, wieder Filialen in Buenos Aires, in São Paulo und Ascunción ein. Die Dresdner Bank war dort durch die Deutsch-Südamerikanische Bank vertreten, die sie zu 98,3% kontrollierte; andere deutsche Geldinstitute regten die Geschäfte der Ibero-Amerikanischen Bank an, und so ging es weiter.

Nachdem die Banken wieder in allen wichtigen Finanzzentren der Welt vertreten waren, erweiterten sie ihre Filialnetze und stießen dabei bis nach Hongkong, Bangkok, Johannesburg, Rio de Janeiro und Moskau vor. Gegen Ende der siebziger Jahre erzielten diese Niederlassungen sagenhafte Gewinne, während die Stammhäuser in der Bundesrepublik weniger Erfolge vorzuweisen hatten. Die immer härter werdende internationale Konkurrenz sowie die Intensivierung der Direktfinanzierungen im Ausland veranlaßten die Banken dazu, die letzten Lücken in ihrem weltweiten Netz zu schließen: sie versuchten, überall präsent zu sein.

Die Geldinstitute beteiligten sich nur in bescheidenem Umfang an den direkten Auslandsinvestitionen der Bundesrepublik. In den sechziger Jahren betrug ihr Anteil ganze 2 bis 3%; ab 1968 lag er ungefähr bei 4%. Von den insgesamt 26,5 Milliarden DM, die im Jahre 1972 investiert wurden, kamen 1,2 Milliarden von den Banken Westdeutschlands. Wenn sie auch mehr investierten als die Automobil- und die chemische Industrie, so läßt sich an diesen Zahlen doch ablesen, daß sie hinsichtlich der Beteilungsbereitschaft und, was die Filialgründungen im Ausland anging, eine gewisse Schwerfälligkeit an den Tag legten.

Hingegen zögerten die Banken keineswegs, sich an *indirekten Internationalisierungen* zu beteiligen. Sie wirkten so mit an den Gegenmaßnahmen der europäischen Geldinstitute gegen die Offensive der amerikanischen Banken, die sich vor allem zu Beginn der siebziger Jahre abzeichnete. Zwischen den einzelnen Banken entwickelten sich komplexe Verbindungen, die die unterschiedlichsten Formen annahmen und manchmal ineinander übergriffen:

- direkte Verbindungen bis hin zu Beteiligungen;
- schlichte Abkommen über eine Zusammenarbeit;
- Bankgruppierungen – zunächst im europäischen Rahmen – dann aber als regelrechte multinationale Vereinigungen oder sogenannte Klubs.

Die Bayerische Vereinsbank beispielsweise schloß mit der Banque de Paris et des Pays-Bas im Jahr 1972 ein Kooperationsabkommen und beteiligte sich im folgenden Jahr zu 5% am Crédit du Nord et de l'Union Parisienne. In den Jahren 1970/1971 gingen die Commerzbank und der Crédit Lyonnais eine enge vertragliche Bindung ein; sie wollten – in Zusammenarbeit mit dem Banco di Roma – im Ausland ein großes, gemeinsames Agenturen-Netz unterhalten, verstärkt in den Ländern der Dritten Welt tätig werden und sich gemeinsam an den großen internationalen Geschäften beteiligen. Als 1973 auch noch der Banco Hispano Americano dieser Vereinigung beitrat, nannte sie sich „Europartenaires" und entwickelte sich zu einer mächtigen Gruppierung, deren Beispiel Schule machte. 1972 ging die Berliner H. G.-Frankfurter Bank mit italienischen, holländischen, luxemburgischen, dänischen, französischen und britischen Partnern eine bescheidenere Verbindung mit dem Namen „Inter-Alpha“ ein.

Andere Zusammenschlüsse nahmen die Gestalt richtiggehend multinationaler Unternehmen an. Ab 1967 beteiligten sich deutsche Banken an der Gründung der Banque européenne de crédit, Bruxelles (Deutsche), an der International Commercial Bank of London (Commerz) sowie an der Société financière européenne Paris (Dresdner). Im Rahmen der letztgenannten Vereinigung verband sich die Dresdner Bank auf Anregung der Banque nationale de Paris mit den unterschiedlichsten Partnern: mit der Banca Nazionale del Lavoro, der Barclays Bank, der Bank of America und der Sumitomo Bank.

Die Banken der Bundesrepublik waren auch an der Mitgliedschaft in „Klubs“ interessiert, die größere Räume abdeckten, gleichzeitig etwas weniger strenge Geschäftsbedingungen und eine lockerere Struktur besaßen. Sie beteiligten sich an europäischen Gruppierungen wie EBIC (1970) und ABECOR (1971) sowie an noch größeren „Klubs“ wie ORION (1970) und INTERUNION. An EBIC waren neben der Deutschen Bank die holländische Amsterdam-Rotterdam Bank (AMRO), die Banca commerciale Italiana in Mailand, der Kreditanstalt-Bankverein in Wien, die Société générale in Paris, die belgische Société générale de banque und die britische Midland Bank beteiligt. Auf diese Weise wirkte die Deutsche Bank bei der Gründung amerikanischer, asiatischer und arabischer Filialen des „Klubs“ mit. Zu ABECOR gehörten außer der Dresdner als europäischer Partner die Société financière européenne in Paris sowie außerdem die Österreichische Länderbank, die Banque Lambert in Brüssel und die Algemeene Bank Nederland aus Amsterdam. In den anderen Gruppierungen gingen die deutschen Banken Verbindungen mit europäischen und außereuropäischen Partnern ein. Im Rahmen des „Klubs“ ORION liierte sich die Westdeutsche Landesbank mit dem Credito Italiano, der National Westminster Bank, aber auch mit der Chase Manhattan Bank aus New York, mit der Royal Bank of Canada und mit der Mitsubishi Bank. Zur INTERUNION gehörten neben der Bayerischen Vereinsbank britische, belgische und außerdem kanadische sowie japanische Geldinstitute.

Mit Hilfe dieser komplexen Vereinigungen konnten die deutschen Banken bei vermindertem Risiko überall präsent sein. Nachdem sie in der internationalen Finanzwelt festen Fuß gefaßt hatten, erweiterten sie ihr Wirkungsfeld. So waren sie jetzt stärker im Fernen Osten vertreten als früher. In Singapur beteiligten sie sich am Markt des Asia-Dollar. Im Rahmen der „Europartenaires“ konnte die Commerzbank in Tokio, Singapur und Sydney aktiv werden. Dank ihrer Beteiligung an lokalen Geldinstituten besaß sie seit 1974 auch in Bangkok und Jakarta Brückenköpfe. Die Dresdner Bank – die bereits über ihre Agentur in Tokio und ihre Filiale in Singapur in Asien Fuß gefaßt hatte –, konnte aufgrund der Beteiligung an ABECOR ihre Tätigkeit in Asien auch auf Bangkok und Kuala Lumpur ausdehnen. Auch der Deutschen Bank, die schon in Tokio präsent war, gelang mit Hilfe der EBIC-Gruppe eine Erweiterung ihres Geschäftsbereiches, namentlich nach Singapur. Aufgrund ihrer Mitgliedschaft im ORION-„Klub" konnte die Westdeutsche Bank bis in den Fernen Osten vorstoßen, so 1972 nach Hongkong. An Australien waren die Deutschen gleichermaßen interessiert: die Deutsche Bank gründete gemeinsam mit ihren EBIC-Partnern und unter der Mitwirkung von amerikanischen, japanischen sowie australischen Banken in Melbourne die Euro Pacific Finance Co., die Dresdner Bank zusammen mit europäischen Partnern in Sydney die Australian European Finance Co.

Die Energiekrise ließ die Einkünfte der Erdöl exportierenden Länder in die Höhe schnellen, die seit 1973 über große Summen an Petrodollars verfügten. Obwohl die deutschen Banken nicht das Wagnis von Filialgründungen auf sich nahmen, verfügten sie über Stützpunkte im Nahen Osten. Über ihre Vertretungen in Beirut, Teheran und in Kairo erwarben sie Anteile: die Commerzbank besaß 31,8% der Aktien der Rifbank in Beirut und war zu 20% an der Commercial Bank von Dubaij beteiligt. In erster Linie profitierten sie jedoch von den Einrichtungen der Bankgruppierungen, denen sie jeweils angehörten; diese Institutionen betrieben die Rückführung der Petrodollars. Im Rahmen der EBIC besaß die Deutsche Bank eine 8,1%ige Beteiligung an der 1972 in Luxemburg gegründeten European Arab Holding, die wiederum eine Filiale in Brüssel und eine zweite in Frankfurt unterhielt. Über die Société financière européenne erwarb die Dresdner Bank Anteile an der Cie arabe et internationale d'investissement in Luxemburg. Die Commerzbank verdankte den „Europartenaires" die Gründung der Union de banques arabes et européenes (1972/1973), an der sie zu 13,7% beteiligt war, und die neben dem Luxemburger Hauptsitz noch eine Agentur in Frankfurt am Main unterhielt; sie galt als deutsch-arabische Einrichtung.

Die deutschen Banken beteiligten sich über Luxemburg nicht nur am Geschäft mit den Petrodollars, sondern sie wollten über dieses Finanzzentrum auch Zugang zum Eurogeldmarkt gewinnen. Dieses Steuerparadies, nicht weit von Frankfurt am Main entfernt, ermöglichte ihnen die Umgehung eines deutschen Bankgesetzes, das Minimalreserven an Guthaben in ausländischer Währung vorschrieb, die aber nicht verzinst werden durften. Zählt man die Zweigniederlassungen und Filialen hinzu, die innerhalb dieses „Kaliforniens der deutschen Banken" enorme Geschäfte tätigten, so gab es 1978 in Luxemburg 24 Banken mit deutscher Beteiligung. Sie rangierten dort an erster Stelle, hatten Zugang zum Eurogeldmarkt und brachten riesige internationale Kreditgeschäfte zustande – Aktivitäten, die die Bonner Behörden mitunter in Unruhe versetzten.

So gelang es den deutschen Banken – die sich selbst nur ganz vorsichtig an die Gründung ausländischer Filialen machten –, eine feste Position an den wichtigsten Plätzen großer internationaler Geschäfte zu erobern.

Industrieunternehmen und Banken betrieben eine weltweite Expansionspolitik, die den Handelsinteressen der Bundesrepublik dienen sollte. Auch sie trugen dazu bei, daß Westdeutschland zu einer wirtschaftlichen Großmacht aufstieg.

Die ungeheure Expansion des Handels

Die Bundesrepublik – ein Handelsriese

Untersucht man – gestützt auf das Material des Statistischen Bundesamtes – die Entwicklung des Außenhandels der Bundesrepublik in den Jahren 1964 bis 1980, so wird einem zunächst eine erstaunliche Hochkonjunktur auffallen (siehe Tabelle). Sowohl Einfuhr als auch Ausfuhr stiegen auf mehr als das Fünffache an. Zwischen dem Beginn der sechziger und dem Anfang der siebziger Jahre erhöhte sich der Anteil am Welthandel: beim Export stieg er von 9,3 auf 11,1% und beim Import von 8 auf 9%.

Der Handel der Bundesrepublik (in Milliarden DM)

	1966	1967	1968	1969	1970	1971	1972	1973	1974
Import	72,7	70,2	81,2	98	109,6	120,1	128,7	145,4	179,7
Export	80,6	87	99,6	113,6	125,3	136	149	178,4	230,6
	1975	1976	1977	1978	1979	1980	1981	1982	1983
Import	184,3	222,2	235,2	243,7	292	341,4	369,1	376,4	390,2
Export	221,6	256,6	273,6	284,9	314,5	350,3	397	427,7	432,3

Die Bundesrepublik hatte sich weltweit auf den zweiten Platz nach den Vereinigten Staaten emporgearbeitet; die Handelsbilanz war stets positiv und wies hin und wieder beträchtliche Überschüsse auf: sie überschritten zwischen 1967 und 1972 die 15-Milliarden-DM-Grenze; im Verlauf der siebziger Jahre erreichten sie oft 30 Milliarden, gelegentlich mit Rekordergebnissen wie 1974 (+ 50 Milliarden) und 1978 (+ 41 Milliarden). Mit dem Anbruch der achtziger Jahre zeigte sich die Handelsbilanz nicht mehr so prächtig (+ 8,9 Milliarden DM im Jahr 1980), fiel aber immer noch deutlich positiv aus (+ 27,9 Milliarden 1981).

Es war offensichtlich, daß die Bundesrepublik im Welthandel wieder eine erstrangige Stellung erlangt hatte. Wie hatte sie das fertiggebracht? Wie wirkten sich die Schwankungen der Wechselkurse auf diese Entwicklung aus? Wurde Westdeutschland von den Folgen der großen Krise betroffen, die ab 1975 die ganze Welt erschütterte?

Von der Mitte der sechziger bis zum Ende der siebziger Jahre machte die *Struktur des Handels* einige Wandlungen durch. Die Bundesrepublik exportierte weiterhin sehr viele Fabrikerzeugnisse. Diese stellten immer noch etwa 80% der westdeutschen Ausfuhren. Maschinen und Transportmaterial verbuchten einen wachsenden Erfolg (58 Milliarden DM 1970 und 155 Milliarden 1980), und ihr Anteil an der Gesamtausfuhr betrug mehr als 40%. Die chemische Industrie erzielte im Ausland gleichfalls weitere Erfolge: 1970 wurden Chemieprodukte im Gegenwert von 15 Milliarden DM exportiert, zehn Jahre später hatte sich diese Summe verdreifacht. Wenn auch der Anteil der landwirtschaftlichen Erzeugnisse, der mineralischen Brennstoffe, Schmiermittel und ähnlicher Produkte nie die 5%-Marke überschritt, so war hier doch ebenfalls ein Anstieg festzustellen.

Auch bei den Einfuhren spielten industrielle Fertigprodukte eine zentrale Rolle. Während ihr Anteil an der Gesamteinfuhr 1960 lediglich ein Drittel betragen hatte, machte er 1970 und 1980 die Hälfte der Importe aus. Die Bundesrepublik führte Maschinen, Automobile, elektrotechnische Produkte und chemische Erzeugnisse ein. Der Anteil der Rohstoffe ging leicht zurück (1970 betrug er noch 12% und 1980 bereits weniger als 8%), während jener der mineralischen Brennstoffe – vor allem Erdöls – in erster Linie aufgrund des Preisanstiegs in die Höhe ging (1970 betrug er weniger als 9 und 1980 schon 22%). Landwirtschaftliche Produkte wurden in einem immer geringeren Umfang eingeführt (1970 machten sie 16% und 1980 nur noch 10% der Gesamtimporte aus).

Die Struktur des westdeutschen Handels hatte sich also seit der Ära Adenauer spürbar gewandelt. Das klassische Bild von der Bundesrepublik als Importeur von Rohstoffen und landwirtschaftlichen Produkten sowie als Exporteur von Fabrikerzeugnissen traf nur noch für die Ausfuhr zu. Westdeutschland führte sehr viele Industrieprodukte ein, während landwirtschaftliche Erzeugnisse unter seinen Importen nur noch eine geringe Rolle spielten.

Die Mitgliedsländer der EWG waren die *wichtigsten Handelspartner* der Bundesrepublik. In der zweiten Hälfte der sechziger Jahre gingen

45% der deutschen *Ausfuhren* in EWG-Staaten, und daran änderte sich auch im Lauf der siebziger Jahre kaum etwas. Der Anteil der übrigen Industrieländer sank: während er bis 1974 mehr als ein Drittel betrug, lag er in den darauffolgenden Jahren nur noch bei etwas mehr als einem Viertel. Dafür wurden die OPEC-Staaten immer wichtigere Kunden der Bundesrepublik. Gingen in den sechziger Jahren durchschnittlich zwischen 2 und 3% der deutschen Exporte in diese Länder, so waren es schon 1975 über 7%. Der Anteil der Entwicklungsländer (die nicht Erdöllieferanten waren) überschritt in den sechziger Jahren die 10%-Grenze; zwischen 1970 und 1976 ging er jedoch zurück, um gegen Ende der siebziger Jahre wieder seinen früheren Stand zu erreichen. Die kommunistischen Staaten blieben nur unbedeutende Handelspartner: ihr Anteil am westdeutschen Handel betrug in den sechziger Jahren zwischen 3 und 4 sowie Mitte der siebziger Jahre etwas mehr als 5%.

Die Bundesrepublik bezog auch ihre meisten *Einfuhren* aus EWG-Ländern. Ende der sechziger Jahre stellten sie etwa 50% der deutschen Importe. In den Jahren 1971 bis 1973 wurde dieser Wert sogar überschritten, 1980 fiel er jedoch auf 46%. Auch hier nahm der Anteil der übrigen Industriestaaten ab: betrug er in den sechziger Jahren noch ein Drittel, so ging er in den siebziger Jahren auf ein Viertel zurück. Der Anteil der OPEC-Länder wurde größer: zwischen 1970 und 1974 erhöhte er sich von 6 auf 13%; in den darauffolgenden Jahren war seine Entwicklung durch ein Auf und Ab gekennzeichnet, wobei er 1977 bis 1979 teilweise unter 10% lag. Aus den Entwicklungsländern (die nicht Erdöllieferanten waren) bezog die Bundesrepublik nur wenige Güter (um die 10%); dies galt auch für die kommunistischen Staaten, deren Anteil erst gegen Ende der siebziger Jahre 5% erreichte.

Wenn sich auch an der Ausrichtung der deutschen Handelsbeziehungen nach der Ära Adenauer kaum etwas änderte, so ist es doch angebracht, die Rolle einiger Abnehmerländer besonders zu betonen. Einige Staaten, die zum bevorzugten Expansionsgebiet des deutschen Handels gehörten, wiesen eine derartig negative Handelsbilanz auf, daß dieses Defizit sich nicht nur auf Wirtschaft und Währung, sondern auch auf die Politik auswirkte. Dies war bei Frankreich der Fall.

Frankreich war der größte Kunde und der zweitgrößte Lieferant der Bundesrepublik. Die Einfuhren aus Deutschland nahmen ständig zu: zwischen 1965 und 1970 verdoppelten sie sich, und in den siebziger Jahren erhöhten sie sich – trotz einer kurzen Stagnation zwischen 1976 und 1978 – um das Dreifache. Es handelte sich hierbei vor allem um Fabrikerzeugnisse (Maschinen sowie Produkte der elektrischen und elektronischen Industrie) sowie um Halbfabrikate. Im Jahr 1980 gingen 13,3% des westdeutschen Exports nach Frankreich. Die Bundesrepublik führte zwar ihrerseits ebenfalls mehr französische Waren ein – vor allem Fertigfabrikate –, aber dennoch vergrößerte sich Frankreichs Defizit zusehends. Die französische Handelsbilanz fiel schon in den sechziger Jahren (mit Ausnahme von 1965) negativ aus, da die Einfuhren nur zwischen 78% und 96% durch Ausfuhren gedeckt waren; doch schien es zu Beginn der siebziger Jahre, daß sie vor allem dank der Abwertung des Franc ausgeglichen werden könnten. Diese Hoffnung erwies sich allerdings als trügerisch: 1974 entsprachen die französischen Exporte wertmäßig nur noch den Importen (77%). Nach einer kurzen Besserung im daruffolgenden Jahr wurde das Defizit immer größer und erreichte 1980 schließlich einen Umfang von 10 Milliarden DM.

Der Handel der Bundesrepublik mit Frankreich (in Milliarden DM)

	1966	1967	1968	1969	1970	1971	1972	1973	1974
Ausfuhr	9,2	10,1	12,2	15,1	15,5	17	19,4	23,1	27,3
Einfuhr	8,6	8,5	9,8	12,7	13,9	15,9	18,2	19	20,9
	1975	1976	1977	1978	1979	1980	1981	1982	1983
Ausfuhr	26	33,7	33,7	34,9	40	46,6	51,9	60,1	55,6
Einfuhr	22,1	25,8	27,3	28,3	33,2	36,6	40,1	42,9	44,6

Innerhalb der EWG waren außerdem die *Beneluxstaaten* wichtige Handelspartner der Bundesrepublik. Zwischen 1965 und 1971 steigerte Westdeutschland seine Ausfuhr nach Luxemburg und Belgien auf das Doppelte – von 5,6 auf 11,6 Milliarden DM. Abgesehen von einer vorübergehenden Stagnation im Jahr 1975 war diese Entwicklung stetig. Beinahe 8% der gesamten deutschen Ausfuhr, Waren im Gegenwert von 27,5 Milliarden Mark, gingen in diese Länder. Der Handel mit den Niederlanden entwickelte sich ganz ähnlich: 1980 bezogen die Niederlande aus der Bundesrepublik Waren im Gegenwert von insgesamt 33,3 Milliarden DM, was etwa 10% des deutschen Exportes entsprach. Im Unterschied zu den deutsch-französischen Handelsbeziehungen waren jene zwischen der Bundesrepublik und den Benelux-Staaten viel ausgeglichener. Die belgische und die luxemburgische Handelsbilanz wiesen nur ein schwaches Defizit auf (zwischen einer und drei Milliarden), während die Niederlande sogar einen bedeutenden Überschuß erzielten, der 1976 und 1980 über 5 Milliarden betrug. Im Jahr 1973 lösten die Niederlande Frankreich in seiner Funktion als stärkstes Lieferland für Westdeutschland ab.

Ein anderes wichtiges Partnerland innerhalb des Gemeinsamen Marktes war *Italien;* obwohl es für die Bundesrepublik einen guten Absatzmarkt stellte (1970–1980 stieg die deutsche Ausfuhr nach Italien von 11,2 auf 30 Milliarden DM), gelang ihm der Ausgleich seiner Handelsbilanz. Lediglich 1974 und 1980 wies sie ein größeres Defizit von 2 Milliarden Mark auf; 1971, 1972, 1975 und von 1977 bis 1979 fiel die italienische Handelsbilanz dagegen positiv aus.

Der deutsche Handel mit *Großbritannien* erreichte in den sechziger Jahren nur ein bescheidenes Ausmaß. 1965 führte die Bundesrepublik Waren im Gegenwert von 7,4 Milliarden DM nach Großbritannien aus und sogar nur für 3,1 Milliarden Mark britische Produkte ein. Nach dem Beitritt der Engländer zur EWG entfaltete sich der deutsch-britische Handel in den siebziger Jahren. Die westdeutsche Ausfuhr verfünffachte sich zwischen 1970 (4,5) und 1980 (23 Milliarden Mark) und schnellte vor allem nach der Stagnation von 1975 (10,1 Milliarden) kräftig in die Höhe. Zu Beginn der siebziger Jahre bezog die Bundesrepublik noch recht wenig Waren aus dem Vereinigten Königreich, aber ab 1977 wurde sie zum viel wichtigeren Kunden der Briten. Die Einfuhr britischer Güter erhöhte sich von 4,3 Milliarden DM im Jahr 1970 auf 6,3 im Jahr 1974, dann auf 10,5 für 1977 und erreichte 1980 schließlich einen Gegenwert von 23 Milliarden DM. In diesem Jahr war auch die Handelsbilanz Großbritanniens ausgeglichen, während zuvor die Bundesrepublik einen deutlichen Überschuß erzielt hatte, der zwischen 1977 und 1979 in der Größenordnung von 4 Milliarden Mark lag.

Wenn die EWG auch einen hervorragenden Absatzmarkt für Erzeugnisse aus der Bundesrepublik darstellte, so kamen die *übrigen westeuropäischen Länder* darüber nicht zu kurz. Die Schweiz, Österreich und Schweden waren gute Kunden. Hatte die Ausfuhr in die Schweiz Mitte der sechziger Jahre noch keinen allzu großen Umfang erreicht (1965 betrug ihr Gegenwert 4,7 Milliarden DM), so stieg sie in den siebziger Jahren trotz der Stagnation von 1975 rasch an (auf 7,7 Milliarden DM 1970 und 20 Milliarden 1980). Der Handel mit Österreich nahm eine ähnliche Entwicklung: die Österreicher bezogen immer mehr Waren aus der Bundesrepublik; 1965 betrug ihr Gegenwert 3,8 Milliarden DM, 1970 waren es 5,7 und 1980 schließlich 19,3 Milliarden. Schweden, das bescheidenere Handelsbeziehungen zu Westdeutschland unterhielt, verdoppelte im Lauf der siebziger Jahre seine Käufe, die 1980 einen Umfang von 10 Milliarden Mark erreichten. Bei diesen drei Ländern war das Mißverhältnis in der Handelsbilanz sehr ausgeprägt.

Westeuropa spielte mithin im westdeutschen Handel eine wesentliche Rolle. Lediglich die *Vereinigten Staaten* besaßen als Handelspartner eine bestimmten europäischen Ländern vergleichbare Stellung, auch wenn sie im Jahr 1980 unter den Abnehmerländern nur an sechster und unter den Lieferstaaten erst an vierter Stelle rangierten. Sie führten nahezu ebensoviele westdeutsche Waren ein wie Großbritannien; ihr Export in die Bundesrepublik kam demjenigen Italiens nahe. Der Handel mit den USA entwickelte sich erst ganz allmählich. 1965 bis 1970 verdoppelten sich die Verkäufe aus der Bundesrepublik von 5,7 auf 11,4 Milliarden DM. 1974 erreichten sie sogar einen Umfang von 17,3 Milliarden, der aber in den beiden folgenden Jahren nicht beibehalten werden konnte. 1977 setzte zwar ein erneuter Aufschwung ein, jedoch kam er bald zum Stehen, so daß in den Jahren 1978 bis 1980 fast konstant etwa zwischen 20 und 21 Milliarden DM westdeutsche Güter nach Amerika eingeführt wurden. Diese Aufwärtsbewegung erfuhr Unterbrechungen, bedingt durch das Schwanken der Wechselkurse sowie durch Schwierigkeiten, die bei der Erschließung des amerikanischen Marktes auftraten. Die Ausfuhr amerikanischer Waren in die Bundesrepublik erreichte 1965 einen Umfang von 9 Milliarden DM. Anfang der siebziger Jahre stieg sie langsam an (von 12 Milliarden im Jahr 1970 auf 14,2 Milliarden im Jahr 1975); 1976 bis 1978 lag sie konstant um 17 Milliarden und erreichte schließlich 20,3 Milliarden im Jahr 1979 und 25,7 Milliarden im Jahr 1980. Für die siebziger Jahre bis 1974 fiel die Bilanz des deutsch-amerikanischen Handels für die Bundesrepublik positiv aus, in den beiden folgenden Jahren kehrte sich das Verhältnis um, entwickelte sich aber bereits 1977 und 1978 wieder zugunsten Westdeutschlands. Während 1979 die Handelsbilanz ausgeglichen war, brachte das 1980 für die Bundesrepublik ein großes Defizit von 4,2 Milliarden Mark.

Die Energiekrise wirkte sich nachhaltig auf die Handelsbeziehungen zu den *OPEC-Ländern* aus. Die Bundesrepublik, die Erdöl einführen mußte, gab hierfür noch 1965 weniger als 5 Milliarden DM aus. Zu Beginn der siebziger Jahre stieg dieser Importwert langsam an: von 6,9 Milliarden im Jahr 1970 auf 10,4 im Jahr 1973. 1974 schnellten die deutschen Ausgaben für Erdöl schlagartig in die Höhe, auf 23,8 Milliarden DM; bis einschließlich 1977 bewegten sie sich in dieser Größenordnung. 1978 gingen sie zwar auf 19,4 Milliarden zurück, aber diese Senkung war nur von kurzer Dauer, denn bereits in den beiden folgenden Jahren stiegen die Ausgaben für Öl erneut sprunghaft auf 27 bzw. 37,4 Milliarden DM an. Trotz aller Energiesparmaßnahmen gelang es nicht, einer Entwicklung Einhalt zu gebieten, die von den Preisbewegungen, von der Spekulation und vom Widerstand gegen den Bau von Atomkraftwerken beeinflußt wurde. Die Bundesrepublik bemühte sich jedoch, ihr Handelsdefizit gegenüber den OPEC-Ländern auszugleichen. Sie begann in großem Umfang, Ausrüstungsgüter in diese Gebiete mit ihrem Petrodollarreichtum zu exportieren. Anfang der siebziger Jahre waren die Ausfuhren noch gering, (1970 im Wert von 3,6 Milliarden DM), aber in den Jahren 1970 bis 1974 steigerte Westdeutschland seinen Export auf das Dreifache

(10,5 Milliarden) und 1977 wie 1978 lieferte es Waren im Gegenwert von fast 25 Milliarden DM, mußte sich aber 1979 und 1980 mit bescheideneren Ergebnissen zufrieden geben (19,2 bzw. 22,8 Milliarden). 1974 belief sich das Defizit auf über 13 und 1980 sogar auf 14,6 Milliarden, aber in den dazwischenliegenden Jahren – 1975, 1976 und 1978 – war es geringer, und 1977 gelang der Bundesrepublik gar eine positive Handelsbilanz (24,9 gegenüber 23,5 Milliarden Mark).

Die Bundesrepublik exportierte mehr Güter nach Frankreich als insgesamt in die *Entwicklungsländer,* die nicht zu den Erdöllieferanten zählten. Der Handel mit Lateinamerika, Afrika und Asien stagnierte. Abgesehen von den Vereinigten Staaten und Kanada war der deutsche Warenstrom nach *Amerika* recht gering: gegen Ende der siebziger Jahre lag der Wert der ausgeführten Waren unter 10 Milliarden DM, 1980 bei 11,5 Milliarden, was damals etwa 3 % der gesamten westdeutschen Ausfuhr entsprach. Die Einfuhr bewegte sich in der gleichen Größenordnung. Der *afrikanische* Markt war ein bedeutender Abnehmer für die Bundesrepublik; gegen Ende der siebziger Jahre setzte sie jährlich Waren im Gegenwert von 12 bis 14 Milliarden DM ab (14,6 im Jahr 1980). Die Bundesrepublik bezog aber mehr Güter aus Afrika als sie dorthin exportierte. Die Entwicklungsländer *Asiens* importierten westdeutsche Waren im Wert von 25 Milliarden DM pro Jahr und führten 1979 etwa ebenso viel nach Deutschland aus; 1980 erhöhte sich diese Summe auf 34,3 Milliarden.

In diesem Erdteil stieß die Bundesrepublik auf die harte Konkurrenz des hochindustrialisierten Japan. Der deutsch-japanische Handel gedieh nicht über ein recht bescheidenes Ausmaß hinaus, aber er zeigte ganz deutlich, daß die westdeutschen Produkte sich auf dem japanischen Markt nicht durchsetzen konnten (1970 erreichten die Exporte nach Japan einen Umfang von 2, 1977 von 3, 1980 schließlich von 4 Milliarden DM), während die im Land der aufgehenden Sonne hergestellten Waren in der Bundesrepublik auf größere Nachfrage stießen (die Importe aus Japan hatten 1970 einen Wert von 2, 1972 von 3,2, 1975 von 4,3, 1977 von 6,5 und 1980 von 10,4 Milliarden DM). Obwohl die Bundesregierung die deutschen Firmen dazu aufforderte, Japan seine wirtschaftliche Stellung in Südostasien streitig zu machen, war ihnen dies noch nicht gelungen.

Die Bundesrepublik war bestrebt, ihre Ausfuhr in die *kommunistischen Länder* zu steigern. Im Jahre 1965 exportierte sie nur wenig in diese Länder (lediglich im Wert von knapp 3 Milliarden DM). Nach 1970 erzwang sie sich Zugang zu den östlichen Märkten und verlieh dadurch der Ostpolitik auch eine wirtschaftliche Dimension; von 1970 bis 1973 verdoppelte sie den Export in kommunistische Staaten (von 5,4 auf 10,8 Milliarden DM), der ab 1974 auf einen Wert von 16 bis 17 Milliarden und

1979/1980 sogar von 18 bis 19 Milliarden weiter anstieg. Auch Bonn erhöhte zunehmend seine Einfuhren aus kommunistischen Ländern, allerdings ein wenig verzögert: 1970 wurden Produkte für 4,4, 1973 für 6,6, 1978 für 12,5 und 1980 für 17,4 Milliarden DM importiert. Diese Handelsbilanz fiel ganz deutlich zugunsten der Bundesrepublik aus, die sich zum wichtigsten westlichen Handelspartner der östlichen Länder entwickelte. Dabei erstreckte sich dieser Handel fast nur auf die kommunistischen Staaten in Osteuropa, da China noch eine ganz unwichtige Rolle spielte. In den Jahren 1965 bis 1974 nahm der deutsche Export in die Sowjetunion durchschnittlich um 26% pro Jahr zu. Trotz des 1972 geschlossenen Handelsvertrages blieb die Sowjetunion jedoch ein relativ unbedeutender Partner der Bundesrepublik: 1980 führte sie westdeutsche Produkte im Wert von fast 8 Milliarden DM ein, was etwa 2% des gesamten bundesdeutschen Exports entsprach. Die Sowjetunion lieferte der Bundesrepublik vor allem Gas und Ölprodukte. Der 1981 unterzeichnete Vertrag über die Lieferung von sibirischem Erdgas sollte der Sowjetunion einen Ausgleich des Defizits ermöglichen. Die langfristigen Abkommen, die die Bundesrepublik mit Rumänien (1969), Polen (1970), der Tschechoslowakei (1970) und Ungarn (1970) traf, führten nicht zu den erhofften Ergebnissen. Zwar gelang es Bonn, seinen Export nach Polen von 1965 bis 1974 jährlich um durchschnittlich 29% zu steigern. Polen erhöhte innerhalb dieses Zeitraumes die Einfuhr westdeutscher Güter um das Zehnfache, während sich sein Export in die Bundesrepublik lediglich verdreifachte. Der Bundesrepublik gelang es ferner, im Laufe eben dieser zehn Jahre ihren Absatz in den übrigen europäischen COMECON-Staaten zu vervierfachen. Insbesamt jedoch sank der Anteil der COMECON-Länder am gesamten Handel der Bundesrepublik zwischen 1974 und 1980 von 7,2 auf 6,3%. Außerdem drohte dieser Warenaustausch durch die Folgen einer ständig zunehmenden Verschuldung beeinträchtigt zu werden, die sich 1980 auf 25 bis 30 Milliarden DM belief. Dieser Umstand beunruhigte die westdeutschen Banken. Der Handel mit den COMECON-Ländern ermöglichte der Bundesrepublik zwar die Lieferung von Ausrüstungsgütern und Nahrungsmitteln, doch konnte sie durchaus eine Reduzierung dieses Handels verkraften, da sie aus jenen Ländern lediglich einen Teil ihrer Kohle und Erdölprodukte bezog.

Sämtliche Beobachter wiesen immer wieder auf den Expansionsdrang des bundesdeutschen Handels hin und betrachteten die Bundesrepublik als eine außergewöhnliche Handelsmacht (W. Hager). Während die Dynamik dieses Handels rasch zu einem Gemeinplatz wurde, läßt man es bei der Erforschung ihrer *Ursachen* oft an der nötigen Gründlichkeit fehlen. Was trieb Westdeutschland dazu, systematisch sämtliche ausländischen Märkte zu erobern? W. Hager stellt recht interessante Überlegungen an. Seiner Ansicht nach bildet ein intensiver Handel eine wichtige Grundlage für die Aufrechterhaltung eines liberalen Wirtschaftssystems in Westdeutschland, die wiederum eine wesentliche Voraussetzung für den Fortbestand der Demokratie darstelle. Wenn auch die Lebensraumvorstellung mit dem Krieg verschwunden war, so befürchtete man in Deutschland doch stets, eines Tages völlig isoliert dazustehen und nicht über genug Rohstoffe und Absatzmärkte zu verfügen. Daher bemühte man sich, eine starke Position auf dem internationalen Markt zu erobern, um ein ausreichendes Betätigungsfeld für die Lebhaftigkeit und die Dynamik der deutschen Wirtschaft zu sichern; man duldete keine Beschränkung auf den nationalen Wirtschaftsraum und bekämpfte aus diesem Grund den Protektionismus, der die als notwendig empfundene deutsche Expansion zu hemmen drohte. In der Bundesrepublik wußte man ganz genau, daß man unbedingt zu exportieren hatte, ja daß der Export eine wesentliche Voraussetzung für die Aufrechterhaltung des sozialen Friedens darstellte, da seit 1975 jeder fünfte Arbeiter für den Export arbeitete. Außerdem wollte Bonn über die gegenseitigen wirtschaftlichen Abhängigkeiten seine Sicherheit und seinen Fortbestand garantieren. Die Bundesrepublik baute auf die hochentwickelte Technologie sowie auf die hervorragende Qualität ihrer herkömmlichen und ihrer neuen Produkte. Sämtliche Untersuchungen ergaben, daß das Markenzeichen „Made in Germany“ trotz der harten internationalen Konkurrenz immer noch als ein Zeichen besonderer Güte galt.

Die seit etwa einem Jahrhundert angewandten und ständig verbesserten Handelsmethoden stützten sich auf ein äußerst dichtes Netz von Verkaufs- und Kundendienststellen, die den deutschen Kaufleuten einen Vorsprung vor ihren nachlässigeren Konkurrenten – vor Briten und Franzosen – sowie auch gegenüber gefürchteten Mitbewerbern sicherte, wie etwa vor den Japanern, die sehr schnell dem deutschen Beispiel folgten.

In der zweiten Hälfte der sechziger Jahre sah man die Hauptursache für die Hochkonjunktur des deutschen Handels oft im niedrigen DM-Kurs. Es stimmt, daß bereits ab 1969 die Industriellen, sobald eine Aufwertung der DM zur Debatte stand, gegen eine solche Maßnahme aufbegehrten und der Bundesregierung die verhängnisvollen Auswirkungen vor Augen führten, die sie auf den deutschen Export haben würde. Und doch haben die verschiedenen Aufwertungen die weitere Ausdehnung des Handels in den siebziger Jahren keineswegs verhindert. Man braucht lediglich einen Blick auf die Entwicklung des deutsch-französischen Handels zu werfen, um sich von dieser Tatsache zu überzeugen: trotz der starken Stellung der Mark führte die Bundesrepublik immer mehr Erzeugnisse nach Frankreich aus, während das Defizit in der französischen

Handelsbilanz – trotz der Abwertung des Franc – immer größer wurde. Die DM-Aufwertungen beeinträchtigten den Export in keiner Weise. Zu Beginn der siebziger Jahre übertrafen die Preise für deutsche Erzeugnisse zwar diejenigen der Handelspartner, aber die weltweite Nachfrage wuchs und der deutsche Handel bot günstigere Bedingungen als derjenige der anderen Industrieländer. Dank vieler Investitionen im Produktionsbereich und dank des Ausbaus des Verkaufsnetzes im Lauf der sechziger Jahre konnte der deutsche Handel seine Stellung behaupten. Wenn die Wechselkurse oder die Konjunktur es erforderten, fanden die westdeutschen Industriellen sich auch dazu bereit, ihre Erzeugnisse zum Selbstkostenpreis zu verkaufen; für diesen Fall hofften sie, die vorübergehenden Verluste auf dem Binnenmarkt wieder wettmachen zu können.

Hingegen drohte die große, weltweite Krise, die seit den Jahren 1974/1975 einsetzte, den deutschen Handel zu beeinträchtigen; diese Gefahr war umso größer, als ihm gleichzeitig neue Konkurrenten, vor allem in Asien, erwuchsen und viele Länder zu einem administrativ verkappten Protektionismus übergingen. Doch mit einer an die Nachfrage auf dem Weltmarkt angepaßten Spezialisierung, mit einer wendigen Handelspraxis sowie mit einer Verbindung aus herkömmlichem industriellem Know-how und geschäftlicher Aggressivität meisterte die Bundesrepublik auch diese Situation. Hatte die bundesdeutsche Ausfuhr 1970 einen Umfang von 22,5% des Bruttosozialproduktes erreicht, so kam sie 1974 – und auch 1976 wie 1977 – auf 27,9%. Der Export sorgte dafür, daß die deutsche Wirtschaft von einem noch ernsteren Rückschlag verschont blieb.

Viele Unternehmen gründeten sehr rasch Filialen und Zweigniederlassungen im Ausland (siehe oben). Andere wiederum stützten sich auf ihre eigenen Exportleistungen, auf Dienstleistungsunternehmen sowie auf gesellschaftliche und wirtschaftliche Einrichtungen wie zum Beispiel auf die ungefähr dreißig bilateralen Handelskammern (die französisch-deutsche, deutsch-belgische, deutsch-schweizerische etc.). Ihnen stand also ein riesiges Netz von Informationen in Handelsfragen zur Verfügung, mit dessen Hilfe sie für ihre Produkte werben und potentielle Käufer ausfindig machen konnten. Außerdem stellten die Unternehmer ihre Erzeugnisse auf den internationalen, in der Bundesrepublik abgehaltenen Messen vor. Die Düsseldorfer, Frankfurter, Kölner, Münchner und vor allem die Hannover-Messe fanden ein großes Echo. 1974 wurde die Messe in Hannover von 3787 deutschen und von fast tausend ausländischen Ausstellern beschickt; über 445000 Besucher interessierten sich für die ausgestellten Produkte. Hannover hatte sich wieder zu einem regelrechten deutschen Schaufenster für die Käufer aus der ganzen Welt entwickelt. 1979 präsentierten dort 5600 Unternehmen aus 36 Ländern ihre

Produkte. Die Deutschen waren außerdem auf den großen ausländischen Messen stark vertreten.

Wie gut sich die Firmen aus der Bundesrepublik den Erfordernissen des internationalen Marktes anzupassen verstanden, ging auch ganz deutlich aus der Tatsache hervor, daß immer mehr Verträge über die Ausfuhr kompletter, schlüsselfertiger Industrieanlagen geschlossen wurden. Aufgrund der engen Zusammenarbeit zwischen Produzenten von Ausrüstungsgütern und Ingenieuren konnte man Geschäfte mit Ländern schließen, die oft große Rohstoffressourcen besaßen und an Ausrüstungsgütern interessiert waren. Um auf den ausländischen Märkten konkurrenzfähig zu bleiben, setzten die deutschen Firmen auf die industrielle Spezialisierung sowie auch hochtechnisierte Produkte. Dies galt in erster Linie für die Werkzeugmaschinenindustrie; sie hatte fast 100000 Beschäftigte und exportierte mehr als 70% ihrer Erzeugnisse. Im Hinblick auf bestimmte Maschinen hatte sie nahezu eine Monopolstellung erlangt: das galt für Maschinen zur Zigarettenfabrikation, Schweißmaschinen, Druckerei- sowie Molkereiausrüstungen. Der technologische Vorsprung und die industriellen Innovationen waren nur deshalb möglich, weil in der Bundesrepublik seit Jahrzehnten Forschung und Produktion ganz eng zusammenarbeiteten.

All die genannten Ursachen lassen klarwerden, weshalb die Ausfuhr der Bundesrepublik trotz der weltweiten Krise unaufhörlich zunahm und ihre Handelsbilanz einen wachsenden Überschuß aufwies.

Die DDR als Handelsmacht

Der ostdeutsche Staat war bei weitem keine so bedeutende Handelsmacht wie sein westlicher Nachbar, wenn auch die in den sechziger Jahren durchgeführte Wirtschaftsreform dem Außenhandel eine wichtige Rolle zuwies. Dieser Handel war aus mehreren Gründen von vitalem Interesse. Als kleines, hochindustrialisiertes Land mußte die DDR bei der internationalen Arbeitsteilung mitwirken, um zu überleben. Sie benötigte Absatzmärkte für ihre Spezialmaschinen, ihre elektrotechnischen und elektronischen Erzeugnisse, für die Produkte ihrer chemischen Industrie und sogar für die Waren ihrer Konsumgüterindustrie mit ihrer hohen Kapazität. Die DDR mußte drei Fünftel der benötigten Rohstoffe einführen: u.a. Kohle, Erdöl, Eisen und Nichteisenmetalle. Als Mitte der siebziger Jahre die Rohstoffpreise anstiegen und die Ölpreise in die Höhe schnellten – die Sowjetunion orientierte sich an den Preisen der OPEC-Länder –, wurde die Ausfuhr von Fertigwaren zu einer immer dringlicheren Notwendigkeit.

In den sechziger Jahren lag der Anteil der *östlichen Länder* am Handel der DDR bei durchschnittlich 75%. Offiziell bemühten sich die leitenden Funktionäre – wie sie während des 8. Parteitages der SED im Juni 1971 ausführten – darum, die Handelsbeziehungen zu den sozialistischen Ländern in diesem Umfang beizubehalten. In Wirklichkeit sank er jedoch 1973 auf 69%, im folgenden Jahr auf 64 und 1979 auf nur 60% des gesamten Handels der DDR.

Die Spezialisierung innerhalb des COMECON führte dazu, daß die DDR fast ausschließlich Enderzeugnisse exportierte (Maschinen, chemische Produkte, Textilien, Möbel etc.), die östlich des Eisernen Vorhangs auf eine große Nachfrage stießen. Von Anfang an war die Sowjetunion der wichtigste Handelspartner Ost-Berlins. Der langfristige Handelsvertrag für die Jahre 1971 bis 1975, der einen Warenaustausch im Umfang von 100 Milliarden Valutamark vorsah, wurde erfüllt. 1965 machte der Güteraustausch mit der Sowjetunion 43% und in den siebziger Jahren etwa ein Drittel des gesamten Handels aus.

Der Handel der DDR in Milliarden Devisenmark
(Umrechnungseinheit: 1 Rubel = 4,67 Valutamark)

	Insgesamt	mit COMECON-Ländern (einschließlich der Sowjetunion)	mit der Sowjetunion allein	mit kapitalistischen Ländern
1960	18,5	12,5	7,9	3,9
1970	39,6	26,7	15,5	9,7
1972	46,8	31,7	17,6	12
1973	53,5	35,3	18,5	14,9
1974	64	39,1	20,1	19,8
1975	74,4	49,3	26,5	19,3
1976	85,5	54,6	27,8	24,2
1977	91,7	62,2	32,5	21,8
1978	96,9	66,6	34,9	22
1979	108,8	71,6	39,3	28,3
1980	120,1	75,3	42,6	33
1981	132,9	84,3	49,9	37,8
1982	145,1	91,5	55,2	40,8

In den Jahren zwischen 1970 und 1979 bezog die DDR von der Sowjetunion vier Fünftel ihres Bedarfs an Erdöl, drei Fünftel der benötigten Kohle, drei Viertel der Baumwolle sowie fast ihren gesamten Bedarf an Nichteisenmetallen und an Walzstahl. Ostdeutschland exportierte Werkzeugmaschinen, Präzisionsinstrumente, Textilien usw. in die UdSSR. Bis 1973 deckte die DDR ein Viertel des sowjetischen Bedarfs an Maschinen und an Ausrüstungsgütern; in den folgenden Jahren sank dieser Anteil aufgrund der westdeutschen Konkurrenz, die einen Teil des Marktes eroberte, auf knappe 20%. Auf diesen Rivalen stieß Ostdeutschland auch in Rumänien; wo die Importe aus der Bundesrepublik seit den sechziger Jahren zunehmend die Einfuhren aus der DDR verdrängten. Der Handel mit den übrigen COMECON-Partnern – ohne die Sowjetunion – setzte sich ab Ende der sechziger Jahre folgendermaßen zusammen: zwischen 35% und 28% der ostdeutschen Ausfuhren gingen in die Tschechoslowakei, deren Anteil jedoch rückläufig war; ein gutes Viertel nach Polen, 17–19% nach Ungarn und 11–12% nach Bulgarien. Der Warenaustausch mit Kuba – das seit 1972 dem COMECON angehört, erreichte nur einen Umfang von 3%.

Die *übrigen sozialistischen Staaten* – Jugoslawien, China usw. – spielten im Handel mit der DDR nur eine bescheidene Rolle: 1970 betrug ihr Anteil 4 und 1977 3,5%. Dasselbe galt für die *Entwicklungsländer,* auch wenn sich die DDR bemühte, die Zusammenarbeit mit ihnen auf der Basis langfristiger Verträge zu fördern; ab Mitte der sechziger Jahre waren sie durchschnittlich mit etwa 4% beteiligt. Die wichtigsten Handelspartner waren hier der Irak, Ägypten und Brasilien.

Die DDR unternahm große Anstrengungen, um ihre Handelsbeziehungen zu den *kapitalistischen Industriestaaten* auszubauen. Zwischen 1965 und 1980 steigerte sich der Umfang des Handels mit ihnen von 5,3 Milliarden Valutamark auf 33 Milliarden. Insgesamt – einschließlich des Warenaustauschs mit der Bundesrepublik (innerdeutscher Handel) – betrug der Anteil dieser Länder in den sechziger Jahren etwa 18–20%; in den siebziger Jahren nahm er zu: 1970 belief er sich auf 24,4, stieg bereits 1974 auf 30,9, sank 1977 auf 23,7 und erreichte 1980 28%.

Aber auch wenn man den deutsch-deutschen Handel (siehe nächstes Kapitel) ausklammert, förderte die DDR den Warenaustausch mit dem Westen: von 3,3 Milliarden Valutamark 1966 erhöhte er sich innerhalb von zehn Jahren auf 16,8 Milliarden. Die Wirtschaftsverbindungen mit den wichtigsten westlichen Partnern – Schweden, Großbritannien, Frankreich, den Vereinigten Staaten und Japan – boten ein ziemlich auffälliges Bild. Als typisches Beispiel kann der Handel mit Frankreich herausgegriffen werden. Während sein Umfang in den sechziger Jahren recht gering blieb, betrug er 1970 eine halbe Milliarde Mark, überschritt 1975 die Milliardengrenze und erreichte im Rekordjahr 1976 sogar 1,7 Milliarden. Auf beiden Seiten erhoffte man sich ein Anwachsen des jährlichen Handelsvolumens auf 2 bis 3 Milliarden Mark, vor allem, nachdem man gegen Ende der siebziger Jahre eine ganze Reihe von Verträgen über eine engere Zusammenarbeit geschlossen hatte. 1979 sah ein Protokoll für die kommenden fünf Jahre französische Lieferungen im Wert von 12 Milliarden Franc vor. Die DDR beglich die von Frankreich gewährten Kredite durch Lieferungen von Fabrikaten, hergestellt in den Werken, die französische Firmen – Citroën, Rhône-Poulenc, Creusot-Loire etc. – schlüsselfertig in der DDR errichtet hatten. Seit Ende der siebziger Jahre beteiligte sich die DDR an zahlreichen Fachmessen – in Paris und Lyon – und richtete Handelsvertretungen ein; dies verhalf ihr zu einigem Erfolg auf dem französischen Markt, den sie vor allem mit Werkzeugmaschinen, Büromaterial, Möbeln etc. belieferte.

Da die DDR seit der Ölkrise stark durch die Verschlechterung der Austauschrelation innerhalb des COMECON in Mitleidenschaft gezogen wurde, mußte sie versuchen, einen Teil ihres Bedarfs durch Güter aus dem Westen zu decken, und möglichst viel zu exportieren, um sich Devisen zu beschaffen. Mehrmals wurde sie beschuldigt, Waren zu Dumpingpreisen anzubieten – dies betraf vor allem Bekleidungsartikel. Doch bemühte sich Ostberlin insbesondere, dem „made in GDR" zum Durchbruch zu verhelfen, das im Westen jedoch bei weitem nicht so hochgeschätzt wurde wie das „made in Germany" der Bundesrepublik. Diese Bemühungen um die westlichen Märkte schienen umso notwendiger zu sein, als es der DDR nicht gelang, sich aus einer Verschuldung zu befreien, die bereits zu Beginn der siebziger Jahre einen beträchtlichen Umfang erreicht hatte; die Ursache für diese Schwierigkeiten war das enorme Defizit, das die ostdeutsche Handelsbilanz aufwies und um dessen Ausgleich sich Ostberlin unter Einsatz aller Mittel bemühte. Diese Verschuldung gegenüber westlichen Staaten – einschließlich der Bundesrepublik – belief sich 1981 auf 10 Milliarden Dollar. Da die DDR aber immer noch weniger stark verschuldet war als Polen (21 Milliarden Dollar) und die Sowjetunion (14 Milliarden), kam sie erst auf Platz drei dieser wenig beneidenswerten Rangliste.

Der deutsch-deutsche Handel

Der innerdeutsche Handel war für die DDR von besonderem Interesse, da sich die Bundesrepublik zu ihrem zweitwichtigsten Handelspartner nach der Sowjetunion entwickelte. Die deutsch-deutschen Handelsbeziehungen, die durch das Berliner Abkommen vom August 1960 erstmals für eine unbegrenzte Laufzeit geregelt wurden, vollzogen sich in Form eines regelrechten Warenaustausches. Seine Rechtsgrundlage bildeten die von beiden deutschen Staaten unterzeichneten Verträge. Die Bezahlung der gelieferten Güter erledigten Bundesbank und Deutsche Notenbank (bzw. seit 1977 die Staatsbank der DDR) im Verrechnungsverfahren. Bonn bewilligte Ostberlin hierbei einige Vergünstigungen: es erhielt die

Erlaubnis, sein Konto zu überziehen, was der Gewährung eines Kredits gleichkam (Swing); aus der DDR eingeführte Waren mußten weder verzollt noch versteuert werden; man nahm von den EWG-Regelungen Abstand und wich auf Verlangen der Bundesrepublik auch von den Römischen Verträgen ab; dadurch wurde der deutsch-deutsche Handel dem Warenverkehr innerhalb der Bundesrepublik gleichgestellt. Der innerdeutsche Handel unterlag somit nicht den Bestimmungen der EWG, und deshalb konnten ostdeutsche Waren zollfrei in die Bundesrepublik eingeführt werden. Allerdings war die DDR verpflichtet, die Preise für ihre Güter so festzusetzen, daß das Gleichgewicht nicht durch Dumping gefährdet wurde.

Der deutsch-deutsche Warenaustausch, der sich bis 1962 nur mühsam entwickelte, nahm in den sechziger Jahren zu und stellte etwa 10% des gesamten ostdeutschen Handels (weniger als 2% des westdeutschen); ab 1975 war der Anteil leicht rückläufig, während der Wert sich erhöhte: 1972 betrug er 4,8 Milliarden Valutamark, stieg 1974 auf 6, 1979 auf 8,7 und schließlich 1980 auf 12 Milliarden Valutamark. Von 1970 bis 1980 erhöhte er sich jährlich um 11% im Durchschnitt; diese Entwicklung wurde durch die Bonner Ostpolitik und den Grundlagenvertrag von 1972 begünstigt. Die Bundesrepublik lieferte vor allem Ausrüstungsgüter und Ausgangserzeugnisse, während die DDR neben diesen Produkten ihre Ausfuhr von Konsumgütern steigerte.

Der deutsch-deutsche Handel (in Milliarden DM)

	Lieferungen der Bundesrepublik Deutschland	Lieferungen der Deutschen Demokratischen Republik
1965	1,2	1,3
1971	2,7	2,6
1974	3,7	3,3
1977	4,7	4,1
1980	5,9	5,9
1983	6,9	6,9

Da es Ostberlin jedoch nur selten gelang, seinen Handel mit dem anderen Deutschland auszugleichen, verschuldete es sich immer stärker. Ende 1980 war das Defizit seiner Handelsbilanz auf 3,9 Milliarden DM angelaufen; hinzu kamen wachsende Schulden, von denen ein Fünftel durch die Swing-Kredite finanziert wurde, die sich auf 800 Millionen DM beliefen. Obwohl die DDR alljährlich durch den Besuch von Westdeutschen 1,6 Milliarden DM einnahm und Abkommen im Bereich des Post-, Eisenbahn- und Straßenwesens – die Bonn abgeschlossen hatte, um die Lebensfähigkeit von West-Berlin zu sichern – ihr Einnahmen in Höhe von einer weitern Milliarde einbrachten, herrschte dort dennoch ein empfindlicher Mangel an starken Devisen.

Selbstverständlich war dieser deutsch-deutsche Handel von der internationalen Situation abhängig. Die Ereignisse in Polen und die Auswirkungen der weltweiten Wirtschaftskrise lasteten schwer auf der Austauschrelation der beiden deutschen Staaten.

Zusammenfassend läßt sich feststellen, daß beide Länder weltweit eine bedeutende wirtschaftliche Stellung besaßen. Vor allem durch die Bundesrepublik hatte der deutsche Handel wieder eine Dynamik gewonnen, durch die er nun ein in der ganzen Welt gefürchteter Konkurrent war.

Armeen auf Vorposten

Auf verschiedenen Seiten des Eisernen Vorhangs gelegen und eingeflochten in zwei gegnerische Blöcke, befinden sich die beiden deutschen Staaten „auf Vorposten". Mit Unterstützung ihrer jeweiligen Verbündeten stellten sie bedeutende Streitkräfte auf und verfolgten gleichzeitig mit großer Aufmerksamkeit die Entwicklungen in der Abrüstungsfrage: sie wollten mit allen Mitteln verhindern, noch einmal zum Schlachtfeld zu werden.

Ein starke Bundeswehr im Verband der NATO

Ganz zu Anfang der sechziger Jahre war die noch junge Bundeswehr bereits 235000 Mann stark, von denen 144000 im Feldheer, 56000 in der Luftwaffe, 22000 in der Marine und 13000 im Territorialheer dienten. Etwa fünfzehn Jahre später betrug ihre Stärke fast 500000 Mann. Mit ihren 12 Divisionen und 3660 Kampfpanzern – davon 300 mit Raketen ausgerüstet – stellte sie eine konventionelle Streitmacht von größter Bedeutung dar. Die Mannschaftsstärke änderte sich Ende der siebziger Jahre nicht, doch die Feuerkraft nahm noch zu.

Das in Friedenszeiten 340000 Mann starke Feldheer erhielt im Rahmen der NATO eine wichtige Verteidigungsaufgabe in nächster Nähe des Eisernen Vorhangs. Da es über beträchtliche Panzerabwehrwaffen – unter anderem über 2500 Milan-Panzerabwehrraketen (um 1980) – sowie über eine starke Flugabwehr verfügte, besaß es mit seinen 1800 Panzern vom Typ Leopard II die notwendigen Mittel für einen eventuellen Gegenangriff. Die 110000 Soldaten der Luftwaffe, bereits mit Phantom-

Jagdbombern ausgerüstet, warteten auf die leistungsstärkeren Tornado. In der Marine dienten 38000 Mann; sie verfügte vor allem über Fregatten mit Flugkörperstartern und Unterseeboote. Außerdem beschäftigte die Bundeswehr noch 180000 Zivilpersonen, fast die Hälfte davon Arbeiter. Innerhalb von 72 Stunden konnte (und kann) die Bundesrepublik 1,2 Millionen Mann mobilisieren.

Der Anteil der auf längere Zeit Verpflichteten wurde auf 55% fixiert; der Rest bestand aus Wehrpflichtigen. Die militaristische Gesinnung des „Soldatentums“ wurde durch das Leitbild des „Bürgers in Uniform“ – konkretisiert in den Leitsätzen der „inneren Führung“ – ersetzt, die man als Erziehung zum Bürger und Patrioten bezeichnen kann. So gelang es der Bundeswehr ganz allmählich, ihr Image aufzubessern. Sie befreite sich langsam aus ihrer isolierten Stellung als „Staat im Staate“, war aber den Wirkungen pazifistischer und antimilitaristischer Kampagnen ausgesetzt. Überdies hatte sie sich zunehmend zu einer Armee von Technikern entwickelt, die nach Meinung mancher Beobachter bereits in einem gefährlichen Ausmaß übermechanisiert war, und sah sich auch deswegen häufig kritisiert.

Der Aufbau dieser schlagkräftigen Armee verlangte der Bundesrepublik einige bedeutende Opfer ab: „Die Sicherheit hatte ihren Preis“. In den siebziger Jahren schwankte das Verteidigungsbudget zwischen 18,7 und 22,3% des gesamten Staatshaushaltes der Bundesrepublik. Die Verteidigungsausgaben wurden jedes Jahr größer: geht man von einem Index = 100 für das Jahr 1960 aus, so beliefen sie sich 1970 auf 142 und 1980 auf 179. In diesem Jahr gab die Bundesrepublik 3,5% ihres Bruttosozialprodukts für die Landesverteidigung aus. Innerhalb der NATO lieferte sie mit 11,5% den zweitstärksten Verteidigungsbeitrag nach den Vereinigten Staaten (59%). Die Auswirkungen der Wirtschaftskrise verhinderten jedoch weitere derartige Anstrengungen, und Anfang der achtziger Jahre wurden auch der Bundeswehr einige Sparmaßnahmen auferlegt.

Der Verteidigungshaushalt der Bundesrepublik

	1970	1977	1978	1979	1980	1981	1982	1983	1984
Verteidigungshaushalt (in Milliarden DM)	19,4	33,5	35,4	36,7	39,3	42,1	44,1	46,7	48,0
Anteil am Gesamthaushalt (in %)	22,1	19,6	18,7	18,0	18,2	18,2	17,9	18,4	18,6

Als die amerikanische Strategie noch auf dem Gedanken der massiven Vergeltung („massive retaliation“) beruhte, spielte die Bundeswehr im Rahmen der Verteidigung des Westens keine wichtige Rolle; als Washington jedoch sein strategisches Konzept hin zur flexiblen Reaktion („flexible response“) änderte, gewann der militärische Beitrag der Bundesrepublik an Bedeutung. Ohne daß man in Bonn genau gewußt hätte, wo die atomare Schwelle angesetzt war, und obwohl man fürchtete, daß Washington den Einsatz der Atomwaffen zu lange hinauszögern könnte, paßte Westdeutschland seine Strategie dem Konzept der Vorwärtsverteidigung an, das die NATO in den folgenden Jahren propagierte. Dieses strategische Konzept bedingte eine starke konventionelle, mit modernen Waffen ausgerüstete Armee. Um einen Teil des dadurch entstehenden Bedarfs zu decken, wurde die Rüstungsindustrie weiter ausgebaut. Sie hatte in den sechziger Jahren vor einem völligen Neuanfang gestanden, aber gegen Ende des folgenden Jahrzehnts beschäftigte sie 200000 Arbeitskräfte und erzielte einen Umsatz von über 20 Milliarden DM. Die Bundesrepublik ging sogar wieder zum Waffenexport über: 1978 führte sie Waffen im Wert von 442 Millionen Dollar aus, was damals lediglich 2% des Weltmarktes entsprach. Niemand zweifelte an der Qualität der von Krauss-Maffei hergestellten Panzer des Typs „Leopard“, noch an der des „Gepard“ (eines Flugabwehrpanzers), des Schützenpanzers „Marder“ oder der Raketenbasen 110 SF. Außer diesem in Westdeutschland hergestellten Material verfügte die Bundeswehr noch über weitere Waffen, die in Zusammenarbeit mit westlichen Partnern – vor allem mit den Franzosen – entwickelt wurden: Panzerabwehrsysteme Hot und Milan, Roland-Raketen, Flugzeuge wie Alpha-Jet, Transall und Tornado etc.

Die Bundesrepublik, infolge ihrer geographischen Lage der Vorposten der westlichen Welt, hielt treu am Nordatlantikpakt fest. In seinem Rahmen spielte sie mit der Bundeswehr als wichtigster konventionell ausgerüsteter Streitmacht in Westeuropa eine zentrale Rolle. Auf westdeutschem Territorium waren ausländische, der NATO unterstellte Truppen stationiert: über 200000 Amerikaner, 63500 Briten, 15000 Belgier, 5000 Holländer und 5000 Kanadier. Aufgrund bilateraler Abkommen zwischen Bonn und Paris unterhielt Frankreich Truppen in Stärke von etwa 50000 Mann auf deutschem Boden.

Die Bundesrepublik kann ihre Sicherheit nicht allein gewährleisten. So mußte sie sich Washingtons Standpunkt anschließen. Bisweilen hatte sie Schwierigkeiten, die Haltung ihres mächtigen Verbündeten zu verstehen, und die führenden Bonner Politiker mußten einige deutsch-amerikanische Spannungen beilegen. Der Umschwung in der amerikanischen Politik, der sich gegen Ende der siebziger Jahre abzuzeichnen begann, rief in Bonn große Verwirrung hervor. Da die Bundesrepublik lange an den atomaren Schutz durch die Vereinigten Staaten gewöhnt war, fiel es ihr schwer, zu akzeptieren, daß die USA nicht mehr alle aus ihrer führenden Stellung innerhalb des Nordatlantikpakts resultierenden Kosten bestreiten wollten. Während die Haltung der Administration Carter Bonn mit wachsender Besorgnis erfüllte, erstaunte Washington über den Widerstand seines „Muster"-Verbündeten. Die Bundesrepublik war über ihre erweiterte Verantwortung im Rahmen der NATO nicht gerade sehr glücklich und meldete Bedenken gegen eine mögliche Stationierung von Neutronenwaffen (1978) und von amerikanischen, gegen sowjetische SS 20 gerichteten Pershing-II-Raketen auf ihrem Territorium an. Diese Probleme verschärften die in der Bundesrepublik geführten Debatten. Außerdem lieferten sie der pazifistischen Bewegung sowie den Befürwortern eines neutralen Westdeutschland, mit denen sich Bonn ohnehin auseinandersetzen mußte, zusätzlich gewichtige Argumente. Daneben führten sie auch unter den Bündnispartnern zu einiger Unruhe, da diese am Verteidigungswillen der Westdeutschen zu zweifeln begannen.

Eine leistungsstarke Volksarmee im Rahmen des Warschauer Pakts

Bereits 1946 förderten die Sowjets in ihrer Besatzungszone die Aufstellung von militärischen Kräften, die als „Volkspolizei" bezeichnet wurden. Diese von zahlreichen ehemaligen Wehrmachtsoffizieren durchsetzten und von russischen Beratern betreuten Truppen bildeten die Grundlage für die künftige Armee. Schon im Frühjahr 1953 war sie 100000 Mann stark.

Mit der Errichtung des Warschauer Pakts im Mai 1955, dem auch die DDR angehörte, ließ Ostberlin die Maske fallen: im Januar 1956 wurde offiziell die Nationale Volksarmee (NVA) gegründet. Zunächst war sie aus Freiwilligen gebildet, die oft aus der „Freien Deutschen Jugend" stammten, aber sie erweckte bei den jungen Männern, von denen viele in den Westen flüchteten, keine große Begeisterung. Der Bau der Berliner Mauer (1961) stoppte dann die Abwanderung. Im Jahr 1962 wurde die allgemeine Wehrpflicht eingeführt; sie bildete den krönenden Abschluß einer in der Schule wie in den Jugendorganisationen vermittelten militärischen Erziehung. Die „Gesellschaft für Sport und Technik" (GST) organisierte auf Anregung des Verteidigungsministeriums eine allgemeine und spezielle vormilitärische Ausbildung, die sich an den Bedürfnissen der Armee orientierte. Nach der Ableistung des Wehrdienstes kümmerten sich „Reservistenkollektive" um die militärisch-theoretische Weiterbildung der ehemaligen Soldaten. Die DDR zog zwar nicht alle Wehrpflichtigen ein, konnte aber in kurzer Zeit zusätzlich viele kampffähige junge Männer mobilisieren.

Die Truppenstärke der Nationalen Volksarmee nahm langsam zu: 1966 lag sie bei 122000, 1973 bei 132000 und 1978 bei 157000 (1983/84 bei 169000) Mann, von denen 16000 in der Marine und 36000 bei der Luftwaffe dienten. Abgesehen von letzteren handelte es sich bei zwei Dritteln dieser Soldaten um Wehrdienstleistende. Seit Ende der sechziger Jahre war die Armee der DDR mit modernsten sowjetischen Waffen ausgerüstet: sie verfügte über 1400 Panzer und nahezu 400 Kampfflugzeuge. Vom Jahr 1977 ab besaß sie auch Boden-Luft-Raketen vom Typ SA/7. Diese Streitkräfte konnte Ostberlin durch weitere 70000 Mann aus paramilitärischen Organisationen ergänzen und im Fall einer allgemeinen Mobilmachung durch mindestens eine halbe Million Reservisten verstärken.

Das Wachstum des Militärpotentials erforderte ein immer größeres Verteidigungsbudget: es stieg von 3,3 Milliarden DM im Jahr 1966 auf 11 Milliarden in den Jahren 1977 und 1978. Im Verhältnis zum Index 100 für das Jahr 1960 erhöhten sich die Ausgaben für militärische Zwecke bis 1978 auf 830. Ende der siebziger Jahre wandte die DDR 5,8% ihres Bruttosozialproduktes für die nationale Verteidigung auf.

Die NVA erhielt ihre Aufgaben im Rahmen des Warschauer Paktes zugewiesen. Die durch das Bündnis sowie durch bilaterale Abkommen vertraglich gebundene DDR betonte vor allem ihre defensive Haltung; ihre Armee sei der Garant für eine friedliche Durchsetzung von Demokratie und Sozialismus in ganz Deutschland, wie Verteidigungsminister K. H. Hoffmann im Jahr 1962 erklärte. Der Auftrag der Nationalen Volksarmee bestand in der Verteidigung der nach dem Zweiten Weltkrieg gezogenen Grenzen, aber auch – gemeinsam mit der Sowjetunion – in der Verteidigung der sozialistischen Gemeinschaft. Ihre internationalistische Militärdoktrin machte sie auch zu einer Schutzmacht der bestehenden Ordnung in der sozialistischen Welt: 1968 marschierten an der Seite der sowjetischen auch ostdeutsche Truppen in die Tschechoslowakei ein. Im Januar 1972 erinnerte Honecker angesichts der von „bürgerlichen Ideologen“ ausgehenden Gefahr daran, daß man wachsam bleiben und die Überlegenheit der Staaten des Warschauer Paktes über ihre imperialistischen Gegner aufrechterhalten müsse.

In den Augen der DDR konnte ein sozialistisches Land seine Verteidigung nur durch die Anlehnung an die Sowjetunion – die zentrale Macht des Sozialismus – sichern. Die ostdeutschen Soldaten leisteten einen Eid, in dem sie sich verpflichteten, zusammen mit sowjetischen oder anderen Truppen aus Mitgliedsstaaten des Warschauer Pakts den internationalen Sozialismus zu verteidigen. Als Vorposten der UdSSR in Europa waren neben den 6 NVA-Divisionen auf DDR-Gebiet auch noch 20 sowjetische Divisionen stationiert. Die atomare Verteidigungslinie verlief zwar in der Sowjetunion, aber auf dem Territorium der DDR waren auch gegen den Westen gerichtete SS-21-Raketen installiert worden.

Innerhalb des Ostblocks stellt die DDR jedenfalls eine bedeutende Militärmacht dar. Die Nationale Volksarmee muß im Dienste des Sozialismus gegen jeglichen Angriff imperialistischer Mächte vorgehen. Die ganz bewußt in dieser Geisteshaltung ausgebildeten Soldaten der NVA sollen einen Krieg zwischen den beiden deutschen Staaten nicht als einen Bürgerkrieg, sondern vielmehr als einen Konflikt zwischen verschiedenen Klassen, als einen Befreiungskrieg begreifen. Die Nationale Volksarmee hat also gleichzeitig eine Friedens- und eine Befreiungsmission zu erfüllen. Man kann sich freilich nur sehr schwer ein Bild der Stimmung in den ostdeutschen Streitkräften machen, die bisher immer nur als treuer Verbündeter des großen sowjetischen Bruders auftraten.

Die Abrüstungsfrage: Hoffnungen und Ängste

Seit dem Regierungsantritt der Großen Koalition gegen Ende des Jahres 1966 verfolgte *Bonn* die Behandlung des Abrüstungsproblems mit größter Aufmerksamkeit. Das Regierungsbündnis zwischen Christdemokraten und Sozialdemokraten erlaubte es, die Erklärung von Reykjavik (Mai 1968) zu nutzen, in der die NATO-Staaten den Ländern des Warschauer Paktes „beiderseitige ausgewogene Truppenreduzierungen“ in Mitteleuropa anboten. Die seit 1969 regierende SPD-FDP-Koalition setzte den eingeschlagenen Kurs konsequent fort. 1970 verkündete Verteidigungsminister Helmut Schmidt, die Bundesrepublik bemühe sich, zur Aufrechterhaltung der NATO-Abwehrkraft beizutragen, wolle jedoch ebenfalls ein militärisches Gleichgewicht durch Begrenzung und Kontrolle der Rüstung in Mitteleuropa fördern. Während Willy Brandt damals die neue Ostpolitik einleitete, wollte man gleichzeitig an den im Oktober 1973 in Wien beginnenden „Verhandlungen über beiderseitige Reduzierungen von Streitkräften und Rüstungen und damit zusammenhängenden Maßnahmen in Mitteleuropa“ (MBFR = Mutual Balanced Forces Reductions) teilnehmen. Die Welle der Entspannungspolitik erwuchs sowohl aus innenpolitischen Gründen als auch aus der internationalen Lage. Auch die amerikanisch-sowjetische Annäherung veranlaßte Bonn dazu, Maßnahmen zur Begrenzung der Streitkräfte vorzuschlagen. Man erklärte sich bereit, die Stärke der Bundeswehr herabzusetzen.

Bonn billigte den Vertrag über die Nichtweiterverbreitung von Kernwaffen (Nonproliferation) von 1968, der Weitergabe und Herstellung von Kernwaffen untersagte; am 2. Mai 1975 trat er für die Bundesrepublik in Kraft. Sie stimmte auch den beiden SALT-Abkommen (SALT I von 1972 und SALT II von 1979) zu, die ein strategisches Gleichgewicht zwischen den beiden Supermächten – der Sowjetunion und den Vereinigten Staaten – anstrebten. Im Hinblick auf Gespräche über ein SALT III-Abkommen schlug die Bundesregierung jedoch eine bessere Absprache zwischen Washington und seinen Bündnispartnern vor. Auch auf die Beseitigung des Mißverhältnisses in der Zahl atomarer Mittelstreckenraketen richteten sich die Bonner Wünsche, da hier die sowjetischen Systeme – SS 20, Backfire – eine schwere Bedrohung für Westeuropa darstellten.

Die MBFR-Verhandlungen begannen im Oktober 1973 in Wien. 7 Mitgliedsländer des Warschauer Pakts und 12 NATO-Staaten (Frankreich, Portugal und Island hielten sich fern) nahmen teil. Sehr bald gerieten die Gespräche jedoch ins Stocken. Das Abkommen über eine Parität der Truppenstärke für die Landstreitkräfte kam nicht zustande, obwohl dieses Paritätsprinzip in der bei Breschnews Bonnbesuch abgegebenen deutsch-sowjetischen Erklärung vom 6. Mai 1978 ausdrücklich anerkannt wurde. Während der Abrüstungsdebatte der Vereinten Nationen, die nach dieser Reise stattfand, betonte Bundeskanzler Helmut Schmidt – der den groß angelegten Plänen skeptisch gegenüberstand –, daß die Bundesrepublik ein stabiles Gleichgewicht der Kräfte anstrebe, und riet dazu, den ersten Schritt zu tun. Die Abrüstungsfrage, die zu einem zentralen Thema der deutschen Sicherheitspolitik wurde, löste ab Anfang 1979 heftige Diskussionen aus, die in zunehmendem Maß den Charakter einer politischen Polemik annahmen. Während man auf ein mögliches Abrüstungsabkommen wartete, wollte die Bundesrepublik nicht das einzige NATO-Mitglied sein, auf dessen Territorium die amerikanischen Mittelstreckenraketen vom Typ Pershing II stationiert werden sollten, die die Vereinigten Staaten als Gegengewicht zu den sowjetischen SS-20 in Europa aufstellen wollten. Die Bundesregierung unter Helmut Schmidt wollte im Rahmen der NATO die Sicherheit der Bundesrepublik garantieren und engen Kontakt zu Washington beibehalten. Die Regierung konnte sich aber dem Einfluß Herbert Wehners, des Vorsitzenden der SPD-Fraktion und Wortführers des linken Parteiflügels, nicht entziehen, der die Ansicht vertrat, die sowjetische Rüstung besitze einen rein defensiven Charakter und stehe einer Truppenverminderung im Westen durchaus nicht im Wege; so sprach sich Bonn trotz des sowjetischen Einmarschs in Afghanistan und trotz des Drucks, den Moskau auf Polen ausübte, wiederholt und prinzipiell für eine Abrüstung aus. Bundeskanzler Schmidt vertrat den Standpunkt, der Ost-West-Dialog dürfe wegen dieser Vorkommnisse nicht abgebrochen werden.

Im *Osten* betonte man von offizieller Seite immer wieder den Willen zur friedlichen Koexistenz, erinnerte die Bevölkerung aber gleichzeitig daran, daß die Verteidigung des sozialistischen Vaterlandes nicht gefährdet werden dürfe. Da Sozialismus gleichbedeutend mit Frieden sei, könne ein Angriff nur von imperialistischen Mächten erfolgen. Welche Stellung kam aber der DDR in der Globalstrategie der Sowjetunion zu? Im Schlepptau der diplomatischen Initiativen Moskaus zeigte sich Ostberlin in den siebziger Jahren über eine Entspannungspolitik beunruhigt, deren Opfer zu werden es fürchtete. Die DDR bemühte sich daher, diese Politik hinauszuzögern und einzugrenzen. Sie betrachtete den Ausbau der Bundeswehr und der NATO-Streitkräfte als eine direkte Bedrohung für ihre Sicherheit und lehnte deshalb jegliche Verminderung ihrer eigenen Streitkräfte entschieden ab. Obwohl die SED-Regierung an den Wiener MBFR-Verhandlungen teilnahm, erleichterte sie die Abrüstungsverhandlungen nicht gerade. Da sie sehr stark von Moskau und den übrigen Staaten des Warschauer Paktes abhängig war, besaß sie im Rahmen der großen internationalen Konferenzen keinen eigenen Handlungsspielraum. Im Jahr 1968 unterzeichnete sie den Vertrag über die Nichtweiterverbreitung von Kernwaffen. Auf der Genfer Abrüstungskonferenz – an der sie seit 1975 teilnimmt –, schloß sie sich regelmäßig der sowjetischen Position an.

Die Woge des Pazifismus

Ende der siebziger Jahre bildete sich in Deutschland eine Friedensbewegung heraus. Erfaßte sie beide deutsche Staaten? Wie groß ist ihr Einfluß?

Der NATO-Doppelbeschluß von Dezember 1979 – der die Modernisierung des atomaren Mittelstreckenarsenals sowie die Aufnahme von Verhandlungen mit der Sowjetunion vorsah –, wirkte wie eine Bombe mit Zeitzünder, die nach der Wahl Reagans zum amerikanischen Präsidenten (im Herbst 1980) hochging. Ein Teil der westdeutschen Bevölkerung lehnte die Stationierung von Pershing-II-Raketen ab, entrüstete sich über die Erwägung eines begrenzten europäischen Krieges und kritisierte Reagans Entschluß, doch Neutronenwaffen herzustellen. Da die Vereinigten Staaten für alle diese Mißstände verantwortlich gemacht wurden, erhielt die westdeutsche Friedensbewegung einen anti-amerikanischen Akzent.

Die Friedensbewegung in der Bundesrepublik stützte sich auf zwei Grundpfeiler – auf den linken Flügel der SPD sowie auf die protestantischen Kirchen – und verfügte auch über ein Druckmittel in Form der Außerparlamentarischen Opposition, die sich seit den fünfziger Jahren mehr oder weniger stark betätigt hatte. Diese neue, bunt zusammengesetzte Opposition übte verstärkten Druck auf Bonn aus; sie wollte, daß der Frieden aufrechterhalten blieb und in beiden deutschen Staaten jegliche Aufstellung atomarer Waffen durch fremde Mächte vermieden wurde. Die Friedensbewegung übte großen Einfluß auf junge Leute aus dem gehobenen Bürgertum sowie auf einen Teil der öffentlichen Meinung aus.

Der „Krefelder Appell“ gegen den NATO-Beschluß (November 1980) wurde von vielen Westdeutschen unterschrieben, obwohl er auf eine Initiative der „Deutschen Friedensunion“ mit ihren bekannten Sympathien für den Kommunismus zurückging. Im Juni 1981 organisierten junge Protestanten anläßlich des Evangelischen Kirchentages in Hamburg einen neuen Friedensmarsch. Im Oktober desselben Jahren folgten 300000 Demonstranten dem Aufruf von nahezu 800 Friedensorganisationen und zogen durch die Straßen der Bonner Innenstadt. Ebenfalls im Herbst 1981 kam es zu mehreren antiamerikanischen Demonstrationen, ja sogar zu Attentaten.

Umfragen ergaben, daß das Eindringen des Pazifismus innerhalb der westdeutschen Bevölkerung nicht überschätzt werden darf: etwa 80% der Bundesbürger sprachen sich für den Fortbestand des Nordatlantikpakts aus. Demgegenüber vertraten 47% im Jahr 1981 die Ansicht, daß es wichtiger sei, den Kalten Krieg zu vermeiden, als die Amerikaner in jeder Hinsicht zu unterstützen. Solche Überlegungen fanden sogar in Regierungskreisen Eingang, die – wie Joseph Rovan nachwies – einen geänderten Ton anschlugen: sie bekundeten ihr Interesse an der allgemeinen Entspannung und die Bereitschaft, die Sowjetunion als einen Partner in Sicherheitsfragen anzuerkennen; sie zeigten ihre Entschlossenheit, die Interessen beider deutscher Staaten zu vertreten. Die führenden sozialdemokratischen Politiker vertraten die Ansicht, die Bundesrepublik müsse – in einem Augenblick, da Reagans Politik die Entspannung zu gefährden schien – den amerikanischen Verbündeten bremsen und zwischen beiden Blöcken vermitteln.

Ließ die Friedensbewegung auch im anderen Deutschland von sich hören? Auf einer Tagung des Ökumenischen Kirchenrates sprachen sich die evangelischen Kirchen der beiden Staaten in einer gemeinsamen Erklärung vom 24. August 1979 zugunsten des Pazifismus aus und bestimmten, daß diese Erklärung von allen Kanzeln verlesen werden sollte. In dieser Erklärung wurden die deutschen Protestanten aufgefordert, für Frieden und Entspannung zu wirken und ein weiteres Wettrüsten zu verhindern. In der DDR wurde die protestantische Kirche ab Sommer 1981 zum Sammelbecken für junge Pazifisten. Sie unterstützte eine Bewegung, die sich der militärischen Ausbildung in den Schulen widersetzte und forderte, daß man sich zwischen Wehrdienst und Zivildienst entscheiden konnte. Die Regierung versuchte, die Bewegung zu unterdrükken, indem sie jegliche Berichterstattung in den Medien untersagte und zu repressiven Maßnahmen griff. Sie verstärkte sogar die Propaganda zugunsten ihrer Verteidigungspolitik und der Friedensarmee der DDR. Während man auf diese Weise im eigenen Land die Friedensbewegung zu ersticken suchte, wurde in den Medien sehr ausführlich über deren Aktivitäten im Westen berichtet.

Auf beiden Seiten des Eisernen Vorhangs steht also eine deutsche Armee bereit. Bundeswehr und Nationale Volksarmee, die beide strategische Schlüsselpositionen besetzt halten und beträchtliche konventionelle Streitkräfte stellen, übernahmen die Rolle eines vorgeschobenen Wachpostens der NATO bzw. des Warschauer Paktes. Und doch spielen sie nur als einfache Läufer auf einem viel größeren strategischen Schachbrett mit, letztlich nur als Hilfstruppen, da sie – der eine von Washington, der andere von Moskau – abhängig sind. Würden sie sich bei einer gewaltsamen Öffnung des Vorhangs zu einem Bruderkrieg bereit finden? Während Bonn durchaus ernsthaft für ein Gleichgewicht der Kräfte sowie für eine Abrüstung eintrat, reagierten die führenden ostdeutschen Politiker zurückhaltender und schienen keinen Abbau der Nationalen Volksarmee zu wünschen. Die NVA garantiert ihnen die äußere Sicherheit, aber auch die Aufrechterhaltung der inneren Ordnung. Während Bonn sich mit dem Anwachsen der Friedensbewegung auseinandersetzen mußte, schreckten die Verantwortlichen in der DDR nicht davor zurück, diese Bewegung zu unterdrücken, die sie im eigenen Land für zu gefährlich hielten.

Wiederbelebung der Kulturpolitik im Ausland

Die Kulturoffensive der Bundesrepublik

Wie in vielen anderen Staaten dachte man auch in der Bundesrepublik darüber nach, durch welche Inhalte die auswärtige Kulturpolitik Westdeutschland zu einer weltweiten Ausstrahlung verhelfen sollte. Diese Überlegungen beschäftigten die Bonner Regierung vor allem ab Sommer 1967, nachdem Außenminister Willy Brandt die kulturelle Betätigung im Ausland zum „dritten Pfeiler“ der Außenpolitik erhoben hatte. Ab 1969/1970 machte sein Nachfolger Walter Scheel die Kulturpolitik zu einem wesentlichen Bestandteil der deutschen Friedenspolitik.

Die auswärtige Kulturpolitik, die nach dem Zweiten Weltkrieg wieder ganz von vorn beginnen mußte, konnte nur im Zeitlupentempo einsetzen. Man brauchte einige Zeit, um Haß und Mißtrauen zu beseitigen.

Auf deutscher Seite wünschte man eine durchschaubare Politik, die eher auf kultureller Zusammenarbeit basieren und das nationale Prestige nicht allzu deutlich fördern sollte. Die von der Kulturabteilung des Auswärtigen Amtes ausgearbeiteten und Ende 1970 vorgelegten Richtlinien trugen diesen Wünschen Rechnung: man forderte eine Konzentration auf aktuelle Probleme, eine Öffnung nach allen Seiten, Austausch und Zusammenarbeit auf kulturellem Gebiet, eine verstärkte multilaterale Kooperation sowie das Bemühen um ein Verständnis der fremden Kulturen und Gebräuche. Besonderen Vorrang räumte man hierbei der kulturellen Zusammenarbeit mit den Ländern der Dritten Welt ein.

Diese edlen Absichtserklärungen scheinen nicht alle gehegten Hoffnungen erfüllt zu haben. Der Bundestag machte sich Sorgen über die Kosten des „Kulturexports“, die sich im Jahr 1974 auf 1,1 Milliarde DM beliefen. Eine 1970 eingesetzte Untersuchungskommission stellte in ihrem Bericht die zahlreichen Beispiele überflüssiger Wiederholungen und der Zerstückelung der Kompetenzen heraus – in Bonn beschäftigten sich nicht weniger als elf Ministerien mit der ausländischen Kulturpolitik. Der Ausschuß, der Ende 1975 seine Beobachtungen veröffentlichte und im Sommer 1976 einen Abschlußbericht vorlegte, schlug vor, die gesamte äußere Kulturpolitik dem Auswärtigen Amt zu unterstellen und sprach sich ferner für kulturelle Aktivitäten aus, die die Außen- und Handelspolitik unterstützen sollten. Da die Kulturhoheit in der Bundesrepublik jedoch bei den Ländern liegt und diese von sich aus im Ausland kulturpolitisch tätig werden können, stieß eine Bündelung dieser Aktivitäten auf kaum überwindbare Hindernisse.

Die wichtigsten Organisationen, die sich der ausländischen Kulturpolitik widmen, sind nach wie vor das Goethe-Institut mit seinen Zweigstellen in aller Welt, der Deutsche Akademische Austauschdienst (DAAD) sowie „Inter Nationes“, eine Einrichtung, die im Auftrag Bonns alle möglichen Informationen und zahlreiche Dokumente über die Bundesrepublik verbreiten soll, um dadurch für eine bessere Kenntnis und für ein besseres Verständnis der Bundesrepublik zu sorgen. Das Institut für Auslandsbeziehungen (IfA) in Stuttgart besitzt eine ganz ähnliche Aufgabenstellung und baute eine Dokumentation über fremde Länder auf. Selbstverständlich wurden diese kulturpolitischen Bemühungen auch durch den Hörfunk unterstützt, vor allem von der „Deutschen Welle“, die im Jahr 1975 täglich auf Kurzwelle 95 Programme in 33 Sprachen ausstrahlte. Auch im Ausland erscheinende deutsche Tageszeitungen und Zeitschriften unterstützen diese Kulturpolitik, wenn auch ein Teil von ihnen vorwiegend wirtschaftlich oder religiös ausgerichtet ist. Zu dieser Presse, die in Afrika und Asien kaum erscheint, gehören zahlreiche Organe in Lateinamerika (insbesondere Brasilien und Argentinien), Nordamerika (fast 50 Blätter allein in den USA) sowie natürlich in Europa.

Anfang der achtziger Jahre machte man sich in Bonn – in Regierungskreisen wie auch im Bundestag – immer noch Gedanken über Effektivität und Kosten der Kulturpolitik im Ausland. Im Lauf der Jahre schienen sich jedoch mehrere vorrangige Schwerpunkte herausgebildet zu haben:

- der Schutz und die Verbreitung der deutschen Sprache und Kultur;
- besondere Anstrengungen in der Dritten Welt;
- die Bereitschaft zur Wiederherstellung kultureller Verbindungen zu den östlichen Ländern;
- Bemühungen um einen verstärkten Kulturaustausch mit den westeuropäischen Ländern.

Die *Sprache* als fundamentales Element einer kulturellen Expansion wurde in der Bundesrepublik zum Gegenstand zahlreicher Polemiken. Wir lassen sie von vornherein außer Acht. Während man aber Fortschritte in der Verbreitung der deutschen Sprache feststellte, wurde sie nach anderer Auffassung unaufhaltsam durch die Universalsprache Englisch verdrängt. Natürlich wird darauf hingewiesen, daß die deutsche Sprache weiterhin eine Rolle als Kultur- und Wirtschaftssprache spielt. Andere Beobachter gaben aber zu bedenken, daß sich sogar in der Literatur und in den Geistes- wie in den Naturwissenschaften das Englische so stark durchgesetzt hat, daß die deutschen Fachzeitschriften sich der englischen Sprache bedienen, um die Arbeiten westdeutscher Forscher zu veröffentlichen. Auch die deutschen Schulen im Ausland waren umstritten. Sollten solche teuren und unnützen Einrichtungen nicht aus wirtschaftlichen Gründen abgeschafft werden? Gegen derartige Erwägungen liefen die Anhänger dieser Schulen freilich Sturm. Übrigens stellten einige Kritiker auch fest, daß die beiden deutschen Staaten in keiner Weise zusammenarbeiteten, um gemeinsam die Stellung ihrer Sprache in der Welt zu verteidigen; die Schuld hierfür gab man dem Nachbarn.

Was läßt sich – abgesehen von diesen Diskussionen – über die tatsächliche Bedeutung der deutschen Sprache sagen? Das Deutsche ist keine internationale Sprache. Mit Ausnahme der EWG spielt es in sämtlichen internationalen Organisationen nur eine Nebenrolle. In den Vereinten Nationen, ihren Sonder- und Unterorganisationen besitzt es noch nicht einmal den Rang einer Arbeitssprache. Im Gegensatz zu den sechs offiziellen Sprachen der UN ist das Deutsche lediglich „Dokumentensprache“, das bedeutet, daß Reden und Ansprachen nicht mündlich ins Deutsche übersetzt werden. Selbst in der OECD sind lediglich Englisch und Französisch offizielle und Arbeitssprachen. Ebenso gibt der Europarat, der seit 1971 auch Deutsch als Arbeitssprache zugelassen hat, zahlreiche Schriften nur auf Englisch oder Französisch heraus.

Dennoch war das Deutsche um die Mitte der siebziger Jahre die Muttersprache von etwa 110 Millionen Menschen. In Europa kam es an zweiter Stelle nach dem Russischen; weltweit stand es damit wahrscheinlich auf Platz sechs – vergleichbar mit Japanisch, Arabisch und Portugiesisch, aber nach Chinesisch, Englisch, Hindi, Spanisch und Russisch. Innerhalb Europas wurde Deutsch von den 90 Millionen Einwohnern der deutschsprachigen Länder (Bundesrepublik, DDR, Österreich, Schweiz und Luxemburg) gesprochen sowie von 3,5 Millionen Menschen in zerstreut lebenden Gruppen (u.a. Nordschleswig, Südtirol und Tschechoslowakei).

Eine vom Auswärtigen Amt in Bonn 1974 gestartete Untersuchung ergab, daß im Ausland Deutsch immer noch in erheblichem Ausmaß studiert wurde. Im Jahr 1974 erlernten 19 Millionen Personen Deutsch als Fremdsprache; dabei handelte es sich vor allem um 17 Millionen Schüler (von denen 13 Millionen in der Sowjetunion lebten), die ausländische Schulen besuchten. Daneben erfaßte diese Zahl auch etwa 600000 Studenten und 1300000 Erwachsene. Man schätzte die Hörer aller Programme des „Deutschlandfunks" auf 120 Millionen in Europa, während die „Deutsche Welle" vor allem in Übersee viel gehört wurde. Nach einer Statistik der UNESCO vom Jahr 1972 wurde damals weltweit jedes zehnte und in Europa jedes fünfte Buch in deutscher Sprache veröffentlicht.

Lange Zeit in der Defensive, rückte die deutsche Sprache wieder ins Interesse – ein Sachverhalt, der von offizieller Seite systematisch gefördert wurde. Im Jahr 1977 versicherte die Regierung vor dem Bundestag, eine ausländische Kulturpolitik ohne gleichzeitige Sprachpolitik sei undenkbar; im Jahr darauf wurde ein Plan verabschiedet, dem zufolge deutsche Schulen im Ausland umfassender gefördert und mehr Mittel zur Bewahrung der deutschen Sprache im Rahmen des Unterrichts an ausländischen Schulen bereitgestellt werden sollten.

Die Bundesrepublik brachte enorme Summen für den Unterhalt deutscher Schulen im Ausland auf: 1966 waren es 72,6 Millionen DM, 1970 schon 126, 1978 bereits 203 und 1980 sogar 224 Millionen. 1970 wurden die bestehenden 250 Schulen von 70000 Schülern besucht. Fünf Jahre später gab es 321 solcher Schulen, 37 davon befanden sich in Europa, 57 in Afrika, 17 in Asien und 209 in Amerika; an ihnen unterrichteten 14000 deutsche Lehrer. Anfang 1980 lernten an den nunmehr 515 Schulen insgesamt 131859 Schüler, von denen 21085 Deutsche waren. Es gab mehrere Schultypen. Die 37 deutschsprachigen Auslands- oder Expertenschulen waren in erster Linie für deutsche, im Ausland lebende Kinder konzipiert, wurden daneben aber auch von etwa 2000 ausländischen Schülern besucht. Während es in Amerika nicht viele Schulen dieses Typs gab (in Caracas, Washington, New York und Montreal, wovon die beiden letzteren erst 1980 gegründet wurden), und auch nur wenige in Afrika (6), waren sie im Mittleren Osten und in Südostasien stärker verbreitet.

Der Bundesrepublik lag auch mehr daran, das Netz der „Begegnungsschulen" engmaschiger zu gestalten, die auch ausländische Schüler aufnehmen sollten. 1980 existierten 47 derartige Schulen, in denen 43623 Schüler unterrichtet wurden, darunger 9589 deutsche; der Unterricht erfolgte in zwei Sprachen, auf Deutsch und in der Landessprache. Mit diesen Schulen wollte man beiden Kulturen Rechnung tragen und sich – auf Wunsch des Auswärtigen Amtes – in das Bildungssystem des jeweiligen Gastlandes einfügen. In Lateinamerika und in den europäischen Mittelmeerländern waren diese Begegnungsschulen zahlreich vertreten, im restlichen Europa und in Nordamerika mußten sie dagegen noch eingerichtet werden. Daneben bestanden neun „europäische Schulen" mit insgesamt 10832 Schülern – darunter 20% Deutsche; an ihnen wurde ebenfalls in zwei Sprachen unterrichtet. Schon seit längerer Zeit existierten in Staaten mit starker deutscher Einwanderungsquote viele der 116 sogenannten „Sprachgruppenschulen". Sie wurden von mehr als 11000 Schülern besucht, von denen ein gutes Viertel die deutsche Staatsangehörigkeit besaß. Ebenso wie die 22 Schulen mit verstärktem Deutschunterricht, in denen etwa 15000 ausländische Kinder ihre Kenntnisse der deutschen Sprache vertieften, widmeten sich diese Einrichtungen vor allem der Bewahrung der deutschen Sprache. Ferner gab es 284 Sprachkurse oder Sonnabendschulen, an denen 44000 Ausländer teilnahmen.

Andere Institutionen zur Verbreitung der deutschen Sprache und Kultur stoßen bei Studenten und Erwachsenen auf großes Interesse. Das *Goethe-Institut* mit Sitz in München spielt eine beachtliche Rolle. In seinen 17 (1984: 15) Unterrichtszentren innerhalb der Bundesrepublik bot es Deutschkurse für Ausländer an, die alljährlich von etwa 17000 Teilnehmern besucht wurden. Weit größere Bedeutung kam jedoch den ausländischen Goethe-Instituten zu. 1975 gab es 120 Zweigstellen und 21 Filialen (1984 zusammen 146) in insgesamt 61 Ländern. Sie boten Deutschkurse auf sämtlichen Stufen an, bis hin zu Intensivkursen, die auf bestimmte Berufsgruppen zugeschnitten waren; außerdem leisteten sie einen wichtigen Beitrag zur Ausarbeitung von Unterrichtsmethoden und didaktischen Materialien, die genau diesem Zweck angepaßt waren. In ihren Bibliotheken standen interessierten Ausländern über 900000 Bücher, 60000 Schallplatten und 40000 Tonbänder zur Verfügung. Diese Goethe-Institute organisierten alljährlich über 5000 kulturelle und wissenschaftliche Veranstaltungen. In rund eintausend Ausstellungen pro Jahr zeigten sie deutsche Kunstwerke aus Vergangenheit und Gegenwart. Außerdem veranstalteten und förderten sie Opern- und Ballettaufführrungen, Theatervorstellungen, Konzerte, Dichterlesungen und Vorträge. Sie unterstützten auch die 134 deutsch-ausländischen Gesellschaften sowie die Vereine im Ausland. Diese deutschen Kulturinstitute wurden in der Bundesrepublik bisweilen kritisiert, vor allem wenn etatmäßige Einsparungen auf der Tagesordnung standen. Im Rahmen von Sparmaßnahmen wurden Ende der siebziger Jahre einige Institute geschlossen, aber zu Anfang der achtziger Jahre bestanden immer noch 133 in der ganzen Welt.

Der *Deutsche Akademische Austauschdienst* (DAAD) vermittelt deutsche Professoren und Lektoren ins Ausland, und im Jahr 1974 arbeiteten 365 deutsche Lehrkräfte an ausländischen Bildungseinrichtungen; der DAAD organisiert Studienreisen sowie Ferienkurse für ausländische Studenten in Deutschland und gewährt Stipendien für Studium und Forschung. Er unterhält außerdem ein Austauschprogramm mit 17 Ländern: auf der Basis der Gegenseitigkeit ermöglicht es den Austausch von Professoren und Forschern. Zahlreiche Stiftungen – z.B. die Stiftung Volkswagenwerk sowie die Humboldt-Stiftung – stellten Mittel bereit, die in Form von Stipendien ausländischen Forschern zugute kamen. Bei der Humboldt-Stiftung gingen pro Jahr etwa 2000 Stipendien-Anträge aus 80 Ländern ein; 480 Stipendien wurden vergeben. Im Jahr 1981 vergab diese Stiftung Stipendien in Höhe von 45 Millionen DM zugunsten von Forschern aus 71 Ländern, vor allem aus den Vereinigten Staaten, aus Japan, Indien, Polen und China.

Die Universitäten und Hochschulen der Bundesrepublik werden in beträchtlichem Ausmaß von *ausländischen Studenten* besucht. Ihre Zahl erhöhte sich von 23000 in den Jahren 1967/1968 auf 62000 zu Beginn der achtziger Jahre. 60% der ausländischen Studenten stammten aus Entwicklungsländern. Die deutschen Universitäten fordern gute Deutschkenntnisse, die in einer relativ anspruchsvollen Prüfung nachgewiesen werden müssen. Die Zulassung zu diesen Vorbereitungskursen ist begrenzt, und die Finanzierung des Studiums bleibt ein schwieriges Problem für viele Ausländer. Die zuständigen Behörden scheinen unschlüssig zu sein: einerseits will man nicht zu viele Ausländer zulassen, andererseits muß man sich aber in einem gewissen Ausmaß öffnen, um die Zunahme des deutschen Einflusses zu fördern.

Der in den amtlichen Berichten wiederholt betonte Wille, die kulturelle Arbeit in den *Entwicklungsländern* besonders zu fördern, führte zu einigen Versuchen in Afrika und in den arabischen Ländern. Beispiele sind die in ehemaligen französischen Protektoraten und Kolonien unternommenen Anstrengungen. Die Bundesrepublik versuchte, auf kulturellem Gebiet ihren Einfluß in Nordafrika auszubauen. In Marokko wurden Goethe-Institute 1960 in Rabat und Casablanca sowie drei Jahre später in Tanger eingerichtet. Seit 1977 organisierte das Goethe-Institut in Casablanca 80 Deutschkurse, die von 1400 Schülern besucht wurden, und kulturelle Veranstaltungen, an denen etwa 60000 Personen teilnahmen: im Vergleich zu dem stark anwachsenden Handel zwischen der Bundesrepublik und Marokko sogar recht bescheidene Zahlen! In Senegal förderte Präsident Senghor die Arbeit westdeutscher Kulturinstitute. 1978 wurde auf seine Bitte hin in Dakar ein Goethe-Institut gegründet, in dem 250 Ausländer Deutsch lernten und 45 einheimische Deutschlehrer fortgebildet wurden. Während Französisch Amtssprache ist, erhob Präsident Senghor Deutsch zur ersten Fremdsprache; daher lernten 1980 3800 Schüler an weiterführenden Schulen Deutsch als erste oder zweite Fremdsprache.

Weitere Goethe-Institute befanden sich in Ägypten, Sudan, Jordanien, Libanon und Syrien. Zahlreiche Araber studierten in der Bundesrepublik. 1977 waren es 3369, und zwar vor allem Ägypter, Jordanier, Syrer und Algerier. Mit Ägypten, Syrien und Tunesien wurden Kulturabkommen abgeschlossen. Doch der Einfluß der deutschen Kultur blieb recht gering.

Sehr stark war Bonn um den Ausbau seiner kulturellen Beziehungen mit *Osteuropa* bemüht, zum Teil wegen der beträchtlichen deutschen Minderheiten, die dort leben. Zweifellos wollte man aber auch der DDR ihre Stellung als einziger Träger der deutschen Kultur im Osten streitig machen. Außerdem stand sicher die Absicht dahinter, über die Kulturpolitik den Einfluß der Bundesrepublik jenseits des Eisernen Vorhangs in anderen Bereichen zu stärken. Im Zusammenhang mit der Ostpolitik gelang bekanntlich der Abschluß kultureller Abkommen, von denen man sich sehr viel versprach. Der kulturelle Austausch kam jedoch nur sehr langsam in Gang. Bonn kündigte aber an, es wolle die unproduktive Konfrontation, die zwischen der Bundesrepublik und der DDR aufgebaut worden sei, durch einen „aktiven Wettstreit" ablösen.

Sämtliche Bemühungen gegenüber Osteuropa mußten aber über Moskau laufen. Das deutsch-sowjetische Kulturabkommen von 1959 wurde 1961 durch die Berlinkrise hinfällig. In den sechziger Jahren hielt sich der Kulturaustausch in Grenzen. Das neue Kulturabkommen von 1973 ermöglichte eine breitere Zusammenarbeit auf kulturellem Gebiet. Man begann mit dem Austausch von Professoren und Wissenschaftlern, organisierte Ausstellungen, Aufführungen, Präsentationen der Buchproduktion und Sportveranstaltungen. Auf sprachlichem Gebiet war der Austausch etwas einseitig: an den Gymnasien und Universitäten der Bundesrepublik nahmen der Russischunterricht sowie die Zahl russischer Lehrer und Lektoren zu, während 1977 in der ganzen Sowjetunion noch kein einziger Lektor für Deutsch aus der Bundesrepublik unterrichtete. Seit

1979 geben amtliche Stellen in Bonn eine Monatsschrift in russischer Sprache heraus, die – mit einer Auflage von 60000 Exemplaren – in 24 sowjetischen Städten erhältlich ist und von etwa 600000 Russen gelesen wird.

Daß die kulturellen Anstrengungen der Bundesrepublik in der UdSSR nur langsam Erfolg haben konnten, lag sicher an der starken Konkurrenz der DDR-Institute, vermutlich aber auch an einem gewissen Mißtrauen auf sowjetischer Seite. Rumänien, das im Herbst 1979 als einziges Land jenseits des Eisernen Vorhangs die Einrichtung eines Kulturinstituts erlaubte, bildete eine Ausnahme. Es dauerte trotzdem bis 1980, ehe in Budapest eine erste westdeutsche Kulturwoche stattfinden konnte, und ebenfalls 1980 kam die erste deutsch-tschechoslowakische Städtepartnerschaft, zwischen Wuppertal und Košice, zustande.

Im Osten stieß Bonns Kulturpolitik mithin noch auf einige Hindernisse. Dagegen nahm die kulturelle Zusammenarbeit mit dem *Westen* einen raschen Aufschwung. Die deutsch-amerikanischen Beziehungen standen an erster Stelle. Auch die kulturelle Zusammenarbeit der Bundesrepublik mit Frankreich lohnt durchaus eine genauere Betrachtung. Es gab zahlreiche Absichtserklärungen – vom Elysée-Vertrag des Jahres 1963 bis hin zum Kulturabkommen vom Februar 1981 – sowie eine beachtliche Anzahl künstlerischer, wissenschaftlicher und kultureller Veranstaltungen. Das 1963 gegründete Deutsch-Französische Jugendwerk schuf die Voraussetzungen, daß alljährlich Tausende junger Franzosen und Deutscher – 1975 waren es 90000 – das Nachbarland besuchen können. Vom 1963 in Paris eingerichteten Büro des DAAD wird der beiderseitige Austausch von Dozenten, Forschern und Studenten gefördert. Die äußerst aktiven Goethe-Institute in Paris, Nancy, Lille usw. tragen sehr viel zur Verbreitung der deutschen Sprache bei und organisieren zahlreiche Veranstaltungen, die dem französischen Publikum die deutsche Kultur der Gegenwart und Vergangenheit näherbringen sollen. In der zweiten Hälfte der siebziger Jahre wurden Informationsmängel behoben: man erfuhr mehr über das Nachbarland, es gab zahlreiche Begegnungen und Gespräche am runden Tisch. Auf betont hohem Niveau unterrichtet die einzige in Frankreich herausgegebene deutsche Zeitschrift: der „Pariser Kurier“ erscheint zweimonatlich in einer Auflage von 30000 Exemplaren und zweisprachig.

Dennoch dürfen all diese Aktivitäten nicht darüber hinwegtäuschen, daß sich hinter der wahrhaft blendenden Kulisse ein Drama abspielt – das Drama der Sprache. In der Oberstufe kann jeder junge Franzose Deutsch als erste Fremdsprache wählen. Aber die meisten Schüler bevorzugen Englisch. 1981/1982 wurden 614000 junge Franzosen in Deutsch als erster Fremdsprache unterrichtet; mehr als die dreifache Anzahl hatte sich für Englisch entschieden. 590000 Schüler lernten Deutsch als zweite Fremdsprache. Im Osten Frankreichs bewahrte die deutsche Sprache eine stärkere Stellung. In der Bundesrepublik konnte Französisch seit 1971 in den Gymnasien als erste Fremdsprache gewählt werden. Von dieser Möglichkeit wird allerdings kaum Gebrauch gemacht, nicht einmal in den an Frankreich angrenzenden Bundesländern. Lediglich 53000 Deutsche lernten 1981/1982 Französisch als erste Fremdsprache, etwa anderthalb Millionen hatten Englisch gewählt. Über eine Million deutscher Schüler wählten Französisch als zweite Fremdsprache. Als man aber vor einigen Jahren in einer Oberstufenreform die zweite Fremdsprache für die letzten beiden Jahre des Gymnasiums abschaffte, versetzte dies dem Französischunterricht einen schweren Schlag. Im September 1977 wurde auf einem Treffen zwischen deutschen Romanisten und französischen Germanisten in Straßburg die monopolartige Stellung des Englischen in der Bundesrepublik angeprangert. Der Fachverband der Französischlehrer schätzte die Lage als äußerst ernst ein und wollte Abhilfe schaffen. Er mußte aber bezweifeln, ob die gutgemeinten Erklärungen, die jeweils am Ende eines deutsch-französischen Gipfeltreffens abgegeben wurden – wie zum Beispiel im Februar 1981 –, auch praktische Folgen haben würden. Der Verband forderte eine Regelung, die allen deutschen Schülern die Möglichkeit geben sollte, Französisch als erste Fremdsprache zu wählen, anstelle der automatischen Bevorzugung des Englischen. Trotz dieses ernsten Sprachproblems, dessen Lösung noch aussteht, bemüht sich Bonn, in Frankreich für bessere Kenntnisse von Deutschland zu sorgen. Manche Vorurteile über Frankreichs östlichen Nachbarn führen aber trotzdem ein erstaunlich zähes Leben.

Trotz einer aktiven Kulturpolitik, die im Ausland einige Erfolge erzielte, stieß die Bundesrepublik, wie wir sahen, auch auf diesem Gebiet hier und da auf Widerstand. Sobald innenpolitische Probleme auftraten – etwa wenn Sparmaßnahmen notwendig wurden –, war eine Einschränkung des Angebots unumgänglich; in solchen Fällen mußten die zuständigen Stellen eine Politik verteidigen, die nach der Meinung mancher Bevölkerungskreise nur unnütze Ausgaben verursachte. Auf Gegenseitigkeit basierende Kulturpolitik und Zusammenarbeit stießen bisweilen auch auf psychologischen Widerstand – beispielsweise wenn es sich darum handelte, in der Bundesrepublik den Französischunterricht gegenüber der beherrschenden Stellung des Englischen zu verteidigen, das bei Schülern und Eltern als die brauchbarere Sprache eingeschätzt wurde. Äußere Hindernisse taten sich vor allem in den Ostblockstaaten auf, die kein großes Interesse daran hatten, einen Konkurrenten der DDR-Kulturpolitik und damit auch westliche Einflüsse in ihr Land eindringen zu lassen.

Die Kulturpolitik Ostberlins

Die DDR unterscheidet nachdrücklich zwischen der „imperialistischen Kulturlosigkeit" der Bundesrepublik und der „sozialistischen deutschen Nationalkultur". Sie betrachtet sich als Erbin einer Kultur, die ihr Ansehen im Ausland erhöhen soll. Seit 1972 vertritt die SED eine sehr weite Auffassung von Kultur. Als Zweig der internationalen sozialistischen Kultur umfaßt die deutsche die unterschiedlichsten geistigen und materiellen Bereiche. Wegen ihrer engen Verknüpfung mit dem Klassenkampf muß die Kultur gesteuert werden, und so bildet die Kulturpolitik gemäß der Bestimmung durch das ZK der SED einen integralen Bestandteil der Politik der DDR. Diese stark vom Marxismus geprägte Politik hat den Interessen der kommunistischen Welt zu dienen und daher zur Ausbreitung des Marxismus beizutragen. Sie muß zugleich für die „friedliche Koexistenz" eintreten und die Völker der Dritten Welt in ihrem Befreiungskampf unterstützen. Die ostdeutsche Kulturpolitik wollte sich in den „Dienst der Massen" stellen und sollte nicht einer kleinen intellektuellen Elite vorbehalten sein. Sie wurde in Zusammenarbeit mit der Sowjetunion und anderen sozialistischen Staaten vorangetrieben. Seit März 1972 hatten die Kultusminister der Ostblockländer die Richtlinien für eine langfristige Kulturpolitik festgelegt. Im Jahr 1976 wurde eine multilaterale Kommission geschaffen, die das Vorgehen der einzelnen Länder in den wichtigsten Fragen koordinieren sollte. Doch die nationalen Anliegen prägten die Kulturpolitik stark mit: lange Zeit dient sie dazu, neugegründete Staaten zur Anerkennung der DDR zu bewegen. Über diesen Umweg gelang es Ostberlin bis 1970, diplomatische Beziehungen zu 68 Ländern aufzunehmen. Nachdem die DDR in den siebziger Jahren von den meisten Ländern völkerrechtlich anerkannt worden war, verfolgte sie andere Ziele; sie benutzte nun die Kulturpolitik, um die Anstrengungen der Bundesrepublik zu hintertreiben und den eigenen Einfluß zu verstärken. Sie wollte ihr Image verbessern und mehr Kulturabkommen schließen.

Bei der Festlegung und Durchführung der Kulturpolitik spielt das Politbüro der SED die entscheidende Rolle. Mehrere Ministerien und Ämter sind aber offiziell zuständig: das Kultusministerium, das Jugendministerium, das Staatliche Komitee für Körperkultur und Sport sowie diverse Ausschüsse der Volkskammer. Zahlreiche Vereinigungen nahmen ihre Tätigkeit in der DDR wieder auf oder wurden neu gegründet: die Goethe-, Bach-, Händel-, Chopingesellschaft und andere. Der 1961 gegründeten „Liga für Völkerfreundschaft" wurden mehr als 90 Gesellschaften unterstellt, die sich allesamt mehr oder weniger intensiv mit der Kulturpolitik im Ausland befassen. Die Liga gibt eine in sieben Sprachen erscheinende Monatsschrift, die „DDR-Revue“, heraus und organisiert Austauschprogramme, Vorträge, Filmvorführungen, Buchausstellungen usw. Daneben wurden spezielle Vereinigungen geschaffen: die „Gesellschaft DDR-Arabische Länder“ als Dachverband für Freundschaftskomitees wie etwa DDR-Syrien, DDR-Algerien etc.; andere Vereinigungen desselben Typs widmen sich den südostasiatischen und nordeuropäischen Ländern. Die wichtigste Rolle spielten jene Gesellschaften, die sich mit den Beziehungen zu den Länder Osteuropas befassen, wie vor allem die fünf Millionen Mitglieder starke „Gesellschaft für Deutsch-Sowjetische Freundschaft“. Mittels Presse, Hörfunk und Fernsehen betreibt Ostberlin eine rege Propaganda. Radio Berlin International, das vor allem in Übersee gehört wird, strahlt in zwölf Sprachen Informationen über die DDR aus.

So bildet der Kulturaustausch ein natürliches Band zwischen der DDR und den anderen europäischen Staaten des kommunistischen Lagers; gleichzeitig bemüht sich Ostberlin auch darum, das Netz seiner kulturellen Beziehungen in den anderen Richtungen engmaschiger zu knüpfen: zu den Entwicklungsländern, zu den Vereinigten Staaten und zu Westeuropa.

Die Kulturpolitik gegenüber den *Entwicklungsländern* wird als vorrangig betrachtet und bildet ein grundlegendes Element des politischen Gesamtkonzepts der DDR (siehe nächstes Kapitel). Vor allem nach den Olympischen Spielen 1968 in Mexiko bezog Ostberlin Lateinamerika nachhaltig in seine kulturpolitische Offensive ein. Dies wurde als Beteiligung am Kampf um Gleichberechtigung des Subkontinents propagiert. Die 1961 gegründete „Deutsch Lateinamerikanische Gesellschaft in der DDR“ bemüht sich vor allem um verstärkte Austauschprogramme und versucht, südamerikanischen Studenten ein Studium in der DDR zu ermöglichen. In elf lateinamerikanischen Staaten rief man Freundschaftskomitees ins Leben. Die tatsächliche Hauptaufgabe bestand auch für sie darin, die offizielle Anerkennung der DDR voranzubringen. Im Verlauf der siebziger Jahre wurden in Buenos Aires, Bogotá und Montevideo Kulturinstitute gegründet, die in Chile ansässigen Institute nach Allendes Tod dagegen geschlossen; sie spielten insgesamt jedoch nur eine bescheidene Rolle.

Auch in anderen Entwicklungsländern erzielte Ostberlin keine großen Erfolge. Die 1961 gebildete „Deutsch-Afrikanische Gesellschaft“ bemühte sich, das Image der DDR in Afrika aufzubessern. Im Nahen und im Mittleren Osten erreicht die kulturelle Durchdringung nicht das Ausmaß der Zusammenarbeit auf technischem Gebiet. Die Kulturpolitik in Ägypten weist verschiedene Aspekte auf: Zu Beginn der siebziger Jahre wurden in Kairo eine Versuchsschule und eine technische Schule eingerichtet, letztere mit 1200 Schülern (1974). Die DDR beteiligte sich außerdem an der Gründung einer technischen Schule in Alexandria. Im Kulturzentrum in Kairo – 1965 eröffnet – gibt es eine ganz moderne Abteilung für Sprachunterricht. Darüber hinaus entsendet die DDR Lehrer nach Guinea, Tansania und in andere afrikanische Staaten.

Ostdeutschland versucht seinen Einfluß vor allem durch die Aufnahme von Studenten aus Entwicklungsländern zu vergrößern. Die Studenten werden zunächst dem Herder-Institut der Leipziger Universität zugewiesen; dort bereiten sie sich ein Jahr lang – in erster Linie durch eine Vervollkommnung ihrer Sprachkenntnisse – auf ihr späteres Studium vor. Während des Universitätsjahrs 1971/1972 wurden an diesem Institut 370 Studenten aus 40 Staaten, vor allem aus Entwicklungsländern, ausgebildet. Im Jahr 1973 stammten fast alle aus Vietnam. Daneben machen auch immer wieder ausländische Deutschlehrer in Intensivkursen eine Fortbildung am Institut mit. Nach Schätzungen wurden bis Ende der siebziger Jahre rund 13000 Studenten am Herder-Institut auf ihr Studium in der DDR vorbereitet. Universitäten und Technische Hochschulen nehmen viele solcher ausländischen Stipendiaten auf. Man will vor allem Techniker und Spezialisten heranbilden. Mit Hilfe der „DDR-Returnees-Clubs“, die es zum Beispiel in sechs großen indischen Städten gibt, bemüht sich die DDR, mit den ehemaligen Studenten in Kontakt zu bleiben.

Schon vor 1970, aber vor allem seitdem bemühte sich die DDR um einen Ausbau ihrer kulturellen Beziehungen zu den *kapitalistischen Industriestaaten*. Dies fiel ihr umso schwerer, als ihr Image im Westen meist durch eine fast bedingungslose Unterordnung unter die politischen und sonstigen Initiativen der Sowjetunion beeinträchtigt war. Ostberlins Kulturpolitik gegenüber den Vereinigten Staaten steckte noch in den siebziger Jahren in den ersten Anfängen. Diese Bemühungen wurden zusätzlich erschwert durch das Fehlen einer starken kommunistischen Partei in den USA, durch das geringe Maß an Sympathie, das die deutschstämmige Bevölkerung Amerikas der DDR entgegenbrachte, sowie durch die über Ostberlins anti-israelische Politik entstandene Verärgerung in der amerikanischen Öffentlichkeit. Die englischsprachigen Sendungen von Radio Berlin International konnten zwar sowohl an der Ost- als auch der Westküste der USA empfangen werden, schienen aber keinen großen Zuspruch zu finden. Das 1975 gegründete amerikanisch-ostdeutsche Freundschaftskomitee gewann nur eine geringe Anhängerschaft in New York, Washington, Madison und Detroit. Die DDR förderte den kirchlichen Kontakt: in den Jahren 1975 und 1976 durften deutsche Delegierte der evangelischen Kirchen in die Vereinigten Staaten reisen, während der amerikanische Generalsekretär der „Kirchen

Christi" im darauffolgenden Jahr Ostdeutschland besuchte. Auf diesem Umweg unterstützte Ostberlin die Friedensbewegung im Westen.

1975 wurde ein Vertrag über den Austausch von Forschern geschlossen, der jedoch nur wenig praktische Folge hatte. Dagegen wurde die Ausstellung von Werken aus dem Dresdner Museum in den USA 1978 zu einem großen Erfolg: In Washington, New York und San Francisco bewunderten mehr als anderthalb Millionen Besucher die 700 Kunstwerke. Auf ostdeutscher Seite hoffte man, so das schlechte Ansehen, in dem die DDR bei den Amerikanern stand, korrigieren sowie einen Schritt hin zur Verbesserung der allgemeinen Beziehungen zwischen der DDR und den Vereinigten Staaten tun zu können.

Auch nachdem die westlichen Länder Europas die DDR offiziell anerkannt hatten, intensivierte Ostberlin in diesem Teil der Welt seine Kulturpolitik nicht. Man bemühte sich, in Frankreich, wo die in erster Linie aus Intellektuellen bestehenden „Échanges franco-allemands" seit 1958 das andere Deutschland nicht in Vergessenheit geraten lassen wollten und sich für die Anerkennung der DDR eingesetzt hatten, durch Veröffentlichungen wie die in Berlin-Ost verlegte Monatsschrift „RDA-Revue" mehr Informationen über Ostdeutschland zu verbreiten. Der Austausch von Studenten und Forschern erreichte nur einen bescheidenen Umfang. Die DDR kaufte französische Bücher, Sendungen des französischen Fernsehens sowie französische Filme; Frankreich seinerseits war mehr an Ausstellungen und Konzerten interessiert. Zwischen mehr als 170 ostdeutschen und französischen Städten wurde inzwischen eine Partnerschaft geschlossen, aber direkten Kontakten stehen immer noch Visaprobleme im Wege. Das 1957 in Belgien gegründete „Centre d'information et de culture Belgique-RDA" stößt ebenfalls vor allem bei Intellektuellen und Künstlern auf größeres Interesse. Es veranstaltet regelmäßig Ausstellungen, Vorträge und Reisen. Gleichfalls im Jahr 1957 wurde in Rom das Kulturzentrum Thomas Mann eingerichtet, 1961 gefolgt von der Gründung des Komitees Italien – DDR. Das Thomas-Mann-Zentrum hat Filialen in den größeren Städten eingerichtet und dadurch seinen Einfluß verstärkt. Auch hier fördern vor allem Intellektuelle und Künstler den Austausch und beteiligen sich an kulturellen Veranstaltungen.

Der Westen hat sich der ostdeutschen Kulturpolitik kaum geöffnet. Ostberlin ermöglicht seinen Bürgern überdies kaum Kontakte zur westlichen Welt: Visa für Auslandsreisen werden nur sehr spärlich erteilt.

Die Kulturpolitik der beiden deutschen Staaten führte also nicht zu einer wirklichen Expansion. Nach dem Krieg mußte man zunächst auch hier das verlorene Terrain wieder gewinnen: es galt, der deutschen, durch die nationalsozialistischen Exzesse in Verruf geratenen Kultur wieder neuen Glanz zu verleihen. Auf beiden Seiten des Eisernen Vorhangs sah man in der Kulturpolitik vor allem ein geeignetes Mittel, um mehr Einfluß in der Welt zu gewinnen – sie trug unauffällig und scheinbar selbstlos zur Festigung der politischen und wirtschaftlichen Beziehungen bei. Außerdem war sie um langfristige Wirkungen bemüht. Die oft im Rahmen multinationaler Zusammenarbeit verfolgte Kulturpolitik lief hierbei allerdings Gefahr, ihr nationales Gepräge zu verlieren; dies war zum Beispiel bei der Entwicklungshilfe der Fall. Obwohl Bundesrepublik und DDR häufig auf ganz ähnliche Weise (durch Ausstellungen, Vorträge, Konzerte etc.) versuchten, die Kenntnisse über die deutsche Kultur zu verbreiten oder die Stellung der deutschen Sprache zu verteidigen, vermochten sie bislang noch nicht, sich auf eine gemeinsame Kulturpolitik zugunsten Deutschlands zu einigen. Trotz einiger in diese Richtung weisender Erklärungen der zuständigen Stellen in Bonn scheinen sie auch gar nicht daran interessiert zu sein. Im Osten wird die deutsche Kultur durch die DDR, im Westen wird sie durch die Bundesrepublik repräsentiert, während sich in der Dritten Welt ein heftiger Wettbewerb entwickelt, aus dem die Entwicklungsländer durchaus ihren Nutzen zu ziehen verstehen.

11. Die beiden deutschen Staaten im internationalen Kräftespiel seit dem Ende der Ära Adenauer

Nach einer Periode des Wiedererstarkens gingen beide deutsche Staaten – gestützt auf ihre neuerlangte Wirtschaftskraft –, dazu über, mehr auf der Bühne des internationalen Zeitgeschehens mitzuspielen. Die Bundesrepublik nutzte die Entspannungspolitik dazu aus, sich in wachsendem Maße Einfluß auf die Entscheidungsfindung in der westlichen Welt zu verschaffen. Die DDR ihrerseits – über die Entspannung beunruhigt, da sie fürchtete, daß ihre Existenz in Frage gestellt werden könnte –, ging im Moskauer Fahrwasser zur Entfaltung einer internationalen politischen Aktivität über. Außerhalb Europas boten die Entwicklungsländer ein Expansionsfeld für Ost- und Westdeutschland. Beide Staaten verfolgten dabei in erster Linie wirtschaftliche Ziele; dennoch schien ein Zusammenstoß unvermeidlich, da die Bundesrepublik hierin nach 1969 politische Erwägungen weitgehend außer acht ließ, während sich die DDR oft in den Dienst ideologischer und politischer Ziele stellte.

Die weltweiten Ambitionen einer Mittelmacht

Nach dem Rücktritt Konrad Adenauers im Jahr 1963 mußte sich die Bundesrepublik mehrere Jahre hindurch mit einer bescheidenen Rolle auf der internationalen Ebene begnügen. Erhards ungeschickte Außenpolitik brachte dem Land mehr Verdruß als Erfolge ein. Im Lauf der siebziger Jahre erlangte die Bundesrepublik in der internationalen Politik jedoch eine erstrangige Stellung. Durch die Normalisierung ihrer Beziehungen zum Ostblock erreichte sie ein Gleichgewicht, das sie weniger abhängig von den USA machte. Ihre Stellung innerhalb Europas erstarkte vor allem deshalb, weil sie auf einer engen Zusammenarbeit mit Paris basierte. Bei dem Versuch, auch in anderen geographischen Räumen – etwa im Nahen Osten und in China – wieder Fuß zu fassen, tat man sich jedoch wesentlich schwerer.

Die Bonner Ostpolitik

Welche Hoffnungen hegten die führenden westdeutschen Politiker, als sie den Weg der neuen Ostpolitik einschlugen?

Bonn wollte zur Entspannung beitragen. Die Konsolidierung des Friedens war für das deutsche Volk von lebenswichtiger Bedeutung, da es im Fall eines Atomkrieges der völligen Vernichtung preisgegeben wäre. Außerdem versprach sich Bonn von der Ostpolitik, aus einer gewissen Isolierung herauszukommen und dadurch einen größeren Handlungsspielraum auf internationaler Ebene zu gewinnen. Schließlich sah man in dieser außenpolitischen Orientierung ein geeignetes Mittel, neue Perspektiven für die Behandlung der festgefahrenen deutschen Frage aufzutun. Es galt, die Beziehungen zwischen West- und Osteuropa zu entkrampfen und gut nachbarschaftliche Verhältnisse zwischen beiden deutschen Staaten herzustellen. Auf diese Weise hoffte man – wie Willy Brandt erklärte –, günstigere Vorbedingungen für die Lösung der deutschen Frage zu erreichen.

Das internationale Klima schien die Bonner Initiative zu begünstigen. Das Gleichgewicht des Schreckens veranlaßte die beiden Supermächte wieder zu Bemühungen um eine Entspannungspolitik. Die USA waren durch den Vietnamkrieg in Anspruch genommen und zeigten sich an einem befriedeten Europa interessiert. Frankreich bahnte unter de Gaulles Führung durch eine Annäherung an die kommunistischen Länder der deutschen Ostpolitik den Weg. Die im Juni 1968 von den NATO-Staaten in Reykjavík beschlossene Erklärung gestand jedem Mitglied das Recht zu, einen eigenen Beitrag zur Verbesserung der Ost-West-Beziehungen zu leisten: das schien grünes Licht für Bonns Vorhaben zu bedeuten. Zu diesem Zeitpunkt zeigten sich Breschnew und Ulbricht jedoch nicht bereit, einen Dialog aufzunehmen, der die Solidarität im sozialistischen Lager hätte schwächen können.

Vor allem seit dem Mauerbau in Berlin – der als richtiggehender Schock empfunden wurde –, machte die öffentliche Meinung in Westdeutschland eine Wandlung durch. Verschiedene Strömungen vertraten eine realistischere Haltung gegenüber dem Osten. Die Kirchen schalteten sich in die Debatte ein. Im Oktober 1965 forderte die Evangelische Kirche in Deutschland (EKD) in einer Denkschrift den endgültigen Verzicht auf die ehemaligen Ostgebiete. In einem Briefwechsel mit ihren polnischen Amtsbrüdern erkannten die katholischen Bischöfe ausdrücklich die Oder-Neiße-Linie als polnische Westgrenze an. In Geschäftskreisen wünschte man im Osten neue Absatzsmärkte zu erschließen und bemühte sich, eine politische Absicherung für die geplanten umfangreichen Verträge über eine wirtschaftliche Zusammenarbeit zu bekommen.

Unter den Politikern machten die Sozialdemokraten die ersten Vorschläge. Schon ab 1963 trat Egon Bahr für „Wandel durch Annäherung" ein. Auf dem Dortmunder Parteitag von Juni 1966 legte die SPD die grundlegenden Richtlinien für die künftige Ostpolitik fest. Die Partei war der Ansicht, daß man Zugeständnisse und Vorschläge machen müsse, wenn man die Entspannung und Annäherung vorantreiben wolle: sie forderte die Anerkennung der Oder-Neiße-Grenze und des territorialen Status quo in Europa, die Aufgabe der Hallstein-Doktrin, die Normalisierung der Beziehungen zu sämtlichen Ländern des Ostblocks sowie die Herstellung von deutsch-deutschen Kontakten auf allen Ebenen. Die FDP schlug denselben Kurs ein. Der Parteivorsitzende Erich Mende kritisierte die Hallstein-Doktrin bereits 1965. Auf den Parteitagen der Jahre 1966 und 1967 legten sich die Freien Demokraten auf außenpolitische Leitgedanken fest, die denjenigen der SPD sehr nahe kamen und auf dem Nürnberger Parteitag im Juni 1969 noch weiter entwickelt wurden. Sogar innerhalb der CDU/CSU ließen einige Verlautbarungen auf eine neue Entwicklung schließen. 1966 gab Franz Josef Strauß zu, daß die Wiedervereinigung in nächster Zeit sehr unwahrscheinlich sei, und Rainer Barzel schlug die Gründung deutsch-deutscher technischer Kommissionen vor.

In den Jahren 1963 bis 1969 unternahm Bonn die ersten Schritte auf den Osten zu. Als erster ergriff Außenminister Schröder (CDU) die Initiative. Er ließ in Warschau (September 1963), Bukarest, Budapest und Sofia (1964) Handelsmissionen einrichten. Im Mai 1965 ging er in einer Bundestagsrede sogar soweit – wenn auch nicht ausdrücklich, so doch sinngemäß –, von der Hallstein-Doktrin Abstand zu nehmen. Bundeskanzler Erhards Friedensnote von März 1966 schien hingegen keine weitere Öffnung zu bewirken: er schlug allen Staaten, insbesonderen den Volksdemokratien (mit Ausnahme der DDR), gegenseitige Abkommen über Gewaltverzicht vor, hielt jedoch am Alleinvertretungsanspruch der Bundesrepublik fest.

Innerhalb der Großen Koalition (CDU/CSU – SPD) war man sich keineswegs einig. Die Union verhielt sich abwartend. Unter dem Druck der Sozialdemokraten mußte Bundeskanzler Kurt Georg Kiesinger zwar erklären, daß ihm an einer Aussöhnung mit dem Osten gelegen sei, aber er verfolgte weiterhin einen sehr vorsichtigen Kurs. Im Jahr 1967 wurden von Bonn diplomatische Beziehungen zu Rumänien aufgenommen, im folgenden Jahr die zu Jugoslawien wiederaufgenommen, aber alle Versuche scheiterten, mit Ost-Berlin in Kontakt zu treten – wie es scheint, wegen Ulbrichts unnachgiebiger Haltung. Dann standen die Vorfälle von 1968 in der Tschechoslowakei einer weiteren schrittweisen Annäherung an den Osten im Wege. Moskau beschuldigte die Bundesrepublik, die Bewegung des „Prager Frühlings“ unterstützt zu haben, während in der westdeutschen Öffentlichkeit allgemein Empörung über den Einmarsch der Truppen des Warschauer Pakts herrschte.

Wie lassen sich trotz dieser brutalen Unterbrechung die entscheidenden Erfolge erklären, die man ab 1970 in der Ostpolitik erzielte? Ab 1969 begünstigten zwei wichtige Faktoren eine schnellere Verständigung: die Sowjetunion änderte ihre Haltung, und in Bonn bestimmte nun eine SPD-FDP-Koalition die Politik. Ab Frühjahr 1969 sprachen mehrere Anzeichen für die Verhandlungsbereitschaft Moskaus. Die Sowjetunion bemühte sich, eine erneute Berlinkrise zu vermeiden, und regte den Budapester Appell von März 1969 an, in dem die Mitgliedstaaten des Warschauer Paktes ihre Bereitschaft zum Dialog mit der westlichen Welt und sogar zur Aussöhnung mit der Bundesrepublik bekundeten. In einem Kommentar zu diesem Aufruf betonte Moskau seinen Wunsch nach besseren Beziehungen zu Bonn. Diese versöhnliche Haltung der Sowjetunion war durch ihre wirtschaftlichen Schwierigkeiten bedingt, die ein solches Ausmaß erreicht hatten, daß das Land – wenn es weiterhin über die erforderlichen Mittel zur atomaren Rüstung verfügen wollte –, auf die technische und finanzielle Unterstützung der kapitalistischen Länder angewiesen war. Außerdem fühlte sich Moskau, nachdem es seine Position durch das Eingreifen in der Tschechoslowakei gefestigt hatte, stark genug, den Zusammenhalt des sozialistischen Lagers zu garantieren – trotz der Einrichtung von Kontakten zu westlichen Ländern. Die Sowjetunion begrüßte die Bildung der Regierung Brandt-Scheel. Diese neue Koalition beruhte in der Tat hauptsächlich auf einer grundlegenden Übereinstimmung in der Ostpolitik. In seiner Regierungserklärung vom 28. Oktober 1969 betonte Bundeskanzler Brandt die Friedenssehnsucht des deutschen Volkes und ganz Europas sowie die Bereitschaft, den Dialog mit dem Osten aufzunehmen und mit der DDR zusammenzuarbeiten.

Innerhalb von knapp drei Jahren verwirklichte Bonn diese Vorhaben durch die Unterzeichnung mehrerer Verträge:

- mit der Sowjetunion am 12. August 1970 (Moskauer Vertrag) und mit Polen am 7. Dezember 1970 (Warschauer Vertrag),
- mit der Deutschen Demokratischen Republik am 21. Dezember 1972 (Grundlagenvertrag),
- mit der Tschechoslowakei am 11. Dezember 1973.

Dem neuen Bundeskanzler war klar, daß die Normalisierung über *Moskau* erfolgen mußte. Ein deutsch-sowjetisches Abkommen sollte den Weg ebnen und die Vertragsabschlüsse mit den restlichen Ostblockstaaten erleichtern. Vor allem galt dies für die DDR, die bisher auf sämtliche Vorstöße der Bundesrepublik sehr zurückhaltend reagiert hatte. Bereits

1967 hatte man vorsichtig Kontakt aufgenommen. Im darauffolgenden Jahr traf Brandt anläßlich einer Tagung der Vereinten Nationen in New York mit Sowjetaußenminister Gromyko zusammen. Die eigentlichen Verhandlungen begannen erst, nachdem die Bundesrepublik am 28. November 1969 auf Wunsch der UdSSR den Atomwaffensperrvertrag unterzeichnet hatte. Die Mission des Staatssekretärs im Kanzleramt, Egon Bahr, in Moskau von Ende Januar bis 22. Mai 1970 bereitete den Vertrag in sechs Unterredungen mit den leitenden sowjetischen Politikern vor. Walter Scheel und sein Amtskollege Gromyko führten die Verhandlungen zu einem erfolgreichen Abschluß, und am 12. August 1970 wurde in Moskau der Vertrag unterzeichnet. Bundeskanzler Willy Brandt reiste eigens aus diesem Anlaß in die sowjetische Hauptstadt. Beide Mächte betonten ihren Willen, den Frieden aufrechtzuerhalten, die Entspannung und die Normalisierung der Lage in Europa zu erreichen. Sie verpflichteten sich ferner, „ihre Streitigkeiten ausschließlich mit friedlichen Mitteln" zu lösen, die territoriale Integrität zu achten und die Unverletzlichkeit der Grenzen zu respektieren, einschließlich der Oder-Neiße-Linie und der Grenze zwischen der Bundesrepublik und der DDR. Außerdem enthielt der Moskauer Vertrag auch den Wunsch, die Zusammenarbeit zwischen beiden Ländern zu erweitern.

Willy Brandt maß der Aussöhnung mit Polen – das besonders schwer unter den Exzessen der Nationalsozialisten gelitten hatte – große Bedeutung bei. Als der Bundeskanzler zur Unterzeichnung des *Warschauer* Vertrags nach Polen reiste, kniete er vor dem Mahnmal nieder, das an Opfer des Warschauer Ghettos erinnert. Der Vertrag mit der Volksrepublik enthielt ganz ähnliche Bestimmungen wie der Moskauer Vertrag, vor allem die faktische Anerkennung der Oder-Neiße-Grenze. Ein Zusatzabkommen sah vor, daß den in Polen verbliebenen Deutschen – gegen entsprechende finanzielle Entschädigung – die Möglichkeit zur Auswanderung geboten werden sollte. Wesentlich schwieriger gestalteten sich die Verhandlungen mit *Prag,* und zwar aufgrund der Diskussionen über die Nichtigkeitserklärung des Münchner Abkommens von 1938. Die Gespräche konnten erst im Juni 1973 erfolgreich abgeschlossen werden. Der schließlich am 11. Dezember 1973 unterzeichnete Vertrag erklärte das Münchner Abkommen für nichtig – allerdings ohne Rückwirkung – und lehnte sich inhaltlich an die Verträge von Moskau und Warschau an. Ebenfalls Ende 1973 nahm Bonn diplomatische Beziehungen zu Bulgarien und Ungarn auf.

Das am 3. September 1971 unterzeichnete Viermächteabkommen über *Berlin* öffnete dann den Weg zu einem Vertrag zwischen den beiden deutschen Staaten. Die USA, die Sowjetunion, Frankreich und Großbritannien präzisierten den Status von Berlin-West, der beiden deutschen

Staaten einige Verzichtsleistungen abverlangte, sie zugleich aber auch zufriedenstellte. Berlin-West ist hiernach kein konstitutiver Teil der Bundesrepublik, es darf kein Bundesland werden, und die Bundesversammlung darf dort nicht mehr tagen. Zur Befriedigung Bonns wurde jedoch am Viermächtestatus festgehalten, den Westberlinern der Besuch des Ostens der Stadt erlaubt, und die Sowjetunion gewährleistete den Transitverkehr zwischen den Westsektoren Berlins und der Bundesrepublik. In den Jahren 1971 und 1972 wurden Abkommen über den Verkehr zwischen den beiden deutschen Staaten sowie zwischen ihnen und Berlin-West unterzeichnet.

Nach ersten mühsamen Kontakten zwischen Brandt und Ministerpräsident Willi Stoph in Erfurt und Kassel 1970 erzielten Egon Bahr und sein DDR-Kollege Michael Kohl bei der Fortführung der Verhandlungen erst nach Ulbrichts Rücktritt (Mai 1971) entscheidende Fortschritte. Ulbrichts Nachfolger Erich Honecker schlug auf Moskaus Druck hin einen nachgiebigeren Kurs ein. Am 21. Dezember 1972 wurde der *Grundlagenvertrag* unterzeichnet. Er griff die wichtigsten Bestimmungen der Verträge von Moskau und Warschau auf und regelte die Beziehungen zwischen beiden deutschen Staaten. Beide verzichteten endgültig auf den Alleinvertretungsanspruch, die Souveränität wurde jeweils auf das tatsächliche Staatsgebiet beschränkt. Der Vertragstext selbst erwähnte die Frage einer eventuellen Wiedervereinigung nicht, aber ein Zusatzdokument – der von der Bundesregierung übergebene „Brief zur deutschen Einheit" – gesteht der Bundesrepublik das Recht zu, „auf einen Zustand des Friedens in Europa hinzuwirken, in dem das deutsche Volk in freier Selbstbestimmung seine Einheit wiedererlangt."

Hatte die Opposition recht, wenn sie bereits 1970 behauptete, daß der Preis für die Normalisierung der Beziehungen zum Osten zu hoch sei? Bundeskanzler Brandt wurde beschuldigt, eine Verzichtspolitik betrieben zu haben, die der Bundesrepublik keine nennenswerten Gegenleistungen beschert habe. Kritikern aus den Reihen der CDU/CSU zufolge hatte Bonn sogar die deutsche Einheit geopfert und die Teilung Deutschlands für rechtmäßig erklärt. Franz Josef Strauß verstieg sich zu der Behauptung, daß am Ende dieser Ostpolitik schließlich ein neutrales Europa stehen werde. Um diese Opposition zu spalten und die Unterzeichnung der Verträge zu erleichtern, machte Moskau einige Zugeständnisse: es unterzeichnete das Abkommen über Berlin-West noch *vor* der Ratifikation des Moskauer Vertrages und erkannte den Gemeinsamen Markt als eine der Realtitäten Westeuropas an.

Trotzdem fand sich im Bundestag nur eine sehr knappe Mehrheit für die Ratifikation der Verträge: Der Moskauer Vertrag wurde am 17. Mai 1972 mit 248 Stimmen – bei 238 Enthaltungen und 10 Gegenstimmen –, der

Warschauer Vertrag ebenfalls mit 248 Stimmen – bei 230 Enthaltungen und 17 Gegenstimmen – angenommen. Auch für die Ratifizierung des Grundlagenvertrages fand sich am 11. Mai 1973 nur eine wenig größere Majorität: 268 Ja- gegen 217 Nein-Stimmen. Wenige Tage später besuchte Breschnew die Bundesrepublik und unterzeichnete in Bonn ein Abkommen über Zusammenarbeit auf wirtschaftlichem, industriellem und technischem Gebiet, mit dem das Zeitalter der „produktiven Koexistenz" eröffnet wurde. Moskau betrachtete Westdeutschland zunehmend als Experimentierfeld für eine neue Friedens- und Entspannungspolitik.

Bundeskanzler Helmut Schmidt führte die Ostpolitik fort. In den Jahren 1974 bis 1982 traf er mit sämtlichen führenden Staatsmännern der Ostblockländer zusammen. Breschnew seinerseits betonte bei jeder Gelegenheit, wie sehr die Sowjetunion daran interessiert sei, im Ensemble der osteuropäischen Staaten mit der Bundesrepublik weiterhin über einen Ausbau ihrer Beziehungen zu verhandeln. Bis Ende der siebziger Jahre pflegten Bonn und Moskau gute Beziehungen zueinander. Im Oktober 1974 reiste Bundeskanzler Schmidt nach Moskau, und im Mai 1978 stattete Breschnew Bonn einen Gegenbesuch ab. Bei diesen Treffen erinnerten beide Seiten an ihre feste Entschlossenheit zur Wahrung des Status quo in Berlin; außerdem unterzeichnete man weitere Abkommen über eine industrielle Zusammenarbeit und erwog auch die militärischen Aspekte der Entspannungspolitik. Trotz der Schlußakte von Helsinki und der Wiener MBFR-Verhandlungen hielt Bonn es bereits im Frühjahr 1976 für notwendig, erneut seinen Willen zur Wahrung des militärischen Gleichgewichts in Europa – als notwendige Voraussetzung einer weiteren Entspannungspolitik – zu bekunden.

Im Warschauer Vertrag waren nicht sämtliche Schwierigkeiten ausgeräumt worden, unter denen das deutsch-polnische Verhältnis litt. Dies bewerkstelligten erst Bundeskanzler Schmidt und Parteichef Edward Gierek 1975 in zähen Verhandlungen am Rande der KSZE-Abschlußkonferenz von Helsinki. Ein dreifaches Abkommen wurde geschlossen: Die Bundesrepublik gewährte Polen zu äußerst günstigen Bedingungen einen Kredit über 1 Milliarde DM; ferner verpflichtete sie sich zu einer pauschalen Abgeltung von Rentenansprüchen gegenüber den polnischen Opfern des Nationalsozialismus in Höhe von 1,3 Milliarden DM. Als Gegenleistung sicherte Polen die Ausreise von 120000 bis 125000 polnischen Staatsangehörigen deutscher Abstammung zu. Die Aussöhnungspolitik gipfelte in dem Staatsbesuch, den Gierek im Juni 1976 der Bundesrepublik abstattete; diese Reise erregte großes Aufsehen und wurde als ein Ereignis von historischer Tragweite bewertet. Mit der Unterzeichnung einer ganzen Reihe von Verträgen über wirtschaftliche und kulturelle Zusammenarbeit führte sie zu einem deutlichen Ausbau der Beziehungen. Als Bundeskanzler Schmidt im November 1977 nach Polen reist, besichtigte er – als Geste der Versöhnung – auch das ehemalige Konzentrationslager in Auschwitz.

Die Normalisierung der deutsch-deutschen Beziehungen gestaltete sich etwas schwieriger. Ost- und Westdeutschland verfolgten unterschiedliche Ziele. Während Bonn menschlichen Erleichterungen besondere Bedeutung beimaß, erhoffte sich Ostberlin vor allem wirtschaftliche und finanzielle Vorteile. Daher blieb das Verhältnis zwischen den beiden Staaten in einer veränderlichen Lage. Gleich nach der Ratifizierung des Grundvertrages schlug die DDR einen härteren Ton an: sie erklärte sich nicht damit einverstanden, daß die Bonner Botschaften in den östlichen Ländern auch für Berlin-West zuständig sein sollten und beschuldigte die Bundesrepublik, die Flucht ostdeutscher Bürger in den Westen zu begünstigen. Ostberlin erhöhte den Zwangsumtauschsatz für westdeutsche Besucher: nachdem er 1964 auf fünf DM pro Tag festgelegt und 1972 bereits verdoppelt worden war, wurde er Ende 1973 auf 20 DM angehoben (seit 1980 pro Tag 25 DM). Das gespannte Verhältnis, das noch zusätzlich durch die Guillaume-Affäre belastet wurde, besserte sich erst nach Breschnews Rede zum fünfundzwanzigjährigen Bestehen der DDR. Der sowjetische Parteichef veranlaßte Ostberlin zu etwas mehr Nachgiebigkeit. Die Ende 1974 erneut aufgenommenen Verhandlungen führten zum Abschluß einer Reihe von Abkommen über einen Ausbau der Transitstrecken, über die Gewährung weiterer „Swing“-Kredite sowie über den Bezug von Strom aus Ostdeutschland. Ab 1976 betrieb die DDR immer wieder eine Politik der Nadelstiche (sie verweigerte westdeutschen Journalisten die Einreisegenehmigung und verhinderte Familienzusammenführungen usw.); diese Politik rührte sehr wahrscheinlich daher, daß in Ost-Berlin noch viele Gegner einer Normalisierung saßen. Im Herbst 1979 tauchten neue Hoffnungsschimmer auf, und im folgenden Jahr wurden mehrere wirtschaftliche Abkommen (u.a. im Transportwesen und in der Stahlherstellung) geschlossen. Bei Titos Begräbnis trafen im Mai 1980 Bundeskanzler Schmidt und der Staatsratsvorsitzende Honecker außerplanmäßig zusammen und verabschiedeten ein gemeinsames Kommuniqué, in dem sie ihrer Zufriedenheit über die gut funktionierende wirtschaftliche Zusammenarbeit zwischen beiden deutschen Staaten Ausdruck verliehen.

Rund zehn Jahre nach den Anfängen der Ostpolitik läßt sich eine erste Bilanz ziehen. Ihr Beitrag zur Entspannung machte die Unterzeichnung der KSZE-Schlußakte in Helsinki und die MBFR-Verhandlungen in Wien möglich. Die Bundesrepublik verdankte der Ostpolitik einen größeren Handlungsspielraum auf internationaler Ebene und eine selbständigen Stellung gegenüber dem Westen. Die Spannungen zwischen Westdeutschland und dem Osten verminderten sich. Bonn galt nicht mehr als „Speerspitze" des westlichen „Imperialismus" und konnte nicht länger einer revanchistischen Haltung beschuldigt werden. Die Bundesrepublik löste sogar Frankreich in seiner bisherigen Stellung als wichtigster europäischer Partner der Sowjetunion ab. Zwischen den beiden deutschen Staaten entwickelte sich eine gewisse Zusammenarbeit anstelle der Politik der „Abgrenzung" und der permanenten Konfrontation früherer Jahre. Die Ostpolitik setzte auch den mit steter Regelmäßigkeit wiederkehrender Berlinkrisen ein Ende; der Transitverkehr zwischen Westdeutschland und Berlin-West wurde verbessert. Darüberhinaus konnte, wie in Kapitel 10 gezeigt, im Rahmen der Ostpolitik auch die wirtschaftliche Zusammenarbeit verstärkt werden. Schließlich ermöglichte sie private Kontakte und Familienzusammenführungen. Die Zahl der DDR-Besucher aus dem Bundesgebiet oder aus Berlin-West verdreifachte sich zwischen 1971 und dem Ende der siebziger Jahre. 1969 kam es über 34 Fernsprechleitungen zu einer Million Gesprächen zwischen Ost- und Westdeutschland; im Jahr 1976 existierten bereits 719 Leitungen, die in diesem Jahr insgesamt 15 Millionen Gespräche möglich machten. Und nicht zuletzt gestattete die Ostpolitik in den Jahren 1975 bis 1980 etwa 250000 Deutschen – von denen die meisten aus Polen und einige zehntausend aus der DDR und der Sowjetunion stammten – die Ausreise in den Westen.

Gleich zu Beginn der achtziger Jahre jedoch wurde die Entspannung in Frage gestellt. Aus Furcht vor den Auswirkungen des SALT-II-Abkommens, das die Sicherheit der Bundesrepublik zu bedrohen schien, und bevor die Aufstellung sowjetischer SS-20 Raketen begann, forderte Bundeskanzler Helmut Schmidt die Schutzmacht Amerika zu Abwehrmaßnahmen auf. Der NATO-Doppelbeschluß vom Dezember 1979 – der die Stationierung amerikanischer Pershing-II-Raketen in der Bundesrepublik vorsah, sofern mit Moskau keine Einigung in der Frage der sowjetischen Mittelstreckenrakten gelänge –, drohte das Ost-West-Verhältnis erneut zu belasten. Bonn verurteilte den Einmarsch sowjetischer Truppen nach Afghanistan, lehnte jedoch wirtschaftliche Sanktionen ab; dagegen beteiligte sich die Bundesrepublik am Boykott der Olympischen Spiele in Moskau 1980 und ließ der amerikanischen Vergeltungspolitik freien Lauf. In Übereinstimmung mit Präsident Carter reiste Bundeskanzler Schmidt nach Moskau, wo er sich um eine Fortführung der Entspannungspolitik bemühte. Die Zuspitzung der Entwicklung in Polen ab Sommer 1980 veranlaßte Bonn nur zu gemäßigten Reaktionen, beschwor jedoch eine ernste Krise zwischen Ost- und Westdeutschland herauf. Nachdem bereits wegen der sowjetischen Intervention in Afghanistan eine Zusammenkunft Schmidts mit Honecker hinausgezögert worden war, wurde sie im August 1980 erneut verschoben. Ostberlin erging sich immer häufiger in verbalen Angriffen und einer Politik der Nadelstiche. Bonn hielt jedoch an der Ostpolitik fest – sie galt als grundlegendes Element der Ost-West-Beziehungen, und die Bundesrepublik wollte wesentliche deutsche Interessen nicht gefährden. Unmittelbar nach den Bundestagswahlen vom Oktober 1980 bekräftigte Bundeskanzler Schmidt in einer Regierungserklärung die Entschlossenheit der Bundesrepublik zur Fortführung der Entspannungspolitik, zur Aufrechterhaltung des militärischen Gleichgewichts zwischen den beiden Blöcken und zu einer langfristigen Zusammenarbeit mit dem Osten. Schmidt bekannte sich zwar in aller Form zum NATO-Doppelbeschluß – „Entspannung kann keine Einbahnstraße sein“ – suchte aber im November 1981 bei Breschnews Staatsbesuch in Bonn seine Stellung als Vermittler zwischen den beiden Supermächten herauszustreichen.

Auch noch zu Beginn der achtziger Jahre – trotz der im Ost-West-Verhältnis aufgetretenen Schwierigkeiten – hielt Bonn an der Ostpolitik fest, da die Bundesregierung gar keine andere außenpolitische Perspektive sah.

Die Bundesrepublik und die Vereinigten Staaten

Bonn befand sich lange Zeit im politischen Schlepptau der USA und befreite sich nur ganz allmählich und auch nur teilweise aus dieser Abhängigkeit. Dabei kamen ihm die in der Ostpolitik errungenen Erfolge zustatten.

Washingtons treuer Bündnispartner

Während der sechziger Jahre legte sich Bonn alternativlos auf die enge Amerikabindung fest. Als der Bundestag am 8. Mai 1963 die Präambel des deutsch-französischen Freundschaftsvertrags von 1963 einstimmig verabschiedete, betonten sogar alle Parteien feierlich den Standpunkt, Europa solle eng mit den Vereinigten Staaten zusammenarbeiten. Obwohl wegen einiger amerikanischer Initiativen auch schon vereinzelt Bedenken angemeldet wurden, betrachteten die führenden Bonner Politiker doch die Bündnistreue gegenüber Washington als unumstößliche Grundregel.

Die Bundesrepublik begnügte sich in ihrem Verhältnis zu den Vereinigten Staaten lange Zeit mit der Rolle eines untergebenen Staates, aber bald begann man in Bonn die Auswirkungen der unter Kennedy eingeleiteten

Entspannungspolitik zu fürchten. Man war vor allem um die Sicherheit Westdeutschlands besorgt, da ausschließlich Washington die atomare Verteidigung garantierte. In den sechziger Jahren lösten die Winkelzüge des amerikanischen Partners in der Bundesrepublik große Unruhe aus. Die Aufstellung von multilateralen, mit gemeinsamen Atomunterseebooten ausgestatteten Streitkräfte stand seit 1960 an. Die führenden westdeutschen Politiker fragten sich zwar, welches Gewicht der Bundesrepublik innerhalb dieser MLF zukommen werde, erhofften sich von ihr aber eine Stärkung der deutschen Position innerhalb der NATO und machten sich auch bereits Gedanken über die Kosten einer solchen Streitmacht – die Bundesrepublik sollte einen beträchtlichen finanziellen Beitrag leisten, ohne eine echte Entscheidungsbefugnis zu erhalten. Während Bundeskanzler Erhard und Außenminister Schröder den amerikanischen Vorschlag befürworteten, lehnten Adenauer und Strauß ihn entschieden ab. Im Dezember 1964 ließ Präsident Johnson das Projekt fallen; in Bonn verursachte das Scheitern der MLF-Pläne große Unruhe, da man hier angesichts der risikoreichen amerikanischen Strategie in wachsende Besorgnis geriet. Man begann sich zu fragen, ob nicht die Amerikaner, um einen Atomkrieg von ihrem eigenen Territorium abzuwenden, begrenzte Kriege in weit entfernten Gebieten hinnehmen würden. In einem solchen Fall könne Deutschland sehr leicht zum Schlachtfeld werden, ohne daß der atomare Schutzschirm Amerikas eingesetzt werde.

Überdies ließ die Bereitschaft der Vereinigten Staaten in wachsendem Maße nach, die Kosten für die in der Bundesrepublik stationierten Truppen zu bestreiten. Washington wollte sein Dollardefizit ausgleichen und forderte daher Aufträge für die amerikanische Waffen- und Rüstungsindustrie. 1961 und 1964 gab Bonn nach und erwarb vor allem „Starfighter“ für seine Luftwaffe. 1966 widersetzte sich Bonn zunächst, mußte sich jedoch beugen, als der amerikanische Verteidigungsminister McNamara mit einer Reduzierung der in Deutschland stationierten Truppen drohte; Erhard erhöhte sogar das Budget, um diesen neuen Forderungen genügen zu können.

Auch die Europapolitik der USA stiftete in der Bundesrepublik einige Verwirrung. Offiziell begrüßten die Vereinigten Staaten den Ausbau einer europäischen Vereinigung, von der sie sich bessere Absatzmöglichkeiten für Kapital und Waren versprachen. Seit der Gründung des Gemeinsamen Marktes bemühte sich Washington jedoch, die Bildung eines einheitlichen Wirtschaftsraumes zu hintertreiben und übte Kritik an der EWG-Handelspolitik. Hierüber kam es in der Bundesrepublik zu Auseinandersetzungen zwischen den Befürwortern einer engen Anlehnung an die Vereinigten Staaten und den Verfechtern der europäischen Sache, die sich an de Gaulles Vorstellung eines weitgehend unabhängigen Europa zwischen den beiden Blöcken orientierten.

Bonn war lange Zeit vorwiegend mit dem Ost-West-Konflikt, der deutschen Frage sowie dem Aufbau Europas beschäftigt und begann daher erst zu Beginn der sechziger Jahre und auf Washingtons Druck hin mit der Erweiterung seines diplomatischen Gesichtskreises. Da die Bundesrepublik nicht mit dem Makel des Kolonialismus behaftet war, konnte sie großen Einfluß auf die jüngst unabhängig gewordenen Staaten erlangen und im Rahmen der Entwicklungshilfe weit in die Länder der Dritten Welt vorstoßen. Mit dieser Politik kam Bonn außerdem den Anstrengungen der westdeutschen Wirtschaft entgegen, die sich bereits um überseeische Märkte bemühte. Die Bundesrepublik machte ihren Beistand jedoch von der strikten Befolgung der Hallstein-Doktrin abhängig.

Die Bundesregierung unterstützte weltweit die Haltung der Vereinigten Staaten. Als US-Streitkräfte Anfang 1965 mit der Bombardierung Nordvietnams begannen, sicherte Bundeskanzler Erhard dem amerikanischen Präsidenten Johnson bedingungslosen Beistand zu. Auch führende SPD-Politiker wie Willy Brandt und Fritz Erler folgten diesem Beispiel, während große deutsche Tageszeitungen Kritik an der amerikanischen Politik gegenüber Indochina übten, wo bereits Ende 1965 230000 GIs kämpften.

Die Bonner Bündnistreue gegenüber Washington ließ sich zum Teil durch wirtschaftliche und finanzielle Abhängigkeit erklären. Sie war aber bei weitem nicht mehr so ungleichmäßig wie etwa Mitte der fünfziger Jahre. Mit Hilfe der USA hatte es Westdeutschland erreicht, wieder eine feste Stellung auf dem Weltmarkt zu erobern. Noch 1965 waren die Vereinigten Staaten das drittstärkste Abnehmerland der Bundesrepublik und ihr wichtigster Lieferant. Doch seit Gründung der EWG nahm der Handel innerhalb Europas einen beträchtlichen Aufschwung, und bereits 1965 bezogen die europäischen Handelspartner deutsche Waren in mehr als vierfachem Wert wie die USA. Während der Markt in den USA nur noch 8% der deutschen Exportartikel aufnahm, gingen bereits 35,2% der deutschen Ausfuhr in die europäischen Partnerländer. Die Bundesrepublik tätigte nur noch in sehr geringem Umfang Investitionen in den USA, dagegen floß jedes Jahr mehr amerikanisches Kapital nach Westdeutschland. Amerikanische Geschäftsleute faßten in den sechziger Jahren mit Geschäftsbeteiligungen und der Gründung neuer Unternehmen zunehmend Fuß in der Bundesrepublik. Einige Schlüsselindustrien gerieten sogar in die Hand überwiegend amerikanischer Firmen (siehe Kapitel 10), was vereinzelt nationalistische Reaktionen hervorrief. Westdeutschland zeigte sich noch nicht dazu imstande, diese „amerikanische Herausforderung“ anzunehmen.

Gegen Ende der sechziger Jahre wurde die amerikanische Politik in der Bundesrepublik mehr und mehr in Zweifel gezogen. Die sukzessiv verstärkte Beteiligung am Vietnamkrieg setzte den „Gendarmen der Freiheit" außer Gefecht, der sich kaum um die Ereignisse in der Tschechoslowakei – während des „Prager Frühlings" von 1968 – kümmerte. Die USA unterzeichneten mit der UdSSR den Atomwaffensperrvertrag. Das schließliche Scheitern von Johnsons Interventionspolitik ließ auf einen Wandel in der amerikanischen Haltung schließen, den Bonn mit Besorgnis verfolgte. Eine nachgiebigere Haltung der USA erleichterte zwar die Fortführung der Ostpolitik, konnte aber auch den Auftakt zu einem gewissen Abrücken von Verpflichtungen bilden, was die Bundesrepublik keineswegs wünschte.

Bonn schüttelt die amerikanische Bevormundung ab

In den siebziger Jahren eröffneten sich neue Perspektiven. Bonn gewann wieder eine Handlungsfreiheit, die es ihm erlaubte, seine eigene Politik zwischen Washington und Moskau zu verfolgen. Während sich das Kabinett Brandt ganz entschieden für die Ostpolitik einsetzte, konnte die Bundesrepublik dank verschiedener günstiger Umstände die amerikanische Bevormundung abschütteln und ihre Mittelmachtambitionen bekräftigen. Die Auseinandersetzung mit Amerika schlug sich in sämtlichen Bereichen – in der Währungs-, Wirtschafts-, Verteidigungs-, Europapolitik usw. – nieder.

Ende 1971 bemühten sich die Vereinigten Staaten, die finanziellen Folgen aus ihren internationalen Verpflichtungen zu beheben, die ständig die vorhandenen Mittel überschritten. Man strebte einen Ausgleich der Zahlungsbilanz an, die infolge der umfangreichen Kapitalausfuhr und der hohen militärischen Ausgaben ein hohes Defizit auswies. Über die Bonner Interessen hinweg hatte Washington seinen Standpunkt durchgesetzt, ohne seinen wichtigsten europäischen Partner auch nur zu Rate zu ziehen (siehe Kapitel 10). Die Bundesrepublik – die weiterhin den Dollarkurs stark stützte – wuchs zusehens in eine Vermittlerrolle zwischen den USA und Europa hinein. Die Währungseinbrüche von 1976 und 1977 sowie die hohen amerikanischen Zinssätze gegen Ende der siebziger Jahre bestärkten Bonn in der Auffassung, daß die Vereinigten Staaten ihren weltweiten Verpflichtungen nicht mehr gewachsen seien. Bundeskanzler Schmidt empörte sich über die Sorglosigkeit, mit der die USA dem Verfall des Dollarkurses zusahen und dadurch zu den ständigen Aufwertungen der DM beitrugen, um auf diese Weise ihre eigenen Wirtschaftsprobleme auf Kosten Europas zu lösen.

Während sich die Bundesrepublik in den siebziger Jahren unter den Lieferländern der USA auf den dritten Rang emporarbeitete, fielen die Vereinigten Staaten unter den Lieferstaaten Westdeutschlands auf den fünften Platz ab. Die Bundesrepublik, erneut zur wirtschaftlichen Großmacht aufgestiegen (siehe Kapitel 10), galt in den USA – die der Wirtschaft wieder den Vorrang vor politischen Erwägungen einräumten – zusehens als gefährlicher Konkurrent. Die deutschen und amerikanischen Interessen gerieten in immer größere Rivalität zueinander. Ende 1973 schloß sich die Bundesrepublik angesichts des von den Erdöl exportierenden Ländern verhängten Ölembargos den USA an und befürwortete deren Vorschlag, eine Konferenz einzuberufen, auf der die westlichen Länder einen einheitlichen Block gegenüber den OPEC-Ländern bilden sollten; Bonn war dann empört über die Haltung des amerikanischen Kongresses, der eine gemeinsame Energiepolitik ablehnte. Als die Bundesrepublik im Juni 1975 ein Abkommen über nukleare Zusammenarbeit mit Brasilien schloß, führte dies zu heftigen Reaktionen der Administration Carter. Washington übte auf Brasilia wie auf Bonn Druck aus, um die vereinbarten Lieferungen der nuklearen Anlagen nach Brasilien zu unterbinden. Während Brasilien gegen die kolonialistische Haltung der USA protestierte, suchte sich Bonn gegen den Vorwurf zu verteidigen, es wolle auf brasilianischem Staatsgebiet Atomwaffen produzieren, was ihm im eigenen Land nicht möglich war. Die Bundesrepublik gab in dieser Affäre dem amerikanischen Druck zwar nicht offiziell nach, schob aber technische Überlegungen und finanzielle Schwierigkeiten vor, um die Verzögerung zu begründen, mit der dieses großangelegte Unternehmen anlief.

Entsprechend den Bedürfnissen ihres eigenen Handels suchten die USA eine ausschließlich auf ihre Interessen abgestimmte Politik durchzusetzen. Schon im Verlauf der Verhandlungen in Tokio, die 1974 zur „Nixon-Runde“ führten, kam es zu Meinungsverschiedenheiten zwischen Washington und Europa, die sich unter Carters Präsidentschaft noch verschärften. Bundeskanzler Schmidt äußerte sogar offene Kritik an den USA, die in Washington sehr unwillig aufgenommen wurde. Am 28. April 1978 forderte er in seiner Hamburger Rede die amerikanischen Politiker auf, doch endlich zu begreifen, daß eine weltweite allgemeine Führungsstellung auch erhebliche Verantwortlichkeiten auf wirtschaftlichem Gebiet mit sich bringe. Er betrachtete das enorme Defizit in der Handelsbilanz, die Schwankungen des Dollarkurses sowie die wankelmütige Ölpolitik als offenkundige Kennzeichen eines verantwortungslosen Kurses der US-Regierung. Schmidt empfahl sogar den europäischen Ländern, an die Öffentlichkeit und den Kongreß Amerikas zu appellieren, um die Administration Carter zu einem verantwortungsbewußteren Vorgehen zu veranlassen. Im übrigen reagierte Bonn zunehmend unwilliger auf Washingtons Druck: die USA wünschten eine kräftige deutsche Wiederbelebung der Wirtschaft, ohne die inflationären Auswirkungen einer solchen Politik zu bedenken. Bei Reagans Amtsübernahme bildete der Fortbestand der hohen Zinssätze in den USA eine der vorrangigsten Ursachen für die Unzufriedenheit der Bundesrepublik.

Auch in den internationalen Krisen der siebziger Jahre teilte Bonn nicht immer Washingtons Standpunkt. Als die USA 1973 während des Jom-Kippur-Krieges, ohne die Bundesrepublik zu konsultieren, ihre westdeutschen Militärbasen zur Unterstützung Israels nutzten, protestierte Bundeskanzler Brandt und forderte die Vereinigten Staaten auf, nicht weiterhin Kriegsmaterial von deutschen Häfen zu verschiffen. Während in der deutschen Öffentlichkeit allgemein Empörung über diese Rücksichtslosigkeit herrschte, beklagte Außenminister Henry Kissinger das mangelnde Entgegenkommen der Europäer.

Nach dem sowjetischen Einmarsch in Afghanistan verlangte Washington energische Vergeltungsmaßnahmen gegen die UdSSR. Doch Bonn lehnte jegliche Strafaktion und überhaupt alles ab, was zu einem Bruch der Handels- und Wirtschaftsabkommen mit dem Ostblock hätte führen können. Die deutschen Geschäftsleute wollten diesen Markt auf keinen Fall verlieren. Washington sprach sich für den Boykott der Olympischen Spiele in Moskau aus, fand damit aber nicht ohne weiteres die Zustimmung des Kanzlers Schmidt. Bald freilich schloß er sich dem amerikanischen Standpunkt an und empfahl am 23. April 1980 dem Deutschen Olympischen Komitee, von den Spielen fernzubleiben.

In der Angelegenheit der im Iran festgehaltenen amerikanischen Geiseln stimmte Bonn ebenso wie die übrigen europäischen Staaten für wirtschaftliche Sanktionen: bereits Ende April forderte Schmidt die deutschen Unternehmen auf, keine Verträge mehr mit dem Iran abzuschließen. Dieses solidarische Verhalten rief auch Kritik hervor, da man in Westdeutschland am Effekt solcher Sanktionen zweifelte. Als Anfang 1981 Reagan die Präsidentschaft antrat, bestanden zwischen den USA und der Bundesrepublik bereits außerordentliche politische Divergenzen: man hatte unterschiedliche Vorstellungen hinsichtlich der Hilfsmaßnahmen für Polen, bezüglich der Sanktionen gegen die UdSSR – Bonn wollte durchaus den Erdgasvertrag mit der Sowjetunion einhalten – und auch im Blick auf die Mittelamerikapolitik der Vereinigten Staaten. Die beiden für die Koordination der deutsch-amerikanischen Beziehungen zuständigen Staatssekretäre – Frau Hildegard Hamm-Brücher in Bonn und Lawrence Eagleburger in Washington – hatten alle Hände voll zu tun!

Die Meinungsverschiedenheiten auf dem Gebiet der Verteidigungspolitik gingen noch tiefer, auch wenn Bonn an den Abrüstungsverhandlungen teilnahm (wir berichteten hierüber in Kapitel 10). Im Frühjahr 1973 war man in Bonn beunruhigt über Nixons und Kissingers Absicht, eine neue Atlantikcharta ausarbeiten zu lassen. Die Vereinigten Staaten wollten die Stationierung ihrer Truppen in Europa nur unter der Bedingung aufrechterhalten, daß die europäischen Länder in Form von Zugeständnissen in der Währungs- und Handelspolitik für diesen Schutz aufkämen. Bundeskanzler Erhard lehnte in den Gesprächen, die er Anfang Mai 1973 auf dem Höhepunkt der Watergate-Affäre in Washington führte, Kissingers Vorschlag allgemeiner Verhandlungen ab. Er vertrat die Ansicht, daß Sicherheitsfragen nicht gleichzeitig mit anderen, in keinem Zusammenhang damit stehenden Problemen erörtert werden sollten. Im darauffolgenden Sommer reisten Außenminister Walter Scheel und Verteidigungsminister Georg Leber nach Washington, um dort mehr Klarheit über das nebulöse Konzept der neuen Atlantikcharta zu gewinnen. Sie fürchteten, die USA könnten sich nach Abschluß des Atomwaffensperrvertrags mit der Sowjetunion ihren militärischen Bündnisverpflichtungen entziehen. Ein altes Schreckensbild wurde wieder lebendig: würden die Vereinigten Staaten – um eine auch für sie selbst tödliche militärische Eskalation zu vermeiden – etwa einer Teil-Besetzung westdeutschen Territoriums tatenlos zusehen?

Zeitweilig gelang es Präsident Carter, die Bundesrepublik wieder in Sicherheit zu wiegen; er ließ verlauten, daß er dem atlantischen Bündnis wieder mehr Bedeutung beilegen, die Bündnispartner konsultieren und die in Europa stationierten amerikanischen Truppen verstärken wolle. Aber schon im Sommer 1977 taten sich für die Bundesrepublik neue Zweifel auf. Man erfuhr, daß der Nationale Sicherheitsrat in Washington beabsichtigte, die amerikanische Garantie nicht auf das ganze Territorium der Bundesrepublik anzuwenden, sondern erwog, rund ein Drittel des Staatsgebiets entlang der Grenzen zur Tschechoslowakei und zur DDR preiszugeben. Die Bundesregierung protestierte energisch, erreichte jedoch nur eine Revision, in der sich die USA verpflichteten, nur einen minimalen Anfangsverlust an westdeutschen Gebieten zuzulassen. Der Plan bestätigte somit die in der Bundesrepublik gehegten Befürchtungen: Washington würde nicht sofort einen Gegenangriff starten, sondern erst einmal abwarten, um dadurch die Risiken eines totalen Krieges einzuschränken.

Ebenso wie diese Strategie der „flexiblen Antwort" trug auch das Problem der Neutronenwaffe nur dazu bei, den bestehenden Argwohn zu verstärken. Carter hatte 1977 die Herstellung der Neutronenwaffe beschlossen, da er sie für das einzig geeignete Mittel zur Abwehr eines sowjetischen konventionellen Angriffs mit Panzern hielt. Seither drängte er nachdrücklich darauf, daß solche Waffen in Europa, das hieß vor allem in der Bundesrepublik, stationiert werden sollten. Hier löste das Problem der Neutronenwaffe 1978 heftige Debatten aus, und der SPD-FDP-Koalition gelang es nur mit größter Mühe, überhaupt eine Einigung zustandezubringen. Bonn erklärte sich zur Stationierung von Neutronenwaffen im Bundesgebiet für den Fall bereit, daß Moskau nach zweijährigen Verhandlungen keine angemessenen Gegenleistungen für einen Verzicht auf diese Waffe erbringen wolle. Doch urplötzlich und ohne die Bündnispartner zu konsultieren, ließ Präsident Carter das Projekt der Neutronenwaffe fallen; der unvermittelte Meinungswandel löste einigen Wirbel in Bonn aus, wo man sich angesichts des Hin und Her der amerikanischen Politik ernsthaft Sorgen machte.

Bundeskanzler Schmidt betonte auch die Gefahren, die sich aus einem Ungleichgewicht des militärischen Kräfteverhältnisses der beiden Blöcke ergaben. Es verstärkte sich zu Ungunsten des Westens, als die Sowjetunion in den Ländern des Warschauer Pakts SS-21-Raketen aufstellte. Der NATO-Doppelbeschluß von Ende 1979 schien der westlichen Allianz wieder eine bessere Position zu verschaffen: falls man zu keiner Einigung mit der Sowjetunion gelange, sah er für Herbst 1983 die Stationierung von amerikanischen Pershing-II-Raketen und Cruise-Missiles in Europa vor. Gleichzeitig setzten in der Bundesrepublik jedoch heftige Debatten ein. Die Friedensbewegung, die eine Stationierung von Pershing-II-Raketen entschieden ablehnte, gewann an Boden. Jetzt waren es die Amerikaner, die an der Entschlossenheit Westdeutschlands zur Abwehr eines Angriffs aus dem Osten zweifelten.

Die Auseinandersetzungen um die Verteidigungspolitik wurden zusätzlich durch das Problem der Bewaffnung sowie durch den Streit um die Stellung der Bundesrepublik innerhalb der NATO verschärft. Bonn betrachtete die Vereinheitlichung der Waffentypen im Bündnis als einen bloßen Vorwand der USA, um ihre Rüstungsgüter abzusetzen. Die Amerikaner schienen neben den eigenen keine anderen Waffen dulden zu wollen: sie zogen ihren Panzer XM-1 dem westdeutschen Leopard II vor. Daraufhin lehnte Bonn das kostenspielige AWACS-Frühwarnsystem so lange ab, bis sich die Vereinigten Staaten bereit fanden, ihren XM-1-Panzer mit der Kanone des Leopard auszurüsten. Die Bereitschaft der Bundesrepublik, amerikanische Rüstungsgüter einzuführen, ging mehr und mehr zurück, und Bonn bemühte sich daher um eine engere Zusammenarbeit mit seinen europäischen Partnern: gemeinsam mit Frankreich konstruierte man das Mehrzweckkampfflugzeug Alpha Jet, mit Großbritannien und Italien das Kampfflugzeug Tornado, das die Starfighter ersetzen sollte. Der Leopard II wurde in Zusammenarbeit mit fünf anderen NATO-Mitgliedsländern hergestellt. Als Washington eine Erhöhung des westdeutschen Verteidigungsbudgets wünschte – die Bundesrepublik gab 3,5% des Bruttosozialprodukts für Verteidigungszwecke aus, die USA 5% –, ging Bonn auf die amerikanischen Wunschvorstellungen nicht ein, suchte aber gleichzeitig innerhalb der Allianz an Einfluß zu gewinnen. Im Sommer 1977 erhob die Bundesrepublik mit Erfolg Anspruch auf weitere wichtige Posten innerhalb des Internationalen Militärstabs der NATO.

Bonn ließ sich durch dieses Auf und Ab nicht daran hindern, Washington dringend zu ersuchen, die amerikanischen Einheiten in der Bundesrepublik zu belassen. Im Juli 1976 gab Bundeskanzler Schmidt Washington zu bedenken, daß der Abzug dieser Truppen katastrophale Konsequenzen haben würde: nicht nur Westeuropa wäre betroffen, sondern auch das Gleichgewicht der militärischen Kräfte in der ganzen Welt. Eine Anfang 1980 durchgeführte Umfrage ergab, daß 61% der Westdeutschen die militärische Unterstützung durch die USA für unbedingt notwendig erachteten; in Großbritannien vertraten 70% diesen Standpunkt, während nur 24% der Franzosen die Hilfe durch amerikanische Truppen für unentbehrlich hielten.

So läßt sich feststellen, daß die enge wechselseitige Abhängigkeit zwischen den USA und der Bundesrepublik während der siebziger Jahre fortbestand, daß Westdeutschland aber gleichzeitig die geschwächte Stellung der Vereinigten Staaten in der Welt nutzte, um seine internationale Position zu stärken. Die deutsch-amerikanischen Beziehungen, die lange Zeit sehr ungleichmäßig gewesen waren, wurden allmählich immer ausgewogener: die Bundesrepublik erreichte schrittweise auf dem Weltmarkt eine ähnliche Stellung wie die USA, ihre Währung war stabil, ihr Einfluß innerhalb der EG nahm ständig zu, und aufgrund der konventionellen Schlagkraft der Bundeswehr war sie auch innerhalb der NATO ein wichtiger Partner. Dagegen ließen der Mißerfolg in Vietnam und die Watergate-Affäre das Ansehen der Vereinigten Staaten in der Bundesrepublik an Glanz verlieren. Aber dennoch erhielten die USA in regelmäßigen Abständen Treuebeweise. So erklärte zum Beispiel Außenminister Hans-Dietrich Genscher 1975 vor dem Bundestag, daß die Amerikaner sich auf ihre deutschen Freunde verlassen könnten, und der SPD-Vorsitzende Willy Brandt versprach den in Schwierigkeiten geratenen amerikanischen Freunden seine Unterstützung. Trotz dieser offiziellen Beteuerung traten jedoch Meinungsverschiedenheiten in wachsendem Maße auf. Die Bundesrepublik war nicht mehr der Musterknabe des Bündnisses, sondern sie übte durchaus harte Kritik an den amerikanischen Präsidenten und ihrer Politik.

Die Bundesrepublik baut ihre Position in Europa aus

Westdeutschland bemühte sich gleichzeitig, seinen Einfluß innerhalb der EWG zu verstärken. In den sechziger Jahren war er noch ziemlich unbedeutend. In der Folgezeit gewann die Bundesrepublik deutlich an Gewicht, vor allem als ab 1974 die deutsch-französische Zusammenarbeit immer intensiver wurde.

Bonn und die europäischen Widerwärtigkeiten

Die Bundesrepublik hatte zunächst wenig Aussicht, ihre Europavorstellungen durchzusetzen, als de Gaulle im Zentrum des europäischen Geschehens stand. Bundeskanzler Erhard, nicht gerade ein entschiedener Europäer, regte gleichwohl erneut eine politische Vereinigung an, stieß dabei aber auf Frankreichs Widerstand. Er versuchte über die Frage des gemeinsamen Agrarmarkts Druck auf Paris auszuüben. Gleichzeitig bemühte sich Erhard, de Gaulle für die Schaffung supranationaler Einrichtungen zu gewinnen und ihn in der Frage der Wirtschaftsbeziehungen zu den USA zu einem Vergleich zu bewegen. Dieses Unterfangen erwies sich jedoch als erfolglos und führte 1965 sogar zu einer ernsten Krise: die Verhandlungen über den Aufbau Europas wurden unterbrochen, und die „deutschen Gaullisten“ (vor allem Konrad Adenauer und Franz Josef Strauß) beschuldigten den Bundeskanzler, er wolle die deutsch-französische Zusammenarbeit unterminieren. Anfang 1966 mußte die Bundesrepublik den Luxemburger Kompromiß unterzeichnen und die Schaffung des Gemeinsamen Agrarmarkts hinnehmen. Während Bonn Großbritanniens Beitritt zur EWG nachdrücklich befürwortete, verhinderte de Gaulle ihn 1967 ein weiteres Mal durch ein Veto. So stießen immer wieder zwei völlig verschiedene Europavorstellungen aufeinander: einerseits der deutsche Wunschtraum von einem erweiterten, mit starken Organen ausgestatteten und mit den USA verbündeten Europa und andererseits, diametral entgegengesetzt, die französische Konzeption eines von Amerika unabhängigen Europa vom Atlantik bis zum Ural, dessen Struktur sich auf eine zielstrebige Zusammenarbeit der einzelnen Staaten beschränken sollte.

Der Rücktritt General de Gaulles ermöglichte ein erneutes Aufgreifen der Europapolitik. Die Vorschläge, die Präsident Pompidou 1969 auf der Gipfelkonferenz in Den Haag unterbreitete, entsprachen durchaus den Bonner Wünschen, die von Willy Brandt vorgetragen wurden: beide wollten die Gemeinschaft ausbauen und erweitern. Man fragte sich allerdings in der Bundesrepublik, ob Frankreich dem Beitritt Großbritanniens nicht nur deshalb zustimmte, weil es sich hiervon ein Gegengewicht zum deutschen Einfluß verspreche: Anfang 1972 schien Bundeskanzler Brandt trotz der Währungsprobleme eine gemeinsame Basis mit Präsident Pompidou gefunden zu haben.

Die deutschen und französischen Vorstellungen glichen sich zunehmend einander an, und man plante ein großes europäisches Gipfeltreffen. Doch die Konferenz der nunmehr neun Staats- bzw. Regierungschefs im Oktober 1972 zu Paris brachte nicht die erhofften Ergebnisse. Währungsprobleme und Energiekrise ließen die unterschiedlichen Standpunkte deutlich hervortreten. Die Washingtoner Energiekonferenz vom Februar 1974 offenbarte die Breite der Kluft, die sich zwischen den einzelnen europäischen Ländern auftat: Bonn beharrte nach wie vor auf der Notwendigkeit einer engen Zusammenarbeit mit den Vereinigten Staaten und stieß mit dieser Haltung in Paris auf entschiedene Ablehnung. Bundeskanzler Brandt bemühte sich damals, zwischen Paris und Washington zu vermitteln.

Die 1974 einsetzende Ära Giscard – Schmidt schien Bonn endlich die Aussicht auf eine umfassende Europapolitik zu eröffnen, in der die Bundesrepublik eine wichtige Rolle spielen sollte. Als Bundeskanzler Schmidt am 25. September 1974 jedoch mit einem unerwarteten Veto die Erhöhung der Agrarpreise verhinderte, löste er damit in Frankreich eine antideutsche nationalistische Reaktion aus. Doch der Kanzler und sein Außenminister gaben sich alle erdenkliche Mühe, für einen erfolgreichen Verlauf der Gipfelkonferenz der Neun in Paris gegen Ende 1974 zu sorgen. Bonn bemühte sich, die Divergenzen auf dem Gebiet der Energiepolitik zwischen Frankreich und den USA beizulegen und der in Europa praktizierten Politik des „Rette sich wer kann" ein Ende zu bereiten. Außerdem war der Bundesregierung sehr viel daran gelegen, daß Großbritannien in der EG blieb. Sie fand sich daher zu erneuten Verhandlungen bereit, auch wenn dies zusätzliche Belastungen für ihren Staatshaushalt bedeuten sollte. Bonn setzte alle Hebel in Bewegung, um die übrigen Partner zum Eingehen auf die britischen Forderungen zu bewegen. Die Bundesrepublik hat sehr viel zum Gelingen des Europäischen Rates der Staats- und Regierungschefs 1975 in Dublin beigetragen, auf der ein Korrekturmechanismus zum Ausgleich der Finanzbelastung unter den einzelnen Mitgliedsstaaten eingeführt wurde.

Das Ausmaß der Wirtschaftskrise sowie der Verdruß in der deutschen Öffentlichkeit über die kostspielige Europapolitik bewogen Bonn dazu, innerhalb der Gemeinschaft eine immer wichtiger Rolle zu übernehmen. Im September 1975 legte die Bundesregierung neue Richtlinien für ihre Europapolitik fest. Sie beteuerte ihr Festhalten an der europäischen Idee und begründete es damit, daß die Zusammenarbeit eine wichtige Garantie für die Wahrung der deutschen Interessen darstelle. Man wollte dieses Europa vorwärtsbringen, indem man finanzielle Leistungen mit der weiteren Integration verknüpfte. Bonn beabsichtigte, eine sparsame Finanzpolitik durchzusetzen, eine Reform der Agrarpolitik vorzuschlagen und die Machtbefugnisse des Europäischen Parlaments zu vergrößern. Es sollte zukünftig aus allgemeinen Wahlen hervorgehen. Bundeskanzler Schmidt mahnte ständig zu Zusammenhalt und Solidarität, forderte rasches Vorgehen und legte auf der Tagung des Europäischen Rates in Rom Ende 1975 eine sehr energische Haltung an den Tag. Die Bundesrepublik war aufgrund ihrer stabilen Währung, ihrer niedrigen Inflationsrate und ihrer florierenden Wirtschaft viel widerstandsfähiger als ihre Partner und gewann Vorbildcharakter. Die führte bald zu einigen Protesten gegen eine schulmeisterliche Bevormundung, die ein neues Hegemoniestreben befürchten ließ.

Da die Meinungsverschiedenheiten unter den europäischen Partnern durch die Krise nicht vermindert, sondern im Gegenteil noch vergrößert wurden, beschränkte sich Helmut Schmidt auf eine Politik der kleinen Schritte. Dennoch erteilte er weiterhin Lehren. Am 8. April 1976 prangerte er vor dem Bundestag die Schwächen der EG an. Er erinnerte daran, daß die Bundesrepublik einen beträchtlichen Finanzbeitrag innerhalb der Europäischen Gemeinschaft leistete – sie stellte 35% statt der vorgesehenen 26,7% des Budgets –, und machte die Fortsetzung dieser Leistungen von einer Bedingung abhängig: alle Partner sollten die europäische Sache vorantreiben. Schmidt strebte eine straffe Reglementierung an, derzufolge jedes Partnerland in seiner Wirtschafts- und Währungspolitik an bestimmte Leitlinien gebunden sein sollte. Dieser Vorschlag fand jedoch keine allseitige Zustimmung; mehrere EG-Mitglieder waren nicht dazu bereit, sich nach der „beispielhaften Wirtschaftspolitik" der Bundesregierung auszurichten. Aufs neue ergriff Bonn die Initiative, diesmal zur Schaffung eines Europäischen Währungssystems (EWS). Anfang Juli 1978 wurde auf der Bremer Versammlung des Europäischen Rates ein französisch-deutscher Vorschlag eingebracht und im Prinzip angenommen, wobei man gleichzeitig eine Stärkung der Wirtschaft in den Mitgliedsländern vorsah. Großbritannien trat dem Europäischen Währungssystem jedoch nicht bei.

Im darauffolgenden Jahr war Bundeskanzler Schmidt bemüht, ein Auseinanderbrechen der Gemeinschaft wegen der britischen Forderungen nach Herabsetzung des Londoner Beitrags zum EG-Budget zu verhindern. Der deutsche Regierungschef zeigte sich den britischen Argumenten durchaus zugänglich und strebte daher eine Kompromißlösung an. Bonn schlug vor, den Londoner Beitrag zu senken und gleichzeitig für eine Verringerung der Agrarausgaben der Gemeinschaft zu sorgen. Als Premierministerin Thatcher Ende November 1979 auf der Versammlung des Europäischen Rates in Dublin ein Ultimatum stellte, brachte sie Bonn damit in eine schwierige Situation. Der erneute Zahlungsausgleich drohte, auf Kosten der Bundesrepublik zu erfolgen. In der Tat zog die am 30. Mai 1980 beschlossene Reduzierung des britischen Beitrags eine deutliche Erhöhung der Bonner Leistungen nach sich, die von 3,5 Milliarden DM im Jahr 1976 auf die als viel zu hoch kritisierte Summe von 5 Milliarden anstieg. Von da an bemühte sich Bonn um eine Revision der Beitragsregelung, um nicht ständig den größten Anteil der gemeinsamen Ausgaben bestreiten zu müssen.

Im Rahmen dieser Bemühung warf Bonn auch das Problem einer Reform der als zu kostspielig betrachteten europäischen Agrarpolitik auf. In diesem Punkt stießen die vereinten Anstrengungen der Bundesrepublik und Großbritanniens Ende 1981 immer noch auf den Widerstand der Franzosen. Sie wollten nur solche Reformen akzeptieren, die das Einkommen der französischen Landwirte nicht gefährdeten. Im Gegenzug waren weder Paris noch Bonn dazu bereit, Londons Forderungen bezüglich des britischen Budgetbeitrages in vollem Umfang zu entsprechen.

Besonders seit Ausbruch der großen Wirtschaftskrise mahnte Bonn innerhalb der Europäischen Gemeinschaft unaufhörlich zum Zusammenhalt und zur Disziplin. Stets standen deutsche Politiker im Vordergrund, ob sie als Vermittler zwischen den Vereinigten Staaten und Europa auftraten oder die europäische Integration zu beschleunigen suchten. Ebenso wie die deutsche Öffentlichkeit, die das Gerede von der kostspieligen Europapolitik nicht mehr hören wollte, neigten sie dazu, die europäischen Partnerländer auf Trab zu bringen. Sie erlagen der Versuchung, immer wieder die besondere Rolle der Bundesrepublik und die große Bedeutung ihres finanziellen Beitrags für Europa hervorzuheben. Indem sie ihre Wirtschafts- und Sozialpolitik als vorbildhaft priesen und sogar als Modell vorschlugen, zogen sie sich von verschiedenen Partnern den Vorwurf zu, eine europäische Vormachtstellung anzustreben. Trotz dieser Vorreiterrolle war man sich in Bonn sehr wohl der Tatsache bewußt, daß die deutsch-französische Verständigung eine unerläßliche Voraussetzung für ein gemeinsames Europa bildete; auch das Europa der „zweiten Generation“ hing sehr stark von dem Einverständnis zwischen Paris und Bonn ab.

Die „Achse Paris – Bonn“

Während die gegenseitige Durchdringung der deutsch-französischen Interessen fortschritt und die Handelsbeziehungen für beide Partner von allergrößter Wichtigkeit waren (siehe Kapitel 10), weiteten sie ihre Zusammenarbeit auch auf andere Bereiche aus.

Bonn sah in General de Gaulle einen schwierigen Verhandlungspartner. Die Präambel, die der Bundestag dem deutsch-französischen Freundschaftsvertrag von 1963 vorausschickte, schien die Herstellung bevorzugter Verbindungen zu Paris zu verhindern. Noch vor Adenauers Rücktritt zog de Gaulle enttäuscht die Konsequenzen aus diesem Verhalten. Paris und Bonn vertraten häufig unterschiedliche Standpunkte, und zwar keineswegs nur in der Europapolitik. Bonn, das in Sicherheitsfragen fest auf die NATO und die Vereinigten Staaten setzte, störte sich an der selbständigen Verteidigungspolitik der Franzosen. Frankreichs Rückzug aus der NATO-Integration im Jahr 1966, der Aufbau einer nationalen Atomstreitmacht – der „Force de frappe" – sowie die fehlende Bereitschaft zu jeglicher Integration lösten in Bonn ernste Besorgnis aus, obwohl man wußte, daß de Gaulle durchaus einen Beitrag zur Verteidigung der Bundesrepublik leisten wollte. Dies ging aus dem Briefwechsel zwischen den beiden Außenministern Brandt und Couve de Murville deutlich hervor. 1967 wurde die gegenseitige Absprache und Zusammenarbeit institutionalisiert, und zahlreiche Kontakte zwischen den Generalstäben stärkten die Bande. Unter den verschiedenen Waffengattungen und Dienststellen kam es zu regelmäßigen Besprechungen. Die Bundeswehr benutzte französische Übungsplätze. Auf dem Gebiet der Luftwaffe und der Rüstungsindustrie kam es zu verstärkter Zusammenarbeit.

Nach de Gaulles Rücktritt verursachte die Haltung der Bundesrepublik, die inzwischen ihre Beziehungen zum Osten normalisiert und damit ihre internationale Position gestärkt hatte, in Paris 1973 einige Unruhe. Barg die Ostpolitik nicht das Risiko in sich, daß sich Bonn von Europa abwandte? Rückte eine Wiedervereinigung Deutschlands um den Preis seiner Neutralisierung in den Bereich des Möglichen? Präsident Pompidou näherte sich daraufhin London, und diese neue französisch-britische Entente cordiale wurde in Bonn sehr schlecht aufgenommen. Die Energiekrise vertiefte die Kluft zwischen Frankreich und der Bundesrepublik, obwohl Brandt und Pompidou beiderseits den grundlegenden Charakter der deutsch-französischen Verständigung betonten.

Trotz der Energiekrise und ungeachtet der Agrar- und Währungsprobleme schien sich während der Ära Giscard d'Estaing – Schmidt in den Jahren 1974 bis 1981 die „Achse Paris – Bonn zu konsolidieren. Dennoch betrieben beide Länder, die gleichermaßen am liberalen ökonomischen Kurs festhielten, eine unterschiedliche Wirtschaftspolitik. Bonn, beunruhigt über die hohe französische Inflationsrate, begrüßte die Sparsamkeitspolitik der Regierung unter Premierminister Raymond Barre.

Die deutsch-französischen Gipfeltreffen brachten keine Abhilfe gegen das Jahr für Jahr ansteigende Handelsdefizit zu Lasten Frankreichs. Auf dem Gebiet der Währungspolitik gelang im September 1978 beim Gipfeltreffen in Aachen die Verständigung über die Errichtung eines europäischen Währungssystems. Ab 1980 kamen beide Länder überein, den Akzent auf die militärische Zusammenarbeit zu legen, da sie entschlossen waren, in Westeuropa ein angemessenes Gegengewicht zur sowjetischen Übermacht zu schaffen. Paris und Bonn bemühten sich auch um eine Annäherung ihrer Standpunkte in den großen internationalen Fragen. Anläßlich des sowjetischen Einmarschs in Afghanistan ließen sie im Februar 1980 in einer gemeinsamen Erklärung verlauten, daß die Intervention der UdSSR den Weltfrieden bedrohe und nicht hingenommen werden könne. Dennoch war man in Paris wie in Bonn der festen Überzeugung, daß der Dialog mit der Sowjetunion aufrechterhalten werden müsse; daher traf Giscard d'Estaing im Mai mit Breschnew zusammen, und Schmidt reiste im Juni nach Moskau. Dem Bundeskanzler gelang es allerdings nicht, Paris zum Boykott der Olympischen Spiele in Moskau zu bewegen. Die Bundesrepublik hielt weiterhin an ihrer Politik des Gleichgewichts und der Zusammenarbeit mit dem Osten fest und vermied es, sich lautstark in die polnischen Ereignisse des Jahres 1980 einzumischen. Diese vorsichtige Haltung stieß in Frankreich kaum auf Verständnis.

Der politische Wechsel in Frankreich hatte keineswegs die von Bonn befürchteten Folgen. Die Bundesregierung war über den Wahlsieg der französischen Sozialisten von Mai/Juni 1981 überrascht. Sehr bald räumte man aber ein, daß er die deutsch-französische Zusammenarbeit in keiner Weise beeinträchtige. Wenn auch die Orientierung der französischen Wirtschafts- und Sozialpolitik der deutschen entgegengesetzt war, so arbeitete man dennoch auf vielen Gebieten zusammen.

Trotz der unterschiedlichen Standpunkte stützte Bonn den französischen Franc, um ihn nicht zu einem Objekt internationaler Spekulation werden zu lassen. Obwohl in Bonn und in Paris die Auffassungen über die von den Entwicklungsländern gewünschte neue Weltwirtschaftsordnung auseinandergingen, strebten doch beide eine engere Zusammenarbeit sowie gemeinsame politische Aktionen an. Es ging ihnen darum, eine Übertragung des Ost-West-Konflikts auf die Dritte Welt zu verhindern.

Das Kabinett Schmidt hielt am Dialog mit dem Osten fest und gedachte eine realistische Haltung gegenüber der Militärdiktatur einzunehmen, die Ende 1981 in Polen errichtet wurde. Diese Zurückhaltung löste in Frankreich heftige Reaktionen aus; in den Medien wurde die deutsche Politik scharf kritisiert, die nach Meinung der Kritiker zur Neutralisierung, ja zur Finnlandisierung der Bundesrepublik führte. Präsident

Mitterand und seine Regierung sahen die Angelegenheit differenzierter als die öffentliche Meinung und bemühten sich, die Schwierigkeiten zu beheben. In der gemeinsamen Erklärung von März 1982 betonten Frankreich und die Bundesrepublik, daß die Sowjetunion für die Ereignisse in Polen und auch in Afghanistan verantwortlich sei. Beide Regierungen forderten die Wiederherstellung der Freiheit für die Völker wie für die Menschen, wollten aber im Geiste der Beschlüsse von Helsinki am Dialog mit dem Osten festhalten. In der Verteidigungs- und Abrüstungsfrage ging man ähnliche Kompromisse ein. Die Erklärung bestand nachdrücklich auf dem Kräftegleichgewicht zwischen Ost und West und beharrte auf der Notwendigkeit des NATO-Doppelbeschlusses von Ende 1979, stellte aber gleichzeitig fest, daß die Bemühungen um Rüstungskontrolle und Abrüstung fortgesetzt werden müßten. Selbstverständlich lösten die Friedensbewegung und die Diskussionen um ein neutrales Deutschland in der Bundesrepublik bei den Franzosen Besorgnis aus, die die Pershing-II in Westeuropa als Gegengewicht zu den in Osteuropa stationierten SS-20 für unerläßlich hielten, um das Kräftegleichgewicht zu wahren. Die französische Regierung war darüber hinaus sehr damit beschäftigt, ein Handelsdefizit auszugleichen, das 1982 mit nahezu 40 Milliarden Francs ein katastrophales Ausmaß erreichte. Trotz der Gipfeltreffen konnte dieses Problem nicht gelöst werden, das so schwer auf der französischen Wirtschaft lastete.

Obwohl Frankreich und die Bundesrepublik in vielen Fragen zwangsläufig verschiedene Standpunkte vertraten, konsolidierte sich die „Achse Paris – Bonn“ so sehr, daß sie zu einer festen Grundlage der internationalen Politik wurde. Gemeinsame Stellungnahmen und gegenseitige Unterstützung waren völlig selbstverständlich geworden. Die im Vertrag von 1963 vorgesehenen regelmäßigen Treffen erlaubten es, eine umfassende Solidarität herbeizuführen. Auf diese Weise konnten beide Länder ihre Mittelmachtposition innerhalb Europas und auf der ganzen Welt ausbauen. Durch wechselseitigen Beistand verschafften sie sich ebenfalls besser Gehör, wenngleich auch Proteste gegen diese „Achse“ in Europa laut wurden.

Auf dem Weg zu stärkerer weltpolitischer Orientierung?

Die Bundesrepublik beabsichtigte – in Anknüpfung an eine alte Tradition – auch „Weltpolitik“ zu betreiben. Aber daß man diese Politik sehr vorsichtig und maßvoll anging, zeigte sich ganz deutlich an Bonns Haltung im Nahostkonflikt sowie an seinem Verhältnis zum kommunistischen China.

Ein prekäres Gleichgewicht im Nahen Osten

Bonn kann seine Nahostpolitik nur innerhalb eines engen Spielraums zwischen entgegengesetzten Interessen verfolgen. Aus moralischen Gründen Israel gegenüber verpflichtet – man will Hitlers Politik der Judenvernichtung wiedergutmachen –, läuft die Bundesrepublik ständig Gefahr, arabische Reaktionen auszulösen, welche die westdeutschen politischen und wirtschaftlichen Interessen beeinträchtigen können. Bonn war all die Jahre hindurch bestrebt, dennoch seine wesentlichen Interessen zu wahren; dies wurde zusätzlich dadurch erschwert, daß die deutsche Regierung sich nicht allzu weit von der amerikanischen oder von der EG-Politik entfernen durfte

Zunächst war Bonn um die Wiederaufnahme diplomatischer Beziehungen mit Israel und mit den arabischen Ländern bemüht. Bereits 1952 führten die Verhandlungen zu einem Vertrag mit Israel: Bonn verpflichtete sich zu Wiedergutmachungen. Die arabischen Staaten – zum Beispiel Ägypten unter Staatspräsident Nasser und Syrien im Jahr 1956 – versuchten mit Nachdruck die Normalisierung der deutsch-israelischen Beziehungen zu verhindern, indem sie mit der Anerkennung der DDR drohten. Die Bundesrepublik ihrerseits beabsichtigte, hier wie auch sonst die Hallstein-Doktrin anzuwenden. Adenauers Treffen mit Ben Gurion im März 1950 in New York und die Militärhilfe der Bundesrepublik an Israel seit 1959 (trotz der 1957 eingegangenen Verpflichtung, keine Waffen in Spannungsgebiete zu liefern) führten zu ernsten Schwierigkeiten mit den arabischen Staaten. Unter dem Druck Washingtons, das seine Beziehungen zur arabischen Welt nicht verschlechtern wollte, lieferte Bonn große Waffenmengen an Israel. Der deutsch-israelische Vertrag vom Frühjahr 1964 sah beispielsweise unter anderem die Lieferung von 200 amerikanischen Panzern des Typs „Patton“, von 50 Flugzeugen, sechs Schnellbooten, zwei Unterseebooten vor. Den Bonner Dementis schenkte niemand Glauben. Nasser reagierte 1965 mit einer Einladung an Walter Ulbricht nach Kairo; er drohte mit der Anerkennung der DDR, falls die Bundesrepublik Israel weiterhin mit Waffen beliefere. Bundeskanzler Erhard, der sich in einer Zwangslage befand, fügte weitere Ungeschicklichkeiten an. Zunächst erwog er eine Annullierung der israelischen Waffenbestellungen und löste damit in Jerusalem, in den Vereinigten Staaten und auch in Westdeutschland selbst einen Sturm der Entrüstung aus. Er ließ die wirtschaftlichen Hilfsmaßnahmen, die die Bundesrepublik an Ägypten leistete, unterbrechen und drohte dem Land – sollte es die DDR anerkennen – mit dem Abbruch der diplomatischen Beziehungen. Gleichzeitig gab Erhard die Aufnahme diplomatischer Beziehungen zu Israel bekannt. Diese Krise von Anfang

März 1965 löste eine doppelte Unzufriedenheit aus: Israel war verärgert, weil die Bundesrepublik sich nun darauf berief, daß sie in diese Zone keine Waffen liefern dürfe, und zehn arabische Länder brachen wegen der Aufnahme diplomatischer Beziehungen zwischen Bonn und Jerusalem im Mai 1965 ihre Kontakte zur Bundesrepublik ab.

Der mit einem großen Sieg Israels beendete 3. Israelisch-Arabische Krieg von 1967 führte dazu, daß in westdeutschen linken Kreisen erstmals Kritik an Israel geübt und der „zionistische Imperialismus" angegriffen wurde. Die internationale Lage sowie die Erfolge der DDR in der arabischen Welt, wo sie zwischen April und Juli 1969 von fünf Staaten anerkannt wurde, veranlaßten die Regierung Brandt-Scheel dazu, sich um eine Verbesserung der Beziehungen zu den arabischen Ländern zu bemühen. Man wollte im israelisch-arabischen Konflikt von vornherein keine Partei ergreifen; die Bundesregierung betonte, ihr sei weiterhin an guten Beziehungen zu Israel gelegen und sie wolle es politisch und wirtschaftlich unterstützen. Israel seinerseits zeigte sich über die Entspannung zwischen der Bundesrepublik und der Sowjetunion beunruhigt; man fürchtete Rückwirkungen der Ostpolitik auf die Beziehungen zwischen Bonn und Jerusalem. Walter Scheel, der im Sommer 1971 als erster Bundesaußenminister nach Israel reiste, bemühte sich, die Israelis zu beruhigen. Zwei Jahre darauf stattete Kanzler Brandt Israel einen Staatsbesuch ab. Bonn nahm zu einigen arabischen Staaten wieder diplomatische Beziehungen auf und unterzeichnete Beistands- und Zusammenarbeitsabkommen. Nicht zuletzt aufgrund der gemeinsamen Stellungnahme der europäischen Sechs vom Mai 1971 in Paris, in der Israel zum Rückzug aus den 1967 eroberten Gebieten aufgefordert wurde, entschied sich die Arabische Liga im März 1972 für die Wiederaufnahme der diplomatischen Beziehungen zu Bonn. Nach und nach folgte zwischen März 1972 und Januar 1975 die Wiederherstellung der Kontakte mit allen übrigen arabischen Staaten.

Der 4. Israelisch-Arabische Krieg (Jom-Kippur-Krieg) von 1973 brachte die Bundesrepublik in eine äußerst schwierige Lage. Sie litt unter den Maßnahmen der Erdöl exportierenden Länder, mußte aber dulden, daß die Vereinigten Staaten vom Bremer Hafen aus Israel mit Kriegsmaterial versorgten; so schloß Bonn sich der gemeinsamen Erklärung aller EG-Mächte vom 6. November 1973 an, in der die legitimen Rechte der Palästinenser anerkannt wurden. Doch damit gaben sich die arabischen Staaten noch nicht zufrieden: sie erwarteten von der westdeutschen Regierung, daß sie Israel zur Herausgabe der besetzten Gebiete bewegen werde. Bundeskanzler Brandt konnte Golda Meir nur mit Mühe davon überzeugen, daß sich Bonns Politik gegenüber Israel nicht gewandelt habe.

Brandts Nachfolger Schmidt sah sich einerseits dem Druck Washingtons ausgesetzt, das keine europäische Einmischung wünschte, und andererseits dem der übrigen EG-Länder, welche die Versorgung mit Erdöl gewährleisten wollten. So ließ er allmählich eine Kluft zwischen Bonn und Jerusalem entstehen. Im Oktober 1974 wurde die PLO von den Vereinten Nationen als Vertretung der Palästinenser zum Beitritt eingeladen. Sie konnte aber von der Bundesrepublik so lange nicht anerkannt werden, wie die Araber ihrerseits Israel sein Existenzrecht nicht zugestanden. Der Bundeskanzler suchte die Friedensverhandlungen zu fördern und begrüßte das Abkommen von Camp David. Gleichzeitig erinnerte er aber daran, daß das Selbstbestimmungsrecht der Völker auch auf die Palästinenser angewendet werden müsse. Was Bonn für alle Deutsche forderte, konnte es dem palästinensischen Volk schlecht vorenthalten. Die hartnäckige Weigerung der Israelis, mit Jasir Arafat zu verhandeln, die israelischen Bombardierungen in Südlibanon und die Verschiebung des für 1979 geplanten Kanzlerbesuchs in Israel trugen zusehends zur Verschlechterung der Beziehungen zwischen Bonn und Jerusalem bei. Nachdem Westdeutschland Israel zunächst aus moralischen und poltischen Beweggründen vorbehaltlos unterstützt hatte, bemühte es sich somit, allmählich Abstand zu gewinnen, um schließlich ein schwieriges Gleichgewicht gegenüber beiden Parteien einzuhalten. So erinnerte Bundeskanzler Schmidt im Juli 1980 daran, daß Bonn seine Nahostpolitik auf zwei Grundpfeiler stützen wolle: auf gute Beziehungen zu Israel *und* auf gute Beziehungen zu den arabischen Staaten.

Es versteht sich von selbst, daß die Bundesrepublik im Nahen Osten auch auf die Wahrung grundlegender wirtschaftlicher Interessen bedacht war (in Kapitel 10 führten wir einiges hierüber aus). Sie mußte ihre Versorgung mit Erdöl sicherstellen. Im Jahr 1972 deckte sie 72% ihres gesamten Bedarfs aus diesen Ländern, und obwohl die Bundesrepublik nach 1973 ihre Erdölversorgung umverteilt hatte, lieferten die arabischen Staaten immer noch 56% des Gesamtbedarfs. Mehrere deutsche Erdölgesellschaften besaßen große Interessen in diesen Gebieten: die Gelsenberg AG in Libyen, die Wintershall AG in Dubai sowie Deminex in Ägypten, Syrien und im Sultanat von Oman. Der Handel zwischen der Bundesrepublik und den arabischen Staaten hatte durch den Abbruch der diplomatischen Beziehungen zwischen Bonn und neun arabischen Hauptstädten seit 1965 sehr gelitten, erlebte aber vom Beginn der siebziger Jahre an einen neuen Aufschwung: von 1970 bis 1973 verdoppelte sich der Warenaustausch und nahm aufgrund der steigenden Rohölpreise in den Jahren 1973 (11,1 Milliarden DM) und 1974 (24,9 Milliarden) erneut kräftig zu. Von 1973 bis 1979 erhöhte er sich auf mehr als den dreifachen Wert.

Neben Mineralölgesellschaften ließen sich auch andere Firmen im Nahen Osten nieder. Die Daimler Benz AG errichtete 1975 in der saudiarabischen Stadt Dschidda ein LKW-Montagewerk, an dem sie sich zu 26% beteiligte. Pro Jahr wurden dort von 500 Arbeitern etwa 5000 Lastwagen und Autobusse montiert. 1979 schloß VW einen Vertrag mit Ägypten, in dem die Errichtung eines Montagewerks für sogar jährlich 10000 Wagen vorgesehen war; die deutsche Beteiligung an dieser Anlage betrug 51%. In Irak, Syrien und anderen arabischen Ländern wurden weitere Montagewerke errichtet. Klöckner-Humboldt-Deutz (KHD) besaß große Interessen in Ägypten. Der Konzern arbeitete seit 1959 mit einer ägyptischen Firma zusammen und hatte innerhalb von zwanzig Jahren bereits über 30000 Lastwagen und Autobusse in Lizenz herstellen lassen. Ende 1977 schloß er ein Abkommen mit ägyptischen Partnern, das den Bau eines Montagewerkes in Ismailia vorsah. Dort sollten 1200 Beschäftigte jährlich 2000 Traktoren, 5000 Dieselmotoren, Pumpen und anderes herstellen; an diesem Unternehmen war KHD zu 25,1% beteiligt. Außerdem verhandelte der Konzern mit Tunesien und Sudan über die Montage von Traktoren. Die Korf-Stahl AG unterzeichnete 1979 einen Vertrag über die Errichtung eines Stahlwerks in Saudi-Arabien; ferner besaß sie Interessen im Emirat Katar. Im Jahr 1977 verpflichtete sich die Ferrostahl AG, in Ägypten eine Produktionseinheit zur Herstellung von Metallkonstruktionen zu erstellen.

Auch die Banken pflegten direkte oder indirekte Engagements in den arabischen Staaten. Sie verfügten entweder über Beteiligungen oder waren unter anderem Formen der Zuammenarbeit vertreten. Die Commerzbank zum Beispiel kontrollierte gemeinsam mit der Chase Manhattan 25% der Banque Commerciale de Dubai. Daneben besaß sie 31% des Stammkapitals der Rifbank in Beirut, und zusammen mit weiteren deutschen Banken kontrollierte sie die Union des banques arabes et européennes mit Sitz in Luxemburg. Weiterhin war die Commerzbank auch an tunesischen, marokkanischen und anderen arabischen Geldinstituten beteiligt.

Bonn mußte auf all diese Interessen Rücksicht nehmen, die allerdings – das muß in diesem Zuammenhang angemerkt werden – meist erst nach der Ölkrise begründet wurden. Die Mineralölgesellschaften besaßen zwar seit den sechziger Jahren Engagements im Nahen Osten, schlossen aber ab 1974 mehrere neue Verträge: Deminex mit Algerien (1974), Ägypten (1974) und Oman (1977). Die übrigen Industrieunternehmen ließen sich vor allem nach 1975 nieder.

Obwohl das „Pulverfaß des Nahen Ostens“ der Bundesrepublik durch den israelisch-arabischen Konflikt ernsthafte Schwierigkeiten bereitete, erzielte sie auch in dieser Region Erfolge. Der Balanceakt, den Bonn zwischen Israel, das es zu schonen galt, und den arabischen Staaten, um die man sich bemühen mußte, vollführte, bescherte der Bundesrepublik einige Wechselfälle; dennoch gelang es Bonn, die Versorgung mit Erdöl zu gewährleisten, für den Absatz deutscher Produkte zu sorgen und den weiteren Ausbau wirtschaftlicher und kultureller Interessen zu unterstützen.

Bonns vorsichtige Chinapolitik

Die Beziehungen zwischen Westdeutschland und der Volksrepublik China hatten ziemlich lange darunter gelitten, daß die Bundesrepublik fest in die westliche Welt integriert war, während China dem Ostblock angehörte. Nachdem man 1954 in Genf erste Kontakte geknüpft hatte, ergriff Peking im darauffolgenden Jahr nach Adenauers Moskaureise die Initiative. Die Chinesen waren der Ansicht, daß Bonn ebensogut wie zu Moskau auch diplomatische Beziehungen zu Peking aufnehmen könne. Dies lehnte Bonn jedoch aus zwei Gründen ab: zum einen aufgrund der Hallstein-Doktrin – Peking unterhielt Beziehungen zu Ostberlin – und zum anderen aus Rücksicht auf die Vereinigten Staaten. Die enge Bindung an Washington war auch die Ursache dafür, daß Bonn sich Ende der fünfziger Jahre gegen die Errichtung von Handelsvertetungen in China entschied.

Trotzdem teilte Peking den westdeutschen Unternehmern, welche die Messe in Kanton besuchten, mit, daß China die Einrichtung derartiger Vertretungen wünsche. Nachdem dann Bonn mit Rumänien, Polen, Ungarn und Bulgarien entsprechende Vereinbarungen getroffen hatte, unternahm Peking im März 1964 einen erneuten Vorstoß. Diesmal wurden in Bern sogar Gespräche aufgenommen, die allerdings ergebnislos verliefen. Als Bundeskanzler Erhard und Außenminister Schröder die USA besuchten, eröffnete man ihnen dort in aller Deutlichkeit, daß Washington ein deutsches Eingehen auf die Pekinger Vorschläge strikt ablehne. So konnte während der ganzen sechziger Jahre keinerlei Fortschritt auf politischer Ebene erzielt werden. Der Handel hingegen erreichte einen Umfang von etwa einer Milliarde DM pro Jahr; die Bundesrepublik lieferte vor allem Maschinen – 1967 rangierte sie unter Chinas Lieferanten an zweiter Stelle nach Hongkong – und bezog landwirtschaftliche Erzeugnisse aus der Volksrepublik

Ab Herbst 1969 wurde das Verhältnis zwischen Bonn und Peking immer gespannter. China griff die Bundesrepublik und vor allem Moskau heftig an; es beschuldigte die Sowjetunion, auf Kosten der DDR eine Annäherung an Bonn zu suchen. Die Chinesen bemühten sich, im Ostblock

Zwietracht zu säen, indem sie den zurückhaltenden Walter Ulbricht gegen die sowjetische Führung unterstützten. Dieses Manöver war jedoch zum Scheitern verurteilt: Ulbrichts Nachfolger Erich Honecker hielt treu zu Moskau. Daraufhin vollzog Peking einen Kurswechsel. 1972 bemühten sich die chinesischen Politiker gleichzeitig darum, die Ostberliner Kritik zum Schweigen zu bringen und einen Vertreter der chinesischen Interessen an den Gemeinsamen Markt zu entsenden; von ihm erwartete Peking, daß er eine wichtige Rolle zwischen den beiden Supermächten spielen werde. Auf eine Einladung der chinesischen Regierung hin reiste der ehemalige Minister Schröder zu einer Sondierungsmission nach Peking. Im Oktober 1972 nahmen beide Regierungen diplomatische Beziehungen zueinander auf. Im darauffolgenden Jahr begab sich Außenminister Walter Scheel nach Peking. Noch 1973 wurde ein Handelsabkommen geschlossen. Deutsche Industrielle unternahmen Informationsreisen. Im Oktober 1974 stattete der chinesische stellvertretende Außenminister Bonn einen Besuch ab. Peking verärgerte Bundeskanzler Schmidt jedoch, indem es ostentativ bedeutende Vertreter der christdemokratischen Opposition (nach Schröder Kohl und Strauß) empfing. Franz Josef Strauß, der Anfang 1975 nach China reiste und dort von Mao Tse-tung und Chou En-lai wie ein Staatsoberhaupt empfangen wurde, erwies sich als geschickter Gesprächspartner, der Pekings Mißtrauen gegenüber der Sowjetunion teilte. Bundeskanzler Schmidt dagegen bemühte sich, die Sowjetunion nicht zu verstimmen, da er die Erfolge der Ostpolitik nicht gefährden wollte. Im Herbst 1979 empfing man dennoch den Vorsitzenden des Zentralkomitees der Kommunistischen Partei Chinas, Hua Kuo-feng, der prompt in Bonn Moskau hegemonialer Absichten beschuldigte. Im Juni 1980 besuchte der chinesische Außenminister Huang Hua die Bundesrepublik nach seiner Rundreise durch Skandinavien. Pekings Nachrichtenagentur „Neues China“ äußerte Unmut über das schleppende Tempo, mit dem der Westen die Verstärkung der NATO-Rüstung vorantrieb, und das deutsch-sowjetische Gipfeltreffen in Moskau vom Sommer 1980 wurde in der offiziellen chinesischen Presse heftig kritisiert.

Alles in allem verhielt sich die Bundesrepublik China gegenüber stets vorsichtig. Bonn verfolgte in dieser Hinsicht einen geduldigen Kurs, der der west-deutschen Industrie dennoch wichtige Aufträge bescherte. Hierbei mußte Bonn stets Washington und gleichzeitig Moskau im Auge behalten.

Die DDR im Schatten Moskaus

Die Außenpolitik der DDR, in besonderem Maße durch ihre geopolitische Situation und die internationale Lage bedingt, war vor allem auf vier wichtige Ziele ausgerichtet:
- von möglichst vielen Staaten anerkannt werden,
- die Stellung innerhalb des Ostblocks ausbauen,
- in der kapitalistischen Welt Fuß fassen,
- und schließlich in der Dritten Welt Einfluß gewinnen.

Die Instrumente einer aktiven Diplomatie

Wie in allen kommunistischen Ländern sind auch in der DDR alle drei Phasen der Ausarbeitung einer Außenpolitik – Information, Entscheidung und Ausführung – Aufgabe der Partei *und* der Regierungsorgane. Das Politbüro der SED trägt in erster Linie die Verantwortung für die Entscheidungen, während die übrigen Stellen eher für das Sammeln von Informationen sowie für die Einhaltung des eingeschlagenen Kurses zuständig sind. In den siebziger Jahren war der Generalsekretär des ZK der SED, Erich Honecker, für die Generallinie der Außenpolitik verantwortlich. Er wurde in dieser Aufgabe unterstützt von H. Axen, dem Sekretär für internationale Beziehungen, von dem für Wirtschaft – und damit auch für Entwicklungshilfe, Handel, Messen etc. – zuständigen Sekretär G. Mittag, dem Sekretär für Agitation und Propaganda W. Lamberz (später durch J. Herrmann abgelöst) sowie durch den Sekretär für Sicherheitsfragen P. Verner.

Abgesehen vom Ministerium für auswärtige Angelegenheiten sind auch das Ministerium für Nationale Verteidigung, das Außenwirtschafts- sowie das Kulturministerium maßgeblich an der Außenpolitik beteiligt. 1970 legte man die Zuständigkeit des Außenministeriums neu fest: es verlor teilweise seine Rolle als Koordinationsstelle und wurde dagegen stärker mit der Sammlung von Informationen beauftragt, um durch die Untersuchung aller sich bietenden Alternativen Entscheidungen vorzubereiten. Das Ministerium für auswärtige Angelegenheiten hatte also den Auftrag, gemeinsam mit den übrigen betroffenen Regierungsstellen die Entscheidung des Politbüros sehr sorgfältig vorzubereiten.

Die führenden Positionen im Außenministerium wurden zunächst mit altgedienten Kommunisten besetzt, die in der Zeit zwischen den beiden Weltkriegen in die Sowjetunion geflohen und daher unbedingt moskautreu waren. Diese „alte Garde“ – zu der Sepp Schwab, Paul Wandel,

Richard Gyptner, Wilhelm Meissner und andere gehörten –, hatte während der ersten zehn Jahre die entscheidenden Schlüsselpositionen inne, wurde dann aber allmählich abgelöst. Otto Winzer – bereits seit 1959 Staatssekretär in diesem Ministerium und von Sommer 1965 bis Januar 1975 Außenminister – ist noch ein typischer Vertreter dieser Generation. Die Politiker der neuen Generation, die gegen Ende der sechziger Jahre die alte Garde ablösten, schienen eher imstande, die nationalen Interessen der DDR zu verteidigen. Sie waren nämlich dem sowjetischen Apparat weniger verbunden und kannten die UdSSR höchstens aus der Kriegsgefangenschaft

Im Hinblick auf die Ausweitung der Beziehungen zum Ausland läßt Ostberlin den künftigen Diplomaten eine sorgfältige Ausbildung angedeihen. Diese Aufgabe übernahm die 1952 in Potsdam gegründete „Deutsche Akademie für Staats-und Rechtswissenschaft", der 1962 ein „Institut für Internationale Beziehungen" angegliedert wurde. Die Rekrutierung der Kandidaten erfolgt auf breiter Basis: die SED, Unternehmen und Gewerkschaften nominieren besonders qualifizierte Studenten. Mit Hilfe eines Ausbildungsprogramms auf der Grundlage des Marxismus-Leninismus sorgt man in erster Linie für eine solide politische und wirtschaftliche Bildung der künftigen Diplomaten. Während die Studenten Praktika in Betrieben, im Ministerium sowie in ausländischen Vertretungen absolvieren, entscheiden sie sich bereits für ein spezielles Land, dessen Sprache sie nach Möglichkeit erlernen. An dieses fünf Jahre dauernde Studium schließt sich dann der Besuch der Diplomatenschule in Moskau an; hat der künftige Diplomat auch diese Hürde erfolgreich überwunden, so wird er als Attaché oder Handelsvertreter einer ausländischen Botschaft beigeordnet. In den siebziger Jahren waren diese Stellen fast durchweg mit Diplomaten besetzt, die die oben beschriebene Ausbildung durchlaufen hatten. Bevor die DDR in großem Ausmaß international anerkannt wurde, befaßte sie sich zunächst einmal intensiv mit der Ausbildung von fähigen Diplomaten und konnte daher auf eine große Reserve zurückgreifen.

Daneben förderte Ostberlin seit jeher die Gründung von Massenorganisationen, die bei den DDR-Bürgern Interesse für fremde Staaten erwecken, im Ausland den Boden für eine Anerkennung der DDR vorbereiten und die Aufnahme von Beziehungen zu diesem „anderen Deutschland" begünstigen sollten. Die wichtigste derartige Organisation ist die „Gesellschaft für Deutsch-Sowjetische Freundschaft". Mit ihren fast vier Millionen Mitgliedern (Ende der sechziger Jahre), darunter nahezu alle Besitzer eines SED-Parteibuchs, pflegt sie die enge Verbundenheit mit der Sowjetunion. Die „Liga für Völkerfreundschaft der DDR", 1961 gegründet, befaßt sich in erster Linie mit nicht-sozialistischen Ländern.

1969 unterstanden ihr 76 Vereinigungen, von denen sich etwa fünfzehn auf die Verbindung mit den arabischen Staaten, Lateinamerika, Frankreich, Japan und anderen wichtigen Partnern spezialisiert hatten. Um Kontakte zu den in kapitalistischen Ländern lebenden Menschen deutscher Abstammung bemüht sich vor allem die Gesellschaft „Neue Heimat“.

All diese von Parteifunktionären oder hohen Beamten aus dem Ministerium für auswärtige Angelegenheiten geleiteten Organisationen, die mittels Zeitschriften, Filmen, Ausstellungen, Hörfunksendungen und DDR-Reisen Propaganda für Ostberlin machen, haben ausschließlich DDR-Staatsangehörige als Mitglieder. Sie bemühen sich allerdings um die Errichtung von Schwesterorganisationen im Ausland. Solche – meist an ein DDR-Institut oder -Kulturzentrum angelehnte – Vereinigungen sind in der Dritten Welt zahlreich vertreten. Es gibt sie jedoch auch im Westen, seit den fünfziger und sechziger Jahren in den skandinavischen Ländern, in Frankreich und in Belgien sowie seit 1967 in den Vereinigten Staaten. Als Mitglieder wurden bevorzugt einflußreiche Persönlichkeiten geworben. Darüber hinaus fördert man auch Städtepartnerschaften mit dem Ausland.

Dieser Außenpolitik kommt auch ein gewisser Patriotismus zugute. Anläßlich der Berlinkrise und des Mauerbaus war der Bevölkerung deutlich geworden, daß man vom Westen nichts erwarten durfte. Im Schutz der Mauer startete die DDR eine Wirtschaftsreform, die eine Art zweites deutsches „Wirtschaftswunder“ heraufführte und die Entstehung eines wirtschaftlichen Patriotismus begünstigte; verstärkt wurde er durch einige kulturelle Erfolge sowie durch beachtliche Siege in Sportwettkämpfen.

So kann die DDR-Außenpolitik mit ihrem umfangreichen Instrumentarium Ziele verfolgen, die mehr oder weniger unter der Einwirkung der internationalen Lage stehen, ist dabei jedoch auf einen Handlungsspielraum beschränkt, dessen Grenzen nach wie vor von Moskau bestimmt werden.

Der langwierige Kampf um die Anerkennung

Trotz der völkerrechtlichen Anerkennung durch die übrigen sozialistischen Staaten, die bereits 1949 erfolgte, stand Ostberlin auf internationaler Ebene im Abseits. In den sechziger Jahren bekräftigte die DDR immer wieder ihre staatliche Existenz. Sie mühte sich ab, um im Ausland Fuß zu fassen und die Unterstützung der sozialistischen Bruderstaaten in ihren Kampf um die internationale Anerkennung zu gewinnen.

Noch gegen Ende der fünfziger Jahre erhob die Ostberliner Führung in vielen Verlautbarungen den Anspruch, die Interessen der gesamten deutschen Nation zu vertreten. Walter Ulbricht gab dem amerikanischen Pressekorrespondenten W. Hearst deutlich zu verstehen, daß die DDR-Regierung als einzige deutsche Autorität die nationalen Interessen des gesamten deutschen Volkes vertrete. Da Bonn denselben Anspruch erhob und durch die strikte Handhabung der Hallstein-Doktrin auch durchzusetzen verstand, geriet die Politik der DDR über diese Kraftprobe in eine Sackgasse. Ostberlin fand sich im übrigen durchaus bereit, seine Forderungen zurückzuschrauben, falls dies aus taktischen Gründen ratsam erschien. So sprachen die DDR-Vertreter von der Existenz zweier deutscher Staaten, die zusammen eine Nation bildeten, als man sich im Februar 1966 um die Aufnahme in die Vereinten Nationen bemühte.

1957 stellte Jugoslawien diplomatische Beziehungen mit Ostberlin her. Dies führte zwar zum Bruch zwischen der Bundesrepublik und Belgrad, brachte aber keineswegs die Ergebnisse, die man sich in der DDR erhofft hatte: daß nämlich Tito seinen Einfluß auf die blockfreien Staaten geltend machen und die Anerkennung der DDR durch die Länder der Dritten Welt herbeiführen werde. In Wirklichkeit mußte Ostberlin in langwieriger und unermüdlicher Arbeit eine erste Marschroute für die Anerkennung abstecken. Anstelle der Errichtung von Botschaften begnügte man sich mit Generalkonsulaten; davon gab es Mitte 1969 – abgesehen von den Vertretungen in den Ländern, die die DDR bereits anerkannt hatten – sieben (in Rangun, Colombo, Jakarta, Sana, Aden, Daressalam und Kairo). Wo man kein Generalkonsulat einrichten konnte, beschränkte man sich auf Handelsvertretungen, entweder aufgrund von zwischenstaatlichen Handelsabkommen (Helsinki, Algier, Conakry, Neu-Delhi, Rabat, Tunis usw.) oder auch nur von Veträgen zwischen den Handelskammern. Auf diesem Umweg faßte die DDR in der westlichen Welt und in mehreren großen Städten Lateinamerikas Fuß.

Auch diese relativ bescheidenen Ergebnisse konnten nur unter Schwierigkeiten erreicht werden, und oft war ein hoher Preis zu entrichten. Da Bonn seine diplomatischen Beziehungen zu den meisten arabischen Staaten abbrach, hatte die DDR in dieser Region ein leichteres Spiel. Um das Zugeständnis für die Errichtung von Generalkonsulaten und Handelsvertretungen zu erhalten, mußte Ostberlin sich jedoch zur Gewährung günstiger Kredite, zum Beistand für die arabischen Staaten in ihrem Kampf gegen Israel sowie zum ausdrücklichen Verzicht auf die Unterstützung der Kommunisten in diesen Ländern verpflichten. Selbst im Jahr 1969, in dem die DDR diplomatische Beziehungen zu Kambodscha, Irak, Sudan, Syrien, Jemen und Ägypten aufnahm, entsprachen ihre Hoffnungen nicht immer der Realität. Als zum Beispiel im März 1969 nach einem Kairobesuch von Außenminister Winzer Ostberlin verlauten ließ, daß es seine Regierungsvetretung, sein Generalkonsulat und seine Handelsvetretung zu einer „Botschaft“ zusammengefaßt habe, machte ein ägyptischer Regierungssprecher darauf aufmerksam, daß dies keineswegs die Aufnahme diplomatischer Beziehungen bedeute.

Somit führte diese Politik der kleinen Schritte zwar zu einigen Erfolgen, etwa in der Dritten Welt, entsprach aber bei weitem nicht den Vorstellungen der Ostberliner Regierung, der es um eine völkerrechtliche Anerkennung der DDR durch möglichst viele Staaten ging. Es lag auf der Hand, daß dieses Ziel nicht ohne den Beistand der sozialistischen Bruderstaaten, vor allem der Sowjetunion, und nicht ohne die Preisgabe der Hallstein-Doktrin durch die Bundesrepublik erreicht werden konnte.

Nach dem Bau der Berliner Mauer ließ die Furcht der DDR-Führung nach, der sowjetischen Entspannungspolitik geopfert zu werden, obwohl Chruschtschows Gesten gegenüber Bonn Ulbricht und seine Mitarbeiter durchaus beunruhigten (siehe unten). Ostberlin verließ sich außerdem auf die Bündnispartner des Warschauer Pakts. Im Juli 1966 bekräftigte der in Bukarest tagende Politische Beratende Ausschuß dieses Bündnisses, daß die Unverletzlichkeit der Grenzen die Voraussetzung für die Sicherheit in Europa bilde, daß die Bundsrepublik sich mit der Existenz zweier deutscher Staaten abfinden müsse und Länder, die die DDR anerkennen wollten, nicht länger unter Druck setzen dürfe.

Die Freundschafts- und Beistandsverträge, die 1967 zwischen den sozialistischen Staaten geschlossen wurden, gaben Ostberlin weiteren Rückhalt. Diese Abkommen, deren Ziel in der Eindämmung der „aggressiven Tendenzen des revanchistischen westdeutschen Militarismus“ bestand, proklamierten allesamt die Unantastbarkeit der Grenze zwischen der Bundesrepublik und der DDR. Gleichermaßen wurde die „Normalisierung der Beziehungen zwischen den beiden souveränen deutschen Staaten“ sowie ihre Anerkennung in einem künftigen Friedensvertrag verlangt. Beim Abschluß des polnisch-tschechoslowakischen Vertrags beharrte Gomulka am 1. Oktober 1967 darauf, daß eine Normalisierung der Beziehungen zu Bonn die Anerkennung der Existenz zweier souveräner deutscher Staaten durch die Bundesrepublik zur Voraussetzung habe. Zwei Wochen später wiederholte er diese Auffassung bei der Unterzeichnung des Abkommens zwischen Polen und der DDR.

Ulbricht und sein Regime gingen sogar noch weiter, indem sie ihren Verbündeten eine Art Gegenstück zur Hallstein-Doktrin aufzuzwingen suchten. Die sozialistischen Staaten sollten nur unter drei Voraussetzungen diplomatische Beziehungen zur Bundesrepublik aufnehmen dürfen: 1. Verzicht Bonns auf den Alleinvertretungsanspruch, 2. Preisgabe der Hallstein-Doktrin durch Westdeutschland, 3. Anerkennung der

Grenzen der DDR einschließlich derjenigen zwischen den beiden deutschen Staaten. Ostberlin vermochte jedoch nicht genügend Druck auf seine Bündnispartner auszuüben. Ulbricht konnte nicht verhindern, daß die Bundesrepublik und Rumänien diplomatische Beziehungen aufnahmen. Ceausescu vertrat den Standpunkt, daß man gerade aufgrund der Zweistaatentheorie die Bundesrepublik ebenso anerkennen müsse wie die DDR. Bereits am 31. Januar 1967 nahm Bukarest trotz sowjetischer Warnungen diplomatische Beziehungen zu Bonn auf. Ostberlins Einwirkungsmöglichkeiten schienen also ziemlich schwach zu sein.

Die Politik von Bundeskanzler Brandt führte, wie wir bereits zeigten, zur Normalisierung der Beziehungen mit dem Osten. Die Abkommen, die Bonn mit den sozialistischen Ländern schloß, und der Grundlagenvertrag zwischen den beiden deutschen Staaten enthielten sämtliche Garantien, die für die Integration der DDR in die internationale Völkergemeinschaft notwendig waren. Der Moskauer Vertrag vom 12. August 1970 sicherte die Unverletzlichkeit aller bestehenden Grenzen „einschließlich . . . der Grenze zwischen der Bundesrepublik Deutschland und der Deutschen Demokratischen Republik“. Diese Formel bedeutete die faktische Anerkennung der DDR als Staat, wenn auch die völkerrechtliche Anerkennung noch ausstand. Bevor die neue Ostberliner Führungsmannschaft unter Honecker den Grundlagenvertrag mit Bonn schließen konnte, mußte sie aber einige bittere Pillen schlucken: den Verzicht auf die These, Berlin-West liege auf DDR-Territorium; ferner die erneute Anerkennung der sowjetischen Zuständigkeit für die Transitstrecken zwischen Berlin-West und der Bundesrepublik.

Honecker hatte gar keine andere Wahl, er mußte dem sowjetischen Druck nachgeben, um den Weg für das deutsch-deutsche Abkommen freizumachen. Der Grundlagenvertrag vom 21. Dezember 1972 öffnete endlich die Tür für eine allgemeine Anerkennung der DDR. Bonn erkannte sie als gleichberechtigten und souveränen Staat an und rückte von seinem Alleinvertretungsanspruch ab. Gewiß, die Bundesregierung setzte Einschränkungen durch – die beiden Staaten galten füreinander nicht als Ausland, und daher wurden in Berlin-Ost und in Bonn auch keine Botschaften, sondern lediglich ständige Vertretungen errichtet. Dennoch war ein wesentlicher Schritt getan, und die DDR wie die Bundesrepublik zogen am 18. September 1973 in die Vereinten Nationen ein. Während dieser jahrelangen Verhandlungen konnte Ostberlin mit einer ganzen Reihe von Staaten diplomatische Beziehungen aufnehmen: 1971 mit drei und 1972 mit 24 Staaten; 1973 darf in dieser Hinsicht als Rekordjahr gelten, das der DDR 46 offizielle Anerkennungen bescherte.

Erst nach einer Durststrecke von über 20 Jahren konnte die DDR mithin in reichlichem Ausmaß ihre Anerkennung auf der internationalen

Bühne durchsetzen. Dieser Schritt, der Ostberlin einige Zugeständnisse kostete, war nur infolge der Tauwetterperiode in den Ost-West-Beziehungen möglich geworden. Von jetzt ab konnte die SED-Führung, die sich lange Zeit fast ausschließlich um diese Anerkennung bemüht hatte, eine breitere diplomatische Aktivität entfalten. Hat sie diese Möglichkeit dazu genutzt, der DDR-Außenpolitik neue Impulse zu geben?

Ein glanzvoller zweiter Platz in der kommunistischen Welt

Die DDR war bestrebt, ihre Stellung gegenüber den sozialistischen Bruderstaaten auszubauen. Als Mitglied des COMECON wickelt sich ihr Außenhandel auch weitgehend in dieser Richtung ab. Außerdem gehört die DDR dem Warschauer Pakt an, und so dient ihre Armee in erster Linie den Zwecken dieses Bündnissystems (über beides haben wir in Kapitel 10 berichtet). Um die internationale Anerkennung zu erreichen, hatte Ostberlin ferner Zugeständnisse im Rahmen der von Moskau gewünschten Entspannungspolitik machen müssen. Kann die DDR angesichts all dieser Sachzwänge denn überhaupt eine selbständige Rolle innerhalb des kommunistischen Lagers spielen? Belastet das besondere Verhältnis zum großen sowjetischen Bruder ihre Beziehungen zu den übrigen Partnern aus dem Warschauer Pakt? Wie verhält sich Ostberlin gegenüber den kommunistischen Staaten, die ihren Willen zu einer unabhängigen Haltung zeigen, wie Jugoslawien unter Tito oder China unter Mao?

Die DDR als treuer Verbündeter Moskaus

Während der sechziger Jahre stellten Ulbricht und Grotewohl immer wieder die Beziehungen zur Sowjetunion als Grundlage der DDR-Außenpolitik heraus. Man proklamierte die „ewige Freundschaft“ mit der UdSSR unter Berufung auf die Interessen des internationalen Proletariats und auf die entscheidende Rolle der KPdSU im „Kampf gegen den Imperialismus“. Da die UdSSR die „größte Friedensmacht“, aber auch die „stärkste Militärmacht in der Welt“ darstelle, dienten gute Beziehungen mit Moskau den Interessen beider Länder, und so war die Sowjetunion erklärtermaßen der beste Freund der DDR. Die SED-Führung akzeptierte die herausragende Rolle der KPdsU; dieses Dogma bekräftigte Axen noch 1968 in einer heftigen Polemik gegen die italienischen Kommunisten, und im selben Jahr rief Honecker es auf der Konferenz der kommunistischen Parteien in Budapest in Erinnerung.

Treu ergebener Verbündeter Moskaus, Vorposten des Warschauer Pakts, Wächter über die Orthodoxie in den benachbarten Staaten und technologische Führungsmacht innerhalb des COMECON – all dies zeigte, daß die DDR eine bedeutendere Rolle zu spielen fähig war als nur diejenige eines strategischen Bauern im Schachspiel oder eines Polizisten. Moskau mußte sich für diese Treue erkenntlich zeigen, vor allem als es Pekings Anschuldigung zu widerlegen galt, die Sowjetunion werde die DDR bereitwillig opfern. Die UdSSR verzichtete auf einen Separatfrieden mit der DDR – damit hatte Chruschtschow in den Jahren 1961/1962 kurze Zeit den Westmächten gedroht, um sie zum Nachgeben zu bewegen; aber Moskau bemühte sich, Ostberlin mit dem Abschluß des Vertrags über Freundschaft, gegenseitigen Beistand und Zusammenarbeit vom 12. Juni 1964 zu beruhigen. Damit wurde die DDR endlich den übrigen Warschauer-Pakt-Staaten gleichgestellt und erhielt eine Garantie ihrer Grenzen sowie ihre Souveränität gegen jeden Angriff. Gleichzeitig nahm die Sowjetunion jedoch Bezug auf das Potsdamer Protokoll und gab dadurch zu verstehen, daß sie keineswegs auf die besonderen Rechte verzichten wolle, die sie seit 1945 in Deutschland besaß. Und bezüglich Berlin-West stellte der Vertrag – entgegen den DDR-Wünschen – fest, daß es eine selbständige politische Einheit bilde. Damit war die These hinfällig geworden, Berlin-West liege auf DDR-Staatsgebiet.

Während Peking diesen „Verrat" an den Ostberliner Interessen sofort anprangerte, verhielt Ulbricht selbst sich unschlüssig. Obwohl er einerseits eingestand, daß dieser Vertrag der DDR all jene Garantien lieferte, wie sie ein Friedensvertrag enthalten hätte, wußte er andererseits ganz genau, daß ein solches Abkommen einer Annäherung zwischen Moskau und Bonn nicht im Wege stehen werde. Als Chruschtschow einige Wochen später mitteilte, er sei zu einer Reise nach Bonn bereit, schlug Ulbrichts Besorgnis in Furcht um. Erst die beruhigenden Erklärungen, die Breschnew und Suslow anläßlich des fünfzehnjährigen Bestehens der DDR abgaben, beschwichtigten die Befürchtungen Ostberlins einigermaßen. Der zweideutige Freundschaftsvertrag von 1964 trug jedoch nicht zur völligen Beruhigung der DDR-Führung bei – sie befürchtete nach wie vor, Moskau könnte eines Tages der eigenen Politik grundlegende Interessen der DDR opfern.

Aber Ostberlin erhielt die Unterstützung der UdSSR, als es befürchten mußte, daß die anderen Warschauer-Pakt-Staaten, Rumäniens Beispiel folgend, diplomatische Beziehungen zur Bundesrepublik aufnehmen und somit den Kampf, den die DDR um ihre Anerkennung führte, gefährden könnten. Aus Ärger über die rumänische Herausforderung band Moskau die Staaten des Warschauer Paktes Ende 1967 enger aneinander. Mit Ausnahme Bukarests wurden sie in ein System von Beistandsverträgen einbezogen, das sie daran hinderte, die Solidarität mit der DDR zu brechen. Ostberlin fühlte sich durch den Abschluß der bilateralen Abkommen mit Polen, der Tschechoslowakei, Ungarn und Bulgarien gestärkt.

Als die Sowjetunion 1968 ihre Verbündeten gegen die in der Tschechoslowakei entstandene Situation zu mobilisieren beschloß, sprach Ulbricht sich für die militärische Intervention aus. Man befürchtete, die Bewegung des „Prager Frühling" könne auf die DDR übergreifen. Die Ostberliner Theoretiker verfochten die Anschauung, die Ostblockstaaten seien gemeinsam für die Verteidigung der „Grundlagen des Sozialismus" in den einzelnen östlichen Ländern verantwortlich.

Die Anfänge der Ostpolitik unter Willy Brandt verfolgte das SED-Regime aus naheliegenden Gründen mit unruhigem Interesse. Es kam zu Meinungsverschiedenheiten mit Moskau. Die Sowjetunion trat für eine Politik der Entspannung ein und setzte trotz Ulbrichts Protesten eine rasche Beilegung der Berlinkrise vom Frühjahr 1969 durch. Ulbricht bot denen die Stirn, die Verhandlungen mit der SPD erwogen; die Sozialdemokraten machte er vor allen anderen Parteien für Hitlers Machtübernahme verantwortlich, und in ihnen sah er die schlimmsten Feinde der Kommunisten. Die Sowjetführung hingegen hielt Verhandlungen mit der SPD durchaus für möglich. Noch bevor sich in Bonn die Regierung Brandt konstituiert hatte, gingen die Meinungen Moskaus und Ostberlins immer weiter auseinander. Ganz im Gegensatz zu Ulbricht begrüßte Breschnew den Wahlsieg der sozial-liberalen Koalition. Gleich nach Regierungsantritt streckte das Kabinett Brandt im Oktober 1969 vorsichtig seine Fühler nach Osten aus, und Ostberlin mußte notgedrungen zusehen, wie Moskau darauf durchaus wohlwollend reagierte . . . Auch der SED-Führung blieb nichts anderes übrig, als wieder Verhandlungen mit Bonn aufzunehmen, über die wir oben berichtet haben.

Im März 1971 trat Ulbricht zurück, und Honecker wurde Erster Sekretär des ZK der SED. Nachdem es Ulbricht nicht gelungen war, Moskau zu einer Verminderung der von der DDR zu machenden Zugeständnisse zu bewegen, trat er zusehends in den Hintergrund. Honecker war gefügiger und beteiligte sich konstruktiv an den Verhandlungen, die schließlich am 21. Dezember 1972 zum Abschluß des Grundlagenvertrags zwischen beiden deutschen Staaten führten. Ebenso wie die sowjetische Führung zeigte er sich bewußt nachgiebig, um dadurch die Wiederwahl Brandts sowie die Ratifizierung des Grundlagenvertrags durch den Bundestag zu erleichtern. Doch Ostberlin wie Moskau reagierten sehr heftig auf das Urteil des Bundesverfassungsgerichts in Karlsruhe, das im Juli 1973 die staatliche Identität zwischen dem Deutschen Reich und der Bundesrepublik verkündete. Mit Moskaus Rückendeckung ließ Ostberlin einige

Zwischenfälle zu, die die Atomsphäre zwischen den beiden deutschen Staaten vergifteten.

Auch auf der Konferenz über Sicherheit und Zusammenarbeit in Europa (KSZE) konnte die DDR fest mit der sowjetischen Unterstützung rechnen. Moskau und Ostberlin interpretierten jedoch die Schlußakte von Helsinki durchaus unterschiedlich: während Breschnew sie als einen ausgewogenen Kompromiß einschätzte, stilisierte Honecker das Ergebnis zu einem Sieg der sozialistischen Staaten, denen die Unverletzlichkeit ihrer Grenzen garantiert worden sei. Diese unterschiedlichen Bewertungen dürfen aber nicht über eine Stärkung der Solidarität zwischen der DDR und der Sowjetunion hinwegtäuschen.

Die DDR bekannte sich immer offener zu ihrer Rolle als treuer Verbündeter Moskaus. Sie hielt diese Tatsache sogar im Text ihrer 1974 überarbeiteten Verfassung fest, wo es heißt: „Die Deutsche Demokratische Republik ist für immer und unwiderruflich mit der Union der Sozialistischen Sowjetrepubliken verbündet"; etwas weiter unten wird sie als „untrennbarer Bestandteil der sozialistischen Staatengemeinschaft" bezeichnet. Diese Unterordnung unter den sowjetischen Standpunkt geht auch ganz deutlich aus dem am 7. Oktober 1975 mit der Sowjetunion geschlossenen neuen „Vertrag über Freundschaft, Zusammenarbeit und gegenseitigen Beistand" hervor; darin verpflichten sich beide Seiten, mit allen zur Verfügung stehenden Mitteln die historischen Errungenschaften des Sozialismus zu verteidigen und zu wahren. Die DDR, die in dem gegenseitigen Beistandsversprechen eine Bestandsgarantie erhalten hatte, fand sich bereit, innerhalb des kommunistischen Bündnisses den Gendarmen und außerhalb Europas den Sekundanten des Kreml zu spielen. Die verstärkte Blockintegration auf wirtschaftlichem und militärischem Gebiet, die das Ende der siebziger Jahre kennzeichnet, schien der DDR jede Möglichkeit zu einer selbständigen Politik zu nehmen. Ostberlin sah seine dringlichste Aufgabe in der Festigung des sozialistischen Systems im eigenen Lande wie in den übrigen europäischen Ostblockstaaten; das hinderte die DDR-Führung jedoch keineswegs daran, nötigenfalls als „verlängerter Arm" Moskaus zu wirken, wenn irgendwo in der Welt der Sozialismus politische bzw. militärische Hilfe brauchte.

Wie läßt sich diese Anpassung an Moskau erklären, die die DDR im internationalen Geschehen auf die Rolle eines sowjetischen Satelliten beschränkte?

Die Präsenz von 20 sowjetischen Divisionen – das heißt 400000 Mann – auf deutschem Gebiet und das Festerzurren des Warschauer Pakts waren nicht gerade dazu angetan, etwaige Unabhängigkeitstendenzen zu ermutigen. Nach Auffassung der UdSSR durfte die Schlußakte von Helsinki keinen Anlaß zu Meinungsverschiedenheiten innerhalb des

Warschauer Pakts geben, denn Moskau wollte selbstverständlich seine militärische Oberherrschaft über das Bündnis wahren. Die sowjetische Einflußnahme auf die Wirtschaft der DDR wurde immer beherrschender und drohte das anfällige Gleichgewicht zu zerstören. Angesichts eigener Wirtschaftsprobleme war die Sowjetunion kaum bereit, den COMECON-Partnern die Versorgung mit Rohstoffen sowie die Absatzmöglichkeiten ihrer Exporte zu garantieren.

Die UdSSR konnte nun Ausrüstungsgüter, die sie früher aus der DDR eingeführt hatte, aus dem Westen beziehen, und brachte damit Ostberlin um einen seiner wenigen Trümpfe gegenüber Moskau. Die Sowjets schränkten ihre Erdölausfuhr ein und setzten höhere Rohstoffpreise durch, ohne eine entsprechende Erhöhung der Preise für die von der DDR gelieferten Fertigwaren und Ausrüstungsgüter zu akzeptieren. Diese Schwierigkeiten verschärften sich seit 1975 noch und lösten heftige Proteste Ostberlins aus. Sie verhallten aber wirkungslos. Im Rahmen des COMECON wurden der DDR daneben langfristige Programme zugewiesen, die umfangreiche Investitionen erforderlich machten. So mußte sie beispielsweise die Ausbeutung sowjetischer Rohstoffvorkommen subventionieren, während sich gleichzeitig ihre Exportfähigkeit in nichtkommunistische Länder verschlechterte.

Ostberlins Ergebenheit gegenüber Moskau läßt sich auch innenpolitisch begründen. Das SED-Regime litt seit jeher unter einem Legitimitäts-Defizit, und nach dem Scheitern von Honeckers Wirtschafts- und Sozialpolitik konnte sehr leicht Unzufriedenheit im Innern entstehen. Da die Ostberliner Führung befürchtete, die DDR-Bevölkerung könne ähnliche Liberalisierungsforderungen erheben, wie dies 1980 in Polen geschehen war, neigte sie umso mehr dazu, Hüter des Sozialismus an Moskaus Seite zu werden. Was waren die 1977 mit Ungarn, Polen, Bulgarien und der Tschechoslowakei geschlossenen Verträge, die jegliche Konterrevolution verhindern sollten, denn schon wert? Wie Polens Beispiel zeigte, waren die Regierungen dort ja nicht einmal in der Lage, den Sozialismus im eigenen Land ausreichend zu verteidigen. Wie sollten sie unter diesen Umständen seinen Fortbestand in den Nachbarstaaten garantieren? Hier konnte nur Moskau Rettung bringen; deshalb blieb die DDR weiterhin der mustergültige Verbündete der Sowjetunion.

Ostberlin als Verfechter des sowjetischen Standpunktes in der kommunistischen Welt

Auch die Beziehungen der DDR zu den übrigen kommunstischen Ländern Osteuropas werden großenteils von Moskau gesteuert. Die Normalisierung in Richtung Westen führte in den Jahren 1971 bis 1975 zu gelegentlichen Sticheleien zwischen der DDR und Polen, aber nicht zu mehr. Der neue Freundschaftspakt von 1977 betonte den endgültigen Charakter der Oder-Neiße-Linie sowie der deutsch-deutschen Grenze. Nach dem Einmarsch von DDR-Truppen 1968 in die Tschechoslowakei, wo man gemeinsam mit den anderen Warschauer-Pakt-Staaten der Bewegung des „Prager Frühlings" ein Ende machte, stieg die Popularität der Ostdeutschen in der ČSSR nicht gerade an. Dennoch normalisierten sich die Beziehungen zwischen Ostberlin und Prag im Laufe der siebziger Jahre allmählich. Als Ceaușescu schon im Jahr 1967 diplomatische Beziehungen zu Bonn aufnahm, ohne Rücksicht auf die Politik der DDR zu nehmen, versetzte er die SED-Führung in große Unruhe. Doch im Mai 1972 unterzeichnete Honecker einen Vertrag mit Rumänien, und die wirtschaftliche Zusammenarbeit zwischen beiden Ländern wurde ausgebaut. Das Verhältnis der DDR zu Ungarn war seit jeher gut.

Am Rande der kommunistischen Orthodoxie führte Jugoslawien eine eigenständige Politik. Im Fahrwasser Moskaus söhnte sich Ostberlin mit Tito aus, und so waren die Beziehungen bis 1968 durchaus befriedigend, obwohl Ulbricht dem jugoslawischen Revisionismus stets mißtraute. Der Einmarsch in Prag hatte eine erneute Abkühlung zur Folge. Die Beziehungen verbesserten sich erst, als Tito im November 1974 nach Ostberlin reiste und Honecker im Januar 1977 Belgrad besuchte. Aus den gemeinsamen Erklärungen geht hervor, daß die DDR-Regierung eine blockfreie Politik als Faktor der internationalen Entspannung mit Wohlwollen betrachtete. Der Handel zwischen Ostberlin und Belgrad wurde ausgebaut. Das jugoslawische Modell, durch ernsthafte Schwierigkeiten behindert, stellte keine so große Gefahr mehr dar, und im eigenen Land hatte sich das SED-Regime inzwischen konsolidiert. In der Dritten Welt profitierte die DDR jetzt von der jugoslawischen Unterstützung. Aber für die Rückkehr zu normalen Beziehungen waren nicht nur die oben genannten Gründe maßgeblich. Vielmehr wurde sie auch von Moskau gefördert, das den Dialog mit Belgrad wieder aufnehmen wollte.

Der Konflikt Moskau-Peking gab der DDR erneut Gelegenheit, sich dem sowjetischen Standpunkt anzupassen. Bereits 1960 ergriff Ulbricht Partei für die Sowjets. Nach dem Bruch der beiden großen kommunstischen Staaten traten zwischen Peking und Ostberlin sehr bald Spannungen auf. Maos Erklärungen über die Annexionspolitik der Sowjetunion nach dem Zweiten Weltkrieg wurden von den Ostberliner Medien wohlweislich totgeschwiegen. Gleichwohl kam der Streit zwischen China und der UdSSR indirekt der DDR zugute. Peking sprach manche von Ulbrichts Befürchtungen in aller Öffentlichkeit aus und unterstützte die SED-Führung auf zwei äußerst wichtigen Feldern: in der Diskussion über einen Separatfrieden zwischen der DDR und der Sowjetunion sowie in der Berlinfrage. In den Jahren 1963 und 1964 bezichtigte China die UdSSR des Verrats an den Interessen Ostberlins und wertete den am 12. Juni 1964 geschlossenen deutsch-sowjetischen Freundschaftsvertrag gar als „kriminellen Akt". Peking bemühte sich, die SED-Regierung in ihrem Argwohn gegenüber Chruschtschows Politik zu bestärken, doch gelang es Mao nicht, Ostberlin und Moskau zu entzweien. Als es zur Normalisierung der Ost-West-Beziehungen kam, beschuldigten die Chinesen die Sowjetunion ein weiteres Mal, die Interessen der DDR preisgegeben zu haben. Honecker jedoch verhielt sich gegenüber Maos China weiterhin ausgeprochen ablehnend. Zu einer Entspannung in den beiderseitigen Beziehungen kam es erst Anfang 1978, als eine chinesische Delegation Ostberlin besuchte und ein neues Handelsabkommen den Warenaustausch wieder ankurbelte. Die DDR-Führung ging jedoch äußerst vorsichtig zu Werke; sie wollte keineswegs – wie etwa gerade eben China oder Rumänien –, ihre Unabhängigkeit von Moskau demonstrieren.

Die Ostberliner Kritik am Eurokommunismus ab Mitte der sechziger Jahre schien die KPs Italiens, Frankreichs und Spaniens durchaus zu bewegen. In der Folgezeit übte die SED jedoch vorsichtige Zurückhaltung. Schließlich wollte man es nicht mit Parteien verderben, die im Westen auf die Anerkennung der DDR hinarbeiteten. Doch die ideologischen und politischen Abweichungen der Eurokommunisten, speziell im Zusammenhang mit den Ereignissen um den „Prager Frühling" von 1968, konnte die DDR nicht dulden. Sie übte Druck auf die kleinen Parteien aus, wie zum Beispiel die Kommunstistische Partei Österreichs, um sie auf den Weg der Moskautreue zurückzuführen. Gegenüber den großen eurokommunistischen Parteien, der KPI und der KPF, beschränkte man sich darauf, deren Thesen in einer großangelegten Gegenargumentation zu bekämpfen. Mit Propaganda gegen den Eurokommunismus, die zum Gebrauch außerhalb wie innerhalb des kommunstischen Lagers bestimmt war, hoffte man – mit dem Beistand der KPdSU –, die „gesunden Kräfte" in den westlichen Parteien stärken und diese zur Vernunft bringen zu können. Seit Mitte der siebziger Jahre ist die Haltung Ostberlins in dieser Frage nuancierter: Innenpolitisch blieb es unnachgiebig, und so wurden 1976 einige Intellektuelle ausgewiesen oder gleichgeschaltet. Auf außerpolitischer Ebene verstummte jedoch die Polemik, und man bemühte sich sogar um engere Kontakte zu den westlichen Parteien, in erster Linie zu den Franzosen. Die DDR war um Beschwichtigung bemüht, und während Ostberlin auf diese Weise seine eigenen Interessen vertrat, entfernte es sich keineswegs vom sowjetischen Standpunkt. Denn in Moskau hoffte man ebenfalls, daß die Eurokommunisten mit der Zeit und angesichts des Widerstands der Großbourgeosie wieder zu den Prinzipien der Diktatur des Proletariats und der Solidarität mit einer von der Sowjetunion angeführten sozialistischen Gemeinschaft zurückkehren würden.

Die DDR öffnet die Tür nach Westen

Die Beziehungen zu Westeuropa bereiten der DDR stets besondere Probleme. Dieses militärisch und wirtschaftlich leistungsstarke Europa empfand sie als eine ständige Bedrohung. In den Augen der Ostberliner Führung wurde in Westeuropa der Großangriff des Imperialismus vorbereitet; ihr wirtschaftliches und technologisches Potential erlaubte es den westeuropäischen Staaten, ihrer Bevölkerung einen Lebensstandard zu garantieren, der für die Bewohner der DDR eine ständige Versuchung darstellte, und mit seiner Grundeinstellung des politischen Pluralismus konnte Westeuropa das dem Osten aufgezwungene System in Frage stellen.

Da die Bundesrepublik den Kern dieses westlichen Lagers bildete und die deutsche Frage ein zentrales Problem blieb, zeigte sich die DDR im Unterschied zu ihren östlichen Partnerländern viel stärker beunruhigt, als die Bemühungen um eine Normalisierung der Beziehungen und die Entspannungspolitik auf der Tagesordnung standen. Die DDR konnte praktisch erst eine Europapolitik betreiben, als der Grundlagenvertrag die Normalisierung der politischen Beziehungen zwischen beiden deutschen Staaten herbeigeführt hatte. Vorher mußte sie sich darauf beschränken, wirtschaftliche und kulturelle Kontakte als ersten Schritt auf dem Weg zu ihrer Anerkennung zu knüpfen. Von Beginn der siebziger Jahre ab nutzte sie die neuen Möglichkeiten nur sehr zaghaft. Die SED-Führung hatte Angst vor einer zu großen Öffnung gegenüber dem Westen, vor der Anziehungskraft des Eurokommunismus und vor verbesserten Reisemöglichkeiten sowie einem umfassenden Meinungsaustausch, wie sie die Schlußakte von Helsinki (1975) anzukündigen schienen. Sie konnte nicht mit der Bundesrepublik wetteifern, was den Lebensstandard anging, den großen Einfluß auf internationaler Ebene und die weltweite wirtschaftliche Bedeutung.

Ostberlin hat sein grundlegendes politisches Ziel – die Ausbreitung des Sozialismus – nie aus den Augen verloren. Trotz der Status-quo-Politik der siebziger Jahre sah es weiterhin seine wichtigsten Aufgaben in der Bekämpfung des „Imperialismus“ und in der Schwächung des Westens. Die wirtschaftlichen und kulturellen Beziehungen zum Westen entwickelten sich häufig noch am besten (siehe Kapitel 10). Die Verbesserung der Verhältnisse auf politischem Gebiet hingegen blieb bescheiden, etwa gegenüber Frankreich, Großbritannien und den Vereinigten Staaten.

Wenngleich einige Anregungen de Gaulles in Ostberlin durchaus auf Wohlwollen stießen – wie zum Beipiel seine Erklärung vom 27. April 1965 über die Nichteinmischung in innere Angelegenheiten fremder Staaten –, so kam doch erst 1970 ein Abkommen zwischen den Handelskammern Frankreichs und der DDR zustande. Anfang 1973 erfolgte dann die Aufnahme diplomatischer Beziehungen. Paris orientierte sich an der Bonner Politik, und die Normalisierung seiner Beziehungen zur DDR wurde zusätzlich dadurch erschwert, daß Frankreich seine Rechte als Siegermacht hinsichtlich der deutschen Frage und Berlins wahrte. Diese Schwierigkeiten wurden auch nicht beim Parisbesuch Außenminister Winzers vom Januar 1976 ausgeräumt, in dessen Verlauf keine Vorsprache im Elysée-Palast zustande kam. Die DDR sah die Ursachen für dieses abweisende Verhalten in der ablehnenden Haltung Frankreichs gegenüber einer deutschen Wiedervereinigung, in den engen wirtschaftlichen Bindungen zwischen der Bundesrepublik und Frankreich sowie in der Einflußnahme der nicht-gaullistischen bürgerlichen Kräfte auf die französische Außenpolitik. Auch als Frankreichs Außenminister 1979 nach Ostberlin reiste, kam man hier nicht weiter. Paris weigerte sich nach wie vor, ein Konsularabkommen mit der DDR zu treffen, solange sich beide deutsche Staaten nicht über das Problem der Staatsangehörigkeit geeinigt hatten; Ostberlin seinerseits zeigte kein Interesse an einem Kulturabkommen, das die Errichtung eines Institut français in der DDR vorsah. Das Handelsabkommen von September 1979 hingegen sah für die fünf folgenden Jahre eine Steigerung des Warenaustauschs auf einen Umfang von 12 Milliarden Francs in jede Richtung vor. Übrigens blieben bis 1980 die Kontakte der DDR mit den französischen Sozialisten recht unbedeutend, und die DDR-Führung hielt einen Wahlsieg der Linken in Frankreich für nahezu unmöglich.

Großbritannien machte – ebenfalls aus Solidarität gegenüber Bonn – vor der Unterzeichnung des Grundlagenvertrags keine Anstalten, Ostberlin anzuerkennen, sondern fand sich wie Frankreich erst im Februar 1973 dazu bereit. London erhoffte sich von der Aufnahme diplomatischer Beziehungen Reparationen für im Osten beschlagnahmte Fabriken und Besitzungen sowie eine Steigerung der britischen Ausfuhr. Diese Hoffnungen erfüllten sich jedoch nicht. Die von der DDR provozierten Schwierigkeiten auf den Transitstrecken nach Berlin-West im Sommer 1974 und die Verurteilung einer jungen britischen Studentin, die ihrem ostdeutschen Verlobten zur Flucht in den Westen verhelfen wollte, belasteten das Verhältnis zwischen Ostberlin und London. Im September

1976 bereitete Großbritannien dem DDR-Außenminister Fischer ein eisiges Willkommen: weder der Premierminister noch die Queen geruhten ihn zu empfangen. Gleichwohl wurde das wenige Monate zuvor unterzeichnete Konsularabkommen vom Unterhaus ratifiziert. Diese Geste war für Ostberlin von unschätzbarem Wert, da erstmals ein NATO-Mitglied, das überdies zu den drei Signatarmächten von Potsdam gehörte, die DDR-Staatsbürgerschaft anerkannte. Die Beziehungen zwischen beiden Ländern machten danach kaum Fortschritte; Ostberlin war wegen der rücksichtslosen Machtausübung der SED, des Verbots von Auslandsreisen, der Zensur und des Aufbaus einer vom preußischen Geist getragenen Armee in der britischen Öffentlichkeit nicht gerade gut angeschrieben.

Ostberlins Bemühungen, die DDR zu Beginn der siebziger Jahre der Bevölkerung der Vereinigten Staaten näher zu bringen, hatten kaum Erfolg. Auch hier machte erst der Grundlagenvertrag Verhandlungen über eine Anerkennung möglich. Nach zähen, von Sommer 1973 bis Sommer 1974 dauernden Verhandlungen wurden erst im September 1974 die diplomatischen Beziehungen aufgenommen. Das lag daran, daß die USA die These Ostberlins nicht akzeptierten, die DDR trage keine Verantwortung für die Folgen der nationalsozialistischen Politik. Die DDR mußte sich zu Reparationen verpflichten und hinnehmen, daß Washington Berlin-Ost nicht als Hauptstadt akzeptieren wollte. Die DDR-Führung bewies allerdings nicht gerade viel guten Willen, vor allem was die an amerikanische Juden zu leistenden Entschädigungen betraf. Während Bonn den Angehörigen von Opfern des Nationalsozialismus 25 Millionen Dollar auszahlte, bot Ostberlin Wiedergutmachungen in Höhe von einer Million an. Dieselben Schwierigkeiten gab es, als man über eine Entschädigung für die Verluste verhandelte, die Amerikaner in der DDR und in Berlin-Ost durch Verstaatlichungen und Beschlagnahmungen erlitten hatten. Solange diese Probleme nicht geregelt waren, weigerte sich Washington hartnäckig, der DDR in einem Handelsvertrag die von Ostberlin so begehrte Meistbegünstigungsklausel einzuräumen. Auch dadurch, daß die DDR überall die Friedensbewegung etwas unterstützte, die sich in den Ländern des Westens gegen die amerikanischen Nachrüstungspläne zur Wiederherstellung des nuklearen Gleichgewichts wandte, trug sie nicht gerade zur Verbesserung ihrer Beziehungen mit Washington bei. Die Ostberliner Haltung während der Krise in Polen war ebenfalls nicht dazu angetan, die beiden Staaten einander näher zu bringen.

Die DDR muß sich folglich damit abfinden, daß sie im Westen nur wenig Fuß gefaßt hat. Kein westliches Land ist besonders am Ausbau seiner Beziehungen zu diesem Staat interessiert, der ohnehin als Handlanger

Moskaus gilt. Ostberlin hat keine andere Wahl, als die seit den fünfziger Jahren unternommenen Anstrengungen zugunsten einer Steigerung seines Außenhandels und seines kulturellen Einflusses fortzusetzen. Aber selbst auf diesen Gebieten sind ihm bisher die großen Erfolge versagt geblieben.

Die Dritte Welt als Expansionsgebiet beider deutscher Staaten?

Bonn und Ostberlin bemühen sich beide aus politischen und wirtschaftlichen Motiven um einen Ausbau ihrer Beziehungen zu den Entwicklungsländern. Ihre Anstrengungen tragen zur Ausweitung des deutschen Einflusses in der Welt bei.

Ein weites Feld wirtschaftlicher Ausdehnung für die Bundesrepublik

Die Bundesrepublik baute in den sechziger Jahren zu den Entwicklungsländern Handelsbeziehungen auf, deren Wichtigkeit nicht im Umfang, sondern in ihrer Struktur begründet lag; denn sie war, was die Versorgung mit Erdöl und anderen Rohstoffen anging, sehr stark von diesen Regionen abhängig (1969 zu 60%). Erdöl, Kautschuk, Eisen- und Manganerze sowie Garne wurden fast ausschließlich von Ländern der Dritten Welt geliefert. Diese Abhängigkeit zwang die Bundesrepublik dazu, ihre Rohstoffversorgung sicherzustellen; insbesondere galt dies für die Öllieferungen, die in der zweiten Hälfte der sechziger Jahre hauptsächlich aus Libyen und Algerien (45%) sowie dem Nahen Osten (etwa 40%) stammten. Die Entwicklungsländer waren daneben gleichfalls hervorragende Absatzmärkte für die westdeutsche Industrie, von denen man sich auch für die Zukunft viel versprach. Doch insgesamt ging der Anteil der Dritten Welt am Handel der Bundesrepublik zurück; obwohl sie ihren Export nach Westdeutschland steigerte (zwischen 1960 und 1968 verdoppelte er sich nahezu), wies ihr Anteil an der gesamten Einfuhr eine rückläufige Tendenz auf und lag Ende der sechziger Jahre bei nur noch 19%. Genauso verhielt es sich mit dem Export der Bundesrepublik in die Entwicklungsländer: während der sechziger Jahre stieg er zwar auf mehr als das Zweifache, aber gemessen am Gesamtexport ging er zurück und sank auf 13–14%. In all diesen Jahren fiel die Handelsbilanz stets zugunsten der Dritten Welt aus.

Zu dieser Zeit benützte Bonn die Entwicklungshilfe auch für politische Ziele: es gebrauchte sie als Druckmittel, um die Anerkennung der DDR zu verhindern, erzielte aber nicht den erhofften Erfolg.

Im Rahmen der von Präsident Kennedy angeregten Idee, die sechziger Jahre zu einem Jahrzehnt der Entwicklungshilfe zu machen, beteiligte sich die Bundesrepublik in großem Umfang und in allen möglichen Formen – staatlichen, privaten, multi- und bilateralen Projekten – an Hilfsmaßnahmen. Gegen Ende der sechziger Jahre rangierten bilaterale Leistungen an erster Stelle, und hier übertrafen wiederum die privaten Investitionen und Kredite die von der öffentlichen Hand bereitgestellten Mittel. Bonn sprach sich dafür aus, die Entwicklungshilfe im Weltmaßstab nicht länger von Absatzgarantien für Industrieprodukte abhängig zu machen. Aber noch 1970 bestand die Bundesrepublik selbst darauf, daß die Staaten der Dritten Welt deutsche Waren im Umfang von 26% der Darlehenssumme bezogen. Die technische Hilfe wurde schnell ausgebaut. Diese 1956 begonnene Form der Entwicklungshilfe unterstützt mit Ausbildungszentren, Schulungsprojekten sowie durch den Einsatz von Experten; im Jahr 1970 waren 1800 Spezialisten in der technischen Hilfe tätig, während 10400 Praktikanten aus über achtzig Entwicklungsländern in die Bundesrepublik kamen.

Gesamtleistungen der Bundesrepublik zugunsten der Entwicklungsländer

	Gesamtsumme in Milliarden DM	Anteil am Bruttosozialprodukt der Bundesrepublik in %
1965	2,9	0,64
1966	3,2	0,64
1967	4,6	0,93
1968	6,7	1,23
1969	8,0	1,32
1970	5,5	0,80
1971	6,7	0,88
1972	5,7	0,68
1973	4,8	0,52

Jeweils Anfang und Mitte der siebziger Jahre trat in der Bonner Entwicklungspolitik, die Gegenstand zahlreicher Kritiken und Untersuchungen wurde, ein Wandel ein. Sowohl die Regierungserklärung vom 28. Oktober 1969 als auch die von der Bundesregierung am 11. Februar 1971 herausgegebenen neuen Richtlinien gingen von der Feststellung aus, daß die Entwicklungshilfe des vorausgangenen Jahrzehnts ein Fehlschlag auf ganzer Linie gewesen sei. Erhard Eppler (SPD), Minister für wirtschaftliche Zusammenarbeit, stellte neue Grundsätze für die Entwicklungshilfe auf, die ausgebaut und allmählich an keinerlei politische Bedingungen mehr geknüpft werden sollte. In Bonn, wo man zu vermehrten Anstrengungen bereit war, aber gleichzeitig eine bessere Koordination auf internationaler Ebene forderte, herrschte die Überzeugung, daß diese Politik auf lange Sicht der deutschen Wirtschaft zugute kommen und gleichzeitig auf die Interessen der Entwicklungsländer Rücksicht nehmen werde. Die Bundesregierung verwahrte sich gegen den Vorwurf, sie trachte nach kurzfristigen Vorteilen auf außenpolitischem Gebiet und wolle sich verläßliche Partner „kaufen"; sie verlieh erneut ihrer Überzeugung Ausdruck, daß ihre Politik langfristig den deutschen Interessen dienen werde, und verkündete, sie wolle ihren Partnerländern keinerlei politische, soziale oder wirtschaftliche Lehrmeinung aufzwingen.

So verfolgte Bonn einen recht kühnen Kurs, obwohl ein Teil der deutschen Bevölkerung der Förderung der Entwicklungsländer recht mißtrauisch gegenüberstand, da man befürchtete, daß sie zu künftigen Konkurrenten heranwachsen könnten. Die neue Politik stieß auf Schwierigkeiten. Der Grundsatzbeschluß von 1970, alljährlich etwa 0,7% des Bruttosozialproduktes für die Entwicklungshilfe auszugeben, wurde nicht eingehalten. Die angespannte Finanzlage sowie vor allem die weltweite wirtschaftliche Situation machten 1975 eine Neuorientierung erforderlich. Während innerhalb der Dritten Welt die Erdöl exportierenden Länder großen Nutzen aus der Ölkrise zogen, verarmten die anderen zusehends und verschuldeten sich immer mehr, bis der Schuldenberg sie schließlich zu erdrücken drohte.

1975 nahm der damalige Minister für Wirtschaftliche Zusammenarbeit, Egon Bahr, eine eingehende Umgestaltung der Bonner Entwicklungshilfepolitik vor. Die 33 ärmsten Länder sollten 40% der im Rahmen bilateraler Projekte vorgesehenen Kredite erhalten, die zu 0,75% verzinst und im Verlauf von 50 Jahren zurückgezahlt werden sollten. Die etwas besser gestellten Länder sollten 4,5% Zinsen zahlen und ihre Schulden innerhalb von 20 Jahren abtragen. Die Bundesrepublik war bereit, die Handelsinteressen der Dritten Welt innerhalb der EG zu unterstützen, und forderte auch die Erdöl exportierenden Länder auf, sich an Entwicklungshilfeprojekten zu beteiligen. Während die Vereinigten Staaten auf die Politik der Dritten Welt – Erhöhungen der Erdöl- und Rohstoffpreise – mit Härte reagieren wollten, befürwortete Bonn, vorsichtig und bedacht auf die Wahrung seiner wirtschaftlichen Interessen, eine wesentlich nachgiebigere Haltung. Die staatlichen Hilfeleistungen wurden erhöht. Ein Viertel dieser Gelder kam Organisationen zugute, die unter Schirmherrschaft der Vereinten Nationen standen, und dem Entwicklungshilfefonds der EG. Diesen im Anschluß an die Konferenz von Lomé gegründeten Europäischen Entwicklungsfonds, dessen Hauptzweck in Hilfsaktionen zugunsten der ehemaligen europäischen Kolonien bestand, finanzierte Bonn zu 25%.

In den Jahren von 1950 bis 1977 gab die Bundesrepublik insgesamt 126 Milliarden DM für die Entwicklungshilfe aus, wovon 45 Milliarden DM aus dem Staatshaushalt und 74 Milliarden in Form von Krediten und Investitionen der deutschen Wirtschaft bereitgestellt wurden. Gegen Ende der siebziger Jahre wurden noch mehr öffentliche Gelder bewilligt: 1977 im Umfang von 0,27% des Bruttosozialprodukts, 1979 von 0,44% und 1980 im Umfang von 0,43%. Im Jahr 1979 stellte Bonn mit 3,4 Milliarden Dollar 11,4% der weltweit erbrachten Hilfe für die Dritte Welt, was etwa Frankreichs Beitrag (11,5%) entsprach.

Die Entwicklungshilfe war ein Thema, das in der Bundesrepublik – vor allem unter den Jugendlichen – eine breite Anhängerschaft gewann. Um die notwendige Koordination der Hilfsmaßnahmen zu gewährleisten, bedurfte es mächtiger Institutionen. Zwei große Organisationen wurden von staatlicher Seite eingerichtet: die „Deutsche Gesellschaft für Technische Zusammenarbeit“ mit dem Auftrag, Projekte auszuarbeiten und geeignete Männer für deren Ausführung anzuwerben, und die „Deutsche Entwicklungsgesellschaft“, die am wirtschaftlichen Aufbau teilnahm. Daneben wurden von Parteien und den Kirchen zahlreiche Einrichtungen ins Leben gerufen. Der „Deutsche Entwicklungsdienst“ entsendet freiwillige Helfer für zwei Jahre nach Übersee; die „Deutsche Stiftung für Internationale Entwicklung“ widmet sich vor allem der Ausbildung von Spezialisten aus Ländern der Dritten Welt.

Die Bundesrepublik unternahm diese Anstrengungen gewiß nicht aus reiner Nächstenliebe. Auch während der siebziger Jahre unterhielt sie weiterhin enge wirtschaftliche Beziehungen zur Dritten Welt. Nach wie vor bezog sie Rohstoffe aus den Entwicklungsländern: ihre Einfuhren aus Ländern, die nicht Erdöl exportierten, nahmen insgesamt zu, wenn man von dem deutlichen Rückschlag des Jahres 1978 absieht. Das Anziehen des Erdölpreises ließ ab 1974 den Gegenwert der aus den OPEC-Staaten importierten Waren in die Höhe schnellen. Alle Entwicklungsländer zusammen stellten über 20% der westdeutschen Gesamteinfuhr. Darüber hinaus wurden sie immer wichtigere Kunden; zwischen 1970 und 1980 erhöhte sich die Ausfuhr in die OPEC-Länder auf das Sechsfache; der Absatz in Staaten ohne Erdölexporte steigerte sich knapp auf das Vierfache. Insgesamt gingen 18% der westdeutschen Ausfuhren in Entwicklungsländer. Die Handelsbilanz fiel – was die nicht Erdöl exportierenden Länder der Dritten Welt betrifft – im allgemeinen zugunsten der Bundesrepublik aus, die aufgrund ihrer Exportsteigerungen in den Jahren 1977 und 1978 sogar im Handel mit den OPEC-Staaten einen Überschuß erwirtschaften konnte.

Der Handel der Bundesrepublik mit den Entwicklungsländern
(in Milliarden DM)

	1970	1972	1974	1976	1977	1978	1979	1980	1981	1982	1983
Importe aus Ländern, die kein Erdöl exportieren	10,8	11,3	16,4	21	29,5	27,9	33,8	38,3	34,2	35,7	35,8
Importe aus OPEC-Staaten	6,9	8,4	23,8	24,4	23,5	19,4	27	37,4	37,4	32,8	27,3
Exporte in Länder, die kein Erdöl exportieren	11,3	12,3	21,7	21,1	30,3	31,8	36	40,5	35,7	34,6	35,6
Exporte in OPEC-Staaten	3,6	4,7	10,5	20,7	24,9	24,5	19,2	22,8	34,8	38,0	31,6

Deutsche Firmen errichteten sehr bald Niederlassungen in der Dritten Welt, über die wir in Kapitel 10 ausführlich berichteten. Es genügt, in diesem Zusammenhang an Montagewerke von Volkswagen in Mexiko, Brasilien und Nigeria sowie an die Präsenz von Mannesmann in Brasilien zu erinnern. Außerdem bemühte sich die Bundesrepublik um Lieferverträge für schlüsselfertige Anlagen und den Abschluß von Warenverkäufen. Am deutsch-brasilianischen Energieabkommen wurde deutlich, wie viel der Bundesrepublik am Abschluß wichtiger Verträge gelegen ist, selbst wenn sie den Interessen der Vereinigten Staaten zuwiderlaufen. In diesem 1975 mit einem Wert von 12 Milliarden DM geschlossenen Vertrag verpflichtete sich Bonn, in Brasilien acht Kernkraftwerke, eine Anlage zur Urananreicherung sowie eine Wiederaufbereitungsanlage für radioaktive Brennstäbe zu errichten. Während Washington dieses Vorgehen heftig kritisierte – man gab zu bedenken, daß Brasilien nun jederzeit Atomwaffen herstellen könne – und sich zum Sprachrohr der enttäuschten Unternehmen Westinghouse und General Electric machte, die ebenfalls an einem solchen Vertrag interessiert waren, unternahm Bonn alles, was in seiner Macht stand, um das Geschäft nach langwierigen Verhandlungen doch noch zu einem guten Abschluß zu bringen. Aufgrund der im Vertrag enthaltenen Klauseln scheint eine ausschließliche Nutzung zu friedlichen Zwecken garantiert. Dieser Erfolg, der den hohen Grad der Perfektion atomarer Technologie in Westdeutschland eindrucksvoll demonstriert, zeigt darüber hinaus die Rückkehr Deutschlands, diesmal der Bundesrepublik, auf den lateinamerikanischen Markt und ist das Ergebnis einer betont aktiven Politik gegenüber der Dritten Welt.

In Waffengeschäften schien Bonn zurückhaltender zu sein. Im Prinzip dürfen westdeutsche Waffen nur an NATO-Staaten verkauft werden. 1971 untersagte die SPD-FDP-Koalition jegliche Waffenlieferungen in

Spannungsgebiete. Noch im Mai 1978 betonte Bundeskanzler Schmidt bei den Vereinten Nationen, daß die Bundesregierung prinzipiell im Rahmen ihrer Entwicklungshilfe keine Darlehen für Waffenkäufe gewähre. Und dennoch lieferte Bonn zwischen 1973 und 1977 in rund ein Dutzend Entwicklungsländer – unter anderem Nord- und Südkorea, Pakistan, Thailand, Angola und Zaïre – 70% seines gesamten Waffenexports; nahezu die Hälfte ging an Dritte-Welt-Länder im Nahen und im Mittleren Osten, 27% in afrikanische und 21% in lateinamerikanische Staaten.

DDR und Dritte Welt: ein eher bescheidener Erfolg

Während die Bundesrepublik gleichzeitig ihre wirtschaftlichen Beziehungen und ihren politischen Einfluß in der ganzen Welt auszudehnen suchte, ließ sich die DDR – ohne deshalb ihre ökonomischen Interessen zu vernachlässigen –, in erster Linie von ideologischen Beweggründen leiten. Sie fühlte sich dazu berufen, die ehemaligen Kolonien in ihrem Kampf um Unabhängigkeit zu unterstützen. Außerdem war es ihr Ziel, die Ausbreitung des Sozialismus in der Welt zu fördern. Aus diesen Erwägungen heraus förderte Ostberlin in Lateinamerika Strömungen, die der Politik der USA zuwiderliefen. Auch die Unterstützung Kubas muß in diesem Zusammenhang gesehen werden. Die ideologischen Motive machen auch verständlich, weshalb die DDR in den ehemals portugiesischen Kolonien Afrikas den Befreiungsbewegungen in ihren Kämpfen beistand und jenen afrikanischen Staaten half, die sich – wie Ghana, Guinea, Mali, Somalia und die Volksrepublik Kongo – für ein sozialistisches Modell entschieden; Ostberlin unterstützte Agostinho Neto, Kenneth Kaunda, Samora Machel, Sam Nujoma, Joshua Nkomo und Robert Mugabe. Ihnen leistete die DDR materiellen und gelegentlich auch militärischen Beistand. In all diesen Fällen schlug Ostberlin einen völlig moskaukonformen Kurs ein. Im Rahmen der Bemühungen um die diplomatische Anerkennung durch die Entwicklungsländer jedoch verfolgte das SED-Regime eine viel stärker von „nationalen" Interessen geprägte Politik und stieß dabei in den sechziger Jahren – oder wenn sie den Einfluß der Bundesrepublik offen bekämpfte – durchaus auf Schwierigkeiten.

Ostberlins Dritte-Welt-Politik wird sorgfältig vorbereitet. Das „Institut für Internationale Beziehungen" mit Sitz in Potsdam arbeitet sehr eng mit dem Ministerium für auswärtige Angelegenheiten und dem internationalen Sekretariat des SED-ZK zusammen. Spezielle Abteilungen holen Informationen über bestimmte Länder ein und organisieren Forschungsprogramme unter Mitwirkung von Universitätsinstituten; für die lateinamerikanischen Länder sind beispielsweise die Universität Rostock sowie eine Abteilung der Leipziger Universität zuständig.

Seit 1955 strahlt Radio Berlin international ein umfangreiches Programm aus, das sich zu drei Vierteln an ein Publikum in Übersee wendet. Mit einer wöchentlichen Sendezeit von mehr als 300 Stunden und mit Beiträgen in insgesamt 11 Sprachen wurden ab 1973 die Länder der Dritten Welt intensiv bearbeitet. Im Winter 1973/1974 waren beispielsweise allwöchentlich Sendungen von insgesamt 46 Stunden Dauer in Englisch für Afrika und Südostasien bestimmt; hinzu kamen 40-stündige Beiträge pro Woche in französischer Sprache, ebenfalls für Afrika konzipiert. Programme in einer Gesamtlänge von 21 Stunden richteten sich auf Spanisch an Lateinamerika, und das war noch nicht alles. Darüber hinaus trugen der Austausch von Delegationen und die Ausbildung von Technikern wie leitenden Angestellten in der DDR zur Stärkung der Beziehungen mit den Entwicklungsländern bei.

Im Mittelpunkt stehen jeweils der Warenaustausch sowie die gemeinsame Durchführung von Projekten. Nach Statistiken der DDR nimmt der Handel mit der Dritten Welt laufend zu. In den Jahren 1965 bis 1973 betrug sein Umfang etwa ein bis zwei Milliarden Valutamark. Zwischen 1974 und 1980 wuchs er von 3,2 auf 7,3 Milliarden an. Dazu kommt noch der Warenaustausch mit dem COMECON-Mitglied Kuba, der 1974 rund 657 und 1980 etwa 958 Millionen Valutamark erreichte.

Auf der Grundlage langfristiger bilateraler Handelsverträge, die prinzipiell für beide Seiten einen ausgeglichenen Warenaustausch anstreben, exportiert die DDR in erster Linie Ausrüstungsgüter und bezieht dafür aus den Entwicklungsländern Rohstoffe und tropische Nahrungsmittelerzeugnisse. Im Unterschied zu den vertraglichen Vereinbarungen ergibt sich jedoch ständig ein Handelsbilanzdefizit für die Dritte Welt. Anfang der siebziger Jahre gingen 62% der Ostberliner Exporte nach Entwicklungsländern in die arabischen Staaten, die ihrerseits ein Drittel der DDR-Importe aus der Dritten Welt stellten; Lateinamerika erhielt damals 11% der Ausfuhren, während von dort (vor allem aus Brasilien) 56% der Einfuhren aus der Dritten Welt kamen; die Beteiligung Asiens am ostdeutschen Handel mit Entwicklungsländern lag bei 16% für den Export und 15% für den Import. Insgesamt bewegte sich dieser Warenaustausch in bescheidenen Größenordnungen – er machte knapp 4% des gesamten Handels der DDR aus.

Ostberlins Beitrag zur *Entwicklungshilfe* war ebenso gering. Die Quellen weisen unterschiedliche Zahlen aus. Nach Angaben der Friedrich-Ebert-Stiftung soll die DDR zwischen 1954 und 1969 Hilfeleistungen in Höhe von 577,3 Millionen Dollar erbracht haben, was lediglich 6,2% der von COMECON-Ländern aufgebrachten Summe entspräche. Berechnungen der Vereinten Nationen zufolge beliefen sich die Kredite, die Ostberlin 1954–1970 Dritte-Welt-Staaten gewährte, auf 809 Millionen Dollar. Diese finanzielle Unterstützung konzentrierte sich auf rund zehn Länder, insbesondere Ägypten, Syrien, Algerien, Irak, Ghana, Indonesien, Ceylon, und drei Viertel der Gelder flossen allein in den arabischen Raum.

Im Rahmen der vertraglich geregelten Zusammenarbeit mit der Dritten Welt spielt die DDR eine wichtige Rolle. Zu Beginn der siebziger Jahre waren 46 derartige Abkommen unterzeichnet – 42 mit Indien, drei mit Ägypten und einer mit Algerien. 1979 wurde im Verlauf von Honeckers Afrikarundreise eine ganze Reihe weiterer Verträge abgeschlossen. In erster Linie ging es um die Lieferung von technologisch hochwertigen Maschinen, Fertigwaren oder Halbfabrikaten und teilweise sogar um die Vereinbarung gemeinsamer Produktion. Die DDR spezialisierte sich hierbei auf die Lieferung der Technologie: etwa zwecks Herstellung von Traktoren für die Landwirtschaft in Indien oder Fabrikation von Bewässerungsrohren in Algerien.

Mehrere Anzeichen deuten darauf hin, daß die DDR durchaus auch Militärhilfe leistete – durch Entsendung von Militärberatern und durch Waffenlieferungen; damit geht sie allerdings das Risiko ein, als Handlanger oder doch zumindest als treue Stütze Moskaus betrachtet zu werden. Ende 1967 scheint sie Guinea Jagdflugzeuge geliefert zu haben. Nach Ägyptens vernichtender Niederlage im 3. Israelisch-Arabischen Krieg (Sechstagekrieg) von 1967 schloß sie wahrscheinlich ein Militärhilfeabkommen mit Kairo und versorgte die arabischen Länder mit leichten Waffen. Von Sommer 1973 ab unterstützte sie die Palästinensische Befreiungsorganisation (PLO). Als der Minister für Nationale Verteidigung Karl-Heinz Hoffmann im Herbst 1971 Irak, Ägypten und Syrien sowie 1974 Peru besuchte, wurde die militärische Kooperation offen ausposaunt. Auf militärischem Gebiet arbeitete die DDR auch mit Algerien zusammen, das im Juni 1973 eine militärische Abordnung nach Ostberlin entsandte, und mit der Volksrepublik Kongo, mit der im März 1973 ein Abkommen getroffen wurde.

Außerdem ist die DDR eine technische Zusammenarbeit mit den Entwicklungsländern eingegangen. Nach westlichen Schätzungen arbeiteten 1971 etwa 1800 ostdeutsche Experten in der Dritten Welt und studierten gleichzeitig etwa 3000 junge Menschen aus diesen Ländern in der DDR. 1974 waren nach Ostberliner Angaben 1400 Fachleute aus der DDR in Entwicklungsländern tätig und absolvierten 4200 Staatsangehörige von Ländern der Dritten Welt eine Ausbildung in der DDR; fünf Jahre später waren es derselben Quelle zufolge über 22000 Experten und 11650

Praktikanten. Hinzuzuzählen waren noch die jungen Ostdeutschen, die mit Jugendbrigaden der Freien Deutschen Jugend (FDJ) in überseeischen Großprojekten oder Betrieben eingesetzt wurden.

So suchen beide deutsche Staaten enge Beziehungen zu den Entwicklungsländern. Dabei verfolgen sie ihre eigenen Interessen, und es kommt nicht selten vor, daß die Dritte Welt sich gleichzeitig von der Bundesrepublik und von der DDR heftig umworben sieht.

Auf wirtschaftlichem Gebiet spielt Bonn in diesen Ländern unbestreitbar eine viel wichtigere Rolle: es bezieht etwa 20% seiner Gesamteinfuhr von dort, wohin umgekehrt 13 – 14% seiner Exporte gehen. Damit wird Ostberlin, das lediglich 4% seines gesamten Außenhandels mit der Dritten Welt abwickelt, natürlich bei weitem übertroffen. Während dieser Handel für die Bundesrepublik jedoch wegen der Versorgung mit Erdöl und Rohstoffen eine absolute Notwendigkeit darstellt, ist die DDR lange nicht so stark auf ihn angewiesen. Was die Entwicklungshilfe betrifft, so stellt Bonn freilich wesentlich mehr Mittel bereit als Ostberlin. Obwohl beide deutsche Staaten gleichartige Verträge abzuschließen bestrebt sind und der eine wie der andere technologisches Know-how sowie Investitionsgüter exportiert, machen sie sich auf wirtschaftlichem Gebiet kaum Konkurrenz. Probleme im Bereich der Diplomatie und Kultur dagegen boten lange Zeit Anlaß für erbitterte Streitigkeiten. Durch die Anwendung der Hallstein-Doktrin hat Bonn versucht, die Anerkennung der DDR zu verhindern. Nach 1970 erzielte die DDR, endlich anerkannt, große Erfolge in der Dritten Welt – vor allem in Afrika –, und bemühte sich, dort das Bild des „anderen Deutschland“ zu etablieren.

Wenn man die Aktivitäten beider deutscher Staaten zusammenzählt und dabei ausklammert, daß sie manchmal gegeneinander stehen, so kommt man zu dem Ergebnis, daß Deutschland in jenen Regionen wieder stark vertreten ist, in denen es seit Beginn des zwanzigsten Jahrhunderts Einfluß gewinnen wollte: in Lateinamerika, im Nahen Osten und in Schwarzafrika. Vor allem auf wirtschaftlichem und kulturellem Gebiet ist es wieder einflußreich geworden.

Bilanz und Ausblick

Am Ende einer solchen Studie ist man versucht, alle Ergebnisse in ein imaginäres Schaubild einzutragen, um durch Überlagerung der unterschiedlichsten Kurven eine allgemeine Linie zu gewinnen, die Deutschlands internationale Stellung bestimmen soll.

Dies war der Traum von der Weltpolitik, den man sowohl unter Wilhelm II. als auch unter Hitler verfolgte. Die Stärkung der militärischen Machtmittel und eine geistige Kriegsvorbereitung gingen gleichermaßen den waghalsigen Unternehmungen des Kaisers wie den Aktionen voraus, die der „Führer" mit so großem Eifer vorantrieb. In beiden Epochen betrachtete man Mitteleuropa lediglich als Ausgangsbasis. Für Wilhelm II. lag Deutschlands Zukunft auch auf dem Wasser, für Hitler lag sie zunächst im „Lebensraum" im Osten und dann in der ganzen Welt. Beide vereinte die feste Überzeugung, das Reich müsse „entweder Weltmacht oder gar nicht sein".

Gewiß verstand man im Kaiserreich und im Dritten Reich unter „Weltpolitik" und „Weltmacht" nicht dasselbe. Für Hitler gab eine rassenideologische Motivation den Ausschlag, die auf eine tiefgreifende Umgestaltung Europas abzielte und die Maßstäbe der Humanität völlig außer acht ließ.

Um die hochgesteckten Ziele zu erreichen, baute man sich jedesmal eine Kriegsmaschine von beachtlicher Leistungskraft auf. Die Armeen des Kaisers bezogen Stellung in Belgien sowie in Nordfrankreich, stießen gleichzeitig gen Osten vor und mußten sich schließlich auf ihr eigenes Territorium zurückziehen, das von Kriegseinwirkungen verschont geblieben war. Hitlers Wehrmacht errang Erfolge im Norden, Westen und Süden, ja sogar in Nordafrika. Aber dann blieb sie buchstäblich in den vereisten Sümpfen Rußlands wie im libyschen Wüstensand stecken; zuletzt konnte sie nicht einmal mehr verhindern, daß die Alliierten auf das in Trümmern liegende Reich vorrückten.

Gleich nach Versailles begann die Reichswehr in aller Heimlichkeit wiederaufzurüsten und künftige kriegerische Unternehmungen vorzubereiten; 1949 setzte in Westdeutschland der Aufbau einer Bundeswehr ein, die – wenn auch eingebunden in die NATO – fünfundzwanzig Jahre später bereits die stärkste konventinonelle Streitkraft in Westeuropa stellte, während der ostdeutschen Volksarmee eine wichtige Rolle innerhalb des Warschauer Pakts zufiel.

Die Kurve der wirtschaftlichen Expansion – das heißt der Exporte, der weltweiten Geschäftsinteressen und der Kapitalbewegungen – erlitt nur durch die beiden Kriege sowie durch die Weltwirtschaftskrise schwerwiegende Einbrüche. Bereits ab 1924 – fünf Jahre nach dem Vertrag von Versailles – nahm sie einen erneuten Aufschwung, dem die Weltwirtschaftskrise ein jähes Ende bereitete; ebenfalls fünf Jahre nach der Potsdamer Konferenz setzte in Westdeutschland ein „Wirtschaftswunder“ ein, das die Bundesrepublik zur viertgrößten Wirtschaftsmacht der Welt aufsteigen und wieder zu einer unvergleichlichen Handelsmacht werden ließ. Mit einiger Verspätung baute sich auch die DDR innerhalb der kommunistischen Welt eine bedeutende wirtschaftliche Stellung auf.

Die Kurve der kulturellen Expansion ergibt ein weit ausgeglicheneres Bild; man kann an ihr ablesen, daß Deutschlands kultureller Einfluß zunächst in mehreren Erdteilen konstant blieb und in den dreißiger Jahren dann einen deutlichen Aufschwung nahm. Allerdings ließ sich damals die kulturelle Sphäre nicht mehr von der politischen Vorbereitung der nationalsozialistischen Unternehmungen abgrenzen. Seit den sechziger Jahren wurde die kulturelle Ausbreitung vor allem in den Dienst der deutschen Sprache gestellt, die man ihrerseits als Vehikel für die Verbreitung so gegensätzlicher politischer und ideologischer Inhalte nutzte. Dennoch läßt sich alles in allem ein starker Drang zur kulturellen Ausstrahlung feststellen, ganz gleich, ob man dabei Bonn oder Ostberlin im Auge hat.

So ist für die Deutschen eine ungeheure Dynamik charakteristisch, die bisweilen Katastrophen auslöste, aber ebensosehr für spektakulären Wiederaufschwung verantwortlich war – und sie sind nach wie vor stolz auf ihre Erfolge. Das Kaiserreich unter Wilhelm II. war durch das Gedankengut der Alldeutschen geprägt, die zwischen 1914 und 1918 ihre Stunde für gekommen hielten. Die alldeutschen Kreise wollten die Niederlage nicht wahrhaben und gewannen in den zwanziger Jahren wieder großen Einfluß; zunächst strebten sie lediglich eine Revision des Versailler Vertrages an, begeisterten sich unter der Führung eines größenwahnsinnigen Diktators aber sehr schnell wieder für weiterreichende Pläne. Selbst die totale Niederlage von 1945 bedeutete nicht die Kapitulation des deutschen Nationalismus. In Ermangelung von etwas Besserem manifestierte er sich in einem Erfolg, der die Bundesrepublik zu einer führenden Wirtschaftsmacht und die DDR zum wichtigsten Industriestaat des Ostblocks erhob.

All diese Kurven überschneiden sich immer wieder und verlaufen stellenweise auch parallel. Unter Wilhelm II. kletterten jene der Expansion im militärischen Bereich und im Handel am höchsten. Während der Weimarer Republik mußte man sich damit abfinden, in den Jahren 1924 bis

1929 wenigstens die Linie der Handelsexpansion steigen zu sehen. Hitlers Machtübernahme ließ sämtliche Kurven schlagartig in die Höhe schnellen: eine rasche und gewaltige Wiederaufrüstung, die Deutschlands Wirtschaftskraft stark in Anspruch nahm; ein offensiver Nationalismus, ein regelrechter Mythos vom Lebensraum, den es zu erobern galt. Ab 1949 fällt vor allem der ständige Anstieg in der Wirtschaft auf, obwohl auch die Streitkräfte auf beiden Seiten des Eisernen Vorhangs eine Entwicklung nahmen, die man nicht übersehen sollte.

Was ergibt sich als Resultante all dieser Kurven? Welche Stellung hat Deutschland nun – am Ende aller Berechnungen – in der Welt? Wie hat sich diese Position entwickelt? Zur Zeit Wilhelms II. war Deutschland unbestreitbar eine Weltmacht. In der Zeit der Weimarer Republik stieg es schnell wieder zu einer großen europäischen Macht auf, bevor es unter dem „Führer" Ambitionen auf eine weltweite Vorherrschaft entwickelte. Dieser Traum zerbrach und scheint unwiederbringlich vorbei zu sein. Doch die Teilung der Welt in zwei Blöcke mit der Trennungslinie mitten durch Deutschland gab sowohl Bonn als auch Ostberlin erneut Gelegenheit, eine wichtige Rolle zu spielen. Spielbälle der jeweiligen Führungsmacht der beiden Lager, waren die beiden Staaten seit jeher Vorposten ihrer „Welt" und zunächst reine Satelliten. Während die DDR aber eng im Schlepptau Moskaus blieb, hat Bonn sich freigeschwommen. Anfang 1981 betonte Bundeskanzler Schmidt, daß die Bundesrepublik keine Führungsposition beanspruche und absolut nicht daran interessiert sei, ständig im Zentrum des Zeitgeschehens zu stehen, daß sie sich aber auch nicht mit der Rolle eines Beobachters oder gar eines bloßen Statisten zufriedengeben wolle. Besteht ihr Ideal demnach darin, eine Regionalmacht – das heißt, eine Mittelmacht – zu sein? Ein wenig mehr doch wohl zweifellos . . .

Träumen denn nicht manche Deutsche insgeheim von einer Wiedervereinigung, die Deutschland den Aufstieg zur dritten Supermacht ermöglichen könnte? Während der Ära Adenauer sprach man im Westen sehr häufig von der Wiedervereinigung; gleichzeitig handelte man jedoch so, als ob sie um nichts in der Welt zustandekommen dürfe, und die Kluft zwischen beiden deutschen Staaten wurde immer breiter. In der Zeit der neuen Ostpolitik betonte man, daß die Verträge einer in freier Selbstbestimmung herbeigeführten Wiedervereinigung nicht im Wege stünden. Das Bundesverfassungsgericht in Karlsruhe entschied, daß der Grundlagenvertrag durchaus mit dem Grundgesetz zu vereinbaren sei, führte jedoch in aller Deutlichkeit aus, daß die deutsch-deutsche Grenze lediglich als eine Grenze zwischen Ländern und nicht zwischen Staaten gelte. Obwohl Ostberlin und Moskau diese Stellungnahme kritisierten, blieb die Tür zur Wiedervereinigung offen. Und als die Westmächte durchsetzten, daß in der Schlußakte von Helsinki die Grenzen nicht als unantastbar, sondern als unverletzlich bezeichnet wurden, wollten sie damit demonstrieren, daß eine Revision auf friedlichem Wege durchaus möglich sei. Es darf also geträumt werden, und die deutsche Frage taucht mit steter Regelmäßigkeit immer wieder auf, wenn auch eher in Kreisen der Intellektuellen als in den Massenmedien.

Könnte Deutschland – hypothetisch – im Falle einer Wiedervereinigung wirklich darauf hoffen, weltweit zur drittgrößten Macht aufzusteigen? Mit einer Einwohnerzahl von 78 Millionen würde es lediglich ein Drittel der Bevölkerung der beiden Supermächte haben, und angesichts seines Geburtenrückgangs würde sich dieser Abstand laufend vergrößern. Deutschlands Kohleförderung würde nur ein Siebtel der amerikanischen sowie ein Fünftel der sowjetischen ausmachen, und überdies verfügte es über keinerlei Erdölvorkommen, während die beiden Supermächte ihren Bedarf ohne weiteres selbst decken können. Es würde etwa so viel Strom erzeugen wie Japan allein oder wie Großbritannien und Frankreich zusammengenommen. Seine Stahlproduktion würde zwar die gemeinsame dieser beiden Länder übertreffen, aber dies wäre dennoch etwa nur die Hälfte der japanischen oder gar nur ein Drittel der amerikanischen. Das wiedervereinte Deutschland wäre somit eine sehr starke Wirtschaftsmacht, die aber erst an vierter Stelle nach den Vereinigten Staaten, der Sowjetunion und Japan rangieren würde. Andererseits würde es unweigerlich den europäischen Rahmen sprengen. Innerhalb Europas wäre kein Staat in der Lage, ihm eine Vormachtstellung streitig zu machen, die sämtliche Bereiche erfassen würde.

Ein dermaßen starkes Deutschland würde bei seinen Nachbarn alte Befürchtungen wieder aufleben lassen, und erneut könnten Warnungen vor der deutschen Gefahr laut werden. Vorerst hat Deutschland es jedoch trotz seiner Zweiteilung fertiggebracht, wieder eine echte Expansion zu betreiben und auf internationaler Ebene abermals eine hochwichtige Rolle zu spielen.

Auswahlbibliographie

Dieses Literaturverzeichnis enthält nur grundlegende Werke. Auf die Angabe von Dokumentationen, Jahrbüchern, allgemeinen Darstellungen der internationalen Beziehungen sowie von Wirtschaftsgeschichten wurde bewußt verzichtet. Der interessierte Leser wird in den zitierten Werken meist auf umfangreiche, weiterführende Bibliographien stoßen.

Literatur über den gesamten Zeitraum

S. *Berstein,* P. *Milza,* L'Allemagne 1870 – 1970, Paris 1971.

A. S. *Jerussalimski,* Der deutsche Imperialismus, Geschichte und Gegenwart. Berlin-Ost 1968.

L. *Dehio,* Deutschland und die Weltpolitik im 20. Jahrhundert. Frankfurt 1961.

A. *Hillgruber,* Deutsche Großmacht und Weltpolitik im 20. Jahrhundert. Düsseldorf 1977.

A. *Hillgruber,* Die gescheiterte Großmacht. Eine Skizze des Deutschen Reiches. Köln [4]1984.

Deutschland in der Weltpolitik des 19. und 20. Jahrhunderts. Festschrift für Fritz Fischer zum 65. Geburtstag, hg. v. I. *Geiss* und B. J. *Wendt* unter Mitarbeit von P. Ch. *Witt.* Düsseldorf [2]1974.

Aspekte deutscher Außenpolitik im 20. Jahrhundert. Aufsätze Hans Rothfels zum Gedächtnis, hg. v. W. *Benz* und H. *Graml.* Stuttgart 1977.

Deutschland, Rußland, Amerika. Festgabe für Fritz T. Epstein zum 80. Geburtstag, hg. v. A. *Fischer,* G. *Moltmann* und K. *Schwabe* (= Frankfurter Historische Abhandlungen 17) Frankfurt 1978.

R. *Poidevin,* J. *Bariéty,* Frankreich und Deutschland. Die Geschichte ihrer Beziehungen 1815 – 1875, aus dem Französischen von J. Becker und J. Haás-Heye. München 1982.

Teil I: 1896 – 1918

Allgemeine Literatur

E. *Vermeil,* L'Allemagne contemporaine. Band 1: Le règne de Guillaume II. 1890 – 1918, Paris 1953.
P. *Guillen,* L'Empire allemand 1871 – 1918, Paris 1970.
M. *Stürmer,* Das ruhelose Reich: Deutschland 1866 – 1918. Berlin 1983.
PLOETZ: Das Deutsche Kaiserreich – Bilanz einer Epoche, hg. v. D. *Langewiesche,* Freiburg/Würzburg 1984.
R. *Poidevin,* L'Allemagne de Guillaume II à Hindenburg 1900 – 1933, Paris 1972.
K. E. *Born,* Von der Reichsgründung bis zum Ersten Weltkrieg (Gebhardt Handbuch der deutschen Geschichte Band 16) München 1980.

Erstes Kapitel

H. U. *Wehler,* Bismarck und der Imperialismus, Köln ²1984.
F. *Müller,* Deutschland, Zanzibar, Ostafrika. Geschichte einer deutschen Kolonialeroberung, Berlin-Ost 1959.
H. *Gründer,* Geschichte der deutschen Kolonien. Paderborn 1985.
K. *Graudenz,* M. *Schindler,* Deutsche Kolonialgeschichte in Daten und Bildern, München 1985.
M. *Nussbaum,* Vom „Kolonialenthusiasmus" zur Kolonialpolitik der Monopole. Berlin 1962.
W. *Mommsen.* Imperialismus. Seine geistigen, politischen und wirtschaftlichen Grundlagen. Ein Quellen- und Arbeitsbuch. Hamburg 1977.
Marine und Marinepolitik im kaiserlichen Deutschland 1871 – 1914, hg. v. Militärgeschichtlichen Forschungsamt durch H. *Schottelius* u. W. *Deist,* Düsseldorf 1972.
K. *Wernecke,* Der Wille zur Weltgeltung. Außenpolitik und Öffentlichkeit im Kaiserreich am Vorabend des Ersten Weltkrieges, Düsseldorf 1972.
C. *Andler,* Le pangermanisme continental sous Guillaume II; Le pangermanisme colonial sous Guillaume II., Paris 1915.
A. *Kruck,* Geschichte des Alldeutschen Verbandes 1890 – 1939, Wiesbaden 1954.

Zweites Kapitel

H. *Stoecker,* Deutschland und China im 19. Jahrhundert, Berlin 1958.
J. *Ducruet,* Les capitaux européens au Proche-Orient. Paris 1964.
P. *Renouvin,* „L'Afrique centrale dans les relations anglo-allemandes 1912 – 1914" (in: Etudes maghrébines [Mélanges Ch.-A. Julien]. Paris 1964).

J. *Willequet,* Le Congo belge et la Weltpolitik 1894 – 1914, Paris 1962.
P. *Guillen,* L'Allemagne et le Maroc de 1870 à 1905. Paris 1967.
J.-C. *Allain,* Agadir 1911. Une crise impérialiste en Europe pour la conquête du Maroc. Paris 1976.

Drittes Kapitel

H. *Hauser,* Les méthodes allemandes d'expansion économique. Paris 1975.
R. *Poidevin,* Les relations économiques et financières entre la France et l'Allemagne 1898 – 1914. Paris 1969.
G. *Diouritch,* L'expansion des banques allemandes à l'étranger. Paris 1909.
R. *Poidevin,* Finances et relations internationales 1887 – 1914, Paris 1970.
R. *Poidevin,* „La puissance financière de l'Allemagne 1890 – 1914". In: Relations Internationales Band 29, 1982.
R. *Poidevin,* „Weltpolitik allemande et capitaux français 1898 – 1914". In: Deutschland in der Weltpolitik des 19. und 20. Jahrhunderts. Festschrift für Fritz Fischer zum 65. Geburtstag, hg. v. I. *Geiss* und B. *Wendt* unter Mitarbeit von P. Ch. *Witt.* Düsseldorf ^{2}1974.
V. *Hentschel,* Wirtschaft und Wirtschaftspolitik im wilhelminischen Deutschland. Stuttgart 1978.
Wirtschafts-Ploetz: Die Wirtschaftsgeschichte zum Nachschlagen, hg. v. H. *Ott* und H. *Schäfer.* Freiburg/Würzburg 1984.

Viertes Kapitel

K. D. *Erdmann,* Der Erste Weltkrieg (Gebhardt Handbuch der deutschen Geschichte Band 18), 9. neu bearb. Aufl. München 1980.
E. *Zechlin,* Krieg und Kriegsrisiko. Zur deutschen Politik im Ersten Weltkrieg. Düsseldorf 1979.
F. *Fischer,* Krieg der Illusionen. Die deutsche Politik von 1911 bis 1914. Düsseldorf ^{3}1978.
F. *Fischer,* „Weltpolitik, Weltmachtstreben und deutsche Kriegsziele". In: Historische Zeitschrift Bd. 199/2 (1964).
F. *Fischer,* Griff nach der Weltmacht. Die Kriegszielpolitik des kaiserlichen Deutschland 1914/18. Nachdruck der Sonderausgabe 1967.
F. *Fischer,* „Deutschland und der Ausbruch des Weltkrieges. – In Erwartung des Blitzsieges". In: W. Schieder, Der Erste Weltkrieg. Berlin 1969.
Ploetz – Geschichte der Weltkriege. Mächte, Ereignisse, Entwicklungen, hg. v. A. *Hillgruber* und J. *Dülffer,* Freiburg/Würzburg 1981.
J. *Droz,* Les causes de la première guerre mondiale. Essai d'historiographie. Paris 1973.
P. Graf *Kielmansegg,* Deutschland und der Erste Weltkrieg. Frankfurt 2. durchges. Aufl. 1980.

Teil II: 1919 – 1949

Allgemeine Literatur

Deutsche Geschichte seit dem Ersten Weltkrieg. Hg. v. *Institut für Zeitgeschichte der Universität München,* 3 Bände. Stuttgart 1973.
E. *Vermeil,* L'Allemagne contemporaine: sociale, politique, culturelle. Bd. 2: La République de Weimar et le IIIe Reich 1918 – 1950. Paris 1953.
G. *Badia,* Histoire de l'Allemagne contemporaine. 2 Bde., Paris 1962, 1964.
J. *Bariéty,* J. *Droz,* République de Weimar et Régime hitlérien, 1918 – 1945. Paris 1973.
G. *Castellan,* L'Allemagne de Weimar. Paris 1969.
H. *Schulze,* Weimar: Deutschland 1917 – 1933. Berlin 1982.
E. *Kolb,* Die Weimarer Republik. München/Wien 1984.
H. *Möller,* Weimar. Die unvollendete Demokratie. (= Deutsche Geschichte der neuesten Zeit vom 19. Jahrhundert bis zur Gegenwart Bd. 12) München 1985.
R. *Poidevin,* L'Allemagne de Guillaume II. à Hindenburg 1900 – 1933. Paris 1972.
M. *Steinert,* L'Allemagne nationale-socialiste 1933 – 1945. Paris 1972.
L. *Zimmermann,* Deutsche Außenpolitik in der Ära der Weimarer Republik. Göttingen 1958.
J. *Hiden,* Germany and Europe 1919 – 1939. London 1977.

Fünftes Kapitel

M. *Knapp,* W. *Link,* J.-H. *Schröder,* K. *Schwabe,* Die USA und Deutschland 1918 – 1945. München 1978.
W. *Link,* Die amerikanische Stabilisierungspolitik in Deutschland 1921 – 1932. Düsseldorf 1970.
J. *Bariéty,* Les relations franco-allemandes après la première guerre mondiale. 10. 11. 1918 – 10. 1. 1925. Paris 1977.
J.-B. *Duroselle,* Les relations franco-allemandes de 1918 – 1950. Paris 1966.
F. *Klein,* Die diplomatischen Beziehungen Deutschlands zur Sowjetunion 1917 bis 1932. Berlin 1953.
E.-H. *Carr,* German-Soviet Relations between the Two World Wars 1919 bis 1939. Baltimore 1951.
G. *Castellan,* Le réarmement clandestin du Reich 1930 – 1935. Paris 1954.
Internationale Beziehungen in der Weltwirtschaftskrise 1929 – 1933, hg. v. J. *Becker* und K. *Hildebrand.* München 1980.
F. *Blaich,* Der Schwarze Freitag. Inflation und Wirtschaftskrise (= Deutsche Geschichte der neuesten Zeit vom 19. Jahrhundert bis zur Gegenwart Bd. 15) München 1985.
A. *Fleury,* „La pénétration économique de l'Allemagne en Turquie et en Iran

après la première guerre mondiale". In: Relations Internationales Bd. 1, 1974.

J. *Freymond,* „Gustav Stresemann et l'idée d'une Europe économique 1925 – 1927". In: Relations internationales Bd. 8, 1976.

R. *Frommelt,* Paneuropa oder Mitteleuropa. Einigungsbestrebungen im Kalkül deutscher Wirtschaft und Politik 1925 – 1933. Stuttgart 1977.

Deutsche auswärtige Kulturpolitik seit 1871. Hg. v. K. *Düwell* und W. *Link.* Köln 1981.

M. *Broszat,* Die Machtergreifung. Der Aufstieg der NSDAP und die Zerstörung der Weimarer Republik (= Deutsche Geschichte der neuesten Zeit vom 19. Jahrhundert bis zur Gegenwart Bd. 16) München 1984.

Sechstes Kapitel

Ploetz – Das Dritte Reich – Ursachen, Ereignisse, Wirkungen. Hg. v. M. *Broszat* und N. *Frei* in Verbindung mit dem Institut für Zeitgeschichte, München. Freiburg/Würzburg 1983.

Das Dritte Reich – Herrschaftsstrukturen und Geschichte. Vorträge aus dem Institut für Zeitgeschichte, hg. v. M. *Broszat* und H. *Möller.* München 1983.

K. *Hildebrand,* Das Dritte Reich. München/Wien 1980.

K. D. *Erdmann,* Deutschland unter der Herrschaft des Nationalsozialismus 1933 – 1939 (= Gebhardt Handbuch der deutschen Geschichte Bd. 20) München 1980.

K. *Hildebrand,* Das dritte Reich, München/Wien 1980.

A. *Hillgruber,* „Grundzüge der nationalsozialistischen Außenpolitik 1933 bis 1945". In: Saeculum XXIV, 4 1973.

K. *Hildebrand,* Deutsche Außenpolitik 1933 – 1945. Stuttgart [3]1976.

H.-A. *Jacobsen,* Nationalsozialistische Außenpolitik 1933 – 1938. Frankfurt 1968.

Hitler, Deutschland und die Mächte. Studien zur Außenpolitik des Dritten Reiches. Hg. v. M. *Funke.* Düsseldorf 1977.

Nationalsozialistische Außenpolitik. Hg. v. M. *Michalka.* Darmstadt 1978.

K. *Hildebrand,* Vom Reich zum Weltreich. Hitler, NSDAP und koloniale Frage. München 1969.

Wirtschaft und Rüstung am Vorabend des Zweiten Weltkrieges. Hg. v. F. *Forstmeyer* und H.-E. *Volkmann.* Düsseldorf 1975.

Die Westmächte und das Dritte Reich 1933 – 1939. Hg. v. K. *Rohe.* Paderborn 1982.

Preußen, Deutschland und der Westen. Hg. v. H. *Bodensieck.* Göttingen 1980.

La France et l'Allemagne 1932 – 1936. Hg. v. *Centre national de la recherche scientifique* (CNRS). Paris 1980.

K. *Hildebrand,* K.-F. *Werner,* Deutschland und Frankreich 1936 – 1939. Francia Bd. 10. München 1981.

J.-B. *Duroselle,* Politique étrangère de la France: La Décadence 1932 – 1939. Paris 1983.
C. *Bloch,* „La place de la France dans les différents stades de la politique extérieure du IIIe Reich 1933 – 1940". In: Les relations franco-allemandes 1933 – 1939. Hg. v. Centre national de la recherche scientifique (CNRS). Paris 1977.
O. *Hauser,* England und das Dritte Reich. Bd. 1. Stuttgart 1972.
B.-J. *Wendt,* Economic Appeasement. Handel und Finanz in der britischen Deutschland-Politik 1933 – 1939. Düsseldorf 1971.
P. *Lundgreen,* Die englische Appeasement-Politik bis zum Münchener Abkommen. Berlin 1969.
H.-J. *Schröder,* Deutschland und die Vereinigten Staaten 1933 – 1939. Wiesbaden 1970.
H.-J. *Schröder,* „Hauptprobleme der deutschen Lateinamerikapolitik 1933 – 1941". In: Jahrbuch für Geschichte von Staat, Wirtschaft und Gesellschaft Lateinamerikas Bd. 12 (1975).
K. *Harms-Baltzer,* Die Nationalisierung der deutschen Einwanderer und ihrer Nachkommen in Brasilien als Problem der deutsch-brasilianischen Beziehungen 1930 – 1938. Berlin 1970.
H.-J. *Schröder,* „Südosteuropa als Informal Empire Deutschlands 1933 – 1939. Das Beispiel Jugoslawien". In: Jahrbücher für die Geschichte Osteuropas Bd. 23 (1975).
Südosteuropa im Spannungsfeld der Großmächte 1919 – 1939. Hg. v. H.-J. *Schröder* (Veröffentlichungen des Instituts für Europäische Geschichte in Mainz – Abt. Universalgeschichte Beiheft 10). Wiesbaden 1984.
P. *Marguerat,* Le IIIe Reich et le pétrole roumain 1938 – 1940. Genf 1977.
A. *Fleury,* La pénétration allemande au Moyen-Orient 1919 – 1939. Genf 1977.
D. *Bourgeois,* Le Troisième Reich et la Suisse 1933 – 1941. Neuchâtel 1974.

Siebtes Kapitel

Das Deutsche Reich und der Zweite Weltkrieg. *Hg. v. Militärgeschichtlichen Forschungsamt München.* 6 Bde. Stuttgart 1979ff.
A. *Latreille,* La Seconde Guerre mondiale. Paris 1966.
Probleme des Zweiten Weltkrieges. Hg. v. A. *Hillgruber.* Köln 1967.
A. *Hillgruber,* „La recherche sur l'histoire de la deuxième guerre mondiale en Allemagne fédérale". In: Revue d'Histoire de la 2e Guerre mondiale Nr. 84 (1971).
K. *Hildebrand,* „Le programme de Hitler et sa réalisation 1939 – 1942". In: Revue d'Histoire de la 2e Guerre mondiale Nr. 84 (1971).
G. *Wright,* L'Europe en guerre 1939 – 1945. Paris 1971.
H.-A. *Jacobsen,* „Les buts et la politique de guerre de Hitler de 1939 à 1943". In: Revue d'Histoire de la 2e Guerre mondiale Nr. 63 (1966).

M. *Messerschmidt,* „La stratégie allemande 1939 – 1945“. In: Revue d'Histoire de la 2e Guerre mondiale Nr. 100 (1975).
J. *Freymond,* Le IIIe Reich et la réorganisation économique de l'Europe 1940 – 1942. Genf 1974.
A.-S. *Milward,* Die deutsche Kriegswirtschaft 1939 – 1945. Stuttgart 1966.
B. *Martin,* Deutschland und Japan im 2. Weltkrieg. Göttingen 1969.
E. *Jäckel,* La France dans l'Europe de Hitler. Paris 1968.
H.-E. *Volkmann,* „L'importance économique de la Lorraine pour le IIIe Reich“. In: Revue d'Histoire de la 2e Guerre mondiale Nr. 120 (1980).
J. *Mievre,* L'„Ostland“ en France durant la seconde guerre mondiale. Nancy 1973.
M. *Fritz,* „Les relations économiques germano-suédoises durant la 2e guerre mondiale“. In: Revue d'Histoire de la 2e Guerre mondiale Nr. 109 (1978).
K. *Zetterberg,* „Le transit allemand par la Suède de 1940 à 1943“. In: Revue d'Histoire de la 2e Guerre mondiale Nr. 109 (1978).
D. *Bourgeois,* „Les Relations économiques germano-suisses 1939 – 1945“. In: Revue d'Histoire de la 2e Guerre mondiale Nr. 121 (1981).
H.-R. *Kurz,* „Problèmes militaires“. In: Revue d'Histoire de la 2e Guerre mondiale Nr. 121 (1981).
K.-J. *Ruhl,* „L'alliance à distance: les relations économiques germano-espagnoles de 1936 à 1945“. In: Revue d'Histoire de la 2e Guerre mondiale Nr. 118 (1980).
C.-R. *Ageron,* „Les populations du Maghreb face à la propagande allemande“. In: Revue d'Histoire de la 2e Guerre mondiale Nr. 114 (1979).
A. *Kum'A N'Dumbe* III, „Les buts de guerre de l'Allemagne hitlérienne en Afrique“. In: Revue d'Histoire de la 2e Guerre mondiale Nr. 106 (1977).
R. *Pommerin,* Das dritte Reich und Lateinamerika. Düsseldorf 1977.

Achtes Kapitel

Th. *Vogelsang,* Das geteilte Deutschland. 5. durchges. und stark erweit. Aufl. München 1973.
K. D. *Erdmann,* Das Ende des Reiches und die Neubildung deutscher Staaten (Gebhardt Handbuch der deutschen Geschichte Bd. 22). München 1980.
W. *Benz,* Von der Besatzungsherrschaft zur Bundesrepublik Deutschland. Stationen einer Staatsgründung 1946 – 1949. Frankfurt/M. 1984.
K. *Düwell,* Entstehung und Entwicklung der Bundesrepublik Deutschland 1945 bis 1960. Eine dokumentarische Einführung. München 1981.
H.-P. *Schwarz,* Vom Reich zur Bundesrepublik. Deutschland im Widerstreit der außenpolitischen Konzeptionen in den Jahren der Besatzungsherrschaft 1945 – 1949. Stuttgart 1980.
W. *Benz,* Die Gründung der Bundesrepublik Deutschland. Von der Bizone zum souveränen Staat (Deutsche Geschichte der neuesten Zeit vom 19. Jahrhundert bis zur Gegenwart Bd. 23). München 1984.
D. *Staritz,* Die Gründung der DDR. Von der sowjetischen Besatzungsherr-

schaft zum sozialistischen Staat (Deutsche Geschichte der neuesten Zeit vom 19. Jahrhundert bis zur Gegenwart Bd. 24). München 1984.
R. *Thilenius,* Die Teilung Deutschlands. Hamburg 1957.
A. *Grosser,* L'Allemagne de l'Occident 1945 – 1952. Paris 1953.
Vorgeschichte der Bundesrepublik Deutschland. Hg. v. J. *Becker,* T. *Stammen,* P. *Waldmann.* München 1979.
Politische und Ökonomische Stabilisierung Westdeutschlands 1945 – 1949. Hg. v. C. *Scharf* und H.-J. *Schröder.* Wiesbaden 1977.
Die Deutschlandpolitik Großbritanniens und die britische Zone. Hg. v. C. *Scharf* und H.-J. *Schröder.* Wiesbaden 1979.
Die Deutschlandpolitik Frankreichs und die französische Zone. Hg. v. C. *Scharf* und H.-J. *Schröder.* Wiesbaden 1983.
A. *Fischer,* Sowjetische Deutschlandpolitik im Zweiten Weltkrieg 1941 bis 1945. Stuttgart 1975.
G. *Castellan,* DDR. Allemagne de l'Est. Paris 1955.
F. *Jerchow,* Deutschland in der Weltwirtschaft 1944 – 1947. Düsseldorf 1978.
H. *Piontkowitz,* Anfänge westdeutscher Außenpolitik 1946 – 1949. Das Deutsche Büro für Friedensfragen. Stuttgart 1978.

Teil III: von 1949 bis heute

Allgemeine Literatur

P. *Guillen,* G. *Castellan,* L'Allemagne. La construction de deux Etats allemandes 1945 – 1973. Paris 1976.
A. *Hillgruber,* Deutsche Geschichte 1945 – 1975. Die ‚deutsche Frage' in der Weltpolitik. Frankfurt ²1978.
Geschichte der Bundesrepublik Deutschland. Hg. v. K. *Bracher,* T. *Eschenburg,* J. C. *Fest,* E. *Jäckel.* Wiesbaden 1981 ff.
Die Bundesrepublik Deutschland. Entstehung, Entwicklung und Struktur. Hg. v. W. D. *Narr,* D. *Thränhardt.* Königstein 1979.
Ch. Kleßmann, Die doppelte Staatsgründung. Deutsche Geschichte 1945 – 1955. Göttingen 1982.
Die deutsch-amerikanischen Beziehungen nach 1945. Hg. v. M. *Knapp.* Frankfurt/M. 1975.
R. *Poidevin,* „Frankreich und die Deutsche Frage 1943 – 1949". In: Die Deutsche Frage im 19. und 20. Jahrhundert, hg. v. J. *Becker* und A. *Hillgruber.* München 1983.
Ploetz – Die Bundesrepublik Deutschland. Daten, Fakten, Analysen. Hg. v. Th. *Ellwein* und W. *Bruder.* 2., aktualisierte Aufl. Freiburg/Würzburg 1985.

H. G. *Lehmann,* Chronik der Bundesrepublik Deutschland 1945/49 bis 1983. 2., aktualisierte Aufl. München 1983.
A. *Grosser,* L'Allemagne de notre temps. Paris 1970/78.
A. *Grosser,* Les Occidentaux. Paris 1978.
A. *Grosser,* Das Deutschland im Westen. München 1985.
G. *Badia,* P. *Lefranc,* La République démocratique allemande. Leipzig 1963.
Deutsche Frage und europäisches Gleichgewicht. Festschrift für Andreas Hillgruber zum 60. Geburtstag. Hg. v. K. *Hildebrand* und R. *Pommerin.* 1984.
Handbuch der deutschen Außenpolitik. Hg. v. H.-P. *Schwarz.* München 1975.
P. *Noack,* Die Außenpolitik der Bundesrepublik Deutschland. Stuttgart 1981.
Außenpolitische Perspektiven des westdeutschen Staates. Bd. 2: Das Vordringen neuer Kräfte; Bd. 3: Der Zwang zur Partnerschaft. München 1972.
H. *Schneider,* U. *Uffelmann,* Zur Außenpolitik der Bundesrepublik Deutschland. Paderborn 1977.
H. *Weber,* DDR. Grundriß der Geschichte 1945 – 1981. Hannover 3. Aufl. 1982.
Drei Jahrzehnte Außenpolitik der DDR. Hg. v. H.-A. *Jacobsen,* G. *Leptin,* U. *Scheuner* und E. *Shulz.* München 1979.
W. *Osten,* Die Außenpolitik der DDR. Opladen 1969.
B. *Guerin,* L'évolution du statut juridique de l'Allemagne de 1945 au traité fondamental. Düsseldorf 1978.
M. *Knapp,* „Politische und wirtschaftliche Interdependenzen im Verhältnis USA – Bundesrepublik 1945 – 1975". In: Die USA und Deutschland 1918 – 1975. Hg. v. M. *Knapp,* W. *Link.* München 1978.
R. *Fritsch-Bournazel,* L'Union Soviétique et les Allemagnes. Paris 1979.

Zeitschriften

Im Westen erscheinende Zeitschriften

Europa-Archiv (Bonn) – Politique étrangère (Paris) – Documents (Paris) – Revue d'Allemagne (Strasbourg) – La Tribune d'Allemagne (revue hebdomadaire de la presse allemande, Hamburg) – Pariser Kurier.

Im Osten erscheinende Zeitschriften

Deutsche Außenpolitik (Berlin-Ost) – RDA Réalités – DDR-Revue (Leipzig) – La vie internationale (Moskau).

Memoiren und Veröffentlichungen führender Persönlichkeiten

K. *Adenauer,* Erinnerungen 1945–1963. 4 Bde. Stuttgart 1965–68.
H. von *Brentano,* Deutschland, Europa und die Welt. Reden zur deutschen Außenpolitik 1946–1961. Hg. v. F. Böhm. 1962.
L. *Erhard,* Deutschlands Rückkehr zum Weltmarkt. 1954.
W. *Brandt,* Friedenspolitik in Europa. Frankfurt/M. 1968.
W. *Brandt,* De la guerre froide à la détente 1960–1975. Paris 1978.
Nach dreißig Jahren. Hg. v. W. *Scheel.* Stuttgart 1979.
H. *Schmidt,* Weltwirtschaft ist unser Schicksal: wie eine weltweite Depression vermieden werden kann. Frankfurt 1983.
H. *Schmidt,* Strategie des Gleichgewichts. Deutsche Friedenspolitik und die Weltmächte. Stuttgart 1969.

Zusätzliche Literatur zu den Kapiteln 9, 10 und 11

Außenpolitik in der Ära Adenauer

A. *Baring,* Außenpolitik in Adenauers Kanzlerdemokratie. München 1969.
A. *Doering-Manteuffel,* Die Bundesrepublik Deutschland in der Ära Adenauer. Außenpolitik und innere Entwicklung 1949–1963. Darmstadt 1980.
H.-P. *Schwarz,* „Adenauer und Europa". In: Vierteljahreshefte für Zeitgeschichte 1979/4.
H.-P. *Schwarz,* „Adenauer und Rußland". In: Im Dienste Deutschlands und des Rechtes. Festschrift für W. G. Grewe, Baden-Baden 1981.
K. *Schwabe,* „Adenauer und England". In: Studien zur Geschichte Englands und der deutsch-britischen Beziehungen. Festschrift Paul Kluge. München 1981.
H.-A. *Jacobsen,* O. *Stenzl,* Deutschland und die Welt. Zur Außenpolitik der Bundesrepublik 1949–1963. München 1964.
E. *Nolte,* Deutschland und der Kalte Krieg. München/Zürich 1974.
W. *Arnolds,* Die Entstehung des deutsch-französischen Vertrages vom 22. Januar 1963 und seine Bedeutung für die Außen- und Europapolitik Konrad Adenauers. Köln 1980.
W. *Hänisch,* Außenpolitik und internationale Beziehungen der DDR. Bd. 1 1949–1955. Köln 1980.
A. *Hillgruber,* Europa in der Weltpolitik der Nachkriegszeit. München/Wien 1981.

Ostpolitik und deutsch-deutsche Beziehungen

B. *Meissner,* Die deutsche Ostpolitik 1961 – 1970. Kontinuität und Wandel. Köln 1970.

G. *Schmid,* Entscheidung in Bonn. Die Entstehung der Ost- und Deutschlandpolitik 1969 – 1970. Bonn 1979.

H. *Ménudier,* La politique à l'Est de la République fédérale. L'Ostpolitik. Paris 1976.

Die Entwicklung der Beziehungen zwischen der Bundesrepublik Deutschland und der Deutschen Demokratischen Republik 1969 – 1976. Hg. v. *Bundesminister für innerdeutsche Beziehungen.* 1977.

G. *Wettig,* Die Sowjetunion, die DDR und die Deutschlandfrage 1965 – 1976. Stuttgart 1977.

G. *Leptin,* Die Rolle der DDR in Osteuropa. Berlin 1974.

Militärische Streitfragen und Abrüstung

G. *Wettig,* Entmilitarisierung und Wiederbewaffnung in Deutschland 1943 – 1955. München 1967.

P. *Noack,* Das Scheitern der Europäischen Verteidigungsgemeinschaft. Düsseldorf 1977.

J. *Moch,* Histoire du réarmement allemand depuis 1950. Paris 1965.

Standortbestimmung. 20 Jahre Bundeswehr. Schriftenreihe Innere Führung Heft 10, 1975.

Weißbuch. Zur Sicherheit der Bundesrepublik Deutschland. Im Auftrag der Bundesregierung hg. v. *Bundesminister der Verteidigung.* Bonn 1979.

„Allemagnes: deux armées face à et les pièges du désarmement". In: Documents 4/1975.

Siehe auch die Beiträge von H. *Rademacher.* In: Documents 1/1976, 2/1979 und 1/1981.

W. *Schütze,* „Les relations Est-Ouest et les problèmes de défense". In: Revue d'Allemagne April – Juni 1979.

W.-F. *Hahn,* Between Westpolitik and Ostpolitik: Changing West German Security Views. London 1975.

B. *Linder,* „La Bundeswehr dans l'opinion publique". In: Revue d'Allemagne, Juli – September 1980.

F.-G. *Dreyfus,* „Pacifisme et neutralisme en Allemagne fédérale aujourd'hui". Études politiques, Centre d'Études Germaniques, Strasbourg 1981.

J. *Rovan,* „Bonn: vers une autre politique extérieure?" In: Politique internationale Nr. 15 (1982).

NVA. Nationale Volksarmee der DDR in Stichworten. Hg. v. U. *Rühland.* Bonn[4]1974.

Expansion von Handel und Finanzen

Statistisches Jahrbuch für die Bundesrepublik Deutschland
Statistisches Jahrbuch für die DDR
Les études économiques, hg. v. der *OECD*
Wirtschaft und Außenhandel. Hg. v. *Presse- und Informationsamt der Bundesregierung*. Bonn 1973.
„Situation de l'économie ouest-allemande". In: Revue d'Allemagne April – Juni 1976.
W. *Abelshauser,* Wirtschaftsgeschichte der Bundesrepublik Deutschland (1945 bis 1980). Frankfurt 1983.
X. *Boos,* S. *Urban,* „Konzerns ouest-allemands et déploiement industriel". In: Revue d'Allemagne Januar – März 1980.
A. *Samuelson,* „L'internationalisation des banques allemandes". In: Revue d'Allemagne April – Juni 1976.
Les comportements économiques allemands devant la crise. Revue d'Allemagne April – Juni 1978.
Une enquête du „Monde". Vingt ans de réussite allemande. Paris 1979.
Die deutsch-amerikanischen Beziehungen nach 1945. Hg. v. M. *Knapp.* Frankfurt 1975.
W. *Link,* Deutsche und amerikanische Gewerkschaften und Geschäftsleute 1945 – 1975. Eine Studie über transnationale Beziehungen. Düsseldorf 1978.
K. *Bolz,* H. *Clement,* P. *Pisulla,* Die Wirtschaftsbeziehungen zwischen der Bundesrepublik Deutschland und der Sowjetunion. Hamburg 1976.
Osthandel in der Krise. Hg. v. S. Graf *Bethlen.* München 1976.
La RDA dans les années 70. In: Revue d'Allemagne Oktober – Dezember 1979.
U. *Dietsch,* Außenwirtschaftliche Aktivitäten der DDR. Hamburg 1976.
O. *Hofmann,* G. *Scharschmidt,* DDR-Außenhandel gestern und heute. Berlin-Ost 1975.

Kulturpolitik

Auswärtige Kulturbeziehungen 3. Hg. v. B. *Martin.* Neuwied 1966.
H. *Peisert,* Die auswärtige Kulturpolitik der Bundesrepublik Deutschland. Stuttgart 1978.
Das Parlament. Sonderausgabe vom 18. Oktober 1980 zur auswärtigen Kulturpolitik der Bundesrepublik.
Bildung und Wissenschaft. Hg. v. *Internationes.*
Zeitschrift für Kulturaustausch. Stuttgart.
H. *Lindemann,* K. *Müller,* Die auswärtige Kulturpolitik der DDR. Köln 1974.

Beziehungen zu verschiedenen Ländern und Erdteilen

E. *Eppler,* Wenig Zeit für die Dritte Welt. Stuttgart [3]1972.
Bulletin des Presse- und Informationsamtes der Bundesregierung 1970 und 1974.
Afrika und Bonn. Hg. v. H. *Bley,* R. *Tetzlaff.* Reinbeck 1978.
H. *Ménudier,* „L'Allemagne et l'Afrique". In: Défense nationale August – September 1981.
Deutsch-arabische Beziehungen. Hg. v. K. *Kaiser,* U. *Steinbach.* München 1981.
G. *Ziebura,* Die deutsch-französischen Beziehungen seit 1945. Pfullingen 1970.
Deutschland, Frankreich, Europa. Hg. v. R. *Picht.* München 1978.
H.-S. *Lamm,* S. *Kupper,* DDR und Dritte Welt. München 1976.
A.-M. *Le Gloannec,* „La RDA dans le monde socialiste". In: Revue d'Allemagne Oktober – Dezember 1979.
C. *Sebisch,* „La RDA et l'Afrique Noire". In: Revue d'Allemagne Oktober – Dezember 1979.
G. *Castellan,* R. *Lenoir,* France – République démocratique allemande. 30 ans de relations. Paris 1977.

Die Bundesrepublik heute

Die zweite Republik. 25 Jahre Bundesrepublik Deutschland – eine Bilanz. Hg. v. R. *Löwenthal,* H. P. *Schwarz.* Stuttgart 1974.
H. *Ménudier,* „Une puissance dans la politique mondiale". In: Revue d'Allemagne April – Juni 1976.
A. *Frisch,* „Une diplomatie tous azimuts". In: Documents 3/1980.
Im Urteil des Auslands. Dreißig Jahre Bundesrepublik. Hg. v. J. *Haas-Heye.* München 1979.

Namenregister

C

D

G

H

M

N

T

Y

Z